# Teorias da personalidade

**Dados Internacionais de Catalogação na Publicação (CIP)**
**(Câmara Brasileira do Livro, SP, Brasil)**

Schultz, Duane P.
 Teorias da personalidade: tradução da 11ª edição norte-
-americana / Duane P. Schultz, Sydney Ellen Schultz; tradução
Priscilla Lopes; 4. ed. – São Paulo, SP: Cengage Learning, 2021.

 Título original: Theories of personality
 Bibliografia.
 ISBN 978-65-55580-03-7

 1. Psicologia  2. Personalidade – Aspectos psicológicos
I. Schultz, Sydney Ellen. II. Título.

21-54275                                              CDD-158.1

**Índice para catálogo sistemático:**
 1. Personalidade: Análise: Psicologia aplicada   158.1
 Aline Graziele Benitez - Bibliotecária - CRB-1/3129

# Teorias da personalidade

tradução da 11ª edição norte-americana

## Duane P. Schultz
University of South Florida

## Sydney Ellen Schultz

Tradução

Priscilla Lopes

Revisão técnica

## Alexandre Henrique de Quadros

**Doutor e mestre em Psicologia pela Universidade de São Paulo (USP-SP)**
Professor da UniPiaget-Brasil e da Universidade de Mogi das Cruzes (UMC)

**CENGAGE**

Austrália • Brasil • México • Cingapura • Reino Unido • Estados Unidos

**Teorias da personalidade**
**Tradução da 11ª edição norte-americana**
**4ª edição brasileira**

**Duane P. Schultz**
**Sydney Ellen Schultz**

Gerente editorial: Noelma Brocanelli

Editora de desenvolvimento: Salete Del Guerra

Supervisora de produção gráfica: Fabiana Alencar

Título original: Theories of personality –
 11th. edition

ISBN 13: 978-1-305-65295-8

Tradução das edições anteriores: All Tasks, Priscilla
 Lopes e Lívia Koeppl

Tradução dos trechos novos desta edição: Priscilla
 Lopes

Revisão Técnica da 10ª edição: Maria Helena Leal de
 Barros Berkers e Thaís Cristina Marques dos Reis

Revisão Técnica da 11ª edição: Alexandre Henrique
 de Quadros

Copidesque: Sandra Scapin

Revisão de texto: Joana Figueiredo

Diagramação: 3Pontos Apoio Editorial

Capa: Raquel Braik Pedreira

Imagens de capa: AHatmaker/Shutterstock

Para informações sobre nossos produtos,
entre em contato pelo telefone **0800 11 19 39**

Para permissão de uso de material desta obra,
envie pedido para **direitosautorais@cengage.com**

ISBN 13: 978-65-55580-03-7

**Cengage Learning**
Condomínio E-Business Park
Rua Werner Siemens, 111– Prédio 11 – Torre A – Conjunto 12
Lapa de Baixo – CEP 05069-900 – São Paulo-SP
Tel.: (11) 3665-9900
Fax: (11) 3665-9901
SAC: 0800 11 19 39

Para suas soluções de curso e aprendizado, visite
**www.cengage.com.br**

Impresso no Brasil.
*Printed in Brazil.*
1ª impressão – 2021

# Sumário

# Prefácio à 11ª edição

Cada edição de um livro-texto tem de ser tão imprescindível, dinâmica e sensível às mudanças quanto a área que cobre. Para ser um instrumento de ensino eficaz, ela precisa refletir a evolução da área e desafiar seus leitores. Vimos o foco da personalidade mudar, começando com a teoria psicanalítica das neuroses do século XIX indo até a explorações de dimensões mais limitadas da personalidade do século XXI. E vimos também a base da exploração da personalidade mudar dos estudos de caso de pessoas emocionalmente perturbadas para pesquisas com maior base científica entre populações diferentes. O trabalho contemporâneo na área reflete diferenças no sexo, na idade e na orientação sexual, assim como na herança étnica, racial, religiosa e cultural.

## Abrangência nova e mais ampla

Novos materiais bibliográficos dos teóricos foram incluídos para revelar como a evolução de suas teorias pode ter sido influenciada por eventos de suas vidas particulares e profissionais. Essa abordagem mostra aos alunos que a evolução da ciência por meio da teoria e da pesquisa nem sempre é totalmente objetiva, podendo derivar também da intuição e da experiência pessoal, posteriormente refinadas e ampliadas por processos mais racionais e analíticos. As influências culturais e sociais nas crenças dos teóricos sobre a natureza humana serão descritas.

As seções sobre a pesquisa da personalidade foram atualizadas com quase 400 novas referências para manter a ênfase nas questões atuais. Ao longo do texto, foram resumidos resultados de pesquisas nos boxes "Destaques"; este recurso apresenta listas em tópicos para ajudar o estudante a organizar e comparar os resultados de estudos investigativos.

Entre os tópicos com cobertura expandida e atualizada estão:

- Será que apresentamos nossa verdadeira personalidade nas redes sociais? Como o uso das redes sociais influencia nossa personalidade? Como a nossa personalidade influencia o jeito que usamos as redes sociais? As *selfies* mostram seu verdadeiro eu?
- Trabalhos atualizados sobre o MMPI, o teste de Rorschach e o Teste de Apercepção Temática.
- O Mechanical Turk como uma nova forma de conduzir pesquisas de personalidade on-line.
- Novas descobertas sobre os conceitos freudianos de resiliência do ego, complexo de Édipo e mecanismos de defesa. Novas descobertas sobre sonhos e o uso de computadores para interpretá-los.
- Robôs sociais de companhia para facilitar a psicanálise.
- Pesquisa sobre os tipos psicológicos de Jung conduzida em culturas árabes.

- Transtorno do estresse pós-traumático (TEPT) como resultado de abandono na infância.
- Novas descobertas sobre o conceito de ordem de nascimento de Adler.
- Mais de 30 novos estudos sobre os conceitos de identidade do ego, preferência de gênero, identidade étnica virtual, diferenças de gênero na preferência por brinquedos e estágios de desenvolvimento de Erikson.
- Diferenças culturais dos trabalhos de Allport estendidas para a expressão facial das emoções.
- Mais informações sobre o modelo dos cinco fatores da personalidade e a tríade obscura, uma abordagem que inclui narcisismo, maquiavelismo e psicopatia.
- A Escala da Necessidade Básica de Smartphones é um inventário de autorrelato desenvolvido para medir como a hierarquia das necessidades de Maslow pode ser satisfeita com o uso de smartphones.
- Novas descobertas de pesquisa sobre autoeficácia e *locus* de controle.
- Técnicas para medir a busca de sensações. A relação entre a busca de sensações e o *cyberbullying*.
- Mais informações sobre a vida de Seligman e o desenvolvimento da psicologia positiva. Como definir e encontrar a felicidade, o conceito de florescimento e como o desamparo aprendido foi usado para desenvolver técnicas de tortura na "Guerra ao terror".

## A organização do texto

A 11ª edição de *Teorias da personalidade* dirige-se a alunos universitários que tiveram pouco contato anterior com as teorias da personalidade. O objetivo aqui é auxiliar alunos iniciantes e facilitar suas tarefas de aprendizado sobre o estudo da personalidade. Escolhemos teóricos que representam enfoques psicanalíticos, neopsicanalíticos, estágios da vida, genéticos, traços humanísticos, cognitivos, comportamentais e de aprendizagem social, bem como trabalhos clínicos e experimentais. O capítulo de conclusão revê as sete perspectivas principais pelas quais se pode encarar o desenvolvimento da personalidade e sugere formas de ajudar os alunos a tirar conclusões e conseguir dar um desfecho aos seus estudos.

Cada teoria no texto é tratada como uma unidade. Embora reconheçamos o valor de um enfoque de questões e problemas que compara as teorias no tocante a pontos específicos, acreditamos que um livro assim orientado é mais adequado para alunos de nível mais elevado. O texto voltado para teorias facilita a captação dos conceitos essenciais pelos alunos iniciantes e o gosto geral pela teoria. Apresentamos cada teoria da forma mais transparente possível, transmitindo as ideias, hipóteses, definições e os métodos mais importantes, e discutimos os métodos de avaliação e pesquisa empírica de cada teórico, oferecendo as nossas avaliações e reflexões.

Exceto pela colocação de Freud, em primeiro lugar, em reconhecimento à sua prioridade cronológica, não dispusemos as teorias de acordo com a nossa ordem de importância. Cada teoria é apresentada na perspectiva de pontos de vistas concorrentes.

## Uma nota sobre a diversidade

A primeira pessoa a propor uma teoria abrangente da personalidade foi Sigmund Freud, um neurologista clínico que formulou suas teorias enquanto tratava de pacientes em Viena, Áustria, no século XIX. Seu trabalho, conhecido como *psicanálise*, fundamentou-se em grande parte em sessões com mulheres brancas, europeias e ricas que vinham a ele se queixando de aflição emocional e de ideias e comportamentos perturbadores. Com base nas observações da evolução (ou ausência de evolução) de cada uma delas, ele ofereceu uma teoria para explicar as personalidades das pessoas. Seu sistema foi importante tanto pelos conceitos que propôs – muitos dos quais hoje em dia são parte da cultura popular – quanto pela oposição que provocou, inspirando outros teóricos a examinar e a divulgar suas próprias ideias para explicar a personalidade.

Hoje, os teóricos e pesquisadores da personalidade reconhecem que uma explicação baseada em um pequeno segmento homogêneo da população não pode ser aplicada a vários grupos diferentes de pessoas que compartilham um espaço no mundo. A situação é semelhante na medicina. Médicos e pesquisadores reconhecem que alguns medicamentos e tratamentos apropriados para jovens adultos não são adequados para crianças ou pessoas idosas. Doenças predominantes em alguns grupos étnicos são raras em outros, o que exige diferenças na triagem e nos testes médicos de populações diferentes. A teoria da personalidade contemporânea tenta ser abrangente, estudando as influências de idade, sexo, raça, origem étnica, crenças religiosas e orientação sexual. Vemos exemplos dessa diversidade ao longo de todo o livro.

# Material de apoio on-line

Disponibilizamos para alunos e professores os seguintes materiais:

- Glossário em PDF para facilitar a busca.
- Ao longo do livro, você encontrará este símbolo ⊕, que indica referências de material de pesquisa disponível no conteúdo do site.
- Questões extras para fixação do conteúdo.

Para os professores, especificamente, estão disponibilizados também:

- Slides em PowerPoint® para utilizar como apoio em aulas, apresentando um resumo dos principais assuntos tratados em cada capítulo, além de uma seção com questões como sugestões de avaliação. O professor pode ajustar os slides conforme suas necessidades. O mesmo conteúdo está disponibilizado em PDF também.
- Questões extras para avaliação com respostas.
- Sugestões de avaliações/atividades.

Atenção: para ter acesso ao material de apoio on-line, entre no site da Cengage (www.cengage. com.br), procure por este livro no mecanismo de busca. No canto direito, escolha MATERIAIS DE APOIO PARA ESTUDANTES, se você for aluno, ou MATERIAIS DE APOIO PARA PROFESSORES, se você for professor. Se você ainda não for cadastrado, faça o cadastro para ter acesso aos materiais. Se já for cadastrado, basta fazer o login.

*Duane P. Schultz*
*Sydney Ellen Schultz*

# CAPÍTULO 1

# Personalidade: o que é e por que ela é importante

## Dê uma olhada na palavra

Vamos começar examinando a palavra com a qual iremos lidar neste livro. Ela não só define o escopo da obra, mas também ajuda a definir sua vida.

Seguem-se três definições básicas para o termo "personalidade":

- O estado de ser uma pessoa.
- As características e qualidades que formam o caráter distintivo de uma pessoa.
- A soma de todas as características físicas, mentais, emocionais e sociais de uma pessoa.

Você entendeu a ideia. Personalidade trata de tudo o que faz você ser quem é – um indivíduo único, que é diferente, em maior ou menor grau, das outras pessoas. É uma palavra simples, mas um conceito difícil de ser, de fato, entendido, motivo pelo qual precisamos de um livro para começar a lidar com ela. Tentaremos entender esta palavra, ou aprender algo sobre ela, explorando as várias ideias com as quais psicólogos tentaram explicá-la ao longo dos anos.

Organizamos essas ideias – essas teorias – com base nas diferentes perspectivas sobre a natureza humana, começando com Sigmund Freud. Abordaremos as ampliações que se originaram da sua teoria da psicanálise e falaremos sobre os homens e mulheres que revisaram as ideias de Freud ou se rebelaram contra elas. Depois disso, passaremos para a chamada abordagem do ciclo de vida, acompanhando o desenvolvimento da personalidade do nascimento até a velhice. Em seguida, discutiremos teorias que se concentram em traços da personalidade individual, na saúde psicológica, em padrões de comportamento predeterminados e no aprendizado cognitivo a partir de situações sociais. Também apresentaremos ideias atuais do século XXI e ofereceremos algumas sugestões e conclusões para a nossa exploração da personalidade.

É importante reconhecer que os teóricos da personalidade do século passado raras vezes levavam em conta a importância de diferenças étnicas e culturais. Veremos que não é significativo generalizar para todas as pessoas as ideias que um teórico baseou, por exemplo, em observações clínicas de mulheres europeias neuróticas ou que outro teórico baseou em testes aplicados a universitários norte-americanos. Portanto, ao discutir as pesquisas conduzidas a partir dessas teorias e descrever seu uso para os problemas de diagnóstico e terapia da vida real, demonstramos a influência de idade, gênero, etnia, origem, crenças religiosas e orientação sexual.

Para facilitar o entendimento, incluímos as seções "Destaques", com breves resumos de descobertas de pesquisas, além de resumos de capítulos, questões de revisão e listas de leitura. Palavras importantes serão definidas no texto, e essas definições também serão relacionadas no glossário, no fim do livro. Além disso, confira os sites das seções "Log On" incluídas em cada capítulo.

## Todos têm uma

Todos têm uma personalidade, e a sua o ajudará a determinar os limites do sucesso e das realizações na sua vida. Não é exagero afirmar que a sua personalidade é um de seus patrimônios mais importantes. Ela já ajudou a modelar grande parte de suas experiências e continuará a fazê-lo pelo resto da sua vida. Tudo o que você conquistou até agora, todas as suas expectativas para o futuro, o fato de você ser ou vir a ser bom marido, esposa, parceiro, pai ou mãe e até sua saúde podem ser influenciados pela sua personalidade e pela daqueles à sua volta. Sua personalidade pode limitar ou expandir suas opções e escolhas, impedi-lo de partilhar certas experiências, ou permitir que você saiba aproveitá-las. Ela restringe certas pessoas e abre o mundo para outras.

Quantas vezes você já disse que alguém tem uma personalidade *maravilhosa*? Com isso, você está querendo dizer que essa pessoa é afável, agradável, boa companhia e alguém com quem é fácil se dar bem – o tipo de pessoa que você escolheria para ser seu amigo, companheiro de quarto ou colega de trabalho. Se você for um gerente, provavelmente contrataria essa pessoa. Se estiver preparado para se envolver em um relacionamento, provavelmente se case com ela, baseando-se na sua percepção da personalidade dela. Mas você também já conheceu pessoas cuja personalidade descreveria como *terrível,* e elas podem ser indiferentes, hostis, agressivas, descorteses ou alguém com quem é difícil se dar bem. Essas, certamente, você não contrataria ou se associaria a elas, e, da mesma forma, também poderiam ser rejeitadas e isoladas por outras pessoas.

Lembre-se: enquanto você julga a personalidade dos outros, também está sendo julgado. Essas opiniões mútuas, que moldam tanto a vida de julgados quanto de julgadores, ocorrem inúmeras vezes no decorrer de nossas vidas, sempre que nos deparamos com uma situação social que exige interação com novas pessoas. Obviamente, a quantidade e a variedade de situações sociais de que você está disposto a participar também são determinadas pela sua personalidade – por exemplo, sua relativa sociabilidade ou timidez. Você sabe em que posição se encontra em relação a esse fator, assim como, indubitavelmente, tem um quadro razoavelmente claro da sua personalidade geral.

## Descrevendo a sua personalidade

Claro que referir-se ao conjunto das características de personalidade de uma pessoa utilizando termos vagos como *maravilhosa* ou *péssima* é uma atitude bastante simplista. O assunto personalidade é complexo demais para ser descrito dessa forma, pois os seres humanos são igualmente complexos demais e mudam em situações diferentes, bem como com pessoas diferentes. Temos de ser mais precisos em nossa linguagem para definir e descrever adequadamente a personalidade. Por isso, os psicólogos vêm se esforçando consideravelmente para desenvolver testes para avaliar, ou medir, a personalidade, como veremos ao longo do livro.

Você pode achar que não precisa de testes psicológicos para saber como é a sua personalidade e, de modo geral, até pode estar certo. Afinal, provavelmente você se conhece melhor do que ninguém. Se lhe pedissem para descrever a sua personalidade, sem dúvida o faria sem pensar muito, supondo que estivesse sendo honesto consigo mesmo.

Então, façamos isso. Escreva a maior quantidade de adjetivos que conseguir para descrever como você realmente é, e não como gostaria de ser ou como quer que seus professores, pais ou amigos das redes sociais pensem que você é. Tente não usar a palavra "maravilhoso", mesmo que se aplique ao seu caso. Quantas palavras selecionou? Seis? Dez? Um pouco mais? Um teste de personalidade amplamente utilizado – a Lista de Conferência de Adjetivos – oferece uma quantidade surpreendente de 300 adjetivos para descrever a personalidade. As pessoas submetidas ao teste escolhem aqueles que melhor as descrevem. Não lhe pediremos para verificar os 300 adjetivos, mas apenas 30 que apresentamos no Quadro 1.1. Assinale aqueles que acredita que se aplicam a você. Agora você tem uma descrição mais detalhada da sua personalidade, mas lembre-se de que, no teste de verdade, teria mais 270 para escolher.

**QUADRO 1.1** ▪ Lista de verificação de adjetivos. Faça uma marcação perto das palavras que acredita que se aplicam à sua personalidade.

| | | |
|---|---|---|
| _____ afetuoso | _____ alegre | _____ ambicioso |
| _____ assertivo | _____ cínico | _____ compreensivo |
| _____ confiante | _____ descontraído | _____ desinibido |
| _____ dominador | _____ exigente | _____ forte |
| _____ generoso | _____ impaciente | _____ introvertido |
| _____ irritável | _____ mal-humorado | _____ meigo |
| _____ orgulhoso | _____ otimista | _____ persistente |
| _____ pudico | _____ receoso | _____ sarcástico |
| _____ sensível | _____ sociável | _____ submisso |
| _____ teimoso | _____ tolerante | _____ vingativo |

## Como a personalidade se desenvolve?

O foco deste livro não é determinar a *sua* personalidade. Você não precisa estudar psicologia para isso. O que veremos aqui são as forças e os fatores que modelam a sua personalidade. Mais adiante neste capítulo, e ao longo de todo o livro, analisaremos algumas questões básicas sobre a natureza da personalidade, como se nascemos com determinado tipo de personalidade ou se ela é formada a partir do que aprendemos com nossos pais; se ela é influenciada por forças inconscientes ou se muda depois da nossa infância.

Abordaremos uma série de teorias que foram propostas para ajudar a responder a essas e outras perguntas relacionadas com a natureza humana. Depois de discutirmos o que são, como se desenvolveram e seu *status* atual, avaliaremos quão úteis elas são para responder às nossas questões e contribuir para uma compreensão de como se desenvolve a personalidade. Podemos pensar em cada um desses teóricos como peças de um grande quebra-cabeça, e é por isso que estudamos suas ideias, mesmo que alguns de seus conceitos tenham sido formulados há décadas. Os psicólogos continuam tentando encaixar essas peças para formar uma imagem mais completa do que nos faz ser como somos, determinando o modo com que encaramos o mundo. 🌐

## Maneiras de estudar a personalidade

Já falamos sobre definições formais da personalidade. Agora, vamos observar o uso da palavra no nosso cotidiano. Usamos muito essa palavra quando descrevemos outras pessoas e nós mesmos. Um psicólogo sugeriu que podemos ter uma ideia muito boa de seu significado se examinarmos nossas intenções ou o que queremos dizer ao utilizar a palavra *eu* (Adams, 1954). Ao dizer *eu*, na verdade você está resumindo tudo sobre si mesmo – do que gosta ou não gosta, seus medos e virtudes, seus pontos fortes e fracos. A palavra *eu* é o que o diferencia como indivíduo, separadamente de todos os outros.

## Como os outros nos veem

Outra maneira de tentar entender a personalidade é observar sua origem. A palavra data de cerca de 1500 e deriva da palavra latina *persona*, que se refere à máscara utilizada por atores em uma peça.

É fácil perceber como *persona* passou a se referir à aparência externa, à face pública, ou seja, àquela que mostramos aos que nos rodeiam. Portanto, com base em sua derivação, podemos concluir que a personalidade diz respeito às nossas características externas e visíveis, àqueles aspectos nossos que os outros podem ver. Nossa personalidade seria, então, definida pela impressão que causamos aos outros, isto é, o que aparentamos ser. Sob essa perspectiva, a personalidade é o aspecto visível do caráter de alguém, à medida que ele impressiona os outros. Em outras palavras, nossa personalidade pode ser a máscara que usamos quando encaramos o mundo exterior.

Mas isso é tudo o que queremos dizer quando usamos a palavra *personalidade*? Estamos falando do que podemos ver ou do que uma pessoa parece ser para nós? A personalidade refere-se unicamente à máscara que utilizamos e ao papel que representamos? É evidente que, ao falarmos de personalidade, nos referimos a mais do que isso. Incluímos vários atributos de uma pessoa, o total ou um conjunto de características que vão além das qualidades físicas superficiais. A palavra também engloba uma série de qualidades sociais e emocionais subjetivas – que talvez não possam ser vistas diretamente – que uma pessoa pode tentar esconder de nós ou que podemos tentar esconder dos outros.

## Características estáveis e previsíveis

Ao fazermos uso da palavra *personalidade*, podemos também estar nos referindo a características permanentes, assumindo  que ela seja relativamente estável e previsível. Embora reconheçamos, por exemplo, que um amigo possa ser calmo na maior parte do tempo, sabemos que ele ou ela pode ficar empolgado, nervoso ou em pânico em outras ocasiões. Assim, nossa personalidade pode variar conforme a situação. Entretanto, embora não seja rígida e imutável, em geral é resistente a mudanças repentinas. Na década de 1960 surgiu um debate dentro da psicologia sobre o impacto relativo de variáveis pessoais permanentes, como traços e necessidades *versus* variáveis situacionais (veja Mischel, 1968, 1973). A controvérsia continuou por 20 anos e terminou com a conclusão de que a "dicotomia duradoura e geradora de controvérsias entre o efeito da situação *versus* o efeito da pessoa sobre o comportamento [...]  é e sempre foi falsa" (Funder, 2001). Assim, a questão foi solucionada aceitando-se uma abordagem interativa, concordando com o fato de que os traços pessoais duradouros e estáveis, os aspectos mutáveis da situação e a interação entre eles devem ser levados em consideração para proporcionar uma explicação completa da natureza humana.

Nossa personalidade pode ser a máscara que usamos quando encaramos o mundo exterior.

Cristian Baitg/Getty Images

## Características peculiares

A nossa definição de personalidade pode incluir também o conceito da peculiaridade humana. Nós vemos similaridades entre as pessoas, mas sentimos que cada um de nós possui propriedades especiais que nos diferenciam dos outros. Assim sendo, podemos dizer que a **personalidade** é um agrupamento permanente e único de características que podem mudar em resposta a situações diferentes.

> **Personalidade**
> Os aspectos internos e externos peculiares relativamente permanentes do caráter de uma pessoa que influenciam o comportamento em situações diferentes.

Essa também não é uma definição com a qual todos os psicólogos concordam. Para maior precisão, analisemos o que cada teórico da personalidade quer dizer com o termo. Cada um deles oferece uma versão única, visão pessoal da natureza da personalidade, e esse ponto de vista se tornou a sua definição. E é disso que trata este livro: alcançar uma compreensão das várias versões do conceito de personalidade e analisar as diversas maneiras de definir a palavra *eu*.

# Personalidade e mídias sociais

O uso crescente e quase constante de várias redes sociais para interagir com outras pessoas em uma realidade virtual, em vez de pessoalmente, gerou uma grande quantidade de pesquisas recentes que tentam relacionar nossas personalidades ao mundo on-line em que vivemos hoje. Existem pelo menos três maneiras com que as redes sociais e a personalidade podem interagir para influenciar umas às outras, e elas levam a três questões para as quais os psicólogos estão cada vez mais buscando respostas.

1. Apresentamos nosso verdadeiro eu nas redes sociais?
2. O uso de redes sociais influencia ou altera nossa personalidade?
3. Pessoas com personalidades diferentes usam as redes sociais de modos diferentes?

## Você é a mesma pessoa on-line?

Vimos anteriormente que a personalidade pode ser definida pela máscara que usamos, ou seja, pela forma como nos mostramos às pessoas que estão ao nosso redor. Cada vez mais, muitos de nós exibem outra face não pessoalmente, mas pela internet, em sites de redes sociais, como o Facebook. Como resultado, outra definição de nossa personalidade pode ser a forma como os outros nos veem on-line.

No entanto, eles estão nos vendo como realmente somos ou estamos criando on-line uma autoimagem idealizada que desejamos mostrar às outras pessoas? Estamos fingindo ser quem não somos ou estamos expressando uma descrição fiel de nossa personalidade? Algumas pesquisas sugerem que a maioria das pessoas é honesta em relação às suas faces on-line. Estudos conduzidos nos Estados Unidos e na Alemanha descobriram que sites de redes sociais não expressam imagens ou impressões exatas dos perfis de personalidade que oferecemos. Os pesquisadores concluíram que as representações das personalidades apresentadas on-line podem ser tão precisas quanto aquelas mostradas em interações pessoais face a face (Gosling, Gaddis e Vazire, 2007; Back *et al.*, 2010). No entanto, um estudo de grande escala mais recente conduzido na Alemanha descobriu que muitas pessoas tendem a se apresentar on-line como mais estáveis emocionalmente do que são na realidade (Blumer e Doring, 2012). Estudos posteriores revelaram que pessoas introvertidas, neuróticas, solitárias e socialmente desajustadas consideram mais fácil expressar a verdadeira personalidade on-line do que pessoalmente (Marriott e Buchanan, 2014). Também foi descoberto que pessoas com dificuldade de expressar seu verdadeiro eu são mais ativas no Facebook e em outros sites de redes sociais do que aquelas que não se sentem assim (Seidman, 2014).

E as *selfies*, aquelas fotos que tiramos de nós mesmos? Elas mostram nosso verdadeiro eu ou são simplesmente poses e atitudes para causar impacto, impressionar os outros e criar nossos próprios *reality shows*? Uma pesquisa revelou que mulheres enviam mais selfies que homens e que o uso excessivo dessas fotos pode tornar a pessoa menos agradável e até reduzir a intimidade ou a proximidade dos amigos, pois podem reforçar a ideia de que a aparência das pessoas é mais importante do que o comportamento das pessoas em relação aos amigos na vida real (Drexler, 2013; Rutledge, 2013).

É claro que, como sabemos, nem sempre somos honestos na forma como nos apresentamos pessoalmente, em especial quando conhecemos pessoas novas que desejamos impressionar, como um parceiro romântico ou um empregador. Diante de pessoas que já conhecemos há um tempo e com as quais nos sentimos seguros por não representarem ameaças, é menor a probabilidade de fingirmos ser o que não somos. Talvez o que mais diferencie as redes sociais da nossa vida cotidiana seja o fato de que há um público muito mais amplo, e que pode ser alcançado prontamente.

Além disso, agora sabemos que as coisas que publicamos sobre nós também podem ter consequências graves sobre nossas carreiras e nosso futuro quando possíveis empregadores encontram "conteúdo inadequado", como bebedeira, exibição sexual e uso de palavrões nas redes sociais de um candidato. Um estudo descobriu que avaliações com conteúdo negativo em páginas do Facebook resultavam em falsas percepções a respeito da personalidade daquela pessoa. Sites de pessoas que não tinham exposições inadequadas resultavam em avaliações mais precisas da personalidade dela, o que, no mundo real, pode fazer a diferença na hora de ser contratado por uma empresa ou aceito na pós--graduação (Goodman *et al.*, 2014).

## Como as redes sociais influenciam nossa personalidade?

Psicólogos descobriram que o uso de sites de redes sociais como o Facebook pode moldar e refletir nossa personalidade. Um estudo realizado com adolescentes chineses de 13 a 18 anos descobriu que o tempo excessivo gasto usando a internet resultou níveis significativos de ansiedade e depressão em comparação a adolescentes que passam consideravelmente menos tempo on-line (Lam e Peng, 2010). Outra pesquisa descobriu que níveis altos de uso de internet podem reduzir o bem-estar psicológico (o grau de felicidade que sentimos) e diminuir a qualidade das relações com amigos e parceiros românticos (Blais *et al.*, 2008; Huang, 2010a; Kross *et al.*, 2013).

Uma pesquisa on-line com estudantes universitários nos Estados Unidos mostrou que aqueles que passam um tempo falando com seus pais por telefone têm relações pessoais mais satisfatórias e sustentadoras do que os estudantes que se mantêm em contato com os pais por meio de sites de redes sociais. Além disso, estudantes universitários que se comunicam com seus pais em sites de redes sociais relataram maior solidão, ansiedade e conflitos em suas relações com os pais (Gentzler *et al.*, 2011).

Estudos conduzidos em diversos países, como Sérvia, Países Baixos, Hong Kong e Coreia do Sul, demonstraram que as pessoas que relataram uso excessivo das redes sociais tendiam a ser mais solitárias, introvertidas e com autoestima mais baixa do que aquelas que usavam menos (Baek, Bae e Jang, 2013; Milosevic-Dordevic e Zezelj, 2013; Muusses *et al.*, 2014; Yao e Zhong, 2014). Passar muito tempo on-line também pode levar à dependência, que pode ser tão obsessiva e excessiva quanto a dependência de álcool, drogas ou jogos. Também foi demonstrado que o uso excessivo da internet altera partes do cérebro ligadas à depressão e ao aumento da irritabilidade (Mosher, 2011).

## Como a nossa personalidade influencia o uso das redes sociais?

Além de afetar a nossa personalidade, os sites de redes sociais também podem refleti-la. Estudos conduzidos em culturas orientais e ocidentais revelaram que as pessoas mais extrovertidas e narcisistas (com um autoconceito inflado e irreal) tinham uma probabilidade muito maior de usar o Facebook do que aquelas que não tinham pontuações elevadas nessas características de personalidade. Adolescentes mais narcisistas também eram mais propensos a atualizar com mais frequência seus *status* no Facebook (Kuo e Tang, 2014; Michikyan, Subrahmanyam e Dennis, 2014; Ong *et al.*, 2011; Panek, Nardis e Konrath, 2014; Winter *et al.*, 2014).

Outros estudos sugerem que indivíduos que relatavam alto uso de redes sociais tendiam a ser mais extrovertidos, mais abertos a novas experiências, menos conscientes e a ter níveis menores de autoestima e, socialização, além de serem menos estáveis emocionalmente do que aqueles que relatavam menores níveis de utilização (Blackhart *et al.*, 2014; Correa, Hinsley e de Zuniga, 2010; Mehdizadeh, 2010; Papastylianou, 2013; Ross *et al.*, 2009; Weiss, 2014; Wilson, Fornasier e White, 2010).

Diferenças de personalidade entre usuários de telefones celulares também foram estudadas. Um estudo envolvendo adolescentes e adultos na Austrália mostrou que os extrovertidos e aqueles com um forte senso de autoidentidade passam muito mais tempo fazendo ligações e mudando os toques das chamadas e planos de fundo da tela do que os que tiveram pontuações baixas nessas características da personalidade. Estudos também descobriram que aqueles que eram mais neuróticos e menos conscientes e tímidos gastavam mais tempo mandando mensagens de texto em seus telefones celulares do que os que eram menos neuróticos e mais conscientes (Barde e Brady, 2010; Butt e Phillips, 2008; Walsh *et al.*, 2011).

Por fim, o que dizer sobre a personalidade dos indivíduos que se envolvem em ações de "trollagem" na internet, machucando, provocando e irritando outras pessoas ao publicar comentários de ódio, provocadores e depreciativos sobre elas. Como elas são? Evidências mostram que, em sua maioria, os *trolls* são homens com idade média de 29 anos, que, como já é de se esperar, têm alto nível de sadismo. Eles sentem prazer em degradar os outros, pois isso faz que se sintam bem (Buckels, Trapnell e Paulhus, 2014; Lewis, 2014).

A pesquisa também apontou que pessoas mais velhas eram mais propensas a escrever blogues para ajudar e informar os outros; blogueiros mais jovens costumavam ser motivados pelo tédio.

## O papel da raça e do gênero na formação da personalidade

Os teóricos da personalidade aqui discutidos oferecem visões diferentes da natureza da personalidade humana. No entanto, apesar de suas divergências, eles compartilham de algumas características definidoras: todos são brancos, de origem europeia ou norte-americana e quase todos são homens. Não havia nada de extraordinário nessa situação, dado o período no qual a maioria desses pesquisadores e teóricos estava desenvolvendo suas ideias. Naquela época, quase todos os grandes avanços em artes, filosofia, literatura e ciências, inclusive a elaboração do método científico, foram propostos por homens brancos norte-americanos ou europeus. Na maioria dos campos, as oportunidades educacionais e profissionais eram limitadas para mulheres, negros e pessoas de outros grupos étnicos.

Além disso, na área de teoria da personalidade, quase todos os pacientes, clientes e pessoas estudadas em pesquisas nas quais essas teorias se baseavam também eram brancos – até mesmo os ratos de laboratório. Mas a maioria dos pacientes e sujeitos era formada por homens. No entanto, os teóricos da personalidade, confiantemente, ofereciam teorias que, por dedução, deveriam ser válidas para todas as pessoas, independente de gênero, raça ou origem étnica.

Nenhum dos teóricos afirmou explicitamente que suas visões se aplicavam apenas a homens ou a brancos ou a norte-americanos, tampouco que suas ideias poderiam não ser úteis para explicar a personalidade de pessoas que fugiam a esse padrão. Embora os teóricos aceitassem, até certo ponto, a importância das forças sociais e ambientais na modelagem da personalidade, a tendência deles foi ignorar ou minimizar a influência de antecedentes ligados a gênero e etnia.

Sabemos, com base em nossas próprias experiências, que nossos irmãos foram expostos na infância a influências diferentes daquelas a que nós fomos e, como resultado, cresceram com personalidades diferentes. Sabemos também de pesquisas em psicologia social e sociologia que crianças de ambientes diferentes – como de uma cidade do Meio-Oeste dos Estados Unidos com uma população predominantemente branca, um bairro hispânico de Los Angeles, uma aldeia dos Montes Apalaches ou um subúrbio negro abastado – são expostas a influências sociais e culturais diferentes. Se o mundo em que as pessoas vivem e os fatores que afetam sua criação podem ser tão diferentes, com certeza podemos esperar que as personalidades delas também sejam diferentes. E são.

Também sabemos que meninos e meninas costumam ser criados de acordo com estereótipos tradicionais de gênero e que esse tipo de criação influencia a personalidade de diferentes modos. Pesquisas têm documentado diversos casos de diferenças entre homens e mulheres em relação a fatores de personalidade específicos. Por exemplo, um estudo de grande escala sobre a intensidade da expressão e da consciência emocional comparou estudantes universitários de ambos os sexos de duas universidades norte-americanas e estudantes de ambos os sexos de escolas de medicina nos Estados Unidos e na Alemanha. Os resultados mostraram que as mulheres de ambos os países apresentaram mais intensidade e complexidade emocional que os homens (Barrett *et al.*, 2000). Um estudo com mais de 7 mil estudantes universitários de 16 nações islâmicas revelou que as mulheres tiveram pontuação significativamente mais alta em ansiedade que os homens, em 11 das 16 amostras estudadas (Al-Ansari, 2006). Ao longo do livro, veremos muitos exemplos de diferenças de gênero e sexo na personalidade.

## O papel da cultura na formação da personalidade

A influência de forças culturais na personalidade é amplamente reconhecida na psicologia. Uma área de especialização denominada psicologia intercultural promoveu uma grande quantidade de pesquisas que reforçam a conclusão de que a personalidade é formada tanto por influências genéticas quanto ambientais. "Entre as últimas, as mais importantes são as influências culturais" (Triandis e Suh, 2002, p. 135).

Essa conclusão foi demonstrada em um estudo realizado com japoneses que migraram para os Estados Unidos comparados com indivíduos que continuaram morando no Japão. Os que migraram passaram a ter uma personalidade muito mais norte-americana. Eles mudaram significativamente em resposta à mudança cultural (Gungor *et al.*, 2013).

Outra pesquisa revelou que imigrantes chineses recentes no Canadá eram tão introvertidos quanto os chineses de Hong Kong que não saíram do país. No entanto, imigrantes chineses que viviam no Canadá há pelo menos dez anos e, consequentemente, tinham tido maior exposição à cultura ocidental, eram muito mais extrovertidos que eles ou que os moradores de Hong Kong. As forças culturais exerceram um impacto significativo sobre essa característica básica da personalidade (McCrae *et al.*, 1998).

A ansiedade e outras emoções negativas também podem ser relacionadas a diferenças culturais. Quando as experiências de estudantes ásio-americanos foram comparadas com as de euro-americanos em um diário de estudos, foi revelado que os ásio-americanos relataram um número muito maior de emoções negativas em situações sociais que os euro-americanos (Lee, Okazaki e Yoo, 2006). Os ocidentais, em geral, especialmente os norte-americanos, também exibem maior otimismo e têm uma visão mais positiva a respeito de si mesmos e do futuro. Eles até consideram suas equipes esportivas, cidades e amigos como superiores quando comparados aos de culturas asiáticas (Endo, Heine e Lehman, 2000).

Diferenças culturais em grande escala na atividade cerebral e nas características genéticas foram demonstradas no campo relativamente novo da neurociência cultural (Azar, 2010). Usando medidas das atividades de ondas cerebrais, pesquisadores descobriram diferenças no funcionamento do cérebro de pessoas de culturas orientais e ocidentais ao responder aos mesmos estímulos (Park e Huang, 2010). Um estudo demonstrou que as atividades das ondas cerebrais de japoneses e de norte-americanos eram diferentes ao reagir ao mesmo estímulo visual; a diferença é comparada ao nível de submissão ou dominância medido em cada cultura (Freeman, Rule e Ambady, 2009). Nesta seção, e ao longo do livro, veremos diversos exemplos das muitas formas pelas quais a cultura em que vivemos molda nossas personalidades.

## Diferentes crenças culturais sobre destino

O conceito de carma, que vem moldando a visão dos povos da Índia e de outras nações que aceitam o hinduísmo ou o budismo há séculos, pode parecer uma visão fatalista e determinista da natureza humana. Acredita-se que as consequências dos nossos atos presentes e passados determinam o nosso destino. Em outras palavras, as coisas não acontecem porque fazemos que aconteçam, mas sim porque estavam destinadas a acontecer.

Portanto, de acordo com essa concepção, a nossa boa ou má sorte, saúde ou doença, são predeterminadas e independentes de nossos atos. Essa visão pode levar a um tipo passivo e resignado de personalidade, que aceita o que quer que surja no caminho sem motivação para tomar uma atitude que conduza à mudança. Compare tal atitude com uma visão mais típica da cultura norte-americana, que enfatiza a livre escolha, a ação e o papel do esforço e da iniciativa pessoais no sucesso ou no fracasso.

Uma pesquisa revela grandes diferenças culturais entre oriente e ocidente quanto à noção de destino (Norenzayan e Lee, 2010). No entanto, também há evidências de que, à medida que culturas orientais, como a China, se modernizam e, portanto, se tornam mais ocidentalizadas, essa crença cultural tende a se reduzir (Wong, Shaw e Ng, 2010).

## Individualismo

A competitividade individual e a assertividade costumam ser vistas como indesejáveis e contrárias aos padrões culturais asiáticos. As culturas ocidentais são tipicamente retratadas como o oposto. Por exemplo, quando estudantes universitários da Austrália foram comparados com universitários do Japão, descobriu-se que os australianos enfatizavam a importância da individualidade muito mais que os japoneses, enquanto os estudantes japoneses eram mais orientados para o coletivo ou para o grupo (Kashima *et al.*, 2004). Em outro exemplo, um candidato a emprego ásio-americano recém-imigrado para os Estados Unidos e que ainda não tenha adquirido os valores e convicções norte-americanos provavelmente terá uma pontuação baixa em um teste de personalidade que meça fatores como competitividade, assertividade e autopromoção. Essa pessoa provavelmente seria considerada deficiente, não estando à altura dos padrões norte-americanos, e possivelmente não conseguiria o emprego.

Em uma sociedade individualista, o foco está na liberdade, na escolha e na ação pessoal. Em uma sociedade coletivista, o foco está nas normas, nos valores e nas expectativas do grupo, bem como em outras limitações culturais do comportamento. Membros de culturas individualistas exibem maior extroversão, autoestima, felicidade (ou bem-estar subjetivo), otimismo em relação ao futuro e uma crença em suas habilidades de controlá-lo e direcioná-lo. Por exemplo, um grande estudo realizado com mais de 400 milhões de pessoas em 63 países revelou que o traço de personalidade do individualismo estava forte e regularmente relacionado ao bem-estar positivo (Fischer e Boer, 2011).

Diferenças genéticas entre pessoas pertencentes a culturas coletivistas em relação às pertencentes a culturas individualistas foram ligadas a níveis menores de ansiedade e depressão nas culturas coletivistas e maiores em culturas individualistas (Chiao e Blizinsky, 2010).

Estudantes universitários dos Estados Unidos obtiveram pontuações significativamente mais altas que os do Japão em medidas de autoeficiência, ou seja, o sentimento de ser adequado, eficiente e competente para enfrentar a vida e exercer controle sobre os eventos dela (Morling, Kitayama e Miyamoto, 2002). Notou-se que universitários da Austrália eram significativamente mais agradáveis, conscientes, otimistas e satisfeitos com suas vidas do que estudantes de Cingapura (Wong *et al.*, 2009).

Outra pesquisa encontrou diferenças no bem-estar subjetivo entre estudantes ásio-americanos e euro-americanos da mesma universidade nos Estados Unidos. Os estudantes euro-americanos obtinham o sentimento de bem-estar perseguindo metas de satisfação pessoal, enquanto os ásio-americanos pareciam "obter e manter seu bem-estar atingindo metas que perseguiam para tornar outras pessoas importantes (como os pais) felizes e [para] atender às expectativas de outros" (Oishi e Diener, 2001, p. 1.680)

Assim, os elementos causadores de motivação e satisfação a esses estudantes, bem como a imagem que eles têm da natureza humana, diferem conforme sua bagagem cultural. Além disso, uma comparação entre universitários japoneses e norte-americanos revelou que estes tinham probabilidade muito maior de usar termos positivos para descreverem a si mesmos, enquanto os estudantes japoneses tinham maior probabilidade de usar termos negativos (Kanagawa, Cross e Markus, 2001).

Isso demonstra que o grau de concentração e de incentivos ao individualismo de uma cultura tem um efeito poderoso sobre a personalidade dos cidadãos.

## Práticas de criação dos filhos

O impacto das diferenças culturais nas práticas de criação dos filhos sobre o comportamento e a personalidade também é significativo. Na cultura individualista dos Estados Unidos, os pais tendem a não ser coercitivos, e sim democráticos e permissivos ao educar os filhos. Nas culturas coletivistas, principalmente das sociedades árabes, as práticas dos pais tendem a ser mais autoritárias, restritivas e controladoras.

Estudos de adolescentes em diversos países árabes mostraram que eles se sentem mais ligados aos pais do que os adolescentes norte-americanos. Os pesquisadores observaram que os adolescentes árabes

> *Seguem as orientações dos pais em todos os setores da vida, como comportamento social, relações interpessoais, casamento, preferências ocupacionais e atitudes políticas [...] eles não sentem que sofrem com o estilo autoritário dos pais e estão até satisfeitos com esse modo de vida.* (Dwairy et al., 2006, p. 264)

O estudo concluiu que as práticas autoritárias dos pais não afetavam, como era de se esperar, a saúde mental ou o bem-estar emocional dos adolescentes árabes, como aconteceria em culturas ocidentais mais liberais.

Foi constatado que mães chinesas que vivem no Canadá eram mais autoritárias na criação de seus filhos que as mães não chinesas no Canadá (Liu e Guo, 2010). Mães turcas vivendo na Alemanha e que estavam mais integradas à cultura alemã enfatizavam muito mais objetivos individualistas para seus filhos do que as mães turcas que não estavam tão integradas (Durgel *et al.*, 2009).

Obviamente, essas diferenças no modo de educar as crianças e os valores resultantes vão influenciar o desenvolvimento de personalidades diferentes.

## Autovalorização

A autovalorização é definida como a tendência de se promover agressivamente e se tornar conspícuo. O oposto dela, a autoanulação, é considerado um sentimento mais relacionado aos valores culturais das sociedades asiáticas, o que foi confirmado em um estudo de laboratório que comparava estudantes universitários canadenses e japoneses. De acordo com esse estudo, a autovalorização era muito mais prevalente entre os estudantes canadenses, enquanto a autocrítica era significativamente mais evidente entre os estudantes japoneses (Heine, Takata e Lehman, 2000).

Resultados semelhantes foram obtidos em três outros estudos que comparavam culturas coletivistas e culturas individualistas por meio de autoavaliações e respostas a questionários. Os sujeitos nesses casos eram estudantes universitários japoneses em comparação com estudantes universitários norte-americanos, e estudantes de segundo grau e universitários chineses de Cingapura em comparação com estudantes de segundo grau e universitários judeus de Israel. Os resultados de ambos os estudos mostraram que aqueles de culturas coletivistas (Japão e China) tinham uma autocrítica significativamente mais elevada e uma autovalorização significativamente mais baixa do que aqueles de culturas individualistas (Estados Unidos e Israel) (Heine e Renshaw, 2002; Kurman, 2001). Um estudo que comparou pessoas dos Estados Unidos, do México, da Venezuela e da China descobriu que os chineses demonstravam uma tendência maior à autoanulação que os membros de outras culturas (Church *et al.*, 2014).

Culturas nórdicas, como as da Noruega, Suécia e Dinamarca, ainda fornecem um exemplo de outro tipo de influência. O conceito cultural de *Janteloven*\* impõe às pessoas que não coloquem seus interesses acima dos interesses da sua comunidade e que demonstrem humildade na presença de outras pessoas. Uma comparação entre estudantes universitários nos Estados Unidos e na Noruega revelou que os norte-americanos atribuíam a si mesmos uma classificação significativamente acima da média em traços de personalidade positivos e abaixo da média em traços negativos do que os estudantes noruegueses. Essa tendência de autovalorização entre os estudantes dos Estados Unidos, que não foi encontrada no mesmo grau entre os estudantes noruegueses, parece ser induzida culturalmente, determinada por valores ensinados nos diferentes países (Silvera e Seger, 2004).

Também foram encontradas grandes diferenças no individualismo entre culturas que não estão tão distantes geograficamente. É razoável esperar diferenças entre culturas orientais, como o Japão, e ocidentais, como os Estados Unidos, mas foram encontradas diferenças entre culturas europeias, como Espanha e Holanda. Uma comparação usando um inventário de autorrelato de pessoas desses países confirmou as descobertas anteriores. Os espanhóis estão mais preocupados com questões de honra e de valores ligados à família, como segurança familiar, respeito pelos pais e reconhecimento dos outros. Em contraposição, os holandeses tiveram pontuação mais alta em valores individualistas, como ambição, capacidade e independência (Rodriguez-Mosquera, Manstead e Fischer, 2000).

Caso você se considere alguém que se autovaloriza, anime-se. Talvez não seja tão ruim. Pesquisas em vários países da Europa descobriram que as pessoas com essa característica eram classificadas por outros indivíduos como emocionalmente estáveis, socialmente atraentes e influentes (Dufner *et al.*, 2013). Por fim, um estudo feito com universitários norte-americanos revelou que pessoas com níveis elevados de autoestima e autovalorização procuram parceiros que compartilhem suas próprias características. Em outras palavras, aqueles que se autovalorizam procuram por alguém que seja tão bom quanto eles pensam que são (Brown, Brown e Kovatch, 2013).

## Uma diversidade de culturas

Como vimos, houve grandes avanços na investigação de uma ampla variedade de diferenças culturais na pesquisa da personalidade nos últimos anos. No entanto, ainda é verdade que foram conduzidas muito menos pesquisas sobre personalidade em países africanos e sul-americanos do que em países de língua inglesa ou em muitos dos países da Europa e da Ásia. Além disso, diversas pesquisas realizadas com essas populações não foram amplamente publicadas em língua inglesa.

Outro problema que limita a aplicabilidade da pesquisa de personalidade intercultural é que a maioria dos estudos é feita com universitários norte-americanos. Um dos objetivos deste livro é mostrar resultados de pesquisas sobre uma seleção mais diversa e representativa de pessoas. Os estudos que você lerá aqui são provenientes de mais de 40 países, todos eles listados na contracapa, e de uma variedade de faixas etárias, culturas, religiões e etnias. Não vamos abordar somente a personalidade de universitários norte-americanos brancos. ⊕

# Avaliando sua personalidade

Examinar algo significa fazer uma avaliação. A avaliação da personalidade é uma área importante da aplicação da psicologia às preocupações do mundo real. Psicólogos clínicos, por exemplo, buscam entender os sintomas de seus pacientes tentando avaliar a personalidade deles, diferenciando entre comportamentos e sentimentos normais e anormais. Só assim eles podem diagnosticar transtornos e

---

\* A Lei de Jante foi criada pelo autor norueguês/dinamarquês Aksel Sandemose em seu romance *En flyktning krysser sitt spor* (Um refugiado segue o seu rasto), de 1933, no qual descreve uma cidade fictícia, Jante. Nesta cidade existia a tendência do coletivo desvalorizar todo aquele que é diferente ou que tem mais êxito que outros. Essa forma de pensar de muitas cidades pequenas da Escandinávia parece ser um paradigma cultural. (N. do R.T.)

determinar a melhor terapia. Psicólogos que trabalham em escolas avaliam a personalidade dos alunos que lhes são enviados para tratamento, tentando descobrir as causas dos problemas de adaptação ou aprendizado. Psicólogos organizacionais avaliam a personalidade para selecionar o melhor candidato para determinado cargo. Psicólogos que trabalham com orientação avaliam a personalidade para encontrar o melhor cargo para determinado candidato, associando os requisitos para a função com seus interesses e necessidades. Psicólogos pesquisadores avaliam a personalidade de seus sujeitos na tentativa de explicar seu comportamento em um experimento ou de relacionar os traços de sua personalidade com outras métricas.

Assim, independente do que você faz na vida ou de qual seja o seu trabalho, é difícil evitar que sua personalidade seja avaliada de alguma forma. Na verdade, muito do seu sucesso em seu local de trabalho será determinado pelo seu desempenho em diversos testes psicológicos. Portanto, é importante possuir algum conhecimento de como são esses testes e de como funcionam.

## Os conceitos de confiabilidade e validade

As melhores técnicas de avaliação da personalidade utilizam os princípios de **confiabilidade** e **validade**.

**Confiabilidade**
Consistência de respostas a um instrumento de avaliação psicológica.

**Confiabilidade.** Envolve a consistência de respostas a um método de avaliação psicológica. Se você realizou o mesmo teste em dois dias diferentes e recebeu duas pontuações extremamente diferentes, esse teste não poderá ser considerado confiável, porque seus resultados não foram consistentes. Ninguém poderá se basear nele para fazer uma avaliação adequada da sua personalidade. É comum encontrar uma ligeira variação na pontuação quando o teste é refeito, mas se essa variação for grande, provavelmente há algo errado com o teste ou com o método de pontuá-lo.

**Validade**
O grau em que um instrumento de avaliação mede o que se pretende medir.

**Validade.** Refere-se ao fato de o método de avaliação medir ou não o que se pretende. Um teste de inteligência mede de fato a inteligência? E o de ansiedade mede a ansiedade? Se não medir, então não é válido e os resultados não podem ser utilizados para predizer o comportamento. Por exemplo, sua pontuação em um teste de inteligência sem validade, por mais alta que seja, não terá utilidade para predizer como você irá se sair na faculdade ou em qualquer outra situação que requeira um alto nível de inteligência. Um teste de personalidade sem a característica da validade pode fornecer um quadro errôneo dos seus pontos emocionais fortes e fracos e não terá valor para você ou para um possível empregador.

**Métodos de avaliação.** Os teóricos da personalidade discutidos neste livro criaram diferentes métodos para avaliar a personalidade de acordo com suas teorias e, aplicando-os, obtiveram os dados nos quais basearam suas formulações. As técnicas variam em objetividade, confiabilidade e validade e vão de interpretação de sonhos e lembranças de infância a testes feitos no papel e aplicados por computadores. Hoje em dia, os principais enfoques de avaliação da personalidade são:

- ■ Inventários objetivos ou de autorrelatos.
- ■ Técnicas projetivas.
- ■ Entrevistas clínicas.
- ■ Procedimentos de avaliação comportamental.
- ■ Amostragem de ideias e experiência.

## Testes de personalidade de autorrelato

A abordagem do **inventário de autorrelato** envolve pedir às pessoas que falem sobre si mesmas, respondendo a perguntas sobre seu comportamento e sensações em várias situações. Esses testes incluem itens que lidam com sintomas, atitudes, interesses, receios e valores. Quem se submete a eles indica quão verdadeiramente cada afirmação descreve suas características ou quanto concorda com cada item. Diversos inventários de autorrelato de personalidade são usados hoje em dia, como veremos nos próximos capítulos, mas um dos mais úteis é o Inventário Multifásico Minnesota de Personalidade (do inglês, Minnesota Multiphasic Personality Inventory, ou MMPI).

**Inventário de autorrelato**
Técnica de avaliação da personalidade na qual os sujeitos do estudo respondem a perguntas sobre seus comportamentos e sensações.

**Inventário Multifásico Minnesota de Personalidade (MMPI).** Traduzido para mais de 140 idiomas, este talvez seja o teste psicológico mais amplamente utilizado no mundo (Butcher, 2010; Cox, Weed e Butcher, 2009). Publicado pela primeira vez em 1943, foi revisado em 1989 para tornar a linguagem mais contemporânea e não sexista. A revisão mais recente é o MMPI-2-RF (forma reestruturada), lançado em 2008. O MMPI é um teste de verdadeiro/falso composto de 567 afirmações.

Os itens abrangem: saúde física e psicológica, atitudes sociais e políticas, fatores educacionais, profissionais, familiares e conjugais, além de tendências a comportamentos neuróticos e psicóticos. As escalas clínicas do teste medem características de personalidade, como: papel do gênero, defesas, depressão, histeria, paranoia, hipocondria e esquizofrenia. Alguns itens podem ser pontuados para determinar se quem se submeteu ao teste estava fingindo, foi descuidado ou não entendeu corretamente as instruções.

Por exemplo, pesquisas demonstraram que o MMPI-2-RF é capaz de diferenciar corretamente as pessoas que têm dores físicas genuínas daquelas que estão fingindo para solicitar o pagamento de benefícios por invalidez (Crighton *et al.*, 2013). Também descobriram que o teste identifica pessoas que estão fingindo sintomas de transtorno de estresse pós-traumático (TEPT) e aquelas que sofrem genuinamente com ele (Mason *et al.*, 2013). Outros estudos revelaram que pessoas com distúrbios mentais podem aprender (por instruções on-line) a responder o MMPI de modo a ocultar os sintomas e aparentar ser mentalmente saudáveis (Hartmann e Hartmann, 2014).

Exemplos dos tipos de afirmações do MMPI são mostrados no Quadro 1.2.

O MMPI-2 é utilizado com adultos, nas pesquisas sobre personalidade, como um instrumento de diagnóstico de problemas de personalidade e para orientação vocacional e pessoal. Em 1992, foi

---

**QUADRO 1.2** ▪ Itens simulados a partir do Inventário Multifásico Minnesota de Personalidade (MMPI). Responda "verdadeiro" ou "falso"

____ Às vezes eu sinto fortes cólicas intestinais.

____ Estou sempre muito tenso no meu trabalho.

____ Às vezes sinto como se algo pressionasse minha cabeça.

____ Gostaria de fazer novamente algumas coisas que já fiz.

____ Já gostei de dançar nas minhas aulas de ginástica.

____ Angustia-me o fato de pessoas terem ideias erradas a meu respeito.

____ As coisas que passam pela minha cabeça são, às vezes, horríveis.

____ Há coisas lá fora querendo me pegar.

____ Às vezes eu penso tão rápido que não consigo acompanhar.

____ Eu desisto facilmente quando discuto com os outros.

criado o MMPI-A, para ser usado com adolescentes. A quantidade de perguntas foi reduzida de 567 para 478, para diminuir o tempo e o esforço necessários para administrá-lo.

Ambas as formas do teste têm suas falhas, sendo uma delas a sua extensão, pois é necessário um tempo considerável para responder diligentemente à grande quantidade de itens. Algumas pessoas perdem o interesse e a motivação muito antes de terminar. Além disso, alguns dos itens desse e de outros inventários de personalidade lidam com características extremamente pessoais e algumas pessoas consideram isso invasão de privacidade, especialmente quando têm de fazer o teste para conseguir um emprego. Mesmo assim, apesar da extensão e do problema de privacidade, o MMPI-2 é um teste válido que diferencia neuróticos de psicóticos e pessoas emocionalmente sadias de emocionalmente perturbadas. Portanto, ele continua sendo um instrumento de diagnóstico bastante válido.

**Avaliação dos inventários de autorrelato.** Embora existam vários inventários de autorrelato para avaliar diversas facetas da personalidade, os testes nem sempre são adequados para pessoas com nível de inteligência abaixo do normal ou para aquelas com capacidade de leitura limitada. Até mesmo pequenas mudanças na redação das perguntas ou nas alternativas de resposta dos inventários podem levar a grandes mudanças nos resultados. Por exemplo, quando se perguntou a adultos o que eles achavam mais importante para as crianças aprenderem, 61,5% optaram pela alternativa "pensar por si mesmas". Mas, quando se pediu a eles que dessem a resposta – e não era fornecida lista de alternativas –, só 4,6% elaboraram essa resposta ou outra semelhante (Schwarz, 1999).

Existe também a tendência de dar respostas que pareçam socialmente mais aceitáveis ou desejáveis, em especial quando o teste é parte do processo seletivo para um emprego. Suponha que você esteja se candidatando a um trabalho que quer muito e tenha de responder a essa pergunta: "fico muito tenso com frequência no trabalho". Você responderia "sim"? Nós também não. Quando estudantes universitários se submeteram a um teste de autorrelato com instruções para responderem de modo a parecerem tão bons e tão socialmente aceitáveis quanto possível, eles foram mais cuidadosos nas respostas e levaram mais tempo para completar o teste do que os estudantes que não tinham tido a mesma orientação (Holtgraves, 2004). Resultados semelhantes foram mostrados com outros inventários de autorrelato. A maioria dos sujeitos achou fácil dar respostas falsas quando solicitada a fazê-lo em estudos de pesquisa (McDaniel *et al.*, 2009).

Apesar desses problemas, os inventários autorrelatos continuam sendo o enfoque mais objetivo da avaliação da personalidade. A maior vantagem deles é que foram elaborados para que a pontuação seja obtida de maneira objetiva e rápida por meio de programas de avaliação de personalidade automatizados, que fornecem um perfil de diagnóstico completo das respostas dos indivíduos que realizaram o teste.

## Aplicação computadorizada de testes

Como tudo hoje em dia, os inventários de autorrelato também podem ser feitos on-line. Muitas empresas preferem que os candidatos a um emprego façam o teste desse modo, como método de pré-seleção, em lugar de despender tempo e ocupar espaço nos escritórios da empresa. As vantagens da aplicação computadorizada de testes incluem:

- Consumo de menos tempo no processo e na organização.
- Custos inferiores.
- Pontuação mais objetiva.
- O método é prontamente aceito pelos membros mais jovens da força de trabalho.
- Evita que quem se submete aos testes olhe as questões mais à frente (o que pode ser feito com os tradicionais testes em papel), e que mude respostas já dadas.

Um considerável volume de pesquisas confirmou a utilidade dessa abordagem. Não foram encontradas diferenças significativas entre as respostas a inventários de autorrelato feitos no papel e os mesmos testes aplicados on-line (ver, por exemplo, Chuah, Drasgow e Roberts, 2006; Clough, 2009; Luce *et al.*, 2007; Naus, Philipp e Samsi, 2009).

Também foi demonstrado que a maioria de nós tem uma grande probabilidade de revelar informações potencialmente embaraçosas quando responde a inventários de autorrelato on-line do que a testes em papel aplicados por um examinador ao vivo. Isso é compreensível, afinal, a sensação de anonimato e privacidade é maior quando se interage com um computador e isso, portanto, acaba levando as pessoas a fornecerem mais informações pessoais.

## Técnicas projetivas

Os psicólogos clínicos elaboraram **testes projetivos de personalidade** para seu trabalho com pessoas emocionalmente perturbadas. Inspirados pela ênfase de Sigmund Freud na importância do inconsciente, esses testes tentam investigar essa parte invisível da nossa personalidade. A teoria subjacente às técnicas projetivas é a de que, quando deparamos com um estímulo ambíguo, como um borrão ou uma figura que pode ser interpretada de mais de uma forma, projetamos nossas necessidades, temores e valores mais íntimos no estímulo quando temos de descrevê-lo.

> **Teste projetivo**
> Um meio de avaliação da personalidade em que os sujeitos projetam suas necessidades pessoais, medos e valores nas interpretações ou na descrição de um estímulo ambíguo.

Como a interpretação dos resultados dos testes projetivos é subjetiva, eles não têm um alto grau de confiabilidade ou validade. É comum examinadores terem impressões diferentes sobre a mesma pessoa com base nos resultados de um teste projetivo. Nesse caso, a confiabilidade entre avaliadores é considerada baixa. Mesmo assim, esses testes são amplamente utilizados para fins de avaliação e diagnóstico. Dois testes projetivos populares são as manchas de tinta de Rorschach e o Teste de Apercepção Temática (TAT).

**Técnica da mancha de Rorschach.** O Rorschach foi criado em 1921 pelo psiquiatra suíço Hermann Rorschach (1884-1922), que era fascinado por manchas de tinta desde a infância. Quando menino, conheceu um jogo popular denominado *klecksographie* ou *blotto*, no qual as crianças dão suas interpretações sobre desenhos de várias manchas. Rorschach ficou tão interessado em borrões que, na adolescência, recebeu o apelido de *Klecks*, que em alemão quer dizer borrão de tinta. Posteriormente, quando estava fazendo residência hospitalar em psiquiatria, depois de receber seu título de doutor, ele e um amigo jogavam *blotto* com seus pacientes para passar o tempo. Rorschach notou diferenças consistentes entre as respostas dos pacientes e aquelas oferecidas por crianças em idade escolar para as mesmas manchas.

Quando desenvolveu seu teste com as manchas, Rorschach criou-as derramando pingos de tinta em um papel em branco e dobrando-o ao meio (veja Figura 1.1). Depois de experimentar vários padrões, decidiu-se por dez borrões, simplesmente porque não tinha dinheiro para imprimir mais do que isso. Ele escreveu sobre seu trabalho com borrões, mas a publicação foi um fracasso. Poucas cópias foram vendidas e as poucas críticas que recebeu foram negativas. Embora, posteriormente, o teste tenha se tornado muito popular, Rorschach ficou deprimido e morreu nove meses após a publicação do seu trabalho.

**Usando o Rorschach.** Os cartões com as manchas de tinta são mostrados um de cada vez (alguns em preto, outros coloridos) e as pessoas que estão fazendo o teste devem descrever o que estão vendo. Depois, os cartões são mostrados uma segunda vez, e o psicólogo faz perguntas específicas sobre a resposta anterior. O examinador também observa o comportamento durante a sessão de teste, reparando nos gestos, na reação a determinados borrões e na atitude geral das pessoas que estão fazendo o teste.

As respostas podem ser interpretadas de várias maneiras, dependendo de o paciente relatar que está vendo movimento, figuras humanas, animais, objetos animados ou inanimados e figuras parciais

Kovalchuk Oleksandr/Shutterstock.com

**FIGURA 1.1** ▪ **Uma mancha semelhante à de Rorschach.**

ou inteiras. Tentou-se padronizar a aplicação, contagem de pontos e interpretação do Rorschach, e a tentativa mais bem-sucedida – o Sistema Compreensivo – pretende, com base em uma pesquisa considerável, aumentar a confiabilidade e validade (Exner Jr., 1993).

Não existe um consenso universal sobre a utilidade e a validade do Rorschach, mesmo com os critérios do Sistema Compreensivo de pontuação. Alguns pesquisadores concluíram que o Rorschach não tem base científica; outros insistem que o teste é tão válido como qualquer outra métrica de avaliação da personalidade. Contudo, ele continua sendo uma técnica de avaliação difundida na pesquisa da personalidade e na prática clínica.

O Rorschach é amplamente usado em pesquisas na Europa e na América do Sul. As pesquisas sobre validade costumam apoiar mais o MMPI do que o Rorschach. Assim, o MMPI pode ser usado com mais confiança, especialmente junto a grupos étnicos minoritários e grupos culturais diversos (veja, por exemplo, Wood *et al.*, 2002).

**Teste de Apercepção Temática (TAT).** Henry Murray e Christiana Morgan criaram o TAT (Morgan e Murray, 1935), um teste composto de 19 figuras ambíguas, mostrando uma ou mais pessoas, e um cartão em branco. As figuras são vagas quanto aos eventos ilustrados e podem ser interpretadas de diferentes maneiras. Pede-se a quem o estiver fazendo que crie uma história sobre as pessoas e os objetos da figura e descreva o que levou àquela situação, o que as pessoas estão pensando e sentindo e o que, provavelmente, irá acontecer no final da história criada. No trabalho clínico, os psicólogos consideram vários fatores para interpretar essas histórias, como os tipos de relacionamento pessoal envolvidos, as motivações dos personagens e o grau de contato com a realidade demonstrado por eles.

Não há sistemas objetivos de contagem de pontos para o TAT, e seus níveis de confiabilidade e validade são baixos quando o teste é utilizado para fins de diagnóstico. Contudo, o TAT revelou-se útil para fins de pesquisa; para tanto, foram desenvolvidos sistemas de pontuação para medir aspectos específicos da personalidade, como necessidade de realização, afiliação e poder. Esse teste continua sendo útil na prática clínica (Gieser e Wyatt-Gieser, 2013).

**Outras técnicas projetivas.** Os testes de associação de palavras e de complementação de sentenças são técnicas projetivas adicionais que os psicólogos utilizam para avaliar a personalidade. No teste de associação de palavras, lê-se uma lista de palavras para a pessoa e pede-se a ela que responda com a primeira palavra que lhe vier à mente. As palavras respondidas são analisadas quanto à sua natureza comum ou fora do comum, à sua possível indicação de tensão emocional e à sua relação com conflitos sexuais. A velocidade da resposta é considerada importante.

O teste de complementação de sentenças também requer respostas verbais. Pede-se às pessoas que terminem frases como: "A minha ambição é..." ou "O que me preocupa...". A interpretação das respostas de ambas as abordagens pode ser altamente subjetiva. No entanto, alguns testes de complementação de sentenças, como o *Rotter Incomplete Sentence Blank*, oferecem uma contagem de pontos mais objetiva.

## Entrevistas clínicas

Além dos testes psicológicos específicos utilizados para avaliar a personalidade de uma pessoa, a avaliação geralmente inclui entrevistas clínicas. Afinal, pressupõe-se que podem ser obtidas informações valiosas conversando-se com quem estiver sendo avaliado e fazendo-se perguntas relevantes sobre suas experiências de vida passadas e presentes, relacionamentos sociais e familiares e os problemas que o levaram a procurar ajuda psicológica. Pode-se investigar uma vasta gama de comportamentos, sensações e ideias na entrevista, incluindo aparência geral, conduta e atitude; expressões faciais, postura e gestos; preocupações; grau de autocompreensão e nível de contato com a realidade.

Dispondo dos resultados dos testes psicológicos, como o MMPI, que normalmente são aplicados antes ou durante uma série de sessões de entrevistas, o psicólogo pode se concentrar nos problemas indicados pelos resultados dos testes e explorar essas áreas com mais detalhes. A interpretação do material das entrevistas é subjetiva e pode ser afetada pela orientação teórica e pela personalidade do entrevistador. Mesmo assim, as entrevistas clínicas continuam sendo uma técnica amplamente utilizada para avaliar a personalidade e um instrumento útil quando complementado por procedimentos mais objetivos.

## Avaliação comportamental

Na abordagem da avaliação comportamental, um observador avalia o comportamento da pessoa em determinada situação. Quanto melhor ele conhecer a pessoa que estiver sendo avaliada, e quanto maior for a frequência de interação entre eles, mais precisas serão suas avaliações (Connelly e Ones, 2010). Os psicólogos Arnold Buss e Robert Plomin elaboraram um questionário para avaliar o grau dos vários temperamentos presentes em gêmeos do mesmo sexo (Buss e Plomin, 1984). Pediu-se a mães de gêmeos que, com base na observação de seus filhos, assinalassem os itens que melhor descrevessem exemplos específicos e facilmente discerníveis do comportamento deles. O Quadro 1.3 apresenta amostras de itens do questionário.

Como verificamos na seção de entrevistas clínicas, os psicólogos observam rotineiramente o comportamento de seus clientes, levando em consideração, por exemplo, expressões faciais, gestos nervosos e aparência geral, e utilizam essas informações na formulação de seus diagnósticos. Essas observações são menos sistemáticas que os procedimentos formais de avaliação do comportamento, mas os resultados podem oferecer compreensões valiosas.

## Avaliação de ideias e experiências

Na abordagem comportamental da avaliação da personalidade, vimos que comportamentos específicos são monitorados por observadores treinados. Na abordagem de avaliação de amostragem

---

**QUADRO 1.3** ▪ Amostras de itens da pesquisa de temperamento EASI* de Buss e Plomin

___ A criança tende a chorar facilmente.

___ A criança tem um temperamento ativo.

___ A criança não consegue ficar sentada por muito tempo.

___ A criança faz amigos facilmente.

___ A criança tende a ser tímida.

___ A criança muda rapidamente de um brinquedo para outro.

* Do inglês: Emotionality, Activity, Sociability, Impulsivity. (N.E.)

---

de ideias, as ideias da pessoa são registradas sistematicamente para oferecer uma amostra referente a determinado período de tempo. Como ideias são experiências particulares e não podem ser vistas por mais ninguém, o único que pode fazer esse tipo de observação é o indivíduo cujas ideias estão sendo estudadas.

Nesse procedimento, portanto, o observador e aquele que está sendo observado são a mesma pessoa. O procedimento de avaliação de amostragem de ideias costuma ser utilizado com grupos, mas também tem sido aplicado individualmente para ajudar no diagnóstico e tratamento. Pode-se pedir ao cliente para escrever ou gravar ideias e estados de humor, para posterior análise pelo psicólogo.

Uma variação da amostragem de ideias é o método de amostragem de experiências. Ele é aplicado de maneira semelhante ao da amostragem de ideias, mas pede-se aos participantes que também descrevam os contextos social e ambiental nos quais a experiência esteja ocorrendo. Por exemplo, pode-se pedir aos participantes do estudo para observar se estavam sós ou não quando o bip eletrônico soou, alertando-os para registrar suas experiências ou, ainda, perguntar-lhes o que precisamente estavam fazendo ou onde se encontravam. O objetivo desse método é determinar como as ideias ou os estados de humor podem ser influenciados pelo contexto em que ocorrem.

As pesquisas de amostragem de ideias contam com avanços tecnológicos, como smartphones, para permitir que os participantes registrem suas avaliações de forma mais rápida e fácil. Os dados eletrônicos podem conter a data e a hora do registro, permitindo assim que os pesquisadores consigam saber se as avaliações estão sendo registradas nos horários e intervalos solicitados. Quando são inseridas em algum momento após a experiência, elas podem ser influenciadas pelos caprichos da memória.

Um exemplo da abordagem da amostragem de experiências para avaliação de personalidade envolveu um grupo de universitários que mantiveram um diário na internet por 28 dias. Cada entrada de texto deveria descrever o humor deles, bem como eventos estressantes e a maneira como lidaram com eles. Talvez não seja surpresa descobrir que o principal tipo de evento negativo estava relacionado a assuntos acadêmicos. O segundo tipo mais relatado de evento negativo foram as questões interpessoais – conviver bem com os outros (Park, Armeli e Tennen, 2004). Outras abordagens da avaliação da personalidade poderiam não ter descoberto essas informações com tanta facilidade.

Um estudo de amostragem de experiências realizado com estudantes japoneses revelou que aqueles que relatavam ter pensamentos repetitivos e obsessivos à noite a respeito de algo em suas vidas tinham problemas para dormir, além de ter sono irregular e por períodos mais curtos do que estudantes que não relatavam esses tipos de pensamentos (Takano, Sakamoto e Tanno, 2014).

Uma possível limitação da experiência do método de amostragem é que os sujeitos podem estar tão ocupados fazendo outras coisas que se esquecem ou simplesmente não respondem ou registram atividades quando são alertados para tal. Como resultado, os dados úteis podem ser restritos apenas aos participantes mais conscientes da pesquisa. Também é possível que emoções ou humores – como raiva ou tristeza – afetem a natureza da informação relatada (Scollon, Kim-Prieto e Diener, 2009). De modo geral, no entanto, o método é útil para os pesquisadores e fornece dados comparáveis àqueles dos inventários de autorrelato.

## Questões de gênero e etnia na avaliação

**Gênero.** A avaliação da personalidade pode ser influenciada pelo gênero de uma pessoa. Por exemplo, mulheres tendem a fazer menos pontos do que os homens em testes de assertividade, uma diferença que pode ser resultante do condicionamento cultural do papel dos sexos, que, tradicionalmente, leva meninas e jovens mulheres a não se afirmarem. No entanto, qualquer que seja o motivo, os resultados costumam mostrar diferenças entre homens e mulheres em uma série de características e em qualquer idade. Por exemplo, um estudo com 474 crianças, com 11 anos de idade, em média, mostrou que, entre as meninas, o nível de depressão e a preocupação relativa com o que os outros pensam eram mais altos do que entre os meninos (Rudolph e Conley, 2005).

Além disso, uma quantidade considerável de dados dos testes de personalidade, das entrevistas clínicas e outras medidas de avaliação indicam índices diferenciais de diagnóstico de vários problemas emocionais com base no sexo da pessoa. As mulheres são mais diagnosticadas com depressão, ansiedade e distúrbios afins do que os homens. Foram dadas várias explicações. De fato, pode haver uma incidência maior desses problemas entre as mulheres por predisposição, ou a taxa diferencial pode estar relacionado ao viés de gênero ou a estereótipos de gênero na interpretação dos resultados da avaliação.

Além disso, os terapeutas que recomendam opções de tratamento com base nos resultados da avaliação podem ter preconceitos contra mulheres. A duração média da terapia para mulheres tende a ser mais longa do que para homens, e as doses de medicamentos psicoativos receitadas para mulheres tendem a ser mais altas do que para homens.

**Asiáticos.** A população ásio-americana nos Estados Unidos é um grupo heterogêneo e inclui chineses, japoneses, filipinos, tailandeses, coreanos e vietnamitas, entre outros. Um teste psicológico como o MMPI, validado na principal cidade da China, pode não ser válido para os chineses que vivem nos Estados Unidos ou mesmo para aqueles que vivem em outras partes da China. Embora o MMPI e outros testes de personalidade tenham sido traduzidos para as línguas asiáticas, pouca pesquisa se fez sobre sua confiabilidade e validade quanto ao uso com ásio-americanos.

Vimos anteriormente que existem diferenças culturais substanciais e consistentes entre asiáticos e não asiáticos. Ásio-americanos tendem a ver qualquer tipo de transtorno mental ou formal como uma condição vergonhosa e ficam embaraçados em admiti-la, tendo, assim, menor probabilidade de procurar tratamento para problemas emocionais junto a terapeutas. Pesquisas mostraram consistentemente que ásio-americanos, especialmente imigrantes de primeira geração, subutilizam serviços de tratamento de saúde mental. Aqueles nascidos nos Estados Unidos são quase duas vezes mais propensos a buscar tratamentos do que os nascidos fora dos Estados Unidos (Meyer *et al.*, 2009). Descobriu-se que estudantes chineses de primeira geração nos Estados Unidos tinham uma probabilidade significativamente menor de buscar tratamento para questões emocionais do que estudantes europeus de primeira geração no mesmo país (Hsu e Alden, 2008). Ásio-americanos tendem também a esperar até que o transtorno se torne severo antes de procurar ajuda e, desse modo, têm menor probabilidade de beneficiar-se com ela (Hwang, 2006).

Um psicólogo de Nova York relatou que seus pacientes chineses imigrantes queixavam-se inicialmente apenas de sintomas físicos, como dor nas costas ou dor de estômago, e nunca de depressão. Era preciso fazer muitas sessões até que adquirissem a confiança necessária para ousar descrever um problema como a depressão. Algumas línguas asiáticas, como o coreano, não têm uma palavra específica para a depressão. O psicólogo relatou que um paciente coreano finalmente bateu no peito com o punho e disse que estava com "o coração quebrado", e descreveu então a condição mental em termos físicos (Kershaw, 2013). Ásio-americanos também são menos propensos a tomar medicamentos antidepressivos em comparação com os brancos (Gonzales *et al.*, 2010).

Com tais convicções contrastantes sobre a natureza de um transtorno específico, é fácil entender por que as pessoas de culturas diferentes podem ter pontuações distintas nos testes de variáveis da personalidade. Além disso, a prática de usar valores, convicções e normas norte-americanas como o padrão pelo qual todos serão julgados ajuda a explicar muitas das pesquisas que mostram que ásio-americanos tendem a receber diagnósticos psiquiátricos diferentes daqueles recebidos por pacientes americanos de ascendência europeia.

**Negros.** Pesquisas realizadas nos anos 1990, em geral, mostraram diferenças consistentes entre sujeitos negros e brancos nos testes de personalidade de autorrelato. Com base em diferenças de resultados desse tipo, alguns psicólogos concluíram que testes de personalidade difundidos e usados com frequência, como o MMPI, eram tendenciosos em relação aos afro-americanos e não deviam ser usados para avaliar suas personalidades. As evidências que dão suporte a esse ponto de vista foram contraditas por pesquisas posteriores que usaram o MMPI. Por exemplo, em um estudo com pacientes psiquiátricos (brancos e negros) internados em um centro de atendimento a veteranos, não foram encontradas diferenças significativas nas escalas dos testes (Arbisi, Ben-Porath e McNulty, 2002).

Entretanto, foram encontradas diferenças entre estudantes universitários brancos e negros em um teste planejado para medir a paranoia. Os estudantes negros tiveram pontuação significativamente mais alta nos itens que mediam a falta de confiança nas pessoas, suspeita sobre suas motivações e tendência a manter-se alerta em relação aos outros. Resultados semelhantes mostrando um alto nível de desconfiança e padrões de personalidade paranoica foram exibidos em pesquisas posteriores, que usavam participantes negros com idades entre 55 e 64 (Iacovino, Jackson e Oltmanns, 2014).

Esses achados invariáveis significam que os negros são mais paranoicos do que os brancos? Não. Precisamos avaliar e interpretar esses e outros achados semelhantes dentro do contexto étnico e racial adequado. Assim, os pesquisadores observaram que "as diferenças de grupo podem refletir desconfiança ou cautela interpessoal causada por difundida discriminação e racismo percebido" (Combs, Penn e Fenigstein, 2002, p. 6). O estudo de 2014 chegou à mesma conclusão.

Outra pesquisa revelou que universitários afro-americanos fortemente identificados com valores culturais negros tinham níveis mais baixos de depressão e desesperança do que aqueles que não tinham uma forte identificação cultural (Walker *et al.*, 2010). No entanto, adolescentes negros que tinham uma alta pontuação em discriminação percebida relataram maior depressão, bem como autoestima e satisfação de vida mais baixas, do que aqueles que pontuavam mais baixo em discriminação percebida contra eles (Seaton *et al.*, 2010).

E quanto ao efeito da raça sobre a interpretação dos resultados do teste MMPI? Será que pesquisadores brancos interpretam os resultados do teste de modo diferente quando sabem que o indivíduo avaliado é branco ou negro? A resposta parece ser regularmente "não", como mostram dois estudos recentes que não encontraram diferenças nas interpretações entre indivíduos brancos ou negros que realizaram o teste (Knaster, 2013; Knaster e Micucci, 2013).

Pesquisas sobre os efeitos de aconselhamento e de terapia com dois grupos de estudantes universitários negros mostraram que eles classificavam os terapeutas negros de modo mais favorável do que os terapeutas brancos. Os estudantes também aceitavam e compreendiam melhor as opções de tratamento quando apresentadas por terapeutas negros e tinham também, nesse caso, probabilidade mais alta de acreditar que a terapia os beneficiaria (Thompson e Alexander, 2006; Want *et al.*, 2004).

**Hispânicos.** Estudos mostram que as pontuações obtidas no MMPI por pessoas de origem hispânica são semelhantes às obtidas pelos brancos (veja, por exemplo, Handel e Ben-Porath, 2000). Já com as técnicas projetivas a situação é diferente. As pontuações de Rorschach para indivíduos do México e de países da América Central e da América do Sul diferem significativamente das normas do sistema abrangente de pontuação. Assim, é questionável se essas normas são úteis para populações hispânicas (Wood *et al.*, 2002).

Também foi demonstrado que os hispânicos têm menos probabilidade do que outros grupos minoritários de buscar aconselhamento psicológico ou tratamento. Entre os que procuram aconselhamento, metade nunca retorna para dar continuidade à primeira consulta (Dingfelder, 2005). Um estudo realizado com adolescentes brancos e hispânicos apontou que um número significativamente maior de brancos recebia cuidados de saúde mental adequados do que os hispânicos (Alexandre *et al.*, 2009). Hispânicos nascidos no exterior têm ainda menos propensão a utilizar serviços de saúde mental do que hispânicos nascidos nos Estados Unidos (Bridges *et al.*, 2010).

Adolescentes hispânicos que buscam tratamentos de saúde mental costumam ser vistos pelos médicos por um período mais curto de tempo do que adolescentes brancos (Edman *et al.*, 2010). No entanto, um estudo feito com universitários mexicano-americanos revelou que, à medida que eles se tornam mais integrados com a cultura predominante dos Estados Unidos, suas atitudes em relação ao aconselhamento se tornam mais favoráveis (Ramos-Sanchez e Atkinson, 2009), e uma razão para isso pode ser a ausência de psicólogos clínicos e de pessoal ligado à saúde mental de língua espanhola.

Os hispano-americanos tendem a ficar mais satisfeitos com profissional de saúde mental que entenda sua cultura, que é, por natureza, altamente coletivista e, portanto, mais orientada para o grupo do que para o indivíduo (veja, por exemplo, Malloy *et al.*, 2004). E eles apresentam probabilidade mais alta de beneficiar-se de uma terapia com psicólogos hispânicos, os quais, infelizmente, não passam de 1% dos psicólogos norte-americanos. Isso pode explicar por que pessoas hispânicas mais velhas (com 65 anos ou mais) preferem buscar aconselhamento de saúde mental com seu médico de família em vez de fazê-lo com conselheiros, psicólogos ou psiquiatras, que, em geral, não falam espanhol (Dupree *et al.*, 2010).

A orientação coletivista pode ajudar a explicar as altas taxas de TEPT encontradas em um estudo com policiais hispânicos quando comparados com policiais negros e brancos não hispânicos. Os policiais hispânicos relataram receber significativamente menos suporte social depois de incidentes críticos no trabalho que levavam ao TEPT. Os pesquisadores observaram que, para os policiais hispânicos, "a valorização cultural do coletivismo pode tê-los tornado particularmente sensíveis ao isolamento social, exacerbando, assim, seus sintomas" (Pole *et al.*, 2005, p. 257). Um estudo feito com sobreviventes civis com lesões físicas também encontrou uma taxa mais alta de sintomas de TEPT entre hispânicos em comparação aos brancos (Marshall, Schell e Miles, 2009).

**Outras questões culturais na avaliação.** Hermann Rorschach foi um dos primeiros a reconhecer os efeitos das diferenças culturais no desempenho em técnicas de avaliação da personalidade. Em 1921, ele encontrou diferenças nas respostas a seu teste entre pessoas que viviam em duas áreas da Suíça, culturalmente diferentes. Ele escreveu que tais respostas "deveriam ser muito diferentes em povos e raças diferentes" (*apud* Allen e Dana, 2004, p. 192). Um estudo de índios norte-americanos usando o MMPI-2 demonstrou como as respostas às questões do teste refletiam um comportamento que era considerado normal naquela cultura, mas patológico na cultura branca dominante (Hill, Pace e Robbins, 2010). Outra pesquisa reforça essa ideia de que fatores culturais podem afetar ou até mesmo distorcer a avaliação da personalidade; o que é normal em uma cultura pode ser considerado indesejável, errado, doente ou apenas estranho em outras culturas (Cheung, 2009).

Embora alguns testes de personalidade tenham sido traduzidos para uso em outras culturas, existem problemas em potencial com essas aplicações interculturais (ver, por exemplo, Gudmundsson, 2009). Isso é particularmente crucial quando um teste elaborado para uma cultura ocidental é aplicado a pessoas de uma cultura não ocidental, como a chinesa ou a filipina. Por exemplo, entre os chineses tradicionais, as características importantes da personalidade incluem ser afável, ter uma orientação familiar, enfatizar a harmonia com os outros e mostrar sobriedade no comportamento cotidiano. Nenhum desses fatores é comumente medido pelos inventários de personalidade norte-americanos.

## DESTAQUES: avaliação de personalidade

Asiáticos tendem a pontuar:

- Alto em coletivismo.
- Baixo em competitividade individual e assertividade.
- Baixo em autovalorização e otimismo.
- Baixo na tendência de buscar por tratamentos de saúde mental.

Afro-americanos tendem a pontuar:

- Baixo na confiança em outras pessoas.
- Baixo em desesperança e depressão (se eles se identificarem com valores culturais negros).
- Alto em depressão.
- Baixo em autoestima se perceberem discriminação contra eles.

Hispânicos tendem a pontuar:

- Baixo na tendência a buscar tratamentos de saúde mental.
- Alto em coletivismo.
- Alto em sintomas de TEPT depois de lesões.

Quando o MMPI-2 foi traduzido para o árabe, surgiu o problema de como tratar as perguntas sobre a vida sexual da pessoa. Nos países árabes, qualquer discussão aberta sobre sexo é considerada inadequada, até mesmo ofensiva. Os pesquisadores decidiram manter as perguntas sobre sexo no teste, mas especificar nas instruções que responder a esses itens era opcional. Um estudo realizado com estudantes universitários no Irã apontou que mais de 90% optou por não responder aos itens relacionados a sexo (Nezami, Zamani e DeFrank, 2008).

O TAT não pode ser usado nas culturas islâmicas por causa da proibição muçulmana de se representar seres humanos de forma pictórica. Quando se pediu a grupos de mulheres europeias e muçulmanas que inventassem histórias em resposta às figuras do TAT, as europeias o fizeram com facilidade, enquanto as muçulmanas hesitaram. O pesquisador observou que as mulheres muçulmanas "recusaram-se sistematicamente a dar interpretações coerentes. Recusaram-se a inventar ou a construir uma ficção [a partir das figuras]" (Bullard, 2005, p. 235).

Os tradutores dos testes de personalidade norte-americanos para uso em outras culturas também se deparam com o problema da gíria e das expressões idiomáticas norte-americanas. Frases como "*I often get the blues*" [Estou sempre deprimido] ou "*I like to keep up with the Joneses*" [Quero estar por cima] podem não ter sentido em outra língua. Deve-se notar que há um número crescente de testes de personalidade desenvolvidos nos Estados Unidos que são traduzidos com sucesso para o idioma árabe. Isso é especialmente verdadeiro no caso de características de personalidade comuns em ambas as culturas, como a dependência de internet entre os jovens. Foi comprovado que o Teste de Dependência de Internet desenvolvido nos Estados Unidos é um previsor igualmente válido desse tipo de dependência em adolescentes de países árabes (Hawi, 2013).

Mesmo a maneira pela qual as pessoas nos Estados Unidos respondem às perguntas dos testes pode diferir das outras culturas. Responder aos itens em um formato verdadeiro ou falso ou de múltipla escolha parece natural a estudantes universitários norte-americanos, que são submetidos a esses tipos de testes desde a infância. Para outros, pode ser estranho responder a tais perguntas. Quando o MMPI foi introduzido pela primeira vez em Israel, nos anos 1970, muitas pessoas acharam que era difícil respondê-lo, pois não tinham familiaridade com o formato de respostas verdadeiro-falso. As instruções do teste tiveram de ser reescritas para explicar aos participantes da pesquisa como deveriam respondê-las (Butcher, 2004). A reformulação dos testes de personalidade para garantir que reflitam e meçam com precisão as variáveis relevantes da personalidade é difícil e requer conhecimento e sensibilidade em relação às diferenças culturais.

# A pesquisa no estudo da personalidade

Os psicólogos conduzem pesquisas sobre personalidade de maneiras diferentes; o método utilizado depende do aspecto da personalidade que estiver sendo investigado. Alguns psicólogos estão interessados apenas no comportamento manifesto – o que fazemos e dizemos em resposta a determinados estímulos –, enquanto outros se preocupam com sentimentos e experiências conscientes, de acordo com o que é medido pelos testes e questionários. Esses inventários estão entre as técnicas de pesquisa utilizadas. Outros investigadores, ainda, tentam entender as forças inconscientes que nos motivam. Um método útil para se examinar um aspecto da personalidade pode ser inadequado para se examinar outro.

Os principais métodos utilizados na pesquisa da personalidade são o clínico, o experimental, o virtual e o correlacional. Embora diferentes em questões específicas, esses métodos baseiam-se na observação objetiva, que é a principal característica definidora da pesquisa científica em qualquer disciplina.

## O método clínico

O método clínico primário é o **estudo de caso** ou história do caso, no qual o psicólogo busca pistas no passado e no presente dos seus pacientes que possam indicar a fonte de seus problemas emocionais. Realizar um estudo de caso é como escrever uma minibiografia da vida emocional de uma pessoa, desde os primeiros anos de vida até os dias atuais, incluindo sentimentos, temores e vivências.

**Estudo de caso**
Histórico detalhado de uma pessoa que contém dados de fontes variadas.

Freud utilizou amplamente os estudos de caso na elaboração da sua teoria da psicanálise, como veremos no Capítulo 2, investigando os anos de infância de seus pacientes e buscando os acontecimentos e conflitos que pudessem ter causado suas neuroses atuais. Um desses pacientes era Katharina, de 18 anos, que sofria de ataques de ansiedade e falta de ar. Reconstruindo o que considerava experiências relevantes na sua infância, Freud relacionou os sintomas a várias experiências sexuais relatadas por ela, incluindo tentativa de sedução pelo seu pai quando tinha 14 anos. Com outra paciente, Lucy, Freud associou as alucinações relatadas a acontecimentos no seu passado que estavam ligados ao seu amor pelo patrão, um amor que havia sido rejeitado.

Foi por meio de tais estudos de casos que Freud elaborou sua teoria da personalidade, concentrando-se nos conflitos ou traumas sexuais como fatores que causavam o comportamento neurótico. Freud e outros teóricos posteriores que utilizaram o método de estudo de caso procuravam coerências na vida de seus pacientes, e com base no que consideravam semelhanças entre os relatos obtidos, generalizaram para todo mundo suas descobertas.

Os psicólogos também utilizam uma série de métodos clínicos, além dos estudos de caso, entre eles, testes, entrevistas e análise de sonhos. Embora o método clínico tente ser científico, ele não oferece a precisão e o controle do método experimental e do correlacional. Os dados obtidos pelo método clínico são mais subjetivos, associados a eventos mentais (em grande parte, inconscientes) e também a experiências da infância do paciente.

Esses dados estão abertos às mais diferentes interpretações, que podem refletir as predisposições pessoais dos terapeutas mais do que os dados obtidos por outros métodos. Além disso, as memórias de eventos da infância podem ser distorcidas pelo tempo e sua precisão pode não ser facilmente verificada. No entanto, o método clínico pode fornecer uma janela através da qual se pode ver as profundezas da personalidade, e veremos vários exemplos de seu uso, sobretudo pelos teóricos psicanalistas e neopsicanalistas.

## O método experimental

Um experimento é uma técnica para determinar o efeito de uma ou mais variáveis ou eventos sobre o comportamento. Somos constantemente expostos a estímulos em nosso mundo cotidiano, como luzes, sons, telas de celulares, vozes, paisagens, odores, instruções e conversas triviais. Quando um psicólogo quer determinar o efeito de apenas uma variável, ele pode providenciar uma situação experimental na qual só se permite que essa variável opere.

Durante o experimento, todas as outras variáveis têm de ser eliminadas ou mantidas constantes. Então, se o comportamento dos indivíduos mudar enquanto apenas a variável do estímulo estiver em operação, pode-se ter a certeza de que somente ela é responsável por qualquer mudança no comportamento. A mudança não poderia ter sido provocada por qualquer outra variável, porque não se permitiu que nenhuma delas influenciasse as pessoas durante o experimento.

Existem dois tipos de variáveis em um experimento. Um deles é a **variável** ou **estímulo independente**, que o experimentador manipula, e o outro é a **variável dependente**, que é o comportamento ou a resposta das pessoas frente à manipulação. Para que nenhuma outra variável além da independente possa afetar os resultados, os pesquisadores têm de estudar dois grupos de pessoas: o experimental e o de controle, ambos escolhidos aleatoriamente na mesma população.

O **grupo experimental** inclui as pessoas às quais é dado o tratamento experimental – é o grupo exposto à variável independente, ou ao estímulo. O **grupo de controle** não é exposto à variável independente. Medidas do comportamento em estudo são tomadas nos dois grupos, antes e depois do experimento, de modo que os pesquisadores possam determinar se outras variáveis influenciaram o comportamento das pessoas estudadas. Se alguma outra variável estivesse operando, então ambos os grupos apresentariam as mesmas mudanças no comportamento, mas se nenhuma outra estivesse em operação – se somente a variável independente influenciou as pessoas –, então apenas o comportamento do grupo experimental mudaria e o do grupo de controle continuaria o mesmo.

> **Variável independente**
> Em um experimento, é a variável ou condição do estímulo que o experimentador manipula para conhecer seu efeito sobre a variável dependente.

> **Variável dependente**
> Em um experimento, é a variável ou condição do estímulo que o experimentador deseja medir, geralmente o comportamento ou a resposta das pessoas à manipulação da variável independente

> **Grupo experimental**
> Em um experimento, o grupo que é exposto ao tratamento experimental.

> **Grupo de controle**
> Em um experimento, é o grupo que não recebe o tratamento experimental.

**Aplicando o método experimental.** Vejamos um exemplo do método experimental em ação, utilizando a teoria da aprendizagem social da personalidade do psicólogo Albert Bandura (ver Capítulo 13). Bandura queria determinar se as crianças imitariam um comportamento agressivo que observassem nos adultos. Ele poderia ter observado crianças nas ruas da vizinhança ou em um parque de diversões na esperança de captar suas reações caso elas presenciassem algum ato violento e, então poderia esperar para ver se elas imitariam o comportamento agressivo que haviam visto.

Obviamente, essa abordagem não é sistemática nem controlada. Observar crianças que por acaso estivessem presentes na esquina de uma rua não forneceria necessariamente uma amostra apropriada de estudados, pois algumas delas poderiam já ter a tendência de se comportar agressivamente, independente do comportamento adulto que tivessem observado. Consequentemente, seria impossível decidir se o comportamento delas era resultado do fato de terem testemunhado um ato violento ou de outro fator que era parte de sua personalidade muito antes das observações.

Além disso, observar crianças aleatoriamente não permitiria ao pesquisador controlar o tipo de ato agressivo ao qual elas poderiam ser expostas. As crianças veem vários tipos de violência todos os dias – em videogames, filmes e na televisão, bem como nas ruas ou em parques. No experimento que Bandura queria conduzir, era necessário que todas as crianças observadas por ele fossem expostas ao mesmo exemplo de comportamento agressivo. Ele, então, abordou o problema sistematicamente, criando um experimento no qual crianças, cujos níveis de agressão antes do experimento haviam sido medidos, fossem expostas ao mesmo tipo de exibição de agressão adulta. As crianças do grupo de controle testemunharam adultos não agressivos no mesmo cenário. Ambos os grupos de crianças foram estudados por observadores treinados para ver como se comportariam.

Os resultados mostraram que as crianças que observaram adultos agressivos comportaram-se agressivamente, enquanto as do grupo de controle não apresentaram mudança na agressividade, o que levou Bandura a concluir que a agressividade pode ser aprendida observando-se o comportamento agressivo de outros.

**Limitações do método experimental.** Existem situações em que o método experimental não pode ser usado. Alguns aspectos do comportamento e da personalidade não podem ser estudados sob condições de laboratório rigorosamente controladas por causa de questões de segurança e ética. Por exemplo, os psicólogos poderiam tratar melhor os problemas emocionais se tivessem dados de experimentos controlados sobre diferentes técnicas de educação infantil para determinar que tipo de experiências da infância podem levar a problemas na fase adulta. Obviamente, não se pode tirar grupos de filhos dos pais depois de nascerem e expô-los a várias manipulações de educação infantil, para ver o que acontece.

Outra dificuldade com o método experimental é que o comportamento dos indivíduos pode mudar pelo fato de eles estarem cientes de que estão sendo observados. Eles poderiam se comportar de maneira diferente se achassem que ninguém estava observando suas respostas. Ao saberem que estão participando de um experimento, tentam às vezes adivinhar a finalidade deste e se comportam de acordo com isso para agradar ou frustrar o experimentador. Esse tipo de resposta faz que o propósito do experimento malogre, porque o comportamento resultante (a variável dependente) foi influenciado pelas atitudes dos participantes, e não pelo tratamento experimental, o que é bem diferente daquilo que o pesquisador pretende estudar.

A pesquisa experimental tem suas limitações, mas, quando bem controlada e sistemática, fornece dados excelentes. Neste livro, veremos exemplos de como o método experimental se aplica à compreensão de aspectos da personalidade.

## Pesquisa virtual

Psicólogos conduzem rotineiramente pesquisas on-line, incluindo a aplicação de testes psicológicos, fazendo levantamentos de opinião, apresentando estímulos experimentais e registrando as respostas dos participantes. Eles estão realizando o mesmo tipo de pesquisa que fariam pessoalmente no laboratório. Agora, por meio de *crowdsourcing* e de outros serviços de emprego on-line, é possível encontrar candidatos suficientes para os estudos de maneira rápida e barata. Uma fonte altamente popular é o Mechanical Turk da Amazon, em que as pessoas recebem valores modestos por uma série de serviços, inclusive participar de pesquisas e experimentos psicológicos (ver Emanuel, 2014; Mason e Suri, 2012; Paolacci e Chandler, 2014).

Os registros virtuais oferecem algumas vantagens sobre a pesquisa experimental tradicional. Estudos realizados na web produzem respostas mais rápidas, são menos dispendiosos, têm potencial para atingir uma gama mais ampla de sujeitos de diferentes idades, níveis de instrução, tipos de emprego, níveis de renda, classe social e origem étnica. A pesquisa on-line pode avaliar uma população muito mais diversa do que aquela que seria encontrada em um câmpus universitário típico (Crump, McDonnell e Gurieckis, 2013).

Entretanto, a pesquisa on-line também tem desvantagens. Os usuários da web tendem a ser jovens, com renda mais alta e com nível de instrução melhor do que os não usuários, limitando, assim, as possibilidades de que a amostra on-line seja realmente representativa da população como um todo (embora seja, mesmo assim, mais representativa do que um grupo típico de sujeitos formado por estudantes universitários). Os que provavelmente não serão representados em pesquisas on-line incluem adultos mais velhos, pessoas de baixa renda, pessoas com deficiência visual e aquelas que não falam ou leem o idioma da pesquisa (Buhrmester, Kwang e Gosling, 2011; Suarez-Balcazar, Balcazar e Taylor-Ritzler, 2009).

As pessoas que respondem à pesquisa on-line podem diferir das que não respondem em características importantes de personalidade. Pesquisas realizadas na Alemanha e nos Estados Unidos descobriram que as pessoas que não respondiam a uma pesquisa on-line eram consideradas – com base em seus sites pessoais – mais introvertidas, mais desagradáveis, menos abertas a novas experiências e com menos autoestima do que as que respondiam à pesquisa. (Marcus e Schultz, 2005).

Um estudo em que universitários norte-americanos tiveram a opção de participar de uma pesquisa psicológica on-line ou pessoalmente constatou que os mais extrovertidos escolheram participar pessoalmente e os mais introvertidos optaram pelo método on-line (Witt, Donnellan e Orlando, 2011). Outra pesquisa não encontrou diferenças significativas entre os entrevistados da peqsuisa on-line e por telefone em sua disposição para revelar informações pessoais confidenciais. A taxa média de resposta para os participantes on-line foi 10% mais baixa do que para os levantamentos por telefone ou correio. Além disso, descobriu-se que mais de 10% dos participantes da pesquisa on-line realizavam excessivos cliques e movimentos com o mouse enquanto respondiam (Fan e Yan, 2010; Hines, Douglas e Mahmood, 2010; Stieger e Reips, 2010).

É difícil, além disso, determinar quão honestos e precisos os indivíduos on-line serão ao fornecer informações pessoais sobre fatores como idade, gênero, origem étnica, educação ou renda. Contudo, um número significativo de estudos, que comparavam os métodos de pesquisa on-line com os métodos de pesquisa de laboratório tradicionais, mostrou que os resultados são, em geral, consistentes e similares.

## O método correlacional

**Método correlacional**
Técnica estatística que mede o grau de relacionamento entre duas variáveis expresso pelo coeficiente de correlação.

**No método correlacional** os pesquisadores investigam as relações que existem entre as variáveis. Em vez de manipular uma delas, os experimentadores lidam com os atributos nelas existentes. Por exemplo, em vez de criar experimentalmente o estresse nos participantes no laboratório psicológico e observar seus efeitos, os pesquisadores podem estudar pessoas que já enfrentam situações estressantes, como policiais, pilotos de corrida ou estudantes universitários que estejam sofrendo ansiedade em relação aos exames.

Outra forma pela qual o método correlacional difere do experimental é que, no primeiro, não se designam pessoas para grupos experimentais e de controle. Em vez disso, o desempenho dos participantes que diferem em uma variável independente, como idade, sexo, ordem de nascimento, grau de agressividade ou de neuroticismo, é comparado com seu desempenho em alguma variável dependente, como respostas no teste de personalidade ou medidas de desempenho no trabalho.

**Aplicando o método correlacional.** Pesquisadores que aplicam o método correlacional estão interessados na relação entre as variáveis – em como o comportamento em uma variável muda ou difere em função de outra. Por exemplo, a ordem do nascimento tem relação com a agressividade? As pessoas que obtêm alta pontuação no teste de QI tornam-se melhores cientistas de computação do que as que têm baixa pontuação? As pessoas com alta pontuação em ansiedade usam mais as redes sociais do que as que tiveram baixa pontuação? As respostas para tais perguntas são úteis não só na pesquisa, mas também em situações aplicadas, nas quais é preciso fazer previsões sobre as chances de sucesso de uma pessoa. Os exames vestibulares que você prestou são baseados em estudos correlacionais, que mostram a relação entre as variáveis de pontuações padronizadas de testes e êxito na sala de aula.

Suponha que um psicólogo queira determinar se as pessoas com pontuação elevada em necessidade de realização tiram notas melhores na faculdade do que aquelas com menos necessidade de realização. Usando o método correlacional, o psicólogo mediria os níveis de necessidade de realização de um grupo de estudantes que já foram admitidos na universidade usando um inventário de autorrelato e compararia os resultados com as notas. Nesse caso, a variável independente (os vários níveis de necessidade de realização, do alto ao baixo) não foi manipulada ou modificada. O pesquisador trabalhou com os dados existentes e descobriu que os estudantes com grande necessidade de realização haviam de fato obtido notas mais altas do que os com pouca necessidade (Atkinson, Lens e O'Malley, 1976).

Veremos vários exemplos do método correlacional na pesquisa da personalidade ao longo deste livro, principalmente nas discussões sobre elaboração e aplicação de técnicas de avaliação. A confiabilidade e a validade dos meios de avaliação costumam ser determinadas pelo método correlacional. Além disso, várias facetas da personalidade foram estudadas correlacionando-as com outras variáveis.

**O coeficiente de correlação.** A medida estatística básica de correlação é o coeficiente de correlação, que fornece informações precisas sobre a direção e a força da relação entre as duas variáveis. A direção da relação pode ser positiva ou negativa. Se pontuações elevadas em uma variável acompanharem altas pontuações em outra variável, então esta correlação é positiva. Se pontuações elevadas em uma variável acompanharem pontuações baixas em outra variável, então, a correlação é negativa (veja Figura 1.2). Os coeficientes de correlação variam de +1,00 (uma correlação positiva perfeita) a −1,00 (uma correlação negativa perfeita). Quanto mais próximo o coeficiente de correlação estiver de +1,00 ou −1,00, mais sólida a relação e mais confiantemente poderemos fazer previsões sobre uma variável a partir da outra.

**Causa e efeito.** A principal limitação do método correlacional refere-se à causa e ao efeito. Só porque duas variáveis apresentam uma alta correlação não se pode concluir necessariamente que uma provocou a outra. Na verdade, é possível que exista essa relação, mas os pesquisadores não podem automaticamente concluir que ela exista, como podem fazer em um experimento controlado e sistemático.

Suponha que um psicólogo aplicasse o método correlacional e descobrisse uma forte relação negativa entre as duas variáveis de personalidade de timidez e autoestima: quanto maior o grau de timidez, menor o de autoestima. Opostamente, quanto menor o de timidez, maior o de autoestima. A relação é clara: as pessoas tímidas tendem a obter baixa pontuação de autoestima. No entanto, não podemos concluir com certeza que ser tímido faz que as pessoas tenham baixa autoestima. Poderia ser o con-

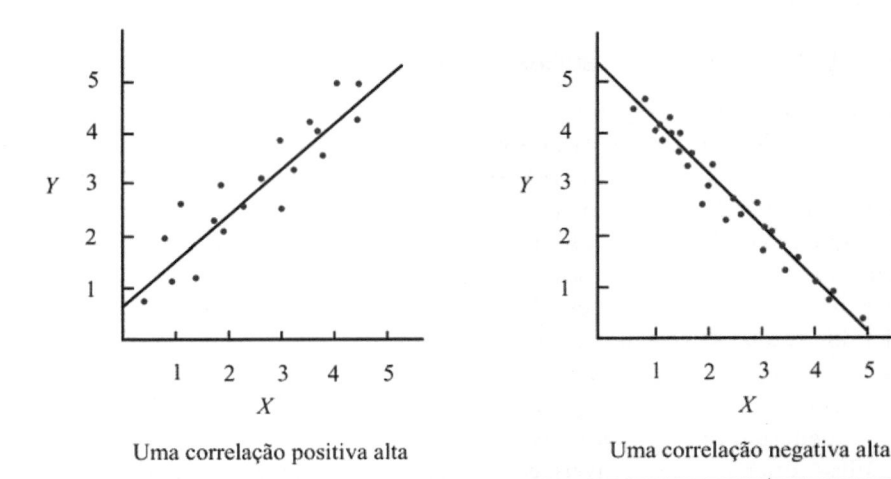

Uma correlação positiva alta                    Uma correlação negativa alta

**FIGURA 1.2** ▪ **Gráficos de correlações positiva alta e negativa alta.**

trário. Pode ser que a baixa autoestima faça as pessoas serem tímidas. Ou, talvez, alguma outra variável, como aparência física ou rejeição dos pais, poderia causar tanto a timidez como a baixa autoestima.

Essa restrição de tirar conclusões a partir de pesquisas correlacionais representa uma dificuldade para os pesquisadores, cujo objetivo é identificar causas específicas. Todavia, para os clínicos, que têm o propósito de prever o comportamento no mundo real, o método correlacional é mais satisfatório. Para podermos prever o êxito na faculdade com base na necessidade de realização, por exemplo, só precisamos estipular que as duas variáveis têm uma correlação elevada.

Se um candidato à faculdade obtiver uma alta pontuação em um teste de necessidade de realização, podemos prever que ele obterá boas notas na faculdade. Nesse caso, não estamos preocupados em determinar se o grau de necessidade de realização implica um bom desempenho acadêmico, mas somente se as duas variáveis estão relacionadas e se uma pode ser prevista a partir da outra.

# O papel da teoria nas teorias da personalidade

Por vezes, as teorias são classificadas com termos depreciativos. As pessoas costumam dizer: "Afinal de contas, é apenas uma teoria!" É comum afirmar que as teorias são muito vagas, abstratas e especulativas – na verdade, nada mais que um palpite e o oposto de um fato. É verdade que uma teoria sem evidências de pesquisas para corroborá-la é especulação; contudo, uma massa de dados de pesquisa pode não ter sentido, a não ser que esteja organizada em algum tipo de estrutura ou contexto explicativos. Uma teoria fornece a estrutura para simplificar e descrever dados empíricos de maneira significativa. As teorias podem ser consideradas uma espécie de mapa que representa os dados na sua inter-relação, ou seja, elas tentam ordenar dados para encaixá-los em um padrão significativo.

Teorias são conjuntos de princípios utilizados para explicar uma categoria de fenômenos (no nosso caso, os comportamentos e as experiências referentes à personalidade). Se quisermos que as teorias da personalidade sejam úteis, elas precisam ser verificáveis, capazes de estimular pesquisas sobre suas várias propostas. Os pesquisadores precisam ser capazes de coletar dados por meio de um ou mais métodos de pesquisa explicados anteriormente para determinar se os aspectos da teoria devem ser aceitos ou rejeitados.

As teorias da personalidade têm de esclarecer e explicar dados sobre a personalidade, organizando-os em uma estrutura coerente. Devem ainda nos ajudar a entender e prever comportamentos. As que puderem ser testadas e conseguirem explicar, compreender e prever comportamentos poderão, então, ser aplicadas para ajudar as pessoas a mudarem seus comportamentos, sentimentos e emoções de prejudiciais para úteis, de indesejáveis para desejáveis.

## A natureza autobiográfica das teorias da personalidade

Vimos que a intenção das teorias é gerar maior objetividade. No entanto, psicólogos reconheceram há muito tempo que algumas teorias da personalidade têm um componente subjetivo, que pode refletir eventos da vida do teórico como uma espécie de autobiografia disfarçada, ou seja, o teórico pode valer-se da sua experiência de vida como uma fonte de dados para descrever e corroborar sua teoria. Por mais que os cientistas tentem ser imparciais e objetivos, seu ponto de vista pessoal provavelmente influenciará de alguma forma sua percepção, o que não deveria nos surpreender; afinal, os teóricos da personalidade também são seres humanos e, como a maioria de nós, podem ter dificuldade em aceitar ideias que divirjam da sua própria experiência.

Para entender completamente uma teoria da personalidade, precisamos aprender coisas sobre a vida de quem que a propôs. É importante analisar como o desenvolvimento de uma teoria pode ter sido influenciado por eventos específicos da vida do teórico. Nos casos em que há informações biográficas suficientes disponíveis, encontramos exemplos de como a teoria reflete esses eventos. Pelo menos inicialmente, o teórico pode estar descrevendo a si mesmo; depois, então, buscaria dados apropriados em outras fontes para confirmar a generalização daquela visão pessoal para outras pessoas.

A significância dos eventos pessoais na vida de um teórico foi reconhecida há muito tempo. William James, considerado por muitos o maior psicólogo norte-americano, acreditava que a biografia era um tema fundamental para quem tentasse estudar a natureza humana. Ele argumentava que, se alguém quisesse aprender sobre as diferentes abordagens da experiência humana, era muito mais importante entender a vida de pessoas notáveis do que conhecer as teorias ou os sistemas desenvolvidos por elas. Freud expressou isso de maneira sucinta e clara quando escreveu que seu paciente mais importante, aquele com quem mais aprendeu sobre personalidade, tinha sido ele mesmo.

Um historiador observou:

> Mais do que em qualquer outra disciplina profissional, os psicólogos tentam publicar resumos biográficos e autobiográficos daqueles que exercem a sua profissão [...]. Em algum nível, pelo menos, eles parecem reconhecer que sua vida e valores são a chave para o seu "conhecimento científico". (Friedman, 1996, p. 221)

Ao longo deste livro, há muitos exemplos da natureza autobiográfica das teorias da personalidade, mas também precisamos introduzir uma nota de advertência nessa relação intrigante entre teoria e vida real. Talvez não tenham sido as experiências de vida da pessoa que influenciaram o desenvolvimento da sua teoria, mas sim a teoria que influenciava o que os teóricos recordavam e decidiam nos contar sobre sua vida. Muitas das informações que temos sobre a vida de um teórico vêm das lembranças autobiográficas; são relatos geralmente escritos após a pessoa ter proposto e defendido a teoria.

O tempo gasto pelo teórico na elaboração da teoria e seu comprometimento com ela podem distorcer as lembranças que ele tinha de seus primeiros anos de vida. A pessoa pode lembrar-se somente dos acontecimentos que corroboram a teoria? Os eventos contraditórios ou problemáticos são convenientemente esquecidos? As experiências são inventadas para aumentar a credibilidade de uma teoria? Embora não possamos sempre responder a essas perguntas, devemos tê-las em mente enquanto exploramos o conceito de que a teoria da personalidade pode ser parcialmente autobiográfica. No fim das contas, essa pode ser uma pergunta que você mesmo terá de responder, reconhecendo que talvez as experiências da sua própria vida possam influenciar a maneira como você entende e julga a vida dos outros – e as teorias da personalidade desenvolvidas por eles.

## Questões sobre a natureza humana: como nós somos?

Um aspecto importante de toda teoria da personalidade é a imagem da natureza humana formulada pelo teórico. Cada teórico tem uma concepção da natureza humana que orienta as questões fundamentais do que significa ser humano. Durante séculos, poetas, filósofos e artistas formularam e reformularam essas questões, e vemos suas tentativas de resposta em nossos grandes livros e quadros. Os teóricos da personalidade também abordaram essas questões problemáticas e não chegaram a um consenso maior do que artistas e escritores.

As várias concepções da natureza humana oferecidas pelos teóricos nos permitem fazer comparações significativas de suas visões. Essas ideias são estruturas dentro das quais os teóricos percebem a si próprios e a outras pessoas e, então, constroem suas teorias. As seções a seguir descrevem as questões que definem a imagem que um teórico forma da natureza humana. À medida que formos discutindo cada uma das teorias, analisaremos de que maneira cada teórico lida com essas perguntas fundamentais.

### Estamos no comando de nossas vidas? Livre-arbítrio *versus* determinismo

Uma questão básica sobre a natureza humana diz respeito à antiga polêmica entre livre-arbítrio e determinismo. Os teóricos de ambos os lados do debate perguntam: nós dirigimos conscientemente o rumo dos nossos atos? Podemos escolher espontaneamente o rumo das nossas ideias e comportamentos, selecionando de modo racional as alternativas? Temos consciência e medida do autocontrole? Somos senhores do nosso destino ou vítimas de nossa experiência passada, fatores biológicos, forças inconscientes ou estímulos externos – forças sobre as quais não temos controle consciente?

Os eventos externos moldaram tanto a nossa personalidade a ponto de nos tornar incapazes de mudar o nosso comportamento? Alguns teóricos da personalidade assumem posições extremas quanto a essa questão, enquanto outros expressam opiniões mais moderadas, argumentando que alguns comportamentos são determinados por eventos passados e outros podem ser espontâneos e estar sob nosso controle.

## O que nos domina? Nossa natureza herdada ou o ambiente de criação?

Uma segunda questão tem a ver com a controvérsia da natureza/criação. Qual é a influência mais importante sobre o comportamento: traços e atributos herdados (a nossa herança genética) ou características do nosso meio ambiente (as influências da nossa criação, educação e treinamento)? As habilidades, temperamento e predisposições que herdamos determinam a nossa personalidade ou somos mais fortemente moldados pelas condições sob as quais vivemos? A personalidade não é o único tópico afetado por essa questão. Há polêmica também quanto à questão da inteligência; ela é mais afetada pela herança genética (natureza) ou pelo estímulo oferecido pelo lar e pela escola (criação)?

Assim como na questão do livre-arbítrio/determinismo, as alternativas não se limitam a posições extremas. Para muitos teóricos, a personalidade é moldada por ambas as forças. Para alguns, a herança é a influência predominante e o meio ambiente tem menor importância. Outros são de opinião contrária.

## Somos dependentes ou independentes de nosso passado?

Uma terceira questão envolve a importância relativa de nossas experiências na primeira infância em comparação com os eventos que ocorrem posteriormente na vida. Qual é o modelador de personalidade mais poderoso? Se assumirmos, como fazem alguns teóricos, que o que nos acontece na infância é fundamental para a formação da personalidade, devemos, consequentemente, acreditar que o nosso desenvolvimento posterior é pouco mais que uma elaboração dos temas básicos fixados nos primeiros anos de vida. Essa visão é conhecida como **determinismo histórico**. A nossa personalidade (de acordo com essa linha de raciocínio) é, em sua maior parte, estabelecida por volta dos 5 anos, estando sujeita a poucas mudanças ao longo do restante da vida. A personalidade adulta é determinada pela natureza dessas primeiras experiências.

**Determinismo histórico**
Visão segundo a qual a personalidade é fixada nos primeiros anos de vida e sujeita a poucas mudanças posteriormente.

A posição oposta considera a personalidade algo mais independente do passado, capaz de ser influenciada por eventos e experiências do presente, bem como pelas nossas aspirações e metas para o futuro. Foi proposta também a posição intermediária de que podemos pressupor que as vivências da infância moldem a personalidade, mas não rígida ou permanentemente. As experiências posteriores podem reforçar ou modificar os padrões de personalidade da infância.

## A natureza humana é singular ou universal?

A natureza humana é singular ou universal? Essa é outra questão que divide os teóricos da personalidade humana. Podemos pensar na personalidade como algo tão individual que as atitudes e as palavras de cada pessoa não teriam equivalentes em nenhum outro indivíduo. Isso, evidentemente, faz que a comparação de uma pessoa com outra se torne sem sentido. Posições diferentes aceitam a peculiaridade, mas interpretam isso dentro de padrões gerais de comportamento aceitos como universais, pelo menos dentro de determinada cultura.

## Nossos objetivos de vida: satisfação ou crescimento?

Uma quinta questão envolve o que poderíamos chamar de nossas metas de vida básicas e necessárias. Os teóricos divergem quanto ao que é a nossa motivação principal na vida. Funcionamos como máquinas, com algum tipo de mecanismo autorregulador que fica satisfeito enquanto for mantido um equilíbrio interno? Agimos somente para satisfazer necessidades físicas, obter prazer e evitar a dor? Nossa felicidade é totalmente dependente de reduzirmos o estresse ao mínimo? Alguns teóricos acreditam que as pessoas são mais do que animais que buscam reduzir a tensão e obter prazer. Outros acham que somos motivados pela necessidade de crescer, realizar todo o nosso potencial e atingir níveis cada vez mais altos de realização pessoal, desenvolvimento e satisfação.

## Nossa visão de mundo: otimismo ou pessimismo?

Uma questão final reflete a visão do teórico sobre otimismo *versus* pessimismo em relação à vida. Os seres humanos são basicamente bons ou maus, gentis ou cruéis, piedosos ou impiedosos? Aqui estamos lidando com uma questão de moralidade, um julgamento de valores, que, supostamente, não seria apropriado no mundo objetivo e imparcial da ciência.

No entanto, vários teóricos abordaram a questão e, como veremos, isso produziu um corpo vital de pesquisas. Alguns têm uma visão positiva e esperançosa da personalidade humana, mostrando-nos como humanitários, altruístas e socialmente conscientes. Outros encontram poucas dessas qualidades nos seres humanos, quer individual quer coletivamente.

Nossa imagem geral da natureza humana é a lente por meio da qual percebemos, avaliamos, julgamos e interagimos com outras pessoas em nossa cultura. Ela também representa a forma como nos definimos. Isso é importante para enfatizar para você que existem muitas fontes de influência no crescimento e desenvolvimento da personalidade humana, bem como diversas formas de explicar a natureza humana. É possível que uma ou mais explicações descritas neste livro sejam aceitáveis para você, ou talvez se choquem com suas visões e sua própria imagem da natureza humana. Poucos de nós conseguem abordar esse tema sem concepções prévias, porque, afinal, se trata do estudo de nós mesmos.

 ## Resumo do capítulo

A personalidade pode ser definida como um grupo duradouro e peculiar de características que pode se alterar em situações diferentes. As diferenças de gênero, etnia e herança cultural podem influenciar o desenvolvimento da personalidade e os resultados de testes de avaliação de personalidade. Pesquisas conduzidas na área de psicologia multicultural mostram como a personalidade pode variar de uma cultura ou país para outro. A internet molda e reflete a personalidade, principalmente por meio de sites de redes sociais, como o Facebook.

As técnicas para avaliar ou medir a personalidade precisam preencher dois requisitos:

confiabilidade (a consistência das respostas em um teste) e validade (até que ponto o teste mede o que pretende medir). A avaliação da personalidade resultante pode ser influenciada pelo sexo e pela identidade étnica da pessoa e também pelas atitudes e crenças de quem aplica o teste.

Os inventários de autorrelato, nos quais as pessoas relatam o próprio comportamento e sentimentos em várias situações, são objetivos, pois suas pontuações não são influenciadas por tendências pessoais ou teóricas. A maioria dos inventários de autorrelato pode ser aplicada on-line. As técnicas projetivas tentam investigar o inconsciente, fazendo as pessoas projetarem suas necessidades, temores e valores na interpretação que dão a figuras ou situações ambíguas. As técnicas projetivas são subjetivas, com baixa confiabilidade e validade e, geralmente, com fraca padronização.

As entrevistas clínicas são utilizadas para avaliar a personalidade, mas a interpretação de seus resultados é subjetiva. No enfoque de avaliação comportamental, um observador avalia as respostas de uma pessoa em uma situação específica. Na amostragem de ideias e experiências, as pessoas registram seus sentimentos e experiências durante determinado período.

As pessoas de sociedades coletivistas, como os países asiáticos, tendem a obter pontuações mais baixas em fatores como autovalorização e mais altas em pessimismo, afetividade negativa e sofrimento psicológico do que as de sociedades mais individualistas, como os Estados Unidos. Estudos de respostas de brancos e negros ao MMPI não revelaram diferenças significativas em razão da raça. Os hispânicos tendem a obter pontuações semelhantes às dos brancos no MMPI, mas não nas técnicas projetivas. As traduções de testes de personalidade devem levar em consideração a natureza de outras culturas, com especial atenção aos tipos de questão que serão colocados, à tradução das palavras e ao modo como as questões serão respondidas.

Entre os métodos de pesquisa psicológica estão os enfoques clínico, experimental, virtual e correlacional. Essas pesquisas requerem observação objetiva, condições controladas e sistemáticas e duplicação e verificabilidade. O método clínico baseia-se nos estudos de caso, nos quais os psicólogos reconstroem os antecedentes e a vida dos pacientes para encontrar pistas para seus problemas emocionais atuais. O enfoque clínico não preenche os requisitos da pesquisa psicológica tão bem quanto os métodos experimental e correlacional.

O método experimental é o mais preciso de pesquisa psicológica. Ao utilizá-lo, os psicólogos podem determinar o efeito de uma única variável ou evento de estímulo no comportamento das pessoas. A variável que estiver sendo estudada (isto é, o estímulo ao qual as pessoas são expostas) é a variável independente. As respostas ou o comportamento das pessoas constituem a variável dependente. Pesquisas na internet oferecem uma metodologia alternativa mais rápida e menos dispendiosa, bem como acesso a uma gama mais ampla de indivíduos. A pesquisa on-line tem limitações, mas estudos mostram que produz resultados semelhantes aos da pesquisa de laboratório.

No método correlacional, os psicólogos estudam a relação entre duas variáveis para determinar como o comportamento em uma variável muda em razão da outra. O coeficiente de correlação, a medida estatística básica de correlação, indica a direção e a intensidade da relação.

Uma teoria fornece uma estrutura para simplificar e descrever dados de maneira significativa. Algumas teorias da personalidade podem ser parcialmente autobiográficas, refletindo as experiências de vida do teórico que as elaborou.

Algumas das questões sobre as quais eles discordam são: livre-arbítrio *versus* determinismo, natureza *versus* criação, a importância do passado *versus* o presente, peculiaridade *versus* universalidade, equilíbrio *versus* crescimento e otimismo *versus* pessimismo. Fatores culturais, como as práticas de educação infantil, podem levar a imagens diferentes da natureza humana. ■

# Perguntas de revisão

1. De que modo nossa personalidade influencia o possível êxito em nossas relações interpessoais, carreira e em nosso grau geral de saúde e felicidade?
2. Descreva as várias maneiras de definir a personalidade.
3. Dê exemplos de como a internet pode, ao mesmo tempo, moldar e refletir nossa personalidade.
4. De que forma a personalidade de quem passa um tempo considerável usando o Facebook difere da personalidade de quem passa menos tempo no site?
5. De que maneira o gênero e a etnia afetam o estudo e a avaliação da personalidade?
6. Descreva a psicologia intercultural e o seu impacto no estudo da personalidade.

7. Exemplifique situações cotidianas que envolvam uma avaliação da personalidade. Relate sua própria experiência de ter sua personalidade avaliada.

8. De que forma a baixa confiabilidade e a validade de uma técnica de avaliação podem afetar sua utilidade na seleção de novos funcionários para um emprego?

9. Quais são as diferenças entre a técnica de inventário e a técnica projetivas para avaliar a personalidade e quais são as vantagens e desvantagens de cada uma delas?

10. Como Hermann Rorschach desenvolveu suas manchas de tinta? Por que ele usou apenas dez delas?

11. Discuta as vantagens da aplicação de testes on-line.

12. Dê exemplos de procedimentos de amostragem comportamental e de amostragem de ideias para avaliar a personalidade.

13. Cite algumas das limitações do método de amostragem de experiências. De que forma os dados fornecidos por este método se comparam aos dados de inventários de autorrelato?

14. Dê exemplos de maneiras pelas quais o processo de avaliação da personalidade pode ser influenciado pela origem étnica do participante da pesquisa.

15. Que problemas estão envolvidos na tradução de um teste de autorrelato desenvolvido nos Estados Unidos para uso em uma cultura diferente? Exemplifique um desses problemas.

16. Cite as vantagens e desvantagens da abordagem de estudo de casos.

17. Quais os três requisitos de pesquisa científica que são preenchidos pelo método experimental?

18. Discuta as vantagens e as limitações do uso da internet para a pesquisa psicológica em comparação com as pesquisas mais tradicionais de laboratório.

19. Dê um exemplo de pesquisa da personalidade que utilize o método correlacional.

20. Como os fatores culturais podem afetar a nossa imagem da natureza humana? Dê exemplos.

21. Em nossa discussão sobre a natureza humana foram feitas seis perguntas. Escreva suas ideias sobre elas. No final do livro, pediremos que as reconsidere para ver como suas opiniões podem ter se modificado.

# Leituras sugeridas

Archer, R. e Smith, S. *Personality assessment*. 2. ed. Nova York: Routledge, 2014. Uma introdução às formas de avaliar a personalidade, incluindo o MMPI e outros inventários de autorrelato, bem como técnicas projetivas como o teste de Rorschach e o TAT.

Elms, A. C. *Uncovering lives: The uneasy alliance of biography and psychology*. Nova York: Oxford University Press, 1994. Contém retratos psicológicos reveladores de escritores, líderes políticos e teóricos da personalidade, como Freud, Jung, Allport e Skinner.

Funder, D. *The personality puzzle*. 6. ed. Nova York: Norton, 2012. Uma introdução de fácil leitura sobre personalidade que aborda todos os aspectos da área, incluindo aplicações e teorias.

Gosling, S. e Johnson, J. *Advanced methods for conducting online behavioral research*. Washington, DC: American Psychological Association, 2010. Um manual para conduzir pesquisas on-line que inclui recrutamento de participantes, ética de pesquisas, segurança e rastreamento de dados. Aborda levantamentos e técnicas experimentais. Para usuários avançados de computador.

Kaplan, R. e Saccuzzo, D. *Psychological testing: Principles, applications and issues*. 8. ed. Belmont, CA: Cengage, 2012. Tudo o que você precisa saber sobre avaliações e testes psicológicos. Inclui correlações, técnicas de entrevista e várias formas de avaliação em situações do mundo real, como aconselhamento e candidatura a um emprego.

Robins, R., Fraley, R. e Krueger, R. *Handbook of research methods in psychology*. Nova York: Guilford, 2007. Uma introdução clara à ampla variedade de técnicas de pesquisa para o estudo da personalidade, tais como pesquisa experimental, longitudinal, biográfica, genética, projetiva, de autorrelato, neurociência e on-line.

# PARTE 1

# A abordagem psicanalítica

A primeira abordagem para o estudo formal da personalidade foi a psicanálise, criação de Sigmund Freud, que começou seu trabalho no final do século XIX. Quase todas as teorias da personalidade desenvolvidas nos anos que se seguiram à obra de Freud têm um vínculo com a sua posição, seja por se apoiarem nela, seja por se oporem a ela.

A psicanálise, como Freud a concebia, enfatizava forças inconscientes, impulsos sexuais e de agressão motivados biologicamente e conflitos inevitáveis na primeira infância. Estes eram considerados os dirigentes e modeladores da nossa personalidade.

A visão de Freud teve impacto não apenas na psicologia, mas também na cultura geral. Ele conseguiu redefinir a personalidade humana e revolucionar nossa forma de refletir sobre a natureza humana, sobre quem somos.

# CAPÍTULO 2

# Sigmund Freud: psicanálise

*Olhe para dentro, para as suas profundezas, aprenda primeiro a se conhecer.*

— SIGMUND FREUD

Não é exagero dizer que a teoria da personalidade foi mais influenciada por Sigmund Freud do que por qualquer outra pessoa. Seu sistema de **psicanálise** foi a primeira teoria formal sobre a personalidade e continua sendo a mais conhecida. O trabalho de Freud afetou não apenas a forma de pensar a personalidade nas áreas de psicologia e psiquiatria, mas também teve um grande impacto sobre

**Psicanálise**
Teoria de Sigmund Freud sobre a personalidade e sistema de terapia para tratar distúrbios mentais.

nossa maneira de encarar a natureza humana em geral. Poucas ideias na história da civilização tiveram uma influência tão ampla e profunda. Quando ele morreu, em 1939, o *New York Times* destacou sua passagem em um editorial afirmando que Freud tinha sido "o mais eficaz perturbador da complacência da nossa época" (*apud* Bakalar, 2011, p. D7).

Muitas das teorias da personalidade propostas depois dele são derivações ou elaborações da sua obra básica. Outras devem sua força e direção, em parte, à oposição feita à psicanálise de Freud. Seria difícil compreender e avaliar o desenvolvimento do campo da personalidade sem, em princípio, entender o sistema de Freud.

## A vida de Freud (1856-1939)

### Os primeiros anos

Freud nasceu em 1856, em Freiberg, Morávia, que agora é a cidade de Pribor, na República Checa. Seu pai era um comerciante de lã relativamente malsucedido. Quando seus negócios faliram na Morávia, a família mudou-se para Leipzig, na Alemanha, e depois, quando Freud tinha 4 anos, foram para Viena, Áustria, onde ele permaneceu por quase 80 anos.

Quando Freud nasceu, seu pai tinha 40 anos, e sua mãe (a terceira esposa do pai), apenas 20. O pai era severo e autoritário. Quando adulto, Freud lembrou-se de quanto ódio e hostilidade sentia pelo pai enquanto estava crescendo. Ele também se sentia superior a ele desde os 2 anos. Sua mãe era atraente e extremamente protetora e carinhosa com Sigmund, o primogênito. Freud sentiu uma ligação apaixonada e sexual por ela, uma situação que preparou o terreno para seu posterior conceito de complexo de Édipo. Como veremos, grande parte da sua teoria reflete e tem como base suas vivências na infância.

A mãe de Freud orgulhava-se do jovem Sigmund, convicta de que se tornaria um grande homem. Entre as características de personalidade permanentes de Freud estavam um alto grau de autoconfiança, uma grande ambição de vencer e sonhos de glória e fama. Refletindo o impacto da atenção e do apoio contínuos de sua mãe, ele escreveu: "Um homem que tenha sido o favorito incontestável de sua mãe mantém por toda a vida o sentimento de conquistador, essa confiança no sucesso que muitas vezes induz a um sucesso real" (*apud* Jones, 1953, p. 5). Havia oito filhos na família Freud, dos quais dois eram meios-irmãos de Freud, adultos e com filhos. Ele guardava rancor de todos eles e ficava com ciúme sempre que nascia outro concorrente ao amor e à atenção de sua mãe em tempo integral.

Desde pequeno, apresentou um alto grau de inteligência e foi muito estimulado pelos pais. Por exemplo, suas irmãs não podiam estudar piano para não atrapalhar os estudos de Freud. Ele tinha um quarto só para si, no qual passou a maior parte da vida, fazendo ali até as refeições para não perder tempo e continuar estudando; o quarto dele era o único na casa que continha um lampião caro, enquanto o restante da família precisava usar velas.

Freud ingressou no ensino médio um ano antes do habitual e foi sempre o líder de sua classe. Fluente em alemão e hebraico, dominava o latim, o grego, o francês e o inglês, que aprendeu na escola, e o italiano e o espanhol, que aprendeu sozinho. Desde garoto, gostava de ler Shakespeare em inglês. Freud tinha muitos interesses, incluindo história militar, mas, quando teve de escolher uma carreira entre as poucas profissões abertas aos judeus em Viena, decidiu-se pela medicina.

Não que quisesse ser médico, mas acreditava que o estudo da medicina o levaria a uma carreira na área de pesquisa científica, o que poderia lhe trazer a fama que ele ardentemente desejava e acreditava merecer.

## O episódio da cocaína

Enquanto cursava a faculdade de medicina, Freud começou a fazer experiências com cocaína, que, na época, não era uma substância ilegal. Ele próprio utilizou a droga e convenceu sua noiva, suas irmãs e seus amigos a experimentá-la. Freud considerava a cocaína uma substância milagrosa e afirmava que ela havia reduzido sua depressão e indigestão crônica. Ele "continuou usando cocaína para transformar os dias ruins em bons, e os bons em ótimos. A cocaína o empolgava de uma forma que a vida cotidiana não conseguia fazer. Ele escrevia cartas românticas, em geral eróticas, para sua noiva e tinha sonhos grandiosos com sua carreira futura" (Markel, 2011, p. 81).

Em 1884, publicou um artigo sobre os efeitos benéficos da cocaína, pensando que isso o tornaria famoso, mas não foi o que aconteceu. Seu artigo, posteriormente, foi considerado uma contribuição para o uso epidêmico da cocaína na Europa e nos Estados Unidos, que durou até a década de 1920. Freud foi severamente criticado por seu papel na expansão da praga da cocaína.

Esse assunto trouxe-lhe infâmia em vez de fama e pelo restante da vida ele tentou erradicar seu endosso inicial à droga, retirando da própria bibliografia todas as referências à substância. No entanto, de acordo com cartas publicadas muito tempo após a sua morte, continuou a usá-la até a meia-idade (Freud, 1985). Aparentemente, ele usou a droga entre 1884 e 1896, e depois passou para o vinho. Em junho de 1899, escreveu a um amigo: "Estou gradualmente me acostumando com o vinho. Parece que ele é um velho amigo. Planejo beber bastante vinho em julho" (*apud* Markel, 2011, p. 177).

## Encontrando a base sexual da neurose

Freud foi desencorajado de seguir sua carreira pretendida em pesquisa científica quando um professor disse-lhe que levaria muitos anos até que pudesse obter um cargo de professor na faculdade e se manter financeiramente. Como Freud não tinha uma renda independente, achou que não teria outra escolha a não ser exercer a clínica particular. Outro estímulo para clinicar foi seu noivado com Martha Bernays, que durou quatro anos até eles terem dinheiro para se casar. Freud passou a trabalhar como neurologista clínico em 1881 e começou a analisar a personalidade daqueles que sofriam de distúrbios mentais.

Ele estudou alguns meses em Paris com o psiquiatra Jean Martin Charcot, pioneiro na utilização da hipnose, que o alertou para a possível base sexual da neurose. Freud ouviu por acaso o comentário de Charcot de que o problema de um paciente era de origem sexual. "Nesse tipo de caso", disse Charcot, "é sempre um problema de genitais – sempre, sempre, sempre" (Charcot *apud* Freud, 1914, p. 14).

Freud notou que, enquanto Charcot discutia a questão, ele "cruzou as mãos no colo, abaixando--as e levantando-as diversas vezes [...] por um momento fiquei quase paralisado de espanto" (Freud *apud* Prochnik, 2006, p. 135).

Ao voltar para Viena, Freud foi novamente lembrado da possível origem sexual dos problemas emocionais. Um colega descreveu a ansiedade de uma paciente, cujo terapeuta acreditava ser proveniente da impotência de seu marido. Ele nunca mantivera relações sexuais com a esposa em 18 anos de casamento.

"A única receita para esse tipo de doença", disse o colega de Freud, "nos é suficientemente familiar, mas não podemos recomendá-la. Ela é a seguinte: *Penis normalis dosim repetatur!*"* (*apud* Freud, 1914, p. 14). Como resultado desses incidentes e dos seus próprios conflitos sexuais, Freud foi levado a considerar a possibilidade de haver uma base sexual para problemas emocionais.

## Abuso sexual na infância: fato ou fantasia?

Depois de vários anos de prática clínica, Freud estava cada vez mais convencido de que os conflitos sexuais eram a causa básica de todas as neuroses. Ele afirmou que a maioria de suas pacientes trazia experiências sexuais traumáticas da infância, eventos esses que eram semelhantes a uma sedução, com o sedutor geralmente sendo um parente mais velho, normalmente o pai. Hoje, denominamos esse tipo de experiências de abuso sexual, e elas, em geral, envolvem estupro ou incesto. Freud acreditava que eram esses traumas sexuais nos primeiros anos de vida que provocavam um comportamento neurótico na fase adulta.

Cerca de um ano após ter publicado sua teoria, ele mudou de ideia e anunciou que na maioria dos casos o abuso sexual que suas pacientes relatavam não havia realmente ocorrido. Elas estavam lhe contando suas fantasias, dizia Freud. De início, isso foi um grande golpe, pois parecia que a base da sua teoria sobre a neurose havia perdido força. Como os traumas sexuais da infância poderiam ser a causa do comportamento neurótico se eles nunca haviam ocorrido?

Ao refletir, concluiu que as fantasias descritas por suas pacientes eram verdadeiras para elas, que realmente acreditavam que os fatos sexuais chocantes haviam ocorrido. E como as fantasias também se concentravam no sexo, este permaneceu a causa das neuroses adultas. Em 1898, ele escreveu que as causas da doença neurótica "mais imediatas e, para propósitos práticos, as mais significativas, devem ser buscadas em fatores que surgem da vida sexual" (*apud* Breger, 2000, p. 117).

É importante notar que Freud nunca afirmou que todos os abusos sexuais na infância relatados por suas pacientes eram fantasias. O que ele negava é que os relatos de suas pacientes fossem *sempre* verdadeiros. "Era difícil acreditar", escreveu ele, "que atos pervertidos contra crianças fossem cometidos de maneira tão generalizada" (Freud, 1954, p. 215-216).

Hoje sabemos que o abuso sexual na infância é muito mais comum do que se imaginava, o que leva os estudiosos atuais a sugerir que a interpretação original de Freud sobre as experiências de sedução poderia estar correta. Não sabemos se omitiu deliberadamente a verdade, talvez para tornar sua teoria mais aceitável, ou se acreditava que suas pacientes estavam descrevendo fantasias. É possível que "mais pacientes de Freud estivessem dizendo a verdade sobre suas experiências na infância do que ele estava preparado para acreditar" (Crewsdon, 1988, p. 41).

Dez anos depois de Freud mudar de ideia e anunciar que os cenários de sedução na infância eram fantasias, ele admitiu em uma carta a um amigo que tais experiências traumáticas eram frequentemente verdadeiras. Alguns anos depois, ele confidenciou a outro amigo: "eu já analisei e curei vários casos reais de incesto (do tipo mais grave)" (*apud* Kahr, 2010).

---

*    Pênis normal, doses repetidas. (N. do T.)

A conclusão de que os abusos sexuais infantis ocorriam mais frequentemente do que Freud estava disposto a admitir foi alcançada por um de seus discípulos, na década de 1930, e Freud tentou impedir a publicação de suas ideias. Sugeriu-se também que Freud havia mudado sua posição sobre a teoria da sedução por haver percebido que, se o abuso sexual estava tão difundido, muitos pais (incluindo o seu) seriam suspeitos de atos perversos contra os filhos (Krüll, 1986).

## A vida sexual de Freud

É um paradoxo que Freud, que enfatizou a importância do sexo na vida emocional, tenha vivido tantos conflitos sexuais. Ele "não teve contato com membros do sexo oposto [durante sua juventude]. Ele era decididamente tímido e tinha medo de mulheres, e era virgem até se casar, aos 30 anos" (Breger, 2009, p. 11). Sua atitude em relação a sexo era negativa; ele escreveu sobre os perigos do sexo mesmo para aqueles que não eram neuróticos, incentivando as pessoas a controlar o que ele denominava necessidade animal comum de sexo.

O ato sexual era degradante, escreveu ele, porque contaminava a mente e o corpo. Ele, aparentemente, abandonou sua própria vida sexual aos 41 anos, escrevendo a um amigo: "A excitação sexual não tem mais utilidade para uma pessoa como eu" (Freud, 1954, p. 227). Ele ficou ocasionalmente impotente durante o casamento, e, às vezes, optou por abster-se do sexo porque não gostava de preservativos e *coitus interruptus*, os métodos-padrão de controle de natalidade na época.

Freud culpava sua mulher, Martha, pelo término da sua vida sexual, e por muitos anos teve sonhos envolvendo seu ressentimento em relação a ela, por forçá-lo a abandonar o sexo. "Ele se ressentia por ela engravidar tão facilmente, ficar doente durante a gravidez e se recusar a se envolver em qualquer tipo de atividade sexual além [dos atos de procriação]" (Elms, 1994, p. 45). Consequentemente, os períodos de impotência de Freud podem também estar relacionados ao seu temor de que Martha engravidasse novamente.

## O episódio neurótico de Freud

As frustrações e os conflitos pessoais de Freud em relação a sexo vieram à tona na forma de neuroses, do mesmo modo que ele achava que as dificuldades sexuais afetavam seus pacientes. Por volta dos 40 anos, Freud viveu um grave episódio neurótico, que, segundo ele, envolvia "estranhos estados da mente que não eram inteligíveis para a consciência – pensamentos nebulosos e dúvidas veladas, com um raro raio de luz aqui e acolá [...] Ainda não sei o que está acontecendo comigo" (Freud, 1954, p. 210-212). Ele estava sendo acometido também por uma série de sintomas físicos, incluindo enxaquecas, problemas urinários e cólon espástico; preocupava-se com a morte, temia por seu coração e era ansioso em relação a viagens e espaços abertos. Não foi um período feliz para ele.

Freud diagnosticou o seu problema como neurose de ansiedade e neurastenia, esta última uma condição neurótica caracterizada por fraqueza, preocupação e problemas de digestão e circulação. Ele associou ambas a um acúmulo de tensão sexual. Em seus escritos, propôs que, nos homens, a neurastenia era resultado da masturbação e a neurose de ansiedade, proveniente de práticas sexuais anormais, como *coitus interruptus* e abstinência. Rotulando seus sintomas dessa forma, "sua vida pessoal estava, assim, profundamente envolvida nessa teoria específica, já que ele estava tentando interpretar e resolver os seus problemas [...] A teoria freudiana de neurose real é, portanto, uma teoria dos seus próprios sintomas neuróticos" (Krüll, 1986, p. 14, 20).

Apesar dos seus conflitos pessoais em relação a sexo (ou talvez por causa deles), era fascinado por mulheres bonitas. Um amigo observou que, "entre os alunos de Freud havia tantas mulheres atraentes que parecia mais do que uma simples questão de acaso" (Roazen, 1993, p. 138).

## Analisando os sonhos de Freud

Freud autopsicanalisou-se por meio do estudo dos seus sonhos, um processo que continuou pelo resto de vida. Quando começou, ele escreveu para um amigo: "O principal paciente com quem venho me ocupando sou eu mesmo" (*apud* Kandel, 2012, p. 63). Foi nesse período que realizou seu trabalho mais criativo no desenvolvimento da sua teoria da personalidade. Por meio da exploração de seus sonhos, percebeu, pela primeira vez, quanta hostilidade sentia em relação ao pai. Lembrou-se de seus desejos sexuais pela mãe na infância e sonhou com um desejo sexual pela filha mais velha. Então, formulou grande parte da sua teoria em torno de seus próprios conflitos neuróticos e experiências na infância filtradas pela interpretação de seus sonhos. Como perspicazmente observou: "O paciente mais importante para mim foi a minha própria pessoa" (Freud *apud* Gay, 1988, p. 96).

## As ideias de Freud chamam a atenção

À medida que seu trabalho foi se tornando conhecido por meio de artigos e livros publicados, bem como de trabalhos apresentados em encontros científicos, Freud atraiu um grupo de discípulos que se reunia com ele semanalmente para aprender o seu novo sistema. O tópico da primeira reunião desse grupo foi a psicologia da fabricação de charutos. Um escritor referiu-se ao grupo como uma "reunião de neuróticos" de segunda categoria (Gardner, 1993, p. 51). A filha de Freud, Anna, descreveu os primeiros discípulos mais caridosamente como

> *os não convencionais, os céticos, aqueles que estavam descontentes com as limitações impostas ao conhecimento. Entre eles também estavam os excêntricos, os sonhadores e aqueles que conheciam o sofrimento neurótico a partir das suas próprias experiências.* (apud Coles, 1998, p. 144)

Seus discípulos incluíam Carl Jung e Alfred Adler, que depois romperam com Freud e desenvolveram suas próprias teorias. Freud os considerava traidores de sua causa e nunca os perdoou por questionar seu enfoque da psicanálise. Em um jantar de família, queixou-se da deslealdade de seus seguidores. "O seu problema, Sigi", disse sua tia, "é que você simplesmente não entende as pessoas" (*apud* Hilgard, 1987, p. 641).

Em casa, Freud comandava uma vida disciplinada e organizada. Sua nora observou que "os Freuds faziam sua refeição do meio-dia, a principal refeição em Viena, na primeira badalada do relógio, e você tinha de estar lá na hora, chovesse ou fizesse sol, ou não comeria" (*apud* Berman, 2008, p. 561).

## Freud vai para os Estados Unidos

Em 1909, Freud recebeu o reconhecimento formal da comunidade de psicologia norte-americana – ele foi convidado a dar uma série de palestras na Universidade Clark, em Worcester, Massachussets, e a receber o título de doutor honorário. Embora grato pela homenagem, não gostou dos Estados Unidos, queixando-se de sua informalidade, comida ruim e escassez de banheiros. Embora tenha tido problemas gastrointestinais por diversos anos antes de visitar os Estados Unidos, "ele, culpava o Novo Mundo por arruinar sua digestão" (Prochnik, 2006, p. 35).

O sistema psicanalítico de Freud foi calorosamente bem recebido nos Estados Unidos. Dois anos após sua visita, seguidores norte-americanos fundaram a Associação Americana de Psicanálise e a Sociedade Psicanalítica de Nova York. Nos anos seguintes, as sociedades psicanalíticas estabeleceram-se em Boston, Chicago e Washington, D.C.

Em 1920, apenas 11 anos depois de sua viagem aos Estados Unidos, mais de 200 livros sobre suas obras tinham sido publicados nos Estados Unidos (Abma, 2004). As principais revistas norte-americanas, como *Ladies Home Journal, The New Republic* e *Time,* publicaram artigos sobre Freud. Os livros de sucesso fenomenal do dr. Benjamin Spock sobre cuidados com bebês e crianças, os quais influenciaram a criação de várias gerações de crianças dos Estados Unidos, eram baseados nos ensinamentos de Freud. O trabalho de Freud sobre os sonhos inspirou uma canção popular que incluía a frase "Não me diga o que você sonhou a noite passada – porque tenho lido Freud" (*apud* Fancher, 2000, p. 1.026). Os Estados Unidos podem ter feito Freud adoecer, como ele disse, mas também o ajudaram a obter fama internacional.

## Os últimos anos

Durante as décadas de 1920 e 1930, Freud atingiu o auge do seu sucesso, mas, ao mesmo tempo, sua saúde começou a decair seriamente. De 1923 até a sua morte − 16 anos depois −, submeteu-se a 33 operações para tratar de câncer na boca, talvez uma consequência de fumar 20 charutos por dia. Partes do seu palato e maxilar superior foram retiradas cirurgicamente e ele sentia dores quase constantes, para as quais se recusava a tomar qualquer medicação. Também fez tratamentos de raios X e de rádio, além de vasectomia, que, segundo alguns médicos, deteria a evolução do câncer.

Quando os nazistas subiram ao poder na Alemanha, em 1933, expressaram o que sentiam por Freud, queimando publicamente seus livros, juntamente com outros dos assim chamados inimigos do Estado, como o físico Albert Einstein e o escritor Ernest Hemingway. "Que progressos estamos fazendo!", disse Freud. "Na Idade Média, teriam me queimado, mas hoje se contentam em queimar os meus livros" (Freud *apud* Jones, 1957, p. 182).

Em 1938, os nazistas ocuparam a Áustria e, apesar dos apelos de seus amigos, Freud recusou-se a sair de Viena. Por várias vezes, nazistas invadiram sua casa. Só quando sua filha Anna foi detida (e depois liberada), é que ele concordou em ir para Londres. Quatro de suas irmãs morreram em campos de concentração nazistas.

A saúde de Freud piorou drasticamente, mas ele permaneceu lúcido e continuou a trabalhar quase até o último dia de vida. No final de setembro de 1939, disse a seu médico, Max Schur: "Hoje em dia, viver não é nada mais do que tortura. Não faz mais sentido" (*apud* Schur, 1972, p. 529). O médico, que prometera não deixá-lo sofrer desnecessariamente, ministrou-lhe três injeções de morfina nas 24 horas seguintes, cada dose maior que o necessário para a sedação, e pôs fim aos longos anos de sofrimento de Freud.

# Instintos ou pulsões: as forças propulsoras da personalidade

**Instintos ou pulsões**
No sistema de Freud, representações mentais de estímulos internos, como a fome, que levam uma pessoa a agir de determinada maneira.

Freud escreveu que os **instintos** ou **pulsões** eram os elementos básicos da personalidade, as forças motivadoras que impulsionam o comportamento e determinam o seu rumo.[*] O termo alemão que Freud usou para este conceito foi *Trieb*, que é mais bem traduzido como força impulsora ou impulso (Bettelheim, 1984). Os instintos são uma forma de energia fisiológica transformada que liga as necessidades do corpo com os desejos da mente.

Os estímulos para instintos de fome e sede, por exemplo, são internos. Quando uma necessidade como a fome é despertada no corpo, gera uma situação de excitação fisiológica ou energia. A mente transforma essa energia corporal em um desejo. É esse desejo − a representação mental da necessidade fisiológica −, que é o instinto ou a força impulsora que motiva a pessoa a se comportar de uma forma que satisfaça a necessidade. Uma pessoa com fome, por exemplo, vai procurar comida. O instinto não é o estado corporal (a fome), mas a necessidade corporal transformada em um estado mental, um desejo.

Quando o corpo está em um estado de necessidade como esse, a pessoa tem a sensação de tensão ou pressão. A meta do instinto é satisfazer a necessidade e, assim, reduzir a tensão. A teoria de Freud é, portanto, uma abordagem homeostática, visto que sugere que somos motivados a recuperar e manter uma situação de equilíbrio fisiológico para manter o corpo livre de tensão.

Freud acreditava que sempre experimentamos um certo nível ou quantidade de tensão ins-

---

[*]    Depois de Lacan, tornou-se frequente o uso da palavra *pulsão* no lugar de *instinto*, uma vez que na releitura dos textos de Freud encontrou-se muito mais a palavra *Trieb* (que Lacan traduziu para o francês como *pulsion*) do que a palavra *Instinkt*. Esta tem em sua concepção psicológica o sentido de comportamento inato, que, diante de um estímulo, sempre reage da mesma forma. E com a palavra *pulsão* abre-se a possibilidade do deslocamento − conceito básico na ideia freudiana, uma vez que vai gerar todo o desenvolvimento humano, saindo das respostas estereotipadas (em que implica o *instinto*) para respostas mais elaboradas, usando a energia pulsional. No Brasil, depois de Lacan, diferente dos Estados Unidos, utiliza-se mais o termo *pulsão*. (N. do R. T.)

tintual e temos de agir constantemente para reduzi-la. Não é possível escapar da pressão das nossas necessidades fisiológicas como escapamos de um estímulo irritante no nosso ambiente externo. Isso significa que os instintos estão sempre influenciando o nosso comportamento, em um ciclo de necessidade que leva à redução da necessidade.

As pessoas podem percorrer trilhas diferentes para satisfazer suas necessidades. Por exemplo, o impulso sexual pode ser satisfeito pelo comportamento heterossexual, homossexual ou autossexual ou ser canalizado para uma forma de atividade totalmente diferente. Freud acreditava que a energia psíquica podia ser deslocada para objetos substitutos, e esse deslocamento era de extrema importância para determinar a personalidade de uma pessoa.

Embora os instintos sejam a fonte exclusiva de energia para o comportamento humano, a energia resultante pode ser aplicada em uma série de atividades, o que ajuda a explicar a diversidade que encontramos no comportamento humano. Freud acreditava que todos os interesses, preferências e atitudes que mostramos como adultos eram deslocamentos de energia dos objetos originais que satisfaziam as necessidades instintivas.

## Dois tipos de instintos

Freud agrupou os instintos em duas categorias: instintos de vida e instintos de morte.

**Os instintos de vida.** O objetivo dos **instintos de vida** é a sobrevivência do indivíduo e da espécie, tentando satisfazer as necessidades de comida, água, ar e sexo.

Os instintos de vida são orientados para o crescimento e o desenvolvimento. A energia psíquica manifestada pelo instinto de vida sexual é a **libido**, que pode ser anexada ou investida na representação de objetos, um conceito que Freud chamou de **catexia**.* Se você gosta do(a) seu(sua) companheiro(a) de quarto, por exemplo, Freud diria que sua libido está catexizada nele ou nela.

Segundo Freud, o instinto de vida considerado mais importante para a personalidade é o sexo, que ele definia em termos amplos. Ele não se referia somente ao erótico, mas incluía quase todos os comportamentos e pensamentos prazerosos; descrevia sua visão como que ampliando o conceito de sexualidade aceito. Freud considerava que os impulsos sexuais incluíam "todos aqueles impulsos meramente afetivos e amigáveis, aos quais se aplica a palavra 'amor', extremamente ambígua" (Freud, 1925, p. 38).

Freud considerava o sexo a nossa motivação básica. Os desejos eróticos originam-se das zonas erógenas do corpo: boca, ânus e órgãos sexuais. Ele sugeriu que as pessoas são seres que buscam predominantemente o prazer, e grande parte da sua teoria da personalidade gira em torno da necessidade de inibir ou de reprimir os desejos sexuais.

**Os instintos de morte.** Em oposição aos instintos de vida, Freud postulou os **instintos destrutivos ou de morte**. Partindo da biologia, afirmou o fato óbvio de que todas as coisas vivas se degeneram e morrem, voltando ao seu estado inanimado original, e que as pessoas têm um desejo inconsciente de morrer. Um dos componentes

**Instintos de vida**
Impulso para assegurar a sobrevivência do indivíduo e da espécie, satisfazendo a necessidade de comida, água, ar e sexo.

**Libido**
Para Freud, forma de energia psíquica manifestada pelos instintos de vida, especificamente o sexual, que empurra a pessoa para comportamentos e pensamentos prazerosos.

**Catexia**
Investimento de energia psíquica na representação de um objeto ou pessoa.

**Instintos de morte**
Impulso inconsciente na direção da degeneração, destruição e agressão.

---

* Freud preferia definir que a forma da energia sexual era específica da pulsão sexual, e que podia ser amplamente deslocada. (N. do R.T.)

**Impulso agressivo**
Compulsão de destruir, subjugar e matar

dos instintos de morte é o **impulso agressivo**, que ele via como o desejo de morrer voltado para objetos que iam além do *self*. O impulso agressivo nos compele a destruir, subjugar e matar. Freud acabou considerando a agressão uma parte tão incitadora da natureza do homem quanto o sexo.

Freud desenvolveu o conceito dos instintos de morte no final da vida como um reflexo de suas próprias experiências. Ele suportou as debilitações fisiológicas e psicológicas da idade, seu câncer piorou e ele testemunhou o grande massacre da Primeira Guerra Mundial. Além disso, uma de suas filhas morreu aos 26 anos, deixando dois filhos pequenos. Todos esses acontecimentos o afetaram profundamente e, como resultado, a morte e a agressão tornaram-se os temas principais da sua teoria e da sua própria vida. Nos últimos anos de vida, temia a própria morte e exibia altos níveis de hostilidade, ódio e agressividade em relação aos colegas e discípulos que questionavam suas opiniões e deixaram seu círculo psicanalítico.

Seu conceito sobre os instintos de morte obteve uma aceitação limitada, mesmo entre seus seguidores mais devotados. Um psicanalista escreveu que a ideia deveria ser "relegada ao lixo da história" (Sulloway, 1979, p. 394), e outro sugeriu que Freud era um gênio, então a sugestão dos instintos de morte era uma instância de um gênio em um dia ruim (Eissler, 1971).

## Os níveis da personalidade

O conceito original de Freud dividia a personalidade em três níveis: o consciente, o pré-consciente e o inconsciente. O consciente, conforme sua definição do termo, corresponde ao seu significado comum cotidiano, incluindo todas as sensações e experiências das quais estamos cientes em todos os momentos. Quando você lê estas palavras, por exemplo, pode estar ciente da imagem da página, da mensagem que quer enviar para um amigo e de algum vizinho que está ouvindo música alta.

Freud considerava o consciente um aspecto limitado da personalidade, porque somente uma pequena parte de nossos pensamentos, sensações e lembranças existe em nossa ciência consciente todo o tempo. Ele comparou a mente a um *iceberg*. O consciente é a parte que fica acima da superfície da água – somente a ponta do *iceberg*.

Para ele, o mais importante é o inconsciente, a parte maior e invisível, abaixo da superfície, que é o foco da teoria psicanalítica. Suas vastas e obscuras profundidades são a moradia dos instintos, aqueles desejos que regem o nosso comportamento. O inconsciente contém a força propulsora por trás de todos os comportamentos e é o depósito de forças que não conseguimos ver ou controlar.

Entre esses dois níveis está o pré-consciente, que é o depósito de lembranças, percepções e ideias das quais não estamos cientes no momento, mas que podemos facilmente trazer para o consciente. Por exemplo, no caso improvável de a sua mente se desviar desta página e você começar a pensar sobre o que fez ontem à noite, estaria trazendo material do seu pré-consciente para o seu consciente. Muitas vezes, vemos a nossa atenção indo e voltando de lembranças do momento para eventos e lembranças armazenados no pré-consciente.

## A estrutura da personalidade

**Id**
Para Freud, o aspecto da personalidade aliado aos instintos; fonte da energia psíquica, o id opera de acordo com o princípio do prazer.

### O id

Freud, mais tarde, revisou esse conceito de três níveis de personalidade (inconsciente, pré-consciente e consciente) e introduziu em seu lugar três estruturas básicas na anatomia da personalidade: o id, o ego e o superego (ver Figura 2.1). O **id** corresponde ao conceito inicial de Freud a respeito do inconsciente (embora o ego e o superego também tenham aspectos inconscientes). Trata-se do reservatório dos instintos e da libido (a energia psíquica manifestada pelos instintos), além de ser uma estrutura poderosa da personalidade, porque fornece toda a energia para os outros dois componentes.

Por ser o reservatório dos instintos, o id é vital e diretamente relacionado à satisfação das necessidades corporais. Como observamos anteriormente, produz-se tensão quando o corpo fica em estado de necessidade e a pessoa age para diminuí-la, satisfazendo a necessidade. O id age de acordo com o que Freud chamava de **princípio do prazer**; por meio da sua preocupação com a redução da tensão, o id atua para aumentar o prazer e evitar a dor.

**Princípio do prazer**
Princípio pelo qual o id opera para evitar a dor e maximizar o prazer.

O id busca satisfação imediata das necessidades e não tolera atrasos ou adiamentos da satisfação por nenhum motivo. Ele só conhece a gratificação instantânea, conduz-nos ao que queremos quando queremos, sem levar em consideração o que os outros querem. É uma estrutura egoísta que busca o prazer, é primitiva, amoral, insistente e impulsiva.

O id não tem consciência da realidade. Pode-se compará-lo a um bebê recém-nascido que chora e agita braços e pernas de maneira frenética quando suas necessidades não são atendidas, mas que não sabe como buscar satisfação. A criança com fome não consegue encontrar comida sozinha. As únicas maneiras pelas quais o id pode tentar satisfazer suas necessidades são o ato reflexo e o desejo ou fantasia, que Freud rotulou de **processo primário**.

**Processo primário**
Raciocínio infantil (primitivo) pelo qual o id tenta satisfazer os impulsos instintivos.

## O ego

A maioria das crianças aprende que não pode, por exemplo, pegar comida de outras pessoas, a menos que esteja disposta a enfrentar as consequências; que precisa adiar o prazer de aliviar tensões anais até chegar ao banheiro; ou que não pode indiscriminadamente dar vazão aos desejos sexuais

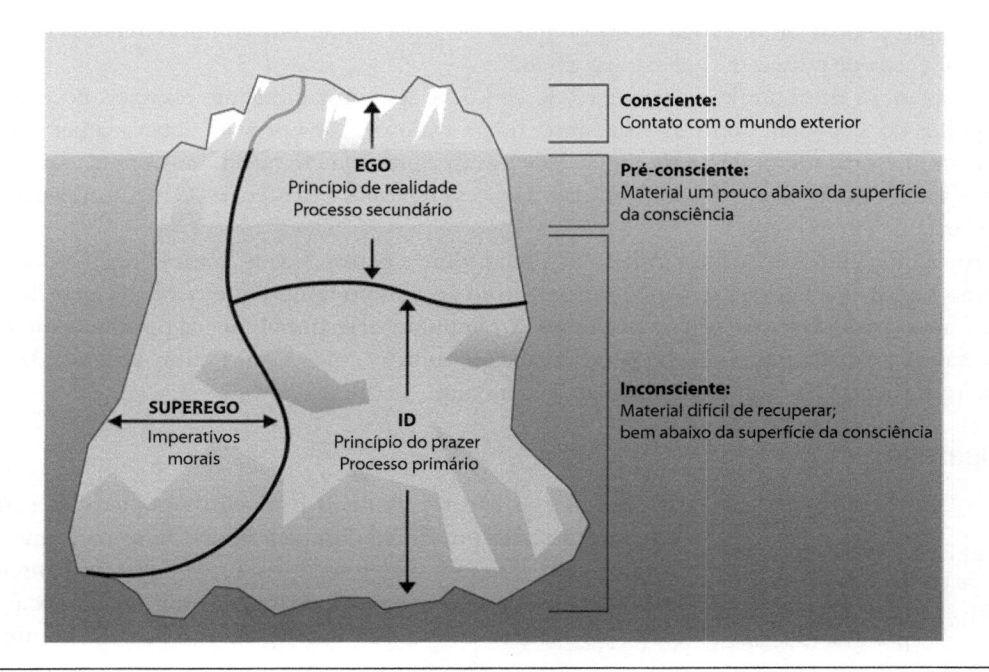

**FIGURA 2.1** ▪ **Os níveis e estruturas da personalidade determinados por Freud.**
Fonte: Weiten, W. *Pshycology: Themes and Variations*. 2. ed. [S.l.]: Cengage Learning, 1992.

**Processo secundário**
Processo de raciocínio maduro, necessário para lidar racionalmente com o mundo exterior.

**Ego**
Para Freud, é o aspecto racional da personalidade, responsável pela orientação e pelo controle dos instintos, de acordo com o princípio da realidade.

**Princípio da realidade**
Princípio pelo qual o ego opera para providenciar as limitações adequadas à expressão dos instintos do id.

e agressivos. A criança aprende a lidar inteligente e racionalmente com as outras pessoas e o mundo exterior, além de desenvolver os poderes de percepção, reconhecimento, julgamento e memória – os poderes que os adultos utilizam para satisfazer suas necessidades. Freud chamava essas habilidades de **processo secundário.**[*]

Podemos resumir essas características do processo secundário como razão ou racionalidade, e elas estão contidas na segunda estrutura freudiana da personalidade – o **ego** –, que é o mestre racional da personalidade. Seu objetivo não é contrariar os impulsos do id, mas ajudá-lo a obter a redução de tensão que almeja. Como está ciente da realidade, o ego decide quando e como os instintos do id podem ser satisfeitos da melhor maneira, determinando os momentos, lugares e objetos adequados e socialmente aceitos que irão satisfazer os impulsos do id.

O ego não impede a satisfação do id, mas tenta adiá-la ou redirecioná-la em razão das exigências da realidade. Ele percebe e manipula o ambiente de forma prática e realística; portanto, diz-se que o ego opera de acordo com o **princípio da realidade**, que se opõe às vezes ao princípio do prazer, pelo qual o id opera.

O ego exerce, assim, controle sobre os impulsos do id. Freud comparou o relacionamento do ego e do id ao de um cavaleiro sobre um cavalo. A força natural e bruta do cavalo tem de ser orientada, checada e controlada pelo cavaleiro, pois, caso contrário, o cavalo pode disparar e correr, atirando o cavaleiro no chão.

O ego serve a dois mestres – o id e a realidade – e está constantemente mediando e confrontando compromissos entre as demandas conflitantes de ambos. Além disso, nunca se separa do id, respondendo sempre às demandas deste e tirando dele o seu poder e energia.

É o ego – mestre racional – que mantém o id trabalhando em um emprego que não lhe agrada porque, se não o fizer, não poderá dar casa e comida para sua família. É o ego que força você a se dar bem com pessoas das quais não gosta porque a realidade requer esse comportamento como uma forma adequada de satisfazer as demandas do id.

Essa função de controle e adiamento do ego deve ser constantemente exercida; do contrário, os impulsos do id podem dominar e subverter o ego racional. Uma pessoa controlada pelo id pode facilmente se tornar um perigo para a sociedade e acabar presa ou em tratamento. Freud argumentou que precisamos nos proteger de ser controlados pelo id e propôs a existência de mecanismos inconscientes para defender o ego.

Até aqui, vimos um quadro da visão de Freud sobre a personalidade humana estar em constante estado de batalha. Ela está tentando reprimir o id ao mesmo tempo que o atende, percebendo e manipulando a realidade para aliviar as tensões dos impulsos dele. Impulsionada por forças biológicas instintivas que ela luta para satisfazer, a personalidade anda na corda bamba entre as demandas do id e as da realidade, ambas requerendo vigilância constante.

## O superego

**Superego**
Para Freud, é o aspecto moral da personalidade: a introjeção dos valores e padrões dos pais e da sociedade.

O id e o ego não representam o quadro completo da natureza humana descrito por Freud. Também há um terceiro conjunto de forças – um conjunto poderoso (e em grande parte inconsciente) de ordens ou crenças – que adquirimos na infância: o nosso conceito de certo e errado. Em linguagem cotidiana, denominamos

---

[*]   É chamado de secundário, pois aparece em razão do processo primário. (N. do R. T.)

essa moralidade interna de consciência, e Freud denominou-a de **superego**.

Ele acreditava que esse lado moral da personalidade é, em geral, adquirido por volta dos 5 ou 6 anos de idade e consiste inicialmente das regras de conduta estipuladas pelos nossos pais.* Por meio do elogio, castigo e exemplo, as crianças aprendem quais são os comportamentos que os pais consideram bons ou maus. Esses comportamentos segundo os quais as crianças são punidas formam a **consciência**, uma parte do superego. A segunda parte do superego é o **ideal do ego**, que é constituído de comportamentos bons ou corretos pelos quais as crianças foram elogiadas.

Dessa forma, segundo Freud, elas aprendem um conjunto de regras que são aceitas ou rejeitadas por seus pais. Com o tempo, introjetam esses ensinamentos, e as recompensas ou castigos tornam-se autoadministrados. O controle dos pais é substituído pelo autocontrole e nós passamos a nos comportar, pelo menos em parte, de acordo com as diretrizes morais, agora em grande parte inconscientes. Como resultado dessa introjeção, sentimos culpa ou vergonha sempre que agimos (ou pensamos em agir) em desacordo com esse código moral.

Como árbitro da moralidade, o superego é implacável, até cruel, na sua busca constante pela perfeição moral. Ele nunca desiste. Em termos de intensidade, irracionalidade e insistência na obediência, ele não difere do id. Seu objetivo não é apenas adiar as demandas de busca de prazer do id, como faz o ego, mas sim inibi-las totalmente, em especial as demandas relativas a sexo e agressão.

O superego não busca prazer (como o id), nem a obtenção de metas realistas (como o ego), mas apenas a perfeição moral. O id pressiona pela satisfação, o ego tenta adiá-la e o supergo coloca a moralidade acima de tudo. Como o id, o superego não admite compromisso com suas demandas.

O ego, portanto, fica no meio, pressionado por essas forças insistentes e opostas, e tem agora um terceiro mestre: o superego. Para parafrasear Freud, o pobre ego sofre, pressionado de três lados, ameaçado por três perigos: o id, a realidade e o superego. O resultado inevitável desse confronto, quando o ego é excessivamente pressionado, é o surgimento da ansiedade.

## Ansiedade: uma ameaça ao ego

Você já tem uma ideia do que significa a palavra *ansiedade* porque sabe como se sente quando fica ansioso por algo. A ansiedade não é diferente do medo, mas podemos não saber do que temos medo. Freud descreveu a **ansiedade** como um temor sem razão.** Isso significa que não podemos identificar a fonte, um objeto específico que a tenha provocado.

Freud tornou a ansiedade uma parte importante da sua teoria da personalidade, afirmando que ela é fundamental para o desenvolvimento de todo comportamento neurótico ou psicótico, sugerindo que o protótipo de toda a ansiedade é o trauma do parto.

O feto no útero da mãe está no mundo mais seguro e estável que existe, onde todas as necessidades são atendidas imediatamente. Mas, ao nascer, esse organismo é lançado em um ambiente hostil,

**Consciência**
Componente do superego que contém comportamentos pelos quais a criança foi ou será punida.

**Ideal do ego**
Componente do superego que contém os comportamentos morais ou ideais pelos quais a pessoa deve lutar.

**Ansiedade**
Para Freud, um sentimento de medo e apreensão sem uma causa óbvia. A **ansiedade frente à realidade** é um medo diante do perigo tangível; a **ansiedade neurótica** envolve um conflito entre o ego e o id; a **ansiedade moral** envolve um conflito entre o id e o superego.

---

* Idade que pode variar, e sobretudo esta instância da personalidade se forma de maneira inconsciente, na vivência da situação edípica. (N. do R.T.)

** Nos livros de origem europeia traduzidos para o português, utiliza-se a palavra *angústia* em vez de *ansiedade*, pois Freud usou *Angst*, já que *anxiety* não é uma palavra de origem alemã. Em português, existem as duas palavras, angústia e ansiedade, tendo ansiedade também o sentido de expectativa, que pode ser negativa ou positiva. (N. do R.T.)

tendo de repente de se adaptar à realidade, porque suas demandas instintivas nem sempre serão prontamente atendidas. O sistema nervoso do recém-nascido, imaturo e mal preparado, é bombardeado com vários estímulos sensoriais.

Consequentemente, a criança envolve-se em uma série de movimentos motores, respiração acelerada e aumento dos batimentos cardíacos. O trauma do parto, com suas tensões e temor de que os instintos do id não sejam satisfeitos, é a nossa primeira experiência com a ansiedade, de acordo com Freud. A partir daí, criam-se padrões de reações e sentimentos que ocorrerão sempre que formos expostos a alguma ameaça no futuro.

Quando não conseguimos lidar com a ansiedade e corremos o risco de sermos subjugados por ela, diz-se que ela é traumática. O que Freud quis dizer com isso é que a pessoa, independente da idade, fica reduzida a uma situação de desamparo igual àquela vivenciada na infância. Na vida adulta, o desamparo infantil é reconstituído até certo grau sempre que o ego é ameaçado. Freud propôs três diferentes tipos de ansiedade: frente à realidade, ansiedade neurótica e ansiedade moral.

## Ansiedade frente à realidade

O primeiro tipo de ansiedade, aquele do qual derivam os outros, é a **ansiedade frente à realidade** ou objetiva, que envolve o medo de perigos tangíveis no mundo real. A maioria de nós tem medo, com razão, de incêndios, furacões, terremotos e desastres. Fugimos de animais selvagens, saímos do caminho de carros em alta velocidade e escapamos de prédios em chamas.

Esse tipo de ansiedade tem a finalidade positiva de orientar o nosso comportamento para escapar ou nos proteger de perigos reais. Nosso medo diminui quando a ameaça não está mais presente. No entanto, os medos baseados na realidade podem ser levados a extremos. A pessoa que não sai de casa porque receia ser atingida por um carro ou não consegue acender um fósforo por medo de incêndio está levando temores com base na realidade a um ponto além do normal.

## Ansiedade neurótica

Os outros tipos de ansiedade – neurótica e moral – são mais problemáticos para a nossa saúde mental. A **ansiedade neurótica** tem por base a infância, o conflito entre a gratificação instintiva e a realidade. As crianças, em geral, são punidas por expressar abertamente impulsos sexuais ou agressivos. Consequentemente, o desejo de satisfazer certos impulsos do id gera ansiedade.

Essa ansiedade neurótica é um medo inconsciente de ser punido por exibir impulsivamente um comportamento dominado pelo id. Note que o medo não é dos instintos, mas do que pode acontecer como consequência de satisfazê-los. Isso se torna um conflito entre o id e o ego, e a sua origem tem alguma base na realidade.

## Ansiedade moral

A **ansiedade moral** resulta de um confronto entre o id e o superego. Basicamente, é o medo da nossa consciência. Quando você está motivado a expressar um impulso instintivo que está em desacordo com seu código moral, seu superego se vinga, fazendo que sinta vergonha ou culpa. Em termos comuns, você pode se descrever como tendo uma crise de consciência.

A ansiedade moral é proporcional ao grau de desenvolvimento do superego. Uma pessoa com uma consciência fortemente inibidora viverá um conflito maior do que aquela com um conjunto de diretrizes morais menos rigoroso. Como a ansiedade neurótica, a ansiedade moral baseia-se parcialmente na realidade.

As crianças são punidas por violar os códigos morais dos pais, e os adultos, por violar o código moral da sociedade. A vergonha e a culpa na ansiedade moral vêm de dentro, é a nossa consciência que provoca o medo e a ansiedade. Freud achava que o superego cobra uma retribuição terrível pela violação dos seus princípios.

## O propósito da ansiedade

A ansiedade serve como um aviso para a pessoa de que algo está errado na personalidade. Ela induz tensão no organismo e, assim, torna-se um impulso (como o da fome ou da sede) que o indivíduo fica motivado a satisfazer. A tensão precisa ser reduzida.

A ansiedade alerta o indivíduo de que o ego está sendo ameaçado e de que, se uma atitude não for tomada, este poderá ser subvertido. Como o ego pode se proteger ou defender? Existe uma série de opções: fugir da situação ameaçadora, inibindo a necessidade impulsiva que é a fonte do perigo, ou obedecer as ordens da consciência. Se nenhuma dessas técnicas racionais funcionar, a pessoa pode recorrer aos mecanismos de defesa, que são as estratégias não racionais, inconscientes, elaboradas para defender o ego.

# Defesas contra a ansiedade

Vimos que a ansiedade é um sinal de que um perigo iminente, uma ameaça ao ego, tem de ser neutralizado ou evitado. É preciso que o ego reduza o conflito entre as demandas do id e a estrutura da sociedade, representadas pelo superego. Segundo Freud, esse conflito está sempre presente, porque os instintos estão sempre pressionando por satisfação e os tabus da sociedade tendem a limitar essa satisfação.

Freud acreditava que as defesas deviam, até certo ponto, estar sempre em operação. Assim como todos os comportamentos são motivados por instintos, todo comportamento é defensivo no sentido de defender contra a ansiedade. A intensidade da batalha dentro da personalidade pode flutuar, mas nunca para. Freud postulou vários **mecanismos de defesa** (ver Quadro 2.1) e observou que raramente utilizamos apenas um. Em geral, nos defendemos contra a ansiedade utilizando vários deles ao mesmo tempo. Também existe alguma sobreposição entre eles.

**Mecanismos de defesa**
Estratégias que o ego utiliza para se defender da ansiedade provocada pelos conflitos da vida cotidiana. Os mecanismos de defesa envolvem negações ou distorções da realidade.

| QUADRO 2.1 ▪ Alguns mecanismos de defesa freudianos | |
|---|---|
| **Repressão** | Envolve a negação inconsciente da existência de algo que causa ansiedade. |
| **Negação** | Envolve a negação da existência de uma ameaça externa ou evento traumático. |
| **Formação reativa** | Envolve a expressão de um impulso do id que é o oposto daquele que está realmente guiando a pessoa. |
| **Projeção** | Envolve a atribuição de um impulso perturbador a outra pessoa ou coisa. |
| **Regressão** | Envolve a volta a um período anterior menos frustrante da vida e apresenta características infantis de comportamento dependente deste período mais seguro. |
| **Racionalização** | Envolve a reinterpretação de comportamento para torná-lo mais aceitável e menos ameaçador. |
| **Deslocamento** | Envolve o deslocamento dos impulsos do id de um objeto ameaçador e indisponível para outro substituto disponível. |
| **Sublimação** | Envolve a alteração ou deslocamentos de impulsos do id, transformando a energia instintiva em comportamentos socialmente aceitáveis |

Embora os mecanismos de defesa variem quanto às suas especificidades, eles compartilham duas características: (1) são negações ou distorções da realidade – necessárias, mas distorções – e (2) operam inconscientemente. Não estamos cientes deles, o que significa que no nível consciente temos imagens distorcidas ou irreais do nosso mundo e de nós mesmos.

**Repressão**
Um mecanismo de defesa que envolve a negação inconsciente da existência de algo que causa ansiedade.

**Repressão.** A **repressão**, que é o mecanismo de defesa mais fundamental e mais usado, é uma remoção involuntária de algo da consciência. É uma maneira inconsciente de esquecer a existência de algo que nos traz desconforto ou dor. A repressão pode atuar nas lembranças de situações ou pessoas, na nossa percepção do presente (de forma que podemos não ver algum evento obviamente perturbador diante de nós) e até no funcionamento fisiológico do corpo. Por exemplo, um homem pode reprimir o impulso sexual tão fortemente a ponto de se tornar impotente.

Quando a repressão atua, é difícil eliminá-la. Como a usamos para nos proteger do perigo, para eliminá-la teríamos de saber que a ideia ou a lembrança não representa mais perigo. Mas como poderemos perceber que o perigo não existe mais se não liberarmos a repressão? Seu conceito é a base de grande parte da teoria da personalidade de Freud e está envolvido em todos os comportamentos neuróticos.

**Negação**
Um mecanismo de defesa que envolve a negação da existência de uma ameaça externa ou evento traumático.

**Negação.** O mecanismo de defesa de **negação** está relacionado à repressão e envolve a negação da existência de alguma ameaça externa ou evento traumático ocorrido. Por exemplo, a pessoa com uma doença terminal pode negar a iminência da morte. Os pais de uma criança que morreu podem continuar a negar a perda, mantendo seu quarto inalterado.

**Formação reativa**
Mecanismo de defesa que envolve a expressão de um impulso id, que é oposto àquele que está realmente motivando a pessoa..

**Formação reativa.** Uma defesa contra um impulso perturbador é expressar ativamente o impulso oposto, o que se chama **formação reativa**. Por exemplo, uma pessoa ameaçada por desejos sexuais pode revertê-los e se tornar um combatente radical da pornografia. Já outra, perturbada por impulsos extremamente agressivos, pode se tornar extremamente solícita e amigável. Portanto, a luxúria torna-se virtude e o ódio, amor, na mente inconsciente da pessoa que usa esse mecanismo.

**Projeção**
Mecanismo de defesa que envolve atribuir um impulso perturbador a outra pessoa..

**Projeção.** Outra maneira de se defender contra impulsos perturbadores é projetá-los em outra pessoa. Este mecanismo de defesa chama-se **projeção**. Os impulsos lascivos, agressivos e outros impulsos inaceitáveis são vistos como de outros indivíduos. A pessoa, na verdade, diz: "Eu não o odeio, é ele quem me odeia". Ou uma mãe pode atribuir seu impulso sexual à sua filha adolescente, de forma que o impulso ainda é manifestado, mas de maneira menos ameaçadora à pessoa.

**Regressão**
Mecanismo de defesa que envolve voltar a um período anterior menos frustrante da vida e exibir as características de comportamentos normalmente infantis dessa época mais segura.

**Regressão.** Na **regressão**, a pessoa volta ou regride a um período anterior da sua vida que foi mais agradável, livre do nível atual de frustração e ansiedade. A regressão, em geral, envolve a volta a uma das fases do desenvolvimento infantil. A pessoa volta a essa época mais segura da vida se comportando como então, de maneira infantil e dependente.

**Racionalização.** A **racionalização** é um mecanismo de defesa que envolve a reinterpretação do nosso comportamento para torná-lo mais racional e, portanto, mais aceitável. Desculpamos ou justificamos um pensamento ou uma atitude ameaçadora convencendo-nos de que há uma explicação racional para tal. A pessoa que é demitida de um emprego racionaliza, dizendo que nem gostava do trabalho. A pessoa amada que não quer mais você agora tem muitos defeitos. É menos ameaçador culpar alguém por nossas falhas do que culparmos a nós mesmos.

> **Racionalização**
> Mecanismo de defesa que envolve a reinterpretação do nosso comportamento para torná-lo mais aceitável e menos ameaçador para nós.

**Deslocamento.** Se um objeto que satisfaz um impulso do id não está disponível, a pessoa pode deslocar o impulso para outro objeto. Isso se chama **deslocamento**. Por exemplo, crianças que odeiam os pais ou adultos que odeiam os chefes, mas têm medo de expressar sua hostilidade e serem punidos, podem deslocar sua agressividade para outra pessoa, em geral alguém com menor probabilidade de se defender ou de revidar. A criança pode bater em um irmão mais novo ou o adulto pode gritar com o cachorro. Nestes exemplos, o objeto original do impulso agressivo foi substituído por outro que não configura uma ameaça. No entanto, o objeto substituto não reduzirá a tensão de maneira tão satisfatória quanto o objeto original. Se você estiver envolvido em uma série de deslocamentos, um reservatório de tensões não descarregadas se acumulará e você será cada vez mais impulsionado a descobrir novas maneiras de diminuir essa tensão.

> **Deslocamento**
> Mecanismo de defesa que envolve deslocar impulsos do id de um objeto ameaçador ou indisponível para outro disponível – por exemplo, substituindo a hostilidade em relação ao chefe pela hostilidade em relação ao filho.

**Sublimação.** Enquanto o deslocamento envolve descobrir um objeto substituto para satisfazer impulsos do id, a **sublimação** envolve a transformação destes. A energia instintiva é desviada para outros canais de expressão, que a sociedade considera aceitáveis e admiráveis. A energia sexual, por exemplo, pode ser transformada ou sublimada em comportamentos artisticamente criativos.

> **Sublimação**
> Mecanismo de defesa que envolve a alteração ou o deslocamento de impulsos do id, transformando energia instintiva em comportamentos socialmente aceitáveis.

Freud achava que muitas atividades humanas, principalmente as de natureza artística, são manifestações de impulsos do id que foram redirecionados para vazões socialmente aceitáveis. Assim como o deslocamento (do qual a sublimação é uma forma), a sublimação é uma conciliação. Como tal, ela não traz satisfação total, mas usa na criatividade a tensão não descarregada.

**Mentindo para nós mesmos** Como observamos, esses mecanismos de defesa são negações inconscientes ou distorções da realidade. Num certo sentido, mentimos para nós mesmos quando utilizamos essas defesas, mas não estamos cientes de que fazemos isso. Se soubéssemos, as defesas não seriam tão eficazes. Se elas estiverem funcionando bem, manterão o material ameaçador ou perturbador longe da nossa consciência e, como resultado, podemos não saber a verdade sobre nós mesmos e ter uma imagem distorcida das nossas necessidades, medos e desejos.

Existem situações em que a verdade sobre nós mesmos vem à tona quando as defesas se rompem e não conseguem nos proteger. Isso ocorre em momentos de grande estresse ou quando se faz psicanálise. Quando as defesas falham, somos acometidos de uma ansiedade arrebatadora, sentimo-nos desanimados, imprestáveis e deprimidos. Se essas defesas não forem recuperadas ou substituídas por outras novas, provavelmente desenvolveremos sintomas neuróticos ou psicóticos. Portanto, segundo Freud, as defesas são necessárias para a nossa saúde mental; não sobreviveríamos muito tempo sem elas.

# Estágios psicosexuais do desenvolvimento da personalidade

Freud acreditava que todos os comportamentos são defensivos, mas que nem todo mundo utiliza as mesmas defesas igualmente. Somos motivados pelos mesmos impulsos do id, mas não há a mesma universalidade na natureza do ego e do superego. Embora estas estruturas da personalidade desempenhem as mesmas funções para todos, o seu conteúdo varia de uma pessoa para outra. Elas diferem porque são formadas pela experiência, e nenhuma pessoa tem exatamente a mesma experiência da outra, nem irmãos criados na mesma casa.

Assim sendo, parte da nossa personalidade é formada com base em relacionamentos peculiares que temos com várias pessoas e objetos quando crianças. Criamos um conjunto pessoal de atributos de caráter, um padrão consistente de comportamento que define cada um de nós como indivíduo.

## Crescer não é fácil

Freud argumentava que o tipo de caráter de uma pessoa desenvolve-se na infância, em grande parte a partir das interações pais-filho. A criança tenta maximizar o prazer, satisfazendo as demandas do id, enquanto os pais, como representantes da sociedade, tentam impor as demandas da realidade e da moralidade. Freud considerava as experiências da infância tão importantes, que disse que a personalidade adulta era firmemente moldada e cristalizada no quinto ano de vida.

O que o convenceu de que os primeiros anos eram fundamentais foram suas próprias lembranças da infância e aquelas reveladas por seus pacientes adultos, os quais, quando se deitavam no divã psicanalítico, invariavelmente voltavam à infância. Freud foi percebendo cada vez mais que a neurose adulta havia sido formada nos primeiros anos de vida.

Ele também sentiu fortes conflitos sexuais em bebês e crianças pequenas, conflitos que pareciam girar em torno de regiões específicas do corpo. Observou que cada região do corpo assumia uma importância maior como centro de conflito em idades diferentes. A partir dessas observações, elaborou a teoria dos **estágios psicossexuais do desenvolvimento**, cada um deles definido por uma zona erógena do corpo (ver Quadro 2.2). Em cada fase de desenvolvimento existe um conflito que precisa ser resolvido antes de a criança passar para o próximo estágio.

> **Estágios psicossexuais do desenvolvimento**
>
> Para Freud, todas as crianças passam pelos estágios oral, anal, fálico e genital, nos quais a gratificação dos instintos do id depende da estimulação das áreas correspondentes do corpo.
>
> **Fixação**
>
> Estado no qual uma parte da libido permanece investida em uma das fases psicossexuais devido à frustração ou satisfação.

Às vezes, uma pessoa reluta em passar de uma fase para outra ou não consegue fazê-lo porque o conflito não foi resolvido ou as necessidades foram tão satisfeitas por um pai ou mãe indulgente que a criança não quer mudar. Em qualquer um dos casos, diz-se que a pessoa está fixada nesse estágio de desenvolvimento. Na **fixação**, uma parte da libido ou da energia psíquica permanece investida na fase de desenvolvimento, deixando menos energia para os estágios seguintes.

Fundamental para a teoria psicossexual é o impulso sexual da criança. Freud chocou seus colegas e o público em geral ao dizer que os bebês são motivados por impulsos sexuais. Lembre-se, porém, de que ele não definiu sexo de maneira restrita, mas achava que a criança é motivada a obter uma forma difusa de prazer corporal derivado da boca, do ânus e dos genitais, zonas erógenas que definem as fases de desenvolvimento durante os primeiros cinco anos de vida.

## A fase oral: engolir ou cuspir

É a primeira fase de desenvolvimento psicossexual e dura desde o nascimento até o segundo ano de vida. Durante esse período, a fonte principal de prazer da criança é a boca, com a qual ela

---

**QUADRO 2.2** ▪ As fases psicossexuais de desenvolvimento de Freud

| Estágios | Idade | Características |
|---|---|---|
| Oral | 0-1 | A boca é a principal zona erógena.<br>O prazer é obtido com a sucção.<br>O id predomina. |
| Anal | 1-3 | O treinamento dos hábitos de higiene (realidade externa) resulta da forma de gratificação recebida ao defecar. |
| Fálico | 4-5 | Fantasias incestuosas: complexo de Édipo, ansiedade, desenvolvimento do superego. |
| Latência | 5-Puberdade | Período de sublimação do instinto sexual. |
| Genital | Adolescência-<br>-Idade adulta | Desenvolvimento da identidade do papel sexual e de relações sociais adultas. |

---

obtém o prazer de sugar, morder e engolir. É claro que a boca é a fonte de sobrevivência (para a ingestão de alimentos e água), mas Freud colocou mais ênfase nas satisfações eróticas derivadas das atividades orais.

Durante esse estágio, a criança está em um estado de dependência da mãe ou da pessoa que toma conta dela, e esta se torna o objeto principal da sua libido. Em termos mais familiares, podemos dizer que a criança está, de uma forma primitiva, aprendendo a amar a mãe. A forma pela qual a mãe responde às suas demandas, que nessa idade são somente demandas do id, determina a natureza do pequeno mundo do bebê. A criança aprende com a mãe a perceber o mundo como bom ou mau, satisfatório ou frustrante, seguro ou perigoso.

Existem dois tipos de comportamento durante essa fase: comportamento oral incorporativo (ingerir) e comportamento oral agressivo ou sádico (morder ou cuspir). O modo oral incorporativo ocorre primeiro e envolve a estimulação prazerosa da boca por outras pessoas e pela comida. Os adultos fixados na fase oral incorporativa preocupam-se excessivamente com atividades orais, como comer, beber, fumar e beijar.

Se quando crianças eles foram excessivamente gratificados durante esse estágio, sua personalidade oral adulta será predisposta a um alto nível de otimismo e dependência fora do comum. Como eles tiveram suas vontades prontamente atendidas na infância, continuam dependendo e esperando que os outros satisfaçam suas necessidades, tornando-se extremamente crédulos, acreditando em tudo que lhes dizem e confiando demasiadamente nos outros. Essas pessoas têm sua personalidade classificada como oral passiva.

O segundo comportamento – oral agressivo ou sádico – ocorre durante o surgimento doloroso e frustrante dos dentes. Como resultado dessa experiência, as crianças experimentam amor e ódio pela mãe. Afinal, ela tem sido responsável por tudo na vida da criança até o momento, por isso, deve ser responsável também pela dor.

As pessoas fixadas nesse nível tendem a ser imensamente pessimistas, hostis, agressivas, contestadoras e sarcás-

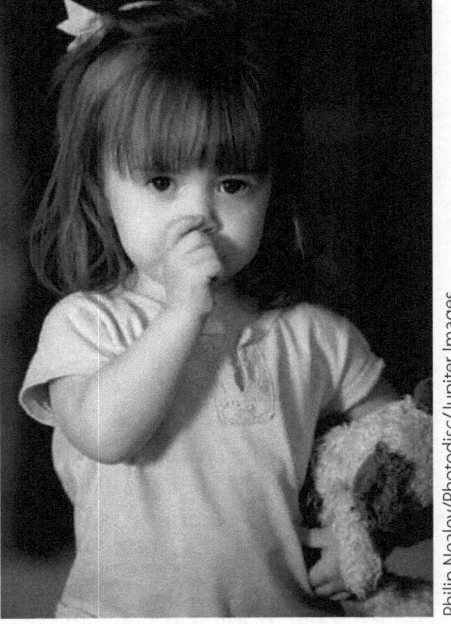

Philip Nealey/Photodisc/Jupiter Images

Na fase oral do desenvolvimento psicossexual, o prazer deriva de sugar, morder e engolir.

ticas, fazendo observações cáusticas, além de serem cruéis. Elas tendem a ser invejosas e tentam explorar e manipular as outras pessoas para dominá-las.

A fase oral termina no momento do desmame, embora alguma libido permaneça neste estágio caso ocorra a fixação. Agora a libido da criança desloca-se para a outra extremidade, dando início a outro estágio.

## A fase anal: prender ou soltar

A sociedade, na forma dos pais, tende a submeter-se às necessidades da criança durante o primeiro ano de vida, adaptando-se a elas e esperando relativamente pouca adaptação em retorno. Essa situação muda drasticamente por volta dos 18 meses, quando surge uma nova demanda: o treinamento dos hábitos de higiene. Freud achava que a experiência de treinamento do uso do banheiro durante a fase anal tinha um efeito significativo no desenvolvimento da personalidade.

A defecação oferece prazer erótico à criança, mas, com o início do treinamento de ir ao banheiro, ela é pressionada a aprender a adiar esse prazer. Pela primeira vez, há interferência na satisfação de um impulso instintivo, quando os pais tentam regular a hora e o local para a defecação.

Como os pais podem confirmar, esse é um momento de conflito para todos. A criança aprende que tem uma arma que pode ser usada contra os pais; ela tem controle sobre algo e pode optar por agir ou não de acordo com as demandas dos pais. Se o treinamento do uso do banheiro não estiver indo bem – por exemplo, se ela tiver dificuldade de aprender ou se os pais forem muito exigentes – ela pode reagir de duas maneiras.

Uma delas é defecar onde e quando eles desaprovam, desafiando, assim, suas tentativas de regulação. Se a criança achar essa técnica satisfatória para reduzir a frustração e a utilizar frequentemente, ela poderá desenvolver uma personalidade anal agressiva. Para Freud, essa era a base para muitas formas de comportamentos hostis e sádicos na vida adulta, incluindo crueldade, destrutividade e acessos de raiva. Uma pessoa assim, provavelmente será turbulenta e encarará as outras como objetos a serem possuídos.

Uma segunda maneira pela qual a criança pode reagir à frustração do treinamento do banheiro é reter as fezes. Isso produz uma sensação de prazer erótico (derivado de um intestino cheio), segundo Freud, e pode ser outra técnica bem-sucedida para manipular os pais. Eles podem ficar preocupados e até desesperados se a criança ficar dias sem que o intestino funcione. Assim, a criança descobre um novo método de assegurar a atenção e o afeto dos pais.

Esse comportamento é a base para o desenvolvimento de uma personalidade anal retentora. Teimosa e mesquinha, esse tipo de pessoa junta ou retém coisas porque os sentimentos de segurança dependem do que é poupado e possuído e da ordem em que as coisas e os outros aspectos da vida são mantidos. A pessoa com personalidade anal retentiva provavelmente será rígida, compulsivamente limpa, obstinada e conscienciosa.

## A fase fálica

Um novo conjunto de problemas surge por volta do quarto ao quinto ano, quando o foco do prazer muda do ânus para os genitais. Novamente, a criança enfrenta uma batalha entre um impulso do id e as demandas da sociedade, refletidas nas expectativas dos pais.

As crianças no estágio fálico exibem um interesse considerável em explorar e manipular os genitais – os seus próprios e os de seus companheiros de brincadeira. O prazer é derivado da região genital não só por meio de comportamentos como a masturbação, mas também por meio de fantasias. A criança fica curiosa sobre o nascimento e por que os meninos têm pênis e as meninas não, e também pode manifestar desejo de se casar com o pai ou a mãe.

O estágio fálico é a última das fases pré-genitais ou de infância, e os conflitos fálicos são os mais complexos de serem resolvidos. Para muitas pessoas, eles são difíceis de aceitar porque envolvem o conceito de incesto, um tabu em muitas culturas. Entre os desejos incestuosos e a masturbação, podemos ver as sementes de conflito, raiva e dissimulação que aparecem nos pais de uma criança de 4 anos. A realidade e a moralidade enfrentam mais uma vez o id malvado.

**O complexo de Édipo nos meninos.** O conflito básico do estágio fálico concentra-se no desejo inconsciente de uma criança pelo pai ou pela mãe, acompanhado do anseio de substituir ou destruir o pai (meninos) ou a mãe (meninas). Da identificação desse conflito por Freud surgiu seu conceito mais famoso: o **complexo de Édipo**. Seu nome vem do mito grego descrito na peça *Édipo rei*, escrita por Sófocles no século V a.C. Nessa história, o jovem Édipo mata o pai e se casa com a mãe, sem saber quem eles são.

**Complexo de Édipo**
Durante a fase fálica (idade de 4 ou 5 anos), desejo inconsciente do menino pela mãe, acompanhado do anseio de substituir ou destruir o pai.

O complexo de Édipo atua de modo diferente nos meninos e nas meninas. Freud desenvolveu mais detalhadamente a parte masculina do complexo, em que a mãe se torna o objeto de amor do menino. Por meio da fantasia e do comportamento manifesto, ele exibe seus desejos sexuais por ela. No entanto, o menino vê o pai como um obstáculo em seu caminho, considerando-o um rival e uma ameaça.

Ele também percebe que o pai tem um tipo de relacionamento especial com a mãe, do qual ele não pode participar; então, fica enciumado e hostiliza o pai. Freud baseou sua formulação do complexo de Édipo nas suas experiências na infância. Ele escreveu: "Eu encontrei o amor pela mãe e o ciúme do pai no meu próprio caso também" (Freud, 1954, p. 223).

Acompanhando o desejo do menino de substituir seu pai está o temor de que o pai se vingue e o machuque. Ele interpreta esse receio em termos genitais, temendo que o pai lhe corte o órgão (o pênis), que é, nessa época, sua fonte de prazer e desejos sexuais. Então, a **ansiedade da castração**, como Freud a chamava, passa a ter grande importância, como pode ter tido na infância de Freud. "Há vários indícios de que [o pai de Freud] proibia o pequeno Sigmund de brincar com seus genitais e até o ameaçou com castração se ele o fizesse" (Krüll, 1986, p. 110).

**Ansiedade da castração**
Temor de um menino, durante o período edipiano, de que seu pênis seja cortado.

Outras provas para corroborar esse argumento vêm do que Freud escreveu posteriormente sobre a masturbação, em que ele encarava essas ameaças dos pais como normais. Também relatava que seus sonhos adultos continham materiais relacionados com o medo de ser castrado pelo pai.

Dois outros eventos da infância podem ter reforçado o medo de castração de Freud. Por volta dos 3 anos, ele e seu sobrinho envolveram-se em um jogo sexual pesado com sua sobrinha e descobriram que ela não tinha pênis. Para um menino dessa idade, isso pode ter sido prova suficiente de que os pênis podem ser cortados. Na opinião de um dos biógrafos de Freud, "a ameaça de castração é particularmente realista para um menino judeu, já que é fácil estabelecer uma conexão entre o ritual da circuncisão e a castração" (Krüll, 1986, p. 110). Freud confirmou isso em seus escritos posteriores.

O medo da castração do menino é tão forte, que ele é forçado a reprimir seu desejo sexual pela mãe. Para Freud, essa era uma forma de resolver o conflito edipiano. O menino substitui o desejo sexual pela mãe por uma afeição mais aceitável e cria uma identificação com o pai; ao fazer isso, sente um grau de satisfação sexual indireta. Para aumentar a identificação, tenta se parecer mais com o pai, adotando seus maneirismos, comportamentos e atitudes, e o superego se instala.

**O complexo de Édipo nas meninas.** Freud foi menos claro em relação ao conflito fálico feminino, que alguns dos seus seguidores chamaram de **complexo de Electra**. O nome deriva de outra história familiar feliz de Sófocles, na qual Electra persuade seu irmão a matar a mãe, que ela odiava.

**Complexo de Electra**
Durante o estágio fálico (de 4 a 5 anos), desejo inconsciente da menina pelo pai, acompanhado do anseio de substituir ou destruir a mãe.

De acordo com Freud, como no menino, o primeiro objeto de amor da menina é a mãe, pois ela é a fonte básica de alimento, afeto e segurança na infância. No estágio fálico, porém, o pai torna-se o novo objeto de amor. Por que ocorre essa mudança da mãe para o pai? Para Freud, isso se dá em razão da reação da menina à descoberta de que os meninos têm pênis e as meninas, não.

A menina culpa a mãe pela sua condição supostamente inferior e, por conseguinte, passa a amá--la menos. Ela pode até odiar a mãe pelo que imagina que ela lhe fez, passa a invejar o pai e transfere seu amor para ele, que possui o órgão sexual tão altamente valorizado. Freud escreveu:

*as meninas sentem profundamente a falta de um órgão sexual que tenha o mesmo valor do órgão masculino. Elas se consideram inferiores, e essa inveja do pênis é a origem de uma série de reações femininas características.* (Freud, 1925, p. 212).

**Inveja do pênis**
A inveja que a menina sente do menino por não ter pênis. Esta inveja é acompanhada por uma sensação de perda pelo fato de ela não ter pênis.

Diante disso, uma menina desenvolve a **inveja do pênis**, que é equivalente à ansiedade da castração do menino. Ela acha que perdeu o pênis, e ele teme perder o seu.

O complexo de Édipo feminino, sugeriu Freud, nunca pode ser totalmente resolvido, uma situação que, segundo ele, leva a superegos pobremente estruturados nas mulheres. Ele escreveu que o amor de uma mulher adulta por um homem tem sempre traços de inveja do pênis, que ela pode compensar parcialmente tendo um filho. A menina vem a identificar-se com a mãe e a reprimir o amor pelo pai, mas Freud não detalhou como isso ocorre.

**A personalidade fálica.** Os conflitos fálicos e seu grau de resolução são de fundamental importância para determinar relações adultas em relação ao sexo oposto. Conflitos mal resolvidos podem provocar formas prolongadas de ansiedade da castração e inveja do pênis. O assim chamado caráter ou tipo de personalidade fálico exibe grande narcisismo.

Embora atuem constantemente para tentar o sexo oposto, essas pessoas têm dificuldade em estabelecer relações heterossexuais maduras. Elas precisam de reconhecimento e apreciação contínuos do que consideram ser suas qualidades atraentes e peculiares. Enquanto recebem esse apoio, funcionam bem, mas quando isso deixa de acontecer, sentem-se inadequadas e inferiores.

Freud descreveu a personalidade fálica masculina como frágil, vã e autoconfiante. Os homens com esse tipo de personalidade tentam afirmar ou expressar sua masculinidade por meio de repetidas conquistas sexuais. A personalidade fálica feminina, motivada pela inveja do pênis, exagera sua feminilidade e usa seus talentos e charme para subjugar e conquistar os homens.

Segundo Freud, o tenso drama dessa fase fálica é reprimido em todos nós. Seus efeitos nos motivam como adultos no nível inconsciente e muito pouco, ou nada, nos lembramos do conflito.

## O período de latência

As tempestades e os estresses dos estágios oral, anal e fálico do desenvolvimento psicossexual são o material básico a partir do qual a maior parte da nossa personalidade é moldada. As três estruturas principais – id, ego e superego – formaram-se aproximadamente até a idade de cinco anos e as relações entre elas estão sendo solidificadas.

**Período de latência**
Para Freud, é o período que vai aproximadamente dos cinco anos até a puberdade, durante o qual o instinto sexual está dormente, sublimado em atividades escolares, *hobbies* e esportes e no desenvolvimento de amizades com pessoas do mesmo sexo.

Felizmente, como a criança e os pais certamente precisam de um descanso, os seguintes cinco ou seis anos são tranquilos. O **período de latência** não é uma fase psicossexual de desenvolvimento. Para Freud, o instinto sexual está adormecido nesse período, e temporariamente sublimado em atividades escolares, *hobbies*, bem como esportes e no desenvolvimento de amizades com pessoas do mesmo sexo.

## A fase genital

É a última fase psicossexual de desenvolvimento e começa na puberdade. O corpo está amadurecendo fisiologicamente e, se não ocorreram grandes fixações numa fase anterior do desenvolvimento, a pessoa pode ser capaz de ter uma vida normal. Para Freud, o conflito durante esse período é menos intenso do que nos outros estágios. O adolescente tem de se adaptar às sanções e tabus da sociedade que existem em relação à expressão sexual, mas ele acreditava que o conflito era minimizado pela sublimação.

A energia sexual pressionando por expressão durante a adolescência pode ser pelo menos parcialmente satisfeita pela busca de substitutos socialmente aceitos e, mais tarde, de uma relação adulta de compromisso. O tipo de personalidade genital é capaz de encontrar satisfação no amor e no trabalho, este último sendo um escape aceitável para sublimação dos impulsos do id.

## A importância da infância

Freud enfatizou a importância dos primeiros anos da infância na determinação da personalidade adulta. Segundo ele, os primeiros cinco anos são cruciais. Sua teoria da personalidade dá menos atenção ao final da infância e à adolescência, e ele estava pouco preocupado com o desenvolvimento da personalidade na fase adulta. Para Freud, o que somos como adultos – a maneira de nos comportarmos, pensarmos e sentirmos – é determinado pelos conflitos aos quais somos expostos e com os quais temos de lidar antes de muitos de nós termos aprendido a ler.

# Questões sobre a natureza humana

Freud não nos apresentou um quadro lisonjeiro ou otimista da natureza humana; ao contrário, afirmava que cada pessoa é um depósito escuro de conflitos no qual ocorrem batalhas constantemente. Os seres humanos são retratados de maneira sombria e pessimista, condenados a lutar com forças internas, uma luta que quase sempre estamos fadados a perder. Condenados à ansiedade, contrariando pelo menos alguns dos nossos impulsos motivadores, experimentamos continuamente tensão e conflito. Estamos nos defendendo incessantemente contra as forças do id, que estão sempre alertas para nos derrubar. Uma perspectiva pouco animadora.

No sistema de Freud, há sempre uma meta máxima e necessária na vida: reduzir a tensão. Na questão natureza-criação, Freud adotou um meio-termo. O id, a parte mais poderosa da personalidade, é uma estrutura herdada, de base fisiológica, como são as fases de desenvolvimento psicossexual. Contudo, outras partes da nossa personalidade são adquiridas nas interações pais-filho no início da infância.

Embora Freud tenha reconhecido a universalidade na natureza humana, no sentido de que todos passamos pelas mesmas fases de desenvolvimento psicossexual e somos motivados pelas mesmas forças do id, ele afirmou que parte da personalidade é peculiar a cada pessoa. O ego e o superego desempenham as mesmas funções para todos nós, mas seus conteúdos variam de uma pessoa para outra, porque são formados pela experiência pessoal. Além disso, tipos de caráter diferentes podem se desenvolver durante os estágios psicossexuais.

Na questão livre-arbítrio *versus* determinismo, Freud defendia um ponto de vista determinista. Praticamente tudo o que fazemos, pensamos e sonhamos é predeterminado pelos instintos de vida e de morte, as forças inacessíveis e invisíveis dentro de nós. A nossa personalidade adulta é determinada pelas interações que ocorreram antes dos 5 anos, numa época em que tínhamos controle limitado. Essas experiências sempre nos mantêm presos.

Todavia, Freud também argumentou que as pessoas que faziam psicanálise poderiam ser capazes de exercer um livre-arbítrio maior e assumir responsabilidade pelas suas escolhas. "Quanto mais a pessoa consegue tornar consciente o que era inconsciente, mais ela pode assumir controle da sua própria vida" (Solnit, 1992, p. 66). Assim, Freud sugeriu que a psicanálise tinha potencial para liberar as pessoas das limitações do determinismo.

O quadro geral sobre a natureza humana de Freud, pintado nesses tons tristes, refletia Sua visão pessoal da humanidade, que ficou mais sombria com a idade e com a piora da saúde. Seu julgamento das pessoas em geral era severo: "Eu encontrei pouca coisa 'boa' sobre os seres humanos no geral. De acordo com a minha experiência, a maioria deles é lixo" (Freud, 1963, p. 61-62). Podemos ver essa opinião rígida na sua teoria da personalidade.

# A avaliação na teoria de Freud

Freud considerava o inconsciente a principal força motivadora da vida, o repositório dos conflitos da nossa infância que foram reprimidos para fora do nosso consciente. A meta do sistema de psicanálise de Freud era trazer essas lembranças, temores e pensamentos reprimidos de volta para o nível da consciência. Como o psicanalista pode avaliar ou até mesmo encontrar essa parte invisível da mente, a arena obscura inacessível para nós? No decorrer do trabalho com seus pacientes, Freud elaborou dois métodos de avaliação: livre associação e análise dos sonhos.

## Livre associação

**Livre associação**
Técnica na qual o paciente diz o que quer que lhe venha à mente. Em outras palavras, é um tipo de devaneio em voz alta.

**Catarse**
Expressão das emoções que se espera que leve à redução dos sintomas perturbadores.

A elaboração da técnica de **livre associação** de Freud deve muito a Josef Breuer, um médico vienense que fez amizade com ele em seus primeiros anos de clínica particular. Quando tratava de uma jovem mulher que apresentava sintomas de histeria, Breuer descobriu que, hipnotizada, ela conseguia lembrar eventos reprimidos e, de certo modo, reviver as experiências, aliviando os sintomas perturbadores.

Freud começou a usar a hipnose com algum êxito e denominou o processo de **catarse**, palavra grega para purificação. Depois de certo tempo, porém, abandonou a hipnose, em parte porque tinha dificuldade em hipnotizar alguns de seus pacientes, que revelavam eventos perturbadores durante a hipnose, mas não conseguiam se lembrar deles quando questionados posteriormente.

Procurando outra técnica que não fosse a hipnose para ajudar o paciente a lembrar-se de material reprimido, Freud pedia ao paciente que se deitasse num divã e ele se sentava atrás, sem que pudesse ser visto. O motivo para ficar fora do alcance de visão era pessoal e profissional. "Não suporto ser encarado pelas pessoas oito horas por dia ou mais", escreveu. Além disso, "como também me entrego à corrente dos meus próprios pensamentos inconscientes enquanto escuto o paciente, não quero que minhas expressões faciais sejam material para interpretações ou para influenciar o que ele vai me dizer" (*apud* Lingiardi e De Bei, 2011, p. 301).

Freud incentivava o paciente a relaxar e a se concentrar nos eventos do passado, e este envolvia-se em uma espécie de devaneio em voz alta, dizendo o que lhe viesse à mente. O paciente era instruído a expressar espontaneamente todas as ideias e imagens à medida que elas fossem ocorrendo, por mais banais, embaraçosas ou dolorosas que fossem. As lembranças não deveriam ser omitidas, rearranjadas ou reestruturadas.

Para Freud, não havia nada de aleatório nas informações descobertas durante a livre associação e elas não estavam sujeitas à escolha consciente do paciente. O material revelado pelos pacientes na livre associação era predeterminado, imposto a eles pela natureza do seu conflito.

## A livre associação nem sempre é tão livre

Freud também descobriu que, às vezes, a técnica não operava tão livremente. Algumas experiências ou lembranças, evidentemente, eram dolorosas demais para se falar a respeito e o paciente relutava em revelá-las. Freud chamava esses momentos de **resistências**. Ele achava que elas eram significativas porque indicavam proximidade da fonte dos problemas do paciente. A resistência é um sinal de que o tratamento está caminhando na direção certa e de que o analista deve continuar investigando nessa área. Parte da tarefa do

> **Resistência**
> Na livre associação, um bloqueio ou recusa para revelar lembranças dolorosas.

psicanalista é desmembrar ou superar resistências para que o paciente possa confrontar a experiência reprimida.

## Análise dos sonhos

Freud acreditava que os sonhos representam, de forma simbólica, desejos, temores e conflitos reprimidos. Esses sentimentos foram tão fortemente reprimidos que só podem vir à tona de maneira disfarçada durante o sono.

Ele argumentava que os sonhos tinham dois aspectos: o conteúdo manifesto, que se refere aos eventos reais no sonho, e o conteúdo latente, que é o significado simbólico oculto do sonho. Com o decorrer dos anos, ele encontrou símbolos consistentes nos sonhos de seus pacientes, eventos que significavam a mesma coisa para praticamente todo mundo (ver Quadro 2.3).

Por exemplo, degraus e escadas num sonho representavam intercurso sexual. Velas, cobras e troncos de árvore indicavam o pênis, e caixas, sacadas e portas significavam o corpo feminino. Freud alertou que, apesar dessa aparente universalidade dos símbolos, muitos deles são específicos da pessoa que está fazendo análise e podem ter um significado diferente para outra pessoa.

Os sonhos revelam conflitos de maneira condensada e intensificada. Os eventos raramente resultam de uma única causa; qualquer um deles pode ter várias fontes. Os sonhos também podem ter origem em estímulos externos. Os estímulos físicos, como a temperatura do quarto ou o contato com o parceiro, podem induzir um sonho, que também pode ser desencadeado por estímulos internos, como uma febre ou um desarranjo estomacal.

Um estudo realizado em Hong Kong revelou que pessoas que dormiam de bruços, sobre o estômago, tinham maior probabilidade de sonhar com atividades sexuais ou ter sonhos em que são asfixiados, presos, amarrados e impossibilitados de se mover do que aquelas que dormiam em outras posições (Yu, 2012). Um estudo de grande escala conduzido na Alemanha descobriu que os cinco sonhos mais comuns envolviam voar, tentar algo várias vezes, ser perseguido, ter experiências sexuais e temas relacionados a escola (Goritz, 2014).

É interessante que, dos mais de 40 sonhos que Freud descreveu em seu livro *A interpretação dos sonhos*, somente alguns tinham conteúdo sexual, apesar da sua convicção de que os sonhos geralmente

---

**QUADRO 2.3** ▪ Símbolos ou eventos de sonhos e seu significado psicanalítico latente

| Símbolo | Interpretação |
| --- | --- |
| Casa sem sacadas | Corpo masculino |
| Casa com peitoril, sacadas | Corpo feminino |
| Rei e rainha | Pais |
| Animais pequenos | Filhos |
| Crianças | Órgãos genitais |
| Brincar com crianças | Masturbação |
| Calvície, extração de dentes | Castração |
| Objetos alongados (por exemplo, troncos de árvores, guarda-chuvas, gravatas, cobras, velas) | Genitais masculinos |

**QUADRO 2.3** ▪ Símbolos ou eventos de sonhos e seu significado psicanalítico latente (*continuação*)

| Símbolo | Interpretação |
|---|---|
| Espaços fechados (por exemplo, caixas, fornos, armários, grutas, bolsas) | Genitais femininos |
| Subir escadas, dirigir carros, montar a cavalo, atravessar pontes | Relação sexual |
| Tomar banho | Nascimento |
| Começar uma jornada | Morte |
| Ficar nu no meio de uma multidão | Desejo de ser notado |
| Voar | Desejo de ser admirado |
| Cair | Desejo de voltar a um estado (como a infância) em que a pessoa estava satisfeita e protegida |

envolvem algum desejo sexual infantil. O tema predominante dos sonhos relatados por Freud era a ambição, uma característica que ele negava categoricamente ter.

## Descobrindo os conflitos

Essas duas técnicas freudianas de avaliação – livre associação e análise de sonhos – revelam ao psicanalista uma grande quantidade de material reprimido, mas tudo de forma disfarçada ou simbólica, tendo o terapeuta, então, de interpretar ou traduzir o material para o paciente. Freud comparou esse procedimento à tarefa de um arqueólogo na reconstrução de uma comunidade que foi destruída e enterrada. Assim como o arqueólogo tenta refazer uma construção a partir de fragmentos, um psicanalista reconstrói uma experiência de lembranças enterradas, fragmentadas. Portanto, a avaliação da personalidade de um paciente, a revelação de seus conflitos inconscientes, depende da habilidade, do treino e da experiência do analista.

# Críticas à pesquisa de Freud

**Estudo de caso**
Um histórico detalhado de uma pessoa que contém dados de uma série de fontes.

O método principal de pesquisa de Freud era o **estudo de caso**, que, como vimos no Capítulo 1, tinha várias limitações. Ele não se baseia na observação objetiva, os dados não são coletados de maneira sistemática e a situação (a sessão psicanalítica) não possibilita a replicação e a verificação. Além disso, não podemos variar sistematicamente as condições da infância nas quais os pacientes são criados, nem reproduzir no laboratório o ambiente da casa deles. Portanto, as observações clínicas não podem ser repetidas, como ocorre em experiências psicológicas controladas.

Uma crítica fundamental dos estudos de caso de Freud envolve a natureza de seus dados. Ele não mantinha registros textuais das sessões de terapia e aconselhava os analistas a não fazer anotações durante as sessões, pois achava que isso tiraria sua atenção das palavras dos pacientes. Ele fazia anotações várias horas depois de atendê-los. Ao descrever sua técnica de registro dos comentários de seus pacientes, disse: "Eu os escrevo de memória, à noite, depois de terminar o trabalho" (*apud* Grubrich-Simitis, 1998, p. 20). Portanto, é possível que seus dados fossem incompletos, contendo apenas o que ele lembrava depois.

Também é possível que suas lembranças das sessões fossem seletivas e só registrassem as experiências que corroborassem sua teoria ou que ele as interpretasse de forma que a confirmasse. Obviamente, suas anotações poderiam ser extremamente precisas, mas não podemos ter certeza disso; não temos como comparar seus relatórios de caso com o que seus pacientes de fato disseram. Mesmo que ele tivesse mantido um registro completo das sessões de terapia, não podemos determinar a validade dos comentários de seus pacientes. Ele fez poucas tentativas de averiguar a exatidão das histórias, o que poderia ter feito perguntando aos amigos e parentes dos pacientes sobre os eventos descritos. Isso nos leva a caracterizar a primeira etapa da pesquisa – a coleta de dados – como incompleta e, possivelmente, imprecisa.

Alguns críticos sugerem também que, na verdade, os pacientes de Freud não revelavam experiências sexuais da infância, pois, na maioria dos casos, essas experiências nunca haviam ocorrido. Esses escritores argumentam que ele deduzia as histórias de sedução sexual na infância a partir da sua análise dos sintomas dos pacientes. Por exemplo, embora afirmasse que praticamente todas as suas pacientes haviam sido seduzidas pelo pai, suas anotações de casos não mostram que alguma paciente lhe tenha relatado tal ocorrência (Kihlstrom, 1994).

Outros críticos concordam que Freud sugeria relatos de sedução na infância sem realmente ter ouvido seus pacientes dizerem isso, porque já havia formulado a hipótese de que essas seduções eram a verdadeira causa das neuroses adultas. Outros, ainda, argumentam que ele pode ter usado o poder da sugestão para implantar supostas lembranças da infância que nunca ocorreram (McCullough, 2001). "Quando os pacientes não forneciam por iniciativa própria material que pudesse ser interpretado em termos sexuais, Freud não hesitava em conduzi-los na direção 'certa'" (Webster, 1995, p. 197).

Outra crítica feita à sua pesquisa é que esta se baseava numa pequena e não representativa amostra de pessoas, limitada a ele próprio e àqueles que faziam psicanálise com ele. Só uma dezena de casos foi detalhada em seus escritos, e a maioria era de mulheres solteiras, de classe alta e com boa educação. É difícil generalizar essa amostra limitada para toda a população.

Além disso, parece haver discrepâncias entre as anotações de Freud na sua sessão de terapia e os casos que publicou, supostamente baseados nessas anotações. Vários investigadores compararam as anotações de Freud com o caso publicado do Homem dos Ratos, um dos seus pacientes mais famosos. Eles descobriram um aumento do período de análise, uma sequência incorreta de eventos revelados pelo paciente e afirmações não comprovadas de que a análise resultou em cura (Eagle, 1988; Mahoney, 1986).

Portanto, a versão publicada do caso não estava de acordo com as anotações que Freud fez depois das sessões com o paciente. É impossível determinar se ele fez deliberadamente essas alterações para promover a sua teoria (ou o seu ego) ou se elas eram produto do seu inconsciente. Também não se sabe se tais distorções caracterizam outros estudos de caso freudianos. Isso continuará sendo um mistério para sempre, porque Freud destruiu a maioria dos arquivos de seus pacientes pouco depois de compilá-los.

Por fim, argumentou-se que nenhum dos vários históricos de casos publicados oferece evidências que comprovem sua teoria. Um dos biógrafos de Freud concluiu: "Alguns dos casos apresentam evidências tão dúbias em prol da teoria psicanalítica, que podemos perguntar seriamente por que Freud se deu ao trabalho de publicá-las" (Sulloway, 1992, p. 160).

Veremos nos capítulos seguintes que as críticas feitas a Freud aplicam-se também à maioria dos teóricos de personalidade que automaticamente utilizaram o estudo de caso como método básico de pesquisa e fundamentaram suas teorias nos relatos de seus pacientes. Isso não significa que o seu trabalho é destituído de mérito. Freud e outros analistas ofereceram um rico material sobre a personalidade humana. Se, porém, aceitarmos suas opiniões como válidas, temos de fazê-lo com base em algo que não seja a verificação experimental.

## Visão negativa de Freud a respeito da pesquisa experimental

Embora Freud estivesse familiarizado com o método experimental, tinha pouca confiança nele, acreditando que "a pesquisa científica e a psicanálise são inerentemente incompatíveis" (Chiesa, 2010,

p. 99). Certa vez, um psicólogo norte-americano enviou-lhe informações sobre experiências que havia feito para validar os conceitos freudianos. Freud "jogou as reimpressões na mesa, num gesto de rejeição impaciente" e escreveu ao psicólogo que "não dava muito valor a esse tipo de confirmação" (Rosenzweig, 1985, p. 171, 173). Ele achava que não necessitava dos tipos de experimentos publicados nos periódicos de psicologia do momento, porque eles "não lhe diziam nada mais do que aquilo que já havia aprendido em seus encontros clínicos com pacientes" (Holzman, 1994, p. 190).

Freud insistia que seu trabalho era científico, que havia juntado várias provas para suas conclusões e que apenas psicanalistas que utilizavam suas técnicas estavam aptos a julgar o valor científico do seu trabalho. Freud escreveu que a psicanálise se baseava "em uma quantidade incalculável de observações e experiências, e só alguém que tivesse repetido essas observações de si mesmo e de outras pessoas estaria em condições de chegar à sua própria conclusão sobre o assunto" (Freud, 1940, p. 144).

A dificuldade surge porque observações dele não podem ser repetidas. Como vimos, não é possível saber exatamente o que ele fez para coletar os dados e traduzir suas observações em hipóteses e generalizações.

## Teste científico dos conceitos freudianos

Desde a morte de Freud, em 1939, muitas de suas ideias foram submetidas a testes experimentais. Uma análise de cerca de 2.500 estudos avaliou a credibilidade científica de algumas de suas ideias. Os históricos de caso não foram levados em consideração nessa avaliação. Foram feitos todos os esforços para restringir a investigação aos dados que supostamente tivessem um alto grau de objetividade (Fisher e Greenberg, 1977, 1996).

Esses pesquisadores descobriram que alguns conceitos freudianos – principalmente os de id, ego, superego, desejo de morte, libido e ansiedade – não podiam ser testados pelo método experimental. Entre os conceitos que podiam ser testados dessa maneira, e que as provas aparentemente confirmavam ainda que levemente, estavam os dos tipos de caráter oral e anal, o conceito básico do triângulo edipiano, a ansiedade de castração e o conceito de que as mulheres resolvem seu dilema edipiano tendo um filho para compensar a falta de um pênis.

Conceitos não corroborados por evidências de pesquisa incluem o dos sonhos como expressões disfarçadas de desejos reprimidos, o da resolução do complexo de Édipo masculino pela identificação com o pai e aceitação dos padrões de superego do pai por medo e o da ideia de que as mulheres têm superegos inadequadamente desenvolvidos. Além disso, os pesquisadores não encontraram provas que apoiassem as fases psicossexuais do desenvolvimento ou uma relação entre as variáveis edipianas e posteriores dificuldades sexuais.

**O inconsciente.** A noção de que forças inconscientes podem influenciar o pensamento consciente e o comportamento agora está bem estabelecida. Pesquisas atuais mostram que as influências do inconsciente podem ser ainda mais persuasivas do que Freud sugeria (Custers e Aarts, 2010; Scott; Dienes, 2010; Gafner, 2012). Um pesquisador sobre personalidade observou que "hoje, há concordância sobre a questão de que muito do funcionamento [psicológico] ocorre sem escolha consciente e que alguns de nossos comportamentos realmente ocorrem em oposição ao que se deseja conscientemente" (Pervin, 2003, p. 225). Os psicólogos também reconhecem que grande parte do processamento de informações envolvido nas atividades cognitivas é inconsciente (Armstrong e Dienes, 2014). Alguns até propõem que os mecanismos casuais que servem de base para todos os comportamentos e pensamentos podem ser inconscientes (Bargh e Chartrand, 1999; Wegner e Wheatley, 1999).

> *Parece que o inconsciente é "mais esperto" do que se imaginava inicialmente, capaz de processar informações verbais e visuais complexas e até prever (e planejar) eventos futuros [...] Ele não é mais um simples depósito de motivações e impulsos, parecendo desempenhar um papel na resolução de problemas, teste de hipóteses e criatividade.* (Bornstein e Masling, 1998, p. xiii-xxviii)

**Percepção subliminar.** Grande parte da pesquisa sobre a natureza do inconsciente envolve a **percepção subliminar**, na qual os estímulos são apresentados aos participantes da pesquisa abaixo do seu nível de consciência. (A palavra *subliminar* é derivada de *sub*, que quer dizer abaixo, e *limen*, que significa limiar.) Apesar da incapacidade de os estudados perceberem os estímulos, seus processos e comportamentos conscientes são ativados pelos estímulos. Em outras palavras, as pessoas podem ser influenciadas por estímulos dos quais não estão cientes.

> **Percepção subliminar**
> Percepção abaixo do limiar da consciência.

Em um desses estudos, mostrou-se aos participantes uma série de palavras e figuras em um período de tempo tão curto, que eles não poderiam, conscientemente, percebê-las (Shevrin, 1977). Então, quando lhes pediram para se reunirem em grupos, o que eles conversaram refletiu os estímulos que haviam sido mostrados, mas que, na verdade, não haviam conseguido ver. Por exemplo, quando o estímulo era a figura de uma abelha, as associações incluíam as palavras *ferrão* e *mel*. O processo de raciocínio dos participantes foi afetado pelos estímulos, embora eles não estivessem cientes de tê-los visto. Muitos dos estudos utilizando a percepção subliminar confirmam a hipótese de que a atividade cognitiva é influenciada pelo inconsciente (Westen, 1998).

**Efeitos sobre o comportamento.** Uma série de experimentos com estudantes universitários nos Estados Unidos e na Alemanha mostrou que metas podiam ser estimuladas ou ativadas fora da consciência. Além disso, comportamentos para satisfazer essas metas eram executados, embora os participantes da pesquisa não estivessem conscientes disso. Por exemplo, a meta estimulada subliminarmente de executar melhor uma tarefa experimental levava os participantes a realmente executá-la melhor. Em outro caso, a meta ativada inconscientemente de ser cooperativo em uma tarefa experimental levou a comportamentos de cooperação. Os autores do estudo concluíram que "as metas comportamentais podem ser ativadas sem que seja necessária nenhuma escolha consciente" (Bargh *et al.*, 2001, p. 18).

Quando estudantes universitários dos Estados Unidos foram subliminarmente expostos a faces felizes, eles consumiram mais quantidade de uma bebida que estava à sua disposição do que os estudantes que haviam sido expostos a faces iradas. O grupo da face feliz também apresentou maior boa vontade em pagar pela bebida e a querer mais dela do que o grupo da face irada. Embora nenhum dos estudantes tenha visto conscientemente as faces, os estímulos haviam sido registrados em seus inconscientes e agido de modo a influenciar seu comportamento (Winkielman, Berridge e Wilbarger, 2005).

**Efeitos sobre processos emocionais.** Outra pesquisa imaginativa demonstrou que o inconsciente pode influenciar os processos emocionais, cognitivos e comportamentais. Em um desses estudos, mostrou-se a frase "Mamãe e eu somos um só" num *flash* de quatro milissegundos aos participantes, juntamente com o retrato de um homem e uma mulher com os ombros juntos.

Os pacientes esquizofrênicos do sexo masculino expostos a esse estímulo apresentado subliminarmente apresentaram melhora maior do que um grupo de controle que não foi exposto a essa mensagem. Não se verificou melhora nas pacientes esquizofrênicas expostas a esta mensagem, mas sim quando lhes foi mostrada a mensagem subliminar: "Papai e eu somos um só" (Silverman e Weinberger, 1985).

Em outros estudos, a frase "Mamãe e eu somos um só" foi eficaz para ajudar vários participantes a parar de fumar e beber, a se tornarem mais assertivos, a comer de maneira mais saudável e a reduzir os medos. Portanto, foi comprovado que uma mensagem apresentada subliminarmente pode ter valor terapêutico (Weinberger e Silverman, 1990).

Um estudo feito com adultos na Inglaterra mostrou que aqueles que tinham pontuações altas em sensibilidade à ansiedade eram mais propensos a ver as palavras relacionadas à ansiedade que eram apresentadas abaixo do nível da consciência, do que os adultos que tinham pontuações baixas em sensibilidade à ansiedade. A sensibilidade do primeiro grupo os tornou mais vigilantes e, portanto, mais propensos a perceber palavras relacionadas à ansiedade, embora estas fossem apresentadas de forma tão rápida que eles não podiam vê-las conscientemente (Hunt, Keogh e French, 2006).

Outra pesquisa demonstrou que estímulos apresentados de maneira subliminar, neste caso, rostos assustadores, aumentavam os níveis de estresse psicológico dos participantes, mesmo quando eles não viam realmente o estímulo (Hansel e von Kanel, 2013).

**O ego.** Observamos que Freud via o papel do ego como mediador constante entre a realidade e as demandas insistentes do id. O ego é a parte racional da personalidade que precisa controlar e adiar as demandas do id, equilibrando-as com as circunstâncias do mundo real. Os pesquisadores psicanalíticos identificaram dois componentes do ego: controle do ego e resiliência do ego.

O controle do ego, como é de se esperar pelo nome, está próximo do conceito original de Freud, referindo-se ao controle que conseguimos exercer sobre os nossos impulsos e sentimentos. O grau desse controle varia de subcontrolado (no qual não conseguimos refrear nenhum impulso ou sentimento) a supercontrolado (no qual inibimos a expressão dos nossos impulsos). Ambos os extremos são considerados inadequados.

A resiliência do ego refere-se à nossa flexibilidade em ajustar ou mudar nosso grau normal de controle do ego para atender às mudanças diárias em nosso ambiente. Pessoas pouco resilientes são chamadas de "indivíduos com ego frágil", ou seja, elas são incapazes de alterar o grau de controle do próprio ego para lidar com desafios ou situações difíceis da vida. Já aquelas com muita resiliência são flexíveis e adaptáveis, conseguindo restringir ou afrouxar seu grau de controle do ego de acordo com o que a situação permite.

Descobriu-se que mães com idade entre 21 e 27 anos que classificaram suas experiências maternas como positivas e satisfatórias tinham alta resiliência do ego, enquanto mães que classificaram suas experiências maternas como negativas tinham menor resiliência. Os pesquisadores sugeriram que situações de vida difíceis, obstáculos, fracassos ou outras experiências negativas tendem a reduzir a resiliência do ego (Paris e Helson, 2002).

**Controle do ego nas crianças.** Crianças com pontuação baixa nas medições de controle do ego são classificadas por seus professores como mais agressivas e menos complacentes e ordeiras do que aquelas com alto controle do ego, as quais eles classificam como as que lidam melhor com o estresse, são menos ansiosas e têm menos necessidade de serem cuidadas do que as com baixa resiliência do ego.

Um estudo realizado com crianças de 5 anos na Holanda apontou que aquelas com baixa resiliência do ego mostravam sinais psicológicos de maior estresse durante situações negativas, geralmente interações com seus pais. Crianças com alta resiliência do ego não apresentaram evidências de estresse em situações parecidas (Smeekens, Riksen-Walraven e Van Bakel, 2007).

A alta resiliência do ego também apresentava uma correlação positiva com a inteligência geral, boas notas na escola e popularidade entre os colegas. O baixo controle do ego em meninos e meninas e a baixa resiliência do ego nas meninas foram relacionados positivamente com o abuso de drogas na adolescência. Portanto, aspectos importantes da personalidade e do comportamento podem ser associados ao controle e à resiliência do ego (Block e Block, 1980; Chung, 2008; Hofer, Eisenberg e Reiser, 2010; Shiner, 1988).

Pesquisas com estudantes universitários descobriram que aqueles com baixo controle do ego tendem a ser imprevisíveis, assertivos, rebeldes, temperamentais e autoindulgentes. Já aqueles com alto controle do ego foram descritos como agradáveis, consistentes, confiáveis e calmos. Os estudantes com pontuações altas em resiliência do ego eram assertivos, equilibrados, possuíam habilidades sociais e eram alegres (Letzring, Block e Funder, 2005).

Um estudo longitudinal que avaliou periodicamente essas características de personalidade em indivíduos norte-americanos com idades entre 3 e 23 anos revelou que tanto o controle quanto a resiliência do ego eram, em geral, mais fortes em períodos mais avançados da vida do que na infância. As diferenças individuais no controle do ego foram encontradas em diversas idades, sugerindo que o grau de controle do ego pode ser identificado precocemente. (Block e Block, 2006).

Uma pesquisa na Itália revelou uma estabilidade notável na resiliência do ego em homens e mulheres de 16 a 20 anos. Em contraste, estudos na Suécia descobriram que os garotos tendem a ter menos resiliência do ego na adolescência, enquanto as garotas têm mais. Esses resultados sugerem a possibilidade de haver diferenças culturais e de gênero na resiliência do ego (Chuang, Lamb e Hwang, 2006; Vecchione *et al.*, 2010).

Por fim, talvez não será uma surpresa saber que a resiliência do ego também está ligada à saúde mental positiva. Uma pesquisa realizada em vários países, incluindo Estados Unidos, Itália, Espanha, Portugal, Coreia do Sul e Paquistão, usou participantes que variavam de universitários a idosos e veteranos de guerra com membros amputados. Essa pesquisa revelou claramente que aqueles que tinham níveis altos de resiliência do ego também exibiam maior bem-estar subjetivo, extroversão e sociabilidade. (Alessandri *et al.*, 2012; Gunsung, 2013; Seaton, 2014; Zeb, Naqvi e Zonash, 2013).

**Catarse.** Para Freud, a catarse envolvia a expressão física de uma emoção a partir da lembrança de um evento traumático, o que geralmente levava ao alívio do sintoma perturbador. Na cultura popular, o termo *catarse* passou a significar a expressão da emoção de uma pessoa como forma de reduzir a hostilidade e a agressividade. Os livros de autoajuda incentivam-nos a dar vazão à raiva, descontando--a em algum objeto inanimado — batendo em um travesseiro, quebrando um prato ou dando socos num saco de pancadas para treino de boxe. Isso funciona? Agir agressivamente reduz as emoções negativas? A resposta é não.

Em um estudo da catarse, dois grupos de alunos universitários foram expostos a mensagens que confirmavam ou questionavam a noção de que o comportamento catártico é uma boa maneira de descarregar a raiva. Depois, provocou-se experimentalmente a ira em alguns alunos por meio de uma severa crítica sobre uma redação que haviam escrito, sendo-lhes dito que suas redações eram as piores que já haviam sido escritas.

Os alunos provocados dessa forma e que haviam lido a mensagem pró-cartarse mostraram-se consideravelmente mais propensos a extravasar sua agressão, dando socos em um saco de pancadas. Em um segundo experimento, aqueles que receberam a mensagem pró-catarse não só bateram no saco, mas também se comportaram agressivamente em relação à pessoa que os havia aborrecido ao criticar o que haviam escrito. Eles até apresentaram maior agressividade em relação a pessoas inocentes que não haviam tido nenhuma participação no estímulo de sua raiva.

Aparentemente, bater no saco de pancadas não foi catártico nem dissipou a raiva, mas pode até tê-la aumentado (Bushman, Baumeister e Stack, 1999). Outro estudo confirma que descarregar a raiva serve para aumentar a probabilidade de expressar mais raiva e não reduz as emoções negativas (Bushman, 2002; Lohr *et al.*, 2007). Outra pesquisa mostrou que pessoas que acreditavam que descarregar a raiva era bom para elas sentiam mais atração por jogos de videogame violentos do que aquelas que não acreditavam no valor da catarse (Bushman e Whitaker, 2010).

**Deslocamento.** Deslocamento envolve mudar os impulsos do id de um objeto perturbador que não está disponível para uma pessoa ou objeto substituto. Uma análise de 97 estudos relevantes sustentou a afirmação de que a agressão deslocada é um fenômeno possível e certo. A análise revelou também que, quanto mais negativo e estressante o ambiente ou contexto em que o deslocamento ocorre, maior a sua intensidade (Marcus-Newhall *et al.*, 2000).

Um estudo realizado com estudantes universitários revelou que os participantes de um grupo cuja raiva havia sido provocada experimentalmente e que depois haviam passado 25 minutos concentrando a atenção na raiva e nos sentimentos, tinham probabilidade muito mais alta de demonstrar agressão deslocada do que os participantes cuja condição experimental não incluía os 25 minutos de meditação. Os pesquisadores concluíram que deter-se na raiva mantém o sentimento e pode fazer que ela seja expressa externamente por meio de comportamento agressivo (Bushman *et al.*, 2005).

**Repressão.** Várias pesquisas corroboraram o mecanismo de defesa de repressão de Freud. Em um estudo, os participantes memorizaram duas listas de palavras que foram exibidas em *flash* numa tela, algumas das quais eram conceitualmente semelhantes. Por exemplo, *gatos* e *cães* são animais. Os participantes receberam um choque elétrico com algumas das palavras da primeira lista e não foram dados choques com as palavras da segunda.

Depois, os participantes foram testados para saber quanto se lembravam delas. Eles se esqueceram das palavras acompanhadas de choque, mas se lembraram daquelas que não foram acompanhadas de choque, e também reprimiram as da segunda lista, que eram similares em termos de conceito às da primeira lista que haviam sido acompanhadas de choque. Os pesquisadores concluíram que as palavras ameaçadoras tinham sido retiradas da consciência (Glucksberg e King, 1967).

**Reprimidos e não reprimidos.** Foram encontradas inúmeras diferenças entre as pessoas que habitualmente reprimem experiências e memórias ruins e aquelas que não costumam fazer isso. Não é como se os reprimidos fossem apenas esquecidos e tivessem dificuldades para se lembrar de algumas coisas. Em vez disso, eles só tinham dificuldade para se lembrar de experiências específicas que consideravam negativas, estressantes, assustadoras e traumáticas (Saunders *et al.*, 2014).

Os reprimidos tendem a ter menos ansiedade e mais atitudes defensivas, além de lembranças significativamente mais fracas de memórias negativas da infância (Davis, 1987; Myers e Derakshan, 2004). Eles também são muito mais propensos a evitar vínculos românticos que os não reprimidos (Davis, 1987; Vetere e Myers, 2002) e têm menor probabilidade de fumar e beber, mas confiam mais que os não reprimidos na crença de que o consumo excessivo de álcool não traz consequências prejudiciais (Shirachi e Spirrison, 2006).

Também foi demonstrado que os reprimidos têm uma probabilidade muito maior que os não reprimidos de negar ter traços de personalidade que tinham identificado como emocionalmente ameaçadores, como egoísmo, preguiça, rudeza e desonestidade. Eles também tinham menos lembranças desagradáveis disponíveis para recuperar do que os não reprimidos, porque as haviam reprimido (Newman, Duff e Baumeister, 1997; Newman e McKinney, 2002; Schimmack e Hartmann, 1997).

Reprimidos e não reprimidos foram comparados em várias tarefas experimentais. Quando lhes mostraram figuras de estímulos neutros e não ameaçadores e figuras de estímulos constrangedores e ameaçadores, os reprimidos evitaram olhar para as últimas. Quando se pediu aos reprimidos que fizessem livre associação com frases de conteúdo sexual ou agressivo (supostamente material ameaçador), as medições fisiológicas mostraram que eles estavam emocionalmente estimulados, embora suas respostas verbais não apresentassem indícios de raiva ou excitação sexual, porque eles haviam reprimido suas reações emocionais. Os não reprimidos não inibiram suas reações emocionais, e isso ficou evidente em suas respostas verbais (Davis, 1987).

Em outro estudo, mostrou-se aos reprimidos e não reprimidos um filme apavorante e perturbador sobre mutação animal e morte lenta causada pelos efeitos de testes nucleares. Quando se pediu que recordassem uma experiência pessoal que os tivesse feito felizes, os reprimidos conseguiram se lembrar de mais eventos e pensamentos agradáveis que os não reprimidos.

Os pesquisadores concluíram que os reprimidos enfrentavam os estímulos negativos no filme acessando lembranças positivas e, portanto, não os vivenciaram com a mesma frequência e no mesmo grau dos não reprimidos os estados emocionais penosos gerados pelo filme. Os reprimidos não estavam simplesmente fingindo não terem sido afetados, eles haviam reprimido a experiência com sucesso (Boden e Baumeister, 1997).

A repressão também foi estudada em dois grupos de crianças nos Estados Unidos. Algumas delas eram saudáveis e outras tinham câncer ou outras doenças crônicas debilitantes. Descobriu-se que as crianças doentes tinham probabilidade mais alta de serem reprimidas e mais baixa de expressar raiva do que as crianças saudáveis (Phipps e Steele, 2002).

**Projeção.** Pesquisas sobre projeção – atribuição dos próprios traços e comportamentos negativos a outra pessoa – descobriram que acusar outra pessoa de mentir e roubar em um jogo aumentava a quantidade de culpa atribuída àquela pessoa e reduzia a quantidade de culpa que o participante da pesquisa atribuía a si mesmo por apresentar os mesmos comportamentos negativos (Rucker e Pratkanis, 2001). Adultos que eram de classe social mais alta quando crianças têm mais probabilidade de usar projeção do que aqueles que foram criados em famílias de classes sociais mais baixas (Cramer, 2009).

A projeção também pode exercer influência nos julgamentos que fazemos de nossos cônjuges ou companheiros. Um estudo sobre desempregados que buscavam trabalho revelou que eles projetavam seus sentimentos de depressão sobre o estresse do desemprego em seus parceiros quando solicitados a fazer julgamentos diários sobre eles. Além disso, quanto mais parecidos os parceiros estivessem em uma medida psicológica de depressão, maior era a tendência de um projetar esse sentimento ao julgar o outro.

Os pesquisadores notaram: "Os indivíduos parecem mais propensos a supor que seus parceiros são como eles, quando eles realmente são como eles" (Schul e Vinokur, 2000, p. 997). Assim, nesse caso, os participantes da pesquisa estavam certos ao projetar suas próprias características em seus cônjuges ou parceiros.

**Uma hierarquia de mecanismos de defesa.** Estudos identificaram uma hierarquia entre os mecanismos de defesa freudianos no sentido de que os mais simples são usados mais cedo na vida e os mais complexos emergem à medida que se cresce. Por exemplo, a negação, que é um mecanismo de defesa simples e de nível baixo, é mais utilizada por crianças do que por adolescentes. A identificação, uma defesa mais complexa, é consideravelmente mais utilizada por adolescentes do que por crianças. A negação também era usada com mais frequência por meninos. As meninas, por sua vez, eram mais propensas a usar mecanismos mais complexos, como regressão, deslocamento e formação reativa (Tallandini e Caudek, 2010).

Em uma pesquisa feita com alunos do ensino fundamental e do primeiro ano da faculdade, as respostas às figuras do Teste de Percepção Temática reforçaram a noção de que há diferenças claras de idade na utilização dos mecanismos de defesa. A utilização da negação e da projeção diminuía com a idade (Porcerelli *et al.*, 1998). Um estudo longitudinal com 150 estudantes de 11 a 18 anos de idade revelou que as defesas de projeção e identificação eram usadas com mais frequência que a negação, e que seu uso aumentava entre o começo e o fim da adolescência (Cramer, 2007).

Um estudo longitudinal com pessoas que foram testadas pela primeira vez na creche e depois aos 23 anos encontrou um elo entre a personalidade pré-escolar e a utilização da negação quando jovens adultos. Como observamos anteriormente, a negação tende a ser mais utilizada como mecanismo de defesa pelas crianças e seu uso costuma diminuir com a idade. Nesse estudo, porém, os participantes do sexo masculino que com 23 anos ainda estavam utilizando a negação apresentavam uma série de problemas psicológicos que haviam sido identificados quando eles estavam no maternal.

A personalidade infantil desse grupo era elevada em imaturidade emocional e baixa em competência pessoal de resiliência do ego. Para as mulheres não foi encontrada uma relação tão clara entre a personalidade infantil e o uso contínuo da negação aos 23 anos. Os autores do estudo sugeriram que os meninos podem ser mais vulneráveis ao estresse do que as meninas (Cramer e Block, 1998).

Um estudo realizado com norte-americanos adultos revelou uma redução no uso de deslocamento e regressão como mecanismos de defesa da adolescência até os 60 anos. Participantes mais velhos que isso, no entanto, retrocediam para as defesas mais desajustadas, aquelas que eles usavam quando eram mais jovens (Diehl *et al.*, 2014).

Dois estudos realizados no Canadá demonstraram que meninas adolescentes com anorexia nervosa (um transtorno alimentar) e mulheres mais velhas que haviam sido vítimas de maus-tratos conjugais tinham probabilidade muito mais alta de usar a negação como um mecanismo básico do que meninas ou mulheres que não estavam nessas categorias. Os pesquisadores sugeriram que, negando inconscientemente suas dificuldades, as meninas e as mulheres estavam tentando minimizar ou distanciar-se das situações (Arokach, 2006; Couturier e Lock, 2006).

Um estudo feito com homens adultos descobriu que aqueles que tentavam se proteger da sensação de fraqueza sendo mais poderosos e competitivos e que evitavam a expressão emocional tendiam a usar mecanismos de defesa mais imaturos. Os que não sentiam tanta necessidade de ser mais poderosos do que os outros e que conseguiam expressar suas emoções mais livremente utilizavam mecanismos de defesa mais maduros (Mahalik *et al.*, 1998). Uma pesquisa também revelou que pais que abusam de seus filhos tendem a utilizar o imaturo mecanismo de defesa da negação (Cramer e Kelly, 2010).

**Mecanismos de defesa em culturas asiáticas.** A noção de mecanismos de defesa foi proposta e desenvolvida em um ambiente europeu, a partir de estudos de pacientes brancos de classe média. Grande parte das pesquisas realizadas sobre os mecanismos de defesa foi feita com participantes dos Estados Unidos ou da Europa. Em um raro estudo sobre asiáticos e norte-americanos, um grupo de participantes da pesquisa nos Estados Unidos foi comparado com um grupo de asiáticos budistas que viviam na Tailândia. Os pesquisadores descobriram uma forte semelhança entre as pessoas das duas culturas no uso de regressão, formação reativa, projeção, regressão, negação e compensação (Tori e Bilmes, 2002).

Uma pesquisa posterior, realizada com estudantes universitários da China diagnosticados com transtornos de personalidade borderline, mostrou que eles usavam mais mecanismos de defesa imaturos que os estudantes que não tinham tais transtornos (Xiang, Li e Shen, 2010).

**Sonhos.** As pesquisas sobre os sonhos confirmaram a teoria de Freud de que, de uma forma disfarçada ou simbólica, eles refletiam preocupações emocionais. Entretanto, as pesquisas aparentemente não mostram que os sonhos representam a realização de desejos, como propôs Freud. As ideias dele sobre sonhos, no entanto, estimularam um grande número de estudos sobre vários aspectos dos sonhos e do ato de sonhar.

**Efeitos de experiências traumáticas nos sonhos.** Parece claro que os sonhos costumam se caracterizar por seu conteúdo altamente emocional relacionado à vida do sonhador, do passado e do presente. Por exemplo, levantamentos de grande escala realizados com cidadãos alemães durante o período de 1956 a 2000 mostraram que aqueles que tinham idade suficiente para terem sido afetados pela Segunda Guerra Mundial (1939-1945) ainda tinham sonhos emocionais relacionados à guerra, mais de 50 anos depois do seu fim (Schredl e Piel, 2006). O mesmo foi revelado em estudos feitos com soldados britânicos que tinham sido prisioneiros dos alemães na Segunda Guerra Mundial. Os sonhos dos participantes se concentravam em temas como batalhas, prisão, tentativas de fuga e fome (Barrett *et al.*, 2014). Estudos com sobreviventes de guerras do século XXI no Iraque e no Afeganistão revelaram que os sonhos dos soldados também eram caracterizados por *flashbacks* de cenas traumáticas de batalhas ou outras formas de estresse do combate (Phelps e Forbes, 2012).

Estudos de crianças curdas ou palestinas que foram expostas a perigos físicos em seu cotidiano mostram que elas sonham com situações ameaçadoras e traumáticas muito mais do que crianças dessas e de outras culturas que foram criadas em ambientes mais pacíficos e não ameaçadores (Valli *et al.*, 2006).

**Conteúdo mais comum dos sonhos.** Outras pesquisas confirmaram que os sonhos refletem as experiências da vida real e que a intensidade emocional dessas experiências, bem como o humor de uma pessoa, influencia as histórias e os temas dos sonhos (ver, por exemplo, Schredl, 2006; Schredl,

Funkhouser e Arn, 2006). Em resumo: se você teve um dia ruim, é possível que tenha sonhos ruins à noite. E, se algo em seu quarto cheirar mal, isso pode afetar seus sonhos. Uma pesquisa feita em um laboratório de sono na Alemanha descobriu que uma simples exposição de dez segundos ao odor de rosas enquanto os indivíduos estavam dormindo resultou em sonhos mais prazerosos do que a exposição ao cheiro de ovos podres (Hutson, 2010).

Estudos feitos com adultos nos Estados Unidos e na Alemanha revelaram que as mulheres se lembram muito mais dos sonhos do que os homens, talvez porque elas acordam com mais frequência durante a noite. Homens sonham mais com personagens masculinos, enquanto mulheres sonham mais ou menos igualmente com personagens de ambos os sexos. Os homens, contudo, têm sonhos mais agressivos que as mulheres (Blume-Marcovici, 2010; Schredl, 2010a).

Um estudo de longo prazo realizado com adultos no Canadá, que mantinham diários de seus sonhos, mostrou uma correlação significativa entre a natureza destes e as medidas de autorrelato sobre bem-estar psicológico. Aqueles que tinham níveis mais baixos de bem-estar psicológico (e, assim, presumivelmente, eram menos felizes) relatavam mais sonhos de agressão contra outras pessoas, emoções negativas, fracassos e falta de sorte. Aqueles com níveis mais elevados de bem-estar psicológico relatavam sonhos de interações amigáveis com outros, emoções positivas, sucesso e sorte (Pesant e Zadra, 2006).

Por fim, pode não surpreender você saber que, em geral, estudantes universitários sonham com sexo. Além disso, estudantes do sexo masculino sonham mais com encontros com amigos, enquanto as do sexo feminino sonham mais com gravidez, casamentos e compras (Rainville e Rush, 2009).

**Efeitos das mídias eletrônicas sobre os sonhos.** Foi demonstrado que a exposição a mídias eletrônicas, como celulares, smartphones, computadores, DVDs e videogames, bem como o uso interativo da internet, influencia o conteúdo e a frequência dos sonhos (Gackenbach, Kuruvilla e Dopko, 2009). Pessoas que passam muito tempo jogando videogame tendem a ter mais sonhos bizarros, contendo personagens mortos e imaginários, do que aquelas que passam consideravelmente menos tempo nessa atividade (Gackenbach, Kuruvilla e Dopko, 2009; Schneider e Domhoff, 2006).

Estudos de grande escala conduzidos com crianças britânicas mostraram claramente que os programas que elas assistiam na televisão, bem como as coisas que liam, influenciavam o conteúdo de seus sonhos. Também foi revelado que, quanto mais tempo as crianças passavam em qualquer atividade, mais influência esta exercia sobre os sonhos (Lambrecht *et al.*, 2013; Stephan *et al.*, 2012).

Quando se perguntou a estudantes universitários chineses se sonhavam em cores ou em branco e preto, aqueles que quando crianças haviam assistido à televisão e a filmes em branco e preto respondiam que sonhavam em branco e preto; já os que haviam sido mais expostos à televisão e a filmes coloridos sonhavam em cores (Schwitzgebel e Huang; Zhou, 2006).

Você já imaginou que jogar videogame pode te proteger de pesadelos? Alguns pesquisadores acham que sim. Eles descobriram que, entre os estudantes que vivenciaram traumas, aqueles que jogavam bastante videogame eram menos perturbados por pesadelos do que os que não jogavam. Contudo, a proteção dos videogames só funcionava em homens, e não em mulheres (Gackenbach *et al.*, 2013).

**Diferenças culturais nos sonhos.** As diferenças culturais nos sonhos foram estudadas em diversas populações. Uma pesquisa com índios Parintintin da Floresta Amazônica brasileira mostrou que eles acreditam que os sonhos são formas de prever o futuro. Consequentemente, eles levam os sonhos a sério, tanto os seus quanto os de familiares e amigos (Kracke, 2010).

Uma comparação entre os sonhos de estudantes universitários dos Estados Unidos e da China revelou que os estudantes chineses relatam a presença de mais familiares nos sonhos e menos situações agressivas do que os estudantes norte-americanos (Xian-Li e Guang-Xing, 2006). Descobriu-se que os sonhos dos participantes chineses de uma pesquisa continham muito mais símbolos sexuais (de acordo com Freud), como facas, espadas e adagas, do que os sonhos de norte-americanos (Yu, 2010).

Um estudo com estudantes universitários caucasianos e ásio-americanos mostrou que, na infância, os caucasianos tinham uma probabilidade muito mais alta de contar seus sonhos aos pais e, quando mais velhos, de descrever seus sonhos aos amigos e dar um grande valor aos sonhos. Os estudantes ásio-americanos mantinham seus sonhos em segredo em relação aos pais e a outras pessoas e eram altamente relutantes em falar sobre eles (Fiske e Pillemer, 2006).

Pesquisas que comparam o conteúdo dos sonhos relatados por universitários iranianos e norte--americanos revelaram que os iranianos tinham uma probabilidade muito maior de sonhar com pessoas conhecidas e eventos em ambientes internos, além de vivenciar emoções mais positivas nos sonhos do que a amostra norte-americana (Mazandarani, Aguilar-Valaje e Domhoff, 2013).

**Interpretando nossos sonhos.** Pessoas de culturas orientais e ocidentais tendem a concordar que os sonhos podem conter verdades pessoais ocultas, capazes de fornecer informações úteis sobre si mesmos e seu meio (Morewedge e Norton, 2009). Como resultado, muitas pessoas se interessam pela interpretação de sonhos. Uma análise de estudantes islâmicos nos Emirados Árabes Unidos revelou que aproximadamente dois terços das mulheres e um terço dos homens expressaram um grande interesse na interpretação de seus sonhos (Salem, Rageb e Abdel, 2009; Schredl, 2010b). Outra pesquisa descobriu que muçulmanos dos Emirados Árabes Unidos eram muito mais interessados na interpretação dos sonhos do que uma amostra de participantes canadenses da mesma idade (Salem, 2014).

Um grupo de pesquisadores japoneses determinou que computadores podem interpretar e reconhecer as imagens visuais exibidas na mente dos sonhadores enquanto eles dormem. Durante o estudo, eles acordavam os participantes a cada seis minutos para pedir uma descrição do que estavam vendo antes de despertar. Depois, desenvolveram um programa de computador para examinar os diferentes padrões de atividade cerebral registrados em imagens de ressonância magnética (RM) dos participantes enquanto eles estavam acordados e dormindo e, assim, os computadores "aprenderam" a decodificar as imagens que apareciam nos sonhos com uma taxa de precisão média de 66%. Os pesquisadores afirmam que este é o primeiro passo para chegar ao dia em que os computadores vão interpretar e analisar nossos sonhos (Horikawa *et al.*, 2013).

**O complexo de Édipo.** A maior parte das pesquisas psicológicas leva à conclusão de que não há validação para o conceito freudiano de complexo de Édipo (Kupfersmid, 1995). Porém, diversos estudos abordaram o comportamento e as atitudes de crianças em relação aos pais do mesmo sexo e do sexo oposto, um dos principais ingredientes da noção de relação edipiana de Freud.

Por exemplo, pediu-se aos pais de meninos e meninas de 3 a 6 anos que registrassem comportamentos afetivos e agressivos ou hostis dos filhos para com eles. Os resultados evidenciaram que os atos de afeto em relação ao sexo oposto e de agressão ao mesmo sexo ocorriam muito mais frequentemente do que o inverso. Esses tipos de comportamentos edipianos ocorriam mais por volta dos 4 anos e começavam a diminuir aproximadamente aos 5 (Watson e Getz, 1990). Em um estudo clássico, descobriu-se que uma quantidade consideravelmente maior de homens relatava sonhos que refletiam ansiedade de castração e muito mais mulheres relatavam sonhos que refletiam desejos de castração ou inveja do pênis (Hall e Van de Castle, 1965).

Freud propôs que a inveja do pênis nas mulheres as levava a encarar o pai como um objeto de amor, um desejo posteriormente suplantado pelo desejo de ter um bebê. Em um teste experimental dessa proposta, mulheres em idade universitária foram expostas a mensagens subliminares contendo temas de gravidez. Descobriu-se que suas respostas em um teste de borrão continham consideravelmente mais imagens fálicas do que as respostas de mulheres em um grupo de controle ou de participantes do sexo masculino em idade universitária expostos aos mesmos estímulos. Os pesquisadores afirmam que esses resultados confirmam a crença freudiana de que a gravidez tem significado fálico para as mulheres (R. L. Jones, 1994).

Um estudo realizado no País de Gales com meninos e meninas de idades entre 12 e 14 avaliou suas atitudes em relação aos pais. O resultado mostrou que crianças que eram ambivalentes em relação ao pai (que os viam com uma mistura de amor e ódio) manifestavam um apego menos seguro em relação a outras pessoas do que aquelas que não sentiam essa ambivalência. Os pesquisadores notaram que esse achado apoia a insistência de Freud na importância da influência do pai sobre os relacionamentos futuros das crianças (Maio, Fincham e Lycett, 2000).

**Tipos de personalidade oral e anal.** Uma investigação do tipo de personalidade oral mostrou uma forte relação entre a orientação oral – de acordo com o identificado por Rorschach – e a obesidade (Masling, Rabie e Blondheim, 1967), confirmando a teoria de Freud de que os tipos orais preocupam-se com a bebida e a comida. Outro estudo descobriu que os tipos de personalidade oral submetem-se mais às sugestões de uma figura autoritária que os tipos de personalidade anal (Tribich e Messer, 1974). Segundo Freud, as personalidades orais são dependentes e submissas e devem ser mais adaptáveis que as anais, que tendem a ser mais hostis e geralmente resistem à submissão.

Freud também argumentou que as mulheres eram mais oralmente dependentes que os homens, mas pesquisas posteriores não encontraram esse tipo de diferença entre os sexos (O'Neill e Bornstein, 1990). De modo geral, algumas pesquisas confirmam os dois tipos de personalidade (Westen, 1998). Há poucas evidências empíricas do tipo fálico de personalidade.

Sugeriu-se, também, que a personalidade anal de Freud continua ressurgindo ou sendo reutilizada na psicologia com nomes diferentes, como características de consciência, ordem, obstinação e transtorno de personalidade obsessivo-compulsivo (Haslam, 2011).

**A idade e o desenvolvimento da personalidade.** Freud propôs que a personalidade é formada por volta dos 5 anos e está sujeita a poucas mudanças depois disso. Estudos do desenvolvimento da personalidade ao longo do tempo indicam que as características de personalidade de crianças na pré-escola mudavam drasticamente, como mostrado por estudos de acompanhamento realizados dos 6 aos 7 anos (Kagan, Kearsley e Zelazo, 1978). Outros estudos sugerem que a fase entre os 7 e os 12 anos pode ser mais importante em termos de estabelecimento de padrões adultos de personalidade do que os primeiros anos da infância.

O célebre psicólogo de desenvolvimento infantil Jerome Kagan reviu a literatura e concluiu que, aparentemente, a personalidade depende mais do temperamento e das experiências no final da infância do que das primeiras interações pais–filho, como sugeriu Freud (Kagan, 1999). Ainda que não se possa negar que os nossos primeiros cinco anos de vida afetem a nossa personalidade, hoje em dia está evidente que a personalidade continua se desenvolvendo bem além dessa época.

**Os atos falhos freudianos.** Segundo Freud, o que parece ser um esquecimento comum ou lapso casual na fala, na verdade, é um reflexo de motivos ou ansiedades inconscientes. Em uma pesquisa para testar este fenômeno, mostraram-se a dois grupos de participantes do sexo masculino *flashes* dos mesmos pares de palavras em uma tela de computador (Motley, 1987). Pediu-se a eles que, quando a campainha soasse, dissessem as palavras em voz alta. Os participantes de um grupo tinham eletrodos colocados no corpo e foram avisados de que iriam receber um choque elétrico doloroso. Essa situação era uma forma experimental de gerar ansiedade. No segundo grupo de participantes, a pessoa que estava executando a experiência era uma mulher atraente, vestida de maneira sensual, e esse grupo recebeu um teste de ansiedade sexual.

Os participantes da pesquisa ansiosos em relação ao choque elétrico cometiam lapsos verbais como *damn shock* (maldito choque), quando as palavras na tela eram *sham dock* (cais falso). Os que estavam em estado de ansiedade sexual tinham lapsos verbais como *nude breasts* (seios nus), em vez de *brood nests* (ninhos de filhotes). Aqueles que tiveram pontuação alta no teste de ansiedade sexual cometeram o maior número de lapsos freudianos (atos falhos) relacionados a sexo.

Homens de um grupo de controle exposto às mesmas palavras, mas a nenhuma condição de estímulo da ansiedade, não cometeram lapsos verbais. Certamente, nem todos os lapsos na fala são atos falhos, mas as pesquisas indicam que pelo menos alguns podem ser o que Freud disse que eram – ansiedades ocultas revelando-se de formas embaraçosas.

---

**DESTAQUES:** Pesquisas sobre as ideias de Freud

Pessoas com baixa pontuação em *controle do ego* tendem a ser:
- Agressivas e não complacentes.
- Imprevisíveis e assertivas.
- Deprimidas e autoindulgentes.

Pessoas com baixa pontuação em *resiliência do ego* tendem a ser:
- Estressadas durante interações negativas com os pais.
- Ansiosas e com necessidade de reasseguramento.
- Não assertivas, tristes e sem habilidades sociais.

Pessoas que descarregam a raiva por meio da *catarse* tendem a:
- Ter ainda mais raiva depois.
- Sentir atração por jogos de videogame violentos.

Pesquisas corroboram os conceitos freudianos de:
- Influência do inconsciente.
- Deslocamento.
- Repressão.
- Negação.
- Projeção.
- Sonhos como reflexo de preocupações emocionais.
- Agressão como instintiva.
- O famoso ato falho freudiano.

---

Um ex-presidente norte-americano disse diante de um grupo de professores: "*I'd like to spank all teachers*" (gostaria de espancar todos os professores). Obviamente, ele quis dizer *thank*, para agradecer a todos os professores. Outro político famoso dos Estados Unidos disse que queria encorajar "*the breast*" (o seio) ao falar sobre "*the best and the brightest*" (os melhores e mais brilhantes) (*apud* Pincott, 2013). Você acha que esses foram atos falhos?

**Lembranças reprimidas de abuso sexual na infância.** No final da década de 1980, a questão das lembranças reprimidas ressurgiu em processos legais sensacionais, envolvendo pessoas que diziam que de repente se lembraram de incidentes de abuso que haviam ocorrido há alguns anos. As mulheres apresentavam queixas criminais contra pais, tios e amigos da família, enquanto os homens, contra padres, treinadores e professores. Alguns dos acusados foram condenados e presos com base em memórias de incidentes ocorridos 20 anos antes. Essas acusações e os julgamentos posteriores ainda ocorrem hoje em dia.

Pesquisas sobre memórias reprimidas de abuso sexual na infância descobriram fortes evidências de que esses abusos podem ficar esquecidos por muitos anos antes de serem lembrados (Delmonte, 2000). Um estudo com mulheres que tinham memórias reprimidas de abuso sexual na infância e depois as haviam recuperado ou que nunca tinham esquecido essas experiências revelou que aquelas que relataram memórias recuperadas tiveram pontuação mais alta em medidas de tendência a fantasias e dissociação (uma cisão do processo mental em duas correntes diferentes de consciência) (McNally *et al.*, 2000). Tais estados podem, é claro, ser atribuídos ao trauma infantil.

Apesar dessas evidências impressionantes, que apoiam a existência de memórias reprimidas de abuso sexual na infância que realmente ocorreram, as pesquisas demonstraram também quão facilmente falsas memórias podem ser implantadas e lembranças podem ser distorcidas, a ponto de que algo que nunca ocorreu possa se tornar consciente e parecer genuíno (Loftus e Ketcham, 1994; Ofshe e Watters, 1994).

Em um estudo, crianças pequenas foram entrevistadas quatro anos depois de terem passado cinco minutos brincando com um homem do outro lado de uma mesa, que nunca tocou em nenhuma delas. Durante as entrevistas de acompanhamento, os pesquisadores criaram um clima de acusação, dizendo às crianças que elas seriam interrogadas sobre um acontecimento importante em suas vidas. "Você está com medo de contar?", foi-lhes perguntado. "Você se sentirá melhor depois de contar" (Ceci e Bruck, 1993, p. 421). Um terço delas concordou com a sugestão do entrevistador de que quatro anos antes haviam sido abraçadas e beijadas por um homem, duas concordaram com a sugestão de que foram fotografadas no banheiro e uma concordou que o homem lhe dera banho.

Um estudo envolvendo estudantes universitários da Itália mostrou que a interpretação de sonhos poderia ser utilizada para implantar lembranças falsas. Um psicólogo persuasivo, que era uma celebridade do rádio, disse à metade dos participantes da pesquisa que os sonhos eram manifestações de lembranças reprimidas de acontecimentos traumáticos na infância e deu como exemplos situações como serem abandonados pelos pais ou se perderem em um lugar desconhecido. A outra metade dos participantes não recebeu essa interpretação de seus sonhos.

Todos os participantes da pesquisa foram selecionados com base nas respostas a um questionário preenchido semanas antes, quando afirmaram que tais eventos traumáticos não haviam ocorrido durante sua infância. Quando interrogada, dez a quinze dias após a interpretação dos sonhos, a maioria dos participantes do experimento concordou que as experiências traumáticas realmente haviam ocorrido e que tinham reprimido suas lembranças durante anos (Mazzoni *et al.*, 1999).

Elizabeth Loftus, uma pesquisadora pioneira na área, concluiu que, no geral,

> *há pouco suporte para a noção de que o trauma é comumente banido da consciência e mais tarde recuperado de forma confiável por processos além do esquecimento e da lembrança comuns [...] Não há dúvida de que "memórias" para eventos traumáticos horrendos, factualmente falsos ou impossíveis, ou pelo menos altamente improváveis, desenvolveram-se [ou foram implantadas] especialmente entre pessoas submetidas a procedimentos sugestivos de recuperação da memória.* (Loftus e Davis, 2006, p. 6, 8)

Contudo, é importante ter em mente de que o abuso sexual na infância ocorre. É uma realidade frequente para muitas pessoas e bem mais difundida do que Freud havia antevisto no século XIX, e seus efeitos podem ser debilitantes. Os adultos, homens e mulheres, que foram abusados sexualmente quando crianças, apresentam fortes tendências a ansiedade, depressão, autodestrutividade, baixa autoestima e suicídio (ver, por exemplo McNally *et al.*, 2006; Pilkington e Lenaghan, 1998; Westen, 1998).

# Extensões da teoria freudiana

Vários dos teóricos que discutiremos nos capítulos a seguir desenvolveram posições opostas à de Freud, enquanto outros permaneceram fiéis a algumas das suas hipóteses básicas, mas tentaram expandir, ampliar ou elaborar suas ideias. Um dos membros mais importantes desse grupo era a filha de Freud, Anna, que passou a contrabalançar o que era visto como fraquezas ou omissões na teoria psicanalítica de Freud e a refletir sobre essas fraquezas.

## Psicologia do ego: Anna Freud

Anna Freud (1895-1982) disse que nunca teria nascido se houvesse um método contraceptivo mais seguro disponível para os pais. Apesar desse início, foi a única entre os seis filhos de Freud a seguir seus passos (Young-Bruehl, 1988). Criança infeliz, Anna tinha ciúme de sua irmã mais velha, protegida pela mãe, e era ignorada pelos irmãos. Ela lembrava "da experiência de ser [...] somente um aborrecimento para eles e sentir-se entediada e abandonada" (Appignanesi e Forrester, 1992, p. 273).

Mas Anna não foi ignorada pelo pai; tornou-se sua filha preferida e, com 14 anos frequentava, de forma submissa, reuniões do seu grupo psicanalítico, ouvindo com atenção as histórias que eram apresentadas e discutidas. Aos 22 anos, Anna começou quatro anos de psicanálise com o pai, que depois foi duramente criticado por analisar a própria filha.

Um historiador chamou isso de um "tratamento impossível e incestuoso [...] uma atuação edipiana em ambas as extremidades do divã" (Mahoney, 1992, p. 307). Mas outro explicou: "Ninguém mais ousou assumir a tarefa, pois a análise de Anna inevitavelmente colocaria em questão o papel de Freud como pai" (Donaldson, 1996, p. 167). Analisar um filho era uma grave violação das regras de Freud para a prática da psicanálise; a situação com a filha foi mantida em segredo por vários anos.

Em sua análise, Anna relatou sonhos violentos envolvendo tiros, assassinatos e morte, e também sonhos em que defendia seu pai de inimigos. No entanto, "ela partilhava com ele suas fantasias sexuais e suas investidas na masturbação e saía da análise grata ao seu pai e mais comprometida com ele do que nunca" (Edmundson, 2007, p. 61).

Anna Freud tornou-se membro da Sociedade Psicanalítica de Viena, apresentando um trabalho intitulado *Beating fantasies and daydreams* (*Vencendo fantasias e devaneios*). Embora afirmasse estar narrando as experiências de um paciente, na verdade estava descrevendo suas próprias fantasias, falando de uma relação amorosa incestuosa entre pai e filha, de uma surra e da satisfação sexual por meio da masturbação.

Ela dedicou a vida a cuidar do pai e do seu sistema de psicanálise. Muitos anos após a sua morte, ela descreveu uma série de sonhos que tivera com ele.

> *Ele está aqui novamente. Todos esses sonhos recentes têm o mesmo caráter: o papel principal é exercido não pelo meu desejo por ele, mas sim pelo desejo dele por mim [...] No primeiro sonho desse tipo, ele diz abertamente: "Eu sempre a desejei tanto".* (Freud *apud* Zaretsky, 2004, p. 263)

E quando Anna estava próxima à morte, cerca de 40 anos após a morte dele, ela sentou-se em uma cadeira de rodas usando o velho capote de lã do pai, que havia conservado por todos aqueles anos (Webster, 1995).

**Abordagem de Anna Freud à psicanálise.** Enquanto Freud trabalhou só com adultos, tentando reconstruir a sua infância, evocando suas lembranças e analisando suas fantasias e sonhos, Anna tratava somente de crianças. Ela abriu uma clínica e um centro para treinar analistas no edifício ao lado da casa do pai, em Londres. Em 1927, publicou *Four Lectures on Child Analysis* (*Quatro palestras sobre análise infantil*). Freud aprovava seu trabalho: "Os conceitos de análise infantil de Anna são independentes dos meus. Eu compartilho de suas visões, mas ela as desenvolveu a partir da sua própria experiência independente" (Freud *apud* Viner, 1996, p. 9).

Anna Freud revisou substancialmente a psicanálise ortodoxa, ampliando o papel do ego, argumentando que este opera independente do id. Isso era uma ampliação importante do sistema freudiano, que envolvia uma mudança fundamental e radical.

Ela propôs outros refinamentos em *O ego e os mecanismos de defesa*, publicado em 1936 (enquanto o pai ainda estava vivo), no qual esclarecia a atuação dos mecanismos de defesa. O livro recebeu muitos elogios e é considerado um trabalho básico sobre a psicologia do ego. Os mecanismos-padrão de defesa que discutimos nas páginas anteriores deste capítulo devem o seu desenvolvimento total e sua articulação a Anna Freud. Essa é uma das suas contribuições mais importantes para a teoria psicanalítica.

# Reflexões sobre a teoria de Freud

O sistema psicanalítico de Freud teve um impacto fenomenal na teoria e na prática da psicologia e da psiquiatria, na nossa imagem da natureza humana e na nossa compreensão da personalidade. Sua influência também foi sentida na cultura geral e seu trabalho foi publicado em muitos livros populares, revistas e jornais. Um artigo chamou-o de "força inescapável" que continuava a exercer impacto mesmo 65 anos após sua morte (ver Adler, 2006, p. 43).

A psicanálise contribuiu para o desenvolvimento do interesse dos psicólogos norte-americanos no estudo da personalidade a partir da década de 1930. Nas décadas de 1940 e 1950, as ideias psicanalíticas influenciaram o estudo emergente da motivação na psicologia. A psicologia contemporânea absorveu muitos conceitos freudianos, incluindo o papel do inconsciente, a importância das experiências da infância na formação do comportamento adulto e a ação dos mecanismos de defesa. Como vimos, essas e outras ideias continuam a gerar muitas pesquisas.

Vamos observar outras evidências da importância de Freud nos capítulos sobre os teóricos da personalidade que se basearam no sistema freudiano ou o utilizaram como fonte de oposição para suas ideias. As grandes ideias inspiram não só por serem consideradas válidas, mas também quando se percebe que são incorretas, estimulando, assim, a elaboração de outros pontos de vista.

## O declínio da psicoterapia freudiana

A teoria freudiana da personalidade continua mais influente do que o seu sistema de terapia psicanalítica. Embora as pesquisas sobre suas ideias e os testes experimentais de seus conceitos continuem abundantes, a psicanálise como técnica terapêutica perdeu sua popularidade, especialmente nos Estados Unidos.

Na China, no entanto, a psicanálise como método de terapia tem se tornado popular ultimamente. Usando o Skype, um software com serviço de videoconferência pela internet, psicanalistas freudianos dos Estados Unidos têm oferecido programas de treinamento a um número crescente de psicanalistas chineses (Osnos, 2011; Wan, 2010). Em alguns países europeus, também houve um aumento rápido na condução de sessões tradicionais de psicanálise pela internet, com relatos iniciais de resultados bem-sucedidos. (Migone, 2013).

Além disso, algumas pesquisas revelaram que o uso de robôs sociais pode aumentar a eficácia da psicanálise, especialmente entre os idosos. Os chamados "robôs de companhia" estão tendo sucesso na melhoria de casos de deficiências físicas e cognitivas, além de aumentar o bem-estar dos pacientes (Costescu, Vanderborght e David, 2014).

Uma quantidade cada vez maior de pessoas procura a terapia para problemas comportamentais e emocionais, mas uma quantidade cada vez menor opta pela abordagem cara e de longo prazo que Freud criou. Processos mais curtos de terapia, durando de uma a quinze sessões, tornaram-se a norma, juntamente com o uso maior de drogas psicofarmacológicas.

A tendência de afastamento da psicanálise ortodoxa nos Estados Unidos também foi reforçada pela influência das empresas de assistência médica. É consideravelmente mais barato para elas aprovar um regime de tratamento que envolva simplesmente a prescrição de uma droga em lugar de um tratamento psicanalítico que dure vários anos. Além disso, essas empresas exigem provas empíricas da eficácia do tratamento terapêutico antes de fornecer o reembolso do seguro, e as provas da eficácia da psicoterapia são fracas (ver, por exemplo, Mayers e Horwitz, 2005).

## Críticas à psicanálise

Já observamos as falhas na abordagem do estudo de caso, o método básico de pesquisa de Freud. Além dessas questões, levantadas principalmente por psicólogos experimentais, há as que foram levantadas por outros teóricos da personalidade. Para alguns, Freud enfatizou em excesso as forças instintivas biológicas como determinantes da personalidade.

Outros contestam a ênfase no sexo e na agressão como as principais forças motivadoras e acham que somos moldados mais pelas experiências sociais do que pelas sexuais. Há os que discordam do quadro determinista da natureza humana, sugerindo que temos mais livre-arbítrio do que Freud imaginava e que podemos optar por agir e crescer espontaneamente, tendo pelo menos um controle parcial do nosso destino.

Outra crítica concentra-se na ênfase de Freud no comportamento passado, excluindo as nossas metas e aspirações. Esses teóricos argumentam que também somos influenciados pelo futuro, pelas nossas esperanças e por planos tanto quanto ou mais do que pelas nossas experiências anteriores aos 5 anos de idade. Outros teóricos da personalidade acham que Freud deu demasiada atenção às pessoas emocionalmente perturbadas, excluindo as psicologicamente saudáveis e emocionalmente maduras.

Os críticos sugerem que, se quisermos elaborar uma teoria da personalidade humana, por que não estudar os mais sadios e as qualidades humanas positivas também? Os teóricos também fazem objeções às opiniões de Freud sobre as mulheres, particularmente aos conceitos da inveja do pênis, dos superegos pouco estruturados e dos sentimentos de inferioridade das mulheres em relação ao corpo.

As definições ambíguas de certos conceitos freudianos também foram questionadas. Os críticos apontam confusão e contradição em termos como id, ego e superego. Eles são estruturas físicas distintas no cérebro? São processos fluidos? Em seus últimos escritos, Freud abordou as dificuldades de definir alguns de seus conceitos com precisão, mas as dúvidas permanecem.

## A influência duradoura de Freud

Este livro é uma história de compreensões modernas da personalidade. Em nosso crescimento pessoal e social, nunca estamos livres do nosso passado nem deveríamos querer estar, pois ele oferece a base para construções, como teóricos da personalidade fizeram construções com base no trabalho de Freud. Se os psicanalistas não serviram para outra coisa a não ser inspirar outros e dar uma estrutura para se elaborar novos *insights*, então a importância de Freud para o mundo das ideias é segura. Toda estrutura depende da solidez e da integridade de sua base. Sigmund Freud deu aos teóricos da personalidade uma base altamente original, estimulante e desafiadora sobre a qual trabalhar.

## Resumo do capítulo

A teoria de Freud é, pelo menos em parte, autobiográfica, já que ele baseou alguns de seus principais conceitos nas suas experiências infantis, sonhos e conflitos sexuais.

Os instintos são representações mentais de estímulos que se originam no corpo. Os instintos da vida, como o sexual, servem para fins de sobrevivência e se manifestam numa forma de energia psíquica denominada libido. Os instintos de morte são um impulso inconsciente para a decadência, destruição e agressão.

As três estruturas da personalidade são o id, o ego e o superego. O id, componente biológico da personalidade, é o depósito dos instintos da libido e age de acordo com o princípio do prazer. O ego, componente racional da personalidade, age conforme o princípio da realidade. O superego, o lado moral da personalidade, é composto da consciência (comportamentos pelos quais a criança é castigada) e do ideal do ego (comportamentos pelos quais a criança é elogiada). O ego age entre as demandas do id, as pressões da realidade e as ordens do superego.

A ansiedade surge quando o ego é demasiadamente pressionado. Ansiedade frente à realidade é o medo dos perigos do mundo real. Ansiedade neurótica é um conflito entre a satisfação dos instintos e a realidade. Ansiedade moral é um conflito entre as exigências do id e as do superego. Os mecanismos de defesa agem inconscientemente. Eles são distorções da realidade que protegem o ego da ameaça da ansiedade. Entre os mecanismos de defesa estão: repressão, formação reativa, projeção, regressão, racionalização, deslocamento e sublimação.

As crianças passam por fases psicossexuais de desenvolvimento definidas pelas zonas erógenas do corpo. A fase oral engloba dois tipos de comportamento, oral incorporador e oral agressivo, e a anal envolve a primeira interferência na satisfação do impulso instintivo. A fase fálica envolve o complexo de Édipo, os desejos sexuais inconscientes pelo pai ou pela mãe (sexo oposto) e os sentimentos de rivalidade e medo em relação ao pai ou à mãe (mesmo sexo).

Os meninos desenvolvem ansiedade de castração, e as meninas, inveja do pênis.

Os meninos resolvem o complexo de Édipo identificando-se com o pai, adotando os mesmos padrões do superego do pai e reprimindo seu desejo sexual pela mãe. As meninas são menos bem-sucedidas na resolução do seu complexo, o que as deixa com superegos mais pobremente estruturados. Durante o período de latência, o instinto sexual é sublimado nas atividades escolares, nos esportes e nas amizades com pessoas do mesmo sexo. A fase genital, na puberdade, marca o início das relações heterossexuais.

A visão freudiana da natureza humana é pessimista; diz-nos que estamos fadados à ansiedade, à frustração dos impulsos, à tensão e ao conflito. O objetivo da vida é reduzir a tensão. Grande parte da natureza humana é herdada, mas parte dela é aprendida por meio das interações pais-filho.

Dois métodos de avaliação da personalidade são a livre associação e a análise dos sonhos. Na livre associação, o paciente expressa espontaneamente ideias e imagens de forma aleatória. Às vezes, criam-se resistências, e ele reluta em falar sobre lembranças ou experiências perturbadoras. Os sonhos têm um conteúdo manifesto (os eventos reais do sonho) e um latente (o significado simbólico desses eventos).

O método de pesquisa de Freud era o estudo de casos, que não se baseia em observações objetivas. Ele não é controlado e sistemático nem permite replicação e verificação. Os dados de Freud não são quantificáveis, podendo ser incompletos, imprecisos, e se basearam em uma amostra pequena e não representativa.

Alguns conceitos freudianos foram comprovados por pesquisas empíricas: inconsciente, repressão, projeção, deslocamento, lapsos verbais, e algumas características dos tipos de personalidade oral e anal. Grande parte da teoria freudiana (o id, o superego, o desejo de morte, a libido, a catarse e a ansiedade) não foi validada cientificamente. Foram identificados dois componentes do ego: o controle e a resiliência do ego. Em relação às lembranças reprimidas de abuso sexual na infância, algumas podem ser reais e outras, implantadas e distorcidas.

A teoria de Freud foi modificada por Anna Freud, que lapidou o papel do ego, e por teóricos das relações objetais, como Kohut e Klein, que se concentraram no relacionamento mãe-filho.

Os teóricos da personalidade criticam Freud por dar muita ênfase a forças biológicas, sexo, agressão, problemas emocionais e acontecimentos da infância. Eles também criticam sua imagem determinista da natureza humana, suas opiniões negativas sobre as mulheres e as definições ambíguas de alguns de seus conceitos. Contudo, não se pode negar o impacto fenomenal de Freud sobre a cultura ocidental e sobre os teóricos da personalidade posteriores, que ou elaboraram suas teorias ou opuseram-se ao seu sistema. ■

 # Perguntas de revisão

1. De que modo a teoria de Freud reflete suas experiências na infância e seus conflitos pessoais em relação a sexo?
2. Como Freud definiu os instintos? De que modo os instintos conectam as necessidades do corpo aos desejos da mente?
3. Faça a distinção entre os instintos de vida e de morte. Como eles motivam o comportamento?
4. Defina o id, o ego e o superego. Como eles estão inter-relacionados?
5. O que Freud quis dizer quando afirmou que o ego fica no meio, pressionado por três instâncias e forças opostas?
6. Quais são os três tipos de ansiedade que Freud propôs? Qual é o propósito da ansiedade? Como nos defendemos dela?

7. Descreva de que modo cada um destes mecanismos de defesa nos protege da ansiedade: formação reativa, projeção e sublimação.
8. Quais são as diferenças entre os estágios oral e anal do desenvolvimento psicossexual e como eles contribuem para o desenvolvimento da personalidade?
9. Quais são os comportamentos que caracterizam um adulto fixado na fase oral incorporadora? E na fase anal retentora?
10. Como meninos e meninas resolvem seus conflitos da fase fálica do desenvolvimento psicossexual?
11. Na sua opinião, como meninos e meninas criados por mães solteiras resolveriam esses conflitos?
12. Quais são os pontos de vista de Freud sobre as

influências relativas da hereditariedade e do ambiente? Qual é a posição dele sobre a questão de livre-arbítrio *versus* determinismo?

13. Quais informações podem ser reveladas pela livre associação? O que são resistências?

14. Descreva dois aspectos ou conteúdos dos sonhos. Discuta a pesquisa feita para testar as ideias de Freud sobre o conteúdo dos sonhos.

15. Quais proposições da teoria de Freud receberam confirmação empírica?

16. Quais críticas foram feitas ao método de estudo de caso?

17. Descreva exemplos de pesquisas feitas sobre os conceitos freudianos de atos falhos, ego e catarse.

18. Como as pesquisas sobre a percepção subliminar corroboram as teorias de Freud sobre o inconsciente?

19. Qual é a diferença entre controle do ego e resiliência do ego? Descreva algumas características da personalidade de pessoas com alta pontuação em controle do ego.

20. De que modo pessoas reprimidas diferem das não reprimidas? Qual dos dois estilos está associado a comportamentos mais saudáveis e alegres?

21. Em quais idades há maior probabilidade de se utilizarem os mecanismos de defesa de negação, identificação e projeção? Por quê?

22. O mecanismo de defesa freudiano da repressão explica todos os casos de lembranças reprimidas de abuso na infância? Quais os outros fatores que podem ser responsáveis por essas lembranças?

23. Descreva algumas das maneiras pelas quais Anna Freud, Heinz Kohut e Melanie Klein ampliaram e modificaram a teoria freudiana tradicional.

24. Discuta o *status* e a aceitação atual da psicanálise como uma teoria da personalidade e como método de psicoterapia.

# Leituras sugeridas

Cohen, D. *The escape of Sigmund Freud*. Nova York: Overlook Press, 2012. Um relato da fuga de Freud dos nazistas em Viena com a ajuda de um oficial alemão e dos últimos dois anos da vida do teórico em Londres.

Coles, R. *Anna Freud: The dream of psychoanalysis*. Nova York: Addison-Wesley, 1993. Descreve a vida de Anna Freud, seu trabalho sobre mecanismos de defesa e suas expectativas em relação ao futuro da psicanálise.

Ellenberger, H. F. *The discovery of the unconscious: The history and evolution of dynamic psychiatry*. Nova York: Basic Books, 1970. Reconstrói o estudo do inconsciente desde épocas primitivas até a psicanálise de Freud e derivados.

Gafner, G. *Subliminal: How your unconscious mind rules your behavior*. Nova York: Pantheon, 2012. O relato de um médico resumindo pesquisas de neurociência e psicologia que mostram a parcela de nossos comportamento, emoções e processos cognitivos que é influenciada por processos inconscientes.

Krüll, M. *Freud and his father*. Nova York: Norton, 1986. Investiga a vida de Sigmund Freud e de seu pai, além de analisar a influência das experiências de Freud como filho sobre o desenvolvimento da psicanálise.

Lerman, H. *A mote in Freud's eye: From psychoanalysis to the psychology of women*. Nova York: Springer--Verlag, 1986. Descreve como o viés negativo de Freud em relação às mulheres foi derivado de suas próprias experiências e introduzido na teoria da psicanálise. Mostra como os estágios do desenvolvimento psicossexual de Freud aplicados às mulheres foram amplamente refutados e apresenta critérios para uma teoria da personalidade baseada em mulheres.

Markel, H. *An anatomy of addiction: Sigmund Freud, William Halstead, and the Miracle Drug Cocaine*. Nova York: Vintage, 2011. Um relato sobre os usos e abusos de cocaína no século XIX, recontado através da vida de dois usuários, Freud e o famoso médico norte-americano William Halstead.

Roazen, P. *Freud and his followers*. Nova York: Knopf, 1975. (Roazen, P. *Freud e seus discípulos*. São Paulo: Cultrix, 1974.) Um relato animado e bem escrito da vida de Freud e dos homens e mulheres que se tornaram seus discípulos, alguns dos quais se separaram posteriormente para fundar suas próprias escolas de pensamento.

Sulloway, F. J. *Freud, biologist of the mind: Beyond the psychoanalytic legend*. Nova York: Basic Books, 1979. Uma biografia que coloca a obra de Freud no contexto da época e contesta a lenda de que ele era um herói solitário que trabalhava isolado. Essa obra realmente contesta a ideia atribuída que Freud concebeu sozinho seu modelo de análise.

# PARTE 2

# A abordagem neopsicanalítica

Vários teóricos da personalidade, que inicialmente eram leais a Freud e comprometidos com seu sistema de psicanálise, se separaram dele por se oporem a certos aspectos de sua abordagem. Carl Jung e Alfred Adler eram associados de Freud antes de se rebelarem contra ele e oferecerem suas próprias visões de personalidade.

Karen Horney não tinha um relacionamento pessoal com Freud, mas também era uma freudiana ortodoxa antes de traçar um caminho diferente. O trabalho de Erik Erikson também é derivado da psicanálise freudiana.

Esses teóricos neopsicanalíticos diferem um do outro em várias questões, mas se opõem igualmente à ênfase de Freud nos instintos como motivadores primários do comportamento humano, bem como em sua visão determinista da personalidade.

Esses teóricos neo-psicanalíticos apresentaram imagens mais otimistas e lisonjeiras da natureza humana do que Freud, e o trabalho deles mostra a rapidez com que o campo da personalidade se diversificou em apenas uma década após o início formal.

# CAPÍTULO 3

# Carl Jung: psicologia analítica

*A minha vida é a história da autorrealização do inconsciente. Tudo no inconsciente busca manifestação externa, e a personalidade também deseja evoluir para além de seus estados inconscientes.*

— CARL JUNG

Sigmund Freud, em certa ocasião, designou Carl Jung como seu filho e herdeiro espiritual, mas este desenvolveu uma teoria da personalidade que diferia drasticamente da psicanálise ortodoxa, criando uma nova e elaborada explicação da natureza humana diferente de qualquer outra, que ele chamou de **psicologia analítica**.

O primeiro ponto no qual Jung discordou de Freud foi quanto ao papel da sexualidade. Jung ampliou a definição freudiana de libido, redefinindo-a como uma energia psíquica mais generalizada, que incluía o sexo, mas não era restrita a ele.

**Psicologia analítica**
A teoria junguiana da personalidade.

A segunda principal área de discordância diz respeito à direção das forças que influenciam a personalidade. Enquanto Freud via os seres humanos como prisioneiros ou vítimas de eventos passados, Jung acreditava que "o homem não está necessariamente condenado a ser para sempre impulsionado por traumas sobre os quais poderia exercer pouco controle" (Obituário, *New York Times*, 7 jun. de 1961). Jung argumentou que somos moldados tanto pelo nosso futuro como pelo nosso passado.; que não somos afetados apenas pelo que nos aconteceu quando crianças, mas também pelo que aspiramos fazer no futuro.

O terceiro ponto significativo de divergência gira em torno do inconsciente. Em vez de minimizar o papel do inconsciente, como fizeram outros dissidentes neopsicanalistas que discutiremos, Jung o enfatizou mais do que Freud. Ele investigou mais profundamente o inconsciente e acrescentou uma dimensão totalmente nova: as experiências herdadas das espécies humanas e até das pré-humanas. Embora Freud tenha reconhecido a influência das experiências primitivas herdadas, Jung o tornou o centro do seu sistema de personalidade, combinando ideias de história, mitologia, antropologia e religião para formar sua própria imagem da natureza humana.

## A vida de Jung (1875-1961)

### Uma infância infeliz

Mortes e funerais, pais neuróticos em um casamento fracassado, dúvidas e conflitos religiosos, sonhos e visões bizarras e um boneco de madeira como o único companheiro marcaram a infância difícil e infeliz de Jung. Nascido na Suíça, em uma família que tinha nove sacerdotes (oito tios e o pai), foi introduzido logo cedo na religião e nos clássicos. Ele se relacionava bem com o pai, mas o considerava fraco e sem poder. Embora bondoso e tolerante, o pai de Jung passava por momentos de mudança de humor e irritabilidade e não conseguiu ser a figura autoritária forte de que o filho precisava.

A mãe de Jung era bem mais enérgica, mas sua instabilidade emocional a levou a se comportar de maneira inconstante: de um minuto para outro, deixava de estar alegre e feliz e começava a resmungar incoerentemente, com o olhar distante. Quando menino, Jung achava que sua mãe era duas pessoas diferentes que habitavam o mesmo corpo, e obviamente, isso o deixou perturbado. Um biógrafo sugeriu que "todo o lado materno da família parecia estar marcado pela insanidade" (Ellenberger, 1978, p. 149).

Como consequência do comportamento estranho da mãe, Jung tinha grande desconfiança das mulheres e levou anos para se livrar desse sentimento. Anos depois, descreveu a mãe como gorda e pouco atraente, o que pode ser uma explicação para ter rejeitado a teoria de Freud de que todo menino tem desejo sexual pela mãe. Evidentemente, isso não refletia sua própria experiência de infância.

Para evitar os pais e seus constantes problemas conjugais, Jung passava várias horas sozinho no sótão, esculpindo um boneco de madeira, a quem poderia confiar seus medos e pensamentos mais profundos. Sua irmã nasceu quando ele tinha 9 anos, mas a presença dela na casa não diminuiu em nada a solidão e a sensação de isolamento do menino.

## Sonhos e fantasias estranhas

Desconfiado da mãe e desapontado com o pai, Jung sentia-se excluído do mundo exterior, da realidade consciente. Como fuga, voltou-se para seu inconsciente, para o mundo dos sonhos, das visões e das fantasias, no qual se sentia mais seguro. Essa opção o orientaria para o restante de sua vida. Sempre que se via diante de um problema, buscava a solução em seus sonhos e visões.

A essência da sua teoria da personalidade foi moldada de maneira semelhante. Aos 3 anos, sonhou que estava em uma caverna. Em um sonho posterior, viu-se cavando abaixo da superfície da terra, desenterrando ossos de animais pré-históricos. Para Jung, esses sonhos representavam a direção da sua abordagem da personalidade humana. Eles o conduziram a explorar o inconsciente, que está abaixo da superfície do comportamento.

Jung foi tão fortemente guiado por essas manifestações do seu inconsciente, que intitulou sua autobiografia de *Memórias, sonhos, reflexões* (1961). Ele achava que sua abordagem da personalidade se parecia com uma confissão subjetiva; portanto, assim como o trabalho de Freud, sua teoria da personalidade era intensamente autobiográfica. Em uma palestra que deu quando tinha 50 anos, reconheceu a influência dos acontecimentos da sua vida na sua teoria.

Quando criança, Jung evitava deliberadamente outras crianças e elas também o evitavam. Um biógrafo escreveu: "Carl costumava brincar sozinho, porque os pais das crianças da cidadezinha as mantinham afastadas do estranho menininho cujos pais eram tão singulares" (Bair, 2003, p. 22). Ao descrever sua infância solitária, escreveu: "O padrão do meu relacionamento com o mundo já estava preestabelecido. Hoje, assim como naquela época, sou um solitário" (Jung, 1961, p. 41-42).

A solidão de Jung reflete-se na sua teoria, que se concentra no crescimento interno do indivíduo, e não nos seus relacionamentos com outras pessoas. A teoria freudiana, por sua vez, preocupa-se mais com as relações interpessoais, talvez porque Freud, ao contrário de Jung, não teve uma infância tão isolada e introvertida.

## O estudo da medicina

Jung não gostava da escola e se ressentia do tempo que precisava dedicar aos estudos formais, em vez de às ideias que lhe interessavam; preferia ler por conta própria, principalmente sobre questões religiosas e filosóficas. Para seu deleite, foi forçado a perder seis meses de aula porque tinha tido uma série de desmaios. Quando voltou à escola, sua presença era desestabilizadora. Os professores o mandaram para casa, porque seus companheiros de classe estavam mais interessados em "esperar que Carl desmaiasse do que em fazer seus deveres" (Bair, 2003, p. 31).

Quando ouviu seu pai dizer: "O que será desse menino se ele não conseguir ganhar a vida?", sua doença de repente desapareceu, e ele voltou à escola, empenhando-se mais do que antes (Jung, 1961, p. 31). Jung, posteriormente, escreveu que essa experiência ensinou-lhe comportamentos neuróticos; reconheceu que inconscientemente provocara a situação para não ir à escola e isso fez que sentisse raiva e vergonha.

Jung decidiu estudar medicina na Universidade de Basileia e resolveu, para a decepção de seus professores, especializar-se em psiquiatria, uma área que, na época, era pouco respeitada. Para ele, a psiquiatria lhe daria a chance de trabalhar com seu interesse pelos sonhos, pelo sobrenatural e pelo oculto.

Em 1900, trabalhou em um hospital psiquiátrico, em Zurique, dirigido por Eugen Bleuler, o psiquiatra que criou o termo *esquizofrenia*. Quando se casou com a segunda herdeira mais rica de toda a Suíça, Jung deixou o trabalho no hospital e passava seu tempo livre passeando pelos campos com seu amado Chrysler vermelho conversível. Deu também palestras na Universidade de Zurique e fundou uma clínica independente.

## Os anos com Freud

Ao se associar a Freud, em 1907, Jung já tinha criado uma boa reputação profissional. Quando Jung e Freud se encontraram pela primeira vez, tinham tanta afinidade e tanto a compartilhar, que conversaram durante 13 horas, tornando-se amigos íntimos. "Eu o adotei formalmente como um filho mais velho", Freud escreveu a Jung, "e o consagro o meu sucessor e príncipe coroado" (Freud e Jung, 1974, p. 218). Jung considerava Freud uma figura paterna. "Quero desfrutar da nossa amizade, não como uma amizade entre iguais", escreveu a Freud, "mas como uma amizade entre pai e filho" (Freud e Jung, 1974, p. 122). O relacionamento, aparentemente, continha muitos elementos do complexo de Édipo, com o desejo inevitável de o filho destruir o pai.

Além disso, o relacionamento entre eles pode ter sido marcado, e até condenado, por uma experiência sexual que Jung disse ter tido aos 18 anos. Um amigo da família, um homem mais velho que fora uma figura paterna e um confidente, fez investidas físicas sobre Jung, buscando uma relação homossexual. Sentindo repulsa e decepção, Jung rompeu o relacionamento. Anos mais tarde, quando Freud, que era quase 20 anos mais velho do que ele, tentou designá-lo como seu filho e herdeiro, Jung pode ter sentido que Freud estava, de certa maneira, impondo-se e mudando a natureza do seu relacionamento. Por sua experiência anterior, ele pode ter ficado igualmente decepcionado com Freud e se sentido incapaz de manter uma relação emocional íntima com ele.

Durante algum tempo, os dois permaneceram amigos. Jung continuou em Zurique, mas se encontrava periodicamente com Freud; eles continuavam a se corresponder com frequência. Em 1909, Jung viajou com Freud para os Estados Unidos, para dar uma palestra na Universidade Clark. Freud estava providenciando para que Jung assumisse a presidência da Associação Internacional de Psicanálise. Preocupado que esta fosse rotulada de ciência judaica (como foi chamada na era nazista), Freud queria que um não judeu assumisse a liderança oficial do movimento.

Ao contrário do que Freud esperava, Jung não era um discípulo que não criticava; ele tinha suas próprias ideias e uma visão peculiar da personalidade humana. Quando começou a expressar esses conceitos, a separação tornou-se inevitável. Eles romperam em 1913.

## O episódio neurótico de Jung[*]

Nesse mesmo ano, Jung, que estava com 38 anos, sofreu um grave episódio neurótico que durou três anos. Ele achava que corria o risco de perder o contato com a realidade e ficou tão angustiado que parou de dar aulas na Universidade de Zurique. Em certos momentos, pensou até em suicídio. Ele "mantinha um revólver perto da cama para o caso de sentir que tinha chegado ao ponto do qual não havia mais volta" (Noll, 1994, p. 207). Embora se sentisse incapaz de prosseguir com seu trabalho científico, de alguma forma ele persistiu no tratamento de seus pacientes.

---

[*] Alguns teóricos (Storr, por exemplo) consideram que foi um surto psicótico.

Durante a crise, Jung tinha sonhos e visões realistas e frequentemente violentos, envolvendo desastres em grande escala, como gelo cobrindo a terra, rios caudalosos de sangue e até a destruição de toda a civilização (Elms, 2010). Outros sonhos eram mais pessoais, mas igualmente aterrorizantes: "Jung viaja pela terra dos mortos, apaixona-se por uma mulher que depois descobre ser sua irmã, é espremido por uma serpente gigante e [...] come o fígado de uma criancinha" (Corbett, 2009, p. 5).

Durante esses anos, foi assombrado por visões de um apocalipse sangrento, carnificina e desolação generalizadas. Jung registrou meticulosamente esses sonhos em cerca de 200 páginas de escritos e desenhos elaborados no que viria a ser chamado de "O livro vermelho", porque a capa foi envolvida em couro vermelho. O diário foi mantido em segredo em um cofre de um banco suíço e não foi publicado até 2009, praticamente 50 anos após sua morte (ver Harrison, 2009). O livro teve ampla publicidade e rapidamente se tornou um sucesso internacional.

Como vimos, Freud havia sofrido um episódio neurótico com aproximadamente a mesma idade, o qual resolvera analisando os próprios sonhos, e que se tornaram a base da sua teoria da personalidade. A situação de Jung foi semelhante; ele superou o problema enfrentando seu inconsciente por meio da exploração de seus sonhos e fantasias. Embora a autoanálise de Jung tenha sido menos sistemática que a de Freud, a abordagem foi semelhante.

Do confronto com seu inconsciente, Jung elaborou sua abordagem da personalidade. "Os anos nos quais busquei as minhas imagens internas foram os mais importantes da minha vida – tudo que era essencial foi decidido neles" (Jung, 1961, p. 199). Ele concluiu que a fase mais importante no desenvolvimento da personalidade não era a infância, como Freud afirmava, mas a meia-idade, que foi a época em que teve sua própria crise.

Como Freud, Jung elaborou sua teoria com base na intuição, que era derivada das suas experiências e sonhos. Ela foi refinada por dados fornecidos por seus pacientes, seguindo linhas mais racionais e empíricas. Cerca de dois terços desses pacientes eram de meia-idade e estavam enfrentando as mesmas dificuldades que ele.

## A vida sexual de Jung

Jung, que minimizou a importância do sexo em sua teoria da personalidade, mantinha uma vida sexual vigorosa, livre de ansiedade e tinha inúmeros relacionamentos extraconjugais, um dos quais durou muitos anos e era do conhecimento de sua esposa. Vivia cercado por mulheres, pacientes e discípulas, que normalmente se apaixonavam por ele. Um biógrafo notou que isso "acontecia com todas as discípulas, cedo ou tarde, como ele costumava alertar no início do tratamento" (Noll, 1997, p. 253).

Compare a vida sexual ativa de Jung com a atitude conturbada de Freud em relação ao sexo e à interrupção de relações sexuais quando estava elaborando uma teoria que enfatizava o sexo como a causa do comportamento neurótico. "Para Jung, que satisfazia livre e frequentemente suas necessidades sexuais, o sexo tinha um papel mínimo na motivação humana. Para Freud, acossado por frustrações e ansioso em relação aos seus desejos, o sexo tinha um papel central" (Schultz, 1990, p. 148).

## Fama e comportamento esquisito

O restante da longa vida de Jung foi frutífera, tanto em termos pessoais quanto profissionais, embora alguns aspectos de seu comportamento possam ser considerados bizarros. Ele ia à cozinha todos os dias para cumprimentar os utensílios, dizendo "saudações a vocês" para as frigideiras ou "bom dia" para a cafeteira (Bair, 2003, p. 568). Ele também se preocupava desnecessariamente com dinheiro. Escondia grandes quantias dentro de livros e depois esquecia o código secreto que tinha criado para lembrar-se de quais livros continham as somas. Enchia vasos e potes de dinheiro, enterrava-os no jardim e esquecia o elaborado sistema urdido para encontrá-los. Depois de sua morte, a família recuperou grande parte do dinheiro escondido nos livros, mas é provável que o dinheiro do jardim esteja lá até hoje.

Jung e sua mulher adotaram um modo frio e formal de lidar com seus filhos. O contato físico era limitado, sem abraços nem beijos. "Quando diziam 'olá' ou 'até logo', o contato era, quando muito, um aperto de mãos" (Bair, 2003, p. 565).

Jung continuou produtivo nas pesquisas e escreveu durante a maior parte dos seus 86 anos de vida. Seus livros tornaram-se populares, e a sua psicologia analítica atraiu uma quantidade cada vez maior de seguidores. Suas ideias foram difundidas nos países de língua inglesa, em especial, nos Estados Unidos, basicamente por meio do generoso apoio financeiro das ricas e proeminentes famílias Rockfellers, McCormick e Mellon. Vários membros dessas famílias fizeram análise com Jung e em troca providenciaram a tradução e publicação dos seus livros em inglês. É interessante especular se as obras de Jung poderiam ter continuado pouco conhecidas e inacessíveis a comunidades que não fossem de língua alemã sem a ajuda deles (Noll, 1997).

# Energia psíquica: a base do sistema de Jung

Um dos primeiros pontos sobre os quais Jung discordou de Freud foi quanto à natureza da libido. Jung não concordava que a libido era basicamente uma energia sexual; para ele, tratava-se de uma energia de vida ampla e indiferenciada.

Jung utilizou o termo **libido** de duas maneiras: primeiro, como uma energia de vida difusa e geral e, depois, baseando-se em uma perspectiva semelhante à de Freud, como uma energia psíquica mais restrita que alimenta o trabalho da personalidade, que ele chamou de **psique**. É por meio da energia psíquica que as atividades psicológicas, como a percepção, o raciocínio, os sentimentos e os desejos, são executadas.

**Libido**
Para Jung, uma forma mais ampla e generalizada de energia psíquica.

**Psique**
Termo utilizado por Jung para personalidade.

Quando uma pessoa investe grande quantidade de energia psíquica em uma ideia ou sentimento em particular, diz-se que ela tem um alto valor psíquico e pode influenciar muito a vida da pessoa. Por exemplo, se você estiver extremamente motivado a obter poder, dedicará a maior parte da sua energia psíquica a criar maneiras de obtê-lo.

## Princípios da energia psíquica

Jung baseou-se em ideias da física para explicar o funcionamento da energia psíquica e propôs três princípios básicos: dos opostos, da equivalência e da entropia (Jung, 1928). O **princípio dos opostos** é encontrado em todo o sistema junguiano. Ele observou a existência de opostos ou polaridades na energia física do universo, como calor *versus* frio, altura *versus* profundidade, criação *versus* decomposição. Segundo ele, o mesmo acontece com a energia psíquica. Todo desejo ou sensação tem seu oposto. Essa oposição ou antítese – esse conflito entre as polaridades – é o principal motivador do comportamento e gerador de energia. Na verdade, quanto maior o conflito entre as polaridades, maior será a energia produzida.

**Princípio da oposição**
Conceito de Jung de que o conflito entre tendências ou processos opostos é necessário para a geração de energia psíquica.

Para seu **princípio da equivalência**, Jung aplicou o princípio físico da conservação da energia a eventos psíquicos; afirmou que a energia gasta para trazer à tona um problema não é perdida, mas sim transferida para outra parte da personalidade. Portanto, se o valor psíquico em determinada área enfraquece ou desaparece, essa energia é transferida para outra parte da psique. Por exemplo, se perdemos o interesse em

**Princípio da equivalência**
Redistribuição contínua da energia dentro de uma personalidade. Se a energia gasta em certas condições ou atividades enfraquece ou desaparece, ela é transferida para outro lugar na personalidade.

uma pessoa, um *hobby* ou uma área de estudo, a energia psíquica investida anteriormente nessa área é transferida para uma nova. A energia psíquica utilizada para atividades conscientes enquanto estamos acordados é transferida para os sonhos quando dormimos.

A palavra *equivalência* dá a entender que a nova área para a qual a energia foi transferida deve ter o mesmo valor psíquico, isto é, ser igualmente desejável, atraente ou fascinante; caso contrário, a energia excedente fluirá para o inconsciente. Independente da direção ou da forma como a energia flui, o princípio de equivalência determina que a energia é constantemente redistribuída dentro da personalidade.

> **Princípio da entropia**
> Uma tendência ao equilíbrio dentro da personalidade. O ideal é uma distribuição igual da energia psíquica por todas as estruturas da personalidade.

Na física, o **princípio da entropia** refere-se à uniformização de diferenças na energia. Por exemplo, se um objeto quente e outro frio forem colocados em contato direto, o calor fluirá do objeto mais quente para o mais frio até eles atingirem o equilíbrio sob a mesma temperatura. Realmente, ocorre uma troca de energia, o que resulta um tipo de equilíbrio homeostático entre os objetos.

Jung aplicou essa lei à energia psíquica, propondo que há uma tendência de manter o equilíbrio na personalidade. Se dois desejos ou crenças diferirem muito em intensidade ou valor psíquico, a energia fluirá do mais forte para o mais fraco. Idealmente, a personalidade tem uma distribuição igual de energia psíquica por todos os seus aspectos, mas esse estado ideal nunca é atingido. Se o equilíbrio perfeito fosse alcançado, a personalidade não teria energia psíquica, porque, como observamos anteriormente, o princípio da oposição requer conflito para que a energia psíquica seja produzida.

## Aspectos da personalidade

Jung acreditava que a personalidade total, ou psique, era composta de vários sistemas ou aspectos diferentes, que podem influenciar uns aos outros.

### O ego

> **Ego**
> Para Jung, o aspecto consciente da personalidade.

O **ego** é o centro da consciência, é a parte da psique preocupada com a percepção, o raciocínio, as sensações e as lembranças. É a consciência que temos de nós mesmos e é responsável pela execução de todas as atividades normais da vida cotidiana quando estamos acordados; o ego age de maneira seletiva, admitindo na consciência apenas parte dos estímulos aos quais somos expostos.

### As atitudes: extroversão e introversão

> **Extroversão**
> Uma atitude da psique caracterizada por uma orientação para o mundo exterior e para outras pessoas.
>
> **Introversão**
> Uma atitude da psique caracterizada por uma orientação para as ideias e sensações da própria pessoa

Grande parte da nossa percepção consciente do ambiente e como reagimos a ele é determinada por atitudes mentais opostas de **extroversão** e **introversão**. Jung achava que a energia psíquica pode ser canalizada externamente, para o mundo exterior, ou internamente, para o *self*. As pessoas extrovertidas são abertas, sociáveis e socialmente assertivas, voltadas para as outras pessoas e para o mundo externo. As introvertidas são tímidas e tendem a se concentrar em si mesmas, em seus pensamentos e sentimentos.

Segundo Jung, todos têm capacidade para ambas as atitudes, mas somente uma predomina na personalidade. A atitude predominante, então, tende a direcionar o comportamento e a consciência da pessoa. No entanto, a não predominante continua influente e se torna parte do inconsciente pessoal, e aí ela pode afetar o comportamento. Por exemplo, em determinadas situações, uma pessoa introvertida pode apresentar características de extroversão, desejar ser mais extrovertida ou se sentir atraída por uma pessoa extrovertida.

## As funções psicológicas

Quando Jung reconheceu que havia tipos diferentes de extrovertidos e introvertidos, propôs distinções adicionais entre as pessoas com base no que ele chamava de funções psicológicas, as quais se referem a formas diferentes e opostas de perceber tanto o mundo externo real quanto o nosso mundo interno subjetivo. Jung postulou quatro funções da psique: sensação, intuição, pensamento e sentimento (Jung, 1927).

As funções sensação e intuição foram agrupadas como não racionais, pois não utilizam os processos da razão. Ambas constatam as experiências mas não as avaliam. A sensação reproduz uma experiência por meio dos sentidos, da mesma forma que uma fotografia copia um objeto. A intuição não surge diretamente de um estímulo externo. Por exemplo, se acreditamos que há outra pessoa conosco em um quarto escuro, essa convicção pode estar baseada em nossa intuição ou em um palpite, e não em uma experiência sensorial real.

A segunda dupla de funções opostas, pensamento e sentimento, são funções racionais, que envolvem julgar e avaliar nossas experiências. Embora as funções de pensamento e sentimento sejam opostas, ambas tratam da organização e da classificação de experiências. A função de pensamento envolve julgar conscientemente se uma experiência é verdadeira ou falsa. O tipo de avaliação feita pela função de sentimento é expressa em termos de gostar ou não, agradar ou desagradar, estimular ou entorpecer.

Como a nossa psique contém ambas as atitudes de extroversão e introversão, temos capacidade para as quatro funções psicológicas. Da mesma forma que temos só uma atitude dominante, apenas uma função predomina, ficando as outras submersas no inconsciente pessoal. Além disso, apenas um par de funções predomina – racional ou irracional – e, dentro de cada par, só uma função é predominante. Uma pessoa não pode ser regida pelo pensamento e pelo sentimento ou pela sensação e pela intuição, pois elas são funções opostas.

## Os tipos psicológicos

Jung propôs oito **tipos psicológicos** com base nas interações das duas atitudes e das quatro funções (ver Quadro 3.1).

O tipo *pensamento extrovertido* vive estritamente de acordo com as regras da sociedade, tende a reprimir os sentimentos e as emoções, ser objetivo em todos os aspectos da vida e ser dogmático em suas ideias e opiniões, podendo ser considerado rígido e frio. As pessoas desse tipo tendem a ser bons cientistas, porque se concentram em adquirir conhecimento sobre o mundo exterior e utilizar regras lógicas para descrevê-lo e entendê-lo.

**Tipos psicológicos**
Para Jung, há oito tipos de personalidade com base nas interações das atitudes (introversão e extroversão) e das funções (pensamento, sentimento, intuição e sensação).

O tipo *sentimento extrovertido* tende a reprimir o modo pensamento e ser extremamente emotivo. Ele respeita os valores tradicionais e os códigos morais que lhes foram ensinados, é imensamente sensível às opiniões e expectativas dos outros, é compassivo e faz amigos facilmente, além de tender a ser sociável e vivaz. Para Jung, esse tipo é encontrado com mais frequência em mulheres do que em homens.

O tipo *sensação extrovertida* concentra-se no prazer, na felicidade e na busca de novas experiências. São pessoas muito voltadas para o mundo real e se adaptam a tipos de pessoas diferentes e situações mutáveis. Como não são dadas à introspecção, tendem a ser extrovertidas, com grande capacidade de aproveitar a vida.

**QUADRO 3.1** ▪ Os tipos psicológicos de Jung

| | |
|---|---|
| Pensamento extrovertido | Lógico, objetivo, dogmático. |
| Sentimento extrovertido | Emotivo, sensível, sociável; mais típico de mulheres do que de homens. |
| Sensação extrovertida | Extrovertido, busca o prazer, adaptável. |
| Intuição extrovertida | Criativo, capaz de motivar os outros e aproveitar oportunidades. |
| Pensamento introvertido | Mais interessado em ideias do que nas pessoas. |
| Sentimento introvertido | Reservado, não demonstra, emoções profundas, mas é capaz de tê-las. |
| Sensação introvertida | Sem interesse pelo exterior, expressa-se em buscas estéticas. |
| Intuição introvertida | Mais preocupado com o inconsciente do que com a realidade cotidiana. |

O tipo *intuição extrovertida* encontra o sucesso nos negócios e na política dada sua grande habilidade de explorar oportunidades. Essas pessoas sentem-se atraídas por novas ideias e tendem a ser criativas; elas conseguem inspirar os outros a realizar e a conquistar e também tendem a ser volúveis, mudando de ideia ou aventurando-se de uma ideia para outra, e a tomar decisões baseando-se mais em palpites do que em reflexão. Suas decisões, no entanto, costumam ser corretas.

O tipo *pensamento introvertido* não se dá bem com outras pessoas e tem dificuldade em transmitir ideias. Essas pessoas concentram-se mais no raciocínio do que nos sentimentos e não têm senso prático bom. Extremamente preocupadas com a privacidade, preferem lidar com abstrações e teorias e se concentram mais em entender a si próprias do que a outras pessoas. Os outros as consideram teimosas, indiferentes, arrogantes e sem consideração.

O tipo *sentimento introvertido* reprime o pensamento racional. Essas pessoas são capazes de emoções profundas, mas evitam qualquer manifestação externa delas. Elas parecem misteriosas, inacessíveis, tendem a ser quietas, modestas e infantis; têm pouca consideração pelos sentimentos e ideias dos outros e parecem tímidas, frias e autoconfiantes.

Age Fotostock/Superstock

Os extrovertidos canalizam a libido para o exterior.

O tipo *sensação introvertida* parece passivo, calmo e desligado do mundo cotidiano. Essas pessoas encaram a maioria das atividades humanas com benevolência e deleite. Elas são esteticamente sensíveis, expressando-se na arte ou na música, e tendem a reprimir sua intuição.

O tipo *intuição introvertida* concentra-se intensamente na intuição; são pessoas que têm pouco contato com a realidade, são visionárias e utopistas – indiferentes, não se preocupam com assuntos práticos e são pouco compreendidas pelos outros. Consideradas estranhas e excêntricas, elas têm dificuldade em lidar com a vida diária e fazer planejamentos para o futuro.

## O inconsciente pessoal

O **inconsciente pessoal** no sistema de Jung é semelhante ao conceito de pré-consciente de Freud. É um reservatório de material que já foi consciente, mas que foi esquecido ou reprimido por ser insignificante ou perturbador. Há um considerável tráfego de mão dupla entre o ego e o inconsciente pessoal. Por exemplo: a nossa atenção pode se desviar desta página impressa para a lembrança de algo que fizemos ontem. Todos os tipos de experiências estão armazenados no inconsciente pessoal, que pode ser comparado a um arquivo. É preciso pouco esforço mental para tirar alguma coisa desse arquivo, examinar por algum tempo e colocar de volta, onde essa coisa ficará até a próxima vez que a quisermos ou que nos lembrarmos dela.

> **Inconsciente pessoal**
> O reservatório de material que já foi consciente, mas que foi esquecido ou reprimido.

## Complexos

À medida que vamos arquivando cada vez mais experiências em nosso inconsciente pessoal, começamos a agrupá-las no que Jung chamava de **complexos**. Um complexo é um centro ou padrão de emoções, lembranças, percepções e desejos no inconsciente pessoal, organizado em torno de um tema comum. Por exemplo, podemos dizer que uma pessoa tem um complexo de poder ou *status*, significando que está preocupada com esse tema a ponto de ele influenciar seu comportamento. Ela pode tentar tornar-se poderosa, concorrendo a um cargo público, ou pode identificar-se com o poder dirigindo uma motocicleta ou um carro veloz. Direcionando as ideias e os comportamentos de várias maneiras, o complexo determina como a pessoa percebe o mundo.

> **Complexo**
> Para Jung, um centro ou padrão de emoções, lembranças, percepções e desejos no inconsciente pessoal, organizado em torno de um tema comum, como poder ou *status*.

Os complexos podem ser conscientes ou inconscientes. Aqueles que não estão sob o controle do consciente podem introduzir-se e interferir na consciência. A pessoa que tem um complexo geralmente não tem consciência dessa influência, embora seus efeitos possam ser facilmente observados por outras pessoas.

Alguns complexos podem ser perniciosos, enquanto outros, úteis. Por exemplo, um complexo de perfeição ou realização pode levar uma pessoa a se empenhar arduamente na exploração de determinados talentos ou habilidades. Jung achava que os complexos provinham não só da nossa infância e das nossas experiências como adultos, mas também de nossas experiências ancestrais, a herança das espécies contida no inconsciente coletivo.

## O inconsciente coletivo

O nível mais profundo e menos acessível da psique, o **inconsciente coletivo,** é o aspecto mais singular e polêmico do sistema de Jung. Ele acreditava que, assim como cada um de nós acumula e arquiva todas as nossas experiências pessoais no inconsciente pessoal, a humanidade faz o mesmo, coletivamente, como espécie, armazenando

> **Inconsciente coletivo**
> O nível mais profundo da psique, que contém o acúmulo de experiências herdadas de espécies humanas e pré-humanas

experiências de todos os ancestrais humanos e pré-humanos no inconsciente coletivo. Essa ascendência é transmitida a cada nova geração.

Todas as experiências que sejam universais – aquelas que são repetidas de forma praticamente inalteradas por todas as gerações – tornam-se parte da nossa personalidade. O nosso passado primitivo é a base da psique humana, dirigindo e influenciando o comportamento presente. Para Jung, o inconsciente coletivo era o repositório de experiências ancestrais poderosas e controladoras. Consequentemente, Jung ligava a personalidade de cada pessoa ao passado, não só à infância, mas também à história da espécie.

Não herdamos essas experiências coletivas diretamente. Por exemplo, não herdamos o medo de cobras, mas sim o potencial para temê-las. Estamos predispostos a nos comportar e sentir da maneira como as pessoas sempre se comportaram e sentiram, mas o fato de essa predisposição se tornar ou não realidade depende das experiências específicas com as quais nos deparamos na vida.

Para Jung, determinadas experiências básicas caracterizaram todas as gerações na história da humanidade. As pessoas sempre tiveram uma figura materna, vivenciaram nascimentos e mortes, enfrentaram terrores desconhecidos no escuro, idolatraram o poder ou algum tipo de figura divina e temeram um ser malvado. A universalidade dessas experiências em inúmeras gerações deixa uma marca em cada um de nós quando nascemos e determina a maneira como percebemos e reagimos ao nosso mundo. Jung escreveu: "A forma do mundo no qual uma pessoa nasce já é inerente nela, como uma imagem virtual" (Jung, 1953, p. 188).

Um bebê nasce predisposto a perceber a mãe de uma certa maneira. Se a mãe comporta-se da forma como as mães normalmente se comportam, alimentando e apoiando-o, a predisposição do bebê corresponde a essa realidade.

Como o inconsciente coletivo é um conceito muito singular, é importante observar o motivo pelo qual Jung o propôs e o tipo de provas que ele coletou para corroborá-lo. Em seus estudos sobre culturas antigas, tanto míticas quanto reais, Jung descobriu aquilo que acreditou serem temas e símbolos comuns, que apareciam em várias partes do mundo. Até onde ele podia determinar, essas ideias não haviam sido transmitidas ou comunicadas oralmente ou por escrito de uma cultura para outra.

Além disso, seus pacientes, em seus sonhos e fantasias, lembravam-se e descreviam os mesmos tipos de símbolos que ele havia descoberto nas culturas antigas. Ele não conseguiu encontrar outra explicação para esses símbolos e temas compartilhados em distâncias geográficas e temporais tão vastas a não ser que eles tenham sido transmitidos e inseridos no inconsciente de cada pessoa.

## Arquétipos

**Arquétipos**
Imagens de experiências universais contidas no inconsciente coletivo.

As experiências antigas contidas no inconsciente coletivo manifestam-se por temas ou padrões recorrentes, que Jung chamou de **arquétipos** (Jung, 1947). Ele também utilizou o termo *imagens primordiais*. Existem muitas dessas imagens de experiências universais, tantas quanto experiências humanas que são comuns a todos. Ao serem repetidos na vida de várias gerações subsequentes, os arquétipos são gravados em nossa psique e expressos em nossos sonhos e fantasias.

Entre os muitos arquétipos propostos por Jung estão o herói, a mãe, a criança, Deus, morte, poder e o velho sábio. Alguns destes são mais desenvolvidos do que outros e influenciam a psique mais consistentemente. Entre esses arquétipos estão a *persona*, a *anima* e o *animus*, a sombra e o *self*.

**Arquétipo da *persona***
A face pública ou papel que a pessoa apresenta para os outros.

**A *persona*.** A palavra *persona* refere-se a uma máscara utilizada por atores para representar vários papéis ou expressões para o público. Jung utilizou o termo basicamente com o mesmo significado. O **arquétipo da *persona*** é uma máscara, a face pública que usamos para nos apresentar como alguém diferente de quem realmente somos. Ele achava que a *persona* é necessária porque somos forçados a representar vários papéis na vida para nos sairmos bem na escola e no trabalho e para nos darmos bem com uma série de pessoas.

Em uma personalidade totalmente desenvolvida, uma pessoa vai expressar comportamentos considerados característicos do sexo oposto.

Zero Creatives/Cultura/Corbis

Embora possa ser útil, a *persona* pode também ser perniciosa se acreditarmos que ela reflete a nossa verdadeira natureza. Em vez de fazer meramente um papel, podemos nos tornar aquele papel e, consequentemente, outros aspectos da nossa personalidade não conseguirão se desenvolver. Quando isso acontece, o ego pode se identificar com a *persona*, e não com a verdadeira natureza da pessoa, resultando uma condição conhecida como inflação da *persona*. Se a pessoa representa um papel ou passa a acreditar nele, ela está recorrendo à ilusão. No primeiro exemplo, a pessoa está enganando os outros; e, no segundo, enganando a si mesma.

***Anima* e *animus*.** Os arquétipos *anima* e *animus* referem-se ao reconhecimento, por parte de Jung, de que os humanos são essencialmente bissexuais. Biologicamente, cada sexo secreta os hormônios do seu sexo e do sexo oposto. Psicologicamente, cada sexo manifesta características, temperamentos e atitudes do outro sexo em razão de séculos de convivência. A psique da mulher contém aspectos masculinos (o **arquétipo *animus***), e a psique do homem contém aspectos femininos (o **arquétipo *anima***) (Ver Figura 3.1).

> **Arquétipo *anima*; arquétipo *animus***
> Aspectos femininos da psique masculina; aspectos masculinos da psique feminina.

Essas características do sexo oposto ajudam no ajuste e na sobrevivência da espécie, porque permitem que uma pessoa de um sexo entenda a natureza do outro sexo. Os arquétipos nos predispõem a gostar de certas características do sexo oposto e guiam nosso comportamento em relação a ele.

Jung insistiu que tanto a *anima* quanto o *animus* têm de ser expressos. Um homem precisa mostrar suas características femininas e masculinas, e uma mulher tem de expressar suas características masculinas e femininas. Caso contrário, esses aspectos vitais ficarão latentes e subdesenvolvidos, levando a uma unilateralidade da personalidade.

**A sombra,** O arquétipo mais poderoso recebeu o nome sinistro e misterioso de **sombra**, que contém os instintos animais básicos e primitivos e, portanto, tem as raízes mais profundas de todos os arquétipos. Os comportamentos que a sociedade considera maldosos e imorais residem na sombra, e esse lado obscuro da natureza humana deve ser do-

> **Arquétipo da sombra**
> O lado obscuro da personalidade; o arquétipo que contém instintos animais primitivos.

FIGURA 3.1 ▪ O símbolo Yin-Yang ilustra os dados complementares da nossa natureza. O lado direito, escuro, representa os aspectos femininos (o arquétipo *anima*), e o lado esquerdo, claro, representa os aspectos masculinos (o arquétipo *animus*). O ponto de cor oposta em cada uma das partes indica a expressão das características do arquétipo oposto.

mado se as pessoas quiserem conviver harmoniosamente. Temos de restringir, superar e nos defender o tempo todo desses impulsos primitivos. Se não o fizermos, a sociedade provavelmente nos punirá.

No entanto, enfrentamos um dilema, porque a sombra não é apenas a fonte do mal, mas é também a fonte da vitalidade, da espontaneidade, da criatividade e da emoção. Portanto, se ela for totalmente reprimida, a psique se tornará sombria e sem vida. É função do ego reprimir suficientemente os instintos animais para sermos considerados civilizados e, ao mesmo tempo, permitir uma expressão suficiente dos instintos para fornecer criatividade e vigor.

Se a sombra for totalmente suprimida, não só a personalidade se tornará superficial, mas também a pessoa ficará sujeita à possibilidade de a sombra se revoltar. Os instintos animais não desaparecem quando são reprimidos; eles ficam latentes, esperando uma crise ou uma fraqueza do ego para obter controle. Quando isso ocorre, a pessoa passa a ser dominada pelo inconsciente, o que não é bom.

**Arquétipo do *self***
Para Jung, o arquétipo que representa a unidade, a integração e a harmonia da personalidade total.

**O *self*.** O **arquétipo do *self*** representa a unidade, a integração e a harmonia da personalidade total. Para Jung, a luta pela integridade é a meta primordial da vida. Este arquétipo envolve a reunião e o equilíbrio de todas as partes da personalidade. Já observamos o princípio junguiano dos opostos e a importância das polaridades para a psique. Neste arquétipo, os processos opostos do consciente e do inconsciente precisam ser assimilados para que o *self*, que é o centro da personalidade, se desloque do ego para um ponto de equilíbrio no meio do caminho entre as forças opostas do consciente e inconsciente. Como resultado, o material do inconsciente passa a ter maior influência sobre a personalidade.

A realização total do *self* está no futuro. É uma meta, ou seja, algo para se buscar, mas que raramente é alcançado. O *self* serve de fonte motivadora, empurrando para a frente, em vez de nos puxar para trás (como ocorre com as nossas experiências passadas).

O *self* não pode começar a emergir enquanto todos os outros sistemas da psique não tiverem se desenvolvido, o que ocorre por volta da meia-idade, um período de transição crucial no sistema de Jung, como foi na sua própria vida. A realização do *self* envolve metas e planos para o futuro e uma percepção das próprias habilidades. Como o desenvolvimento do *self* é impossível sem o autoconhecimento, é o processo mais difícil com que nos deparamos e requer persistência, perceptividade e sabedoria.

# O desenvolvimento da personalidade

Jung acreditava que a personalidade era determinada pelo que esperamos ser, pelo que fomos e pelo que aconteceu conosco. Ele criticou Freud por enfatizar somente os eventos passados como formadores da personalidade, excluindo o futuro. Jung acreditava que nos desenvolvemos e crescemos independente da idade e estamos sempre indo para um grau mais completo de realização do *self* (ver Quadro 3.2).

Jung analisou a personalidade em um período mais longo do que Freud, que se concentrou nos primeiros anos de vida e previu pouco desenvolvimento depois dos 5 anos. Jung não postulou etapas

---

**QUADRO 3.2** ▪ As etapas de desenvolvimento de Jung

| | |
|---|---|
| Infância | O desenvolvimento do ego começa quando a criança consegue diferenciar-se dos outros. |
| Da puberdade à idade adulta | Os adolescentes têm de se adaptar às demandas cada vez maiores da realidade. O foco é externo, na educação, carreira e família. O consciente predomina. |
| Meia-idade | Um período de transição, quando o foco da personalidade muda de externo para interno em uma tentativa de equilibrar o inconsciente com o consciente. |

---

sequenciais de crescimento tão detalhadamente quanto Freud, mas escreveu sobre dois períodos gerais no processo geral de desenvolvimento (Jung, 1930).

## Da infância ao início da idade adulta

O ego começa a se desenvolver no início da infância, primeiro de maneira primitiva, porque a criança ainda não formou uma identidade peculiar. Aquilo que poderia ser chamado de personalidade da criança é, nessa fase, pouco mais que um reflexo da personalidade dos pais, os quais, evidentemente, exercem uma grande influência na formação da personalidade dela. Eles podem ampliar ou impedir o desenvolvimento da personalidade, dependendo da maneira como se comportam em relação à criança.

Os pais podem tentar impor sua própria personalidade à criança, desejando que ela seja uma extensão de si mesmos, ou podem esperar que o filho desenvolva uma personalidade diferente da sua, como forma de buscar uma compensação indireta pelas suas próprias deficiências. O ego só começa a se formar substancialmente quando as crianças começam a se diferenciar das outras pessoas ou dos objetos do seu mundo. Em outras palavras, a consciência forma-se quando a criança consegue dizer "eu".

É só na puberdade que a psique assume uma forma e um conteúdo diferentes. Esse período, que Jung chamava de nosso nascimento psíquico, é marcado por dificuldades e pela necessidade de se adaptar. As fantasias infantis têm de terminar quando o adolescente se depara com as demandas da realidade. Da adolescência até o início da idade adulta, preocupamo-nos com atividades preparatórias, como concluir a nossa educação, iniciar uma carreira, casar e formar uma família.

Nesses anos, o nosso foco é externo, o consciente predomina e, geralmente, a nossa atitude consciente principal é de extroversão. O objetivo da vida é atingir as nossas metas e criar uma posição segura e bem-sucedida para nós mesmos no mundo. Portanto, o início da idade adulta será um período emocionante e de desafios, repleto de novos horizontes e realizações.

## Meia-idade

Jung acreditava que as grandes mudanças de personalidade ocorrem entre 35 e 40 anos. Essa fase da meia-idade foi um período de crise pessoal para Jung e para vários de seus pacientes. Nessa época, os problemas de adaptação do início da idade adulta normalmente já foram resolvidos. A típica pessoa de 40 anos está estabelecida em uma carreira, em um casamento e em uma comunidade. Jung perguntou por que, quando alcançam o sucesso, tantas pessoas, ao envelhecer, são acometidas pelo desespero e pela sensação de não terem valor? Seus pacientes lhe diziam basicamente a mesma coisa: se sentiam vazios; que a aventura, a emoção e o prazer haviam desaparecido; que a vida tinha perdido seu significado.

A meia-idade é um período de transição, no qual o foco e os interesses da pessoa mudam.

Quanto mais Jung analisava este período, mais acreditava que essas mudanças drásticas na personalidade eram inevitáveis e universais. A meia-idade é um período natural de transição, no qual a personalidade supostamente passa por mudanças necessárias e benéficas. Ironicamente, tais mudanças ocorrem porque essas pessoas de meia-idade foram muito bem-sucedidas em sua tarefa de atender às demandas da vida. Elas investiram muita energia nas atividades preparatórias da primeira metade da vida, mas aos 40 anos essa preparação já terminou e os desafios foram vencidos. Embora ainda tenham uma energia considerável, essa energia não tem nenhum lugar para onde ir, e, para Jung, precisaria ser recanalizada para atividades e interesses diferentes.

Jung observou que na primeira metade da vida temos de nos concentrar no mundo objetivo da realidade – educação, carreira e família. Em comparação, a segunda tem de ser dedicada ao mundo interior, subjetivo, que até agora tinha sido negligenciado. A atitude da personalidade deve mudar de extroversão para introversão. O foco sobre o consciente precisa ser abrandado por uma consciência do inconsciente. Os nossos interesses devem mudar do físico e do material para o espiritual, o filosófico e o intuitivo. Um equilíbrio de todas as facetas da personalidade tem de substituir o foco anterior exclusivo no inconsciente.

Portanto, na meia-idade, temos de começar o processo de realização ou de atualização do *self*. Se formos bem-sucedidos na tarefa de integrar o inconsciente com o consciente, estaremos em condições de atingir um novo nível de saúde psicológica positiva, que Jung chamava de individuação.

**Individuação**
Estado de saúde psicológica resultante da integração de todas as facetas conscientes e inconscientes da personalidade.

## Individuação: como alcançar a plenitude

Em uma explicação simples, **individuação**\* envolve tornar-se um indivíduo, explorar nossa capacidade ao máximo e desenvolver o *self*. A tendência à individuação é inata e inevitável, mas será ajudada ou obstruída por forças ambientais, como as oportunidades educacionais

---

\* Para este conceito, a palavra mais adequada é "individuação", e não "individualização", como às vezes é usado. Jung queria ressaltar o processo de integração dos opostos, o não dividir-se (indivíduo).

e econômicas e a natureza do relacionamento pais-filho. Existem vários estágios ou etapas pelos quais devemos passar antes de alcançar o ideal de autorrealização de Jung.

**Confrontar o inconsciente.** Para lutar pela individuação, as pessoas de meia-idade devem abandonar os comportamentos e os valores que regeram a primeira metade da vida e enfrentar o seu inconsciente, trazendo-o para a consciência e aceitando o que ele lhes diz para fazer. Elas precisam ouvir seus sonhos, seguir suas fantasias, exercendo imaginação criativa por meio do ato de escrever, pintar ou outra forma de expressão, e se deixar guiar não pelo pensamento racional que lhes comandava anteriormente, mas pelo fluxo espontâneo do inconsciente. Só dessa forma o verdadeiro *self* pode ser revelado.

Jung advertiu que admitir forças inconscientes na ciência consciente não significa ser dominado por elas. Essas forças devem ser assimiladas e equilibradas com o consciente. A essa altura da vida, nenhum aspecto específico da personalidade deve predominar. Uma pessoa de meia-idade emocionalmente saudável não é mais regida pelo consciente ou pelo inconsciente, por uma atitude ou função específica ou por qualquer um dos arquétipos. Todos são combinados em um equilíbrio harmonioso quando se atinge a individuação.

**Tirar a *persona* do poder.** É de especial importância no processo de individuação da meia-idade a mudança da natureza dos arquétipos. A primeira mudança envolve o destronamento da *persona*. Embora tenhamos de continuar a desempenhar vários papéis sociais se quisermos interagir no mundo real e nos darmos bem com vários tipos de pessoas, é necessário reconhecer que a nossa personalidade pública pode não representar a nossa verdadeira natureza. Além disso, temos de aceitar o *self* genuíno que a *persona* vinha encobrindo.

**Aceitar seu lado obscuro.** Depois, devemos estar cientes das forças destrutivas da sombra e reconhecer o lado obscuro da nossa natureza, com os seus impulsos primitivos, como o egoísmo. Isso não significa nos sujeitar a eles ou permitir que nos dominem, mas simplesmente aceitar sua existência. Na primeira metade de nossa vida, utilizamos a *persona* para nos proteger contra esse lado obscuro, querendo que as pessoas vejam somente as nossas qualidades, mas ao ocultar as forças da nossa sombra por causa dos outros, nós as ocultamos de nós mesmos. Isso tem de mudar como parte do processo do aprendizado sobre nós. Uma consciência maior dos aspectos destrutivos e construtivos da sombra dará à personalidade uma dimensão mais profunda e completa, porque as tendências da sombra dão sabor, espontaneidade e vitalidade à vida.

Mais uma vez, vemos este tema central no processo de individuação de Jung – o de que precisamos harmonizar cada um dos aspectos da nossa personalidade com todos os outros. A consciência apenas do lado bom da nossa personalidade produz um desenvolvimento unilateral desta. Assim como os outros componentes opostos da personalidade, ambos os lados dessa dimensão têm de ser expressos para conseguirmos a individuação.

**Aceitar nosso *anima* e *animus*** Precisamos também nos conciliar com a nossa bissexualidade psicológica. Um homem precisa ser capaz de expressar seu arquétipo *anima* ou traços tradicionalmente femininos, como a ternura, e uma mulher precisa expressar seu *animus* ou traços tradicionalmente masculinos, como a assertividade. Jung achava que esse reconhecimento das características do sexo oposto era a etapa mais difícil no processo de individuação, porque representa a maior mudança em nossa autoimagem. Aceitar as qualidades emocionais de ambos os sexos abre novas fontes de criatividade e serve de liberação final das influências dos pais.

**Transcender** Quando as estruturas da psique são individuadas e reconhecidas, é possível que a próxima etapa do desenvolvimento ocorra. Jung referia-se a isso como transcendência, uma tendência inata para a unidade ou inteireza na personalidade, unindo todos os aspectos opostos dentro da psique. Fatores ambientais, como um casamento insatisfatório ou um trabalho frustrante, podem inibir o processo de transcendência e impedir a autorrealização total.

## Questões sobre a natureza humana

A imagem junguiana da natureza humana é bem diferente da de Freud. Jung não tinha uma visão tão determinista, mas concordava que a personalidade poderia ser ao menos parcialmente determinada por experiências da infância e pelos arquétipos. No entanto, em seu sistema há amplo espaço para o livre-arbítrio e a espontaneidade, esta última surgindo do arquétipo da sombra.

Em relação à questão natureza-criação, Jung assumiu uma posição mista. O impulso para a individuação e a transcendência é inato, mas pode ser auxiliado ou contrariado pela aprendizagem e experiência. A meta fundamental e necessária da nossa vida é a realização do *self*. Embora ela raramente seja atingida, estamos continuamente motivados a lutar por isso.

Jung discordava de Freud quanto à importância das experiências da infância. Para Jung, elas eram influentes, mas não moldavam totalmente a nossa personalidade até a idade de 5 anos. Somos mais afetados pelas nossas experiências na meia-idade e pelas nossas esperanças e expectativas para o futuro.

Cada indivíduo é único, na visão de Jung, mas somente na primeira metade da vida. Quando fazemos algum progresso em termos da individuação na meia-idade, desenvolvemos o que Jung chamou de um tipo universal de personalidade, no qual nenhum aspecto predomina. Consequentemente, a singularidade desaparece e não podemos mais ser descritos como de um ou de outro tipo psicológico específico.

Jung apresentava uma imagem mais positiva e esperançosa da natureza humana do que Freud, e seu otimismo fica aparente em sua visão do desenvolvimento da personalidade. Somos motivados a crescer e a nos desenvolver, melhorar e ampliar o nosso *self*. A evolução não termina na infância, como pressupunha Freud, mas continua durante toda a vida. Sempre temos a esperança de melhorar. Jung argumentou que a espécie humana também continua melhorando. As gerações presentes representam um avanço considerável em relação aos nossos ancestrais primitivos.

Apesar de seu otimismo básico, Jung expressou preocupação com o perigo que, em sua opinião, a cultura ocidental apresentava, ao qual ele se referiu como doença da dissociação. Ao enfatizar excessivamente o materialismo, a razão e a ciência empírica, corremos o perigo de não reconhecer as forças do inconsciente. Ele relatou que não devemos abandonar a nossa confiança nos arquétipos formadores da nossa ascendência. Portanto, a esperança de Jung em relação à natureza humana era do tipo vigilante e alerta.

## A avaliação na teoria de Jung

As técnicas de Jung para avaliar o funcionamento da psique baseavam-se na ciência e no sobrenatural, o que resultou uma abordagem ao mesmo tempo objetiva e mística. Ele investigou uma série de culturas e eras, estudando seus símbolos, mitos, religiões e rituais. Elaborou sua teoria da personalidade com base em fantasias e sonhos de seus pacientes (bem como em seus próprios) e em suas explorações de línguas antigas, alquimia e astrologia. No entanto, o trabalho que primeiro chamou a atenção dos psicólogos para Jung nos Estados Unidos envolvia avaliações empíricas e fisiológicas. Suas técnicas eram uma mistura não ortodoxa de opostos, o que não é de admirar para uma teoria baseada no princípio da oposição.

### Avaliação dos pacientes por Jung

As sessões de Jung com pacientes eram fora do comum, até caóticas. Eles não se deitavam no divã. "Eu não quero colocar o paciente para dormir", dizia ele. Em geral, Jung e o paciente sentavam-se em cadeiras confortáveis, uma de frente para a outra, embora às vezes ele ficasse de frente para uma janela para poder observar o lago perto de sua casa. De vez em quando, levava pacientes a bordo do seu veleiro.

Um paciente recordou que

> *[ele] caminhava para a frente e para trás, gesticulando enquanto falava, quer se tratasse de um problema humano, um sonho, uma reminiscência pessoal, uma história alegórica ou uma brincadeira. No entanto, podia se tornar silencioso, sério e extremamente subjetivo, sentando-se quase perto demais para oferecer conforto, e então fazia uma interpretação contundente sobre um triste problema pessoal, de modo que sua verdade amarga penetrava profundamente.* (apud Bair, 2003, p. 379)

Às vezes ele era rude. Em certa ocasião, quando um paciente chegou na hora marcada, ele disse: "Oh, não! Eu não aguento mais um. Vá para casa e, hoje, se cure sozinho" (*apud* Brome, 1981, p. 177, 185). Quando outro paciente começava a falar sobre sua mãe, um assunto que Freud encorajaria, Jung se calava de repente: "Não desperdice seu tempo" (Bair, 2003, p. 379).

Jung dizia que as fantasias de seus pacientes eram reais para eles e as aceitava em seu sentido literal. Quando Marie-Louise von Franz (1915-1998), que depois se tornou sua discípula pela vida inteira, encontrou-o pela primeira vez, ele lhe falou sobre uma paciente que vivia na Lua. Ela respondeu que, certamente, Jung estava querendo dizer que ela *agia* como se vivesse na Lua. Ele retrucou que não, que a mulher realmente vivia na Lua. Von Franz concluiu que "ou Jung estava louco, ou ela estava" (citada no obituário de Marie-Louise von Franz, *New York Times*, 23 mar. 1998).

As três técnicas mais formais que Jung utilizava para avaliar a personalidade eram o teste de associação de palavras, a análise de sintomas e a análise de sonhos. Um teste de personalidade amplamente utilizado – o Inventário de Tipos Psicológicos Myers-Briggs – foi elaborado por outros pesquisadores para avaliar os tipos psicológicos de Jung.

## Associação de palavras

O **teste de associação de palavras**, no qual a pessoa responde a uma palavra de estímulo com outra que lhe vier imediatamente à mente, tornou-se uma ferramenta-padrão laboratorial e clínica em psicologia. No início da década de 1900, Jung utilizou a técnica com uma lista de cem palavras, que, para ele, eram capazes de evocar emoções (ver Quadro 3.3); marcou o tempo que levava para um paciente responder a cada uma delas e também as reações psicológicas para determinar os efeitos emocionais das palavras usadas como estímulo.

**Teste de associação de palavras**
Técnica projetiva na qual a pessoa responde a uma palavra de estímulo com qualquer palavra que lhe vier à mente.

---

**QUADRO 3.3** ▪ Respostas normais e neuróticas ao teste de associação de palavras de Jung

| Palavra-estímulo | Resposta normal | Resposta neurótica |
| --- | --- | --- |
| Azul | Bonito | Cor |
| Árvore | Verde | Natureza |
| Pão | Bom | Comer |
| Lâmpada | Brilhante | Queimar |
| Rico | Belo | Dinheiro – Não sei |
| Pecar | Muito | Este conceito é totalmente estranho para mim. Eu não o reconheço. |
| Nadar | Saudável | Água |

Fonte: Jung, C. G. "The Association Method", 1909/1973. In: *The Collected Works of C. G. Jung*. Princeton: Princeton University Press, 1973. p. 442-444. v. 2.

Jung utilizou a associação de palavras para descobrir complexos em seus pacientes. Uma variedade de fatores indicavam a presença de um complexo, entre os quais respostas fisiológicas, demora para responder, dar a mesma resposta a palavras diferentes, lapsos, gagueira, responder com mais de uma palavra, inventar palavras ou não responder.

## Análise de sintomas

**Análise de sintomas**
Semelhante à catarse, a técnica de análise de sintomas concentra-se nos sintomas relatados pelo paciente e tenta interpretar as livres associações do paciente em razão dos sintomas.

A **análise de sintomas** concentra-se nos sintomas relatados pelo paciente e baseia-se em suas livres associações para esses sintomas, semelhante ao método catártico de Freud. Entre as associações do paciente aos sintomas e a interpretação delas pelo analista, os sintomas costumam ser aliviados ou desaparecer.

## Análise de sonhos

**Análise dos sonhos**
Técnica que envolve a interpretação dos sonhos para descobrir conflitos inconscientes.

Jung concordava com Freud que os sonhos são o "caminho real" para o inconsciente. A abordagem junguiana da **análise dos sonhos** diferia da de Freud porque as preocupações de Jung iam além das causas dos sonhos; ele acreditava que os sonhos eram mais do que desejos inconscientes. Primeiro, porque os sonhos são prospectivos, isto é, ajudam a nos prepararmos para experiências e eventos que prevemos que ocorrerão. Segundo, porque eles são compensatórios, ajudam a conseguir um equilíbrio entre os opostos na psique, compensando o superdesenvolvimento de qualquer estrutura psíquica.

Em vez de interpretar o sonho separadamente, como fez Freud, Jung trabalhava com uma série de sonhos relatados por um paciente durante certo período. Dessa maneira, notava que podia descobrir temas, questões e problemas recorrentes que persistiam no inconsciente do paciente.

Jung também usou a amplificação para analisar sonhos. Na livre associação freudiana, o paciente começa com um elemento e elabora uma cadeia de associações a partir dele, relatando lembranças e eventos relacionados. Jung concentrava-se no elemento original do sonho e pedia aos pacientes repetidas associações e respostas para esse elemento, até detectar um tema, sem tentar diferenciar o conteúdo manifesto e o conteúdo latente do sonho, como Freud fazia.

## Inventário de Tipos Psicológicos Myers-Briggs

**Inventário de Tipos Psicológicos Myers-Briggs (MBTI)**
Teste de avaliação que se baseia nos tipos psicológicos e nas atitudes de introversão e extroversão de Jung.

Um instrumento de avaliação relacionado à teoria da personalidade de Jung é o **Inventário de Tipos Psicológicos Myers-Briggs (MBTI)**, elaborado na década de 1920 por Katharine Cook Briggs e Isabel Briggs Myers (Briggs e Myers, 1943/1976). Hoje, o MBTI é o inventário de personalidade mais conhecido e utilizado no mundo, sendo usado em mais de 2 milhões de pessoas todos os anos para a tomada de decisões de contratação e promoção (Cunningham, 2012). É bem provável que no mundo corporativo você tenha que fazer esse teste para conseguir um emprego ou uma promoção (ver Quadro 3.4).

O teste foi elaborado em Washington, por Katharine Briggs, que admirava cegamente sua filha adolescente Isabel. Katharine escreveu um manuscrito admirável sobre sua filha, chamando-a de gênio e até de "pequena Shakespeare". Quando Isabel foi para a faculdade, em Swarthmore, perto da Filadélfia, na Pensilvânia, mãe e filha correspondiam-se quase todos os dias. Certa vez, em uma das visitas que fazia à mãe, chegou acompanhada do namorado e estudante de direito, Clarence Myers.

"Katharine e Isabel eram ousadas, criativas e intuitivas. Myers era prático, lógico e detalhista" (Gladwell, 2004, p. 45). Katharine ficou tão chocada com as diferenças de personalidade entre sua filha e o futuro genro, que empreendeu um programa intensivo de autoestudo em psicologia para tentar entendê-lo.

---

**QUADRO 3.4** ▪ Exemplos de itens do Inventário de Tipos Psicológicos Myers-Briggs

Que resposta se aproxima mais da maneira como você se sente ou age?

1.  Quando você vai a algum lugar por um dia, você prefere:
    (a)  planejar o que e quando vai fazer, ou
    (b)  simplesmente ir?

2.  Você tende a ter:
    (a)  amizades profundas com poucas pessoas, ou
    (b)  amizades amplas com várias pessoas diferentes?

3.  Se tiver um trabalho especial a fazer, você gosta de:
    (a)  organizá-lo cuidadosamente antes de começar, ou
    (b)  descobrir o que é necessário à medida que for executando?

4.  Quando algo novo começa a ficar na moda, você geralmente:
    (a)  é um dos primeiros a experimentar, ou
    (b)  não fica muito interessado?

5.  Quando a verdade não é algo muito gentil, você tende a contar
    (a)  uma mentira gentil, ou
    (b)  a verdade indelicada?

Fonte: Modificado e reproduzido com autorização especial da editora, CPP, Inc., Mountain View, CA 94043. Em Myers-
-Briggs Type Indicator® assessment by Katharine D. Meyers e Isabel Briggs Myers. Copyright 1943, 1944, 1957, 1962, 1976,
1977, 1983, 1984, 1987, 1991, 1993, 1998, 2012 por Peter B. Myers e Katharine D. Myers. Todos os direitos reservados. É
proibida a reprodução sem a permissão por escrito da editora.

---

Em 1923, Katharine leu o livro *Tipos psicológicos*, de Jung, e encontrou o que estava procurando, um modo de categorizar as pessoas e explicar as diferenças entre elas. Assim, sem apoio financeiro para pesquisa, sem associação a uma universidade ou alunos de pós-graduação para ajudá-la, ela elaborou, com a ajuda de Isabel, um teste para medir essas diferenças.

Em 1975, Isabel Briggs Myers e Mary McCaulley, professoras de psicologia na Universidade da Flórida, criaram o Centro de Aplicações de Tipo Psicológico para treinamento e pesquisa do MBTI. Em 1979, foi fundada a Associação de Tipo Psicológico. Dois periódicos publicaram relatórios de pesquisas sobre a aplicação do teste. O MBTI é considerado o fruto prático mais relevante da obra de Jung sobre a personalidade humana.

# A pesquisa na teoria de Jung

Como Freud, Jung utilizou o método de estudo de caso, que chamou de **reconstrução do histórico de vida**. Isso envolvia uma reconstrução extensa das experiências passadas de uma pessoa, na qual Jung tentava identificar os padrões de desenvolvimento que, segundo ele, levavam ao estado neurótico presente. As críticas aos métodos de pesquisa e dados de Freud também se aplicam à obra de Jung, cujos dados não se baseavam na observação objetiva nem eram coletados de maneira controlada e sistemática. Além disso, as situações nas quais eles eram

**Reconstrução do histórico de vida**
Tipo de estudo de caso de Jung que envolve as experiências passadas da pessoa para identificar padrões de desenvolvimento que podem explicar neuroses presentes.

obtidos – as entrevistas clínicas – não eram passíveis de duplicação, verificação ou quantificação.

Jung, como Freud, não mantinha um registro palavra por palavra dos comentários de seus pacientes nem tentava verificar a precisão de seus relatórios. Seus estudos de caso envolviam (como os de Freud) uma amostra pequena e não representativa de pessoas, o que dificultava a generalização para a população como um todo.

A análise junguiana de dados era subjetiva e não confiável – não se sabe como analisava seus dados, porque ele nunca explicou seus procedimentos. É evidente que os dados eram sujeitos a algumas das mais inusitadas interpretações de qualquer teoria da personalidade. Mencionamos anteriormente que Jung havia estudado uma série de culturas e disciplinas, e foi com base nisso e em seus próprios sonhos e fantasias que interpretou as informações obtidas de seus pacientes.

Sua obra foi criticada por tirar conclusões que podem ter sido manipuladas por ele para corroborar sua teoria. Alega-se também que suas visões, que ele afirma ter tido durante o confronto com seu inconsciente na metade da vida, podem ser encontradas em material que ele havia lido (Noll, 1993, 1994).

Como no caso das propostas de Freud, muitas das observações de Jung não podem ser submetidas a testes experimentais. Ele próprio ficou indiferente a essa crítica e comentou que qualquer pessoa que "quisesse aprender sobre a mente humana não aprenderá nada, ou quase nada, por meio da psicologia experimental" (*apud* Ellenberger, 1970, p. 694).

## Pesquisas sobre tipos psicológicos

Apesar da visão negativa de Jung sobre a psicologia experimental, os pesquisadores conseguiram submeter determinados aspectos da teoria junguiana a testes experimentais, com resultados que confirmam algumas de suas propostas. A maioria das pesquisas utiliza o MBTI e se concentra nas atitudes de introversão e extroversão; contudo, nem todas apoiam o delineamento dos tipos psicológicos (Pittenger, 2005).

## Estudos com universitários

Um estudo com alunos universitários revelou que seus interesses profissionais estavam intimamente relacionados com as atitudes e os tipos psicológicos junguianos (Stricker e Ross, 1962). Os introvertidos mostraram grande interesse em ocupações que não envolviam interação pessoal, como trabalhos técnicos e científicos. Os extrovertidos tinham mais interesse em ocupações que ofereciam alto grau de interação social, como vendas e relações públicas. Outra pesquisa revelou que os tipos sentimento introvertido e julgadores têm pontuações médias de desempenho mais altas do que os outros tipos psicológicos (DiRienzo *et al.*, 2010).

Tipos psicológicos diferentes sentem-se atraídos por profissões diferentes (Hanewitz, 1978). O MBTI foi aplicado em uma grande amostra de policiais, professores e alunos de serviço social e de odontologia. Os professores e os alunos de serviço social apresentaram alto grau de intuição e sentimento. Os policiais e os alunos de odontologia, que lidam com pessoas de maneira diferente dos professores e assistentes sociais, obtiveram alta pontuação em extroversão e em sensação e pensamento.

Os universitários que atingiram alta pontuação em intuição tendiam para interesses vocacionais mais criativos. Os que conseguiram alta pontuação em sensação preferiam interesses vocacionais mais convencionais (Apostal, 1991). Um estudo realizado com mulheres admitidas na Academia Naval dos Estados Unidos que fizeram o MBTI indicou que os tipos extrovertido--sensação-pensamento-julgamento tinham probabilidade mais alta de se graduar. Em contraposição, aquelas que tinham probabilidade mais alta de parar o curso obtinham resultados superiores em sentimento e percepção (Murray e Johnson, 2001). Um programa de pesquisa de dez anos com estudantes universitários de artes revelou que aqueles que tinham probabilidade mais alta de parar o curso antes de se formar obtinham resultados superiores em percepção no MBTI (Barrineau, 2005).

As pontuações do MBTI de estudantes de medicina revelaram que aqueles que se tornaram clínicos-gerais haviam obtido resultados superiores em sentimento e introversão. Os que haviam se tornado cirurgiões classificaram-se como tipos pensamento-extrovertido (Stilwell *et al.*, 2000). Em outra amostra de estudantes universitários que fizeram o MBTI, os extrovertidos tiveram resultados superiores aos introvertidos em bem-estar físico e satisfação geral com a vida (Harrington e Loffredo, 2001).

## Estudos sobre o funcionamento cognitivo

Os tipos de personalidade junguianos parecem diferir no funcionamento cognitivo ou mental. Pessoas classificadas como tipos pensamento-introvertido têm memória melhor para estímulos neutros ou impessoais, como os números. Pessoas classificadas como tipos sentimento-extrovertido têm memória melhor para estímulos humanos com nuanças emocionais, como expressões faciais (Carlson e Levy, 1973). Descobriu-se também que a atividade das ondas cerebrais, medida por EEG, diferia de acordo com os tipos psicológicos, como avaliado pelo MBTI (Gram, Dunn e Ellis, 2005).

Além disso, os tipos pensamento-introvertido e sentimento-extrovertido diferem em sua capacidade de se lembrar de experiências pessoais significativas (Carlson, 1980). Quando se pediu às pessoas para se lembrarem de suas experiências mais vívidas que envolvessem emoções – como alegria, raiva e vergonha –, os indivíduos tipo sentimento-extrovertido relataram com mais frequência lembranças que envolviam outras pessoas. Pessoas do tipo pensamento-introvertido recordaram com mais frequência eventos que ocorreram quando estavam sozinhos. Além disso, os tipo sentimento-extrovertido lembraram-se de detalhes extremamente emocionais, enquanto os tipo pensamento-introvertido recordaram-se de mais experiências emocionalmente neutras e factuais.

## Estudos de culturas diversas

O MBTI foi traduzido para uso em vários países diferentes, entre eles, Turquia, Síria e outros países árabes (Atay, 2012; Ayoubui e Ustwani, 2014). Um estudo conduzido com muçulmanos que viviam na Inglaterra descobriu que, "dentro de um contexto islâmico, a participação religiosa é associada à extroversão e ao pensamento, e não à introversão e ao sentimento" (Francis e Datoo, 2012, p. 1037). Um levantamento realizado com frequentadores da igreja ortodoxa grega que moravam em Londres mostrou que eles tinham altos níveis de introversão, sensação, pensamento e julgamento (Lewis, Varvatsoulias e George, 2012). Uma pesquisa com mulheres universitárias de Israel revelou que os tipos extrovertido e sentimental tinham pontuações mais altas nas medições de felicidade que os tipos introvertido e pensador (Francis, Yablon e Robbins, 2013).

Entre estudantes universitários de Cingapura, os extrovertidos preferiam se comunicar com os outros pessoalmente, enquanto os introvertidos preferiam o contato on-line (Goby, 2006). Quando estudantes da Bulgária (com idade entre 13 e 16 anos) realizaram o MBTI, os resultados demonstraram que aqueles que tiveram pontuação elevada em intuição e sensação tinham maior autoestima. Já os que tiveram pontuação baixa em sensação e julgamento, demonstravam ter menor autoestima (Papazova e Pencheva, 2008).

Uma pesquisa realizada com gerentes de nível júnior e intermediário na Índia mostrou que aqueles com pontuação muito alta na função de pensamento tendiam a ser colaborativos em seus esforços para gerenciar conflitos, enquanto aqueles com pontuação alta em sentimento tendiam a evitar conflitos. Os homens do estudo tiveram pontuações mais altas em pensamento, enquanto as mulheres tiveram em sentimento (Mathew e Bhatewara, 2006).

No entanto, um estudo conduzido com gerentes na China não encontrou diferenças significativas entre homens e mulheres em relação às pontuações do MBTI (Huifang e Shuming, 2004). Outras pesquisas feitas com gerentes na China revelaram que as pontuações obtidas no MBTI eram muito mais parecidas com as de gerentes norte-americanos do que com as da população geral da China (Yang e Zhao, 2009).

Talvez não surpreenda que um estudo com australianos e canadenses tenha revelado que a característica central, ou fundamental, que motiva as pessoas a terem resultados altos em extroversão é a atenção social que recebem (Ashton, Lee e Paunonen, 2002).

## Pesquisas sobre sonhos

Em pesquisas sobre sonhos para estudar a ocorrência de arquétipos, pediu-se às pessoas que se lembrassem do seu sonho mais recente, do mais vívido e do mais antigo no período de três semanas (Cann e Donderi, 1986). Elas também fizeram o MBTI e outro teste de personalidade. Os introvertidos eram mais propensos que os extrovertidos a recordar dos sonhos cotidianos, que não tinham relação com os arquétipos. Tipos intuitivos lembravam-se mais de sonhos arquetípicos do que os tipos sensíveis. As pessoas com alta pontuação em neuroticismo lembraram-se de menos sonhos arquetípicos do que as que pontuaram menos nesse item. Os pesquisadores concluíram que esses resultados estavam de acordo com as previsões feitas com base na teoria da personalidade de Jung.

## Individuação

Uma intensa investigação sobre homens e mulheres entre 37 e 55 anos que ocupavam posições gerenciais sênior revelou que eles apresentavam comportamentos que corroboravam o conceito de individuação de Jung. O estudo envolveu entrevistas com executivos, seus colegas e familiares, bem como a observação de seu comportamento no trabalho. Eles foram também avaliados com o TAT, MBTI e a Lista de Verificação de Adjetivos. O pesquisador concluiu que os executivos "olhavam para dentro [deles mesmos] para obter orientação e energia, questionavam os valores que haviam herdado, renunciavam a aspectos antiquados deles mesmos, revelavam novas dimensões do que eram e permitiam-se ser mais brincalhões e espontâneos" (Lyons, 2002, p. 9). Os executivos também agiam de acordo com a própria vontade e desejo em vez de simplesmente reagir a solicitações externas e pressões. Essas características correspondem à descrição de Jung de processo de individuação.

## A crise de meia-idade nas mulheres

Comentamos que o início da meia-idade, por volta dos 40 anos, foi um período de crise para Jung e para muitos de seus pacientes. Jung e outros estudaram a chamada crise de meia-idade, inicialmente considerada um fenômeno com maior probabilidade de afetar homens do que mulheres. Mais recentemente, porém, a teoria de que as mulheres passam por uma crise semelhante foi admitida.

Um levantamento nacional nos Estados Unidos revelou que a saúde das mulheres era pior que a dos homens e que sentiam ter pouco ou nenhum controle sobre seus casamentos e poucas oportunidades de encontrar emprego (Barrett, 2005). Mulheres na meia-idade que passaram por mais mudanças estressantes na vida relataram níveis mais baixos de satisfação com a vida (Darling, Coccia e Senatore, 2012).

Mulheres lésbicas relatavam menos perturbação emocional na meia-idade que as heterossexuais. As mulheres negras apresentavam autopercepção mais positiva na meia-idade que as brancas (Brown, Matthews e Bromberger, 2005; Howell e Beth, 2004). Em um levantamento realizado com mulheres na faixa dos 50 anos, que haviam sido estudadas periodicamente desde o seu último ano na faculdade, pediu-se a elas que descrevessem o período mais difícil de suas vidas desde a formatura. Uma série de autoavaliações revelou que o início da faixa dos 40 anos era a época de maior conflito (Helson, 1992).

Outras pesquisas demonstraram que várias mulheres na meia-idade passam por um período intenso de autoavaliação, revendo sua vida e julgando seu relativo sucesso ou fracasso. Um estudo detectou que a transição da meia-idade era menos difícil para mulheres que haviam buscado ativamente uma carreira do que para as que haviam ficado em casa e se concentrado apenas no casamento e na família. Muitas das que fizeram parte deste último grupo concluíram que o casamento havia sido um fracasso parcial ou total. O ressentimento em relação à escolha levou-as a pensar em mudanças drásticas. As mulheres que tinham uma carreira sentiram muito menos necessidade de fazer grandes mudanças na meia-idade (Levinson, 1996).

## Fazendo mudanças na vida

Pesquisas que envolveram duas amostras de mulheres com formação universitária confirmaram esses resultados meio desoladores. As mulheres foram avaliadas quando estudantes e, posteriormente, quando estavam saindo da faixa dos 30 anos e entrando na dos 40. A maioria delas passou por um período de reavaliação por volta dos 40 anos, como Jung havia previsto. Aproximadamente dois terços delas fizeram grandes mudanças na vida entre os 37 e os 43 anos, como resultado direto da sua autoavaliação.

Quando lhes perguntaram aos 37 anos se fariam novamente as mesmas opções de vida que haviam feito quando jovens, 34% de uma faculdade particular cara e 61% de uma grande universidade estadual disseram que não. Se pudessem fazer tudo novamente, disseram que buscariam oportunidades educacionais e profissionais em vez de metas familiares. Outra amostra estudada de mulheres na meia-idade também mostrou que dois terços delas acreditavam ter sido menos bem-sucedidas na vida do que suas filhas adultas, que trabalhavam fora de casa (Carr, 2004).

Uma sensação de insatisfação na meia-idade motivou muitas mulheres a mudar, mas nem todas conseguiram voltar a estudar e encontrar um emprego que utilizasse plenamente seus conhecimentos. Aquelas que conseguiram fazer mudanças de vida satisfatórias até os 43 anos relataram sensações consideravelmente maiores de bem-estar do que as que não conseguiram fazê-las. O grupo que havia mudado experimentou uma sensação cada vez maior de identidade pessoal e uma visão ampliada de sua própria capacidade. Portanto, o arrependimento de suas escolhas anteriores as levou a realizar mudanças positivas na meia-idade (Stewart e Ostrove, 1998; Stewart e Vandewater, 1999).

## Crescimento pessoal ou estagnação?

Um estudo longitudinal acompanhou mulheres durante 20 anos depois da sua formatura na universidade. Os resultados indicaram que as personalidades das mulheres na meia-idade, com base em classificações feitas por avaliadores independentes, poderiam ser divididas em três níveis ou protótipos: conflitantes, tradicionais e individuadas. O nível mais baixo, o protótipo em conflito, era caracterizado por conflitos pessoais, problemas psicológicos, relacionamentos ruins com os outros, ansiedade, hostilidade e rigidez. As mulheres desse nível foram consideradas psicologicamente imaturas.

O segundo nível – o protótipo tradicional – era caracterizado pela devoção aos outros, sentimentos de culpa, ênfase em cumprir deveres e obrigações à custa do seu próprio autodesenvolvimento e autoexpressão, além de uma preocupação com os padrões sociais e com a aprovação dos outros. Elas também foram descritas como adultas competentes e boas cidadãs que se concentravam no casamento e não na carreira, mas que careciam de um alto grau de maturidade psicológica e autocompreensão.

O terceiro nível – o protótipo individuado – corresponde ao conceito de individuação de Jung, o resultado ideal da crise de personalidade da meia-idade. As mulheres desse nível foram descritas como tendo um alto grau de autonomia, criatividade, responsividade e proximidade com os outros, autoatualização, orientação para a realização individual, empatia, tolerância, resiliência do ego e sofisticação intelectual e cultural (John, Pals e Westenberg, 1998).

Estudos de mulheres nos Estados Unidos e na Austrália confirmaram que, para algumas, a meia-idade era um período de crescimento pessoal, de mover-se em novas direções, libertando-se dos problemas passados e experimentando a liberdade de serem elas mesmas (Arnold, 2005; Leonard e Burns, 2006). Em outras palavras, elas haviam atingido o nível mais alto de maturidade psicológica, um resultado que confirma a visão de Jung de individuação como o estado supremo da saúde psicológica e de autodesenvolvimento.

> **DESTAQUES**: Pesquisas sobre as ideias de Jung
>
> Pesquisas sobre os *tipos psicológicos* revelaram que:
> - Introvertidos são atraídos por trabalhos técnicos e científicos.
> - Extrovertidos preferem empregos com muita interação social.
> - Introvertidos, sentimentais e julgadores tendem a ter notas mais altas na escola.
> - Extrovertidos pontuam mais alto em felicidade e satisfação de vida.
> - Introvertidos preferem contato social on-line ao contato pessoal.
>
> Pesquisas sobre a *crise de meia-idade em mulheres* revelaram que:
> - Mulheres homossexuais passam por menos dificuldades emocionais que as heterossexuais.
> - Mulheres negras sentem maior autossatisfação na meia-idade que mulheres brancas.
> - A crise de meia-idade é resolvida com mais facilidade por mulheres com carreiras independentes do que por aquelas mais focadas no casamento e na família.
> - O conceito de individuação se aplica a mulheres e homens.

# Reflexões sobre a teoria de Jung

## Contribuições

A abordagem complexa e incomum de Jung à personalidade humana teve um impacto considerável em uma ampla gama de disciplinas, principalmente na psiquiatria, sociologia, economia, ciência política, filosofia e religião. Reconhecido pela comunidade intelectual em geral, Jung recebeu títulos honorários de Harvard e Oxford e foi reconhecido como uma influência poderosa no trabalho de vários estudiosos.

Jung fez várias contribuições importantes e duradouras para a psicologia (ver, por exemplo, Summerville, 2010). O teste de associação de palavras tornou-se uma técnica-padrão projetiva e inspirou a criação do teste das manchas de tinta de Rorschach e as chamadas técnicas de detecção de mentiras. Os conceitos de complexo psicológico e de personalidade introvertida *versus* extrovertida são amplamente aceitos na psicologia hoje em dia. As escalas de personalidade que medem introversão e extroversão são métodos-padrão de diagnóstico e seleção. Uma grande quantidade de pesquisas tem sido realizada sobre as dimensões de introversão–extroversão da personalidade, como veremos no Capítulo 8.

Nos próximos capítulos, também veremos evidências da influência de Jung no trabalho de outros teóricos. O conceito junguiano de individuação ou de autoatualização antecipou o trabalho de Abraham Maslow. Jung foi o primeiro a enfatizar o papel do futuro na determinação do comportamento, uma ideia adotada por Alfred Adler. Maslow, Erik Erikson e Raymond Cattell adotaram a sugestão de Jung de que a meia-idade é um período de mudanças cruciais na personalidade. Hoje, o conceito de crise da meia-idade é visto por muitos como uma fase necessária do desenvolvimento da personalidade e foi confirmado por uma quantidade considerável de pesquisas.

## Críticas

Apesar da importância dessas formulações, a maior parte da teoria não foi recebida entusiasticamente pelos psicólogos, e um dos motivos é a dificuldade de entendimento dos conceitos junguianos. Sigmund Freud, Alfred Adler e outros escreveram em um estilo claro, que permite que seus livros sejam lidos e entendidos. Jung não escreveu para o grande público. Ler a sua obra pode ser frustrante, pois seus livros contêm muitas inconsistências e contradições.

Certa vez, Jung disse: "Eu só consigo formular minhas ideias à medida que elas vão surgindo. É como um gêiser. Aqueles que vierem depois de mim vão ter de colocá-las em ordem" (*apud* Jaffe,

1971, p. 8). Um estudioso de Jung descreveu um de seus principais livros como apenas parcialmente inteligível. "A conexão entre uma ideia e a outra não é clara [...] há várias contradições internas" (Noll, 1994, p. 109). Essa crítica pode ser aplicada a vários dos trabalhos escritos por Jung, os quais são difíceis de entender e não apresentam coerência interna nem sistematização.

A adoção do oculto e do sobrenatural por ele é, provavelmente, a fonte da maioria das críticas feitas à sua teoria. Evidências de mitologia e de religião não são favoráveis em uma época em que a razão e a ciência são consideradas as mais legítimas abordagens para o conhecimento e a compreensão. Os críticos dizem que Jung aceitou como prova científica ocorrências míticas e místicas relatadas por seus pacientes.

Apesar desses problemas, surgiu uma onda de interesse sobre a obra de Jung no final dos anos 1980, interesse este que continua até hoje. Há treinamento formal em análise junguiana em Nova York, Chicago, Boston, São Francisco, Los Angeles e em várias outras grandes cidades dos Estados Unidos e do Canadá. Existem também institutos de treinamento junguiano na América do Sul, na Europa e em Israel. A Society of Analytical Psychology, fundada em 1947, publica o junguiano *Journal of Analytical Psychology*.

# Resumo do capítulo

Partes da teoria da personalidade de Jung foram influenciadas por suas experiências infantis infelizes, seus sonhos e suas fantasias. Jung ampliou a definição freudiana de libido, redefinindo-a como uma força dinâmica mais generalizada. Ele argumentou que a personalidade é moldada pelo futuro, e pelo passado e deu ainda mais ênfase ao inconsciente.

Jung utilizou o termo *libido* de duas maneiras: uma energia difusa e generalizada, e outra, mais restrita, que alimenta a psique. A quantidade de energia investida em uma ideia ou sentimento é chamada de valor. A energia psíquica opera de acordo com os princípios dos opostos, da equivalência e da entropia. O princípio dos opostos afirma que todos os aspectos da psique têm o seu oposto, e essa oposição gera energia psíquica. O princípio de equivalência afirma que a energia nunca é perdida para a personalidade, mas sim deslocada de uma parte para outra. O princípio da entropia afirma que há tendência ao equilíbrio na personalidade.

O ego é o centro da consciência e se preocupa com a percepção, o pensar, o sentir e o lembrar. Parte da nossa percepção consciente é determinada pelas atitudes de introversão e extroversão, nas quais a libido é canalizada interna ou externamente.

Entre as funções psicológicas estão o pensamento, o sentimento, a sensação e a intuição.

Pensamento e sentimento são funções racionais; sensação e intuição são não racionais, e apenas uma atitude e uma função podem ser dominantes. Os oito tipos psicológicos são formados por combinações de atitudes e funções.

O inconsciente pessoal é um depósito de material que já foi consciente, mas que foi esquecido ou reprimido. Os complexos, que podem ser conscientes ou inconscientes, são padrões de emoções, lembranças e desejos que se concentram em temas comuns. O inconsciente coletivo é um depósito de experiências da humanidade transmitidas para cada indivíduo. Os arquétipos são temas recorrentes que expressam essas experiências. Os arquétipos mais poderosos são a *persona*, a *anima*, o *animus*, a sombra e o *self*.

O nascimento psíquico ocorre na puberdade, quando a psique assume um conteúdo definitivo. As atividades preparatórias marcam o período que vai da adolescência até o início da idade adulta. Na fase da meia-idade, quando o sucesso é alcançado, a personalidade sofre mudanças. A energia psíquica deve ser canalizada para o mundo interior do inconsciente e a atitude deve mudar da extroversão para a introversão.

A individuação (a plena realização das habilidades da pessoa) não ocorre até a meia-idade, quando as pessoas precisam enfrentar o inconsciente e abandonar os comportamentos e valores que regeram a primeira metade da vida. A transcendência envolve a unificação da personalidade.

A imagem junguiana da natureza humana era mais otimista e menos determinista que a visão freudiana. Jung acreditava que parte da personalidade é inata e parte é aprendida. A meta principal da vida é a individuação. As experiências da infância são importantes, mas a personalidade é mais afetada pelas experiências da meia-idade e pelas esperanças para o futuro. A personalidade é singular na primeira metade da vida, mas não na segunda.

Entre os métodos de avaliação de Jung estão a investigação de símbolos, mitos e rituais de culturas antigas, o teste de associação de palavras, utilizado para descobrir complexos, a análise de sintomas, na qual os pacientes fazem livres associações para os seus sintomas, e a análise de sonhos. O Inventário de Tipos Psicológicos Myers-Briggs (MBTI), instrumento de avaliação derivado da abordagem junguiana, é uma técnica de seleção de pessoal altamente difundida e é usada também para pesquisas sobre o sistema de Jung.

O método de estudo de caso de Jung, denominado reconstrução da história de vida, não se baseava em observações objetivas, não era sistemático e controlado nem passível de duplicação e verificação.

As pesquisas confirmam as teorias de Jung sobre as atitudes e funções e tipos psicológicos, mas os aspectos mais amplos da sua teoria não conseguiram obter validação científica. Seu trabalho teve uma influência considerável em várias áreas. As ideias junguianas amplamente aceitas incluem o teste de associação de palavras, complexos, introversão-extroversão, autoatualização e a crise de meia-idade.

 ## Perguntas de revisão

1. Como você descreveria a influência que as experiências da infância de Jung tiveram sobre a teoria da personalidade desenvolvida por ele?
2. O que são os princípios dos opostos, da equivalência e da entropia. De que modo eles se relacionam com o conceito de energia psíquica?
3. Quais são as três principais diferenças entre a teoria junguiana da psicologia analítica e a teoria freudiana da psicanálise?
4. Como o princípio dos opostos se aplica às atitudes e funções?
5. Explique como os oito tipos psicológicos são derivados das atitudes e funções.
6. Quais são as diferenças entre pessoas introvertidas e extrovertidas?
7. Por que pensamento e sentimento são considerados funções racionais, enquanto sensação e intuição são consideradas funções não racionais?
8. Qual é a relação entre o ego e o inconsciente pessoal?
9. Quais são as diferenças entre o inconsciente pessoal e o inconsciente coletivo?
10. O que é um complexo? Como um complexo pode ser útil? Você tem algum?
11. Diferencie o arquétipo da *persona* do arquétipo do *self*.

12. Explique as diferenças e semelhanças entre o conceito junguiano do arquétipo da sombra e o conceito freudiano de id?
13. O que são os arquétipos *anima* e *animus*? Jung sugeriu que deviam ser suprimidos ou expressados? Por quê?
14. Discuta as teorias de Jung sobre o desenvolvimento da personalidade durante a vida, principalmente nos períodos da adolescência e da meia-idade.
15. O que é individuação? Como os nossos arquétipos têm de mudar se quisermos atingir a individuação?
16. Qual é a diferença entre a imagem junguiana e a imagem freudiana da natureza humana?
17. Qual é o objetivo do teste de associação de palavras? Quais são as finalidades dos sonhos?
18. Descreva a abordagem de Jung com os pacientes nas sessões. De que modo uma típica sessão de Jung diferia da de Freud?
19. Discuta as descobertas de pesquisas realizadas com o MBTI que mostram as preferências ocupacionais de extrovertidos e introvertidos.
20. Descreva as críticas e as contribuições da teoria da personalidade de Jung.

# Leituras sugeridas

Bair, D. *Jung: A biography*. Boston: Little, Brown, 2003. (Bair, D. *Jung. Uma biografia*. Rio de Janeiro: Biblioteca Azul, 2012. v. 1.) Uma pesquisa biográfica completa, que avalia a personalidade complexa de Jung ao longo da vida e mostra o impacto dela sobre suas teorias. Também destaca a censura que os herdeiros de Jung mantêm em quantidades significativas de correspondências do autor, sugerindo que o trabalho definitivo dele ainda não foi escrito.

Bishop, P. *Carl Jung*. Londres: Reaktion Books, 2014. Uma biografia concisa de Jung, que segue a vida do autor desde a infância até depois de seus anos com Freud, retratando-o como um dos teóricos europeus mais importantes do século XX.

Crellin, C. *Jung's Theory of Personality: A Modern Reappraisal*. Nova York: Routledge/Taylor e Francis Group, 2014. Análise acadêmica minuciosa e crítica da abordagem de Jung para entender a personalidade, enfatizando sua relevância duradoura.

Ellenberger, H. F. *The discovery of the unconscious: The history and evolution of dynamic psychiatry*. Nova York: Basic Books, 1970. Traça o estudo do inconsciente desde épocas primitivas até a psicanálise de Freud e seus derivados. Ver Capítulo 9, "Carl Gustav Jung and Analytical Psychology".

*Freud/Jung letters*. Princeton, NJ: Princeton University Press, 1974. Contém cerca de 360 cartas que datam de 1906 a 1913 e mostram o desenvolvimento e a dissolução da amizade entre Sigmund Freud e Carl Jung. Editado por William McGuire.

Hannah, B. *Jung: His life and work*. Nova York: Putnam, 1976. (Hannah, B. *Jung. Vida e obra: Uma memória biográfica*. São Paulo: Artmed, 2003.) Memória biográfica escrita por um analista junguiano que foi amigo de Jung por mais de 30 anos.

Jung, C. G. *Memories, dreams, reflections*. Nova York: Vintage Books, 1961. Reflexões de Jung sobre sua vida, escritas quando ele tinha 81 anos.

Kerr, J. *A most dangerous method: The story of Jung, Freud, and Sabina Spielrein*. Nova York: Knopf, 1993. (Kerr, J. *Um método muito perigoso*. Rio de Janeiro: Imago, 1997.) A história de uma paciente que se envolveu em um longo relacionamento com seu analista, Carl Jung.

Roazen, P. *Freud and his followers*. Nova York: Alfred A. Knopf, 1975. (Roazen, P. *Freud e seus discípulos*. São Paulo: Cultrix, 1974.) Um relato animado e bem escrito da vida de Freud e dos homens e mulheres que se tornaram seus discípulos, alguns dos quais romperam com ele posteriormente para fundar suas próprias escolas de pensamento. Ver Parte 6, "The Crown Prince: Carl Gustav Jung".

Schultz, D. *Intimate friends, dangerous rivals: The turbulent relationship between Freud and Jung*. Los Angeles: Jeremy Tarcher, 1990. (Schultz, D. *Amigos íntimos, rivais perigosos. A turbulenta convivência de Freud e Jung*. Rio de Janeiro: Rocco, 1991.) Descreve a relação pessoal e profissional entre Freud e Jung e os paralelos e diferenças entre a infância, a crise da meia-idade e a relação dos dois teóricos com as mulheres.

# CAPÍTULO 4

# Alfred Adler: psicologia individual

*A meta da alma humana é conquista, perfeição, segurança, superioridade. Toda criança se depara com tantos obstáculos na vida, que nenhuma delas cresce sem lutar por alguma forma de significação.*

— ALFRED ADLER

Alfred Adler criou uma imagem da natureza humana que não mostra as pessoas como vítimas de instintos, forças biológicas ou experiências da infância. Ele denominou esta abordagem de **psicologia individual**, porque se concentrava na singularidade de cada pessoa e negava a universalidade dos motivos e dos objetivos biológicos atribuídos a nós por Sigmund Freud.

> **Psicologia individual**
> A teoria da personalidade de Adler.

Segundo Adler, cada um de nós é basicamente um ser social. Nossa personalidade é moldada pelo nosso ambiente e pelas interações sociais peculiares, e não por tentativas de satisfazer nossas necessidades biológicas. Diferente de Freud, que via o sexo como um fator determinante da personalidade, Adler minimizou o papel do sexo em seu sistema. Para ele, o consciente é que era o centro da personalidade. Em vez de sermos impulsionados por forças que não podemos ver ou controlar, estamos ativamente envolvidos na criação do nosso *self* único e no direcionamento do nosso futuro.

Com Adler e Freud, vemos duas teorias muito diferentes criadas por dois homens que cresceram na mesma cidade, na mesma época, e que se formaram médicos na mesma universidade. Havia uma diferença de apenas 14 anos entre eles. Como no caso de Freud, alguns aspectos da infância de Adler parecem ter influenciado sua maneira de encarar a natureza humana.

## A vida de Adler (1870-1937)

### Infância e adolescência

A infância de Adler foi marcada pela doença, a consciência da morte e um intenso ciúme de seu irmão mais velho. Ele sofria de raquitismo (uma deficiência de vitamina D caracterizada pelo enfraquecimento dos ossos), o que o impedia de brincar com outras crianças. Quando tinha 3 anos, seu irmão mais novo morreu na cama ao lado da sua. Aos 4, o próprio Adler esteve perto da morte por causa de uma pneumonia. Quando ouviu o médico dizer ao seu pai: "Seu filho é um caso perdido", decidiu tornar--se médico (Orgler, 1963, p. 16).

A princípio, Adler era mimado pela mãe, mas foi destronado repentinamente aos 2 anos de idade, após a chegada de outro bebê. Os biógrafos de Adler sugerem que a mãe possa tê-lo rejeitado, mas, com certeza, era o preferido do pai. Portanto, suas relações na infância foram diferentes das de Freud (que era mais próximo da mãe do que do pai). Como adulto, Adler descartou o conceito freudiano de complexo de Édipo, porque não correspondia às suas experiências na infância.

Adler sempre teve ciúme de seu irmão mais velho, que era forte, saudável, praticava atividades físicas e esportes, os quais ele não podia praticar. "Lembro-me de estar sentado em um banco, todo enfaixado, por causa do raquitismo, com o meu saudável irmão mais velho sentado à minha frente.

Ele podia correr, saltar e se movimentar sem muito esforço, enquanto, para mim, qualquer tipo de movimento era um esforço extenuante" (Adler *apud* Bottome, 1939, p. 30-31).

Adler sentia-se inferior ao seu irmão e às outras crianças da vizinhança, que pareciam mais saudáveis e atléticas. Então, decidiu trabalhar arduamente para superar seus sentimentos de inferioridade e compensar suas limitações físicas. Apesar da baixa estatura e da falta de jeito e de atrativos – heranças da sua doença –, forçou-se a participar de jogos e esportes.

Gradativamente, conseguiu um senso de autoestima e aceitação social. Ele também cultivou o gosto pela companhia de outras pessoas e manteve sua sociabilidade a vida toda. Na sua teoria da personalidade, enfatizou a importância do grupo de colegas da mesma idade e sugeriu que as relações com os irmãos e crianças que não eram da família eram muito mais importantes do que Freud imaginava.

Na escola (a mesma que Freud frequentara), no começo, sentia-se infeliz e era apenas um aluno medíocre. Achando que ele não servia para mais nada, um professor aconselhou seu pai a torná-lo aprendiz de sapateiro, uma perspectiva que Adler achava apavorante. Ele era particularmente ruim em matemática, mas persistiu e, por fim, conseguiu, com muito esforço, passar de um aluno fraco ao primeiro da classe.

Em vários aspectos, história da infância de Adler parece uma tragédia, mas é também uma lição que exemplifica sua teoria da personalidade, um exemplo de superação das fraquezas e do sentimento de inferioridade para moldar seu destino. O teórico que deu ao mundo a noção de sentimento de inferioridade falava das profundezas da sua própria infância. "As pessoas familiarizadas com a minha obra verão claramente a conformidade entre os fatos que ocorreram na minha infância e as opiniões que expressei" (*apud* Bottome, 1939, p. 9).

## Idade adulta

Realizando sua ambição de criança, Adler estudou medicina na Universidade de Viena, mas formou-se com notas não mais que medianas. Primeiro, começou a trabalhar como oftalmologista, mas logo mudou para a clínica geral. Interessou-se por doenças incuráveis, mas ficou tão angustiado diante de sua impotência em impedir a morte, principalmente de pacientes mais jovens, que terminou por se especializar em neurologia e psiquiatria.

## Relações com Freud

A associação de nove anos de Adler com Freud começou em 1902, quando Freud convidou Adler e outras três pessoas a se reunirem uma vez por semana em sua casa para discutir a psicanálise. Embora seu relacionamento nunca tenha se tornado íntimo, Freud, inicialmente, o tinha em grande conta e elogiava sua habilidade como médico que conseguia ganhar a confiança de seus pacientes.

É importante lembrar que Adler nunca foi discípulo de Freud nem psicanalisado por ele. Um dos colegas de Freud afirmou que Adler não tinha capacidade para investigar a mente inconsciente e psicanalisar pessoas. É interessante especular se essa suposta incapacidade levou Adler a basear sua teoria da personalidade na consciência, mais acessível, e minimizar o papel do inconsciente.

Por volta de 1910, embora fosse presidente da Sociedade Psicanalítica de Viena e coeditor da sua revista, ele também criticava cada vez mais a teoria freudiana, vindo logo a romper com a psicanálise e a desenvolver sua própria abordagem da personalidade.

Freud zangou-se com a deserção de Adler; depreciou sua estatura (ele era 12 centímetros mais baixo do que Freud) e chamou-o de repugnante, anormal, movido pela ambição, pela emoção, cheio de veneno e maldade, paranoico, extremamente ciumento e sádico. Ele descreveu a teoria de Adler como sem valor (Fiebert, 1997; Gay, 1988; Wittels, 1924).

Adler demonstrou uma hostilidade semelhante em relação a Freud, chamando-o de trapaceiro e depreciando sobremaneira a psicanálise (Roazen, 1975); irritava-se quando era apresentado como aluno de Freud. Posteriormente, pareceria tão amargurado com os desertores da sua abordagem como Freud ficara com aqueles que, como Adler, desviaram-se da psicanálise. Adler era conhecido como uma pessoa que "se encolerizava repentinamente quando sentia sua autoridade desafiada" (Hoffman, 1994, p. 148).

## Tornando-se uma celebridade nos Estados Unidos

Em 1912, Adler fundou a Sociedade de Psicologia Individual. Ele serviu no Exército austríaco durante a Primeira Guerra Mundial (1914-1918) e depois organizou clínicas de aconselhamento infantil patrocinadas pelo governo, em Viena. Em suas clínicas, que foram precursoras das técnicas modernas de terapia de grupo, Adler introduziu procedimentos de treinamento e orientação de grupos. Em 1926, fez a primeira visita aos Estados Unidos, onde lecionou e viajou realizando palestras extremamente populares.

Mudou-se para Nova York em 1929, lá dando continuidade ao seu trabalho para desenvolver e promover sua psicologia individual. Um biógrafo observou que os "traços de genialidade, otimismo e calor combinados com uma intensa ambição [...] logo o catapultaram à proeminência nos Estados Unidos como especialista em psicologia" (Hoffman, 1994, p. 160). Os livros e palestras de Adler trouxeram-lhe reconhecimento nacional e ele se tornou o primeiro psicólogo popular nos Estados Unidos – a celebridade do momento. Em 1937, durante um *tour* exaustivo de 56 palestras pela Europa, sofreu um ataque cardíaco e morreu na Escócia. 🌐

# Sentimentos de inferioridade: a fonte de toda a luta humana

Adler acreditava que os **sentimentos de inferioridade** eram forças motivadoras constantes de todo o comportamento. "Ser um ser humano significa sentir-se inferior", escreveu Adler (1933/1939 p. 96). Como isso é comum a todos, não é, portanto, sinal de fraqueza ou anormalidade.

Para ele, os sentimentos de inferioridade são a fonte de toda a luta humana. O crescimento individual é resultado da **compensação**, da tentativa de superarmos inferioridades reais ou imaginárias. Na vida, somos impulsionados pela necessidade de superar essa sensação de inferioridade e lutar por níveis cada vez mais altos de desenvolvimento.

O processo começa na infância. As crianças são pequenas, indefesas e totalmente dependentes dos adultos. Adler acreditava que elas têm consciência do poder e da força maior dos pais e da inutilidade de resistir ou de questionar esse poder. Como resultado, as crianças desenvolvem sentimentos de inferioridade em relação às pessoas maiores e mais fortes ao seu redor.

**Sentimentos de inferioridade**
O estado normal de todas as pessoas, a fonte de toda a luta humana.

**Compensação**
Motivação para superar a inferioridade, lutar por níveis mais altos de desenvolvimento.

Embora essa sensação inicial de inferioridade se aplique a todos na infância, ela não é determinada geneticamente. Ao contrário, é uma função do ambiente, que é o mesmo para todas as crianças – um ambiente de desamparo e dependência dos adultos. Portanto, é impossível escapar desse sentimento de inferioridade, mas ele é necessário, porque dá a motivação para lutar e crescer. Os sentimentos de inferioridade são inevitáveis, mas, mais importante, eles são necessários, porque fornecem a motivação para nos esforçarmos e crescermos.

## O complexo de inferioridade

Suponha que uma criança não cresça nem se desenvolva. O que acontece quando ela não consegue compensar seu sentimento de inferioridade? A incapacidade de superar esse sentimento intensifica-se, o que leva ao surgimento de um **complexo de inferioridade**. As pessoas com complexo de inferioridade têm uma opinião ruim sobre si mesmas,

**Complexo de inferioridade**
Condição que surge quando uma pessoa não consegue compensar seu sentimento normal de inferioridade.

sentem-se incapazes de lidar com as demandas da vida. Adler encontrou esse complexo na infância de muitos adultos que o procuraram para tratamento.

## Causas dos complexos de inferioridade

O complexo de inferioridade pode surgir de três fontes na infância: inferioridade orgânica, mimos e negligência.

**Inferioridade orgânica.** Adler afirmava que partes ou órgãos do corpo com deficiências moldavam a personalidade por meio dos esforços do indivíduo para compensar os defeitos ou fraquezas, assim como Adler tinha compensado o raquitismo, a inferioridade física da sua infância. Uma criança fisicamente fraca, como Adler foi, pode concentrar-se nessa fraqueza e trabalhar para desenvolver uma capacidade atlética superior.

A história registra vários exemplos desse tipo de compensação. Na Idade Antiga, o estadista grego Demóstenes superou uma gagueira e se tornou um grande orador. O doente Theodore Roosevelt, 26° presidente dos Estados Unidos, tornou-se modelo de capacidade física quando adulto. Os esforços para superar a inferioridade orgânica podem resultar em extraordinários feitos artísticos, atléticos e sociais, mas, se não forem bem-sucedidos, poderão levar a um complexo de inferioridade.

Adler viu exemplos de pessoas que tinham compensado fraquezas físicas com sucesso ao longo de sua prática clínica. O consultório dele em Viena ficava perto de um parque de diversões

Photostock 10/Shutterstock.com

Muitas pessoas com deficiências físicas se esforçam para compensar suas fraquezas.

e entre seus pacientes estavam artistas de circo e ginastas. Eles possuíam habilidades extraordinárias que, em muitos casos, eram desenvolvidas como resultado de trabalho árduo para superar deficiências na infância.

**Mimos.** Mimar uma criança também pode suscitar um complexo de inferioridade, porque ela é o centro das atenções em casa; todos os seus desejos e necessidades são satisfeitos e pouco lhe é negado. Crianças tratadas assim desenvolvem naturalmente a ideia de que são as pessoas mais importantes em qualquer situação e que os demais precisam sempre se submeter a elas.

A primeira experiência na escola, quando passam a não ser mais o foco das atenções, é um choque para o qual não estão preparadas. Crianças mimadas têm pouco traquejo social e são impacientes com os outros. Nunca aprenderam a esperar pelo que querem nem a superar dificuldades ou se adaptar às necessidades dos outros. Quando se deparam com obstáculos à sua satisfação, acham que devem ter alguma deficiência que as está frustrando e, então, desenvolvem um complexo de inferioridade.

**Negligência.** É fácil entender como crianças negligenciadas, não desejadas e rejeitadas podem criar um complexo de inferioridade. Sua infância é caracterizada pela falta de amor e segurança, porque seus pais são indiferentes ou hostis. Então, desenvolvem sentimentos de falta de valor ou até raiva e encaram os outros com desconfiança. De fato, atualmente a negligência passou a ser considerada uma das principais formas de abuso contra crianças (Hickman, 2009).

## O complexo de superioridade

Qualquer que seja a fonte do complexo, uma pessoa pode tentar supercompensá-lo e, dessa forma, a desenvolver o que Adler chamou de **complexo de superioridade**. Este envolve uma opinião exagerada da capacidade e das realizações da pessoa, que pode se sentir internamente satisfeita e superior e não ter necessidade de demonstrar sua superioridade com realizações reais, ou sentir essa necessidade e se empenhar para se tornar extremamente bem-sucedida. Em ambos os casos, as pessoas com complexo de superioridade são dadas a se gabar, à vaidade, ao egocentrismo e a uma tendência a desqualificar os outros.

> **Complexo de superioridade**
> Condição que se cria quando uma pessoa supercompensa sensações de inferioridade normais.

# Luta pela superioridade ou perfeição

Sentimentos de inferioridade são a fonte da motivação e da luta, mas para qual finalidade? Acreditava que trabalhamos simplesmente para nos livrarmos dos sentimentos de inferioridade? Adler acreditava que trabalhamos por algo mais; no entanto, sua opinião sobre o objetivo principal da vida mudou com o decorrer dos anos.

Primeiro, ele identificou a inferioridade como uma sensação geral de fraqueza ou feminilidade, reconhecendo a posição inferior da mulher na sociedade da sua época, e classificou de protesto masculino a tentativa de compensar esse sentimento. A meta da compensação era uma vontade ou um impulso para o poder, no qual a agressão, uma característica supostamente masculina, desempenhava um papel importante. Depois, rejeitou a ideia de equiparar as sensações de inferioridade com feminilidade e desenvolveu uma teoria mais ampla, na qual lutamos pela superioridade ou perfeição.

Adler descreveu sua noção de **luta pela superioridade** como o fato fundamental da vida (Adler, 1930). A superioridade é o objetivo que perseguimos. Ele não falava de superioridade no sentido comum da palavra, nem o conceito do termo se relaciona com o complexo

> **Luta pela superioridade**
> Ânsia pela perfeição ou completude que motiva cada um de nós.

de superioridade. Lutar por ela não é uma tentativa de ser melhor do que qualquer outra pessoa nem uma tendência arrogante ou dominadora ou uma opinião presunçosa das nossas realizações e capacidade.

Para Adler, o significado de superioridade era o de um impulso para a busca da perfeição. A palavra *perfeição* vem de uma palavra latina que significa concluir ou terminar. Portanto, Adler sugeriu que buscamos a superioridade em um esforço para nos aperfeiçoarmos, para nos tornarmos completos ou inteiros.

Essa meta inerente, a busca de completude ou conclusão, é orientada para o futuro. Enquanto, por um lado, Freud propunha que o comportamento humano é determinado pelo passado (isto é, pelos instintos e experiências na infância), por outro, Adler via a motivação em termos de expectativas e aspirações para o futuro, argumentando que os instintos e os impulsos primordiais eram insuficientes como princípios explanatórios. Apenas a meta principal e derradeira da superioridade ou perfeição poderia explicar a personalidade ou o comportamento.

## Finalismo ficcional

Adler aplicou o termo *finalismo* à ideia de que temos uma meta principal, um estado final de ser e uma necessidade de caminhar na direção dele. As metas pelas quais lutamos são potencialidades e não realidades. Em outras palavras, lutamos por ideais que existem subjetivamente em nós. Para Adler, nossas metas são ideais ficcionais ou imaginários que não podem ser testados na realidade. Vivemos nossas vidas em torno de ideais, como a crença de que todos são criados iguais ou de que as pessoas são essencialmente boas. A meta de vida de Adler era vencer a morte que havia enfrentado aos 4 anos, quando teve pneumonia. Sua maneira de lutar por essa meta, que, é claro, era ficcional, já que não pode ser vencida, foi tornar-se médico (Hoffman, 1994).

Essas crenças influenciam a maneira como percebemos e interagimos com outras pessoas. Por exemplo, se acreditamos que determinada maneira de nos comportarmos nos trará recompensas no céu ou após a morte, tentamos agir de acordo com essa ideia. A crença na existência de uma vida após a morte não se baseia em uma realidade objetiva, mas é real para a pessoa que tem essa opinião.

**Finalismo ficcional**
Ideia de que existe uma meta imaginada ou potencial que rege o nosso comportamento.

Adler formalizou esse conceito como **finalismo ficcional**, a noção de que ideias ficcionais regem o nosso comportamento quando buscamos um estado de ser completo ou inteiro. Traçamos o rumo de nossas vidas por muitas dessas ficções, mas a mais difundida é o ideal da perfeição. Ele sugeriu que a melhor formulação desse ideal criada pelos seres humanos até agora foi o conceito de Deus. Adler preferiu os termos "meta final subjetiva" ou "guia do *self* ideal" para descrever este conceito, mas ele continua a ser conhecido como "finalismo ficcional" (Watts e Holden, 1994).

Existem dois pontos adicionais sobre a luta pela superioridade. Primeiro, ela aumenta a tensão em vez de diminui-la. Ao contrário de Freud, Adler não acreditava que a nossa única motivação era reduzir a tensão. Buscar a perfeição requer um grande dispêndio de energia e esforço, uma situação bem diferente de um estado de equilíbrio ou sem tensões.

Segundo, a luta pela superioridade é manifestada tanto pelo indivíduo quanto pela sociedade. Muitos de nós somos seres sociais; buscamos a superioridade ou a perfeição não apenas como pessoas, mas também como membros de um grupo. Tentamos atingir a perfeição da nossa cultura.

Na visão de Adler, indivíduos e sociedade se inter-relacionam e são interdependentes. As pessoas precisam agir construtivamente com os outros para o bem de todos. Portanto, para Adler, os seres humanos buscam constantemente a meta ficcional e ideal da perfeição. Como tentamos, em nossa vida diária, atingir essa meta? Adler respondeu a esta pergunta com seu conceito de estilo de vida.

# Estilo de vida

Para Adler, nossa meta principal é a superioridade ou perfeição, mas tentamos atingi-la de várias maneiras diferentes. Cada um de nós expressa essa luta diferentemente; desenvolvemos um padrão singular de características, comportamentos e hábitos, que Adler chamou de caráter distinto ou **estilo de vida**.

**Estilo de vida**
Estrutura ou padrão de comportamentos e características de caráter peculiar, pelo qual buscamos a perfeição. Entre os estilos de vida básicos estão o dominador, o dependente, o esquivo e os tipos socialmente úteis.

Para entendermos como o estilo de vida se desenvolve, precisamos retornar aos conceitos de sentimentos de inferioridade e de compensação. As crianças são atormentadas por sentimentos de inferioridade, os quais as motivam a compensar o desamparo e a dependência. Nessas tentativas de compensação, adquirem um conjunto de comportamentos; por exemplo, a criança doente pode lutar para aumentar a capacidade física ao correr ou levantar peso. Esses comportamentos tornam-se parte do estilo de vida, um padrão de comportamento criado para compensar uma inferioridade.

Tudo o que fazemos é moldado e definido pelo nosso estilo de vida peculiar, que determina quais aspectos do nosso ambiente atendemos ou ignoramos e que atitudes mantemos. Adquirimos nosso estilo de vida a partir das interações sociais que ocorrem nos primeiros anos de vida, e esse estilo de vida fica tão firmemente cristalizado aos 4 ou 5 anos de idade, que é difícil mudá-lo depois.

O estilo de vida torna-se a estrutura guia de todos os comportamentos posteriores. Como observamos, sua natureza depende de interações sociais, principalmente a ordem de nascimento da pessoa na família e a natureza da relação pais-filho. Lembre-se de que uma das situações que levam ao complexo de inferioridade é a negligência. Crianças negligenciadas podem se sentir inferiores ao lidar com as demandas da vida e, portanto, podem se tornar desconfiadas e hostis para com os outros. Como resultado, seu estilo de vida pode envolver busca de vingança, ressentimento pelo êxito dos outros e posse de tudo o que acham que lhes é devido.

## O poder criativo do *self*

Você pode ter percebido uma aparente incoerência entre o conceito de estilo de vida de Adler e a nossa observação anterior, de que a sua teoria é menos determinista que a de Freud. Adler disse que temos o controle do nosso destino, que não somos vítimas dele, mas agora descobrimos que o estilo de vida é determinado pelas relações sociais nos primeiros anos de vida e sujeito a poucas mudanças mais tarde.

Isso parece quase tão determinista quanto a visão freudiana, que enfatiza a importância da infância na formação da personalidade do adulto. Mas a teoria de Adler não é tão determinista quanto pode parecer de início. Ele resolveu o dilema propondo um conceito que descreveu como o **poder criativo do *self***.

**Poder criativo do *self***
A habilidade de criar um estilo de vida apropriado.

Segundo Adler, criamos o nosso *self,* a nossa personalidade, o nosso caráter; ele usou todos esses termos intercambiavelmente com *estilo de vida*. Não somos passivamente moldados pelas experiências da infância, que, em si mesmas, não são tão importantes quanto a nossa atitude consciente em relação a elas. Adler informou que nem a hereditariedade nem o ambiente fornecem uma explicação completa para o desenvolvimento da personalidade. Em vez disso, a maneira como percebemos e interpretamos essas influências forma a base para a construção criativa da nossa atitude em relação à vida.

Adler acreditava na existência do livre-arbítrio individual, que permite que cada um crie um estilo de vida adequado a partir de habilidades e experiências que nos são transmitidas pela herança genética e pelo ambiente social. Embora não tenha sido muito claro quanto aos pontos específicos, insistiu que o nosso estilo de vida não está determinado; somos livres para escolhê-lo e criá-lo por conta própria. Uma vez criado, ele permanece constante a vida inteira.

## Quatro estilos de vida básicos

Adler descreveu vários problemas universais e os agrupou em três categorias:

- Os que envolvem o nosso comportamento para com os outros.
- Os ocupacionais.
- Os amorosos.

Além disso, ele propôs quatro estilos de vida básicos para lidar com esses problemas:

- O tipo dominador.
- O tipo dependente.
- O tipo esquivo.
- O tipo socialmente útil.

O *tipo dominante* apresenta uma atitude dominadora, com pouca consciência social e sem consideração pelos outros. O tipo mais extremo dessa categoria ataca os outros e se torna sádico, delinquente ou sociopata. O menos violento se torna alcoólatra, viciado em drogas ou suicida. Eles acreditam que podem magoar os outros atacando a si mesmos. O *tipo dependente* (para Adler, o tipo humano mais comum) espera ser satisfeito por outras pessoas e, portanto, torna-se dependente delas. O *tipo esquivo* não tenta enfrentar os problemas da vida; evitando dificuldades, a pessoa evita qualquer possibilidade de fracasso.

Estes três tipos não estão preparados para lidar com os problemas da vida cotidiana. Não conseguem colaborar com outras pessoas, e o choque entre o seu estilo de vida e o mundo real resulta um comportamento anormal, que se manifesta na forma de neuroses e psicoses. Falta-lhes o que Adler chamou de interesse social.

O *tipo socialmente útil*, por sua vez, colabora com os outros e age de acordo com as necessidades destes. Esse tipo de pessoa lida com problemas dentro de uma estrutura bem desenvolvida de interesse social.

# Interesse social

**Interesse social**
Nosso potencial inato para cooperar com outras pessoas, a fim de atingir metas pessoais e sociais.

Adler percebeu que nos darmos bem com os outros é a primeira tarefa que encontramos na vida. Nossa capacidade de interagir com outras pessoas passa a fazer parte do nosso estilo de vida e, consequentemente, influencia a maneira como enfrentamos todos os problemas da vida. Ele descreveu isso como o conceito de **interesse social**, que é o potencial inato da pessoa para cooperar com as outras e alcançar metas pessoais e sociais. O termo de Adler para este conceito em alemão original, *Gemeinschaftsgefuhl*, é mais bem traduzido como "sentimento comunitário" (Stepansky, 1983, p. xiii). Entretanto, *interesse social* tornou-se o termo aceito.

Embora sejamos influenciados mais fortemente pelas forças sociais do que pelas biológicas, na opinião de Adler, o potencial para o interesse social é inato. Neste sentido limitado, então, sua abordagem tem um elemento biológico. No entanto, a extensão em que o nosso potencial inato de interesse social se desenvolve depende das nossas primeiras experiências sociais.

Ninguém pode evitar totalmente as outras pessoas ou escapar de suas obrigações para com elas. Desde os primórdios, elas se reuniram em famílias, tribos e nações. As comunidades são indispensáveis para a proteção e sobrevivência dos seres humanos; consequentemente, sempre foi necessário que as pessoas colaborassem e expressassem seu interesse social — elas precisam contribuir para que a sociedade realize suas metas pessoais e comunitárias. Adler acreditava que as pessoas têm uma necessidade fundamental de pertencimento, para serem indivíduos saudáveis e em pleno funcionamento (Ferguson, 2010).

## O papel da mãe no desenvolvimento do interesse social

Adler observou a importância da mãe como a primeira pessoa com quem o bebê tem contato; por meio do seu comportamento para com o filho, a mãe pode estimular o interesse social ou impedir o seu desenvolvimento. Ele achava que o papel da mãe era fundamental no desenvolvimento do interesse social, bem como de todos os outros aspectos da personalidade, e escreveu:

> Esta ligação [entre mãe e filho] é tão íntima e de tão longo alcance, que nunca seremos capazes de apontar qualquer característica como hereditária mais adiante na vida. Todas as tendências que poderiam ser herdadas já foram adaptadas, treinadas, educadas e refeitas pela mãe. A sua capacidade, ou a falta dela, influenciará toda a potencialidade da criança. (Adler apud Grey, 1998, p. 71)

A mãe precisa ensinar à criança a colaboração, o companheirismo e a coragem. Só se as crianças sentirem afinidade com terceiros conseguirão lidar corajosamente com as exigências da vida. As crianças (e depois adultos) que veem os outros com suspeita e hostilidade encararão a vida com a mesma atitude. Aquelas que não têm interesse social podem se tornar neuróticas ou até criminosas. Adler acreditava que uma série de malefícios, que vão desde a guerra e o ódio racial até a embriaguez em público, provinha da falta de um sentido comunitário.

## O papel das experiências de vida de Adler no desenvolvimento do interesse social

No início de sua carreira, Adler sugeriu que as pessoas eram motivadas por um desejo de poder e de dominação. Ele propôs essa teoria quando lutava para defender seu ponto de vista no círculo freudiano. Depois que rompeu com Freud e o seu trabalho foi reconhecido, ele mudou e disse que as pessoas são mais motivadas pelo interesse social do que pelas necessidades de poder e dominação.

Quando Adler fazia parte do grupo de Freud, era considerado intratável e ambicioso, brigando pela prioridade de suas ideias, mas depois acalmou-se e seu sistema também mudou, da ênfase no poder e na dominação como forças motivadoras para o destaque da força mais benigna do interesse social e comunitário. Vemos aqui outro exemplo de como a teoria de Adler reflete suas próprias experiências.

# A posição na ordem de nascimento

Uma das contribuições mais duradouras de Adler é a ideia de que a ordem do nascimento tem grande influência social na infância, influência a partir da qual criamos o nosso estilo de vida. Embora os irmãos tenham os mesmos pais e vivam na mesma casa, eles não têm ambientes sociais idênticos. Ser mais velho ou mais novo do que um irmão e estar exposto a atitudes diferentes dos pais criam condições de infância diferentes que ajudam a determinar diferentes tipos de personalidade.

Adler gostava de divertir o público de suas palestras e os convidados de jantares adivinhando corretamente a ordem de nascimento das pessoas com base no comportamento delas. Ele escreveu sobre quatro situações: o primeiro filho, o segundo, o caçula e o filho único. Pense na sua própria ordem de nascimento e veja como ela se compara com as visões de Adler.

## O primeiro filho

Os primogênitos encontram-se, pelo menos durante algum tempo, em uma posição singular e invejável, pelo menos por um tempo. Em geral, os pais, felizes com o seu nascimento, dedicam-lhes grande quantidade de tempo e atenção, e eles costumam receber atenção instantânea e exclusiva dos pais, o que os leva a ter uma existência feliz e segura até o surgimento do segundo filho.

**Destronamento.** De repente, por não serem mais o centro das atenções, sem receber amor e cuidados constantes, os primeiros filhos são, de certa maneira, destronados. O afeto e a atenção que recebiam durante seu reinado têm, agora, de ser compartilhados com o novo bebê. Muitas vezes, têm de se submeter ao ultraje de esperar até que as necessidades do segundo filho sejam atendidas, e são advertidos a ficarem quietos para não perturbar o novo bebê.

Ninguém pode esperar que os primogênitos sofram esse tipo de destituição sem lutar. Eles tentarão recuperar sua posição de poder e privilégio. No entanto, a batalha pela recuperação da supremacia está perdida desde o início; as coisas nunca mais serão as mesmas, por mais que tentem.

Durante um certo período, podem se tornar teimosos, malcomportados e destrutivos, e é possível que se recusem a comer ou a ir para a cama. Costumam ter acessos de raiva, mas os pais provavelmente reagem e suas armas são muito mais poderosas. Ao serem punidos pelo seu comportamento problemático, veem isso como mais uma prova da sua queda e podem vir a odiar o segundo filho, que, afinal, é a causa do problema.

Para Adler, todos os primogênitos sentem o choque da mudança da sua posição na família, mas os que foram excessivamente mimados sentem uma perda maior. Além disso, o tamanho dessa perda depende da sua idade quando o rival aparece. Geralmente, quanto mais velho for o primeiro filho quando o segundo nascer, menos destronado ele se sentirá. Por exemplo, uma criança de 8 anos ficará menos aborrecida com o nascimento de um irmão do que uma de 2.

## Características do primeiro filho

Adler descobriu que os primogênitos geralmente se voltam para o passado, trancados em nostalgia e pessimistas em relação ao futuro. Tendo aprendido as vantagens do poder em determinada época, eles continuam preocupados consigo a vida toda; podem exercer algum poder sobre os irmãos mais novos, mas, ao mesmo tempo, estão mais sujeitos ao poder dos pais, porque estes esperam mais deles.

A ordem de nascimento de um indivíduo dentro da família – ser mais velho ou mais novo do que seus irmãos – cria diferentes condições de infância, que podem afetar a personalidade.

Há, contudo, vantagens em ser o primeiro filho. À medida que as crianças crescem, o primogênito exerce o papel de professor, tutor, líder e disciplinador esperado pelos pais para ajudar a cuidar dos irmãos mais novos. Essas experiências, em geral, habilitam o primogênito a amadurecer intelectualmente até um nível superior ao das crianças mais novas. Um psicólogo descreveu a situação do seguinte modo:

*Os segundos filhos podem perguntar aos irmãos mais velhos o significado das palavras, como e por que determinada coisa funciona, sobre onde se encontram os doces ou onde está um dos pais que está atrasado e sobre incontáveis assuntos que os irmãos mais velhos devem, então, explicar. No papel de tutor, os primogênitos obtêm uma vantagem intelectual. Em razão dessas tentativas e em razão de precisarem articular explicações ou fornecer o significado de uma palavra, os primogênitos adquirem fluência verbal mais rapidamente que os segundos filhos. (Zajonc, 2001, p. 491)*

Adler acreditava que os primogênitos ficam excessivamente interessados em manter a ordem e a autoridade, tornam-se bons organizadores, conscienciosos e escrupulosos em relação a detalhes e assumem uma atitude autoritária e conservadora. Sigmund Freud era primogênito, e Adler o descreveu como o típico filho mais velho. Os primogênitos podem também se sentir inseguros e ser hostis com os outros. Adler achava que os neuróticos, os pervertidos e os criminosos geralmente eram primogênitos.

## O segundo filho

O segundo filho, o causador de tanta revolta na vida do primogênito, também se encontra em uma situação singular. Ele nunca teve a posição de poder usufruída pelo primogênito, e mesmo que nasça outra criança na família, não terá a sensação de destronamento sentida pelos primogênitos.

Além disso, a essa altura, os pais geralmente mudavam suas atitudes e práticas de criação dos filhos. Um segundo bebê não é a novidade que foi o primeiro e os pais podem estar menos preocupados e ansiosos com seu próprio comportamento, podendo relaxar mais.

Desde o início, o segundo filho tem no irmão mais velho um determinador do ritmo. O segundo sempre tem o exemplo do primeiro como modelo, ameaça ou fonte de competição. Adler foi um segundo filho, que competiu a vida toda com o irmão mais velho (que se chamava Sigmund). Mesmo quando se tornou um analista famoso, ele ainda se sentia menos importante que seu irmão.

*Alfred [Adler] sempre se sentiu ofuscado por seu "irmão modelo" e se ressentia do seu status de predileção na família. Mesmo na meia-idade, sentiu-se impelido a comentar enfastiado que o rico empresário Sigmund, "uma pessoa boa e diligente [que] estava sempre na minha frente – ainda está na minha frente!".* (Hoffman, 1994, p. 11)

## Características do segundo filho

A competição com o primeiro filho pode servir para motivar o segundo filho a tentar alcançar e superar o irmão mais velho, uma meta que impulsiona a linguagem e o desenvolvimento motor do segundo filho. Eles começam a falar mais cedo que os primeiros e, como não experimentaram o poder, não se preocupam com ele; são mais otimistas quanto ao futuro e tendem a ser competitivos e ambiciosos, como era Adler.

Outros resultados menos favoráveis também podem surgir da relação entre o primogênito e o segundo filho. Se, por exemplo, o irmão mais velho se sobressai nos esportes ou nos estudos, o segundo filho pode sentir que nunca poderá superá-lo e pode desistir de tentar. Nesse caso, a competitividade não se tornaria parte do estilo de vida do segundo filho e ele pode se tornar fracassado, apresentando desempenho abaixo de suas habilidades em muitos aspectos da vida.

## O filho caçula

Os caçulas nunca enfrentam o choque do destronamento por outra criança, em geral, se tornam os "queridinhos da família", principalmente se os irmãos forem bem mais velhos. Movidos pela necessidade de superá-los, os caçulas costumam se desenvolver muito rapidamente; é comum que sejam grandes realizadores no que quer que façam como adultos.

Pode ocorrer o contrário, entretanto, se forem excessivamente mimados e acreditarem que não precisam aprender a fazer nada por conta própria. À medida que vão ficando mais velhas, essas crianças podem preservar o desamparo e a dependência da infância. Não acostumadas a lutar, mas sim a serem cuidadas, essas pessoas têm dificuldade em se ajustar à idade adulta.

## O filho único

O filho único nunca perde a sua posição de primazia e poder que tem na família; continua sendo o centro das atenções. Passando mais tempo na companhia de adultos do que uma criança com irmãos, estes amadurecem cedo e manifestam comportamentos e atitudes de adultos.

Eles podem experimentar problemas ao perceber que, em áreas da vida fora de casa, como a escola, não são o centro das atenções. Filhos únicos não aprenderam a compartilhar nem a competir. Se as suas habilidades não lhe trouxerem reconhecimento e atenção suficientes, sentem-se profundamente desapontados.

Com suas ideias sobre a ordem do nascimento, Adler não estava propondo regras estritas sobre o desenvolvimento da infância. Uma criança não adquire um tipo de caráter automaticamente, com base apenas em sua posição dentro da família. O que ele estava sugerindo era a probabilidade de que certos estilos de vida se desenvolvam em razão da ordem de nascimento, junto com as primeiras interações sociais da pessoa. O *self* criativo utiliza ambas as influências na construção do estilo de vida.

# Questões sobre a natureza humana

O sistema de Adler fornece um quadro esperançoso e lisonjeiro da natureza humana, que é a antítese da visão lúgubre e pessimista de Freud. Certamente, é mais satisfatório para o nosso senso de autovalor considerar que somos capazes de, conscientemente, moldar o nosso desenvolvimento e o nosso destino do que sermos dominados por forças instintivas e experiências da infância sobre as quais não temos controle.

A visão de Adler é otimista, simplesmente porque as pessoas não são motivadas por forças inconscientes. Temos o livre-arbítrio de moldar forças sociais que nos influenciam e usá-las criativamente para construir um estilo de vida singular, e essa singularidade é outro aspecto do quadro lisonjeiro de Adler. O sistema de Freud atribuía uma universalidade e uma uniformidade deprimentes à natureza humana.

Embora na teoria de Adler alguns aspectos da natureza humana sejam inatos – por exemplo, o potencial para o interesse social e a luta pela perfeição –, é a experiência que determina como essas tendências herdadas serão realizadas. As influências da infância são importantes, principalmente a posição na ordem de nascimento e a interação com os nossos pais, mas não somos vítimas das experiências da infância. Em vez disso, nós a utilizamos para criar o nosso estilo de vida.

Adler via cada pessoa como um ser humano que lutava para atingir a perfeição e enxergava a humanidade do mesmo modo. Ele acreditava no poder criativo do indivíduo e era otimista quanto ao progresso social.

# A avaliação na teoria de Adler

Como Freud, Adler desenvolveu sua teoria analisando seus pacientes, isto é, avaliando o que eles verbalizavam e o seu comportamento durante as sessões de terapia. Sua abordagem era mais relaxada e informal que a de Freud. Enquanto os pacientes de Freud se deitavam em um divã e ele se posta-va atrás, Adler e seus pacientes sentavam-se em cadeiras confortáveis, um de frente para o outro. As sessões estavam mais para conversas entre amigos do que para o relacionamento formal mantido por Freud.

Adler também gostava de usar humor em sua terapia, às vezes provocando seus pacientes de maneira alegre e amistosa. Ele era um depósito de piadas adequadas para várias neuroses e acreditava que fazer piada poderia levar o paciente a ver "quão ridícula era sua doença". Quando um paciente adolescente lhe disse que se sentia culpado quando se masturbava, Adler respondeu: "Você quer dizer que se masturba e se sente culpado? Isto é demais! Masturbe-se ou sinta-se culpado. Mas ambos é demais" (Hoffman, 1994, p. 209, 273).

Adler avaliava a personalidade de seus pacientes observando tudo neles: a maneira de andar e sentar, de dar a mão e até a cadeira que escolhiam para sentar. Ele sugeriu que a maneira como utili-zamos o nosso corpo indica algo sobre o nosso estilo de vida. Até a posição como dormimos revela alguma coisa.

Por exemplo, segundo Adler, aqueles que têm um sono agitado e os que dormem de barriga para cima querem parecer mais importantes do que são. Dormir de bruços mostra uma personalidade teimosa e negativa. Ficar na posição fetal mostra que a pessoa tem medo de interagir com as outras. Dormir com os braços esticados revela uma necessidade de ser alimentado e apoiado.

Os métodos básicos de avaliação de Adler, aos quais ele se referia como portões de entrada para a vida mental, são a posição na ordem de nascimento, as primeiras lembranças e a análise dos sonhos. Além disso, psicólogos desenvolveram testes de avaliação psicológica com base no conceito de interesse social de Adler, cujo objetivo, ao avaliar a personalidade, era descobrir o estilo de vida do paciente e dizer se este era o mais adequado para ele.

## Primeiras lembranças

Segundo Adler, a nossa personalidade é criada durante os primeiros quatro ou cinco anos de vida. As **primeiras lembranças** desse perío-do indicam o estilo de vida que continuará a nos caracterizar como adultos. Adler descobriu que fazia pouca diferença se as primeiras lem-branças de seus clientes eram eventos reais ou fantasias.

Em ambos os casos, o interesse básico da vida da pessoa girava em torno dos incidentes lembrados e assim, em sua visão, as primeiras lembranças são "os indicadores individuais mais satisfatórios do estilo de vida" (Manaster e Mays, 2004, p.114). Adler também descobriu que muitas das primeiras memórias continham referências a objetos físicos reais como parte da memória que eles estavam extraindo (Clark, 2009).

**Primeiras lembranças**
Técnica de avaliação de personalidade na qual se pre-sume que as nossas primeiras memórias, quer sejam de eventos reais quer sejam de fantasias, revelam o interesse básico da nossa vida.

Embora acreditasse que cada lembrança antiga devesse ser interpretada dentro do contexto do estilo de vida do paciente, encontrou traços comuns entre elas. Ele sugeriu que as lembranças rela-cionadas a perigo ou castigo indicavam uma tendência para a hostilidade; as que envolviam o nasci-mento de um irmão mostravam uma sensação constante de destronamento; as que se concentravam no pai ou na mãe revelavam preferência por um ou por outro; e as lembranças de comportamento impróprio alertavam contra qualquer tentativa de repetir esse comportamento.

Adler acreditava que

*[as pessoas] recordam da primeira infância: a) apenas imagens que confirmam e corroboram a visão atual de si mesmas no mundo [...]; b) apenas as memórias que suportam a direção de suas lutas por significado e segurança. [Seu] foco na memória seletiva e no estilo de vida enfatiza o que é lembra-do. Já a abordagem de Freud de interpretar as primeiras memórias enfatiza o que é esquecido por meio do mecanismo de repressão.* (Kopp e Eckstein, 2004, p. 165)

## Primeiras lembranças estranhas de Adler

Uma lembrança da infância que Adler relatou quando adulto era de quando tinha 5 anos e havia acabado de entrar na escola. Ele se lembrava de ter um medo terrível todos os dias, porque o caminho até lá passava por um cemitério (Adler, 1963). Ele ficava aterrorizado toda vez que ia a pé para a escola, mas também ficava confuso, porque as outras crianças pareciam não notar o cemitério.

Como ele era o único que sentia medo, essa experiência aumentou o seu sentimento de inferioridade. Um dia, ele decidiu acabar com seus medos; passou pelo cemitério uma dúzia de vezes até sentir que havia superado esse sentimento. Depois disso, conseguia ir à escola tranquilamente passando pelo cemitério.

Trinta anos mais tarde, encontrou um ex-colega de escola e, durante a conversa, perguntou-lhe se o antigo cemitério ainda estava lá. O homem expressou surpresa e disse a Adler que nunca houve um cemitério perto da escola. Adler ficou chocado. Sua lembrança era tão vívida! Ele procurou outros colegas de escola e perguntou-lhes sobre o cemitério.

Todos disseram a mesma coisa: nunca houve um cemitério perto da escola. Adler, finalmente, aceitou que sua lembrança do incidente era falha. Mesmo assim, ela simbolizava o medo, a inferioridade e os seus esforços para superá-los, o que caracterizou o seu estilo de vida. Essa antiga lembrança, portanto, revelou um aspecto importante e influente da sua personalidade.

## Análise de sonhos

Adler concordava com Freud quanto ao valor dos sonhos para se entender a personalidade, mas discordava quanto à maneira pela qual eles deveriam ser interpretados. Não acreditava que os sonhos realizavam desejos ou revelavam conflitos ocultos, mas sim que envolviam os nossos sentimentos sobre um problema atual e o que estávamos planejando fazer a respeito.

Um dos sonhos do próprio Adler ilustra essa teoria. Antes da sua primeira visita aos Estados Unidos, estava ansioso e preocupado com o modo como ele e a sua teoria da personalidade seriam recebidos. Na noite anterior à agendada para ele cruzar o Oceano Atlântico de navio, sonhou que o navio havia virado e naufragado com ele a bordo.

> *Todos os bens materiais de Adler estavam no navio e foram destruídos por ondas devastadoras. Lançado ao mar, foi forçado a nadar para salvar sua vida. Sozinho, lutou em águas turbulentas. Mas, com força de vontade e determinação, finalmente chegou são e salvo à terra.* (Hoffman, 1994, p. 151)

Esse sonho revelou o medo de Adler quanto ao que enfrentaria nos Estados Unidos e a sua intenção de chegar lá são e salvo; em outras palavras, obter sucesso para si mesmo e para sua teoria de psicologia individual.

Nas fantasias dos nossos sonhos (tanto diurnos quanto noturnos), acreditamos que podemos superar os obstáculos mais difíceis ou simplificar o problema mais complexo. Portanto, os sonhos são voltados para o presente e para o futuro, e não para conflitos do passado.

Para Adler, os sonhos nunca devem ser interpretados sem que se conheça a pessoa e a sua situação. O sonho é uma manifestação do seu estilo de vida e, portanto, exclusivo dela. Adler encontrou interpretações comuns para alguns deles. Muitas pessoas relatavam sonhos que envolviam queda ou voo, um tipo de sonho que Freud interpretava em termos sexuais.

Segundo Adler, sonhar com queda indica que a visão emocional da pessoa envolve rebaixamento ou perda, como o medo de perder a autoestima ou o prestígio. Sonhar com voo indica um senso de luta para subir, um estilo de vida ambicioso, no qual a pessoa deseja ficar acima ou ser melhor que os outros.

Os sonhos que combinam voo e queda envolvem o medo de ser ambicioso demais e, consequentemente, cair. Sonhar que se está sendo perseguido sugere uma sensação de fraqueza em relação aos outros. Sonhar que se está nu indica medo de deixar a si mesmo escapar. O Quadro 4.1 mostra outras interpretações adlerianas de sonhos.

**QUADRO 4.1** ▪ Evento do sonho e seus significados latentes

| Evento do sonho | Interpretação adleriana |
|---|---|
| Ficar paralisado | Enfrentar problemas insolúveis |
| Provas escolares | Estar despreparado para determinadas situações |
| Usar as roupas erradas | Ficar perturbado pelos seus erros |
| Temas sexuais | Fugir do sexo ou ter informações inadequadas sobre ele |
| Ira | Um estilo de vida irado ou hostil |
| Morte | Questões não resolvidas relacionadas à pessoa morta |

Fonte: Adaptado de Grey, L. *Alfred Adler, the forgotten prophet: A vision for the 21st century.* Westport, CT: Praeger, 1998. p. 93.

## Medidas de interesse social*

Adler não queria utilizar testes psicológicos para avaliar a personalidade. Segundo ele, tais testes criam situações artificiais que mostram resultados ambíguos; contudo, pensava que, em vez de confiar nos testes, os terapeutas deveriam desenvolver sua intuição; contudo, apoiava testes de memória e inteligência. O que ele criticava eram os testes de personalidade.

Os psicólogos têm elaborado testes para medir o conceito de Adler de interesse social e estilo de vida. A Escala de Interesse Social (*Social Interest Scale*, SIS) é composta de pares de adjetivos (Crandall, 1981), e os participantes escolhem a palavra de cada par que melhor descreva um atributo que gostariam de ter. Palavras como "prestativo", "solidário" e "atencioso" indicam o grau de interesse social da pessoa.

O Índice de Interesse Social (*Strong Interest Inventory,* SII) é um inventário no qual os participantes da pesquisa julgam até que ponto as afirmações são uma representação de si mesmas ou de suas características pessoais (Greever, Tseng e Friedland, 1973). Os itens, tal como "Eu não me importo em ajudar amigos", foram selecionados de forma que refletissem as ideias de Adler e indicassem a capacidade da pessoa para aceitar e colaborar com os outros.

Pessoas com resultados altos no SII, que indicam um alto grau de interesse social, tendem a ter resultados altos em cordialidade, empatia, cooperação com os outros, tolerância, independência. Elas tinham também resultados mais baixos em ansiedade, hostilidade, depressão e neuroticismo (Leak, 2006a, 2006b).

As Escalas Adlerianas Básicas de Sucesso Interpessoal – Versão A (*Basic Adlerian Scales of Interpersonal Styles*, BASIS-A) são um inventário de 65 itens planejado para avaliar o estilo de vida e o grau de interesse social. As cinco dimensões de personalidade medidas são: ter interesse social, acompanhar, assumir o comando, querer reconhecimento e ser cauteloso (Peluso *et al.*, 2004).

## A pesquisa na teoria de Adler

O método básico de pesquisa de Adler era o estudo de caso. Infelizmente, poucos de seus dados foram mantidos. Ele não publicou histórias de casos, exceto dois fragmentos: um escrito por um paciente e outro, pelo médico de um paciente. Adler não conhecia estes pacientes, mas analisou a personalidade deles examinando o que haviam escrito.

Seus dados e método de pesquisa estão sujeitos às mesmas críticas que discutimos em Freud e Jung. Suas observações não podem ser repetidas e duplicadas nem foram feitas de maneira contro-

---

* Os testes descritos nesta seção não estão disponíveis para uso no Brasil. (N. do R. T.)

lada e sistemática. Adler não tentou verificar a precisão dos relatos de seus pacientes ou explicar os procedimentos que utilizou para analisar os dados, tampouco tinha interesse em aplicar o método experimental. Um seguidor seu escreveu: "Adler queria que sua psicologia fosse uma ciência, mas não era uma psicologia facilmente verificável pelo método científico" (Manaster, 2006, p. 6).

Embora a maioria das suas propostas tenha resistido às tentativas de validação científica, vários tópicos foram objeto de pesquisa. Entre eles estão os sonhos, sentimentos de inferioridade, as primeiras lembranças, mimos excessivos ou negligência na infância, interesse social e a posição na ordem de nascimento.

**Sonhos.** A crença de Adler de que os sonhos ajudam a resolver problemas atuais foi investigada por meio da exposição de participantes de uma pesquisa a situações nas quais não conseguir resolver um quebra-cabeças era considerado uma ameaça à personalidade. Depois, permitiu-se que eles dormissem. Alguns puderam sonhar, mas foram acordados apenas durante o sono sem movimento rápido dos olhos ou sono não REM (NREM – *non-rapid eye movement*). Outros foram acordados durante o sono com movimento rápido dos olhos (REM – *rapid eye movement*), para que não pudessem sonhar.

Os participantes da pesquisa que sonharam lembravam-se muito mais do quebra-cabeças não resolvido do que aqueles que não sonharam, levando os pesquisadores a concluir que sonhar lhes permitia lidar de maneira eficaz com a situação ameaçadora atual – isto é, não conseguir resolver o quebra-cabeças (Grieser, Greenberg e Harrison, 1972).

Em outro estudo, foram relatados sonhos de dois grupos de participantes da pesquisa (Breger, Hunter e Lane, 1971). Um grupo era composto de alunos universitários, que estavam prevendo uma sessão de psicoterapia estressante, e outro, de pacientes prestes a sofrer uma grande cirurgia. Em ambos os grupos, os sonhos lembrados concentravam-se em preocupações, temores e esperanças conscientes. Eles sonharam com os problemas que estavam enfrentando naquele momento.

Nossas primeiras memórias da infância ajudam a revelar nosso estilo de vida.

Fancy/Jupiter Images

**Sentimentos de inferioridade.** As pesquisas sobre o conceito de sentimento de inferioridade de Adler revelaram que adultos que obtiveram resultados baixos em sentimentos de inferioridade tendiam a ser mais bem-sucedidos e autoconfiantes e mais persistentes em tentar atingir suas metas do que aqueles que obtiveram resultados altos. Um estudo em uma faculdade norte-americana mostrou que pessoas com sentimentos de inferioridade moderados obtiveram uma nota média superior àqueles com sentimentos de inferioridade baixos ou altos. (Strano e Petrocelli, 2005).

Pesquisas feitas com adolescentes e jovens adultos na China mostraram que eles se sentem inferiores em relação a diferentes aspectos de suas vidas em diferentes idades. Adolescentes mais jovens tinha sentimentos de inferioridade com notas baixas; adolescentes mais velhos apontaram sentimentos de inferioridade a respeito da atratividade física. Estudantes universitários relataram sentimentos de inferioridade com relação a sua falta de habilidades sociais (Kosaka, 2008).

**Primeiras lembranças.** As primeiras lembranças de pessoas diagnosticadas como neuróticas ansiosas estavam relacionadas ao medo, enquanto as de pessoas deprimidas eram centradas no abandono, as de pessoas com queixas psicossomáticas envolviam doenças (Jackson e Sechrest, 1962) e as de alcoólatras continham eventos ameaçadores, bem como situações nas quais eles eram controlados por situações externas, e não pelas suas próprias decisões. As primeiras lembranças de um grupo de controle de não alcoólatras não apresentavam nenhum desses temas (Hafner, Fakouri e Labrentz, 1982).

Um estudo conduzido com policiais dos Estados Unidos revelou que aqueles cujas primeiras lembranças eram traumáticas tinham sintomas mais acentuados de transtorno de estresse pós-traumático (TEPT) do que os indivíduos que não tinham esses tipos de lembranças (Patterson, 2014). As primeiras lembranças de criminosos adultos envolviam interações perturbadoras ou agressivas com outras pessoas, contendo mais eventos desagradáveis do que as primeiras lembranças de um grupo de controle (Hankoff, 1987). As primeiras lembranças de adolescentes delinquentes relacionavam-se à violação de regras, dificuldades em cultivar relações sociais e falta de habilidade para enfrentar a vida por si próprios. Eles consideravam também que seus pais eram indignos de confiança e tinham mais probabilidade de magoar que de ajudar, e não conseguiam lidar com a vida sozinhos. Esses temas não estavam presentes nas primeiras lembranças de um grupo de controle (Davidow e Bruhn, 1990).

Os pacientes psiquiátricos considerados um perigo para si mesmos e para os outros apresentaram mais lembranças precoces agressivas do que os pacientes psiquiátricos não perigosos. As lembranças dos pacientes perigosos revelaram que eles se sentiam vulneráveis e impotentes e viam os outros como hostis e abusivos (Tobey e Bruhn, 1992).

## A natureza das primeiras lembranças

Uma pesquisa que utilizou um sistema objetivo de pontuação de primeiras lembranças mostrou que elas tendem a ser recriações subjetivas e não eventos que realmente aconteceram, como a lembrança que Adler tinha do cemitério (Statton e Wilborn, 1991).

Um estudo verificou que, quando se pedia às pessoas que inventassem eventos que pudessem ter acontecido com outra pessoa, os temas eram semelhantes aos apontados pelas próprias lembranças (Buchanan, Kern e Bell-Dumas, 1991). Esse estudo também forneceu suporte para o argumento de Adler de que as primeiras lembranças indicam o estilo de vida atual da pessoa e, portanto, podem ser usadas como instrumento terapêutico (o Quadro 4.2 resume os possíveis temas de primeiras lembranças).

Um estudo realizado nos Estados Unidos e em Israel mostrou que as primeiras lembranças permitiam prever as preferências profissionais. Por exemplo, as primeiras lembranças de médicos, matemáticos e psicólogos incluíam temas como curiosidade, pensamento independente e ceticismo quanto a informações obtidas de figuras autoritárias (Clark, 2005; Kasler e Nevo, 2005).

QUADRO 4.2 ▪ Primeiras lembranças e temas de estilo de vida

| Lembrança | Possível tema |
|---|---|
| Primeira lembrança da escola | Atitudes relacionadas a realização, domínio e independência |
| Primeira lembrança de castigo | Atitude em relação a figuras autoritárias |
| Primeira lembrança de irmão ou irmã | Evidência de rivalidade entre irmãos |
| Primeira lembrança da família | Atitude em situações sociais |
| Lembrança mais clara da mãe | Atitudes em relação a mulheres |
| Lembrança mais clara do pai | Atitudes em relação a homens |
| Lembrança de uma pessoa que admira | Base para modelo |
| Lembrança mais feliz | Base para a melhor maneira de satisfazer suas maiores necessidades |

Fonte: Adaptado de Bruhn, A. R. "The early memories procedure". *Journal of Personality Assessment*, 58,1, p. 1-15, 1992a.

**Negligência na infância.** Adler sugeriu que as crianças que eram negligenciadas ou rejeitadas pelos pais desenvolviam um sentimento de inutilidade. Um estudo feito com adultos hospitalizados por depressão descobriu que os pacientes classificavam seus pais como hostis, desligados e rejeitadores (Crook, Raskin e Eliot, 1981). Entrevistas com irmãos, parentes e amigos dos pacientes confirmaram que seus pais tinham realmente se comportado dessa forma.

Em outro estudo, pais de crianças de 8 anos responderam a um questionário para avaliar suas atitudes em termos de educação dos filhos e o seu grau de satisfação com eles (Lefkowitz e Tesiny, 1984). Dez anos depois, os filhos então com 18 anos, receberam a escala de depressão do Inventário Multifásico Minnesota de Personalidade (*Minnesota Multiphasic Personality Inventory*, MMPI). Os participantes cuja pontuação mostrou maior grau de depressão haviam sido negligenciados pelos pais na infância. Aqueles cujos pais não haviam sido indiferentes ou pouco amorosos obtiveram uma pontuação mais baixa na escala da depressão.

Pesquisas mais recentes apontam que crianças negligenciadas sentem mais vergonha, depressão, sintomas de TEPT e têm menos habilidades de socialização do que aquelas que não foram negligenciadas (Bennett, Sullivan e Lewis, 2010; Lowell *et al.*, 2011; Milot *et al.*, 2013).

Crianças e adolescentes chineses (com idades entre 5 e 17 anos) que passaram por negligência eram muito mais propensos a desenvolver alta ansiedade do que aqueles que não foram negligenciados (Guan, Deng e Luo, 2010). As crianças negligenciadas também podem ser mais propensas a atos de violência e a abuso de álcool em suas vidas. (Widom *et al.*, 2013). Parece, então, que crianças negligenciadas pagam um preço alto quando crescem.

**Mimos na infância.** Adler notou que os mimos na infância podem levar a um estilo de vida mimado, no qual a pessoa demonstraria pouco ou nenhum sentimento social pelos outros. As pesquisas corroboram essa ideia e sugerem também que os mimos podem levar a um narcisismo excessivo, que envolve falta de responsabilidade ou empatia em relação às outras pessoas, a um senso exagerado da própria importância e à tendência de explorar os outros. Estudos identificaram quatro tipos de mimos.

- Excesso de indulgência, que envolve uma gratificação persistente por parte dos pais em relação aos desejos e necessidades das crianças, o que leva a sentimentos de direito legítimo e a comportamentos manipuladores.

- Excesso de permissividade, que significa permitir que a criança se comporte como bem quiser, sem consideração pelos efeitos de seu comportamento sobre os outros, provocando a quebra das regras sociais e infringindo o direito dos demais.

- Excesso de dominação, que significa que todas as decisões são tomadas apenas pelos pais, levando à falta de confiança da criança e à tendência de ela se tornar dependente de outros quando adulto.

- Superproteção, que significa prudência por parte dos pais, excesso de avisos sobre os perigos potenciais no ambiente, levando a uma ansiedade generalizada e à tendência de evitar situações sociais ou se esconder delas.

Levantamentos realizados com estudantes universitários revelaram que crianças com mães excessivamente dominadoras tinham probabilidade mais alta de procurar psicoterapia durante a faculdade. Estudantes que haviam classificado os pais como superindulgentes ou superprotetores tendiam a ter baixa autoestima. Estudantes cujos pais eram considerados tanto superindulgentes quanto superdominadores obtiveram resultados altos em narcisismo (Capron, 2004).

**Interesse social.** As pesquisas que utilizaram a Escala de Interesse Social mostraram que as pessoas com um índice de interesse social mais elevado apresentaram menos estresse, depressão, ansiedade e hostilidade do que aquelas com menos interesse social. Já aquelas com maior pontuação de interesse social também atingiram uma pontuação maior nos testes que avaliaram colaboração com os outros, empatia, responsabilidade e popularidade do que as que obtiveram uma pontuação menor (Crandall, 1984; Watkins Jr., 1994; Watkins e St. John, 1994). Estudos feitos com universitários revelaram que aqueles que obtiveram resultados elevados em interesse social também tiveram pontuação alta em espiritualidade e religiosidade. Entretanto, sua espiritualidade era de natureza positiva, tolerante e colaboradora, e não necessariamente etnocêntrica ou fundamentalista (Leak, 2006a).

Outros estudos realizados nos Estados Unidos e na China mostraram que aqueles que tinham alto interesse social também tinham resultados elevados em bem-estar subjetivo, esperança e otimismo, afabilidade, autoidentidade, autodeterminação e um forte senso de propósito na vida (Barlow, Tobin e Schmidt, 2009; Foley, Matheny e Curlette, 2008; Leak e Leak, 2006).

Um estudo com adolescentes do ensino médio, das séries 9 a 12 [norte-americanas], revelou que aqueles que tinham alto interesse social obtiveram resultados mais altos em satisfação na vida em geral e em satisfação com amigos e familiares do que aqueles que haviam obtido baixos resultados em interesse social (Gilman, 2001). Outra pesquisa, realizada com criminosos do sexo masculino de 18 a 40 anos, mostrou que aqueles que obtiveram resultados superiores em interesse social tinham probabilidade muito mais baixa de cometer outros crimes após serem libertados da prisão do que aqueles que haviam obtido resultados baixos em interesse social (Daugherty Murphy e Paugh, 2001). Delinquentes juvenis obtiveram menor pontuação em interesse social do que aqueles que não foram identificados como tal (Newbauer e Stone, 2010).

Estudos com o Índice de Interesse Social indicaram que as mulheres que obtiveram uma pontuação mais elevada em interesse social apresentavam uma atualização do *self* consideravelmente mais alta, uma característica da personalidade sadia descrita por Abraham Maslow (ver Capítulo 9). Outras pesquisas registraram que o interesse social era mais elevado nas mulheres do que nos homens e que esse interesse aumentava em ambos os sexos com a idade (Greever e Tseng Friedland, 1973).

Um estudo feito com homens e mulheres latinos que vivem nos Estados Unidos descobriu que os participantes da pesquisa que eram bem ajustados às duas culturas atingiam mais pontos nas medidas de interesse social do que aqueles que haviam sido primariamente aculturados só no estilo de vida latino ou só no norte-americano (Miranda, Frevert e Kern, 1998).

Um alto interesse social pode ser bom também para a saúde de modo geral. O interesse social, com seus sentimentos relacionados de pertencimento, cooperação e um senso de contribuir ou de receber apoio de uma rede social, tem sido associado positivamente ao bem-estar psíquico e mental.

> **DESTAQUES**: Pesquisas sobre as ideias de Adler
>
> Crianças negligenciadas tendem a desenvolver:
> - Sentimentos de inutilidade e vergonha.
> - Depressão.
> - Ansiedade.
>
> Crianças mimadas tendem a:
> - Ter baixa autoestima.
> - Tornar-se narcisistas.
> - Não ter empatia pelos outros.
>
> Pessoas com pontuação alta em interesse social tendem a:
> - Pontuar baixo em depressão, ansiedade e hostilidade.
> - Desenvolver sentimentos de empatia pelos outros.
> - Tornar-se felizes e agradáveis.

Por exemplo, pessoas com pontuação alta em interesse social tendem a ter um sistema imunológico mais forte, menos resfriados, pressão sanguínea mais baixa e maior bem-estar subjetivo. (Nikelly, 2005).

**Ordem de nascimento.** Muitas pesquisas têm sido realizadas sobre os efeitos da ordem de nascimento dentro da família (Eckstein e Kaufman, 2012). Em uma pesquisa com 200 estudos sobre ordem de nascimento, os autores concluíram que os filhos que nasceram primeiro tinham níveis mais altos de sucesso e realização, além de maior probabilidade de se tornar contadores, advogados, arquitetos, cirurgiões, professores universitários ou astronautas. Os outros filhos, por outro lado, tinham maior probabilidade de se tornar bombeiros, professores de ensino médio, músicos, fotógrafos, assistentes sociais ou dublês (Eckstein *et al.*, 2010).

É claro que o fato de ser o primeiro, o segundo, o último ou o único filho influencia a personalidade de vários modos. O simples fato de ter irmãos mais velhos ou mais novos, a despeito de qual seja a ordem de nascimento da criança, também afetará sua personalidade. Por exemplo, estudos com quase 20 mil participantes na Inglaterra, Escócia e País de Gales e cerca de 3,5 mil pessoas dos Estados Unidos revelaram que o número de irmãos mais velhos de um homem pode ajudar a prever sua orientação sexual. Meninos que têm irmãos mais velhos são mais atraídos sexualmente por homens do que meninos que não têm irmãos mais velhos. Quanto maior o número de irmãos mais velhos de um homem, maior a atração que ele sente pelo mesmo sexo. Já o fato de ter irmãs mais velhas não ajuda a prever a orientação sexual das mulheres (Bogaert, 2003).

A ordem de nascimento também pode afetar nossa escolha de amigos. Pesquisas apontam que os primogênitos têm probabilidade maior de se associar a outros primogênitos, segundos filhos com outros segundos filhos, e assim por diante. Filhos únicos tendem a se associar com outros filhos únicos. Essas preferências ocorrem tanto para amizades quanto para relações românticas (Hartshorne, 2010; Hartshorne, Salem-Hartshorne e Hartshorne, 2009).

**Primeiros filhos.** Um estudo realizado na Finlândia revelou que o comportamento e as características dos primogênitos podem ter influência sobre a decisão de os pais terem outros filhos dentro de cinco anos após o nascimento do primeiro. Pais cujos filhos demonstraram alta inteligência, poucos problemas comportamentais e capacidade de se adaptar a novas situações eram mais propensos a ter outros filhos (Jokela, 2010).

Segundo Adler, os primogênitos preocupam-se com poder e autoridade, e uma forma de obter essas duas coisas depois de adultos é por meio da realização profissional. Em muitas áreas, de cursos superiores a cargos executivos, os primogênitos revelaram-se super-representados, considerando-se a sua proporção na população. A quantidade deles que se tornou famosa é maior que a de não primogênitos, e eles tendem a obter maior realização intelectual nos centros acadêmicos e mais poder e prestígio em suas carreiras (Breland, 1974; Schachter, 1963).

Estudos realizados nos Estados Unidos e na Polônia revelaram que primogênitos obtiveram resultados mais altos em medidas de inteligência, completaram mais anos de educação formal e trabalharam em ocupações de mais prestígio que os nascidos depois (Herrera *et al.*, 2003). Pesquisas com adultos na Suécia mostraram que primogênitos obtiveram resultados mais altos que os nascidos posteriormente em testes sobre funcionamento gerencial ou executivo (Holmgren, Molander e Nilsson, 2006). Um estudo na Noruega com mais de 240 mil recrutas do Exército do sexo masculino mostrou que irmãos mais velhos obtiveram resultados mais altos em um teste de QI do que irmãos mais novos (Kristensen e Bjerkedal, 2007).

Uma pesquisa britânica descobriu que os primeiros filhos têm muito menos probabilidade de sofrer com TEPT do que aqueles que, em famílias grandes, são os quintos filhos ou os caçulas. Os que nascem por último revelaram ser mais sujeitos a estresse e transtornos de adaptação (Green e Griffiths, 2014). Em geral, os resultados dessas pesquisas confirmam as visões de Adler.

Evidências sugerem que os primogênitos podem ser mais inteligentes que os não primogênitos, embora nem todos os pesquisadores estejam de acordo (ver, por exemplo, Rodgers, 2001). O QI de 400 mil homens europeus foi analisado quanto à ordem de nascimento (Belmont e Marolla, 1973). Os resultados provam que eles tinham QI mais alto que os segundos filhos, e estes, QI mais altos que os terceiros, e assim por diante.

Esses resultados foram confirmados em homens e mulheres de vários países (Zajonc, Markus e Markus, 1979). Uma possível explicação para a aparente maior inteligência dos primogênitos está associada à exposição exclusiva destes a adultos e não a diferenças genéticas. Consequentemente, os primogênitos podem ter tido um ambiente intelectual mais estimulante que os não primogênitos.

Embora os primeiros filhos possam ser mais inteligentes que os filhos nascidos depois, nem sempre eles tiram as notas mais altas na escola. Pesquisas realizadas com estudantes norte-americanos do ensino médio confirmaram que os primogênitos têm QIs mais elevados, mas que os não primogênitos tendem a se esforçar mais e alcançar médias de desempenho superiores (Frank, Turenshine e Sullivan, 2010; Rettner, 2010).

Os primogênitos tendem a ser mais dependentes das outras pessoas e mais sugestionáveis; ficam ansiosos em situações estressantes e têm maior necessidade de relações sociais (Schachter, 1963; 1964). Esses resultados poderiam ser previstos a partir da teoria de Adler, que observou que eles ficam ansiosos quando são destronados por um irmão e tentam recuperar sua posição atendendo às expectativas dos pais. Portanto, dependem mais dos padrões dos outros, inclusive dos pais, para pautar seu comportamento e formar sua autoavaliação (Newman, Higgins e Vookles, 1992).

Outra pesquisa descobriu que primogênitos tinham uma pontuação mais baixa em testes de depressão e ansiedade e mais alta em autoestima (Gates *et al.*, 1988), podendo também ser mais extrovertidos e conscienciosos que os não primogênitos (Sulloway, 1995). Contudo, uma pesquisa posterior realizada na Holanda revelou o oposto: os filhos não primogênitos eram mais extrovertidos naquilo em que eram mais dominantes e assertivos (Pollet *et al.*, 2010).

Constatou-se que as primeiras filhas são mais obedientes e socialmente responsáveis que as não primogênitas e tendem a se sentir mais íntimas de seus pais (Sutton-Smith e Rosenberg, 1970). Estudos realizados na França, na Croácia, no Canadá e na Inglaterra mostraram que as primogênitas tendiam a ser supervisionadas mais de perto na infância, eram classificadas por suas mães como menos temerosas, relataram mais sonhos infantis assustadores e obtiveram resultados superiores em liderança na faculdade (Beck, Burnet e Vosper, 2006; Begue e Roche, 2005; Kerestes, 2006.; McCann, Stewin e Short, 1990).

**Segundos filhos.** Menos pesquisas foram realizadas sobre segundos filhos. Um estudo feito com primogênitos e segundos filhos irmãos entre si, conduzido por três anos, revelou que as atitudes, personalidades e atividades de lazer dos segundos filhos eram mais influenciadas pelos irmãos mais velhos do que pelos pais (McHale *et al.*, 2001). Pesquisas realizadas com jogadores das principais ligas de beisebol dos Estados Unidos descobriram que aqueles que eram caçulas tinham dez vezes mais propensão a empreender a ação de alto risco de roubar a base durante um jogo que filhos mais velhos. Eles também tinham médias de rebatidas mais altas do que aqueles que eram irmãos mais velhos (Sulloway e Zweigenhaft, 2010).

**Caçulas.** Adler previu que os caçulas, se excessivamente mimados, teriam problemas de adaptação quando adultos. Uma das razões frequentemente sugeridas para o alcoolismo é que algumas pessoas não conseguem lidar com as demandas da vida cotidiana. Se for verdade, segundo a teoria de Adler, mais caçulas do que primogênitos se tornariam alcoólatras, previsão esta que foi corroborada por vários estudos que lidavam com alcoolismo e ordem de nascimento. Da mesma forma, o abuso de álcool na faculdade revelou-se significativamente mais alto entre os nascidos depois do que entre os primogênitos (Laird e Shelton, 2006). Outra pesquisa sugere que os caçulas podem sentir um nível maior de rivalidade acadêmica com seus irmãos do que os primeiros filhos (Badger e Reddy, 2009).

**Filhos únicos.** Para Adler, os filhos únicos adultos preocupam-se excessivamente em ser o centro das atenções, como na infância, e também são mais egoístas do que os filhos criados com irmãos, mas as pesquisas nem sempre confirmaram este argumento. Um estudo constatou que os filhos únicos demonstravam mais comportamentos de cooperação que os primogênitos ou caçulas (Falbo, 1978). Outro verificou que eles eram mais egocêntricos e menos populares que as crianças com irmãos (Jiao, Ji e Jing, 1986).

Uma análise de 115 estudos de filhos únicos evidenciou que eles apresentavam níveis mais altos de conquista de objetivos, inteligência, ajustamento social e emocional do que as pessoas que tinham irmãos (Falbo e Polit, 1986). Outra pesquisa posterior (Mellor, 1990) confirmou estes resultados e também que os filhos únicos tinham níveis mais elevados de iniciativa, aspiração, diligência e autoestima. Além disso, descobriu-se que eles eram fortemente motivados para conquistar objetivos e tinham pontuações altas em confiança e habilidades organizacionais (Siribaddana, 2013).

Os resultados de uma análise de diversos estudos revelaram que o número de irmãos é um fator de previsão consistente do êxito escolar; indivíduos com menos irmãos saem-se melhor na escola (Downey, 2001). Os filhos únicos podem ter mais oportunidades e recursos dos pais, o que os habilita a ter um desempenho melhor do que crianças com irmãos.

## Efeitos da ordem de nascimento: uma questão de crença?

E agora, depois de ler sobre os estudos que mostram a diferença entre as pessoas quanto à ordem de nascimento, chegamos a outra pesquisa: aqueles que acreditam que os efeitos da ordem de nascimento são diferentes *versus* aqueles que não acreditam que a ordem de nascimento afeta os indivíduos de maneiras diferentes. Segundo um estudo, os que acreditam nos efeitos da ordem de nascimento têm pontuações significativamente mais baixas na abertura a novas experiências e mais altas em neuroticismo do que os indivíduos que não acreditam nos efeitos diferenciais da ordem de nascimento (Gundersen *et al.*, 2011).

# Reflexões sobre a teoria de Adler

## Contribuições

A influência de Adler na psicologia foi substancial. Nos capítulos posteriores, veremos exemplos de suas ideias na obra de outros teóricos da personalidade. Essas contribuições tornam sua teoria da personalidade uma das mais duradouras. Ele estava à frente da sua época e a sua ênfase cognitiva e social é mais compatível com as tendências da psicologia atual do que com a psicologia do seu tempo (LaFountain, 2009). Trinta anos após a morte de Adler, Abraham Maslow escreveu: "Alfred Adler torna-se mais e mais correto a cada ano. À medida que os fatos vão chegando, eles corroboram cada vez mais a imagem que ele tinha do homem" (Maslow, 1970a, p. 13).

A ênfase de Adler nas forças sociais da personalidade pode ser encontrada na teoria de Karen Horney, no próximo capítulo. Seu foco na pessoa como um todo e na unidade da personalidade reflete-se no trabalho de Gordon Allport. O poder criativo da pessoa para moldar seu estilo de vida e a insistência de que as metas futuras são mais importantes que os eventos passados influenciaram o trabalho de Abraham Maslow. Julian Rotter, um teórico contemporâneo da aprendizagem social, escreveu que "ficou e continua impressionado com a percepção de Adler sobre a natureza humana" (Rotter, 1982, p. 1-2).

As ideias de Adler também atingiram a psicanálise freudiana. Foi ele quem propôs o impulso agressivo mais de 12 anos antes de Freud incluir a agressão como força motivadora básica. Os psicólogos neofreudianos do ego, que se concentraram em processos mais conscientes e racionais e menos no inconsciente, seguem a liderança de Adler, e não de Freud.

Adler contestou as opiniões de Freud sobre as mulheres, como a inveja do pênis, argumentando que não havia base biológica para o suposto complexo de inferioridade delas. Essa noção, disse Adler, foi um mito inventado pelos homens para manter seu suposto sentimento de superioridade. Ele admitiu que muitas mulheres talvez se sentissem inferiores, mas achava que isso poderia ser atribuído ao condicionamento social e ao estereótipo dos papéis sexuais; acreditava também na ideia de igualdade para os sexos e apoiava os movimentos de emancipação das mulheres da época.

Entre os conceitos específicos de Adler de importância duradoura para a psicologia estão o trabalho inicial sobre a inferioridade orgânica, que influenciou o estudo de problemas psicossomáticos, o complexo de inferioridade, a compensação e a posição na ordem de nascimento. Adler também é considerado um precursor da psicologia social e da terapia de grupo (ver Figura 4.1).

## Críticas

Por mais influente que tenha sido o trabalho de Adler, ele teve críticos. Freud disse que a psicologia de Adler era muito simplista e que atraía muitas pessoas porque eliminava a natureza complexa do inconsciente, não tinha conceitos difíceis e ignorava os problemas do sexo. Freud observou, ainda, que poderiam ser necessários dois anos ou mais para aprender sua psicanálise, mas "as ideias e a técnica de Adler poderiam ser facilmente conhecidas em duas semanas, pois com Adler há muito pouco a aprender" (*apud* Sterba, 1982, p. 156).

É verdade que a teoria de Adler parece mais simples que a de Freud ou de Jung, mas era essa a sua intenção; ele escreveu que levara 40 anos para tornar a sua psicologia simples. Um ponto que reforça a acusação de supersimplificação é que seus livros são fáceis de ler, porque ele escreveu para o público em geral e alguns deles foram compilados de suas famosas palestras.

Outra acusação é que os conceitos de Adler parecem estar fortemente baseados em observações de bom senso da vida cotidiana. Um crítico literário do *New York Times* observou: "Embora [Adler] seja um dos psicólogos mais eminentes do mundo, quando escreve sobre psicologia não há quem se iguale a ele em termos de simplicidade e linguagem não técnica" (*apud* Hoffman, 1994, p. 276).

Os críticos alegam que Adler era incoerente e não sistemático em seu raciocínio e que sua teoria contém lacunas e perguntas não respondidas. Os sentimentos de inferioridade são o único problema que enfrentamos na vida? Todas as pessoas buscam a perfeição? Podemos nos resignar com um grau de inferioridade e não mais tentar compensá-lo? Estas e outras perguntas não podem ser respondidas adequadamente no sistema de Adler, mas, como vimos, a maioria dos teóricos nos deixa com perguntas sem resposta.

Alguns psicólogos contestam a posição de Adler sobre a questão de determinismo *versus* livre-arbítrio. No início de sua carreira, ele não contestou o conceito de determinismo, que era am-

Fonte: Hoffman, Edward. *The drive for self: Alfred Adler and the founding of individual psychology*. Reading, MA: Addison-Wesley, 1994.

**FIGURA 4.1** ▪ Os livros de Adler obtiveram uma popularidade considerável nos Estados Unidos e difundiram o gênero de autoajuda.

plamente aceito na ciência da época e caracterizou a teoria psicanalítica de Freud. Posteriormente, sentiu que precisava dar mais autonomia ao *self* e, na sua formulação final, rejeitou o determinismo.

Seu conceito do *self* criativo propõe que, antes dos 5 anos, forjamos um estilo de vida usando o material fornecido pela nossa hereditariedade e pelo nosso ambiente. No entanto, não fica claro como uma criança é capaz de tomar decisões tão importantes. Sabemos que Adler era favorável ao livre-arbítrio e se opôs à ideia de que somos vítimas de forças inatas e de eventos da infância. Essa posição é clara, mas os detalhes específicos sobre a formação do estilo de vida não o são.

## Reconhecimento e influências posteriores

Embora suas ideias tenham sido amplamente aceitas, o reconhecimento público diminuiu após a sua morte, em 1937, e ele recebeu relativamente poucos elogios ou créditos por suas contribuições. Muitos conceitos foram emprestados da sua teoria sem mencioná-la. Um exemplo típico dessa falta de reconhecimento é o obituário de Sigmund Freud no jornal *Times*, de Londres, que dizia que Freud havia criado o termo *complexo de inferioridade*. Quando Carl Jung morreu, o *New York Times* disse que ele havia cunhado o termo. Nenhum dos jornais mencionou Adler, o verdadeiro criador do conceito. No entanto, Adler recebeu uma homenagem atípica: um compositor inglês deu o seu nome a um quarteto de cordas.

Os seguidores de Adler afirmam que a psicologia individual continua popular entre os psicólogos, psiquiatras, assistentes sociais e educadores. *Individual Psychology: The Journal of Adlerian Theory, Research and Practice* é publicado trimestralmente pela North American Society of Adlerian Psychology. Outros periódicos adlerianos são publicados na Alemanha, na Itália e na França. Foram criados institutos de treinamento adleriano em Nova York, Chicago e outras cidades.

## Resumo do capítulo

A infância de Adler foi marcada por intensos esforços para compensar seus sentimentos de inferioridade. Seu sistema de psicologia individual difere da psicanálise freudiana por se concentrar na singularidade do indivíduo, na consciência e no social, e não nas forças biológicas. Ele minimiza o papel do sexo.

Os sentimentos de inferioridade são a fonte de toda a luta humana, resultante das nossas tentativas de compensar esses sentimentos, que são universais e determinados pelo desamparo da criança e da sua dependência dos adultos.

O complexo de inferioridade (isto é, a incapacidade de resolver os problemas da vida) é resultado de não se conseguir compensar os sentimentos de inferioridade, os quais podem ter sua origem na infância por meio da inferioridade orgânica, ou por ter sido uma criança mimada ou negligenciada. Um complexo de superioridade (uma opinião exagerada sobre as nossas capacidades e realizações) pode ser consequência de uma supercompensação.

Nossa meta principal é a superioridade ou a perfeição, isto é, tornar a personalidade um todo ou completa. O finalismo de ficção refere-se às ideias ficcionais, como a perfeição, que pautam nosso comportamento. O estilo de vida refere-se aos padrões singulares de características e comportamentos por meio dos quais buscamos a perfeição. O poder criativo do *self* diz respeito à nossa capacidade de criar o nosso *self* a partir do material que nos foi fornecido pela nossa hereditariedade e pelo nosso ambiente. Os quatro estilos de vida básicos são: o dominador, o dependente, o esquivo e o socialmente útil. O interesse social é inato, mas a extensão em que é realizado depende das nossas primeiras experiências sociais.

A posição na ordem do nascimento é uma grande influência social na infância e é a partir dela que criamos o nosso estilo de vida. Os primogênitos são voltados para o passado, pessimistas em relação ao futuro e se preocupam em manter a ordem e a autoridade. Os segundos filhos competem com os primeiros e tendem a ser ambiciosos. Os caçulas, impelidos pela necessidade de superar os irmãos mais velhos, podem se tornar grandes realizadores. Os filhos únicos podem amadurecer cedo, mas provavelmente sofrerão um choque na escola, quando não forem mais o centro das atenções.

A imagem adleriana da natureza humana é mais esperançosa que a freudiana. Na visão de Adler, as pessoas são únicas e têm o livre-arbítrio e a capacidade de moldar seu próprio desenvolvimento. Embora as experiências da infância sejam importantes, não somos vítimas delas.

Os métodos de avaliação de Adler são: a posição na ordem de nascimento, as primeiras lembranças e a análise dos sonhos. As pesquisas apoiam as teorias de Adler sobre o seguinte: sonhos, primeiras lembranças, negligência e mimos na infância; sua crença de que o interesse social está ligado a bem-estar emocional; o conceito de que primogênitos são grandes realizadores, dependentes dos outros, sugestionáveis e que ficam ansiosos sob estresse; e o conceito de que caçulas têm uma probabilidade maior de se tornar alcoólatras.

A ênfase de Adler nos fatores cognitivos e sociais da personalidade, na unidade da personalidade, no poder criativo do *self*, na importância das metas e nos fatores cognitivos influenciou muitos teóricos da personalidade.

 # Perguntas de revisão

1. De que forma a teoria de Adler reflete suas próprias experiências de infância?
2. Em que pontos Adler difere de Freud?
3. Qual é a diferença entre sentimentos de inferioridade e complexo de inferioridade? De que maneira cada um deles se desenvolve?
4. De que modo o complexo de superioridade difere da ideia de lutar pela superioridade? Como Adler define a superioridade?
5. Descreva o conceito de finalismo ficcional e explique como ele se relaciona com a noção de luta pela superioridade.
6. Como o *self* se desenvolve, segundo Adler? As pessoas têm um papel ativo ou passivo no desenvolvimento do *self*?
7. Quais são os quatro estilos de vida básicos, segundo Adler?
8. Quais comportamentos dos pais podem estimular o desenvolvimento do interesse social na criança? Que estilo de vida básico se identifica com o interesse social?
9. Como as pessoas com pontuação alta em interesse social diferem daquelas que pontuam baixo?
10. Descreva as características de personalidade propostas por Adler que podem se desenvolver no primeiro filho, no segundo e no caçula em razão da sua ordem de nascimento na família.
11. Segundo Adler, quais são as vantagens e desvantagens de ser filho único?
12. Se fosse possível escolher, qual ordem de nascimento você escolheria para você mesmo, dentro da sua família? Por quê?
13. Resuma as descobertas de pesquisas recentes sobre a personalidade dos primogênitos e dos

filhos únicos. Os resultados sustentam as previsões de Adler?

**14.** Discuta as diferenças entre a imagem da natureza humana de Adler e Freud.

**15.** Como Adler avaliava a personalidade de seus pacientes?

**16.** Qual é a importância das primeiras lembranças na avaliação da personalidade? Dê um exemplo de como as lembranças de Adler revelaram um aspecto da personalidade dele.

**17.** Qual é a finalidade dos sonhos? As pesquisas contemporâneas sobre o sono e os sonhos corroboram a visão de Adler?

**18.** Em que as pessoas que obtêm resultados altos em interesse social diferem daquelas que obtêm resultados baixos?

**19.** Discuta as contribuições do sistema de Adler dentro da psicologia atual.

# Leituras sugeridas

Adler, A. Individual psychology. In C. Murchison (Ed.), *Psychologies of 1930.* Worcester, MA: Clark University Press, 1930. p. 395-405. Uma exposição clara dos princípios básicos da psicologia individual de Adler.

Ansbacher, H. L. Alfred Adler's influence on the three leading cofounders of humanistic psychology. *Journal of Humanistic Psychology*, 1990, 30(4), p. 45-53. Identifica a influência de Adler, pessoalmente e por seus escritos, sobre o desenvolvimento da psicologia humanista nos Estados Unidos, particularmente por meio do contato dele com Maslow e Rogers.

Ansbacher, R. R. Alfred Adler, the man, seen by a student and friend. *Individual Psychology*, 1997, 53, p. 270-274. Usando a técnica de primeiras lembranças de Adler, a autora avalia as memórias que tem das palestras e sessões de terapia com Adler em Nova York e Vienna.

Carlson, J. e Maniacci, M. P. (Eds). *Alfred Adler revisited.* Nova York: Routledge/Taylor & Francis Group, 2011. Uma coleção de leituras de especialistas, detalhando os elementos básicos dos trabalhos de Adler e vinculando muitas de suas ideias aos avanços contemporâneos da psicologia.

Ellenberger, H. F, *The discovery of the unconscious: The history and evolution of dynamic psychiatry*. Nova York: Basic Books, 1970. Traça o estudo do inconsciente desde épocas primitivas até a psicanálise de Freud e seus derivados. Ver Capítulo 8, "Alfred Adler and Individual Psychology".

Fiebert, M. S. In and out of Freud s shadow: A chronology of Adler s relationship with Freud. *Individual Psychology*, 1997, 53, 241-269. Revisa sete anos de correspondências entre Adler e Freud e descreve as mudanças no relacionamento pessoal e profissional entre os dois, bem como o amargo rompimento.

Grey, L. *Alfred Adler, the forgotten prophet: A vision for the 21st century.* Westport, CT: Praeger, 1998. Biografia e avaliação da influência continua das ideias de Adler.

Hoffman, E. *The drive for self: Alfred Adler and the founding of individual psychology.* Reading, MA: Addison-Wesley, 1994. Discute as contribuições de Adler para a teoria da personalidade, psicanálise e psicologia popular. Reconta eventos da vida dele, como a base para conceitos familiares, como complexo de inferioridade, supercompensação e estilo de vida.

Sulloway, F. J. *Born to rebel: Birth order, family dynamics, and creative lives.* Nova York: Pantheon, 1996. Analisa as revoluções do pensamento social, científico e político no século XVI para demonstrar a influência da ordem de nascimento sobre o desenvolvimento da personalidade. Sugere que os efeitos da ordem de nascimento ultrapassam barreiras de gênero, classe social, raça, origem nacional e época.

# CAPÍTULO 5

# Karen Horney: necessidades e tendências neuróticas

*O mal básico é invariavelmente a falta de calor e afeto genuínos.*
— KAREN HORNEY

Karen Danielsen Horney foi outra desertora do ponto de vista freudiano ortodoxo. Embora nunca tenha sido colega de Freud, como Jung e Adler, ela foi treinada na doutrina psicanalítica oficial, mas não ficou muito tempo no campo freudiano. Horney começou sua divergência da posição de Freud contestando o seu retrato psicológico das mulheres.

Feminista, argumentou que a psicanálise concentrava-se mais no desenvolvimento dos homens que no das mulheres. Opondo-se ao conceito freudiano de que as mulheres têm inveja do pênis, Horney disse que os homens têm inveja da mulher pela sua capacidade de dar à luz: "Eu conheço tantos homens com inveja do útero quanto mulheres com inveja do pênis" (Cherry, 1973, p. 75). Freud não ficou muito feliz com esse comentário, assim como a maioria dos analistas do sexo masculino.

A teoria de Horney foi amplamente influenciada por suas próprias experiências pessoais vividas na infância e na adolescência, bem como por forças sociais e culturais que diferiam muito daquelas que influenciaram Freud. Horney desenvolveu sua teoria nos Estados Unidos, uma cultura radicalmente diferente da Viena de Freud. Além disso, nas décadas de 1930 e 1940, ocorreram grandes mudanças nas atitudes populares em relação a sexo e aos papéis dos homens e das mulheres. Essas mudanças também estavam ocorrendo na Europa, mas estavam consideravelmente mais avançadas nos Estados Unidos.

Horney constatou que seus pacientes norte-americanos eram tão diferentes de seus pacientes alemães anteriores, tanto em suas neuroses quanto em suas personalidades normais, que achou que somente as forças sociais distintas às quais eles haviam sido expostos poderiam ser o motivo da diferença. A personalidade, argumentava ela, não dependia totalmente de forças biológicas, como propôs Freud. Se dependesse, não veríamos diferenças tão significativas de uma cultura para outra.

Portanto, Horney, como Alfred Adler, deu mais ênfase às relações sociais como fatores significativos na formação da personalidade do que Freud. Ela argumentava que o sexo não é o fator que rege a personalidade, como afirmava Freud, e questionava seus conceitos de complexo de Édipo, libido e da estrutura de três partes da personalidade. Para Horney, as pessoas não eram motivadas por forças sexuais ou agressivas, mas sim pela necessidade de segurança e amor, que refletia claramente as experiências da vida da pessoa.

## A vida de Horney (1885-1952)

### Segunda filha rejeitada

Karen Danielsen cresceu em uma cidadezinha perto de Hamburgo, Alemanha. Ela era a segunda filha e desde pequena invejava o irmão mais velho, Berndt. Ele era atraente e charmoso, o adorado primogênito, mas ela, por outro lado, era mais esperta e vivaz. Ela confidenciou em seu diário: "Sempre me orgulhei de ser melhor do que Berndt na escola, de que houvesse mais histórias engraçadas a meu respeito do que a respeito dele" (Horney, 1980, p. 252). Ela também o invejava porque era menino, e as meninas eram consideradas inferiores. "Quando criança, quis por muito tempo ser menino; invejava Berndt porque ele podia ficar de pé perto de uma árvore e fazer xixi" (Horney, 1980, p. 252).

Seu pai teve uma influência muito forte em sua história de vida. Quando ela nasceu, ele tinha 50 anos e era um capitão de navio de origem norueguesa. Sua mãe, 17 anos mais jovem que ele, tinha um temperamento muito diferente. O pai era religioso, dominador, despótico, rabugento e calado, enquanto a mãe era atraente, espirituosa e de pensamento livre. O pai passava longos períodos no mar, mas quando estava em casa, os temperamentos opostos dele e da esposa levavam a brigas frequentes. A mãe de Karen não escondia o desejo de ver o marido morto. Ela disse a Karen que não tinha se casado por amor, mas por medo de ficar solteira.

## A busca pelo amor

Podemos ver as raízes da teoria da personalidade de Horney nessas e em outras experiências da sua infância. Durante a maior parte da infância e da adolescência, ela duvidava que os pais a desejassem; achava que eles gostavam mais de Berndt do que dela. Aos 16 anos, escreveu em seu diário: "Por que me é dado tudo que há de bonito na Terra menos a coisa mais elevada, o amor? (Horney, 1980, p. 30). Embora quisesse desesperadamente o amor e a atenção de seu pai, ele a intimidava. Ela lembrava de seus olhos ameaçadores e maneiras severas e sentia-se rejeitada, porque ele fazia comentários depreciativos sobre a sua aparência e inteligência.

## Rebeldia e hostilidade

Para ganhar o afeto da mãe, ela desempenhava o papel da filha devotada e obediente; até os 8 anos foi uma criança-modelo, dependente e submissa. Apesar de seus esforços, no entanto, não achava que recebia amor e segurança suficientes. Seu sacrifício e bom comportamento não estavam dando certo, então mudou de tática e se tornou ambiciosa e rebelde. Decidiu que, se não podia ter amor e segurança, ela se vingaria dos seus sentimentos de falta de atrativos e inadequação. "Eu decidi que, se não podia ser bonita, seria inteligente" (Horney *apud* Rubins, 1978, p. 14).

Quando adulta, percebeu quanta hostilidade desenvolvera quando criança. Sua teoria descreve como a falta de amor na infância estimula a ansiedade e hostilidade. Um biógrafo concluiu: "Em todos os seus escritos sobre psicanálise, Karen Horney estava lutando para tomar consciência de si mesma e buscar alívio de suas próprias dificuldades" (Paris, 1994, p. xxii).

## Ainda em busca do amor

Aos 14 anos, teve uma paixão de adolescente por um professor e encheu o seu diário com comentários emotivos sobre ele. Ela continuou tendo esse tipo de paixão por seus professores, da mesma forma confusa e infeliz da maioria dos adolescentes (Seiffge-Krenke e Kirsch, 2002). Aos 17, acordou para a realidade do sexo e no ano seguinte encontrou um homem que descreveu como o seu primeiro amor de verdade, mas o relacionamento durou apenas dois dias. Outro homem surgiu em sua vida, dando origem a 76 páginas de exposição de sentimentos em seu diário. Horney decidiu que estar apaixonada eliminava, pelo menos temporariamente, sua ansiedade e insegurança; permitia-lhe fugir (Sayers, 1991).

Embora a sua busca por amor e segurança fosse frequentemente ameaçada, a sua carreira foi bem-sucedida. Aos 12 anos, resolveu, depois de ser tratada com gentileza por um médico, tornar-se médica. Apesar da discriminação contra mulheres e da forte oposição do seu pai, dedicou-se arduamente no segundo grau, preparando-se para estudar medicina. Em 1906, entrou na Escola de Medicina da Universidade de Freiburg, apenas seis anos depois de a primeira mulher ter sido relutantemente aceita.

## Casamento e carreira

Na escola de medicina, Horney conheceu dois homens: apaixonou-se por um e se casou com o outro. Oskar Horney estava estudando para se formar como Ph.D. em ciências políticas e, depois do casamento, tornou-se um empresário bem-sucedido. Karen Horney destacou-se no estudo da medicina e recebeu seu diploma da Universidade de Berlim em 1913.

Os primeiros anos do casamento foram um período de grande angústia pessoal; deu à luz três filhas, mas sentia-se extremamente infeliz e oprimida: queixava-se de crises de choro, dores de estômago, fadiga crônica, comportamentos compulsivos, frigidez e vontade de dormir, talvez até de morrer. O casamento terminou após 17 anos.

Durante e depois do seu casamento, um biógrafo escreveu:

> Quando não tinha um amante ou quando uma relação se rompia, ela se sentia perdida, solitária, desesperada e às vezes com tendências suicidas. Quando estava envolvida em uma relação de dependência mórbida, odiava-se pela incapacidade de libertar-se. Atribuía sua necessidade desesperada de um homem à sua infância infeliz. (Paris, 1994, p. 140)

Ao perceber que esses envolvimentos amorosos não estavam ajudando a aliviar sua depressão e outros problemas emocionais, decidiu submeter-se à psicanálise.

## Psicanálise de Horney

O terapeuta que Horney consultou, Karl Abraham (um seguidor leal de Freud), atribuiu seus problemas à atração por homens poderosos, que ele explicou ser um resíduo dos seus desejos edipianos infantis pelo pai poderoso. "A prontidão dela para se submeter a essas figuras patriarcais, disse Abraham, foi traída pelo fato de ter deixado a bolsa [na opinião de Freud, uma representação simbólica dos genitais femininos] no consultório dele na sua primeira visita" (Sayers, 1991, p. 88). A análise não foi um sucesso. Ela decidiu que a psicanálise freudiana era de pouca ajuda para ela e se voltou para a autoanálise, uma prática que continuou pelo restante da vida.

Durante a sua autoanálise, foi fortemente influenciada pelo conceito adleriano de compensação dos sentimentos de inferioridade. Ela era particularmente sensível à observação de Adler de que a falta de atrativos físicos era um dos motivos dos sentimentos de inferioridade, concluindo que "precisava sentir-se superior devido à sua falta de beleza e sentimento de inferioridade como mulher, que a levou ao protesto masculino", destacando-se em um terreno dominado por homens, como era a medicina naquela época (Paris, 1994, p. 63). Aparentemente, achava que, por estudar medicina e ter uma conduta sexual promíscua, estava se comportando mais como um homem.

## Ainda em busca do amor

A busca de Horney por amor e segurança continuou quando ela emigrou para os Estados Unidos. Durante esse período, seu caso amoroso mais intenso foi com o analista Erich Fromm, que era 15 anos mais jovem. Quando o relacionamento terminou, depois de 20 anos, ela ficou profundamente magoada. Um dos eventos que levou ao rompimento do relacionamento foi o fato de Horney ter persuadido Fromm a analisar sua filha, Marianne. Fromm ajudou Marianne a entender sua hostilidade contra a mãe, dando-lhe a confiança para confrontar Horney pela primeira vez na vida (McLaughlin, 1998).[1]

A incessante busca de Horney por amor prosseguiu, e ela escolhia homens cada vez mais jovens; muitos deles eram analistas cujo treinamento ela supervisionava. Entretanto, sua atitude em relação a eles podia ser vista como desapegada. Ela comentou a respeito de um jovem com uma amiga, di-

---

1   Na comemoração do 120º aniversário de nascimento de Horney, em 2006, Marianne descreveu a mãe como uma pessoa fechada, que "nunca jogava para o time, nunca fora uma pessoa voltada à família" (Eckardt, 2006).

zendo que não sabia se devia casar-se com ele ou comprar um Cocker Spaniel. Escolheu o cachorro (Paris, 1994).

De 1932 a 1952, Horney trabalhou no corpo docente de institutos psicanalíticos em Chicago e Nova York. Ela fundou a Associação para o Avanço da Psicanálise e o Instituto Americano de Psicanálise. Em 1941, fundou o *American Journal of Psychoanalysis*. Durante muitos anos foi uma popular palestrante, escritora e terapeuta. ⊕

# A necessidade de segurança e proteção na infância

Horney concordava com Freud em um grande ponto: a importância dos primeiros anos da infância na moldagem da personalidade adulta. No entanto, diferia dele em questões específicas sobre a formação da personalidade. Para ela, as forças sociais na infância, e não as biológicas, influenciavam o desenvolvimento da personalidade. Não existem etapas de desenvolvimento universais nem conflitos infantis inevitáveis. Em vez disso, o fator-chave é a relação social entre a criança e os pais.

Na opinião de Horney, a infância era dominada pela **necessidade de segurança**; com isto, ela estava se referindo à necessidade de segurança e liberação do medo (Horney, 1937). Se a criança experimenta segurança e ausência de medo, isso é decisivo para determinar a normalidade do desenvolvimento da sua personalidade. A sua segurança depende totalmente de como os pais a tratam. A principal maneira pela qual os pais enfraquecem ou impedem a segurança é mostrando falta de carinho e de afeto por ela.

> **Necessidade de segurança**
> Uma necessidade em grau mais elevado de segurança e liberação do medo.

Essa era a situação de Horney na infância: seus pais lhe deram pouco carinho e afeto e ela, por sua vez, agiu da mesma forma com as três filhas, posteriormente. Ela acreditava que as filhas poderiam aguentar, sem grandes efeitos colaterais, muito do que geralmente é considerado traumático –, como o desmame abrupto, surras eventuais ou até experiências sexuais prematuras –, desde que se sentissem desejadas e amadas e estivessem, portanto, seguras.

## Maneiras de minar a segurança de uma criança

Os pais podem agir de várias maneiras para minar a segurança dos filhos e, dessa forma, induzir à hostilidade. Entre essas condutas estão a preferência óbvia por um irmão, castigo injusto, comportamento instável, não cumprimento de promessas, ridicularização, humilhação e isolamento da criança de seus companheiros. Segundo Horney, os filhos sabem se os pais têm amor genuíno por eles. Demonstrações e expressões falsas de afeto não enganam as crianças facilmente. Elas podem sentir necessidade de reprimir a hostilidade gerada pelos comportamentos enfraquecedores dos pais por desamparo, medo deles, necessidade de amor genuíno e sentimento de culpa.

## Reprimindo a hostilidade em relação aos pais

Horney enfatizou muito o desamparo da criança, que depende totalmente do comportamento de seus pais. Se elas forem mantidas em um estado excessivamente dependente, seus sentimentos de desamparo serão incentivados. Quanto mais desamparadas se sentirem, menos ousarão se opor ou se rebelar contra os pais. Isso significa que a criança reprimirá a hostilidade resultante ao dizer: "Eu tenho de reprimir a minha hostilidade porque preciso de vocês".

As crianças podem ser facilmente levadas a sentir medo dos pais por meio de castigos, violência ou formas mais sutis de intimidação. Quanto mais temerosas ficarem, mais reprimirão a sua hostilidade. Neste caso, a criança está dizendo: "Eu preciso reprimir a minha hostilidade porque tenho medo de vocês".

Paradoxalmente, o amor pode ser outro motivo para reprimir a hostilidade para com os pais. Nesse caso, os pais dizem aos filhos quanto os amam e se sacrificaram por eles, mas seu carinho e afeto não são honestos. As crianças reconhecem que essas verbalizações e comportamentos são maus substitutos para o amor genuíno e a segurança, mas é tudo o que está disponível. A criança precisa reprimir a sua hostilidade por medo de perder até essas expressões insatisfatórias de amor.

A culpa é outro motivo de as crianças reprimirem a hostilidade. Geralmente, as pessoas fazem que elas se sintam culpadas em relação a qualquer hostilidade ou rebeldia e que se sintam sem valor, más ou pecadoras por expressar ou por guardar ressentimentos pelos pais. Quanto mais culpa a criança sentir, mais profundamente a hostilidade será reprimida. Essa hostilidade reprimida, resultante de uma série de comportamentos dos pais, mina a necessidade de segurança da criança e é expressa no problema que Horney chamou de ansiedade básica.

O estado de desamparo na infância pode levar a um comportamento neurótico.

# Ansiedade básica: o alicerce da neurose

Horney definiu **ansiedade básica** como um "sentimento insidiosamente crescente e penetrante de se estar só e desamparado em um mundo hostil" (Horney, 1937, p. 89). Trata-se da base sobre a qual as neuroses posteriores se desenvolvem e está intimamente ligada aos sentimentos de hostilidade, desamparo e medo (Hjertaas, 2009).

**Ansiedade básica**
Uma sensação penetrante de solidão e desamparo. O alicerce da neurose.

Qualquer que seja a forma pela qual expressamos a ansiedade básica, o sentimento é semelhante para todos nós. Nas palavras de Horney, sentimo-nos "pequenos, insignificantes, desamparados, abandonados, em perigo num mundo que está aí para abusar, enganar, atacar, humilhar e trair" (1937, p. 92). Na infância, tentamos nos proteger contra a ansiedade básica de quatro maneiras diferentes: assegurando afeto e amor, sendo submissos, obtendo poder e distanciando-se.

## Assegurando o afeto

Ao assegurar o afeto e o amor dos outros, a pessoa, na verdade, está dizendo: "Se você me ama, não vai me magoar". Existem várias maneiras pelas quais podemos obter afeto, como tentar fazer tudo o que o outro quer, tentar subornar os outros ou ameaçá-los para que nos deem o afeto desejado.

## Sendo submisso

Ser submisso como meio de autoproteção envolve agir de acordo com os desejos de uma pessoa ou dos que pertencem ao nosso ambiente social. As pessoas submissas evitam fazer qualquer coisa que possa contrariar os outros. Elas não ousam criticar ou ofender de forma alguma. Elas precisam reprimir seus desejos pessoais; e não conseguem se defender de abusos porque temem que essa defesa possa contrariar a pessoa que está abusando delas. A maioria das pessoas submissas acha que é altruísta e mártir; elas parecem dizer: "Se eu desistir, não me magoarei". Isso descreve o comportamento de Horney com 8 ou 9 anos de idade.

## Obtendo poder

Ao obter poder sobre os outros, uma pessoa pode compensar o desamparo e conseguir segurança por meio do sucesso ou de um sentimento de superioridade. Este tipo de pessoa aparentemente acredita que, se tiver poder, ninguém o prejudicará. Isso descreve a infância de Horney quando decidiu buscar o êxito acadêmico.

## Distanciando-se

Esses três meios de autoproteção têm algo em comum: ao envolver-se em qualquer um deles, a pessoa está tentando lidar com a ansiedade básica ao interagir com os outros. A quarta maneira pela qual ela tenta se proteger da ansiedade básica envolve afastamento dos outros, não física, mas psicologicamente. A pessoa com esse perfil tenta se tornar independente, não contando com mais ninguém para obter a satisfação de suas necessidades internas ou externas.

A pessoa que se afasta consegue independência quanto às suas necessidades internas ou psicológicas, tornando-se indiferente aos outros, não os procurando mais para satisfazer suas necessidades emocionais. O processo envolve um corte abrupto ou uma minimização das necessidades emocionais. Renunciando a essas necessidades, quem se afasta protege-se contra a possibilidade de ser magoado pelos outros.

## Características dos mecanismos de autoproteção

Os quatro mecanismos de autoproteção propostos por Horney têm um único objetivo: defesa contra a ansiedade básica. Eles motivam a buscar a segurança e o restabelecimento da confiança, não a felicidade ou o prazer, e são uma defesa contra a dor, não uma busca por bem-estar ou felicidade. Outra característica desses mecanismos de autoproteção é o seu poder e intensidade. Para Horney, eles podiam ser mais fortes que as necessidades sexuais ou fisiológicas. Esses mecanismos podem reduzir a ansiedade, mas o custo individual é normalmente um empobrecimento da personalidade.

Frequentemente, o neurótico buscará segurança e confiança utilizando mais de um desses mecanismos, e a incompatibilidade entre os quatro poderá gerar problemas adicionais. Por exemplo, uma pessoa pode ser motivada pelas necessidades de obter poder e também de receber afeto; outra pode se submeter aos outros e, ao mesmo tempo, desejar ter poder sobre eles. Essas incompatibilidades não podem ser resolvidas, mas levar a conflitos ainda mais graves.

# Necessidades neuróticas

**Necessidades neuróticas**
Dez defesas irracionais contra a ansiedade que se tornam parte permanente da personalidade e que afetam o comportamento.

Horney acreditava que qualquer um dos mecanismos de autoproteção poderia tornar-se uma parte tão permanente da personalidade, que assumiria as características de um impulso, ou necessidade, na determinação do comportamento da pessoa. Ela fez uma relação de dez dessas necessidades, que denominou **necessidades neuróticas**, porque são soluções irracionais para os problemas da pessoa.

As dez necessidades neuróticas são:

1. Afeto e aprovação.
2. Um parceiro dominador.
3. Poder.
4. Exploração.
5. Prestígio.
6. Admiração.
7. Realização ou ambição.
8. Autossuficiência.
9. Perfeição.
10. Limites restritos à vida.

Nas necessidades neuróticas encontram-se as quatro maneiras de proteção contra a ansiedade. Ganhar afeto é expresso na necessidade neurótica por afeto e aprovação. A submissão inclui a necessidade neurótica de um parceiro dominador. A obtenção de poder está relacionada com as necessidades de poder, exploração, prestígio, admiração e realização ou ambição. O afastamento inclui as necessidades de autossuficiência, perfeição e limites restritos à vida.

Horney constatou que todos nós manifestamos até certo ponto essas necessidades. Por exemplo, em um momento ou outro, todos buscamos afeto ou realização. Nenhuma das necessidades é anormal ou neurótica em termos de cotidiano. O que as torna anormais é a busca intensa e compulsiva da sua satisfação como a única maneira de resolver a ansiedade básica. Quando isso acontece, a necessidade neurótica se torna cada vez mais grave, posteriormente tirânica, à medida que ultrapassa e domina a personalidade (Hess e Hess, 2010).

Satisfazer tais necessidades não nos ajudará a nos sentirmos seguros; só nos ajudará no desejo de fugir do desconforto provocado pela nossa ansiedade. Isso não resolverá a ansiedade subjacente. Em outras palavras, pode ajudar a curar os sintomas, mas não a causa. Além disso, quando buscamos a satisfação dessas necessidades somente para lidar com a ansiedade, tendemos a nos focar em apenas uma única necessidade e buscamos compulsivamente satisfazê-la em todas as situações.

## Tendências neuróticas

Em seus escritos posteriores, ela reformulou a lista de necessidades (Horney, 1945). Do seu trabalho com pacientes, concluiu que as necessidades poderiam ser apresentadas em três grupos, cada qual indicando as atitudes da pessoa para com o *self* e para com os outros. Ela denominou essas três categorias de movimento direcional de **tendências neuróticas** (ver Quadro 5.1).

Como as tendências neuróticas evoluem e se desenvolvem nos mecanismos de autoproteção, podemos ver semelhanças com as nossas descrições anteriores. As tendências neuróticas envolvem atitudes e comportamentos compulsivos, isto é, as pessoas neuróticas são impelidas a se comportar de acordo com pelo menos uma das necessidades neuróticas. Elas também são exibidas indiscriminadamente em toda e qualquer situação. Essas tendências são:

**Tendências neuróticas**
Três categorias de comportamentos e atitudes em relação à própria pessoa e aos outros que expressam as necessidades da pessoa. Revisão do conceito de necessidades neuróticas de Horney.

---

**QUADRO 5.1** ▪ As necessidades e tendências neuróticas de Horney

| Necessidades | Tendências |
|---|---|
| Componentes da personalidade submissa | |
| Afeto e aprovação<br>Um parceiro dominador | Movimento em direção às outras pessoas (personalidade submissa) |
| Componentes da personalidade agressiva | |
| Exploração<br>Prestígio<br>Admiração<br>Realização | Movimento contra as outras pessoas (personalidade agressiva) |
| Componentes da personalidade distante | |
| Autossuficiência<br>Perfeição<br>Limites restritos à vida | Movimento para longe das outras pessoas (personalidade distante) |

- Movimento em direção às outras pessoas: personalidade submissa.
- Movimento contra as outras pessoas: personalidade agressiva.
- Movimento para longe das outras pessoas: personalidade distante.

## A personalidade submissa

**Personalidade submissa**
Atitudes e comportamentos associados à tendência neurótica de ir na direção das pessoas, tal como a necessidade de afeto e aprovação.

A **personalidade submissa** exibe atitudes e comportamentos que refletem um desejo de caminhar em direção às outras pessoas, uma necessidade intensa e contínua de afeto e aprovação, um anseio de ser amado, desejado e protegido. As personalidades submissas exibem essa necessidade em relação a todas as pessoas, embora geralmente precisem de outra dominadora, como um(a) amigo(a) ou cônjuge que tome conta da sua vida e ofereça proteção e orientação.

As personalidades submissas manipulam as outras pessoas, principalmente seus parceiros, para atingir suas metas. Em geral, comportam-se de uma forma que os outros consideram atraente ou afetuosa. Por exemplo, elas podem parecer extremamente atenciosas, gratas, responsivas, compreensivas e sensíveis às necessidades dos outros; preocupam-se em corresponder aos ideais e às expectativas dos outros e agem de modo a ser consideradas altruístas e generosas.

Ao lidarem com outras pessoas, elas são conciliatórias, submetem os seus desejos aos dos outros, estão dispostas a assumir a culpa e a ser submissas. Nunca são assertivas, críticas ou exigentes; fazem o que a situação exigir, para, na sua opinião, receber afeto, aprovação e amor. A atitude para consigo mesmas é de desamparo e fraqueza. Segundo Horney, é como se elas dissessem: "Olhe para mim. Eu sou tão fraca e indefesa que você precisa me proteger e me amar".

Consequentemente, elas consideram os outros como superiores e, até em situações em que são notavelmente competentes, veem-se como inferiores. Como a segurança das personalidades submissas depende das atitudes e dos comportamentos dos outros em relação a elas, tornam-se extremamente dependentes, necessitando de aprovação e restabelecimento de confiança constantes. Qualquer sinal de rejeição, real ou imaginário, parece-lhes aterrorizante, levando a maiores esforços para receber novamente o afeto de quem elas acham que as rejeitou.

A fonte desses comportamentos é a hostilidade reprimida. Horney constatou que os submissos têm sentimentos profundos de rebeldia e vingança reprimidos; desejam controlar, explorar e manipular os outros – o oposto do que é expressado por seus comportamentos e atitudes. Como seus impulsos hostis têm de ser reprimidos, as personalidades submissas tornam-se subservientes, sempre tentando agradar e nunca pedindo nada para si mesmas.

## A personalidade agressiva

**Personalidade agressiva**
Atitudes e comportamentos associados com a tendência neurótica de ir contra as pessoas, tal como um comportamento dominador e controlador.

As **personalidades agressivas** vão contra as outras pessoas. Em seu mundo, todos são hostis, só os mais aptos e espertos sobrevivem. A vida é uma selva na qual a supremacia, a força e a ferocidade são as maiores virtudes. Embora tenha motivações idênticas às do tipo submisso, ou seja, aliviar a ansiedade básica, as personalidades agressivas nunca exibem o medo de rejeição; agem de forma dura e dominadora e não têm consideração pelos outros. Para obter o controle e a superioridade que lhes é tão importante, precisam ter sempre um ótimo desempenho. Destacando-se e sendo reconhecidas, encontram satisfação em ter a sua superioridade afirmada pelos demais.

Como as personalidades agressivas são motivadas a superar os outros, elas julgam tudo em termos do benefício que receberão do relacionamento. Não se esforçam em satisfazer os outros, mas argumentam, criticam, exigem e fazem o que for preciso para obter e manter a superioridade e o poder; esforçam-se ao máximo para serem as melhores, podendo, portanto, realmente ser extremamente bem-sucedidas em suas carreiras, embora o trabalho em si não lhes traga uma satisfação intrínseca. Como tudo mais na vida, o trabalho é um meio para atingirem um fim, não um fim por si só.

As personalidades agressivas podem parecer confiantes em suas habilidades e desinibidas ao se afirmar e se defender. No entanto, assim como as personalidades submissas, o que as move é a insegurança, a ansiedade e a hostilidade.

## A personalidade distante

As pessoas descritas como **personalidades distantes** são motivadas a se afastar das demais e a manter uma distância emocional. Não precisam amar, odiar, colaborar ou se envolver com os outros; para conseguir esse desligamento total, buscam a autossuficiência. Se quiserem agir como personalidades distantes, precisam depender de seus próprios recursos, que devem ser bem desenvolvidos.

As personalidades distantes têm um desejo quase desesperado de privacidade. Elas precisam passar o máximo de tempo possível sozinhas e até uma experiência como ouvir música com alguém as perturba. A necessidade de independência faz que sejam sensíveis a qualquer tentativa de influência, coação ou obrigação. As personalidades distantes têm de evitar qualquer restrição, inclusive agendas e programações, compromissos de longo prazo, como casamento ou hipoteca, e, às vezes, até a pressão de um cinto ou de uma gravata-borboleta.

Elas precisam sentir-se superiores, mas não da mesma forma que as personalidades agressivas. Como as pessoas distantes não podem competir ativamente por superioridade com os outros, pois isso significaria envolver-se, elas acham que a sua grandeza deve ser reconhecida automaticamente, sem luta ou esforço. Uma manifestação desse sentimento de superioridade é a filosofia de que cada pessoa é diferente da outra.

As personalidades distantes reprimem ou negam qualquer sentimento em relação aos outros, principalmente sentimentos de amor e ódio. A intimidade levaria ao conflito e isso tem de ser evitado. Devido a essa constrição das emoções, quem tem esse tipo de personalidade enfatiza muito a razão, a lógica e a inteligência.

Você provavelmente notou a semelhança entre os três tipos de personalidade propostos por Horney e os estilos de vida da teoria da personalidade de Adler. A personalidade submissa de Horney é semelhante ao tipo dependente de Adler, a personalidade agressiva é semelhante ao tipo dominador e a distante é semelhante ao tipo esquivo. Há ainda outro exemplo de como as ideias de Adler influenciaram as explicações posteriores da personalidade.

> **Personalidade distante**
> Atitudes e comportamentos associados à tendência neurótica de se afastar das pessoas, como uma necessidade intensa de privacidade.

## A dominância de uma tendência

Horney constatou que, na pessoa neurótica, uma dessas tendências é dominante enquanto as outras duas estão presentes em menor grau. Por exemplo, a pessoa que é predominantemente agressiva também tem necessidade de submissão e distanciamento. A tendência neurótica dominadora é a que determina o comportamento e as atitudes da pessoa em relação aos outros. Esse é o modo de agir e raciocinar que mais serve para controlar a ansiedade básica, e qualquer desvio dele é ameaçador para a pessoa. Por isso, as duas outras tendências têm de ser ativamente reprimidas, o que pode levar a mais problemas, pois qualquer indício de que a tendência reprimida está querendo se expressar provoca conflito na pessoa.

## Conflito

No sistema de Horney, o **conflito** é definido como a incompatibilidade básica das três tendências neuróticas e é o centro da neurose. Todos nós, sejamos neuróticos ou normais, sofremos algum conflito

> **Conflito**
> Para Horney, a incompatibilidade básica das tendências neuróticas.

entre esses modos basicamente inconciliáveis. A diferença entre a pessoa normal e a neurótica está na intensidade do conflito, que é muito mais intenso na pessoa neurótica, a qual precisa lutar para evitar que as tendências não dominantes se expressem. Elas são rígidas e inflexíveis, enfrentando todas as situações com comportamentos e atitudes que caracterizam a tendência dominadora, independente da sua adequação.

## A expressão de todas as tendências

Na pessoa que não é neurótica, todas as tendências podem ser expressas como circunstâncias justificadas. Às vezes, ela pode ser agressiva, submissa ou distante. As tendências não se excluem mutuamente e podem ser integradas de forma harmônica na personalidade. A pessoa normal é flexível nos comportamentos e atitudes e se adapta a situações de mudança.

# A autoimagem idealizada

Na opinião de Horney, todos nós — normais ou neuróticos — criamos uma autoimagem que pode, ou não, se basear na realidade. A busca do *self* da própria Horney foi difícil e longa. Aos 21 anos, ela escreveu em seu diário:

> *Ainda há caos em mim… Exatamente como o meu rosto: uma massa disforme que só assume forma por meio da expressão do momento. A busca pelo nosso self é a mais agonizante.* (Horney, 1980, p. 174)

Nas pessoas normais, a imagem do *self* é construída com base em uma avaliação realista das habilidades, potencialidades, fraquezas, metas e relações com outras pessoas. Essa imagem oferece um senso de unidade e integração à personalidade e uma estrutura dentro da qual devemos abordar os outros e a nós mesmos. Se quisermos realizar todo o nosso potencial, um estado de autorrealização, a nossa imagem de *self* tem de refletir claramente o nosso *self* verdadeiro.

**Autoimagem idealizada**
Para as pessoas normais, é um retrato idealizado da pessoa criado com base em uma avaliação flexível e realista das suas habilidades. Para as neuróticas, a autoimagem baseia-se em uma autoavaliação inflexível e fantasiosa.

As pessoas neuróticas, que vivem um conflito entre os modos incompatíveis de comportamento, têm suas personalidades caracterizadas pela desunião e desarmonia. Elas criam uma **autoimagem idealizada** com o mesmo intuito das pessoas normais: unificar a personalidade, mas a tentativa delas está fadada ao fracasso, porque sua imagem do *self* não se baseia em uma avaliação realista dos seus pontos fortes e fracos, e sim em uma ilusão, em uma ideal inatingível de perfeição absoluta.

## Tirania dos deveres

**Tirania dos deveres**
Tentativa de tornar real uma autoimagem idealizada inatingível, negando o *self* verdadeiro e comportando-se com base no que se pensa que se deveria fazer.

Para tentar realizar esse ideal inatingível, as pessoas neuróticas envolvem-se no que Horney chamava de **tirania dos deveres**. Elas dizem a si mesmas que têm de ser o melhor aluno, cônjuge, pai/mãe, amante, empregado, amigo ou filho. Como para elas a imagem real do *self* é tão indesejável, acham que precisam agir para corresponder à sua imagem idealizada do *self*, na qual se veem sob uma luz extremamente positiva, por exemplo, como pessoas virtuosas, honestas, generosas, atenciosas e corajosas.

Fazendo isso, essas pessoas negam sua autoimagem real e tentam se tornar o que acham que deveriam ser ou o que precisam ser para chegar à sua autoimagem ilusória. Contudo, seus esforços já estão fadados ao fracasso; jamais conseguem chegar à sua autoimagem não realista e acabam em um estado de autodepreciação, sem a capacidade de perdoar a si mesmas ou aos outros (Kerr, 1984).

## A autoimagem neurótica

Embora a imagem neurótica ou idealizada do *self* não coincida com a realidade, ela é real e precisa para quem a criou. As outras pessoas podem facilmente captar esta falsa imagem, mas a pessoa neurótica, não; ela acredita que a imagem incompleta e enganosa do *self* é real. A autoimagem idealizada é um modelo do que o neurótico pensa que é ou deveria ser.

Por outro lado, uma autoimagem realista é flexível e dinâmica, adaptando-se à medida que o indivíduo se desenvolve e muda. Ela reflete os pontos fortes, o crescimento e a autoconsciência. A imagem realista é uma meta, algo a se buscar, e, como tal, reflete a pessoa e a conduz. Ao contrário, a imagem neurótica do *self* é estática, inflexível e inabalável. Não é uma meta, mas uma ideia fixa; não é uma indução ao crescimento, mas um obstáculo que requer uma adesão rígida às suas proibições.

A autoimagem de uma pessoa neurótica é uma substituta insatisfatória para um sentimento de autovalia baseado na realidade; o neurótico tem pouca autoconfiança por causa da insegurança e da ansiedade, e a autoimagem idealizada não lhe permite a correção dessas deficiências, dá apenas um senso ilusório de valor e aliena o neurótico de seu *self* verdadeiro.

Criada para conciliar modos de comportamentos incompatíveis, a autoimagem idealizada torna-se somente mais um elemento nesse conflito. Longe de resolver o problema, acrescenta uma sensação cada vez maior de futilidade. A menor rachadura na autoimagem idealizada do neurótico ameaça a falsa sensação de superioridade e segurança que todo o edifício foi construído para proporcionar, e pouco é necessário para destruí-lo. Horney sugeriu que a autoimagem pode ser como uma casa cheia de dinamite, sempre preparada para a autodestruição.

## Externalização

Um caminho que os neuróticos usam para se defender dos conflitos internos provocados pela discrepância entre uma autoimagem idealizada e a real é a **externalização**, projeção do conflito para o mundo exterior. Esse processo pode aliviar temporariamente a ansiedade provocada pelo conflito, mas não faz nada para reduzir a lacuna entre a autoimagem idealizada e a realidade.

**Externalização**
Maneira de se defender contra o conflito provocado pela discrepância entre uma autoimagem idealizada e a real, projetando-se o conflito no mundo exterior.

A externalização envolve a tendência para vivenciar os conflitos como se eles estivessem ocorrendo fora da pessoa e para descrever as forças externas como a fonte dos conflitos. Por exemplo, os neuróticos que sentem ódio de si mesmos, em razão de discrepâncias entre o *self* ideal e o *self* real, podem projetar esse ódio em outras pessoas ou instituições e passar a acreditar que o ódio é proveniente dessas fontes externas, e não de si mesmos.

## Psicologia feminina

No início da sua carreira, Horney expressou a sua discordância das teorias de Freud sobre as mulheres. Ela começou a trabalhar na sua versão de **psicologia feminina** em 1922, quando se tornou a primeira mulher a apresentar um trabalho sobre o assunto em um congresso internacional de psicanálise. Esse encontro, realizado em Berlim, foi presidido por Sigmund Freud.

**Psicologia feminina**
Para Horney, uma revisão da psicanálise para incluir conflitos psicológicos inerentes ao ideal tradicional de feminilidade e dos papéis femininos.

Horney criticou particularmente o conceito freudiano de inveja do pênis, que para ela era derivado de provas inadequadas (isto é, das entrevistas clínicas que Freud havia feito com mulheres neuróticas). Freud descreveu e interpretou esse suposto fenômeno de um ponto de vista estritamente masculino em um local e em uma época em que as mulheres eram consideradas cidadãs de segunda categoria.

Ele sugeriu que as mulheres eram vítimas da sua anatomia, sempre com inveja e ressentimento dos homens porque eles possuem pênis. Freud também concluiu que as mulheres tinham superegos mal desenvolvidos (resultado de conflitos edipianos inadequadamente resolvidos) e imagens corporais inferiores, por se acharem, na realidade, homens castrados.

## Inveja do útero

Horney contra-atacou essas ideias, argumentando que os homens invejavam a capacidade da maternidade. Sua posição em relação a essa questão baseava-se no prazer que ela dizia ter sentido no parto.

Em seus pacientes, ela descobriu o que chamou de **inveja do útero**.

**Inveja do útero**
Inveja que o homem sente da mulher porque ela pode gerar filhos e ele não. A inveja do útero de *Horney* foi uma resposta ao conceito freudiano de inveja feminina do pênis.

"Quando se começa, como eu fiz, a analisar os homens somente após uma experiência razoavelmente longa de análise de mulheres, obtém-se uma impressão surpreendente da intensidade dessa inveja da gravidez, do parto e da maternidade" (Horney, 1967, p. 60-61).

Os homens desempenham uma parte tão pequena no ato de criar uma nova vida, que precisam sublimar a sua inveja do útero e compensá-la buscando a realização profissional (Gilman, 2001).

Essa inveja e o ressentimento que a acompanha manifestam-se inconscientemente em comportamentos destinados a menosprezar e depreciar as mulheres e a reforçar o *status* inferior delas. Negando direitos iguais às mulheres, minimizando suas oportunidades de contribuir para a sociedade e rebaixando seus esforços para se realizarem, os homens mantêm a sua pretensa superioridade natural. Por trás desse comportamento masculino típico está um sentimento de inferioridade derivado da sua inveja do útero.

Horney não negava que muitas mulheres sentiam-se inferiores aos homens; o que ela questionava era a teoria freudiana de uma base biológica para esses sentimentos. Se as mulheres se julgam sem valor é porque foram tratadas assim em culturas dominadas pelos homens, acreditava ela. Depois de várias gerações de discriminações social, econômica e cultural, é compreensível que muitas delas se vejam sob esse prisma.

## O voo da feminilidade

Como resultado desses sentimentos de inferioridade, elas podem optar por negar a sua feminilidade e desejar, inconscientemente, ser homem. Horney referia-se a isso como o voo da feminilidade, um problema que pode levar a inibições sexuais (Horney, 1926). Parte do medo sexual associado a esse problema é proveniente das fantasias sobre a diferença de tamanho entre o pênis adulto e a vagina da menina. Essas fantasias concentram-se na lesão vaginal e na dor provocadas por uma penetração forçada. Isso resulta um conflito entre o desejo inconsciente de ter um filho e o medo do intercurso sexual. Se esse conflito for suficientemente forte, poderá levar a problemas emocionais que se manifestam em relação aos homens. Essas mulheres não confiam nos homens, têm ressentimento deles e rejeitam seus avanços sexuais.

## O complexo de Édipo

Horney também discordava de Freud quanto à natureza do complexo de Édipo. Ela não negava a existência de conflitos entre pais e filhos, mas não achava que fossem de origem sexual. Tirando o sexo do complexo de Édipo, ela reinterpretou a situação como um conflito entre a dependência do pai ou da mãe e a hostilidade em relação a um deles.

Discutimos os comportamentos dos pais que prejudicam a necessidade de segurança na infância e que levam ao desenvolvimento da hostilidade. Ao mesmo tempo, a criança continua dependente dos pais, de forma que expressar a hostilidade é inaceitável. A criança, na verdade, está dizendo: "Eu tenho que reprimir minha hostilidade porque preciso de vocês".

Como observamos, os impulsos hostis permanecem e criam a ansiedade básica. Para Horney, "o quadro resultante pode ser exatamente o que Freud descreveu como complexo de Édipo: um apego apaixonado ao pai ou à mãe e ciúme em relação ao outro" (Horney, 1939, p. 83). Então, a sua explicação para os sentimentos edipianos são os conflitos neuróticos que surgem da interação pais-filhos. Esses sentimentos não se baseiam em sexo ou em outras forças biológicas nem são universais; surgem somente quando os pais agem de tal modo que acabam prejudicando a segurança da criança.

## O que Freud disse sobre Horney?

Freud não respondeu diretamente à contestação que Horney fez às suas opiniões sobre as mulheres, tampouco mudou seu conceito de complexo de Édipo. No entanto, em uma alusão velada à obra de Horney, ele escreveu: "Não causaria muita surpresa se uma analista que não esteja suficientemente convencida do seu desejo de ter um pênis não consiga dar a importância adequada a esse fator em suas pacientes" (Freud, 1940). Sobre Horney, ele disse: "Ela é capaz, mas mal-intencionada" (*apud* Blanton, 1971, p. 65). Horney ressentiu-se do fato de Freud não reconhecer a legitimidade de suas teorias.

## Maternidade ou carreira?

Como uma das primeiras feministas, Horney preocupava-se com os conflitos psicológicos para definir os papéis da mulher e destacou as diferenças entre o ideal tradicional de feminilidade e uma visão mais moderna (Horney, 1967). No esquema tradicional, divulgado e endossado pela maioria

Mathias Tunger/The Image Bank/GettyImages

Horney contestou a visão de Freud a respeito dos estereótipos sexistas aceitos para homens e mulheres.

dos homens, a mulher tinha por função amar, admirar e servir ao seu homem. Sua identidade era simplesmente um reflexo do marido.

Horney sugeriu que a mulher deveria buscar a sua própria identidade ao desenvolver suas habilidades, como ela havia feito, e seguir uma carreira. Esses papéis tradicionais e modernos criaram conflitos que muitas mulheres até hoje têm dificuldade em resolver. Com base na obra de Horney, uma feminista da década de 1980 escreveu que:

> *as mulheres modernas se veem entre a vontade de se tornarem desejáveis para os homens e a de ir atrás de suas metas. Os objetivos concorrentes trazem à tona condutas conflitantes: sedutora versus agressiva, respeitosa versus ambiciosa. As mulheres modernas estão divididas entre o amor e o trabalho e, consequentemente, estão insatisfeitas em ambas as áreas.* (Westkott, 1986, p. 14)

Para algumas mulheres do século XXI, conciliar casamento, maternidade e carreira continua sendo tão difícil quanto o era para Karen Horney na década de 1930. A decisão de desenvolver suas habilidades e se concentrar no trabalho trouxe grande satisfação para Horney, mas ela continuou buscando segurança e amor a vida toda.

## Influências culturais na psicologia feminina

Horney reconheceu o impacto das forças sociais e culturais no desenvolvimento da personalidade e também que as culturas e os grupos sociais diferentes encaravam o papel da mulher de maneira distinta. Portanto, pode haver várias psicologias femininas. "A mulher norte-americana é diferente da alemã e ambas são diferentes de certas índias de Pueblo. A mulher da alta sociedade de Nova York é diferente da esposa de um fazendeiro de Idaho [...] Condições culturais específicas geram qualidades e faculdades específicas tanto na mulher quanto no homem" (Horney, 1939, p. 119).

Um exemplo do poder da cultura de moldar a vida e as expectativas das mulheres pode ser encontrado no que antes era considerada a sociedade chinesa tradicional. Desde o primeiro milênio a.C., elas eram subordinadas aos homens. A sociedade é regida pela crença de que o universo contém dois elementos contrastantes, mas que interagem: o *yang*, que representa o elemento masculino e contém tudo o que é vital, positivo, forte e ativo; e o *yin*, que representa o elemento feminino e contém tudo o que é escuro, fraco e passivo. Com o decorrer do tempo, esses elementos passaram a formar uma hierarquia na qual os homens eram considerados seres superiores e as mulheres, inferiores.

Essa ideia tornou-se parte dos ensinamentos do filósofo chinês Confúcio (551-479 a.C.), cuja obra foi a ideologia que regeu a China durante séculos. Foram estabelecidas normas rígidas de conduta para as mulheres, que tinham de ser submissas, obedientes, respeitosas, castas e altruístas. A palavra chinesa para mulher significava literalmente "pessoa voltada para dentro", o que denotava o seu *status* de pessoa restrita aos limites do lar.

> *A mulher chinesa respeitável não precisava ser vista ou ouvida; jamais poderia se libertar do domínio masculino, já que o seu dever era obedecer ao pai em casa, ao marido depois do casamento e ao filho mais velho quando ficasse viúva. Os homens eram aconselhados a não ouvir as mulheres, pois isso poderia resultar um desastre. O exercício da obstinação e da ambição, tido como heroico em um homem, era considerado ruim e depravado na mulher.* (Loo, 1998, p. 180)

Se compararmos essa atitude com os pontos de vista amplamente aceitos do lugar da mulher na sociedade norte-americana contemporânea e as mudanças rápidas da sociedade chinesa também, podemos aceitar facilmente a posição de Horney de que a psique feminina é influenciada, até mesmo determinada, por forças culturais.

# Questões sobre a natureza humana

A visão de Horney sobre a natureza humana é consideravelmente mais otimista que a de Freud. Um dos motivos para o seu otimismo era a sua crença de que as forças biológicas não nos condenam a conflitos, ansiedade, neurose ou universalidade na personalidade. Para Horney, cada pessoa é única. O comportamento neurótico, quando ocorre, resulta de forças sociais na infância. O relacionamento pais-filho satisfaz ou frustra a necessidade de segurança da criança. Se essa necessidade for frustrada, o resultado será um comportamento neurótico. Neuroses e conflitos podem ser evitados se os filhos forem criados com amor, aceitação e confiança.

Cada um de nós tem potencial inato de autorrealização, e essa é a nossa meta principal e necessária na vida. Nossas habilidades e potenciais intrínsecos desabrocharão tão inevitável e naturalmente quanto o fruto surge no carvalho; o que poderá obstruir o nosso desenvolvimento é a frustração da necessidade de segurança na infância.

Para Horney, temos também a capacidade de moldar e mudar conscientemente a nossa personalidade. Como a natureza humana é flexível, ela não adquire formas imutáveis na infância. Todos temos capacidade de crescer. Portanto, as experiências adultas podem ser tão importantes quanto as da infância.

Horney tinha tanta confiança em nossa capacidade de crescer que deu ênfase à autoanálise em seu trabalho terapêutico e em sua própria vida. Em seu livro intitulado *Self-Analysis* (Horney, 1942), ela observou a capacidade que temos de resolver nossos próprios problemas. Quanto à questão do livre-arbítrio *versus* determinismo, Horney defendia o primeiro. Todos podemos moldar nossa vida e alcançar a autorrealização.

# A avaliação na teoria de Horney

Os métodos que Horney utilizou para avaliar o funcionamento da personalidade humana foram basicamente os mais utilizados por Freud – livre associação e análise dos sonhos – mas com algumas modificações. A diferença principal entre a técnica de Horney e a de Freud estava na relação entre o analista e o paciente. Horney achava que Freud exercia um papel passivo demais e que era muito distante e intelectual. Na opinião dela, a análise deveria ser uma "aventura de colaboração peculiar entre o paciente e o terapeuta" (Horney *apud* Cherry; Cherry, 1973, p. 84).

Embora tivesse um divã em seu consultório, ela não o usava com todos os pacientes. Adotando uma atitude que chamava de cordialidade construtiva, certa vez escreveu:

> *Isto é algo que precisamos experimentar por tentativa e erro, perguntando se o paciente trabalha melhor deitado no divã ou sentado. É particularmente útil estimulá-lo a se sentir livre para se sentar, deitar, andar ou fazer o que quiser.* (Horney, 1987, p. 43)

## Livre associação

Com a livre associação, Horney não seguiu a vertente de Freud de tentar investigar o inconsciente, pois, sob o seu ponto de vista, os pacientes podiam facilmente distorcer ou ocultar aspectos da sua vida interior ou falsificar sentimentos em relação aos eventos dos quais se lembravam. Em vez disso, concentrou-se nas reações emocionais visíveis em relação a si própria, achando que elas poderiam explicar as atitudes de seus pacientes quanto às outras pessoas. Ela não investigava as supostas fantasias sexuais infantis no início da análise, mas perguntava sobre os primeiros anos somente depois de avaliar as atitudes, as defesas e os conflitos presentes.

Para ela, cada atitude ou sentimento era resultado de uma atitude preexistente mais profunda, que, por sua vez, era resultado de outra ainda mais profunda, e assim por diante. Por meio da livre associação, o analista gradativamente descobria as primeiras experiências e emoções do paciente, atitude semelhante ao ato de descascar as camadas de uma cebola.

## Análise dos sonhos

Horney também pensava que a análise de sonhos poderia revelar o verdadeiro *self* da pessoa e que eles representavam tentativas de solucionar problemas de maneira construtiva ou neurótica, podendo nos mostrar uma série de atitudes que podem diferir daquelas da nossa autoimagem. Ela não forneceu uma lista de símbolos universais dos sonhos, mas insistiu que todos possivelmente seriam explicados dentro do contexto do conflito do paciente. Concentrando-se no conteúdo emocional do sonho, concluiu que "a pista mais segura para se entender um sonho está nos sentimentos do paciente à medida que ele os tem no sonho" (Horney, 1987, p. 61).

## Inventários de autorrelato

Embora Horney não usasse testes psicológicos, pesquisadores mais recentes desenvolveram vários deles baseados em partes da sua teoria.

Um inventário de autorrelato de 35 itens – o CAD – foi elaborado para medir as três tendências neuróticas de Horney, os tipos de personalidade submisso, agressivo e distante (Cohen, 1967). O Indicador de Tipos Horney-Coolidge (HCTI), um inventário de autorrelato composto de 57 itens, é outro instrumento para medir as três tendências neuróticas de Horney. Pesquisas feitas com crianças e estudantes universitários confirmaram que o HCTI é uma medida válida para os três tipos de personalidade: submissa, agressiva e distante (Coolidge *et al.*, 2001; Coolidge, Segal e Estey, 2010).[1]

Outros estudos que usaram respostas de estudantes universitários ao HCTI revelaram que os homens tendem a ter pontuação mais alta nas escalas de agressão e desprendimento, enquanto as mulheres têm pontuação mais alta em submissão. A pesquisa mostrou também uma relação entre os três tipos neuróticos de Horney e vários distúrbios de personalidade. Por exemplo, a agressão e o desprendimento estavam altamente correlacionados ao psicotismo; a submissão estava relacionada ao neuroticismo (Coolidge *et al.*, 2001; Shatz, 2004; para mais pesquisas de apoio veja Coolidge *et al.*, 2004). Mais recentemente, foi desenvolvida uma nova versão do HCTI, o Inventário Tridimensional Horney-Coolidge, voltado para o uso com crianças e adolescentes de 5 a 17 anos (Coolidge *et al.*, 2011).

# A pesquisa na teoria de Horney

Horney utilizou o método de estudo de caso. Assim sendo, sua abordagem, seus dados e suas interpretações estão sujeitos às mesmas críticas feitas anteriormente à obra de Freud, Jung e Adler. A fraqueza inerente ao método de estudo de caso aplica-se tanto ao seu trabalho quanto ao deles.

Horney se opôs a anotar palavra por palavra as lembranças de seus pacientes. "Não vejo como alguém possa dar atenção com receptividade e produtividade ao mesmo tempo que está anotando tudo ansiosamente" (Horney, 1987, p. 30). Assim como em relação a Freud, Jung e Adler, não temos registros completos de suas sessões de psicanálise nem dos dados coletados durante elas. Mas Horney tentou ser rigorosa e científica em suas observações clínicas, formulando hipóteses, testando-as em situações terapêuticas e afirmando que seus dados eram testados da mesma maneira que cientistas de outras áreas testavam os seus.

## Tendências neuróticas

Os pesquisadores estudaram as três tendências neuróticas propostas por Horney, redefinindo-as da seguinte maneira (Caspi, Elder e Bem, 1987, 1988):

---

1   O CAD e o HCTI não estão disponíveis para uso no Brasil. (N. do R.T.)

- evitando as pessoas (mau-humorado);
- afastando-se das pessoas (tímido);
- aproximando-se das pessoas (dependente).

O comportamento de pessoas que pertenciam a cada um desses tipos no final da infância foi comparado com o comportamento delas 30 anos depois para identificar se havia alguma continuidade.

As crianças mal-humoradas tinham tendência a se tornar adultos mal-humorados, propensos ao divórcio e ao rebaixamento profissional. Foram encontradas diferenças entre homens e mulheres nos tipos tímido e dependente. Os meninos tímidos tornaram-se adultos indiferentes, que passavam por instabilidades conjugal e profissional. Por outro lado, as meninas tímidas não manifestavam esse tipo de problema quando adultas. Os meninos dependentes tornavam-se adultos agradáveis, socialmente equilibrados, carinhosos e generosos, com casamentos e carreiras estáveis. Constatou-se o oposto nas meninas dependentes (Caspi, Bem e Elder, 1989).

Um estudo sobre as tendências neuróticas de movimento contra as pessoas (personalidade agressiva) e de afastamento delas (personalidade distante) comparou medições de crianças agressivas e desprendidas na faixa dos 7 aos 13 anos de idade com o seu comportamento cinco ou sete anos depois (Moskowitz e Schwartzman, 1989). Confirmou-se que as de alta agressividade não iam bem na escola e tinham problemas psiquiátricos. As distantes tinham uma autoimagem imprecisa e negativa. Os pesquisadores concluíram que os tipos de personalidade propostos por Horney eram úteis para prever o comportamento futuro.

Pesquisas que utilizaram o inventário CAD comprovaram que os alunos universitários que se preparavam para carreiras em áreas de ajuda, como enfermagem e serviço social, tinham uma pontuação maior em termos de submissão do que os que estavam pensando em carreiras na área de negócios ou ciências. Os alunos de negócios, em uma trilha mais competitiva, obtinham uma pontuação maior no quesito agressividade, e os de ciências, uma pontuação maior na escala de distanciamento. Esses resultados aparentemente estavam de acordo com as descrições das três tendências neuróticas feitas por Horney (Cohen, 1967; Rendon, 1987).

Um estudo conduzido no Irã revelou, e talvez isso não seja surpresa, que pessoas com alta pontuação em agressividade sofriam significativamente mais acidentes com automóveis do que as pessoas com pontuação baixa nesse quesito (Haghayegh e Oreyzia, 2009).

## Psicologia feminina

Algumas pesquisas aplicam-se indiretamente às ideias de psicologia feminina de Horney. Ao discutirmos as pesquisas sobre o complexo de Édipo, mencionamos um estudo sobre sonhos que corroborava o conceito freudiano de inveja do pênis (Hall e Van de Castle, 1965), mas esse estudo não deu suporte ao questionamento de Horney sobre o conceito de inveja do pênis. Todavia, as pesquisas que refutam a teoria freudiana de que as mulheres têm superegos inadequadamente desenvolvidos e imagens inferiorizadas de seu corpo podem ser utilizadas para comprovar os pontos de vista de Horney.

## A tirania dos deveres

Uma pesquisa realizada com estudantes universitários pediu-lhes que se lembrassem de três coisas que haviam feito na semana anterior. Pediu-se também que indicassem se as haviam feito porque sentiam que deviam ou que tinham de fazê-las ou porque realmente queriam. Os estudantes que haviam feito mais coisas porque queriam genuinamente fazê-las, e não porque sentiam que deviam ou tinham de fazer, tiveram pontuação significativamente mais alta em satisfação geral de vida do que aqueles cujo comportamento era regido principalmente pelo que acreditavam que deviam fazer (Berg, Janoff-Bulman e Cotter, 2001).

## Competitividade neurótica

| **Competitividade neurótica**<br>Necessidade indiscriminada<br>de vencer a todo custo. |

Horney via a **competitividade neurótica** como um aspecto extremamente importante da cultura contemporânea; definiu-a como uma necessidade indiscriminada de vencer a qualquer custo. Aquele que manifesta essa necessidade encara a vida como "um jóquei numa corrida, para o qual a única coisa que importa é estar à frente dos outros" (Horney, 1937, p. 189).

Inventários de autorrelato, como a Escala de Atitude Hipercompetitiva (HCA) e o Inventário de Competitividade Neurótica (NCI), foram desenvolvidos para medir o conceito de competitividade neurótica (Deneui, 2001; Ryckman, Thornton e Butler, 1994). Os testes contêm itens como "Ganhar uma competição me faz sentir poderoso como pessoa". Os participantes avaliam os itens em uma escala de cinco pontos, que variam de "nunca é verdadeiro para mim" a "sempre é verdadeiro para mim".

Pessoas que obtinham alta pontuação no quesito competitividade também apresentavam alto grau de narcisismo, neuroticismo, autoritarismo, dogmatismo e desconfiança, baixa autoestima e baixa saúde psicológica. Aqueles que evitavam deliberadamente a competitividade mostraram altos níveis de neuroticismo e menor iniciativa para se afirmarem em situações competitivas (Ryckman, Thornton e Gold, 2009). Concluiu-se também que os homens hipercompetitivos eram extremamente machistas e consideravam as mulheres objetos sexuais que não mereciam respeito nem consideração.

Uma comparação entre estudantes universitários nos Estados Unidos e na Holanda revelou que os norte-americanos tinham pontuação superior em hipercompetitividade, sugerindo diferenças culturais nesse aspecto de sua personalidade (Dru, 2003; Ryckman *et al.*, 1990; Ryckman, Thornton e Butler, 1994; Ryckman *et al.*, 2002). Estes resultados confirmam a descrição da personalidade neurótica competitiva feita por Horney.

## Dois tipos de competitividade

Pesquisadores identificaram dois tipos de competitividade: competitividade para vencer (CV), com o objetivo de dominar os outros, e competitividade para superar (CS), a fim de ultrapassar os objetivos pessoais de um indivíduo. A competitividade para superar estava ligada a uma autoestima elevada e baixa depressão entre estudantes do ensino médio. Em geral, garotos adolescentes pontuavam mais em competitividade para vencer do que as garotas. No entanto, as adolescentes que tinham uma pontuação alta em competitividade para vencer mostravam maior depressão e solidão e tinham menos amigos próximos do que aquelas que pontuavam baixo nesse impulso para competir e ganhar (Hibbard e Buhrmester, 2010).

---

**DESTAQUES**: Pesquisas sobre as ideias de Horney

Pessoas que pontuam alto na *tendência neurótica agressiva*:
- Podem não ir bem na escola.
- Podem ter problemas de saúde mental.
- São mais propensas a se especializar em negócios do que em profissões de ajuda.

Pessoas que pontuam alto em *competitividade neurótica* tendem a ser:
- Neuróticas.
- Narcisistas.
- Autoritárias.
- Com baixa autoestima.

# Reflexões sobre a teoria de Horney

## Contribuições da teoria de Horney

As contribuições de Horney, embora impressionantes, não são tão famosas ou reconhecidas quanto as de Freud, Jung e Adler. Contudo, sua obra atraiu um grande público devido, em parte, a suas qualidades pessoais. Um aluno lembra:

> *Havia nela um ar de inteireza, certeza, dedicação e compromisso totais, uma convicção de que suas ideias tinham valor, que valia a pena compartilhá-las com colegas e alunos porque conhecê-las faria diferença na tarefa de ajudar os necessitados.* (Clemmens, 1987, p. 108)

Essas características também ficam evidentes em seus livros, que foram escritos em um estilo que pode ser prontamente entendido pelas pessoas que não têm treino profissional de psicanálise. Sua teoria atraía pelo bom senso e, para muitas pessoas, parecia aplicável à sua própria personalidade ou à de um parente ou amigo.

As ideias de Horney podem ser mais relevantes para os problemas inerentes à cultura norte-americana hoje do que as ideias de Freud, Jung ou Adler. Muitos pesquisadores da personalidade encaram o conceito de tendências neuróticas como uma forma valiosa de classificar os comportamentos que fogem do padrão. Outros aceitam a ênfase de Horney na autoestima, na necessidade de segurança, no papel da ansiedade básica e na importância da autoimagem idealizada.

Sua obra teve um impacto significativo nas teorias da personalidade elaboradas por Erik Erikson e Abraham Maslow, que veremos mais adiante. Maslow utilizou seu conceito de *self* real e autorrealização; o conceito de ansiedade básica de Horney é semelhante ao conceito de desconfiança básica de Erikson.

## Críticas à teoria de Horney

Embora Horney tenha sido treinada na teoria freudiana ortodoxa e louvado Freud por ter desenvolvido a base e as ferramentas para a sua obra, sua teoria desviou-se de várias maneiras da psicanálise. Não é de admirar que tenha sido muito criticada por aqueles que continuavam fiéis à posição de Freud, para os quais o fato de ela negar a importância dos instintos biológicos e a pouca ênfase que dava à sexualidade e ao inconsciente eram fraquezas óbvias.

A teoria da personalidade de Horney também foi criticada por não ser tão completa ou consistentemente desenvolvida quanto a de Freud. Sugeriu-se que, pelo fato de o modelo de Freud ter sido construído de maneira tão elegante e precisa, seria melhor para Horney rejeitá-lo e começar de novo, em vez de tentar moldá-lo seguindo linhas diferentes.

Outra crítica é que as observações e interpretações de Horney foram muito influenciadas pela cultura norte-americana de classe média, na qual ela estava inserida durante o desenvolvimento de grande parte de sua teoria. É claro que, como vimos e continuaremos a ver ao longo do livro, todos os teóricos da personalidade são afetados pela classe social, pela cultura e pelo período em que trabalharam.

## Interesse renovado nas ideias de Horney?

Em razão do movimento feminista que começou na década de 1960, os livros de Horney despertaram um interesse renovado. O que ela escreveu sobre a psicologia e a sexualidade femininas pode ser sua contribuição mais influente e valiosa para os estudiosos a respeito do papel das mulheres na sociedade, 50 anos após sua morte (ver Gilman, 2001; Miletic, 2002). "Se ela não tivesse escrito nada mais", afirmou um biógrafo, "esses trabalhos teriam dado a Horney um lugar de destaque na história da psicanálise" (Quinn, 1987, p. 211).

O trabalho da Karen Horney Clinic e do Karen Horney Psychoanalytic Institute (um centro de treinamento de psicanalistas), ambos na cidade de Nova York, atestam o impacto duradouro de sua obra. A clínica, fundada em 1945, continua cuidando de pessoas com problemas neuróticos leves a moderados por um preço módico (Paul, 2010). Um grupo de discípulos pequeno, mas leal, dá continuidade ao seu trabalho, muito do qual é publicado no *American Journal of Psychoanalysis*.

##  Resumo do capítulo

Karen Horney divergia de Freud em suas teorias sobre a psicologia feminina e em sua ênfase nas forças sociais e não nas biológicas como modeladoras da personalidade. Suas experiências da infância ajudaram a moldar sua busca por amor e segurança ao longo de toda a vida, bem como sua teoria da personalidade.

A necessidade de segurança refere-se à busca de segurança e à libertação do medo. Ela depende do fato de a pessoa ser amada e desejada quando criança. Quando essa segurança é enfraquecida, induz-se à hostilidade, que pode ser reprimida pela criança em virtude da sensação de desamparo, medo do pais, da necessidade de receber afeto dos pais ou da culpa em relação a expressar a hostilidade. Reprimi-la leva à ansiedade básica, definida como o sentimento de estar só e indefeso num mundo hostil.

As quatro formas de se proteger contra a ansiedade básica são: obter afeto, ser submisso, obter poder e afastar-se dos outros. Qualquer um desses mecanismos de defesa pode se tornar uma necessidade ou um impulso neurótico. Horney propôs dez necessidades neuróticas, que depois agrupou como três tendências neuróticas: aproximar-se das pessoas (personalidade submissa), movimento contra as pessoas (personalidade agressiva) e afastamento delas (personalidade distante). Os tipos submissos precisam de afeto e aprovação e fazem o que os outros querem. Os agressivos são hostis e tentam obter controle e superioridade. Os distantes mantêm uma distância emocional e têm uma necessidade profunda de privacidade.

Na pessoa normal, a autoimagem idealizada é construída com base em uma avaliação realista das habilidades e metas da pessoa. Ela ajuda a pessoa a atingir a autorrealização – o desenvolvimento e o uso máximo do potencial de um indivíduo. A autoimagem idealizada na pessoa neurótica fundamenta-se em uma avaliação não realista e enganosa das habilidades da pessoa.

Horney contestou a teoria de Freud de que as mulheres tinham inveja do pênis, superegos mal-estruturados e imagens inferiorizadas do próprio corpo. Para ela, os homens invejam as mulheres porque elas podem ser mães e, portanto, sentem inveja do útero, que eles sublimam por meio da realização. Ela rejeitou a base sexual do complexo de Édipo, sugerindo que envolvia um conflito entre a dependência dos pais e a hostilidade em relação a eles.

A imagem da natureza humana de Horney é mais otimista que a de Freud. Segundo ela, uma pessoa é diferente da outra e não está fadada ao conflito. Embora as influências da infância sejam importantes, as experiências posteriores também moldam a personalidade. O objetivo principal da vida é a realização do *self*, uma ânsia inata de crescer, que pode ser estimulada ou obstruída por forças sociais. Segundo Horney, podemos moldar e mudar conscientemente nossa personalidade.

Seus métodos de avaliação eram a livre associação e a análise de sonhos, e seu método de pesquisa era o estudo de caso. Alguns psicólogos consideram importantes seus conceitos de tendências neuróticas, necessidade de segurança, do papel da ansiedade e a autoimagem idealizada. Pesquisas confirmam certos aspectos de sua teoria, como as tendências neuróticas, a psicologia feminina, a tirania dos deveres e a competitividade neurótica. A teoria foi criticada por não ser tão amplamente desenvolvida quanto a de Freud e por ser fortemente influenciada pela cultura da classe média norte-americana.

 **Perguntas de revisão**

1. De que modo as experiências de Horney na infância influenciaram sua teoria da personalidade?
2. Descreva a necessidade de segurança na infância e os tipos de comportamento dos pais necessários para garantir a segurança da criança.
3. O que é e qual é a origem da ansiedade básica?
4. Descreva os quatro tipos básicos de comportamento que as pessoas usam na infância para se proteger da ansiedade básica.
5. Discuta as três tendências neuróticas e os comportamentos associados a cada uma delas.
6. Como as pessoas classificadas como "personalidades submissas" lidam com as outras pessoas? Por que elas agem assim?
7. De que modo as personalidades agressivas diferem das personalidades distantes? Qual tipo tem probabilidade mais alta de ter sucesso na carreira?
8. Como as tendências neuróticas estão ligadas às defesas autoprotetoras contra a ansiedade?
9. Explique a diferença entre as pessoas normais e as neuróticas em termos de tendências neuróticas.
10. Como a autoimagem idealizada de uma pessoa normal e realista difere da autoimagem idealizada da pessoa neurótica?
11. Compare a tirania dos deveres e o processo de externalização.
12. Como Horney explicava as mulheres de períodos anteriores que tinham sentimentos de inadequação?
13. Como Horney reinterpretou a noção freudiana de complexo de Édipo?
14. Discuta o impacto das forças culturais nos papéis das mulheres na sociedade. Dê exemplos.
15. De que modo a imagem da natureza humana de Horney difere da de Freud?
16. De que maneira o uso que Horney fazia da livre associação difere do uso que Freud fazia da mesma técnica?
17. Descreva os resultados de pesquisas feitas sobre tendências neuróticas, competitividade neurótica e tirania dos deveres.
18. Quais críticas foram feitas à teoria da personalidade de Horney?
19. Em sua opinião, qual é a maior contribuição de Horney para o estudo da personalidade?

# Leituras sugeridas

Berger, M. M. (Ed.). Special issue commemorating the 50th anniversary of the founding by Karen Horney, M.D. (1885 1952), of the Association for the Advancement of Psychoanalysis; the American Institute for Psychoanalysis; and the American Journal of Psychoanalysis. *American Journal of Psychoanalysis*, set. 1991, 51(3). Inclui tributos e lembranças pessoais de Karen Horney, além de um resumo e avaliações de sua obra.

Gilman, S. L. Karen Horney, M.D., 1885-1952. *American Journal of Psychiatry*, 2001, 158, 1205. Discute a vida e a obra de Horney e avalia o impacto de suas ideias sobre as origens da teoria feminista.

Horney, K. *The neurotic personality of our time*. Nova York: Norton, 1937. Descreve o desenvolvimento de conflitos e ansiedade dentro da personalidade e relaciona a neurose a experiências do passado e ao clima sociocultural.

Horney, K. *The adolescent diaries of Karen Horney*. Nova York: Basic Books, 1980. Publicação do diário de Horney quando ela tinha entre 13 e 25 anos. Os escritos são caracterizados por intensa emoção e honestidade intelectual.

Horney, K. *Final lectures*. Nova York: Norton, 1987. Contém palestras apresentadas por Horney no último ano de sua vida. Apresenta refinamentos das visões dela sobre técnicas psicanalíticas, como livre associação e análise de sonhos.

Mitchell, J. *Individualism and the moral character: Karen Horney's depth psychology*. Piscataway, NJ: Transaction Publishers, 2014. Uma análise de como a abordagem de Horney à personalidade era diferente da que foi apresentada por Freud. Inclui opiniões de Horney sobre como as pessoas estabelecem sua própria identidade em vez de serem vítimas de experiências da infância

Paris, B. J. *Karen Horney: A psychoanalyst's search for self-understanding*. New Haven, CT: Yale University Press, 1994. Um estudo sobre a vida e a obra de Horney, explorando a relação entre sua luta por autocompreensão e a evolução das suas ideias. Avalia os trabalhos posteriores de Horney como uma contribuição para a psicologia, a psicanálise e os estudos sobre gênero e cultura.

Quinn, S. *A mind of her own: The life of Karen Horney*. Nova York: Summit Books, 1987. Discute a vida de Horney, seus trabalhos sobre psicologia feminina e os conflitos que ela teve com a comunidade freudiana ortodoxa.

Sayers, J. *Mothers of psychoanalysis: Helene Deutsch, Karen Horney, Anna Freud, Melanie Klein*. Nova York: Norton, 1991. Descreve as modificações pós-freudianas da teoria psicanalítica, passando de uma visão patriarcal para matriarcal. Mostra como as experiências dessas mulheres psicanalistas influentes mudaram o foco de sexo, repressão e ansiedade de castração para identificação, projeção e ansiedade de separação.

# PARTE 3

# A abordagem do ciclo vital

A maioria dos teóricos de personalidade dedica alguma atenção à forma como ela se desenvolve ao longo do tempo, embora divirjam quanto ao período em que acreditam que a personalidade continua se desenvolvendo. Por exemplo, Freud propôs que a personalidade evolui em uma sequência de etapas até os 5 anos de idade. Jung, por sua vez, argumentou que a meia-idade era a época de mudança mais importante para a personalidade. Já Adler e Horney concordavam que a personalidade pode continuar mudando durante muito tempo além da infância.

A abordagem do ciclo vital, representada aqui pelo trabalho de Erik Erikson, concentra-se no desenvolvimento da personalidade durante toda a vida. A teoria de Erikson tenta explicar o comportamento e o crescimento humanos em oito etapas, do nascimento à morte. Ele acreditava que todos os aspectos da personalidade poderiam ser explicados em termos de momentos decisivos ou crises individuais que temos de enfrentar e resolver em cada fase do desenvolvimento.

# CAPÍTULO 6

# Erik Erikson: teoria da identidade

*A personalidade está constantemente envolvida com os riscos da existência, mesmo quando o metabolismo do corpo lida com a deterioração.*

— ERIK ERIKSON

A obra de Erik Erikson teve uma profunda influência na psicanálise e na nossa cultura geral. Seus livros entraram nas listas de mais vendidos e seu retrato apareceu nas capas das revistas *Newsweek* e *New York Times Magazine*, um sinal incomum de reconhecimento para um teórico da personalidade. Ele obteve essa proeminência sem ter diploma universitário.

Treinado na tradição freudiana pela filha de Sigmund Freud, Anna, Erikson elaborou uma abordagem da personalidade que ampliou o escopo da obra de Freud e, ao mesmo tempo, manteve grande parte das suas ideias centrais. Embora tenha apresentado inovações significativas, suas ligações com a posição de Freud eram muito fortes. Disse ele: "A psicanálise é sempre o ponto de partida" (*apud* Keniston, 1983, p. 29). Erikson "se definiu publicamente como um freudiano leal, mesmo quando se afastou consideravelmente da teoria psicanalítica ortodoxa" (Anderson e Friedman, 1997, p. 1.063). Ele ampliou a teoria de Freud de três maneiras:

1. Aprimorou os estágios de desenvolvimento de Freud, sugerindo que a personalidade continuava a se desenvolver, durante todo o ciclo vital.
2. Colocou maior ênfase no ego que no id. Para Erikson, o ego não dependeria do id nem era submisso a ele, como dizia Freud.
3. Reconheceu o impacto na personalidade das forças culturais e históricas. Para ele, não somos totalmente regidos por fatores biológicos inatos que operam na infância. Embora estes sejam importantes, não nos dão a explicação completa da personalidade.

## A vida de Erikson (1902-1994)

### Crises de identidade pessoal

Não é de admirar que o teórico que formulou o conceito de crise de identidade tenha ele mesmo passado por várias delas. "Em toda sua vida, ele não foi capaz de resolvê-las" (Wallerstein, 2014, p. 657). Erikson nasceu em Frankfurt, Alemanha. Sua mãe, dinamarquesa, proveniente de uma rica família judia, havia se casado muitos anos antes, mas seu marido desapareceu horas depois do casamento. Ela ficou grávida de outro homem, cujo nome nunca revelou, e sua família mandou-a para a Alemanha, para dar à luz, de modo a evitar a desgraça social de ter um filho ilegítimo. Apesar da insistência de Erikson por muitos anos, a mãe nunca revelou ao filho quem era seu pai.

Ela permaneceu na Alemanha depois do nascimento da criança e casou-se com o dr. Theodore Homburger, o pediatra do bebê. Erik levou alguns anos para saber que Homburger não era seu pai biológico e disse que cresceu inseguro do próprio nome e identidade psicológica. Ele manteve o sobrenome Homburger até os 37 anos, quando se tornou cidadão norte-americano mudou seu nome para Erik Homburger Erikson.

Outra crise de identidade ocorreu quando Erik começou a frequentar a escola. Apesar da sua ascendência dinamarquesa, considerava-se alemão, mas seus colegas alemães o rejeitavam porque sua mãe e o seu padrasto eram judeus. Por outro lado, seus colegas judeus o rejeitavam porque ele era alto, loiro e tinha feições arianas. Na escola, obteve notas medíocres; no entanto, demonstrou algum talento para as artes e, depois de se formar no ensino médio, utilizou essa habilidade para tentar estabelecer sua identidade.

## Saída da sociedade

Erikson abandonou a sociedade convencional e viajou intensamente pela Europa, lendo, registrando suas ideias em um caderno e observando a vida ao seu redor. Ele se descrevia como morbidamente sensível e neurótico, até mesmo próximo de psicótico. Muitos anos mais tarde, uma de suas filhas escreveu:

> *Meu pai sofreu terrivelmente com a impressão de que seu pai o havia abandonado e nunca tinha se interessado por ele. Lutou a vida toda contra a tendência à depressão. Sua experiência infantil de abandono e rejeição marcou-o com a insegurança. Ele sentia-se profundamente incerto e inseguro quanto à sua posição. Continuamente buscava apoio, orientação e confiança nos outros.* (Bloland, 2005, p. 52, 71)

Erikson estudou em duas escolas de arte e expôs o seu trabalho em uma galeria de Munique, mas sempre abandonava a educação formal para voltar a perambular e a buscar a sua identidade. Posteriormente, discutindo o seu conceito proposto de crise de identidade, escreveu: "Indubitavelmente, meus melhores amigos insistirão que eu precisava dar um nome a esta crise e vê-la em todo mundo para realmente ficar em paz comigo mesmo" (Erikson, 1975, p. 25-26).

Como em muitos dos teóricos de personalidade descritos neste livro, podemos ver uma forte correspondência entre as experiências de vida de Erikson, principalmente na infância e na adolescência, e a teoria da personalidade que ele desenvolveu quando adulto. Um biógrafo observou que o que ele "viu e sentiu acontecendo consigo (como a análise de Freud dos seus próprios sonhos, lembranças e fantasias), tornou-se a 'pesquisa' que possibilitou um fluxo de ideias, artigos, livros" (Friedman, 1999, p. 16).

## Tornando-se freudiano

Aos 25 anos, Erikson recebeu um convite para lecionar em uma pequena escola de Viena, criada para os filhos dos pacientes e amigos de Freud. Freud atraía pacientes de todas as partes do mundo, e estes, sendo ricos, se estabeleciam em Viena com a família pelo tempo de duração da sua psicanálise. Erikson depois confessou que se sentiu atraído por Freud particularmente em razão da sua busca por um pai. Foi aí que sua carreira profissional começou e ele sentiu que havia finalmente encontrado uma identidade.

Ele fez treinamento em psicanálise e foi analisado por Anna Freud. As sessões analíticas foram diárias por quase três anos; ao preço de US$ 7 por mês. Ao contrário do pai, o interesse de Anna Freud era a psicanálise infantil. A influência dela, somada à própria experiência de Erikson como professor, o conscientizou da importância das influências sociais sobre a personalidade e o levou a também se concentrar no desenvolvimento infantil. Depois de concluir seu programa de estudo, tornou-se membro do Instituto de Psicanálise de Viena.

## Três casamentos e uma base estável

Em 1929, quando foi a um baile à fantasia em Viena, Erikson conheceu Joan Serson, uma artista e bailarina canadense que havia sido analisada por um dos discípulos de Freud. Eles se apaixonaram, mas, quando ela engravidou, Erikson recusou-se a se casar; explicou que temia assumir um compromisso permanente e achava que a mãe e o padrasto não aprovariam uma nora que não fosse judia. Amigos o convenceram de que, se não se casasse com Joan, estaria repetindo o padrão de comportamento do seu pai biológico e condenando o seu filho ao estigma da ilegitimidade, algo que o próprio Erikson sentira tão vivamente.

Quando finalmente decidiu se casar com Joan, o fez em três cerimônias diferentes: uma judaica, uma protestante e uma civil. Joan chegou à sinagoga para a cerimônia judaica carregando uma bolsa que cheirava a carne de porco e bacon, alimentos proibidos, enquanto Erik esquecera as alianças. Um biógrafo destacou que o casamento era, ao mesmo tempo, uma comédia de erros e uma zombaria dos costumes judaicos estritos seguidos pela mãe e pelo padrasto de Erikson (Friedman, 1999). Joan abandonou a carreira para tornar-se editora e parceira intelectual permanente de Erikson. Ela deu uma base social e emocional estável à sua vida e o ajudou a desenvolver sua abordagem de personalidade. A meia-irmã de Erikson comentou que "ele não seria nada sem Joan" (*apud* Friedman, 1999, p. 86). E Erikson concordou.

## Chegando aos Estados Unidos

Em 1933, reconhecendo a crescente ameaça nazista, os Eriksons emigraram para a Dinamarca e depois para os Estados Unidos, instalando-se em Boston. Ele fundou uma clínica psicanalítica particular, especializada no tratamento de crianças. Começou a trabalhar também em um centro de orientação de delinquentes emocionalmente perturbados e atuou na equipe do Hospital Geral de Massachusetts.

Erikson começou o seu trabalho de pós-graduação em Harvard, pretendendo obter o Ph.D. em psicologia, mas foi reprovado em seu primeiro curso e largou os estudos. Em 1936, sem formação acadêmica, foi convidado pelo Instituto de Relações Humanas da Universidade de Yale, onde lecionou na escola de medicina e continuou seu trabalho psicanalítico com crianças. Erikson e um antropólogo de Yale colaboraram em um estudo sobre as práticas de criação de filhos dos índios *sioux* de Dakota do Sul.

Essa pesquisa reforçou a crença dele na influência da cultura na infância. Ele continuou a expandir suas ideias no Instituto do Desenvolvimento Humano da Universidade da Califórnia, em Berkeley. Ao contrário de muitos psicanalistas, Erikson queria que sua experiência clínica fosse a mais ampla possível; portanto, procurava pacientes de diversas culturas e atendia àqueles que considerava normais, bem como aos emocionalmente perturbados.

## Homenagens e reconhecimentos, mas nenhuma identidade

Em suas observações sobre os povos indígenas norte-americanos nos estados de Dakota do Sul e da Califórnia, Erikson notou certos sintomas psicológicos que não podiam ser explicados pela teoria freudiana ortodoxa. Os sintomas, aparentemente, estavam relacionados a um senso de alienação das tradições culturais e resultavam uma falta de imagem ou de identidade clara do *self*. Esse fenômeno, que ele inicialmente denominou confusão de identidade, era semelhante ao problema que observara entre os veteranos emocionalmente perturbados da Segunda Guerra Mundial.

Erikson sugeriu que esses homens não estavam sofrendo de conflitos reprimidos, mas sim de uma confusão provocada pelas experiências traumáticas de guerra e pelo fato de estarem temporariamente desarraigados da sua cultura; ele descreveu a situação dos veteranos como uma confusão de identidade em relação a quem e ao que eles eram.

Em 1950, começou a trabalhar no Austen Riggs Center, em Stockbridge, Massachusetts, um local para tratamento de adolescentes emocionalmente perturbados. Dez anos depois, voltou a Harvard para lecionar em um curso de pós-graduação e em um curso popular de graduação sobre o ciclo de vida humana, aposentando-se em 1970.

Aos 84 anos, publicou um livro sobre a velhice. Entretanto, depois de uma vida de realizações, honras e reconhecimentos, sentia-se, segundo sua filha, desapontado com o que havia conseguido. "Para esse homem célebre, ainda era motivo de vergonha ter sido um filho ilegítimo" (Bloland, 2005, p. 51).

**Estágios psicossociais do desenvolvimento**
Para Erikson, oito estágios sucessivos que abrangem os estágios contínuos. Em cada um deles, temos de lidar bem ou mal com uma crise.

# Estágios psicossociais do desenvolvimento da personalidade

Erikson dividiu o crescimento da personalidade em oito **estágios psicossociais**. Os quatro primeiros são semelhantes aos estágios oral, anal, fálico e de latência propostos por Freud. A principal diferença entre as teorias é que Erikson enfatizava os correlatos psicossociais, enquanto Freud se concentrava nos fatores biológicos.

## O papel da genética e do ambiente

**Princípio epigenético da maturação**
A teoria de que o desenvolvimento humano é regido por uma sequência de etapas que dependem de fatores genéticos ou hereditários.

Erikson sugeriu que o processo de evolução era regido pelo que ele chamava de **princípio epigenético da maturação**. Com isso, queria dizer que as forças herdadas são as características determinantes dos estágios de evolução. O prefixo *epi* significa "sobre"; então, o desenvolvimento dependeria de fatores genéticos.

No entanto, são as forças sociais e ambientais, as quais somos expostos, que controlam a forma pela qual as fases geneticamente predeterminadas se realizam. Dessa forma, o desenvolvimento da personalidade é afetado por fatores biológicos e sociais.

## Conflitos e crises

Na teoria de Erikson, o desenvolvimento humano envolve uma série de conflitos pessoais. O potencial para esses conflitos existe no nascimento como predisposições inatas, que se tornam proeminentes nas várias fases em que o nosso ambiente requer determinadas adaptações. Cada confronto com o ambiente é denominado **crise**, a qual envolve uma mudança de perspectiva, que requer que reconcentremos a nossa energia instintiva de acordo com as necessidades de cada estágio do ciclo da vida.

**Crise**
Para Erikson, o momento decisivo enfrentado em cada fase de desenvolvimento.

Cada fase de desenvolvimento tem sua crise ou momento decisivo particular, que precisa de alguma mudança em nosso comportamento e em nossa personalidade. Podemos responder à crise de maneira negativa ou positiva. Só quando resolvemos cada um dos conflitos é que a personalidade pode continuar a sua sequência normal de desenvolvimento e adquirir a força para enfrentar o conflito da próxima fase. Se o conflito em qualquer uma das fases permanecer mal resolvido, teremos menos probabilidade de nos adaptar aos problemas que surgirão posteriormente. Um resultado bem-sucedido ainda é possível, mas será mais difícil de alcançar.

## Enfrentamento adaptativo

Erikson achava que o ego tem de incorporar as maneiras negativas e positivas de lidar com as crises. Por exemplo, na infância, a primeira fase de desenvolvimento psicossocial, podemos responder à crise de desamparo e dependência desenvolvendo um senso de confiança ou de desconfiança.

A confiança, a forma mais bem-adaptada e desejável de lidar com os problemas, é obviamente uma atitude psicológica mais saudável. Mas muitos de nós também desenvolvem um grau de desconfiança como uma forma de proteção. Se formos totalmente confiantes e crédulos, seremos vulneráveis às tentativas das outras pessoas de nos enganar ou manipular.

Idealmente, em cada uma das fases de desenvolvimento, o ego consistirá basicamente na atitude positiva ou bem-adaptada, mas será sempre equilibrado por alguma parte da atitude negativa. Só assim a crise poderá ser resolvida de forma satisfatória.

# Forças básicas

Erikson também propôs que cada um dos oito estágios psicossociais propicia uma oportunidade para desenvolvermos as nossas **forças básicas** ou virtudes, que surgem quando uma crise é resolvida satisfatoriamente. Ele sugeriu que essas forças são interdependentes, de modo que uma força básica não pode se desenvolver até que a força básica associada à fase anterior seja confirmada (veja Quadro 6.1).

> **Forças básicas**
> Para Erikson, características e crenças motivadoras, derivadas da resolução satisfatória da crise em cada fase de desenvolvimento.

## Confiança *versus* desconfiança

A fase oral sensorial do desenvolvimento psicossocial, paralela à fase oral do desenvolvimento psicossexual de Freud, ocorre durante o primeiro ano de vida, época de nosso maior desamparo. A criança é totalmente dependente de cuidados básicos para sobreviver e ter segurança e afeto. Nessa etapa, a boca é de vital importância. Erikson escreveu que a criança "vive por meio de, e ama com [a] boca" (1959, p. 57). No entanto, o relacionamento entre a criança e o seu próprio mundo não é exclusivamente biológico; é social também. A interação do bebê com a mãe determina se será incorporada à sua personalidade uma atitude de confiança ou desconfiança no relacionamento futuro com o ambiente.

**Depende da mãe.** Se a mãe responder adequadamente às necessidades físicas do bebê e lhe propiciar muito afeto, amor e segurança, a criança desenvolverá um senso de confiança, atitude que caracterizará sua visão crescente de si mesma e dos outros. Dessa maneira, aprendemos a esperar "consistência, continuidade e estabilidade" de outras pessoas e situações no nosso ambiente (Erikson, 1950, p. 247). Erikson disse que essa expectativa proporciona o início da nossa identidade do ego.

---

**QUADRO 6.1** ▪ Estágios de desenvolvimento psicossocial e suas forças básicas

| Estágio | Idades | Formas positivas versus negativas de reagir | Força básica |
|---|---|---|---|
| Oral sensorial | Nascimento -1 ano | Confiança *versus* desconfiança | Esperança |
| Muscular anal | 1-3 anos | Autonomia *versus* dúvida, vergonha | Vontade |
| Locomotor genital | 3-5 anos | Iniciativa *versus* culpa | Objetivo |
| Latência | 6-11 anos | Diligência *versus* inferioridade | Competência |
| Adolescência | 12-18 anos | Coesão da identidade *versus* confusão de papéis | Fidelidade |
| Jovem adulto | 18-35 anos | Intimidade *versus* isolamento | Amor |
| Adulto | 35-55 anos | Generatividade *versus* estagnação | Cuidado |
| Maturidade e velhice | +55 anos | Integridade do ego *versus* desespero | Sabedoria |

---

Por outro lado, se a mãe rejeitar, não prestar atenção ou for inconsistente em seu comportamento, a criança se tornará desconfiada, temerosa e ansiosa. Segundo Erikson, a desconfiança também pode ocorrer se a mãe não focar sua atenção exclusivamente na criança. Ele argumentou que a mãe que volta a trabalhar e deixa o filho aos cuidados de parentes ou em uma creche arrisca-se a desenvolver desconfiança na criança.

**A confiança pode ser perdida posteriormente na infância**. Embora o padrão de confiança e desconfiança como uma dimensão da personalidade seja estabelecido na infância, o problema pode ressurgir em uma fase posterior do desenvolvimento. Por exemplo, um relacionamento mãe-filho ideal produz um alto grau de confiança, mas ele pode ser destruído caso ela morra ou saia de casa. Se isso ocorrer, a desconfiança pode suplantar a personalidade. A desconfiança da infância pode ser alterada posteriormente na vida por meio do companheirismo de um professor ou amigo carinhoso e paciente.

**Esperança**. A força básica de *esperança* é associada à resolução bem-sucedida da crise durante a fase oral sensorial. Erikson descreveu essa força básica como a crença de que os nossos desejos serão satisfeitos. A esperança envolve um sentimento persistente de confiança, sentimento que iremos manter, apesar dos reveses temporários.

## Autonomia *versus* dúvida e vergonha

Durante a fase muscular-anal, nos segundo e terceiro anos de vida, que corresponde à fase anal de Freud, as crianças desenvolvem rapidamente uma série de habilidades físicas e mentais e fazem muitas coisas sozinhas: aprendem a se comunicar de modo mais eficaz e a andar, subir, empurrar, puxar e segurar ou largar um objeto. Elas se orgulham dessas habilidades e geralmente querem fazer o máximo possível sozinhas.

De todas essas habilidades, a mais importante para Erikson envolvia os atos de segurar e largar algo, porque os considerava protótipos para reagir a conflitos posteriores em comportamentos e atitudes. Por exemplo, o ato de segurar pode ser realizado de maneira carinhosa ou hostil. O de soltar pode se tornar um desabafo de ira destrutiva ou uma passividade relaxada.

**Escolha**. O ponto importante é que, durante essa etapa, pela primeira vez, as crianças conseguem exercer algum grau de escolha, experimentar o poder da sua vontade autônoma. Embora ainda dependentes dos pais, elas começam a se ver como pessoas ou forças por si mesmas e querem exercer os seus pontos fortes recém-descobertos. A pergunta-chave é: quanto a sociedade (na forma dos pais) permitirá que as crianças se expressem e façam tudo o que são capazes de fazer?

**A crise do banheiro.** A crise mais importante entre pais e filhos nessa fase geralmente envolve o treinamento para ir ao banheiro, considerado o primeiro exemplo da sociedade tentando regular uma necessidade instintiva. Ensina-se a criança a segurar e soltar somente nas horas e nos locais adequados. Os pais podem permitir à criança ir adiante com o treinamento no seu próprio ritmo ou podem ficar irritados. Nesse caso, podem negar-lhe o livre-arbítrio, forçando o treinamento e mostrando impaciência e raiva quando ela não se comportar corretamente. Portanto, quando os pais obstruem e frustram as tentativas do filho de exercer sua independência, ele desenvolve sentimentos de dúvida e um senso de vergonha em lidar com os outros. Embora a região anal seja o foco dessa fase, devido à crise do treinamento do banheiro, pode-se ver que a expressão do conflito é mais psicossocial do que biológica.

**Vontade.** A força básica que surge da autonomia é a *vontade*, que envolve a determinação de exercer a liberdade de escolha e a autolimitação diante das demandas da sociedade.

## Iniciativa *versus* culpa

O estágio locomotor genital, que ocorre entre 3 e 5 anos, é semelhante à fase fálica no sistema freudiano. As capacidades motora e mental continuam se desenvolvendo e a criança consegue fazer mais coisas por conta própria, expressando um forte desejo de tomar a iniciativa em várias atividades.

**A relação edipiana.** A iniciativa também pode se desenvolver na forma de fantasias, manifestadas pelo desejo de possuir o genitor do sexo oposto e estabelecer uma rivalidade com o do mesmo sexo. Como os pais reagirão a essas atividades e fantasias desencadeadas pelo *self*? Se punirem a criança e inibirem essas demonstrações de iniciativa, ela desenvolverá sensações permanentes de culpa que afetarão as atividades voltadas para o *self* durante toda a vida.

Na relação edipiana, a criança inevitavelmente falha, mas, se os pais orientarem essa situação com amor e compreensão, ela adquirirá consciência do que é comportamento permissível e do que não é. Sua iniciativa pode ser canalizada para metas realistas e socialmente sancionadas na preparação para o desenvolvimento da responsabilidade e da moralidade adultas. Na teoria freudiana, isso é chamado de superego.

**Objetivo.** A força básica chamada *objetivo* surge da iniciativa. O objetivo envolve coragem de conceber e buscar metas.

## Diligência *versus* inferioridade

A fase de latência de desenvolvimento psicossocial de Erikson, que ocorre dos 6 aos 11 anos, corresponde ao período de latência de Freud. A criança começa a ir à escola e é exposta a novas influências sociais. Tanto em casa quanto na escola, ela aprende bons hábitos de trabalho e estudo, que Erikson chamava de "diligência", basicamente como um meio de conseguir elogios e obter a satisfação extraída da execução bem-sucedida de uma tarefa.

**Desenvolvendo novas habilidades.** Os poderes cada vez maiores de raciocínio dedutivo e a habilidade de seguir regras levam ao refinamento deliberado das habilidades exibidas na construção das coisas. Aqui, as ideias de Erikson refletem os estereótipos de gênero do período em que ele propôs a sua teoria. Em sua opinião, os meninos construirão casas nas árvores e aeromodelos, enquanto as meninas irão cozinhar e costurar.

Contudo, quaisquer que sejam as atividades associadas a essa idade, as crianças fazem sérias tentativas de concluir uma tarefa com muita atenção, diligência e persistência. Nas palavras de Erikson, "as habilidades básicas de tecnologia são desenvolvidas à medida que a criança vai ficando pronta para lidar com utensílios, ferramentas e armas utilizados pelos adultos" (1959, p. 83).

As atitudes e os comportamentos dos pais e professores determinam em grande parte como as crianças acreditam que estão desenvolvendo e utilizando as suas habilidades. Se forem repreendidas, ridicularizadas ou rejeitadas, provavelmente desenvolverão sentimentos de inferioridade e inadequação. Por outro lado, elogios e reforços estimulam a sensação de competência e incentivam a luta constante.

**Competência.** A força básica que surge da diligência durante a etapa de latência é a *competência*. Ela envolve o exercício da habilidade e da inteligência na busca e conclusão de tarefas.

**As quatro fases finais do desenvolvimento.** O resultado da crise em cada uma dessas quatro fases da infância depende das outras pessoas. A resolução é uma função mais daquilo que é feito à criança do que daquilo que ela pode fazer sozinha. Embora as crianças adquiram cada vez mais independência do nascimento aos 11 anos, o desenvolvimento psicossocial continua, na sua maior parte, sob a influência dos pais e professores, geralmente as pessoas mais importantes na nossa vida nessa época.

Nas quatro últimas fases do desenvolvimento psicossocial, temos cada vez mais controle do nosso ambiente; escolhemos consciente e deliberadamente nossos amigos, faculdade, carreira, cônjuge e atividades de lazer. Todavia, essas escolhas deliberadas são obviamente afetadas pelas características de personalidade que se desenvolveram durante as fases do nascimento à adolescência. O fato de o nosso ego apresentar confiança, autonomia, iniciativa e diligência ou desconfiança, dúvida, culpa e inferioridade determinará o rumo do restante da nossa vida.

As crianças se orgulham de desenvolver novas habilidades e capacidades.

## Coesão da identidade *versus* confusão de papéis

| **Identidade do ego**<br>A autoimagem formada durante a adolescência, que integra as nossas ideias quanto ao que somos e ao que queremos ser. | A adolescência, entre os 12 e os 18 anos, é a fase na qual temos de enfrentar e resolver a crise da nossa **identidade básica do ego**. É quando formamos a nossa autoimagem e a integração das ideias sobre nós mesmos e o que os outros pensam sobre nós. Se esse processo for resolvido satisfatoriamente, o resultado será um quadro consistente e congruente. |
| --- | --- |

Construir uma identidade e aceitá-la são tarefas difíceis, geralmente realizadas com ansiedade. Os adolescentes fazem experiências com vários papéis e ideologias, na tentativa de determinar quais são os mais compatíveis com eles. Erikson verificou que a adolescência é um hiato entre a infância e a idade adulta, uma moratória psicológica necessária para dar à pessoa tempo e energia para representar papéis diferentes e viver com autoimagens também diferentes.

| **Crise de identidade**<br>O fracasso em adquirir a identidade do ego durante a adolescência. | **A crise de identidade.** As pessoas que saem dessa fase com um forte senso de autoidentidade estão equipadas para enfrentar a idade adulta com certeza e confiança. Aquelas que não conseguem atingir uma identidade coesa – que passam por uma **crise de identidade** – apresentarão uma confusão de papéis. Elas não sabem quem ou o que são, qual é o seu lugar ou para onde querem ir. Elas podem se |
| --- | --- |

afastar da sequência normal da vida (educação, trabalho, casamento), como Erikson fez durante algum tempo, ou buscar uma identidade negativa na criminalidade ou nas drogas. Até uma identidade negativa, como a sociedade a define, é preferível a nenhuma identidade, embora não seja tão satisfatória quanto uma identidade positiva.

Erikson observou o forte impacto dos grupos de colegas no desenvolvimento da identidade do ego na adolescência. Notou que a associação excessiva com grupos e cultos fanáticos ou identificação obsessiva com ícones da cultura popular poderia limitar o desenvolvimento do ego.

**Fidelidade.** A força básica que deveria se desenvolver durante a adolescência é a *fidelidade*, que surge de uma identidade de ego coesa e engloba sinceridade, genuinidade e um senso de dever em nossos relacionamentos com as outras pessoas.

## Intimidade *versus* isolamento

Erikson considerava o início da fase adulta um estágio mais longo que os anteriores, estendendo-se do final da adolescência até aproximadamente os 35 anos de idade. Durante esse período, estabelecemos a nossa independência dos pais e das instituições quase parentais, como a faculdade, e começamos a atuar de modo mais autônomo, como adultos maduros e responsáveis. Assumimos algum tipo de trabalho produtivo e estabelecemos relacionamentos íntimos, em geral amizades íntimas e uniões sexuais.

**Cuidado e compromisso.** Na visão de Erikson, a intimidade não se restringia aos relacionamentos sexuais, mas também envolvia sentimentos de carinho e compromisso. Essas emoções podem ser demonstradas abertamente, sem recorrermos a mecanismos de proteção ou defesa, e sem medo de perdermos o nosso senso de autoidentidade; podemos fundir a nossa identidade com a de outra pessoa sem submergi-la ou perdê-la no processo.

Aqueles que não conseguem estabelecer essas intimidades no início da fase adulta desenvolvem uma sensação de isolamento. Eles evitam contatos sociais, rejeitam as outras pessoas e podem até se tornar agressivos em relação a elas; preferem ficar sós porque temem a intimidade, que veem como uma ameaça à identidade do seu ego.

Anthony Redpath/Corbis

Adolescentes que passam por uma crise de identidade parecem não saber a que pertencem ou o que querem se tornar.

**Amor.** A força básica que surge da intimidade do início da fase adulta é o *amor*, que Erikson considerava a maior de todas as virtudes humanas. Ele o descreveu como uma devoção mútua em uma identidade compartilhada, a fusão de uma pessoa com outra.

## Preocupação com as próximas gerações ("generatividade") *versus* estagnação

A idade adulta – aproximadamente dos 35 aos 55 anos – é a fase da maturidade, na qual precisamos estar ativamente envolvidos no ensino e na orientação da próxima geração. Essa necessidade vai além da nossa própria família. Na opinião de Erikson, nossas preocupações tornam-se mais amplas e de maior alcance, envolvendo as gerações futuras e o tipo de sociedade na qual elas viverão. A pessoa não precisa ser pai ou mãe para se preocupar com as próximas gerações, e ter filhos também não satisfaz automaticamente essa necessidade.

Erikson acreditava que todas as instituições – comerciais, governamentais, de serviços sociais ou acadêmicas – nos oferecem oportunidade para expressarmos preocupação com as próximas gerações. Portanto, em quaisquer organizações ou atividades em que estejamos envolvidos, geralmente encontramos uma forma de nos tornarmos mentores, professores ou de guiar os mais jovens para a melhoria da sociedade como um todo.

Quando as pessoas de meia-idade não conseguem ou não procuram uma vazão para a preocupação com as próximas gerações, elas podem ser tomadas por sentimentos de "estagnação, tédio e empobrecimento interpessoal" (Erikson, 1968, p. 138). A forma como Erikson descreve essas dificuldades emocionais na fase adulta é semelhante à descrição de Jung da crise da meia-idade. Essas pessoas podem regredir a um estágio de pseudointimidade, satisfazendo-se de maneiras infantis, e podem também se tornar física ou psicologicamente inválidas por ficarem absortas em suas próprias necessidades e comodidades.

**Cuidado.** O *cuidado* é a força básica que surge da preocupação com as próximas gerações na fase adulta; Erikson a definiu como uma preocupação ampla pelos outros e acreditava que se manifestava na necessidade de ensinar, não só de ajudar os outros, mas também de formar a própria identidade.

## Integridade do ego *versus* desespero

Durante a fase final do desenvolvimento psicossocial, a maturidade e a velhice, confrontamo-nos com uma opção entre a integridade do ego e o desespero. Essas atitudes regem a forma como avaliamos a nossa vida como um todo. Nessa época, nossos maiores esforços estão concluídos ou perto de o serem; examinamos a nossa vida e refletimos sobre ela, fazendo uma avaliação final. Se olharmos para trás com um sentimento de realização e satisfação, achando que lidamos de maneira adequada com as vitórias e as falhas da vida, pode-se dizer que temos integridade do ego.

Em termos simples, integridade do ego envolve aceitar o seu lugar e o seu passado. Por outro lado, se revisarmos a nossa vida com um senso de frustração, aborrecidos porque perdemos oportunidades e arrependidos de erros que não podemos corrigir, então sentiremos desespero. Nos sentiremos frustrados com nós mesmos, desprezaremos os outros e ficaremos amargos em relação ao que poderíamos ter sido.

**Fase final de Erikson.** Aos 84 anos, Erikson publicou um livro relatando os resultados de um estudo de longo prazo com 29 pessoas na faixa dos 80 anos, cujos dados do histórico de vida vinham sendo coletados desde 1928. O título, *Vital involvement in old age* (*Envolvimento vital na velhice*), indica a receita de Erikson para obtermos integridade do ego (Erikson, Erikson e Kivnick, 1986).

As pessoas idosas precisam fazer mais do que refletir sobre o passado. Elas precisam continuar ativas, participantes, vitais, buscando desafios e estímulos no seu ambiente, e se envolver em atividades como ser avós, voltar a estudar e desenvolver novas habilidades e interesses. Em sua velhice, Erikson dizia que a generatividade (o foco da idade adulta madura) era ainda mais importante do que ele pensava quando desenvolveu sua teoria. "Muito do desespero [das pessoas mais velhas] é, na verdade, um senso contínuo de estagnação" (*apud* Cheng, 2009, p. 45). A generatividade, desenvolvida no sétimo estágio da vida, pode ser o fator mais importante para a integridade do ego no oitavo e último estágio.

**Sabedoria.** A força básica associada a essa fase final do desenvolvimento é a *sabedoria*, que, derivada da integridade do ego, é expressa na preocupação desprendida com o todo da vida. Ela é transmitida às próximas gerações em uma integração de experiências que é mais bem descrita pela palavra *herança*.

# Fraquezas básicas

Do mesmo modo que forças básicas podem surgir em cada fase do desenvolvimento psicossocial, **fraquezas básicas** também podem. Vimos anteriormente que as formas bem e mal resolvidas de lidar com a crise de cada fase da vida são incorporadas na identidade do ego em uma espécie de equilíbrio criativo. Embora o ego deva ser composto basicamente de atitudes de adaptação, ele também contém uma parcela da atitude negativa.

> **Fraquezas básicas**
> Características motivadoras derivadas da resolução insatisfatória das crises de desenvolvimento.

## Condições mal-adaptadas e malignas

Em um desenvolvimento desequilibrado, o ego é composto apenas de uma atitude: a bem ou mal-adaptada. Erikson denominou essa situação de **mau desenvolvimento**. Quando só a tendência positiva e adaptável está presente no ego, a situação é chamada de "mal-adaptada". Quando só a tendência negativa está presente, ela é chamada de "maligna". As más adaptações podem levar a neuroses, e as malignidades, a psicoses.

> **Mau desenvolvimento**
> Uma situação que ocorre quando o ego é composto apenas de uma única maneira de lidar com conflitos.

Erikson acreditava que ambas as condições podem ser corrigidas com a psicoterapia. As más adaptações, que são distúrbios menos graves, também podem ser aliviadas por meio de um processo de readaptação, auxiliado por mudanças ambientais, relações sociais de apoio ou uma adaptação bem-sucedida em uma fase de desenvolvimento posterior. O Quadro 6.2 apresenta uma relação das características de mau desenvolvimento de cada uma das oito fases.

# Questões sobre a natureza humana

Seria de se esperar que um teórico da personalidade que delineia as forças básicas humanas tivesse uma visão otimista da natureza humana. Erikson pensava que, embora nem todos fossem bem-sucedidos na obtenção de esperança, objetivo, sabedoria e outras virtudes, temos potencial para obter tudo isso. Nada em nossa natureza nos impede; tampouco temos de, inevitavelmente, sofrer conflitos, ansiedades e neuroses por causa de forças biológicas instintivas.

As teorias de Erikson permitem uma visão otimista, pois cada fase do crescimento psicossocial, embora centrada em uma crise, oferece a possibilidade de um resultado positivo. Somos capazes de resolver cada situação de maneira ajustada e fortalecedora. Mesmo que falhemos em uma fase e desenvolvamos uma resposta mal-adaptada ou uma fraqueza básica, ainda há esperança de mudança em uma fase posterior.

QUADRO 6.2 ▪ As tendências de mau desenvolvimento de Erikson

| Fase | Maneira de reagir | Mau desenvolvimento |
|---|---|---|
| Oral sensorial | Confiança<br>Desconfiança | Desajuste sensorial<br>Afastamento |
| Muscular-anal | Autonomia<br>Dúvida, vergonha | Obstinação sem acanhamento<br>Compulsão |
| Locomotora genital | Iniciativa<br>Culpa | Crueldade<br>Inibição |
| Latência | Diligência<br>Inferioridade | Virtuosidade limitada<br>Inércia |
| Adolescência | Coesão da identidade<br>Confusão de papéis | Fanatismo<br>Repúdio |
| Jovem adulto | Intimidade<br>Isolamento | Promiscuidade<br>Exclusividade |
| Adulto | Preocupação com as próximas gerações<br>Estagnação | Superexpansão<br>Rejeição |
| Maturidade e velhice | Integridade do ego<br>Desespero | Presunção<br>Desdém |

Fonte: Adaptado de *Vital involvement in old age*, de Erik H. Erikson, Joan M. Erikson e Helen Q. Kivnick, com autorização da W.W. Norton & Company, Inc. Copyright © 1986 by Joan M. Erikson, Erik H. Erikson e Helen Q. Kivnick.

Ele acreditava que temos potencial para direcionar e modelar conscientemente o nosso crescimento durante toda a vida, que não somos exclusivamente produtos das experiências de infância. Ainda que tenhamos pouco controle sobre a vida durante as primeiras quatro fases do nosso desenvolvimento, obtemos cada vez mais independência e capacidade de escolher formas de responder às crises e demandas da sociedade. As influências da infância são importantes, mas os acontecimentos das fases posteriores podem contrabalançar experiências anteriores infelizes.

A teoria de Erikson é apenas parcialmente determinista. Durante as primeiras quatro fases, as experiências às quais somos expostos por meio de pais, professores, grupos de colegas e várias oportunidades estão, em grande parte, fora do nosso controle. Temos mais chance de exercer o livre-arbítrio durante as últimas quatro fases, embora as atitudes e forças básicas que formamos durante as fases iniciais afetem as nossas escolhas.

No geral, Erikson acreditava que a personalidade é mais afetada pela aprendizagem e experiência do que pela hereditariedade. As experiências psicossociais, e não as forças biológicas instintivas, são as maiores determinantes. A nossa meta principal e primordial é desenvolver uma identidade de ego positiva, que incorpore todas as forças básicas.

## A avaliação na teoria de Erikson

Erikson concordava com algumas formulações teóricas de Freud, mas usou métodos diferentes de avaliação da personalidade. Ele questionava a utilidade e até a segurança de algumas das técnicas freudianas, a começar pelo divã analítico.

Para Erikson, pedir aos pacientes que se deitassem no divã poderia levar a uma exploração sádica, criar a ilusão de objetividade, estimular uma ênfase excessiva no material inconsciente e gerar impessoalidade e altivez excessivas por parte do terapeuta. Para promover uma relação mais pessoal entre o terapeuta e o paciente e garantir que se vissem um ao outro como iguais, Erikson preferia que eles ficassem de frente um para o outro e se sentassem em cadeiras confortáveis.

Ao lidar com seus pacientes, Erikson baseava-se menos nas técnicas formais de avaliação do que Freud. Eventualmente, utilizava a livre associação, mas raramente tentava analisar sonhos, uma técnica que considerava um desperdício prejudicial. Para ele, as técnicas de avaliação deveriam ser selecionadas e modificadas para atender aos requisitos exclusivos de cada paciente.

## Terapia com brinquedos

Para trabalhar com crianças mentalmente perturbadas e na pesquisa de crianças e adolescentes normais, escolheu a terapia com brinquedos (ludoterapia). Ele providenciava uma série de brinquedos e observava como as crianças interagiam com eles. As formas e a intensidade do brincar revelavam aspectos da personalidade que poderiam não se manifestar verbalmente, dada a limitada capacidade de expressão verbal da criança.

Ao desenvolver sua teoria da personalidade, Erikson usou dados obtidos principalmente com ludoterapia, estudos antropológicos e análises psico-históricas.

## Análise psico-histórica

A técnica de avaliação mais insólita de Erikson era a **análise psico-histórica.** Essas análises são basicamente estudos biográficos. Erikson utilizou a estrutura da sua teoria de estágios contínuos para descrever as crises e formas de lidar com elas em figuras políticas, religiosas e literárias importantes, como Gandhi, Martinho Lutero e George Bernard Shaw.

**Análise psico-histórica**
A aplicação da teoria de estágios contínuos de Erikson, junto com os princípios psicanalíticos, ao estudo das figuras históricas.

As psico-histórias de Erikson costumavam concentrar-se em uma crise significativa, um episódio que representa um tema importante da vida, unindo atividades passadas, presentes e futuras. Ao utilizar o que chamava de "subjetividade disciplinada", Erikson adotou o ponto de vista do indivíduo analisado como seu para avaliar os eventos da vida através dos olhos dessa pessoa.

## Testes psicológicos

Apesar de Erikson não utilizar testes psicológicos para avaliação de personalidade, vários instrumentos foram desenvolvidos posteriormente com base em suas formulações. A Escala de Identidade do Ego foi feita para medir o desenvolvimento da identidade do ego durante a adolescência (Dignan, 1965). O Questionário do Processo de Identidade do Ego, também para adolescentes, contém 32 itens para medir as dimensões da exploração e do compromisso (Balistreri, Busch-Rossnagel e Geisinger, 1995). A Escala de Generatividade de Loyola (veja Quadro 6.3) é um inventário de 20 itens para medir o grau de preocupação com as próximas gerações ou a estagnação na idade adulta (McAdams e Aubin, 1992).

# A pesquisa na teoria de Erikson

O método de pesquisa básico de Erikson era o estudo de caso. A esta altura, você já está familiarizado com os pontos fracos desse método – a dificuldade de reproduzir e verificar o material do caso –, mas você sabe também que é possível obter muitas informações úteis com essa técnica. Erikson argumentava que os casos fornecem muitos *insights* quanto ao desenvolvimento da personalidade e podem ajudar a resolver os problemas de um paciente.

## Construção de cenas

**Construção de cenas**
Uma técnica de avaliação da personalidade de crianças, em que se analisam estruturas montadas a partir de bonecas, blocos e outros brinquedos.

Erikson utilizava a terapia lúdica para fazer pesquisas sobre a sua teoria, concentrando-se no que ele chamava de **construção de cenas**. Em um dos estudos, meninos e meninas de 10 a 12 anos de idade deveriam criar uma cena de um filme imaginário, utilizando bonecas, animais de brinquedo, carrinhos e blocos de madeira. As meninas tenderam a criar cenas estáticas e tranquilas, que continham estruturas baixas e encaixadas; intrusos (figuras de animais ou figuras masculinas, nunca femininas) tentavam forçar sua entrada nos locais. Ao contrário, os meninos concentravam-se em cenas exteriores, com ação e altura. Suas criações tendiam a ser voltadas para a ação, com estruturas altas, carros e pessoas em movimento (ver Figura 6.1).

Treinado como freudiano ortodoxo, Erikson interpretou essas criações de acordo com linhas psicanalíticas. Ele escreveu:

*As diferenças entre os sexos na organização de um espaço de brincadeiras parecem ser paralelas à morfologia da própria diferenciação genital: no homem, um órgão externo, erétil e de natureza intrusa [...] na mulher, órgãos internos, com acesso vestibular, o que leva a óvulos estaticamente expectantes.* (Erikson, 1968, p. 271)

Em outras palavras, com base no efeito determinante das diferenças biológicas, as meninas construíram cercados baixos, nos quais as pessoas ficariam enclausuradas, e os meninos construíram torres.

Erikson foi criticado por essa teoria, que sugere que as mulheres são vítimas da sua anatomia e sua personalidade é determinada pela ausência de pênis. Erikson admitiu que as diferenças na construção de cenas também poderiam ser resultado das diferenças no treinamento de papéis de gênero dados pela sociedade, no qual as meninas são menos orientadas para a ação, agressão e realização do que os meninos.

**Preferências por brinquedos de acordo com o gênero.** Mais de 50 anos após a pesquisa de Erikson sobre a construção de cenas, ainda persiste o estereótipo tradicional dos gêneros em relação a brinquedos e comportamentos nas brincadeiras. A maioria das crianças ainda prefere brinquedos específicos para os gêneros. Meninos costumam brincar com caminhões, soldados e revólveres, e as meninas, com bonecas, adereços e utensílios de cozinha de brinquedo.

---

QUADRO 6.3 ▪ Exemplos de itens de uma escala para medir a generatividade

Eles se aplicam a pessoas de meia-idade que você conhece?

1   Eu tento transmitir aos outros o conhecimento que obtive com as minhas experiências.
2   Não acredito que as outras pessoas precisem de mim.
3   Acredito que fiz diferença na vida de outras pessoas.
4   Há aqueles que dizem que sou uma pessoa produtiva.
5   Eu acho que não fiz nada que sobreviverá depois que eu morrer.
6   As pessoas vêm a mim para pedir conselhos.
7   Eu acho que a sociedade não pode ser responsável pelo sustento e abrigo de todos os desabrigados.
8   Eu tenho habilidades importantes que tento ensinar aos outros.
9   Não gosto de fazer trabalhos voluntários para instituições de caridade.
10  Durante a minha vida, fiz e mantive vários compromissos para com pessoas, grupos e atividades.

Fonte: Adaptado de McAdams, D. P.; Aubin, E. de St. "A theory of generativity and its assessment through self-report, behavioral acts, and narrative themes in autobiography". *Journal of Personality and Social Psychology*, 62, p. 1.003-1.015, 1992.

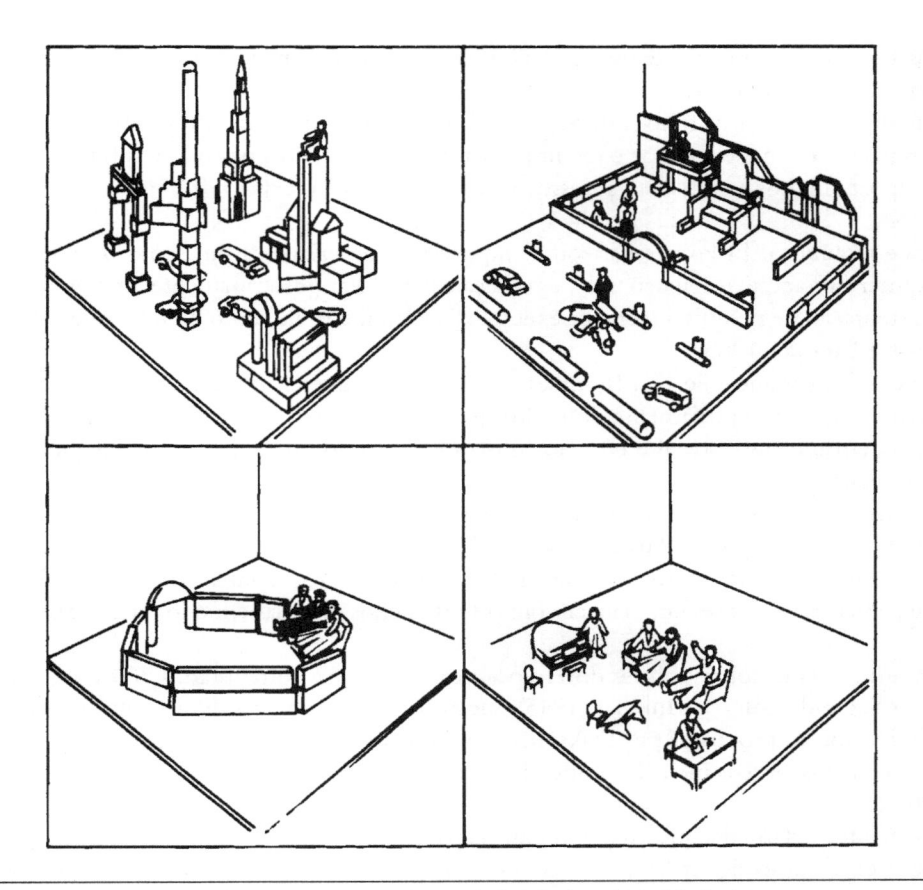

**Figura 6.1** • Construções de cenas criadas por meninos (acima) e meninas (abaixo).
Fonte: Reproduzido de *Childhood and Society*, 2. ed., de Erik H. Erikson, com autorização de W. W. Norton & Company, Inc.
Copyright 1950, © 1963 by W. W. Norton & Company, Inc. Copyright renovado em 1978, 1991 por Erik H. Erikson, e
reimpresso com permissão do The Random House Group Limited.

Um estudo conduzido com crianças de 2 a 4 anos de idade revelou que os meninos brincavam mais com um trem de brinquedo do que com uma boneca, enquanto as meninas escolhiam brincar com a boneca e não com o trem (Wong e Hines, 2014). Resultados semelhantes ocorreram com estudantes universitários. Os homens eram atraídos para o chamado brinquedo de menino – uma miniatura de avião caça –, mas somente quando este estava pintado de azul, rejeitando-o quando estava pintado de rosa, uma cor tradicionalmente "de menina" (Dinella, Devita e Weisgram, 2013).

O mesmo tipo de preferência de gênero foi encontrado em um grupo de crianças de 10 a 11 anos, que tinham de escolher um software para resolver problemas no computador. Os meninos escolheram o software chamado "Piratas", enquanto as meninas escolheram o que era chamado "Princesas" (Joiner, 1998).

**O papel dos pais na determinação das preferências de gênero por brinquedos.** Esses padrões de preferência de brinquedos ainda são ensinados e estimulados por alguns pais, que compram a maioria dos brinquedos dos filhos, elogiam-nos quando brincam com os brinquedos adequados para o seu gênero e os desestimulam a brincar com os do gênero oposto. A mensagem é captada rapidamente. Um psicólogo observou um menino que "estava brincando com um carro de corrida cujo motorista, quando o capacete caiu, revelou ter cabelos compridos e loiros. Era mulher. O menino largou o carro de corrida como se ele fosse uma batata quente" (Martin, 1999, p. 49).

Pais tratam meninos e meninas de maneira mais estereotipada que as mães. Consequentemente, são basicamente os pais que ensinam e reforçam as brincadeiras específicas para os gêneros. Eles também instruem seus filhos e filhas em outros comportamentos e atitudes sexuais estereotipados. Os pais tendem a encorajar e recompensar comportamentos passivos e submissos nas meninas e comportamentos assertivos e agressivos nos meninos (Quiery, 1998).

**Confiança e segurança.** Erikson enfatizou a importância de criarmos um senso de confiança logo cedo se quisermos adquirir sensações de segurança e bem-estar posteriormente. Essa posição recebeu grande sustentação de pesquisas (ver, por exemplo, Jacobson e Wille, 1986; Londerville e Main, 1981; Sroufe, Fox e Pancake, 1983).

Estudos com crianças de 12 a 18 meses revelaram que aquelas com um forte vínculo emocional com a mãe (portanto, supostamente com alto grau de confiança) atuavam, quando observadas três anos depois, em um nível social e emocional mais elevado do que aquelas cuja ligação com a mãe era menos segura.

As crianças com senso de confiança bem desenvolvido também eram mais curiosas, sociáveis e populares; tinham mais probabilidade de serem líderes em jogos e demonstravam mais sensibilidade às necessidades e aos sentimentos dos outros. Aquelas com baixa confiança eram social e emocionalmente afastadas, relutantes em brincar com outras, menos curiosas e menos enérgicas na busca de metas.

Um estudo com sobreviventes do Holocausto, que foram entrevistados 30 ou 40 anos depois do final da Segunda Guerra Mundial (1945), mostrou que haviam resolvido com sucesso todos os estágios psicossociais propostos por Erikson, exceto o primeiro: confiança *versus* desconfiança. A visão que tinham das pessoas incluía significativamente mais desconfiança do que confiança (Suedfeld *et al.*, 2005).

Entretanto, o fato de que tivessem sido capazes nas crises de desenvolvimento posteriores confirma a observação de Erikson de que eventos positivos nos estágios mais avançados podem contrapor-se ou superar as experiências negativas iniciais.

## As fases psicossociais

Quando pediu-se a crianças de 4, 8 e 11 anos de idade que inventassem histórias baseadas em várias figuras de testes, suas histórias foram analisadas para determinar qual fase psicossocial elas refletiam. Os resultados constataram os temas propostos na teoria de Erikson. Por exemplo, as histórias das crianças de 4 anos diziam respeito à autonomia (a fase recém-concluída). Igualmente, as histórias das crianças mais velhas refletiam suas respectivas fases de desenvolvimento (Ciaccio, 1971).

A análise psico-histórica de diários, cartas e romances de Vera Brittain (1893-1970), uma famosa feminista e escritora britânica, dos 21 anos até a meia-idade, mostrou uma preocupação inicial com a identidade do ego. Isso mudou com o decorrer do tempo para uma preocupação com a intimidade e depois para a preocupação com as próximas gerações, exatamente como previa a teoria de Erikson (Peterson e Stewart, 1990).

**Desenvolvimento bem e mal-adaptado.** Um estudo que utilizou o Inventário do Desenvolvimento Psicossocial, um teste elaborado para avaliar o desenvolvimento bem ou mal-adaptado nas seis primeiras fases de Erikson, revelou uma relação significativa entre a felicidade e o desenvolvimento bem-adaptado em cada uma das fases (Constantinople, 1969). Outro estudo mostrou uma grande correlação entre o desenvolvimento mal-adaptado nas primeiras seis fases e um senso de alienação e desarraigamento (Reimanis, 1974).

Esses resultados confirmam o trabalho de Erikson, assim como um estudo realizado com adultos de 18 a 25 anos no Canadá, que revelou que o período do início da fase adulta era um momento em que o bem-estar psicológico era maior (Galambos, Barker e Krahn, 2006).

**Os efeitos do crescimento**. Psicólogos testaram a crença de Erikson de que resultados positivos na resolução de crises de identidade estão relacionados a resultados positivos em estágios anteriores de desenvolvimento. (Waterman, Buebel e Waterman, 1970). Os adolescentes que desenvolveram confiança, autonomia, iniciativa e diligência (formas bem-adaptadas de enfrentamento) nas primeiras quatro fases do desenvolvimento psicossocial apresentaram um alto grau de coesão da identidade, em vez de confusão de papéis. Os adolescentes que não tinham resolvido sua crise de identidade e que experimentaram confusão de papéis não tinham desenvolvido formas bem-adaptadas de reagir nas fases anteriores.

Três grupos de homens no Canadá, com idades de 19 a 25 anos, 35 a 55 anos e 65 a 87 anos, fizeram uma avaliação de autorrelato para medir identidade, autovalorização e desconforto psicológico. Os resultados confirmaram a teoria de Erikson. Os mais jovens apresentaram alto nível de desconforto, enquanto os mais velhos tiveram, neste item, baixo resultado. Isso se alinha à visão de Erikson de que "quanto mais velho o indivíduo, melhor ele estará preparado para lidar com os desafios previstos para a vida, assim como para a exposição e a resolução de dilemas psicológicos anteriores" (Beaumont e Zukanovic, 2005, p. 77).*

Na Grã-Bretanha, quando foi solicitado a adultos, com idades entre 62 e 89 anos, que contassem lembranças do início de suas vidas, os resultados confirmaram os estágios de desenvolvimento psicossociais. As lembranças de suas primeiras décadas de vida focavam a questão da confiança, autonomia, iniciativa e diligência; as de suas segundas décadas (de 11 a 20 anos), a questão da identidade; enquanto as memórias do adulto jovem centravam-se na intimidade. Portanto, recordações de cada período sucessivo centraram-se naquelas situações que Erikson previu como cruciais para o desenvolvimento nessas etapas (Comway e Holmes, 2004).

## Desenvolvimento dos adolescentes

Um extenso programa de pesquisas sobre a fase de desenvolvimento da adolescência identificou cinco tipos ou *status* psicológicos para esse período (Marcia, 1966; 1980). São eles: realização da identidade, moratória, forclusão ou dissociação, difusão da identidade e realização alienada.

**Realização da identidade.** A *realização da identidade* descreve adolescentes que estão comprometidos com escolhas ocupacionais e ideológicas. Um estudo feito com universitários descobriu uma correlação positiva entre o *status* de identidade realizada e medidas objetivas de compromisso (Streitmatter, 1993). Esses estudantes desenvolveram uma forte identidade do ego.

Eles eram estáveis, preocupados com metas realistas e capazes de lidar com mudanças das demandas ambientais, e também tinham um melhor desempenho em tarefas difíceis do que os adolescentes que estavam sofrendo de confusão de papéis. Esses adolescentes estáveis formavam-se em matérias mais difíceis na faculdade, atraídos por cursos de engenharia e ciências físicas (Marcia e Friedman, 1970).

Foi descoberto que adolescentes de ambos os gêneros que atingiram o *status* de identidade mais cedo na adolescência eram mais propensos a ter um relacionamento romântico íntimo e estável aos 20 anos (Beyers e Seiffge-Krenke, 2010). Eles tinham menor probabilidade de se envolver em consumo excessivo de álcool, uso de drogas ilegais e comportamentos sexuais de alto risco do que aqueles que não tinham alcançado o *status* de identidade (Schwartz *et al.*, 2010).

Estudos realizados com estudantes de ensino médio e universidades dos Estados Unidos, China e Turquia revelaram que o *status* de realização da identidade era altamente correlacionado com autoestima, formas de enfrentamento, bem-estar psicológico e um forte senso de identidade. Representava o *status* de identidade mais psicológico e socialmente maduro (Cakir, 2014; Ickes, Park e Johnson, 2012; Markstrom e Marshall, 2007; Meuss, 2011; Wang, Sho e Chen, 2010). Outro

---

\*    Os autores não apresentam o número de sujeitos da pesquisa, sendo imprecisos quanto aos dados da pesquisa. Sugiro a consulta à fonte por eles indicada. (N. do R. T.)

programa de pesquisa em grande escala, que incluiu mais de 120 estudos, revelou que o *status* de conquista da identidade aumenta durante o fim da adolescência e começo da vida adulta, em consonância com a teoria de Erikson (Kroger, Martinussen e Marcia, 2010).

Há evidências também de que os adolescentes que pensavam seriamente sobre o que queriam fazer de suas vidas, e tinham, portanto, mais probabilidade de conquistar suas identidades, possuíam pais que forneciam orientação e controle de modo amoroso e cuidadoso, em contraposição a pais que eram excessivamente permissivos ou autoritários (Berzonsky, 2004). Isso também foi confirmado em um estudo realizado com universitários iranianos. Aqueles que tinham menor probabilidade de alcançar a realização da identidade tinham pais autoritários ou permissivos demais no comportamento de criação dos filhos (Mohammadi, 2013).

**Moratória.** *Moratória,* o segundo *status* do adolescente, descreve as pessoas que ainda estão passando por uma crise de identidade. Seus compromissos ocupacionais e ideológicos são vagos. Elas têm opiniões ambivalentes sobre figuras autoritárias, alternando revolta contra elas e necessidade de orientação delas. Seus comportamentos variam de indeciso a ativo e criativo, e elas têm altos níveis de ansiedade (Blustein, Devenis e Kidney, 1989; Lillevoll, Kroger e Martinussen, 2013; Podd, Marcia e Rubin, 1968). Elas também tendem a devanear, acreditar em fenômenos sobrenaturais e a gostar de se comportar de maneira infantil (Bilsker e Marcia, 1991).

**Forclusão.** *Forclusão* ou *dissociação* descreve adolescentes que ainda não passaram por crise de identidade, mas estão firmemente comprometidos com uma ocupação e uma ideologia. Entretanto, esses compromissos, de modo geral, foram determinados para eles por seus pais e não são resultado da sua escolha deliberada. Esses adolescentes tendem a ser rígidos e autoritários e a ter dificuldade em lidar com situações de mudança (Marcia, 1967). As pessoas que se encontram no *status* de forclusão tendem a ser voltadas para a realização e a concentrar sua energia na direção de metas externas, e não internas (Stephen, Fraser e Marcia, 1992).

**Difusão de identidade.** O *status* de *difusão de identidade* caracteriza as pessoas que não têm compromissos ocupacionais ou ideológicos na adolescência e que podem não ter passado por uma crise de identidade. O estilo de vida escolhido pode rejeitar ativamente qualquer tipo de compromisso e, ao extremo, desviar-se do rumo e divagar, como Erikson fez no final da adolescência. Esses adolescentes têm um relacionamento distante com seus pais, que eles consideram indiferentes e rejeitadores (Waterman, 1982).

Diversos estudos com adolescentes na Grécia, na Bélgica e nos Estados Unidos sobre o *status* de difusão da identidade mostraram que eles tinham classificação mais baixa quanto à adaptação psicológica e ao bem-estar subjetivo, e mais alta quanto a relações interpessoais e autoimagem instáveis. Tinham também maior probabilidade de apresentar comportamentos impulsivos e autodestrutivos, de mostrar necessidade excessiva de atenção e de ter fantasias grandiosas (Crawford *et al.*, 2004; Luyckx *et al.*, 2005; Vleioras e Bosma, 2005).

**Realização alienada.** O quinto e último *status*, a *realização alienada*, descreve adolescentes que experimentaram uma crise de identidade, não têm metas ocupacionais e se agarram a crenças que criticam os sistemas social e econômico. Seu forte compromisso com essa linha de raciocínio exclui qualquer carreira que os enrede no sistema ao qual se opõem. Como estudantes, eles tendem a ser intelectuais, filosóficos e céticos (Marcia e Friedman, 1970; Orlofsky, Marcia e Lesser, 1973).

**Conquistando uma identidade de ego integrada.** Quatro desses *status* – na seguinte ordem: difusão de identidade, forclusão, moratória e realização de identidade – representam resoluções cada vez mais bem-sucedidas do problema da identidade. Erikson previu que as pessoas que atingissem uma identidade de ego integrada teriam um ego mais forte do que aquelas que estivessem mais distantes de resolver seu dilema de identidade. Essa previsão foi constatada por pesquisas com alunos universitários (Bourne, 1978a, 1978b).

**O efeito de outras atividades sobre a identidade do ego.** Um estudo realizado com estudantes do ensino médio revelou que aqueles que estavam mais fortemente envolvidos em atividades de voluntariado e extracurriculares tinham pontuação superior em força de fidelidade do ego em relação aos que não estavam envolvidos da mesma forma (Markstrom *et al.*, 2005). Resultados semelhantes foram encontrados em atividades físicas e na participação em programas esportivos e de exercícios de estudantes japoneses e norte-americanos. Quanto mais tempo eles dedicavam a esses tipos de atividades, mais forte era o senso de identidade do ego que tinham (Fukama e Mizuochi, 2011; Jones *et al.*, 2014).

## Diferenças de gênero na identidade do ego

Foram encontradas diferenças de gênero na resolução da crise de identidade. Em um estudo, os homens apresentaram uma tendência à separação e ao desligamento das outras pessoas, e as mulheres, tendência à conexão e apego aos outros (Mellor, 1989). Outros estudos confirmam e ampliam esse resultado, mostrando que a identidade masculina se concentra na competência individual e no conhecimento, enquanto a feminina se centraliza na relação com os outros.

Em outras palavras, quando as mulheres estabelecem uma identidade, elas dependem grandemente das relações sociais. Os homens, por sua vez, concentram-se mais no *self* e nas habilidades individuais (Curry, 1998). Dados de adolescentes da Holanda também sugerem que as adolescentes do sexo feminino formam uma identidade antes dos garotos, mas que a maioria dos jovens do sexo masculino atinge algum nível de identidade no final da adolescência (Klimstra *et al.*, 2010).

**Um momento estressante para a busca da identidade.** Como você deve se lembrar, a adolescência pode ser um período turbulento e estressante. Foram identificados três elementos-chave para essa fase de desenvolvimento:

- Conflito com os pais, caracterizado por uma resistência vigorosa à autoridade adulta.
- Perturbação do humor, caracterizada por uma vida emocional instável, mudanças de humor e episódios de depressão.
- Comportamentos arriscados, caracterizados por comportamentos imprudentes, violadores de regras e antissociais, em que a pessoa pode prejudicar a si mesma e a outros.

Um estudo em que 155 adolescentes mantiveram diários sobre suas interações cotidianas, durante duas semanas, mostrou que 31% destas envolviam conflitos com outras pessoas. Os adolescentes relataram que os conflitos com seus pais eram mais importantes para eles e mais emocionalmente intensos do que conflitos com companheiros (Jensen-Campbell e Graziano, 2000).

Estudos que acompanhavam indivíduos da infância à adolescência revelaram que muitos daqueles que sofreram de depressão e de outros problemas emocionais durante os anos da adolescência haviam vivido também algum tipo de dificuldade psicológica quando crianças. Isso sugere que as dificuldades relatadas na adolescência não surgem necessariamente em razão do período (Steinberg e Morris, 2001).

**Identidade virtual.** Os jogos de computador e os sites de mídia social podem dar aos adolescentes uma oportunidade única e avançada de fazer exatamente o que Erikson disse ser tão necessário naquele estágio de desenvolvimento: experimentar papéis diferentes para ver a qual oferece o melhor ajuste. Essa situação pode ser exemplificada em jogos de interpretação de papéis, como *Second Life* (SL) e *Dungeons and dragons*, que permitem aos jovens assumir *personas* fictícias para encenar fantasias complexas.

> **DESTAQUES**: Pesquisas sobre a infância e a adolescência
>
> Crianças com um *senso de confiança* bem desenvolvido tendem a ser:
> - Bem desenvolvidas social e emocionalmente.
> - Populares.
> - Altamente curiosas.
> - Sensíveis às necessidades e aos sentimentos dos outros.
>
> A adolescência inclui os seguintes tipos de *status:*
> - Realização da identidade.
> - Moratória.
> - Forclusão ou dissociação.
> - Difusão de identidade.
> - Realização alienada.
>
> Adolescentes com alta *realização de identidade* tendem a:
> - Ter um forte senso de identidade do ego.
> - Preocupar-se com metas realistas.
> - Ter uma pontuação elevada em autoestima.
> - Estabelecer relacionamentos românticos maduros no início da vida adulta.

A palavra *dungeon* (masmorra) faz parte de um vocabulário especializado de informática, que significa um local virtual. Os locais virtuais compartilhados por vários usuários de computador simultaneamente são conhecidos como locais virtuais multiusuários, ou MUDs (*multi-user dungeon*), os quais permitem que um jogador interaja com outros e crie um mundo virtual pessoal, cujos personagens imaginários interagem entre si.

**Criando uma *persona* on-line.** Os participantes podem desempenhar papéis iguais ou diferentes de seus verdadeiros eus, sem revelar sua verdadeira identidade. "Você pode ser quem quiser", observou um escritor. "Você pode se redefinir totalmente, se quiser" (Turkle, 1995, p. 184). Isso é exatamente o que Erikson nos incentivou a fazer durante a adolescência: experimentar identidades diferentes.

Na Alemanha, um estudo com jogadores de MUD, com idade média de 25 anos, descobriu que a atração interpessoal entre os jogadores aumentava à medida que eles jogavam, assim como a intensidade de sua identificação social com a comunidade virtual (Utz, 2003). O grau de identificação com o mundo virtual era considerado tão intenso e satisfatório quanto a identificação com o mundo real (Calvert *et al.*, 2009).

Um estudo on-line com usuários do *Second Life* sugeriu que talvez eles não estivessem apenas criando novas vidas on-line, visto que traziam partes de suas vidas reais e off-line para suas novas apresentações on-line. Em outras palavras, eles não estão apresentando *personas* totalmente fictícias ou imaginárias on-line, mas projetando pelo menos partes de suas vidas reais naquela situação (Linares *et al.*, 2011).

**Vantagens e desvantagens de uma *persona* on-line.** Pesquisas descobriram que revelar muitas informações pessoais on-line pode levar alguns adolescentes a um período prolongado de adolescência, atrasando a construção de uma identidade de ego sólida para eles (Jordan-Conde, Mennecken e Townsend, 2014).

Um estudo feito com alunos da sétima à nona série descobriu que aqueles que ainda não tinham desenvolvido um senso de *self* real eram propensos a maior uso das mídias sociais do que os que tinham um forte senso de *self* e de identidade pessoal (Israelashvili, Kim e Bukobza, 2012). Isso pode levar ao perigo de uma pessoa ficar tão centrada na identidade visual que passa a substituir o desenvolvimento real do *self*. Obviamente, isso também pode acontecer no mundo real quando se adota uma *persona* diferente.

Pesquisas na Austrália demonstraram que crianças e adolescentes com pontuação alta em solidão e ansiedade social eram muito mais propensos a se comunicar on-line sobre questões pessoais e íntimas do que aqueles que tinham baixa pontuação em solidão e ansiedade (Bonetti, Campbell e Gilmore, 2010).

Outros dados confirmam que a página pessoal de um indivíduo tem um papel importante e positivo na formação da sua identidade. Esses pesquisadores concluíram: "Crianças que criam páginas pessoais têm sentimentos fortes de domínio e usam suas páginas para expressar quem são de uma maneira que pode ser mais confortável do que dizer às pessoas cara a cara." (Schmitt, Dayanim e Matthias, 2008, p. 504).

## Identidade de gênero e identidade de ego

**Efeitos das forças sociais ao longo do tempo.** Para Erikson, os fatores sociais e históricos afetam a formação da identidade do ego, que, por sua vez, afeta a natureza da personalidade. O movimento feminista das décadas de 1960 e 1970 forneceu um laboratório ao mundo real, no qual se podiam testar os efeitos das forças sociais em constante transformação. Especificamente, os psicólogos se perguntaram se as mulheres no estágio adolescente do desenvolvimento psicossocial – época de lutar por uma identidade do ego – foram mais influenciadas pelo movimento feminista do que as mulheres mais velhas. Supunha-se que a identidade das mais velhas já havia sido formada.

Dois grandes estudos responderam que sim. Ambos avaliaram mulheres que haviam se formado na faculdade entre a década de 1940 e meados dos anos 1960. Foram coletados dados de entrevistas, questionários e testes de personalidade. Descobriu-se que as que estavam fazendo faculdade quando começou o movimento feminista tinham aspirações maiores; elas valorizavam mais sua independência que as mais velhas e acabavam atingindo níveis mais altos de educação, emprego e renda; além disso, eram mais assertivas e autoconfiantes na meia-idade do que as que passaram pela fase adolescente antes do advento do movimento feminista (Duncan e Agronick, 1995; Helson, Stewart e Ostrove, 1995).

**Efeitos da orientação para a carreira.** Um dos legados do movimento feminista é que mais mulheres adolescentes passaram a incluir a orientação profissional como parte da sua identidade de ego. Verificou-se que esse ponto de vista afeta o comportamento em relação ao namoro e à idade do casamento (Matula *et al.*, 1992). Questionários respondidos por centenas de alunas universitárias revelaram que aquelas que estavam voltadas para a carreira tendiam a se casar mais tarde. Elas namoravam menos enquanto estavam na faculdade e eram mais precavidas quanto às relações de compromisso.

O mesmo estudo descobriu a situação oposta nos homens. Os resultados dos questionários de estudantes universitários revelaram que, quanto mais forte a sua identidade profissional, mais comprometidos eles eram com uma relação amorosa. Na verdade, não se envolviam afetivamente enquanto não se sentissem definitivamente comprometidos com um cargo.

**Diferenças na vida emocional ao longo do tempo.** Outros estudos longitudinais pesquisaram mulheres formadas na faculdade na década de 1960 e os homens com quem elas se casaram. Tais estudos se concentram nas mudanças na sua vida emocional ao longo do tempo, especificamente nas:

- Alterações na emocionalidade positiva (PEM – *positive emotionality*), definidas como um envolvimento ativo e feliz com os ambientes profissional e social da pessoa.
- Mudanças emocionalmente negativas (NEM – *negative emotionality*), caracterizadas por sentimentos de estresse, ansiedade, raiva e outras emoções negativas.

As medidas desses dois fatores, analisadas nas idades de 20 a 50 anos, mostraram que, no início da fase adulta, as mulheres tendiam a obter uma pontuação mais elevada das NEMs do que seus cônjuges e a obter uma pontuação mais elevada das PEMs na meia-idade. Esses resultados indicavam que as mulheres apresentavam mais sentimentos de poder social, realização e amplitude de interesses, junto com menos estresse e alienação, após o término do período de criação dos filhos. Portanto, os fatores sociais eram considerados elementos que influenciavam a dimensão afetiva da identidade do ego (Helson e Klohnen, 1998).

**Ajuste às demandas variáveis.** Erikson definia a consolidação da identidade como o processo de lidar bem com as realidades sociais da vida adulta, e isso envolve adaptar-se às mudanças de demanda do nosso mundo social. Ele achava que essa consolidação da identidade geralmente ocorria por volta dos 20 anos, quando as pessoas assumem responsabilidades adultas de casamento, família e profissão. Um estudo com formandas universitárias entre as idades de 21 a 27 anos revelou que aquelas que apresentavam alta elasticidade de ego e haviam encontrado uma identidade no casamento tinham uma consolidação de identidade mais elevada do que as que não estavam de acordo com esses critérios (Pals, 1999).

Um estudo realizado com mulheres de 22 a 60 anos de idade encontrou uma relação positiva entre a sua prontidão e boa vontade para mudar e as mudanças em seu comprometimento com a identidade, em estágios diferentes do desenvolvimento. Olhar para trás e contemplar as modificações da vida eram fatores ligados positivamente à probabilidade de explorar uma identidade diferente mais tarde (Anthis e LaVoie, 2006).

Algumas mulheres também precisam lidar com realidades físicas variáveis na vida adulta, como a imagem corporal de pacientes com câncer de mama após a cirurgia. Um estudo feito com essas mulheres na Grã-Bretanha revelou que a alteração na imagem corporal levava a uma crise de identidade que era difícil de ser resolvida (Piot-Ziegler *et al.*, 2010).

**A crise de identidade.** Erikson sugeriu que a crise de identidade começava por volta dos 12 anos e era resolvida aproximadamente aos 18 anos de idade. Mas, para algumas pessoas, a crise de identidade ocorre mais tarde. Em um estudo, até 30% dos participantes ainda estavam buscando uma identidade aos 24 anos (Archer, 1982).

Além disso, a faculdade pode atrasar a resolução da crise de identidade e prolongar o período durante o qual os jovens adultos experimentam vários papéis e ideologias (Cote e Levine, 1988). Quando estudantes universitários foram comparados com pessoas da mesma idade que trabalhavam em período integral, descobriu-se que os trabalhadores haviam conseguido uma identidade de ego mais cedo do que os estudantes. Estes permaneciam mais tempo no *status* moratória (Adams e Fitch, 1982).

Pesquisas adicionais sugerem que a construção de uma identidade pessoal pode ser ainda um processo contínuo que ocorre ao longo de toda a vida (McAdams, 2001). Um estudo de grande escala realizado com adolescentes da Índia descobriu que as meninas tinham identidade do ego mais elevada que os meninos (Janarthanam e Gnanadevan, 2014).

## Preocupação com as próximas gerações (generatividade)

**Antecedentes da generatividade.** A preocupação com as próximas gerações na meia-idade parece estar consideravelmente ligada ao fato de ter tido pais carinhosos e afetuosos na infância (Franz, McClelland e Weinberger, 1991). As pesquisas confirmam a importância da mãe e do pai para o bem-estar emocional da criança. Adultos de meia-idade que tiveram uma pontuação elevada com relação a generatividade tendiam a acreditar na bondade e no valor da vida humana e a se sentirem mais felizes e satisfeitos com a própria vida do que as que obtiveram uma baixa pontuação em preocupação com as próximas gerações (McAdams e Aubin, 1992; Van de Water e McAdams, 1989).

Quando um grupo de homens e mulheres foi convidado a descrever os principais temas de suas vidas, aqueles que tinham obtido uma alta pontuação na escala de generatividade de Loyola revelaram problemas diferentes dos que obtiveram pontuação baixa na mesma escala. Entre os temas comuns das pessoas com alta pontuação estavam algum evento de sorte no início da vida, sensibilidade para com o sofrimento dos outros, um sistema estável de crenças pessoais e metas mais claras para si mesmas e a sociedade. As com pontuação baixa não registraram nenhum desses temas (McAdams *et al.*, 1997).

Foi solicitado a um grupo de adultos de meia-idade que escrevesse episódios pessoalmente significativos de seu passado, incluindo os melhores eventos, os piores e os pontos de virada. Aqueles que tiveram pontuação alta em preocupação com as próximas gerações tinham mais probabilidade de descrever cenas em que uma experiência negativa de vida se transformava em uma experiência positiva compensadora. Aqueles que obtiveram pontuações baixas em preocupação com as próximas gerações tendiam a descrever o oposto, ou seja, uma experiência positiva de vida que se transformara em um evento negativo (McAdams *et al.*, 2001).

Quando um grupo de universitários foi estudado 20 anos depois e, novamente, 30 anos depois, verificou-se que a maioria daqueles que demoraram para alcançar a identidade do ego quando jovens conseguiu recuperar o tempo perdido durante a meia-idade e chegar ao estágio de generatividade (Whitbourne, Sneed e Sayer, 2009).

**Correspondentes da generatividade.** Pesquisas sobre a fase adulta do desenvolvimento psicossocial indicaram que a generatividade está positivamente correlacionada com a motivação de poder e intimidade (McAdams, Ruetzel e Foley, 1986). Consequentemente, como previa a teoria de Erikson, a generatividade evoca a necessidades de se sentir próximo dos outros e de se sentir forte em relação a eles. Outro estudo associou a generatividade com o cuidar e o educar (Van de Water e McAdams, 1989). Todos esses fatores são necessários para ensinar e orientar a próxima geração, segundo Erikson, uma maneira adaptada de agir na meia-idade.

**Benefícios da generatividade.** As pessoas que se preocupavam com as próximas gerações também atingiram uma pontuação mais alta em extroversão, autoestima, consciência, altruísmo, competência, obediência e abertura para novas experiências do que aquelas com baixa generatividade (Cox *et al.*, 2010; Peterson, Smirles e Wentworth, 1997; Van Hiel, Mervielde e De Fruyt, 2006). As pessoas com alta generatividade tinham maior probabilidade de se envolver em relações sociais significativas e satisfatórias, de se sentir muito ligadas à sua comunidade e de ser mais estáveis emocionalmente do que as com baixa preocupação com as próximas gerações (McAdams, Hart e Maruna, 1998). Elas também tinham probabilidade mais alta de ter casamentos bem-sucedidos, maiores realizações no trabalho e amizades próximas. Além disso, manifestaram mais comportamentos altruístas do que os que tinham baixas pontuações em generatividade (Westermeyer, 2004).

Foi descoberta uma forte associação positiva entre a generatividade e o bem-estar psicológico; isso vale tanto para pessoas na meia-idade que não tiveram filhos quanto para as que eram pais. Entretanto, essa relação entre a preocupação com as próximas gerações e o bem-estar era mais frequente entre as pessoas que relataram satisfação e sucesso em seu trabalho e carreira, mais do que satisfação e sucesso como pais (Clark e Arnold, 2008; Rothrauff e Cooney, 2008).

**Generatividade nas mulheres.** Dois estudos longitudinais de mulheres com formação universitária, testadas entre as idades de 31 e 48 anos, concluíram que aquelas com alta generatividade atingiram uma pontuação significativamente mais elevada de bem-estar emocional do que as com baixa preocupação com as próximas gerações (Vandewater, Ostrove e Stewart, 1997). Outro estudo longitudinal com mulheres de nível de instrução universitário revelou que aquelas que valorizavam o reconhecimento social e a realização haviam desenvolvido mais amplamente suas identidades entre 40 e 49 anos e tinham significativamente mais preocupação com as próximas gerações do que aquelas que não valorizavam o reconhecimento social e a realização (Helson e Srivastava, 2001).

Outra pesquisa com mulheres de nível de instrução superior, na faixa dos 40 a 49 anos, revelou, como Erikson previa, que a preocupação com as próximas gerações era superior durante aquele estágio da vida do que quando elas tinham entre 20 e 29 anos. Entretanto, o estudo revelou também, contrariamente à visão de Erikson, que o nível de preocupação permanecia igual nessas mulheres dos 60 aos 69 anos (Zucker, Ostrove e Stewart, 2002).

Em um estudo relacionado, mulheres com nível universitário, que tiveram pontuação elevada em preocupação com as próximas gerações aos 43 anos de idade, mantiveram esse mesmo nível dez anos depois. Elas demonstraram também um nível mais alto de cuidados em relação a seus pais idosos e relataram maior atenção em relação a seus maridos e filhos do que as mulheres que haviam tido uma pontuação baixa em preocupação com as próximas gerações aos 43 anos (Peterson, 2002).

**Efeitos da tecnologia sobre a generatividade.** Mudanças tecnológicas em grande escala podem ter um impacto negativo na atitude das gerações mais jovens em relação aos idosos, o que pode evitar a ocorrência de atividades úteis de aconselhamento. Uma pesquisa feita em Hong Kong descobriu uma diminuição acentuada da preocupação com as gerações futuras entre pessoas mais velhas, que se sentem deslocadas da realidade com o desenvolvimento das tecnologias modernas. Elas se sentem obsoletas em relação à internet e às mídias sociais e, portanto, incapazes de se relacionar e de aconselhar as gerações mais jovens. Passaram a acreditar que não eram valorizadas ou respeitadas, o que levou a um desengajamento de objetivos e de comportamentos generativos (Cheng, 2009).

## Maturidade

**Refletindo sobre nossas vidas.** Erikson achava que as pessoas nas fases da maturidade e velhice do desenvolvimento psicossocial dedicam tempo para lembrar e analisar a sua vida, aceitando as escolhas passadas ou arrependendo-se delas. Um estudo que utilizou psicólogos mais velhos como participantes revelou que a maioria de suas lembranças era da faculdade e dos primeiros anos da fase adulta, o período que envolve a maior quantidade de decisões críticas que afetavam o rumo de suas vidas (Mackavey, Malley e Stewart, 1991).

Outras pesquisas descobriram que as pessoas mais velhas que obtinham uma alta pontuação em integridade de ego passavam tempo revendo sua vida para resolver questões problemáticas e entender melhor suas circunstâncias (Taft e Nehrke, 1990). Um estudo feito com pessoas com mais de 65 anos em Portugal confirmou que relembrar o passado trazia uma sensação de integridade do ego, além de bem-estar psicológico (Alfonso *et al.*, 2011).

Estudos feitos com adultos entre 50 e 60 anos de idade revelaram, como Erikson previa, que o reconhecimento de arrependimentos e de oportunidades perdidas estava diretamente relacionado ao grau de satisfação de vida e à saúde física de homens e mulheres (Torges, Stewart e Duncan, 2008; Torges, Stewart e Miner-Rubino, 2005). Outra pesquisa feita com pessoas entre 60 e 69 anos de idade descobriu uma maior consciência da mortalidade, uma redução dos objetivos e das atividades da vida e, para muitas pessoas, uma luta contínua com a integridade do ego (Robinson e Stell, 2014).

**Preocupação com a integridade do ego.** Uma pesquisa feita na Bélgica com adultos entre 60 e 70 anos descobriu que a realização da integridade do ego estava ligada a sentimentos profundos de bem-estar subjetivo, saúde psicológica positiva, menor medo da morte e menos amargura e ressentimento (Van Hiel e VanSteenkiste, 2009).

Uma comparação entre os estágios mais jovens e mais avançados da vida, em uma amostra de adultos com idades entre 17 e 82 anos, revelou que as pessoas mais idosas estavam muito mais preocupadas com as próximas gerações e com a integridade do ego, e menos preocupadas com a identidade do ego que as mais jovens. Essas descobertas corroboram as visões de Erikson. Os resultados também revelaram uma correlação positiva significativa entre idade e bem-estar subjetivo; em geral, as pessoas mais idosas eram mais felizes que as mais jovens (Sheldon e Kasser, 2001). Um estudo feito com homens e mulheres na Austrália, com idades entre 55 e 93 anos, mostrou que o envolvimento contínuo com a família e com as atividades da comunidade levava a sentimentos continuados de preocupação com as próximas gerações na idade avançada (Warburton, McLaughlin e Pinsker, 2006).

**DESTAQUES**: Pesquisas sobre a identidade do ego

Estabelecer uma *identidade virtual* on-line:
- Permite que você experimente diferentes identidades.
- Pode ser tão satisfatório quanto estabelecer uma identidade no mundo real.
- Pode ter um papel positivo ou negativo na formação da identidade.
- Pode ser usado mais por pessoas solitárias e socialmente ansiosas.

Pessoas com alta *generatividade* tendem a:
- Ser felizes e satisfeitas com suas vidas e bem-sucedidas em seus casamentos e carreiras.
- Ser extrovertidas, conscientes e abertas a novas experiências.
- Ter a autoestima elevada.

Pessoas com alta *integridade do ego*:
- Gastam tempo examinando seu passado.
- Podem reconhecer arrependimentos e oportunidades perdidas.
- Têm poucos sentimentos de amargura e ressentimento.

Quando jovens adultos (de 25 a 35 anos de idade) foram comparados com outros adultos (de 60 a 85 anos de idade), a pesquisa não mostrou diferenças significativas entre os grupos na frequência relatada de reflexões sobre a vida. No entanto, as razões para refletir sobre os eventos da vida eram bem diferentes. Os mais jovens refletiam para melhorar o autodiscernimento e encontrar soluções para os problemas do presente, enquanto os mais velhos refletiam sobre o passado para avaliar suas vidas e obter um senso de integridade do ego (Staudinger, 2001a, 2001b).

**Diferenças de gênero durante o envelhecimento.** As diferenças de gênero no avanço da idade podem tornar mais difícil para as mulheres envolver-se em um processo calmo de reflexão ou fazer um balanço da vida, como Erikson descreveu. Isso foi demonstrado em uma pesquisa com adultos de 60 a 69 anos. Os homens relataram níveis muito mais altos de certeza de identidade, confiança e poder do que as mulheres (Miner-Rubino, Winter e Stewart, 2004).

Os padrões de gênero da nossa sociedade consideram o envelhecimento mais negativo para as mulheres, classificando-a como "velha" mais cedo do que os homens. Por exemplo, um ator de 50 anos pode ainda receber a oferta de papéis maduros e impactantes, enquanto uma atriz da mesma idade pode ser estereotipada como viúva ou avó – caso ainda lhe ofereçam alguma coisa.

Além disso, as mulheres tendem a viver mais que os homens, tendo, portanto, mais probabilidade de ter de lidar com doenças e invalidez, luto, perda de apoio social e redução da renda. Isso pode contribuir para que a retrospectiva que elas fazem da sua vida seja, em geral, menos positiva que a dos homens e mais propensas a levar à condição que Erikson observou como desespero nos últimos anos de vida, e não à integridade do ego (Rainey, 1998).

## Identidade racial e étnica

Um aspecto do desenvolvimento do ego que Erikson não levou em consideração é o impacto da identidade racial e seus possíveis benefícios.

**Benefícios da identidade racial.** As pesquisas sobre esse tópico mostram constantemente a importância da identidade racial ou étnica para os membros de grupos minoritários: a negação da identidade racial de alguém pode ser altamente estressante (veja, por exemplo, Franklin-Jackson e Carter, 2007). Muitos estudos feitos com adolescentes latinos, asiáticos e negros nos Estados Unidos e no Canadá mostraram claramente que uma forte identidade étnica está relacionada a bem-estar psicológico, autoestima elevada, fortes ligações sociais, satisfação com a vida e boa motivação acadêmica (Chae e Foley, 2010; Kiang *et al.*, 2010; Lam e Tam, 2011; Lee e Lee, 2014; Smith e Silva, 2011; Usborne e Taylor, 2010; Whittaker e Neville, 2010; Yap, Settles e Pratt-Hyatt, 2011).

Pesquisas envolvendo adolescentes negros mostraram relações claras, consistentes e fortes entre identidade racial e saúde psicológica. Aqueles que tiveram pontuação alta em identidade racial tinham-na alta também em bem-estar subjetivo, satisfação de vida e autoestima. Eles também tinham menor probabilidade de sofrer com problemas de saúde mental, como ansiedade e depressão. (Constantine *et al.*, 2006; Cross, Grant e Ventunaec, 2012; Pillay, 2005).

Um estudo com adolescentes negros, asiáticos e birraciais revelou que a autoestima era superior entre os negros e inferior entre os asiáticos. A autoestima dos adolescentes birraciais era significativamente inferior à dos negros e significativamente superior à dos asiáticos. (Bracey, Bamaca e Umana-Taylor, 2004). Assim, a identidade racial parece ser um fator mais forte e mais importante para a autoestima entre os adolescentes negros do que entre os adolescentes birraciais ou asiáticos.

A autoestima grupal (ou seja, como as pessoas se sentem por serem membros de um grupo racial ou étnico) mostrou-se elevada nos adolescentes afro-americanos e latino-americanos durante o período do início e da metade da adolescência. A autoestima grupal entre os estudantes brancos permaneceu estável; apresentou resultados altos tanto no começo quanto no fim do período estudado (French *et al.*, 2006).

Outra pesquisa descobriu que os adolescentes negros que obtinham uma pontuação alta em identidade étnica expressavam menos atitudes positivas em relação a drogas e mais atitudes positivas em relação à escola associadas a comportamentos mais positivos na escola. Aqueles com alta pontuação em uma medição de atitudes contra os brancos tinham probabilidade muito maior de usar drogas, ter atitudes negativas em relação à escola e apresentar comportamentos negativos na escola (Resnicow *et al.*, 1999).

Estudantes que enfrentaram mais racismo relataram maior estresse e menor funcionamento psicológico do que aqueles que experimentaram pouco ou nenhum racismo (Bynum, Burton e Best, 2007). Outro estudo realizado com adolescentes negros constatou que, além da identidade étnica, a identidade de gênero também assume uma maior importância à medida que eles envelhecem. Aqueles que tinham pontuações altas em identidade racial e de gênero também tinham pontuações altas em saúde mental e adequação à escola (Rogers, 2013).

Pesquisas realizadas com adolescentes dos Estados Unidos nascidos no México descobriram que aqueles que tinham uma aparência latina mais tradicional e facilmente identificável tinham maior identidade racial (Santos e Updergraff, 2014).

**Mulheres e identidade racial.** Um estudo com mulheres negras e hispânicas observou que a confusão de identidade (um conflito de identidade entre cultura da minoria e a da maioria) pode levar a distúrbios alimentares. A identificação com o modelo norte-americano de beleza, que enfatiza a magreza extrema, criou em algumas mulheres uma tendência a apresentar distúrbios alimentares, como anorexia. Os pesquisadores registraram que esse problema era consequência da tentativa de estar de acordo com os padrões de aparência da mulher ideal da cultura da maioria branca (Harris e Kuba, 1997).

**Identidade racial e identidade do ego.** Estudos com adolescentes ásio-americanos e hispano-americanos confirmaram que a etnia é uma preocupação central na formação da identidade do ego. Uma identidade étnica forte estava associada a uma grande autoestima e ao melhor relacionamento com colegas e familiares (Phinney e Chavira, 1992). Um estudo feito com adolescentes hispano-americanos revelou que aqueles que haviam frequentado predominantemente escolas de brancos relataram níveis significativamente mais altos de identidade étnica do que os que haviam frequentado escolas com maior variedade étnica (Umana-Taylor, 2004). Outra pesquisa apontou que um forte comprometimento com a identidade étnica entre os latinos servia como uma proteção contra o estresse e também aumentava o bem-estar subjetivo e a realização acadêmica (Chang e Le, 2010; French e Chavez, 2010; Torres e Ong, 2010).

Jovens ásio-americanos com elevada identidade étnica mostraram maior resistência a ingerir bebidas alcoólicas e a fumar maconha do que a juventude ásio-americana com alto grau de incorporação da cultura da maioria (Suinn, 1999). Resultados semelhantes foram encontrados em adolescentes hispânicos em famílias imigrantes (Schwartz *et al.*, 2008).

No Canadá, entre os adolescentes identificados como membros da Primeira Nação (indígenas), aqueles que se identificavam mais profundamente com a cultura tinham pontuações mais elevadas em medidas de força da identidade do que aqueles que se consideravam biculturais (Gfellner e Armstrong, 2012).

**Estágios do desenvolvimento da identidade racial.** Um dos modelos de identidade étnica para adolescentes afro-americanos é o Modelo de Identidade Racial Revisado, proposto por William Cross. Ele publicou também a Escala Cross de Identidade Racial, com 64 itens para medir os estágios de desenvolvimento desse modelo. Pesquisas têm demonstrado que a escala é um teste válido para a identidade étnica (Vandiver *et al.*, 2002). O modelo de Cross estabelece quatro estágios para o desenvolvimento de uma identidade negra psicologicamente saudável (Cokley, 2002): pré-encontro, encontro, imersão-emersão e internalização.

O *estágio de pré-encontro* compreende três núcleos de identidade: (1) identidade de pré-encontro de assimilação, contendo pouca consciência ou identidade racial; (2) a identidade de pré-encontro de deseducação, que internaliza estereótipos negativos a respeito de ser negro; (3) a identidade de auto-ódio, que é aquela em que se têm visões altamente negativas sobre os negros, das quais resultam atitudes antinegros e atitudes de auto-ódio.

No *estágio de encontro*, o adolescente é sujeito a racismo ou a discriminação, o que causa uma mudança em sua visão do mundo.

O *estágio de imersão-emersão* propõe duas identidades: (1) a identidade negra de envolvimento intenso do estágio imersão-emersão, que celebra tudo o que é negro como bom e desejável; (2) a identidade antibranca do estágio imersão-emersão, que encara tudo o que é branco como mau e errado.

O *estágio de internalização* também consiste em duas identidades: (1) a identidade do nacionalismo negro, que adota uma perspectiva afrocêntrica pró-negros; (2) a identidade inclusiva multicultural, que acolhe não apenas a identidade negra, mas também outros tipos de identidade étnica, racial e de gênero.

Um estudo feito com homens negros, com idade média de 20 anos, mostrou que aqueles que estavam no estágio de pré-encontro de sua identidade étnica relataram significativamente menos autoestima, maior sofrimento psicológico e bem-estar psicológico inferior quando comparados aos que estavam no estágio de internalização (Pierre e Mahalik, 2005). Além disso, um estudo com estudantes universitários negros revelou que, à medida que a identidade racial se desenvolvia, desde os estágios iniciais até os mais maduros deste modelo, o nível dos mecanismos de defesa mudava de menos sofisticado e imaturo para mais maduro. Isso é o que se poderia esperar de uma identidade pessoal racial que se desenvolve mais amplamente (Nghe e Mahalik, 2001).

A importância desse tipo de modelo de desenvolvimento de identidade do ego de minoria está no reconhecimento da identidade étnica como um componente fundamental da identidade do ego e na proposição de que a identidade étnica se desenvolve em uma série de fases, de acordo com o conceito das fases psicossociais. Como observamos, Erikson não lidou diretamente com a identidade étnica, mas esse modelo se encaixa no padrão de desenvolvimento proposto por ele.

## Identidade de gênero

Outro aspecto da identidade do ego não considerado diretamente por Erikson é a identidade de gênero, a qual pode ter impacto no nível geral de identidade do ego e variar em razão da identidade étnica. Por exemplo, um estudo com crianças brancas, negras e hispânicas, com idade média de 11 anos, revelou que as crianças negras e hispânicas relatavam muito mais pressão sobre a conformidade de gênero do que as crianças brancas (Corby, Hodges e Perry, 2007).

**Estágios da identidade.** Os pesquisadores propuseram que a identidade de lésbicas, gays, bissexuais e transgêneros (LGBT) se desenvolve em uma série de fases, semelhante à maneira como Erikson explicou o desenvolvimento da identidade do ego ou da identidade étnica. Um dos modelos apresenta quatro fases no desenvolvimento da identidade de gênero (Frable, 1997).

1. Sensibilização. Essa fase, que ocorre antes da adolescência, refere-se à percepção inicial de ser diferente dos colegas do mesmo gênero.
2. Confusão de identidade. Essa fase adolescente é marcada pela percepção confusa, talvez até assustadora, de que os sentimentos e pensamentos podem ser caracterizados como homossexuais.
3. Assunção da identidade. Nessa fase, a pessoa passa a acreditar que é homossexual e começa a aceitar o início dessa identidade.
4. Compromisso. Nessa fase, a pessoa aceita totalmente a identidade homossexual como uma forma de vida.

**Consequências da identidade homossexual.** Apesar de termos maior aceitação das pessoas com identidade transgênero, normalmente elas enfrentam desafios significativos em seu cotidiano. Em geral, indivíduos com identidade de gênero não tradicional experimentam níveis mais altos de estresse, depressão, suicídio, sentimentos de fracasso e culpa e problemas de saúde física e mental (Blosnich *et al.*, 2013; Budge, Adelson e Howard, 2013; Glicksman, 2013; Liu, Rochlen e Mohr, 2005).

Eles também são sujeitos a *bullying*, assédio e discriminação, especialmente na escola, fatores que podem afetar o bem-estar emocional e as notas escolares. No entanto, ver outros estudantes intervindo para impedir esses abusos pode suavizar o impacto e estimular outras pessoas a fazer o mesmo. Ter um forte apoio social da família e dos amigos pode reduzir bastante os efeitos do assédio (Wernick, Kulick e Inglehart, 2014).

Revelar-se, ou se identificar publicamente, e expressar orgulho de sua identidade sem o desejo de alterá-la ou ocultá-la resulta pontuações mais elevadas nas medições de bem-estar mental e emocional (Bockting, 2014). Verificou-se que essas pessoas têm maior autoestima e níveis mais baixos de depressão do que aquelas que não anunciaram suas identidades (Frable, 1997; Kosciw, Palmen e Kull, 2014).

Um estudo realizado com presidiários de uma prisão de segurança média revelou que aqueles cuja personalidade incluía uma forte necessidade de relacionamentos pessoais tinham menos conflitos de gênero. "Essa necessidade de outros pode eliminar sua homofobia ou o medo de parecer feminino" em uma cultura como a da prisão, que em geral exige cautela nos relacionamentos próximos com outros internos. Aqueles que tinham personalidades com menor necessidade de contato social, apresentavam mais conflitos com a identidade de gênero homossexual. (Schwartz *et al.*, 2004, p. 63).

---

**DESTAQUES**: Pesquisas sobre as ideias de Erikson

Pessoas de minorias étnicas que pontuavam alto em *identidade étnica e racial* tendem a:
- Ter alta pontuação em bem-estar subjetivo e autoestima.
- Ter menos atitudes positivas em relação a drogas ilegais.
- Dar-se bem com a família e os amigos.
- Ter um bom desempenho escolar.
- Passar por menos estresse.

*Pesquisas sobre orientação sexual* mostram que:
- Crianças negras e hispânicas sentem uma grande pressão para se adaptarem aos papéis de gênero.
- Conflitos sobre preferências de gênero são relacionados à baixa autoestima, culpa e estresse.
- Aqueles que têm alta identidade homossexual mostram uma autoestima elevada e nenhum desejo de mudar.

# Reflexões sobre a teoria de Erikson

## Contribuições e críticas

Entre as contribuições importantes de Erikson para a psicologia estão o reconhecimento do desenvolvimento da personalidade durante toda a vida, o conceito de crise de identidade na adolescência e a incorporação na sua teoria do impacto das forças culturais, sociais e históricas. Contudo, o sistema não deixa de ter seus críticos, os quais apontam termos e conceitos ambíguos, conclusões tiradas sem dados para corroborá-las e uma falta geral de precisão (Rosenthal, Gurney e Moore, 1981;Waterman, 1982).

Erikson concordava que essas acusações eram válidas e atribuía a culpa ao seu temperamento artístico e à falta de educação formal em ciências. Ele escreveu:"Eu vim da arte à psicologia, o que pode explicar, se não justificar, o fato de que às vezes o leitor me verá pintando contextos e fundos onde ele preferiria que eu apontasse fatos e conceitos" (Erikson, 1950, p. 13).

Uma crítica mais específica refere-se à descrição incompleta da fase de desenvolvimento da maturidade, fato que Erikson tentou corrigir no seu livro de 1986, *Vital involvement in old age* (Erikson *et al.,* 1986).Além disso, alguns psicólogos questionam se o desenvolvimento da personalidade após os 55 anos é tão positivo quanto Erikson detectou com o seu conceito de integridade do ego. Para muitos, essa fase da vida é caracterizada por dor, perda e depressão, mesmo para os que desenvolvem a força básica da sabedoria.

A posição de Erikson sobre as diferenças de gênero, de acordo com o revelado na sua interpretação da pesquisa de construção de cenas, também foi atacada. O que ele via como diferenças com bases biológicas, resultantes da presença ou da ausência do pênis na personalidade dos meninos e das meninas, poderiam ser diferenças culturais ou resultados da educação quanto aos papéis de gênero. Erikson, posteriormente, admitiu essas possibilidades.

Os estágios de desenvolvimento de Erikson podem não se aplicar às mulheres. Quando a psicóloga social Carol Tavris leu a descrição dele das supostas "fases do homem", escreveu: "Foi preocupante. Eu não estava tendo nenhuma das minhas crises na ordem certa [...] Minha identidade estava abalada, embora não fosse mais uma adolescente, e não me casei quando deveria, o que estava adiando as minhas crises de intimidade e generatividade (preocupação com as próximas gerações)" (Tavris, 1992, p. 37).

Alguns críticos dizem que a teoria da personalidade de Erikson não se aplica a pessoas em circunstâncias econômicas desfavoráveis, que não podem se dar ao luxo de uma moratória na adolescência para explorar papéis diferentes e desenvolver uma identidade do ego. Essa fase pode ser um luxo disponível somente para aqueles que têm meios para cursar uma faculdade ou arrumar tempo livre para viajar (Slugoski e Ginsburg, 1989).

Erikson demonstrou pouco interesse em responder seus críticos. Ele reconheceu que há várias maneiras de descrever o desenvolvimento da personalidade e que não havia uma única teoria apropriada. Sua influência aumentou com seus livros e com a obra das gerações seguintes de psicólogos, psiquiatras, professores e orientadores, que encontravam nas suas ideias uma maneira útil de descrever o desenvolvimento da personalidade da infância até a velhice.

## Reconhecimento e influência

As ideias de Erikson foram reconhecidas nos círculos profissionais e populares. A revista *Time* chamou-o de "o psicanalista vivo mais influente" (17 mar. 1975) e a *Psychology Today* o descreveu como um "autêntico herói intelectual" (Hall, 1983, p. 22). Seus conceitos são úteis na orientação educacional, na assistência social, vocacional e conjugal e na prática clínica com crianças e adolescentes. Seu trabalho "continua a se provar significativo para a psicologia contemporânea e o pensamento social" (Clark, 2010, p. 59). O Erikson Institute for Early Childhood Education foi estabelecido na Universidade de Loyola, em Chicago.

A área da psicologia do desenvolvimento do ciclo vital, que vivenciou um aumento maciço nas pesquisas e na teoria nos últimos anos, deve muito do seu sucesso à abordagem de Erikson, bem como o interesse atual nos problemas de desenvolvimento da meia-idade e da velhice. Além disso, o método de Erikson de terapia com brinquedos (ludoterapia) tornou-se uma ferramenta de diagnóstico e terapia padrão para se trabalhar com crianças emocionalmente perturbadas e que sofreram abusos. Os jovens que não conseguem verbalizar os detalhes de um ataque físico ou sexual podem expressar seus sentimentos por meio de brincadeiras, utilizando bonecos para representar a si mesmos e às pessoas que deles abusaram.

## Resumo do capítulo

Erikson sofreu diversas crises de identidade e desenvolveu uma teoria da personalidade na qual a busca da identidade desempenha o papel principal. Ele aprimorou a teoria freudiana ao elaborar a teoria das fases de desenvolvimento, enfatizando o ego em detrimento do id e reconhecendo o impacto da personalidade na cultura, na sociedade e na história.

O desenvolvimento da personalidade é dividido em oito fases. Um conflito em cada fase faz que a pessoa se depare com formas bem e mal adaptadas de reagir. O desenvolvimento é regido pelo princípio epigenético. Cada fase depende de forças genéticas, mas o ambiente ajuda a determinar se elas serão ou não realizadas.

A fase oral sensorial (do nascimento até 1 ano) pode resultar em confiança ou desconfiança. A fase muscular-anal (de 1 a 3 anos) leva à vontade autônoma ou à dúvida. A fase locomotora genital (dos 3 aos 5 anos) desenvolve iniciativa ou culpa. A fase de latência (dos 6 aos 11 anos) resulta em diligência ou inferioridade.

A adolescência (dos 12 aos 18 anos) é a fase na qual se forma a identidade do ego (a época da crise de identidade), levando à coesão da identidade ou à confusão de papéis. O início da fase adulta (dos 18 aos 35 anos) resulta em intimidade ou isolamento. A idade adulta (dos 35 aos 55 anos) leva à preocupação com as próximas gerações (generatividade) ou à estagnação. A maturidade (acima dos 55 anos) é expressa pela integridade do ego ou pelo desespero.

Cada fase permite o desenvolvimento de forças básicas, que surgem das maneiras bem-adaptadas de lidar com os conflitos. As forças básicas são a esperança, a vontade, o objetivo, a competência, a fidelidade, o amor, o cuidar e a sabedoria. Pode haver má adaptação se o ego for composto só de tendências bem ou mal-adaptadas.

Erikson apresentou uma imagem lisonjeira e otimista da natureza humana. De acordo com ele, temos a capacidade de atingir forças básicas, solucionar cada conflito de maneira positiva e dirigir conscientemente o nosso crescimento. Não somos vítimas de forças biológicas ou de experiências da infância e somos mais influenciados pela aprendizagem e pelas interações sociais do que pela hereditariedade.

Os métodos de avaliação de Erikson eram a ludoterapia, os estudos antropológicos e a análise psico-histórica. Suas pesquisas baseavam-se em estudos de caso. As seis primeiras fases e o conceito de identidade de ego têm um suporte considerável de pesquisas. Todavia, a crise de identidade pode ocorrer depois da época descrita por Erikson, e cursar uma faculdade pode adiar a resolução da crise.

Outras pesquisas confirmam a importância do desenvolvimento de um senso de confiança no início da vida e os benefícios da preocupação com as próximas gerações na meia-idade. Entre os membros dos grupos minoritários, a formação da identidade étnica na adolescência pode afetar o desenvolvimento da identidade do ego e influenciar o comportamento subsequente.

O Modelo de Identidade Racial de Cross descreve quatro estágios no desenvolvimento de uma identidade negra psicologicamente saudável. A identidade sexual também pode afetar as características da identidade do ego. As pessoas que têm conflitos com sua orientação sexual parecem ser menos saudáveis psicologicamente do que as que não têm esse tipo de conflito.

As críticas à teoria de Erikson concentram-se na terminologia ambígua, em descrições incompletas das fases psicossociais e em afirmações mal corroboradas de diferenças de personalidade entre homens e mulheres baseadas em fatores biológicos.

# Perguntas de revisão

1. Quais crises de identidade Erikson vivenciou na infância e na adolescência? De que modo elas se refletiram em sua teoria?
2. Quais são as diferenças entre a teoria de Erikson e a de Freud?
3. O que Erikson quis dizer com o conceito de confusão de identidade? Qual evidência encontrou para isso entre os índios americanos e os veteranos da Segunda Guerra Mundial?
4. De que modo o princípio epigenético de maturidade explica os efeitos dos fatores genéticos e sociais sobre a personalidade?
5. Descreva o papel do conflito nas fases de desenvolvimento psicossocial.
6. Quais são as duas formas de responder à crise que se desenvolve em cada fase de desenvolvimento?
7. Descreva as quatro fases de desenvolvimento psicossocial da infância.
8. Compare a coesão da identidade e a confusão de papéis como modos bem-adaptativo e mal-adaptativo de enfrentamento durante a adolescência.
9. Quais são as principais diferenças entre as quatro primeiras fases de desenvolvimento e as quatro últimas?
10. Quais fatores afetam o desenvolvimento da identidade do ego? Por que algumas pessoas não conseguem ter uma identidade nessa fase?
11. Como os conflitos dos estágios adultos do desenvolvimento social podem ser resolvidos de modo positivo?
12. Descreva o conceito de generatividade e dê um exemplo de como ela pode ser alcançada.
13. Quais são os dois modos de adaptação à maturidade e à velhice? Como uma pessoa pode conseguir adaptar-se de modo positivo?

14. Descreva as forças básicas de cada fase do desenvolvimento psicossocial.
15. Diferencie os dois tipos de mau desenvolvimento. Como essas situações podem ser corrigidas?
16. Como a imagem de Erikson da natureza humana difere da de Freud?
17. Quais métodos de avaliação Erikson utilizou para desenvolver sua teoria?
18. Baseando-se nos resultados da pesquisa de construções de cenas, qual foi a conclusão de Erikson sobre as diferenças entre os gêneros na personalidade? Você concorda com a conclusão dele?
19. Descreva os resultados de pesquisa sobre o desenvolvimento da identidade do ego na adolescência e sobre a preocupação com as próximas gerações na meia-idade.
20. Discuta de que modo a identidade étnica de adolescentes de minorias étnicas pode afetar a formação da identidade do ego e as suas subsequentes atitudes e comportamentos.
21. De que modo os jogos de desempenho de papéis on-line podem ajudar os adolescentes a estabelecer uma identidade do ego?
22. De que modo as pessoas com alta preocupação com as próximas gerações diferem de pessoas com baixa preocupação?
23. De acordo com Erikson, qual é o papel da generatividade na velhice, o último estágio do desenvolvimento?
24. Quais são as fases propostas para o desenvolvimento da identidade sexual?
25. Quais críticas foram feitas à abordagem de Erikson a respeito da personalidade?
26. Qual é sua opinião sobre essa teoria em relação às outras que você estudou até aqui?

# Leituras sugeridas

Erikson, E. H. *Childhood and society*. Nova York: Norton, 1950. (Erikson, E. H. *Infância e sociedade*. Rio de Janeiro: Zahar, 1971.) Coleção de ensaios sobre práticas de criação de filhos, vida familiar e estruturas sociais e culturais, ilustrando a relação desses fatores com o desenvolvimento da personalidade. O livro foi um sucesso instantâneo entre acadêmicos e o público geral.

Erikson, E. H. *Identity: Youth and crisis*. Nova York: Norton, 1968. (Erikson, E. H. *Identidade: Juventude e crise*. Rio de Janeiro: Guanabara, 1987.) Obra clássica de Erikson sobre crise de identidade e maneiras de lidar com os conflitos desse estágio do desenvolvimento.

Erikson, E. H. *A way of looking at things: Selected papers from 1930 to 1980*. Nova York: Norton, 1987. Coletânea de escritos de Erikson sobre construções de cenas por crianças, sonhos de adultos, pesquisas multiculturais e desenvolvimento ao longo do ciclo de vida. Editado por Stephen Schlein.

Erikson, E. H., Erikson, J. M. e Kivnick, H. Q. *Vital involvement in old age*. Nova York: Norton, 1986. Uma análise psicossocial sensível da necessidade de estímulos e desafios na maturidade e uma perspectiva pessoal de Erikson quando chegou aos 90 anos.

Evans, R. I. *Dialogue with Erik Erikson*. Nova York: Harper & Row, 1967. Conversas com Erikson sobre sua vida e obra.

Friedman, L. J. *Identity's architect: A biography of Erik H. Erikson*. Nova York: Simon & Schuster, 1999. Uma abordagem favorável que mostra como as ideias de crise de identidade e estágios do ciclo de vida propostos por Erikson foram derivadas de sua vida complicada.

Josselson, R. *Revising herself: The story of women's identity from college to midlife*. Nova York: Oxford University Press, 1996. Em um desdobramento da teoria de Erikson, esse relato longitudinal baseado em entrevistas traça as mudanças culturais nos papéis e identidades das mulheres na terceira parte do século XX.

# PARTE 4

# A abordagem genética

Um traço é uma característica ou qualidade pessoal distinta. No dia a dia, costumamos utilizar nomes de traços para descrever a personalidade das pessoas que conhecemos. Tendemos a escolher características ou traços especiais para resumir como as pessoas são. Podemos dizer: "Kayla é tão segura de si", "Ian é muito competitivo" ou "Brandi é realmente compulsivo".

Agrupar pessoas por traços é fácil e tem o atrativo do bom senso, o que explica por que a abordagem dos traços da personalidade é popular há tanto tempo. A classificação por traços data da época do médico grego Hipócrates (460-377 a.C.), mais de 2 mil anos antes das teorias descritas neste livro. Hipócrates distinguiu quatro tipos de pessoas: felizes, infelizes, temperamentais e apáticas. As causas desses tipos diferentes eram os fluidos corporais internos, ou "humores". Ele acreditava que esses traços de personalidade se baseavam na constituição da pessoa, e eram determinados pelo funcionamento biológico, não pela experiência ou pela aprendizagem.

Na década de 1940, o médico norte-americano William Sheldon (1899-1977) ofereceu outra tipologia de personalidade, com base na constituição da pessoa (ver Figura 7.1), e propôs três tipos de corpos, cada um deles associado a temperamentos diferentes (Sheldon, 1942). Assim como a abordagem de Hipócrates, a obra de Sheldon considera que os traços ou características de personalidade são em grande parte fixos, isto é, constantes e invariáveis, independente das situações nas quais nos encontramos.

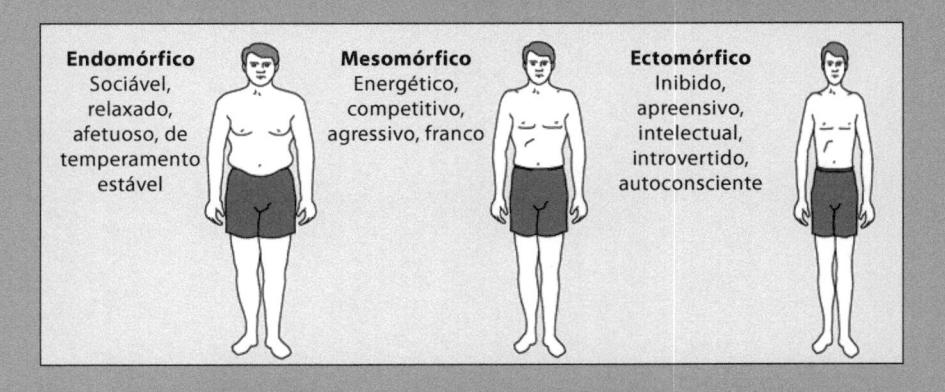

**FIGURA 7.1** ▪ Os tipos de corpo e as características de personalidade propostas por Sheldon. Esta teoria não foi corroborada por pesquisas, mas os trabalhos dele mostram outra tentativa de classificar a personalidade de acordo com traços.

A abordagem dos traços da personalidade iniciada por Gordon Allport há decadas tornou-se fundamental para o estudo da personalidade hoje, como veremos neste e no próximo capítulo.

# CAPÍTULO 7

# Gordon Allport: motivação e personalidade

*À medida que a pessoa amadurece, o vínculo com o passado se rompe.*

— GORDON ALLPORT

## Allport traz a personalidade para a sala de aula e para o laboratório de psicologia

Durante uma carreira que durou mais de quatro décadas, Gordon Allport tornou a personalidade um tópico academicamente respeitado. A psicanálise e as teorias da personalidade derivadas que discutimos até aqui não eram consideradas parte da psicologia científica em voga.

O estudo sistemático e formal da personalidade não era reconhecido pelos estudiosos da área até que Allport publicou *Personality: A psychological interpretation*, em 1937, livro que foi um sucesso imediato e tornou-se um marco no estudo da personalidade. Portanto, foi Allport quem ajudou a trazer a personalidade para o centro da psicologia e formulou uma teoria de desenvolvimento da personalidade na qual os traços têm um papel proeminente.

### Allport contesta Freud

Allport contestou a psicanálise de Freud em diversos pontos. Em primeiro lugar, não aceitava a teoria de que forças inconscientes dominavam a personalidade de adultos normais e maduros; acreditava que pessoas emocionalmente saudáveis agem de forma racional, consciente, ciente e com controle das várias forças que as motivam. De acordo com Allport, o inconsciente só é importante no comportamento neurótico ou problemático.

Em segundo lugar, em relação ao determinismo histórico – a importância do passado na determinação do presente –, Allport disse que não somos prisioneiros de conflitos da infância e de experiências passadas, como Freud acreditava; em vez disso, somos mais guiados pelo presente e pela nossa visão do futuro. Ele escreveu que as pessoas estão "ocupadas em conduzir sua vida para o futuro, enquanto a psicologia, na sua maior parte, ocupa-se com o passado" (Allport, 1955, p. 51).

Em terceiro lugar, ele se opunha a coletar dados de pessoas emocionalmente perturbadas. Enquanto Freud via um *continuum* entre as personalidades normais e anormais, Allport via uma clara diferença: a personalidade anormal agia em um nível infantil.

A única maneira correta de estudar a personalidade, segundo Allport, seria coletar dados de adultos emocionalmente saudáveis. Não se devem comparar outras populações –, como neuróticos, crianças e animais –, com adultos normais. Não há semelhanças funcionais na personalidade de crianças e adultos, pessoas normais e anormais ou animais e humanos, acreditava ele.

### Allport torna cada pessoa única

Outra característica diferenciadora da teoria de Allport é a ênfase na singularidade da personalidade de acordo com o que é definido pelos traços de cada pessoa. Ele se opôs à ênfase científica tradicional na formação de constructos ou de leis gerais que sejam aplicadas universalmente. O autor argumentou que a personalidade não é geral ou universal, mas particular e específica de cada indivíduo.

# A vida de Allport (1897-1967)

## Restrições, moralidade e nenhuma cor forte

Nascido em Montezuma, Indiana, Allport era o caçula de quatro filhos. Sua mãe era professora, e o seu pai, um vendedor que resolveu tornar-se médico. O casal estava numa situação financeira tão terrível durante o período em que o pai cursava medicina, em Baltimore, que ele passou a contrabandear drogas do Canadá para os Estados Unidos para sustentar a família.

Quando a polícia bateu na porta da frente, ele saiu pela dos fundos e pulou uma cerca. Então, levou a família para Indiana e abriu uma clínica particular. Allport achava que o seu parto fora o primeiro caso do seu pai.

As convicções e práticas de devoção religiosa da mãe de Allport eram impostas sobre a família. Não era permitido fumar, beber, dançar ou jogar cartas, e nenhum membro da família podia usar cores fortes, roupas peculiares nem joias de nenhum tipo. Allport escreveu que sua mãe "tinha um lado severo, com um forte senso do que é certo e do que é errado, e rigorosa em seus ideais morais" (*apud* Nicholson, 2003, p.17).

## Isolamento e rejeição

Jovem demais para brincar com seus irmãos, Allport também se isolou das crianças fora da família. Ele relatou: "Eu inventava o meu próprio círculo de atividades. Era um círculo seleto, pois eu nunca me encaixei nos moldes dos rapazes em geral" (Allport, 1967, p. 4).

Escreveu mais tarde: "Eu me angustiava no *playground*. Nunca me dei realmente bem com meus irmãos. Eles não gostavam de mim, não eram gentis e eu não podia competir com eles. Todos eles tinham um tipo um pouco mais másculo do que eu" (*apud* Nicholson, 2003, p. 25). Ele se descreveu como habilidoso com as palavras, mas não com esportes ou jogos, e como uma pessoa que se esforçava para ser o centro das atenções dos seus poucos amigos.

Na teoria da personalidade de Allport, uma das propostas principais é a de que adultos psicologicamente saudáveis não são afetados por eventos da infância. Talvez refletindo essa crença, ele revelou poucas informações sobre esse período da sua vida. Com o que contou, porém, é possível estabelecer um paralelo entre as suas primeiras experiências e a teoria que posteriormente desenvolveu.

## Inferioridade

A partir de suas condições de isolamento e rejeição na infância, Allport desenvolveu sentimentos de inferioridade, que tentava compensar lutando para se sobressair. Ele escreveu sobre a busca de identidade resultante de seus sentimentos de inferioridade em relação aos seus irmãos e às outras crianças. À medida que foi crescendo, Gordon Allport começou a se identificar com o seu irmão mais velho, por inveja de seus feitos. Na idade adulta, continuou se sentindo inferior ao irmão, com cujas realizações tentou imitar. Seguiu Floyd na Universidade de Harvard e obteve Ph.D. em psicologia, como o irmão havia feito.

Floyd Allport tornou-se um notável psicólogo social e, mesmo quando Gordon começou a se tornar bem conhecido na área, os sentimentos de estar à sombra do irmão persistiram. Com 31 anos de idade, Gordon escreveu que havia "publicado diversos artigos de pouca importância e não [devia] ser confundido com meu irmão mais eminente" (*apud* Nicholson, 2003, p. 168-169).

A tentativa de imitar Floyd pode ter ameaçado o senso de identidade de Gordon. Para afirmar a sua individualidade, ele pode ter se sentido motivado a refutar sua identificação com Floyd, declarando em sua teoria da personalidade, que seus motivos e interesses adultos eram independentes dos seus sentimentos de infância. Posteriormente, formalizou essa ideia com o conceito de autonomia funcional.

## Os anos de faculdade

Embora tenha se formado em segundo lugar no colegia, em uma turma de cem, ele admitiu não ter ideia do que fazer a seguir. No final do verão de 1915, candidatou-se a Harvard e foi aceito. Ele escreveu: "O meu mundo foi refeito de um dia para o outro". Seus anos de faculdade foram uma grande aventura, uma vez que descobriu novas fronteiras intelectuais e culturais. Mas chocado com as notas baixas que obteve nos primeiros exames, dobrou seus esforços e terminou o ano só com conceitos A.

O interesse de Allport pela ética e pela assistência social, adquirido de seus pais, foi reforçado em Harvard. Ele fez trabalho voluntário para um clube de rapazes, um grupo de operários de fábrica e outro de alunos estrangeiros, além de trabalhar como oficial de liberdade condicional. Considerava essas atividades gratificantes, porque, de fato, gostava de ajudar as pessoas. "Isso me dava uma sensação de competência, para compensar a sensação generalizada de inferioridade." Esse tipo de trabalho refletia sua busca por uma identidade (Allport, 1967, p. 5-7).

Ele fez vários cursos de psicologia em sua graduação, mas, na época, não pretendia seguir carreira na área. Formou-se em Direito em 1919, no mesmo dia em que Floyd obteve seu Ph.D. Após a formatura, Gordon passou um ano no corpo docente do Robert College, em Istambul, na Turquia, e depois aceitou a bolsa de estudo que a Harvard lhe ofereceu para cursar pós-graduação em psicologia. Seu biógrafo observou: "A ideia de tornar-se psicólogo e de tornar-se talvez mais parecido com seu irmão bem-sucedido atraiu Allport" (Nicholson, 2003, p. 67).

## Allport encontra Freud

Em sua viagem de volta aos Estados Unidos, Allport parou em Viena, na Áustria, para ver um de seus irmãos. Enquanto estava lá, enviou um bilhete para Sigmund Freud e recebeu um convite para visitar o grande homem. Ao entrar no consultório de Freud, encontrou-o aguardando pacientemente que o jovem norte-americano explicasse o objetivo de sua visita.

O período constrangedor de silêncio estendeu-se até que Allport, procurando desesperadamente algo para dizer, relatou, sem pensar, um incidente que havia presenciado no trajeto de bonde até a clínica de Freud: contou que observara um garoto com evidente pavor de sujeira, tudo parecia sujo para ele, que até mudara de banco, dizendo à sua mãe para não deixar um homem sujo sentar-se ao seu lado.

Freud estudou o homem cerimonioso, limpo e bem-vestido e perguntou: "Esse garoto era você?". Ao fazer essa pergunta, Freud expressava a sua crença de que a história de Allport "traía" seus próprios temores e conflitos inconscientes.

Para Freud, ele parecia "arrumado, meticuloso e pontual, possuindo muitas das características que [ele] associava [...] à personalidade compulsiva" (Pervin, 1984, p. 267). Outro psicólogo, posteriormente, comentou que "Freud atingiu [Allport] bem na cabeça, bem no nariz" (*apud* Anderson, 1990, p. 326).

Allport ficou abalado com a pergunta de Freud. Pelo restante da sua vida, negou que fosse o menino superlimpo da história, mas o incidente, com certeza, o impressionou profundamente. Anos depois, escreveu: "O meu único encontro com Freud foi traumático" (Allport, 1967, p. 22). Ele suspeitava que a psicanálise investigava o inconsciente de forma excessivamente profunda, como Freud tentou fazer com ele. Allport decidiu que a psicologia deveria prestar mais atenção ao consciente ou às motivações visíveis, e foi esse o caminho que escolheu para seu estudo da personalidade.

Muitos anos depois, dois psicólogos norte-americanos usaram essa história de Freud em um estudo, revelando que o uso desse tipo de relato deixava as aulas, e presumivelmente os livros didáticos, mais agradáveis para os alunos. Como resultado, descobriram que os alunos aprendem e se lembram mais das informações quando elas são apresentadas nesse tipo de contexto social e pessoal (Kaufman e Bristol, 2001).

## Tornando-se um sucesso

Allport obteve seu Ph.D. em Harvard em 1922, depois de dois anos de estudo. Sua dissertação, *An experimental study of the traits of personality,* prenunciava a obra de sua vida, e foi a primeira pesquisa feita sobre os traços de personalidade nos Estados Unidos. Ao ganhar uma bolsa de estudos, passou dois anos estudando com psicólogos famosos na Alemanha e na Inglaterra. Depois, voltou a Harvard como docente de um curso sobre os aspectos psicológicos e sociais da personalidade, aparentemente o primeiro curso universitário norte-americano formal sobre o assunto. Ele passou quase quatro décadas em Harvard, pesquisando sobre a psicologia da personalidade e a psicologia social e lecionando para várias gerações de alunos.

Considerado experiente, recebeu muitos prêmios, incluindo a medalha de ouro da Fundação Americana de Psicologia, o prêmio de contribuição científica da Associação Americana de Psicologia, e foi presidente desta mesma instituição e também da Society for the Psychological Study of Social Issues.

# A natureza da personalidade

Em seu livro *Pattern and growth in personality,* Allport examinou cerca de 50 definições de personalidade antes de apresentar a sua. "A personalidade é a organização dinâmica, dentro do indivíduo, dos sistemas psicofísicos que determinam [...] comportamento e pensamentos característicos" (Allport, 1961, p. 28).

Com *organização dinâmica,* Allport quer dizer que, embora a personalidade esteja sempre mudando e crescendo, esse crescimento é organizado e não aleatório. *Psicofísico* significa que ela é composta de mente e corpo atuando juntos, como uma unidade – a personalidade não é totalmente mental nem totalmente biológica.

Com *determinam,* ele quer dizer que todas as facetas da personalidade ativam ou orientam ideias e comportamentos específicos. A expressão *comportamento e pensamento característicos* significa que tudo o que pensamos e fazemos é característico ou típico da nossa pessoa; portanto, cada pessoa é única.

## O papel da hereditariedade e do ambiente

Para corroborar a ênfase na singularidade da personalidade, Allport afirmou que refletimos tanto a nossa hereditariedade como o nosso ambiente. A hereditariedade fornece a matéria-prima da personalidade (o físico, a inteligência e o temperamento), que pode ser moldada, ampliada ou limitada pelas condições do ambiente. Dessa forma, o autor invocava as variáveis pessoais e situacionais para mostrar a importância da genética e da aprendizagem.

No entanto, o nosso histórico genético é responsável pela maior parte da nossa singularidade. Existe uma quantidade infinita de combinações genéticas possíveis e, exceto no caso de gêmeos idênticos, a chance de que a dotação genética seja duplicada em qualquer um de nós é pequena demais para ser levada em conta.

Segundo Allport, nossa dotação genética interage com o nosso ambiente social e não existem duas pessoas iguais, nem mesmo irmãos criados na mesma casa, nem exatamente no mesmo ambiente. O resultado inevitável é uma personalidade distinta. Portanto, Allport concluiu que, para estudar a personalidade, a psicologia tem de lidar com o caso individual, e não com os resultados médios entre grupos.

## Duas personalidades distintas para dois estágios da vida

Allport considerava que a personalidade pode ser distinta ou descontínua. Não apenas cada pessoa é diferente de todas as outras, mas cada adulto está separado do seu passado. Segundo ele, não há *continuum* de personalidade entre a infância e a idade adulta. O comportamento infantil é orientado pelas necessidades e pelos reflexos biológicos primitivos, enquanto o funcionamento adulto é de natureza mais psicológica. Em certo sentido, existem duas personalidades: uma para a infância e outra para a idade adulta, e a personalidade adulta não é limitada pelas experiências da infância.

Essa visão singular de Allport enfatiza o consciente, e não o inconsciente; o presente e o futuro, e não o passado. Ele reconheceu a singularidade da personalidade, em vez de propor generalidades ou semelhanças de grandes grupos de pessoas, e optou por estudar a personalidade normal, não a anormal.

# Traços de personalidade

Allport considerava **traços** de personalidade as predisposições a responder igualmente ou de modo semelhante a tipos diferentes de estímulos. Em outras palavras, os traços são formas constantes e duradouras de reagir ao nosso ambiente. Ele resumiu as características dos traços da seguinte maneira (Allport, 1937):

> **Traços**
> Para Allport, são características diferenciadoras que regem o comportamento. Os traços são medidos num *continuum* e estão sujeitos a influências sociais, ambientais e culturais.

1. Os traços de personalidade são reais e existem em cada um nós. Eles não são constructos teóricos ou rótulos criados para explicar comportamentos.
2. Os traços determinam ou causam o comportamento. Eles não surgem apenas em resposta a certos estímulos; eles nos motivam a buscar os estímulos adequados e interagem com o ambiente para produzir comportamentos.
3. Os traços podem ser demonstrados empiricamente. Observando o comportamento ao longo do tempo, podemos inferir a existência de traços na consistência das respostas de uma pessoa ao mesmo estímulo ou a um estímulo semelhante.
4. Os traços estão inter-relacionados. Eles podem sobrepor-se, embora representem características diferentes. Por exemplo, a agressividade e a hostilidade são traços diferentes, mas estão relacionados um ao outro, e frequentemente são observados ocorrendo juntos no comportamento de uma pessoa.
5. Os traços variam de acordo com a situação. Por exemplo, uma pessoa pode apresentar traços de asseio em uma situação e traços de desordem em outra.

Inicialmente, Allport propôs dois tipos de traços: os *individuais*, que são peculiares da pessoa e definem seu caráter, e os *comuns*, que são compartilhados por uma série de indivíduos, como os membros de uma cultura.

Conclui-se que pessoas de culturas diferentes terão traços comuns também diferentes, os quais podem mudar com o tempo, à medida que os valores e os padrões sociais se modificarem, demonstrando que tais traços estão sujeitos a influências sociais, ambientais e culturais.

## Disposições pessoais

Allport percebeu que poderia haver alguma confusão pelo fato de chamar ambos os fenômenos de *traços*, o que, posteriormente, o levou a rever a sua terminologia, renomeando os traços comuns de **traços** e os traços individuais de **disposições pessoais.***

> **Disposições pessoais**
> São traços peculiares à pessoa, ao contrário dos traços compartilhados por uma série de pessoas.

---

* Nesta seção, há uma confusão na utilização das palavras "traços" e "disposições pessoais"; na tradução do livro de Allport (*Personalidade: padrões e desenvolvimento*. São Paulo: Herder/Edusp, 1966), o autor realmente fala de "disposições", mas ele mesmo mostra a relatividade dessa diferenciação entre "individuais" e "comuns". (N. do R.T.)

Nossas disposições pessoais não têm todas a mesma intensidade ou significado. Elas podem ser traços cardinais, centrais e secundários.

**Traços cardinais**
Os traços humanos mais difundidos e poderosos.

**Traços centrais**
Série de traços especiais que descrevem o comportamento de uma pessoa.

**Traços secundários**
Os traços menos importantes que uma pessoa pode exibir de maneira discreta e inconsistente.

Um **traço cardinal** é tão penetrante e influente que afeta quase todos os aspectos da vida. Allport o descreveu como uma "paixão dominante", uma força poderosa que domina o comportamento, e deu como exemplos o sadismo e o chauvinismo. Nem todos têm uma paixão dominante, e aqueles que têm podem não exibi-la em todas as situações.

Todos temos alguns **traços centrais**, que são cinco a dez temas que melhor descrevem o nosso comportamento. Os exemplos de Allport são agressividade, autopiedade e cinismo, características que mencionaríamos ao discutir a personalidade de um amigo ou ao escrever uma carta de recomendação.

Os traços individuais menos influentes são os **traços secundários**, que aparecem com muito menos frequência que os cardinais ou os centrais. Eles podem ser tão tênues ou fracos que só um amigo muito íntimo notaria seus sinais. Entre eles, podem estar, por exemplo, uma pequena preferência por um tipo de música ou comida.

# Motivação: o que buscamos

Para Allport, o problema central de qualquer teoria da personalidade é a forma como ela trata o conceito de motivação. Ele enfatizou a influência da situação na qual se encontra uma pessoa, não só em sua teoria da personalidade, mas também em sua visão da motivação. É o estado atual da pessoa que importa, e não o que aconteceu no passado durante o treinamento para usar o banheiro, a escolarização ou outra crise da infância. O que quer que tenha acontecido no passado, é exatamente isso: passado. Ele não está mais ativo e não explica o comportamento adulto, a menos que exista como força motivadora no presente.

Os processos cognitivos, isto é, nossos planos e intenções conscientes, são um aspecto vital de nossa personalidade. Allport criticou abordagens como a de Freud, que se concentrava em forças inconscientes e irracionais à custa do consciente e do racional. As intenções deliberadas são uma parte essencial da nossa personalidade. O que queremos e aquilo que buscamos são as chaves para entendermos o nosso comportamento. Assim, Allport tentava explicar o presente considerando o futuro, e não o passado.

**Autonomia funcional dos motivos**
A ideia de que os motivos no adulto normal e maduro são independentes das experiências da infância das quais eles originalmente surgiram.

## Autonomia funcional

O conceito de **autonomia funcional** de Allport propõe que os motivos dos adultos maduros e emocionalmente saudáveis não estão funcionalmente ligados às experiências anteriores nas quais eles surgiram a princípio. As forças que nos motivaram no passado tornam-se autônomas ou independentes das suas circunstâncias originais.

Allport deu o exemplo de uma árvore. É óbvio que o desenvolvimento da árvore pode ser acompanhado desde a semente, mas, ainda assim, quando a árvore está totalmente crescida, a semente não é mais necessária como uma fonte de nutrição. A árvore então é autodeterminada, e não é mais relacionada funcionalmente à semente.

Da mesma forma, quando amadurecemos, nos tornamos independentes de nossos pais. Embora continuemos ligados a eles, não somos mais funcionalmente dependentes, e eles não devem mais controlar ou guiar a nossa vida.

Imagine, como exemplo, universitários recém-formados iniciando uma carreira na área de negócios, motivados a trabalhar arduamente para obter sucesso e segurança financeira. No final das contas, seu investimento de tempo e energia é recompensado e eles acumulam dinheiro suficiente para se aposentar. Todavia, continuam trabalhando tão arduamente nesta idade quanto trabalhavam no início.

O aposentado de 65 anos não está mais buscando os mesmos objetivos que o universitário de 25. A meta da segurança financeira já foi alcançada e ultrapassada. A motivação para trabalhar arduamente, que antes era o meio para um fim específico (dinheiro, por exemplo), agora se transformou em um fim. O motivo tornou-se independente da sua fonte original, foi transformado em algo autônomo. Portanto, as motivações adultas não podem ser entendidas com base na infância do indivíduo, como acreditava Freud. Allport enfatizou que a única maneira de entender a motivação dos adultos é investigando por que as pessoas agem de certa maneira hoje.

Allport propôs dois níveis de autonomia funcional: a autonomia funcional perseverativa e a autonomia funcional do *proprium*.

## A autonomia funcional perseverativa

A **autonomia funcional perseverativa**, de nível mais elementar, preocupa-se com comportamentos como vícios e ações físicas repetitivas, formas costumeiras de executar tarefas diárias. Os comportamentos continuam ou perseveram por conta própria, sem nenhuma recompensa externa. As atitudes, antes, tinham um finalidade, mas agora não têm mais, estando, pois, em um nível básico e baixo demais para serem consideradas parte integrante da personalidade.

> **Autonomia funcional perseverativa**
> O grau de autonomia funcional relacionado a comportamentos de nível inferior ou rotineiros.

Allport citou casos de animais e humanos como exemplos de autonomia funcional perseverativa. Quando um rato treinado para percorrer um labirinto em busca de comida recebe mais alimento que o suficiente, ele continua percorrendo o labirinto, mas certamente por outro motivo que não a comida. No caso dos humanos, ele observou nossa preferência por comportamentos rotineiros e familiares que perpetuamos, mesmo quando não há reforço externo.

## A autonomia funcional do *proprium*

A **autonomia funcional do *proprium*** é mais importante que a autonomia funcional perseverativa, e é fundamental para a compreensão da motivação adulta. Essa autonomia é derivada do **proprium**, o termo de Allport para ego ou *self*.

Os motivos autônomos são peculiares a cada indivíduo. O ego determina quais motivos serão mantidos e quais serão descartados. Mantemos os motivos que aumentam a nossa autoestima ou autoimagem. Portanto, existe uma relação entre os nossos interesses e as nossas habilidades; gostamos de fazer o que fazemos bem.

> **Autonomia funcional do *proprium***
> O grau de autonomia funcional associado aos nossos valores, autoimagem e estilo de vida.
>
> **Proprium**
> O termo de Allport para ego ou *self*.

A motivação original para desenvolvermos uma habilidade, como tocar piano, pode não ter nada a ver com os nossos interesses. Por exemplo, na infância, podemos ter sido forçados por nossos pais a ter aulas de piano e a praticar. À medida que nos tornamos proficientes, no entanto, podemos nos comprometer mais a tocar piano. O motivo original (medo do desgosto dos pais) desapareceu, e o comportamento contínuo de tocar piano torna-se necessário para a nossa autoimagem.

**A organização do nosso funcionamento autônomo.** O funcionamento autônomo é um processo de organização que mantém o nosso senso de *self*. Ele determina a forma como percebemos o mundo, o que lembramos das nossas experiências e a direção que as nossas ideias tomam. Os processos perceptivos e cognitivos são seletivos, ou seja, escolhem apenas os motivos que são relevantes para os nossos interesses e valores na massa de estímulos existentes em nosso ambiente. Esse processo de organização é regido pelos três princípios a seguir: organização do nível de energia, domínio e competência e padronização autônoma.

O primeiro princípio, *organização do nível de energia*, explica como adquirimos novos motivos, que surgem da necessidade de ajudar a consumir o excesso de energia que, caso contrário, poderíamos expressar de formas destrutivas e prejudiciais. Por exemplo, quando as pessoas se aposentam, elas têm tempo e energia extras que, idealmente, deveriam ser direcionadas para novos interesses e atividades.

*Domínio e competência,* o segundo princípio, refere-se ao nível em que decidimos satisfazer nossos motivos. Não nos é suficiente atingir um nível adequado. Adultos saudáveis e maduros são motivados a apresentar um desempenho melhor e mais eficiente, a adquirir novas habilidades e a aumentar seu grau de competência.

O terceiro princípio, *padronização autônoma*, descreve uma luta pela coerência e integração da personalidade. Organizamos os nossos processos perceptivos e cognitivos ao redor do *self*, mantendo aquilo que amplia a nossa autoimagem e rejeitando o restante. Os nossos motivos autônomos dependem da estrutura ou do padrão do *self*.

Allport observou que nem todos os comportamentos e motivos podem ser explicados pelos princípios da autonomia funcional. Alguns comportamentos, como reflexos, fixações, neuroses e aqueles resultantes de impulsos biológicos, não estão sob o controle dos motivos funcionalmente autônomos.

# O desenvolvimento da personalidade na infância: o *self* singular

Como observamos, Allport escolheu o termo *proprium* para designar *self* ou ego, rejeitando estes termos em razão da diversidade de significados a eles atribuídos por outros teóricos. Podemos entender melhor a palavra *proprium* considerando o sentido do adjetivo "próprio". O *proprium* inclui os aspectos da personalidade que são distintos e, portanto, *próprios* da nossa vida emocional individual. Esses aspectos são peculiares a cada pessoa e unem nossas atitudes, percepções e intenções.

## Fases de desenvolvimento

Allport descreveu a natureza e o desenvolvimento do *proprium* no decorrer de sete fases, desde a infância até a adolescência (ver Quadro 7.1).

Antes de o *proprium* começar a surgir, as crianças não têm autoconsciência, não estão cientes do *self*. Ainda não existe uma separação entre o "eu" e todo o restante. Elas recebem impressões sensoriais do ambiente externo e reagem a elas de forma automática e por meio de reflexos, sem a mediação do ego entre estímulo e resposta. Allport as descreveu como buscadoras de prazer, destrutivas, egoístas, impacientes e dependentes. Chamou-as de "horrores não socializados". Elas possuem pouco do que poderíamos chamar de "personalidade". A criança é simplesmente movida pelos reflexos que reduzem a tensão e maximizam o prazer.

As primeiras três fases do desenvolvimento do *proprium* vão do nascimento até os 4 anos, quando as crianças tomam ciência do que Allport chamou de "eu corporal". Por exemplo, começam a diferenciar os próprios dedos do objeto que estão agarrando.

Depois, a fase da autoidentidade é marcada pelo senso de continuidade da própria identidade. As crianças percebem que continuam as mesmas, apesar das mudanças no seu corpo e na sua capacidade. A autoidentidade aumenta quando aprendem o seu nome e se veem como diferentes dos demais.

**QUADRO 7.1** ▪ O desenvolvimento do *proprium*

| Fase | Desenvolvimento |
|---|---|
| 1. Eu corporal | As fases 1 a 3 surgem durante os primeiros três anos de vida, quando as crianças se tornam cientes da sua existência e distinguem o seu corpo dos objetos do ambiente. |
| 2. Autoidentidade | As crianças percebem que sua identidade permanece intacta, apesar das várias mudanças que estão ocorrendo. |
| 3. Autoestima | As crianças aprendem a ter orgulho de suas realizações. |
| 4. Extensão do eu | As fases 4 e 5 surgem no período entre o quarto e o sexto ano de vida, quando as crianças passam a reconhecer os objetos e pessoas que fazem parte do seu mundo. |
| 5. Autoimagem | As crianças elaboram uma imagem real e outra idealizada de si mesmas e do seu comportamento, e se tornam cientes do fato de satisfazerem ou não as expectativas dos pais. |
| 6. O *self* como uma solução racional | A fase 6 desenvolve-se durante as idades de 6 a 12 anos. As crianças começam a aplicar a razão e a lógica na solução dos problemas cotidianos. |
| 7. Luta pela autonomia | A fase 7 desenvolve-se durante a adolescência. Os jovens começam a traçar metas e planos de longo prazo. |
| Vida adulta | Adultos normais e maduros são ŁŁautônomos, independentes dos motivos da infância. Eles agem racionalmente no presente e, conscientemente, criam seus próprios estilos de vida. |

Já a autoestima desenvolve-se ao descobrirem que podem conseguir coisas por conta própria; elas são motivadas a construir, explorar e manipular objetos, e os comportamentos às vezes podem ser destrutivos. Se os pais frustrarem a necessidade de explorações nessa etapa, o senso de autoestima que está surgindo pode ser obstruído e substituído por sentimentos de humilhação e raiva.

A etapa de extensão do eu envolve a consciência cada vez maior dos objetos e das pessoas do ambiente e a identificação dessas coisas como pertencentes à criança. As crianças falam "minha casa", "meus pais" e "minha escola".

A seguir, cria-se uma autoimagem, que incorpora como elas se veem e como gostariam de se ver. Essas autoimagens reais e idealizadas surgem da interação com os adultos, que fazem que a criança se torne ciente das suas expectativas e de quanto os está satisfazendo ou deixando de satisfazer. As fases de extensão do *self* e de autoimagem costumam ocorrer entre as idades de 4 a 6 anos.

A fase do *self* como uma solução racional ocorre entre as idades de 6 e 12 anos, quando as crianças percebem que a razão e a lógica podem ser aplicadas para solucionar os problemas cotidianos. A seguir, vem a fase da luta pela autonomia, quando os adolescentes começam a formular planos e metas para o futuro. Enquanto não fizerem isso, seu senso de *self* (o seu *proprium*) permanecerá incompleto.

## A importância do vínculo entre mãe e filho

A interação social com nossos pais é extremamente importante durante todas as fases de desenvolvimento do *proprium*. É particularmente relevante o vínculo da criança com a mãe como fonte de afeto e segurança.

Se a mãe ou a pessoa que cuida dela lhe der afeto e segurança suficientes, o *proprium* se desenvolverá gradativa e constantemente, e a criança terá um crescimento psicológico positivo. Os motivos da infância estarão livres para se transformarem nas lutas pela autonomia da idade adulta. Será formado um padrão de disposições pessoais, do qual resultará em um adulto maduro e emocionalmente saudável.

As crianças desenvolvem autoimagens reais e idealizadas, que refletem como elas realmente se veem e como gostariam de se ver.

Radius Images/Jupiter Images

No entanto, se as necessidades da infância forem frustradas, o *self* não amadurecerá adequadamente. A criança torna-se insegura, agressiva, exigente, ciumenta e centrada em si mesma; o crescimento psicológico é retardado. O resultado será um adulto neurótico, que age pelos impulsos da infância.

Os motivos adultos não se tornam funcionalmente autônomos, mas continuam ligados às suas condições originais. Os traços e as disposições pessoais não se desenvolvem e a personalidade continua indiferenciada, como o era na infância.

# A personalidade adulta saudável

Na visão de Allport, a personalidade saudável muda e evolui do estado de um organismo biologicamente dominado na infância para um organismo psicologicamente maduro na idade adulta. As nossas motivações separam-se da infância e voltam-se para o futuro. Como observamos, se as nossas necessidades de afeto e segurança na infância forem atendidas, o *proprium* se desenvolverá satisfatoriamente. A personalidade adulta vem da infância, mas deixa de ser dominada ou determinada por impulsos infantis. Allport descreveu seis critérios para personalidades adultas emocionalmente saudáveis, normais e maduras:

1. O adulto maduro estende o seu senso de *self* para as pessoas e as atividades além do *self*.
2. O adulto maduro relaciona-se carinhosamente com outras pessoas, exibindo intimidade, compaixão e tolerância.
3. A autoaceitação do adulto maduro o ajuda a obter segurança emocional.

4. O adulto maduro tem uma percepção realista da vida, desenvolve habilidades pessoais e se compromete com algum tipo de trabalho.

5. O adulto maduro conserva um senso de humor e objetivação do *self* (compreensão ou melhor: percepção de si mesmo).

6. O adulto maduro adota uma filosofia de vida unificadora, que é responsável pela condução da sua personalidade na direção de metas futuras.

Se atenderem a esses seis critérios, os adultos podem ser descritos como emocionalmente saudáveis e funcionalmente autônomos, independentemente dos motivos da infância. Como consequência, eles lidam com o presente e planejam o futuro sem serem vítimas das experiências vividas em seus primeiros anos de vida.

## Questões sobre a natureza humana

O conceito de Allport de autonomia funcional e desenvolvimento da personalidade diz que os adultos emocionalmente saudáveis não estão ligados a conflitos da infância nem são movidos por eles. Sua teoria apresenta uma visão otimista dos adultos, que têm controle consciente da sua vida, lidam racionalmente com as situações presentes, planejam o futuro e criam ativamente uma identidade. No processo de transformação, sempre elaboramos e implantamos um estilo de vida adequado, mais influenciado pelos eventos do presente e planos para o futuro do que pelo nosso passado.

Allport assumiu uma posição moderada quanto à questão livre-arbítrio *versus* determinismo. Ele admitiu que há livre-arbítrio em nossas deliberações sobre o futuro, mas também reconheceu que alguns comportamentos são determinados por traços e disposições pessoais. Uma vez formados, esses comportamentos são difíceis de serem modificados.

Fabrice Lerouge/Jupiter Images

Adultos maduros e saudáveis são funcionalmente autônomos, independentemente dos motivos da infância. Eles agem de modo racional no presente e criam seus estilos de vida conscientemente.

Na questão natureza-criação, Allport acreditava que a hereditariedade e o ambiente influenciam a personalidade. O nosso histórico genético fornece a nossa compleição física, bem como nosso temperamento e grau de inteligência. Essa matéria-prima é moldada pela aprendizagem e experiência. Allport acreditava na singularidade de cada pessoa. Embora traços comuns do comportamento apresentem alguma universalidade, os traços individuais ou as disposições pessoais descreveriam mais precisamente a nossa natureza.

Para ele, a meta principal e necessária da vida não era reduzir a tensão, como propôs Freud, mas sim aumentá-la, incitando-nos a buscar continuamente novas sensações e desafios. Quando vencemos um desafio, somos motivados a buscar outro. A recompensa é o processo de realização, e não a realização em si; a luta pela meta, e não pela sua obtenção. Basicamente, ele quis dizer que "chegar lá é mais importante do que estar lá". Precisamos constantemente de novos objetivos para estar motivados e manter um nível ideal de tensão na personalidade.

A imagem otimista da natureza humana desenhada por Allport refletiu-se em seu ponto de vista liberal e em seu interesse na reforma social. A atitude humanista expressa em sua obra espelhou-se na sua personalidade. Seus colegas e alunos o descreveram como alguém que realmente se interessava pelas pessoas e que esse sentimento era recíproco.

# A avaliação na teoria de Allport

Allport escreveu mais sobre as técnicas de avaliação de personalidade do que a maioria dos outros teóricos. Em seu popular livro *Pattern and growth in personality* (1961), observou que, apesar de existirem várias abordagens de avaliação, não havia uma técnica definitiva.

A personalidade é tão complexa que, para avaliá-la, temos de utilizar várias técnicas. Ele fez uma lista dos 11 métodos principais:

- Diagnóstico constitucional e fisiológico.
- Cenário cultural, integração, papel.
- Documentos pessoais, estudo de caso.
- Autoavaliação.
- Análise de conduta.
- Classificação.
- Testes e escalas.
- Técnicas projetivas.
- Análise profunda.
- Comportamento expressivo.
- Procedimentos sinópticos (combinar informações de várias fontes numa sinopse).

Allport baseou-se muito na técnica do documento pessoal e no Estudo de Valores (*Study of Values*), e também observou o comportamento expressivo, que discutiremos na seção sobre pesquisa.

## A técnica do documento pessoal

A **técnica do documento pessoal** envolve a análise de diários, autobiografias, cartas, composições literárias e outras amostras de registros verbais ou escritos da pessoa para determinar a quantidade e os tipos de traços de personalidade.

**Técnica do documento pessoal**
Um método de avaliação pessoal que envolve o estudo dos registros escritos ou falados de uma pessoa.

O caso mais famoso de Allport é uma análise de mais de 300 cartas escritas em um período de 12 anos por uma mulher de meia-idade, identificada como Jenny (Allport, 1965, 1966). Posteriormente, revelou-se que Jenny era a mãe do companheiro de quarto de Allport na faculdade e que ela havia escrito as cartas para Allport e sua mulher (Winter, 1993a).

Na técnica de documento pessoal, um grupo de pesquisadores lê o material autobiográfico ou biográfico e registra os traços que encontra nele. Dado um grau razoável de concordância entre os pesquisadores, as avaliações podem ser agrupadas em uma quantidade relativamente pequena de categorias. Na pesquisa das cartas de Jenny, 36 pesquisadores relacionaram cerca de 200 traços. Como muitos termos eram sinônimos, Allport conseguiu reduzi-los a oito categorias.

Um dos alunos de Allport fez uma análise computadorizada das cartas para encontrar categorias de palavras que pudessem indicar a existência de um traço específico (Paige, 1966). Por exemplo, as palavras que expressassem raiva, ira, hostilidade e agressão foram codificadas como indicadoras do traço de agressão.

Essa abordagem é mais sofisticada e quantitativa do que a análise original de Allport, porque envolve menos julgamentos subjetivos. A análise computadorizada, porém, forneceu oito traços proeminentes da personalidade de Jenny, semelhantes às categorias identificadas por Allport. Devido a essa consistência, Allport concluiu que a abordagem subjetiva da avaliação da personalidade fornecia informações sobre traços que eram válidas e comparáveis às da análise computadorizada, mais objetiva.

## O estudo de valores

Allport e dois colegas desenvolveram um teste objetivo de avaliação denominado Estudo de Valores (Allport, Vernon e Lindzey, 1960). Eles propuseram que os nossos valores pessoais são a base da nossa filosofia unificadora de vida, que é um dos seis critérios para uma personalidade madura e saudável.

Os nossos valores são traços de personalidade e representam interesses e motivações firmemente defendidos. Allport acreditava que todas as pessoas possuem algum grau de cada tipo de valor, mas que um ou dois predominam na personalidade. As categorias de valores são as seguintes:

1. *Valores teóricos* dizem respeito à descoberta da verdade e se caracterizam por uma abordagem empírica, intelectual e racional da vida.
2. *Valores econômicos* dizem respeito ao útil e prático.
3. *Valores estéticos* estão ligados às experiências artísticas e à forma, harmonia e graça.
4. *Valores sociais* refletem relações humanas, altruísmo e filantropia.
5. *Valores políticos* lidam com o poder, a influência e o prestígio pessoais em todos os tipos de esforços, não só nas atividades políticas.
6. *Valores religiosos* dizem respeito ao místico e à compreensão do universo como um todo.

# A pesquisa na teoria de Allport

Allport criticou psicólogos que insistiam em que métodos experimentais e correlacionais eram as únicas maneiras legítimas de estudar a personalidade. Ele argumentou que nem todos os aspectos da personalidade poderiam ser testados dessa maneira e que os psicólogos deveriam ser mais abertos e ecléticos em sua metodologia de pesquisa.

Ele também se opôs à aplicação de métodos utilizados com pessoas emocionalmente perturbadas, como estudos de caso e técnicas projetivas, para estudar pessoas emocionalmente saudáveis. Como os estudos de caso concentram-se no passado, Allport considerava-os sem valor para entender adultos normais, pois a personalidade deles estaria separada das influências da infância.

Ele também argumentava que as técnicas projetivas, como o Teste de Apercepção Temática (*Thematic Apperception Test* – TAT) e o teste da mancha de tinta de Rorschach, podem apresentar um quadro distorcido da personalidade normal, porque lidam com forças inconscientes que têm pouco efeito na personalidade adulta normal. Allport sugeriu que era possível obter informações mais confiáveis simplesmente pedindo às pessoas que se descrevessem, um método que revela os seus traços dominantes.

Ele privilegiou a abordagem idiográfica, ou seja, o estudo do caso individual, como indicado pelo uso que fazia de documentos pessoais. Porém, também utilizou métodos nomotéticos quando acreditava que eles eram adequados. Testes psicológicos como o Estudo de Valores utilizam a abordagem nomotética.

## Comportamento expressivo

**Comportamento expressivo**
Comportamento espontâneo e aparentemente sem propósito, geralmente exibido sem que tenhamos ciência dele.

**Comportamento instrumental**
Comportamento conscientemente planejado, determinado pelas necessidades de dada situação e elaborado para certa finalidade, geralmente exibido para provocar mudanças no ambiente.

Allport fez uma quantidade considerável de pesquisas sobre o que ele chamava de **comportamento expressivo**, descrito como o comportamento que expressa os nossos traços de personalidade. Ele também identificou o **comportamento instrumental**, que é voltado para um fim específico, conscientemente planejado e executado. Esse comportamento é determinado pelas necessidades, de acordo com a situação, e geralmente destina-se a propiciar algumas mudanças em nosso ambiente.

**A natureza do comportamento expressivo.** O comportamento expressivo é espontâneo e reflete aspectos básicos da personalidade. Ao contrário do comportamento instrumental, é difícil de mudar, não tem finalidade específica e costuma ser exibido sem que tenhamos ciência dele. Allport ofereceu o exemplo de falar em público. O orador comunica-se com o público em dois níveis.

O nível formal e planejado (comportamento instrumental), que inclui o conteúdo da palestra, e o nível informal e não planejado, que é composto de movimentos, gestos e inflexões vocais do orador, que pode estar nervoso, falar rapidamente, andar de lá para cá ou tocar repetida e nervosamente um objeto que esteja usando. Esses comportamentos espontâneos expressam elementos da sua personalidade.

Em seu estudo referencial do comportamento expressivo, Allport deu às pessoas uma série de tarefas para executarem e depois julgou a consistência dos seus movimentos expressivos em situações diferentes (Allport e Vernon, 1933). Ele descobriu um alto grau de consistência na voz, na caligrafia, na postura e nos gestos. Com base nesses comportamentos, deduziu a existência de traços como introversão e extroversão.

Existe um número considerável de trabalhos teóricos e experimentais que descrevem o comportamento expressivo facial e vocal. (Russell, Bachorowski e Fernandez-Dols, 2003). Essas pesquisas revelaram que a personalidade pode ser avaliada a partir de gravações de áudio, filmes e videoteipes. Para um observador treinado, expressões faciais, inflexões vocais, gestos idiossincráticos e maneirismos revelam traços de personalidade. Os comportamentos expressivos ligados a traços específicos foram avaliados até a partir de fotos (Allport e Cantril, 1934; Berry, 1990; DePaulo, 1993; Riggio e Friedman, 1986; Riggio, Lippa e Salinas, 1990).

Os pesquisadores acumularam uma quantidade impressionante de evidências que demonstraram que algumas pessoas podem formar impressões confiáveis sobre a personalidade de um estranho, com base apenas na aparência e expressão facial (Berry e Wero, 1993). Por exemplo, os observadores avaliaram corretamente fatores da personalidade, como a ansiedade, depois de assistir a uma gravação da pessoa por não mais que 30 segundos (Ambody e Rosenthal, 1992).

**Efeitos de gênero e idade.** Descobriu-se que mulheres e jovens reconhecem melhor as emoções nas expressões faciais do que homens e indivíduos mais velhos (Sasson *et al.*, 2010). A habilidade de crianças perceberem corretamente expressões faciais ocorre a partir dos 5 anos, melhorando rapidamente com o desenvolvimento da criança (Gao e Maurer, 2010).

Uma análise de fotografias do anuário de estudantes universitárias revelou que aquelas que mostravam expressões emocionais positivas com aproximadamente 21 anos tiveram pontuação mais alta em inventários de autorrelato de sentimentos de bem-estar psicológico quando testadas novamente com 27, 43 e 52 anos. Essas pessoas relataram também casamentos melhores e tiveram pontuação mais alta em afiliação, competência e orientação para a realização do que aquelas que demonstraram menos emoções positivas nas fotos do anuário aos 21 anos (Harker e Keltner, 2001).

**Interpretando expressões faciais**. Algumas vezes, nossas experiências pessoais influenciam nossa capacidade de reconhecer emoções nas expressões faciais de outras pessoas. Por exemplo, um estudo realizado com crianças de 8 a 10 anos de idade que sofreram abusos físicos mostrou que elas identificavam mais facilmente manifestações faciais de raiva em fotos de mulheres adultas do que um grupo de controle formado por crianças que não haviam sofrido abuso (Pollak e Sinha, 2002).

Um estudo com adultos demonstrou que o estado emocional pode influir sobre a habilidade de ler as expressões faciais de outras pessoas. Aqueles diagnosticados com depressão severa precisaram ver expressões faciais de maior intensidade para identificar corretamente a felicidade nos rostos que lhes eram mostrados. Por outro lado, para identificar corretamente a tristeza, bastavam expressões menos intensas (Joormann e Gotlib, 2006).

Crianças com altos níveis de ansiedade social foram mais bem-sucedidas na interpretação correta das expressões faciais. Adultos com altos níveis de depressão reconheceram melhor expressões faciais de tristeza do que adultos que não estavam deprimidos (Ale *et al.*, 2010; Gollan *et al.*, 2010).

Um estudo realizado com crianças japonesas revelou que aquelas que passavam mais tempo jogando videogame eram melhores em reconhecer expressões faciais corretamente do que aquelas que não jogavam tanto (Tamamiya e Jiraki, 2013).

Também foi demonstrado que amigos próximos são muito mais precisos em reconhecer emoções como tristeza, raiva e alegria do que conhecidos casuais (Zhang e Parmley, 2011). Esses e outros estudos semelhantes corroboram a afirmação de Allport de que o comportamento expressivo reflete traços da nossa personalidade.

**Codificando expressões faciais.** Um programa de pesquisa de longo prazo, feito por Paul Ekman, identificou expressões faciais de sete emoções que podem ser objetiva e consistentemente diferenciadas umas das outras. Essas emoções são: raiva, desdém, desgosto, medo, tristeza, surpresa e felicidade (Ekman, Matsumoto e Friesen, 1997). Ekman, diretor do Laboratório de Interação Humana da Universidade da Califórnia, em São Francisco, e seus colegas desenvolveram um sistema de códigos baseado na análise de 43 músculos faciais.

O sistema fornece 3 mil configurações diferentes e úteis para a leitura das expressões emocionais no rosto de uma pessoa. O Sistema de Codificação de Atividade Facial é usado nos Estados Unidos pelo Departamento de Polícia, pela CIA e pelo FBI para detectar mentiras em suspeitos de crimes e terroristas. Segundo o Facs, eles podem se trair por pequenos movimentos faciais (Kaufman, 2002). Em 2009, Ekman foi nomeado pela revista *Time* como uma das cem pessoas mais influentes do mundo (Taylor, 2009).

Outra pesquisa também mostrou que alguns aspectos básicos da personalidade são revelados pelas expressões faciais. Por exemplo, o neuroticismo se revela na expressão de raiva, desdém e temor. A amabilidade é demonstrada pelo riso e por outras expressões de interação social amigável.

A extroversão aparece em sorrisos, risadas e outras expressões de alegria e diversão. A pessoa íntegra (conscienciosa) é identificada pela expressão de embaraço, incluindo um sorriso controlado, um olhar evasivo e uma movimentação da cabeça para baixo e para longe do observador (Keltner, 1997).

Reconhecemos os sorrisos, imitando-os inconscientemente. Quando utilizamos os mesmos músculos de quem está à nossa frente, mandamos a mesma mensagem que estimula as regiões ativas do cérebro dessa pessoa que sorri para nós (Niedenthal *et al.*, 2010; Zimmer, 2011).

**Estados emocionais e expressões faciais.** O padrão associado a potenciais doenças do coração, comportamento tipo A, foi diferenciado do comportamento do tipo B por expressões de desgosto, "olhares fuzilantes", caretas e carranca (Chesney *et al.*, 1997). Um estudo com pacientes deprimidos na Suíça apontou que as expressões faciais distinguiam aqueles que posteriormente tentaram se suicidar dos que não tentaram (Heller e Haynal, 1997).

Uma pesquisa com estudantes universitários japoneses revelou que aqueles que tinham alta pontuação em um teste de ansiedade exibiam expressões faciais diferentes, especialmente em torno da boca e do lado esquerdo do rosto, daqueles que tinham tido pontuação baixa em ansiedade (Nakamura, 2002). Esses resultados confirmam as ideias de Allport.

## Diferenças culturais nas expressões faciais

As expressões faciais são iguais em todo o mundo ou variam de uma cultura para outra? Estudos com crianças norte-americanas e chinesas constataram que algumas emoções básicas eram verificadas por expressões faciais idênticas em ambas as culturas e em ambos os grupos etários (Albright *et al.*, 1997; Camras *et al.*, 1998).

No entanto, um estudo que comparou expressões de crianças norte-americanas, chinesas e japonesas chegou a uma conclusão diferente. As chinesas mostraram consistentemente menos variedade de comportamento expressivo facial do que as norte-americanas e as japonesas. As norte--americanas diferiam significativamente das chinesas no comportamento facial expressivo, mas nem tanto das japonesas (Camras, 1998).

Um estudo que comparava expressões faciais de membros de uma tribo remota no nordeste da Namíbia, na África, revelou que as expressões faciais de emoções deles não correspondiam às dos participantes norte-americanos. Para os pesquisadores, esses resultados sugerem que a percepção das emoções não é universal (Gendron *et al.*, 2014).

Pesquisas adicionais envolvendo meninas de 3 anos revelou que crianças brancas sorriam mais do que crianças da China continental ou sino-americanas. O grau de severidade materna e o número de crianças e adultos em casa também influenciavam a expressão facial nessas culturas. Verificou-se que a profundidade com a qual as meninas expressavam facialmente suas emoções variava em função tanto das características culturais quanto das familiares (Camras *et al.*, 2006).

Pesquisas com adultos nos Estados Unidos e no Japão mostraram que cada grupo era mais bem-sucedido em reconhecer expressões faciais de pessoas do seu próprio meio cultural (Dailey *et al.*, 2010). As mesmas diferenças culturais entre Oriente e Ocidente para reconhecer expressões faciais foram encontradas quando os participantes analisavam rostos diferentes em robôs (Trovato *et al.*, 2014).

Um estudo em que imagens de rostos tinham sido digitalizadas de forma a parecerem neutras (não mostrarem emoções) descobriu que rostos de pessoas brancas foram avaliados como tendo mais expressões de raiva do que rostos de pessoas negras, que, por sua vez, foram avaliados como apresentando frequentemente mais expressões de felicidade ou de surpresa (Zebrowitz, Kikuchi e Fellous, 2010).

Diferenças consistentes foram encontradas no reconhecimento facial das emoções entre as culturas oriental e ocidental. Até a forma com que o rosto muda para representar as emoções é diferente. Em um estudo, pessoas de culturas orientais expressavam emoções principalmente com os olhos, enquanto as de culturas ocidentais tinham maior probabilidade de usar as sobrancelhas e a boca para expressar seus sentimentos (Jack, Caldara e Schyns, 2012). Outra comparação descobriu que indivíduos de Hong Kong, Cingapura e Taiwan mostravam expressões faciais menos intensas nas fotos do Facebook do que os norte-americanos (Huang e Park, 2013).

Quando norte-americanos brancos e ásio-americanos com níveis altos de depressão viam um filme engraçado, os caucasianos exibiam menos sorrisos e outras reações faciais que os ásio-americanos (Chentsova-Dutton, Tsai e Gotlib, 2010).

## Reconhecimento de expressões faciais por computador

Se algumas pessoas conseguem interpretar com precisão as expressões faciais dos outros, será que o reconhecimento por meio do computador está muito distante? Aparentemente, não. Foi elaborado um programa de computador que monitora imagens de vídeo de rostos, na frequência de 30 fotogramas por segundo. O computador atingiu um alto grau de precisão no reconhecimento de emoções básicas, entre elas, alegria, tristeza, medo, desprazer, raiva e surpresa (Susskind *et al.*, 2007).

E se os computadores podem reconhecer as emoções expressas pelo rosto humano, será que podem também ser usados para transmitir estados emocionais? Em um estudo com adolescentes na Holanda, com idade média de 16 anos, foram usados *emoticons* para estudar a transmissão on-line de sentimentos pessoais. Descobriu-se que em salas de bate-papo simulado os adolescentes usam, em suas comunicações, mais emoticons em contextos sociais do que em contextos de tarefas ou trabalho.

Usam mais ícones positivos, como os que representam sorrisos, em situações positivas, e mais ícones negativos, como os que representam tristeza, em situações negativas, do mesmo modo que fazem as pessoas no contato pessoal. Assim, os pesquisadores concluíram que as pessoas expressam emoções, nas comunicações mediadas pelo computador, do mesmo modo que o fazem pessoalmente (Derks, Bos e Von Grumbkow, 2007).

---

**DESTAQUES**: Pesquisas sobre comportamento expressivo

A pesquisa sobre *comportamento expressivo* descobriu que:

- Traços de personalidade podem ser avaliados por meio de expressões faciais.

- Mulheres e crianças interpretam melhor as expressões faciais do que homens ou pessoas mais velhas.

- Amigos próximos decodificam melhor as expressões faciais de emoção do que estranhos.

- Até sete tipos de emoções podem ser identificadas nas expressões faciais.

- Reconhecemos sorrisos nos outros imitando-os inconscientemente.

- Pessoas deprimidas são melhores no reconhecimento de expressões tristes.

- Computadores podem reconhecer e expressar emoções básicas.

---

# Reflexões sobre a teoria de Allport

Embora tenha sido feita uma quantidade considerável de pesquisas sobre o comportamento expressivo, a teoria de Allport como um todo estimulou pouco os testes de suas proposições. Sua abordagem de pesquisa idiográfica ia contra a corrente principal da psicologia contemporânea, que preferia a pesquisa nomotética (o estudo de grandes grupos de pessoas por meio de análises estatísticas sofisticadas). O foco de Allport em adultos emocionalmente saudáveis também divergia da posição então predominante na psicologia clínica, que lidava com pessoas neuróticas e psicóticas.

## Dúvidas e críticas

É difícil traduzir os conceitos de Allport em termos específicos e em operações adequadas para o estudo pelo método experimental. Por exemplo, como podemos observar a autonomia funcional ou a luta pelo *proprium* em laboratório? Como podemos manipulá-las para testar seus efeitos?

Foram feitas críticas contra o conceito de autonomia funcional. Allport não deixou claro o modo como um motivo original se transforma em autônomo. Por exemplo, quando uma pessoa está financeiramente segura, qual processo altera o motivo de trabalhar para obter ganhos financeiros para continuar trabalhando pelo trabalho em si? Se o mecanismo de transformação não for explicado, como é possível prever quais motivos da infância se tornarão autônomos na idade adulta?

A ênfase de Allport na singularidade da personalidade foi questionada, porque a posição dele concentra tão exclusivamente no indivíduo, que é impossível generalizar de uma pessoa para outra. Muitos psicólogos consideram difícil aceitar a descontinuidade entre criança e adulto, animais e humanos, normal e anormal proposta por Allport. Eles salientam que a pesquisa sobre o comportamento de crianças, animais e pessoas emocionalmente perturbadas forneceu conhecimento sobre o funcionamento do adulto normal e emocionalmente saudável.

## Reconhecimento e influência

Apesar das críticas, a teoria de Allport foi bem recebida por diversos psicólogos, que continuam a sustentar que suas visões fornecem uma base melhor para entender a personalidade do que as abordagens da maioria dos teóricos (Piekkola, 2011). Sua abordagem do desenvolvimento da personalidade, a ênfase na singularidade e o foco na importância das metas são refletidos nas obras dos psicólogos humanistas Abraham Maslow e Carl Rogers (ver capítulos 9 e 10).

Allport é frequentemente considerado um dos primeiros psicólogos a trazer valores e preocupações humanistas para essa área (Jeshmaridian, 2007). O interesse pela sua obra foi revivido recentemente como parte do foco atual nos traços de personalidade, que dá suporte empírico a algumas de suas ideias.

O principal trabalho de Allport sobre a expressão das emoções foi de vital importância para o desenvolvimento da área da neurociência cognitiva. Também houve uma retomada de interesse em sua técnica do documento pessoal para o estudo da personalidade (Barenbaum, 2008; Zunshine, 2010).

Seus livros são escritos em um estilo claro, e seus conceitos têm um apelo ao senso comum. A ênfase nos determinantes conscientes e racionais do comportamento oferece uma alternativa para a posição psicanalítica, que vê as pessoas irracional e inconscientemente motivadas por forças incontroláveis.

A visão de Allport de que as pessoas são moldadas mais por expectativas futuras do que por eventos passados é compatível com uma filosofia esperançosa e humanista. Suas contribuições mais duradouras para a psicologia estão tornando o estudo da personalidade academicamente respeitado e enfatizando o papel dos fatores genéticos dentro de uma abordagem de traço da personalidade.

## Resumo do capítulo

Gordon Allport concentrou-se no consciente, e não no inconsciente; acreditava que a personalidade é mais guiada pelo presente e pelo futuro do que pelo passado. Ele estudou as pessoas normais, e não as emocionalmente perturbadas.

A personalidade é definida como a organização dinâmica dos sistemas psicofísicos do indivíduo, que determinam seu comportamento e pensamento característicos. Ela é produto da hereditariedade e do ambiente e está dissociada das experiências da infância.

Os traços são predisposições consistentes e duradouras para responder igualmente, ou de maneira semelhante, a estímulos diferentes.

Os traços individuais (disposições pessoais) são exclusivos da pessoa, e os traços comuns são compartilhados por várias pessoas. Os traços cardinais são poderosos e penetrantes; os centrais, menos penetrantes. Os traços secundários são exibidos de maneira menos visível e menos consistente do que outros tipos de traços.

Autonomia funcional significa que um motivo no adulto normal não está funcionalmente relacionado às experiências passadas das quais surgiu originalmente. Os dois níveis de autonomia funcional são a perseverativa (comportamentos como vícios e movimentos físicos repetidos) e a autônoma (interesses, valores, atitudes, intenções, estilo de vida e auto-imagem ligados ao núcleo da personalidade). Os três princípios da autonomia funcional autônoma são organização do grau de energia, domínio e competência e padronização autônoma.

O *proprium* (*self* ou ego) desenvolve-se entre infância e a adolescência, em sete fases: eu corporal, autoidentidade, autoestima, extensão do *self*, autoimagem, o *self* como uma solução racional e luta pela autonomia. Uma criança é controlada por impulsos e reflexos e tem pouca personalidade.

A personalidade madura e saudável é caracterizada por uma extensão do *self* a outras pessoas e atividades, um relacionamento carinhoso com os outros, segurança emocional, percepção realista, aquisição de habilidades, compromisso com o trabalho, objetivação do *self* e uma filosofia de vida unificadora.

Allport apresentou uma visão otimista da natureza humana e enfatizou a singularidade do indivíduo. Não somos movidos por eventos da infância. Com controle consciente da nossa vida, elaboramos criativamente um estilo de vida e crescemos por meio de uma necessidade inerente de autonomia, individualidade e sentido de ser. A nossa meta principal é aumentar as tensões que nos incitem a buscar novas sensações e desafios.

A abordagem do documento pessoal para avaliação da personalidade envolve a análise de diários, cartas e outros registros pessoais para descobrir traços de personalidade. O Estudo de Valores é um teste psicológico para avaliar seis tipos de valores.

Uma pesquisa sobre comportamento expressivo revelou consistência nos movimentos faciais expressivos e relacionou-os a uma variedade de padrões de emoções e personalidade. Algumas pesquisas sugerem consistência nas expressões faciais de uma cultura para outra e que programas de computador podem reconhecer expressões faciais e serem usados para comunicar emoções aos outros.

A teoria de Allport foi criticada com base no argumento de que é difícil testar empiricamente conceitos como o de autonomia funcional. Foram questionados também o foco de Allport na singularidade da personalidade e a descontinuidade entre a personalidade na infância e na fase adulta.

 ## Perguntas de revisão

1. Quais problemas e questões enfrentados por Allport na infância e na adolescência podem ter influenciado a abordagem dele em relação à personalidade?
2. De quais modos a teoria da personalidade de Allport difere da de Freud?
3. Explique a definição de personalidade de Allport. No sistema de Allport, de que modo a hereditariedade e o ambiente influenciam a personalidade?
4. Descreva os quatro tipos de traços.
5. De que modo os traços cardinais, centrais e secundários diferem entre si? Qual tipo exerce a influência mais poderosa sobre a personalidade?
6. Segundo Allport, qual é a relação entre personalidade e motivação?
7. Descreva o conceito de *proprium*.
8. O que é autonomia funcional do *proprium*? Descreva três princípios que governam a autonomia funcional do *proprium*.
9. Qual é o papel do processo cognitivo no desenvolvimento da personalidade?
10. Qual é a relação entre os motivos dos adultos e as experiências infantis?
11. Segundo Allport, quais são as três primeiras fases do desenvolvimento humano? Descreva brevemente as mudanças que ocorrem em cada fase.
12. Quais comportamentos dos pais são necessários para uma criança ter um crescimento psicológico positivo?
13. De que modo a teoria de Allport explica os distúrbios emocionais na fase adulta?
14. Quais são as características da personalidade adulta saudável e madura?
15. Qual é a meta principal e necessária da vida descrita por Allport. Como podemos atingi-la?
16. Descreva os resultados da pesquisa sobre o modo como o comportamento expressivo pode revelar aspectos da nossa personalidade.
17. Existe uma universalidade de expressões faciais em todas as culturas ou elas variam de uma cultura para outra?
18. Como as pessoas conseguem expressar emoções na comunicação virtual? Como você expressa suas próprias emoções quando está on--line?

# Leituras sugeridas

Allport, G. W. *Personality: A psychological interpretation*. Nova York: Holt, 1937. Livro clássico de Allport que estabeleceu o estudo da personalidade como parte integrante da psicologia acadêmica científica e definiu o foco da psicologia da personalidade como o indivíduo único.

Allport, G. W. *Becoming: Basic considerations for a psychology of personality*. New Haven, CT: Yale University Press, 1955. (Allport, G. W. *Desenvolvimento da personalidade: Considerações básicas para uma psicologia da personalidade*. São Paulo: EPU, 1975.) Resume a abordagem da personalidade proposta por Allport, enfatizando a capacidade humana de crescimento e desenvolvimento.

Allport, G. W. Autobiography. In E. G. Boring e G. Lindzey (Eds.), *A history of psychology in autobiography*. Nova York: Appleton-Century-Crofts, 1967, v. 5, p. 1-25. Relato da vida e da carreira de Allport.

Elms, A. C. *Uncovering lives: The uneasy alliance of biography and psychology*. Nova York: Oxford University Press, 1994, p. 71-84. O Capítulo 5, "Allport meets Freud and the clean little boy", discute o encontro de Gordon Allport com Sigmund Freud em 1920.

Evans, R. I. *Gordon Allport: The man and his ideas*. Nova York: Dutton, 1971. Entrevistas com Allport sobre sua vida e obra.

Nicholson, I. *Inventing personality: Gordon Allport and the science of selfhood*. Washington, DC: American Psychological Association, 2003. Concentra-se no início da carreira de Allport, no desenvolvimento de sua teoria da personalidade, e relaciona as obras do autor ao clima social da época nos Estados Unidos dos anos 1920 e 1930.

Rosenzweig, S. e Fisher, S. L. Idiographic vis à vis idiodynamic in the historical perspective of personality theory: Remembering Gordon Allport, 1897-1997. *Journal of the History of the Behavioral Sciences*, 1997, 33, 405-419. Reavaliação do foco de Allport na singularidade da personalidade humana. Discute até que ponto a espiritualidade pessoal e as visões religiosas do autor podem ter afetado sua imagem da natureza humana.

# CAPÍTULO 8

# Raymond Cattell, Hans Eysenck, a teoria dos cinco fatores, modelo Hexaco e a tríade obscura

*Personalidade é aquilo que permite a predição do que uma pessoa fará em determinada situação.*

— RAYMOND CATTELL

## Previsão do comportamento

O objetivo de Cattell em seu estudo da personalidade era prever de que modo uma pessoa se comportaria em resposta a uma dada situação de estímulo. Ele não estava interessado em mudar ou modificar o comportamento de anormal para normal, como faziam outros teóricos da personalidade.

Esses teóricos mais orientados para a clínica basearam seu trabalho em estudos de casos com pacientes que procuraram os serviços de um psicólogo por estarem infelizes ou emocionalmente perturbados e desejarem mudar. Em contraposição, as pessoas avaliadas por Cattell eram ditas normais; ele objetivava estudar a personalidade delas, e não tratá-las. Acreditava que seria impossível, ou pelo menos insensato, tentar mudar uma personalidade sem antes saber exatamente o que teria de ser modificado.

### Uma abordagem científica

A abordagem da personalidade adotada por Cattell era rigorosamente científica, baseando-se em observações de comportamento e em uma infinidade de dados. Não era incomum, em suas pesquisas, a obtenção de mais de 50 tipos de mensuração de um único sujeito. "Sua teoria da personalidade não [teve] rivais na compreensão e aderência às evidências derivadas da pesquisa empírica" (Horn, 2001, p. 72).

### Análise fatorial

A característica marcante da abordagem de Cattell foi o tratamento dos dados. Ele os submetia a um procedimento estatístico denominado **análise fatorial**, que implica avaliar a relação entre todos os possíveis pares de mensurações tomados de um grupo de sujeitos para determinar os fatores comuns. Por exemplo, eram analisados os resultados de dois testes psicológicos diferentes ou de duas subescalas do mesmo teste para determinar sua correlação.

**Análise fatorial**
Técnica estatística baseada em correlações entre várias medições, que pode ser explicada em termos de fatores subjacentes.

Se as duas medições apresentassem uma alta correlação, Cattell concluía que mediam aspectos semelhantes de personalidade ou relacionados entre si. Por exemplo, se as escalas de ansiedade e introversão de um teste de personalidade gerassem um elevado coeficiente de correlação, poderíamos concluir que ambas as escalas mediam a mesma característica da personalidade. Assim, dois conjuntos de dados de uma pessoa eram combinados para formar uma única dimensão ou fator.

## Traços de personalidade

Cattell referiu-se a esses fatores como *traços*, que definiu como elementos mentais da personalidade. Somente quando conhecemos os traços de alguém podemos predizer como essa pessoa se comportará em uma dada situação. Dessa forma, para entendermos plenamente uma pessoa, temos que ser capazes de descrever, em termos precisos, o padrão completo dos traços que a definem como um indivíduo.

# A vida de Cattell (1905-1998)

## Irmão mais velho e soldados feridos

Cattell nasceu em Staffordshire, Inglaterra. Seus pais eram exigentes quanto aos padrões de desempenho que esperavam dos filhos, mas permissivos em relação à maneira como eles aproveitavam seu tempo. Ele, seus irmãos e amigos passavam muito tempo fora de casa, velejando, nadando, explorando cavernas e brincando de lutar. Ele dizia que "às vezes se afogavam ou despencavam de penhascos".

A vida de Cattell mudou drasticamente quando ele tinha 9 anos e a Inglaterra entrou na Primeira Guerra Mundial. Uma mansão perto de sua casa foi convertida em hospital e ele se lembrava de ver trens cheios de soldados feridos retornando dos campos de batalha na França. Cattell escreveu que essa experiência o tornou um menino demasiadamente sério e consciente da "brevidade da vida e da necessidade de fazer as coisas enquanto há tempo".

Sua intensa e permanente dedicação ao trabalho pode ter se originado a partir dessas experiências. Também sentia muita competitividade com relação a um irmão mais velho e escreveu sobre os problemas de manter sua própria liberdade de desenvolvimento quando confrontado com o irmão que não podia ser "superado" (Cattell, 1974a, p. 62-63).

## Psicologia: uma má escolha

Aos 16 anos, matriculou-se na Universidade de Londres para estudar física e química e se formou com louvor em três anos. A estadia em Londres intensificou seu interesse por problemas sociais, mas ele percebeu que o estudo de ciências físicas não o capacitara a lidar com enfermidades sociais, o que o levou a concluir que a melhor solução seria estudar a mente humana.

Era uma decisão corajosa a se tomar em 1924, porque o campo da psicologia, na Inglaterra, oferecia poucas oportunidades profissionais e havia apenas seis cadeiras nas universidades em todo o país. Era considerada uma disciplina para excêntricos. Contrariamente aos conselhos dos amigos, ele iniciou os estudos na Universidade de Londres, trabalhando com o eminente psicólogo–estatístico Charles E. Spearman, que havia desenvolvido a técnica da análise fatorial.

Ao concluir seu Ph.D., em 1929, Cattell verificou que seus amigos tinham razão. Havia: poucos empregos para psicólogos. Lecionou na Universidade de Exeter, escreveu um livro sobre o meio rural na Inglaterra e estabeleceu uma clínica psicológica para escolas na cidade de Leicester, ao mesmo tempo em que buscava seus próprios interesses de pesquisa. Enquanto Spearman havia usado análise fatorial para medir a capacidade mental,[*] Cattell decidiu aplicar o método à estrutura da personalidade.

---

[*] Com a análise fatorial, Spearman descobriu o Fator G (Inteligência Geral). (N. do R.T.)

## Um período de dificuldades

Durante esse período, ele desenvolveu distúrbios digestivos crônicos em razão da sobrecarga de trabalho, de uma dieta deficiente e do fato de ser obrigado a viver em um apartamento frio, localizado em um porão. Sua esposa o abandonou por causa de suas pobres perspectivas econômicas e por sua total absorção no trabalho. Cattell, no entanto, afirmou que esses tempos difíceis lhe trouxeram alguns benefícios.

A experiência forçou-o a concentrar-se em problemas práticos, e não em questões teóricas ou experimentais, com as quais provavelmente teria se ocupado em circunstâncias mais seguras e confortáveis. "Aqueles anos me tornaram tão esperto e desconfiado quanto um esquilo que passou por um longo inverno; geraram ascetismo e impaciência com pormenores insignificantes a ponto de atingir a desumanidade" (Cattell, 1974b, p. 90).

## Sucesso nos Estados Unidos

Oito anos após obter o título de doutor, finalmente começou a trabalhar em tempo integral na área que escolhera. Edward L. Thorndike, importante psicólogo norte-americano, convidou-o a passar um ano em seu laboratório, na Universidade de Columbia, em Nova York. No ano seguinte, Cattell aceitou o convite para ser professor da Universidade Clark, em Worcester, Massachusetts, e, em 1941, mudou-se para Harvard, onde, segundo disse, a "seiva da criatividade" veio à tona (Cattell, 1974a, p. 71).

Entre seus colegas estavam Gordon Allport e William Sheldon, que estava desenvolvendo sua teoria da personalidade e tipo corporal. Cattell casou-se com uma matemática que compartilhava com ele os mesmos interesses de pesquisa e, aos 40 anos, estabeleceu-se na Universidade de Illinois como professor pesquisador. Publicou mais de 500 artigos e 43 livros, um feito extraordinário que reflete sua dedicação e perseverança.

> *Durante os 20 anos seguintes, minha vida foi a de um dínamo em atividade – silenciosa, mas potente. Normalmente, eu era o último a sair do estacionamento, à meia-noite. Há uma história de que um dia cheguei ao laboratório e, para minha surpresa, não havia viva alma por lá. Telefonei para casa, e me disseram: "Estamos justamente nos sentando à mesa para celebrar o Dia de Ação de Graças". Para mim, todos os dias eram iguais.* (Cattell, 1993, p. 105)

Com mais de 70 anos de idade, Cattell foi trabalhar no curso de pós-graduação da Universidade do Havaí, onde se dava ao luxo de nadar no mar todos os dias. Dizia-se que ele trabalhava "tanto quanto um professor assistente, com o objetivo de garantir sua estabilidade no emprego, ainda não seguro de que poderia obtê-la" (Johnson, 1980, p. 300).

Cattell faleceu em Honolulu aos 92 anos, um ano depois de ter recebido a medalha de ouro por realizações na ciência psicológica, da Associação Americana de Psicologia. por suas "enormes contribuições fundamentais à psicologia, incluindo mapeamentos de análise fatorial dos domínios da personalidade" (Gold Medal Award, 1997, p. 797). 🌐

# A abordagem de Cattell sobre os traços de personalidade

Cattell definiu os **traços** como tendências de reação relativamente permanentes, que são as unidades estruturais básicas da personalidade, e classificou-os de diversas maneiras (ver Quadro 8.1).

**Traços**
Para Cattell, tendências de reação, derivadas do método de análise fatorial, que são partes relativamente permanentes da personalidade.

QUADRO 8.1 ▪ Classificação dos traços

| Estágios | Características |
| --- | --- |
| Traços comuns | De certa forma, todos compartilham traços comuns. Por exemplo, to-das as pessoas têm certa medida de inteligência ou extroversão. |
| Traços singulares | Cada um de nós possui traços singulares, que fazem nossa distinção como indivíduos; por exemplo, gostar de política ou se interessar por beisebol. |
| Traços de capacidade | Nossas habilidades e capacidades determinam quão bem podemos atuar com relação aos nossos objetivos. |
| Traços de temperamento | Nossas emoções e sentimentos (por exemplo, se somos assertivos, irri-tadiços ou calmos) participam da determinação de como reagimos às pessoas e situações em nosso ambiente. |
| Traços dinâmicos | As forças que fundamentam nossas motivações e impulsionam nosso comportamento. |
| Traços superficiais | Características compostas de um número qualquer de traços originais ou de elementos comportamentais; podem, portanto, ser instáveis e transitórias, mais fracas ou mais fortes, em resposta às diferentes si-tuações. |
| Traços originais | Elementos únicos, estáveis e permanentes do nosso comportamento. |
| Traços constitucionais | Traços originais com determinação biológica, como os comportamen-tos resultantes da ingestão excessiva de álcool. |
| Traços moldados pelo ambiente | Traços originais com determinação do ambiente, como os comporta-mentos resultantes da influência de nossos amigos, do ambiente de trabalho ou da região em que vivemos. |

## Traços comuns e singulares

Cattell estabeleceu uma diferenciação entre traços comuns e singulares. Um **traço comum** é aquele que todas as pessoas possuem. Inteligência, extroversão e gregarismo são alguns exemplos. Todos têm esses traços, mas a intensidade varia de uma pessoa para outra. A razão pela qual Cattell sugeriu que os traços comuns são universais é a seguinte: todos possuímos potencial hereditário semelhante e estamos sujeitos a pressões sociais semelhantes, pelo menos em uma mesma cultura.

**Traços comuns**
Traços que, em algum grau, todas as pessoas possuem.

As pessoas diferem, como dissemos, por possuírem diferentes quantidades ou graus desses traços comuns, e também em razão de seus **traços singulares**, que são aspectos da personalidade compartilhados por poucos. Esses traços são particularmente evidentes em nossos interesses e atitudes. Por exemplo, uma pessoa pode ter um interesse enorme por genealogia, ao passo que outra pode ser apaixonada por batalhas de guerras civis, por beisebol ou por artes marciais chinesas.

**Traços singulares**
Traços que uma ou poucas pessoas possuem.

## Traços de capacidade, de temperamento e dinâmicos

**Traços de capacidade**
Descrevem nossas habilida-des e quão capazes seremos de atuar por nossos objetivos.

Uma segunda forma de classificar os traços é dividi-los em traços de capacidade, de temperamento e dinâmicos. Os **traços de capacidade** determinam nosso grau de eficiência para atuar por um objetivo. A inteligência é um traço de capacidade; nosso nível de inteligência influenciará a maneira como buscaremos nossos objetivos.

Os **traços de temperamento** descrevem o estilo geral e o tom emocional do nosso comportamento; por exemplo, quão assertivos, irritadiços ou calmos nós somos. Esses traços influenciam a maneira como agimos e reagimos às situações.

Os **traços dinâmicos** são as forças motrizes do comportamento; eles definem nossas motivações, interesses e ambições.

> **Traços de temperamento**
> Descrevem nosso estilo de comportamento geral, em resposta ao nosso ambiente.

> **Traços dinâmicos**
> Descrevem nossas motivações e interesses.

## Traços superficiais e traços originais

Uma terceira classificação é a dos traços superficiais e originais, conforme a estabilidade e permanência que possuem. Os **traços superficiais** são as características de personalidade que têm correlação umas com as outras, mas não constituem um fator, porque não são determinadas por uma única fonte. Por exemplo, vários elementos comportamentais – como ansiedade, indecisão e medo

> **Traços superficiais**
> Apresentam correlação, mas não constituem um fator, porque não são determinados por uma única origem.

irracional – combinam-se para formar o traço superficial denominado neuroticismo, o qual não tem origem em uma única fonte. Como esses traços são compostos de vários elementos, eles são menos estáveis – e permanentes –, e, consequentemente, menos importantes ao se descrever a personalidade.

De maior importância são os **traços originais**, que são os fatores unitários da personalidade, muito mais estáveis e permanentes. Cada um deles determina certos aspectos do comportamento. Eles são fatores individuais, obtidos a partir da análise fatorial, que se combinam para formar os traços superficiais.

> **Traços originais**
> Traços estáveis e permanentes que são os fatores básicos da personalidade, determinados a partir do método de análise fatorial.

## Traços constitucionais e traços moldados pelo ambiente

Os traços originais são classificados, de acordo com a sua origem, como traços constitucionais ou traços moldados pelo ambiente. Os **traços constitucionais** têm origem em condições biológicas, mas não são necessariamente inatos. Por exemplo, o consumo de álcool ou drogas pode levar a comportamentos como falta de atenção, tagarelice e discurso confuso.

> **Traços constitucionais**
> Traços originais que dependem de nossas características fisiológicas.

Os traços **moldados pelo ambiente** são provenientes dos nossos ambientes social e físico. Esses traços são as características e os comportamentos aprendidos, que impõem um padrão à personalidade. O comportamento de um indivíduo educado em uma área pobre da cidade é moldado diferentemente do comportamento de uma pessoa educada na vida luxuosa da classe alta. Um oficial mili-

> **Traços moldados pelo ambiente**
> Traços originais que são adquiridos por meio de interações sociais e ambientais.

tar de carreira apresenta um padrão de comportamento diferente de um músico de jazz. Assim, vemos que Cattell admitia a interação entre variáveis pessoais e situacionais.

# Traços originais: os fatores básicos da personalidade

Depois de mais de duas décadas de intensivas pesquisas com análises fatoriais, Cattell identificou 16 traços originais como os fatores básicos da personalidade (Cattell, 1965). Esses fatores são muito mais conhecidos sob a forma como são usados mais frequentemente: em um teste objetivo de personalidade chamado Questionário dos Dezesseis Fatores da Personalidade (16 PF) (Quadro 8.2).

**QUADRO 8.2** ▪ Traços (fatores) de origem de personalidade de Cattell

| Fator | Pessoa com resultados baixos | Pessoa com resultados altos |
|---|---|---|
| A | Reservada, afastada, imparcial | Sociável, afetuosa, tranquila |
| B | Pouco inteligente | Muito inteligente |
| C | Força de ego reduzida, facilmente irritável, menos estável emocionalmente | Elevada força de ego, calma, emocionalmente estável |
| E | Submissa, obediente, meiga, insegura, dócil | Dominadora, assertiva, forte |
| F | Séria, sóbria, deprimida, preocupada | Despreocupada, entusiástica, jovial |
| G | Oportunista, com superego reduzido | Conscienciosa, com elevado superego |
| H | Tímida, desconfiada, distante, contida | Arrojada, aventureira |
| I | Inflexível, autoconfiante, exigente | Pusilânime, suscetível, dependente |
| L | Confiante, compreensiva, adaptável | Desconfiada, ciumenta, isolada |
| M | Prática, realista, preocupada com detalhes | Imaginativa, distraída |
| N | Franca, ingênua, despretensiosa | Perspicaz, mundana, criteriosa |
| O | Segura de si, equilibrada, complacente | Apreensiva, insegura, autorreprovadora |
| $Q_1$ | Conservadora, mantém valores tradicionais, não gosta de mudanças | Radical, liberal, adepta a experiências e mudanças |
| $Q_2$ | Dependente de grupo, prefere unir-se e seguir outros | Autossuficiente, engenhosa, independente |
| $Q_3$ | Descontrolada, relaxada, impulsiva | Controlada, compulsiva, exigente |
| $Q_4$ | Descontraída, tranquila, serena | Tensa, impulsiva, nervosa |

Como pode ser observado no Quadro 8.2, as características de personalidade associadas a esses traços são expressas em palavras que usamos no dia a dia para descrever nossos amigos e a nós mesmos. Sem dúvida, podemos dizer rapidamente se apresentamos resultados altos, baixos ou situados em algum ponto entre esses fatores básicos da personalidade.

Mais tarde, Cattell identificou fatores adicionais que denominou *traços de temperamento*, por se relacionarem ao estilo geral e ao tom emocional do comportamento. Apresentou como exemplos: excitabilidade, entusiasmo, autodisciplina, polidez e autoconfiança (Cattell, 1973; Cattell e Kline, 1977).

É importante ter em mente que, no sistema de Cattell, os traços originais são os elementos básicos da personalidade, da mesma forma como os átomos são a unidade básica do mundo físico. Ele argumentou que os psicólogos não são capazes de entender ou criar leis sobre a personalidade sem descrever precisamente a natureza desses elementos.

## Traços dinâmicos: as forças motivadoras

Cattell descreveu os traços dinâmicos como relativos à motivação, que é uma questão importante em várias teorias da personalidade. Ele acreditava que a teoria da personalidade que não considerasse o impacto das forças dinâmicas ou motivacionais seria incompleta, algo como tentar descrever um motor sem mencionar o tipo de combustível que o faz funcionar.

# As influências da hereditariedade e do ambiente

Cattell mostrou grande interesse pelas influências relativas da hereditariedade e do ambiente na moldagem da personalidade. Ele investigou a importância dos fatores hereditários e ambientais, comparando estatisticamente as semelhanças encontradas entre gêmeos criados na mesma família e separadamente e irmãos não gêmeos criados na mesma família e separadamente. Dessa forma, pôde estimar até que ponto as diferenças nos traços podiam ser atribuídas a influências genéticas ou ambientais.

Os resultados de suas análises mostraram que, para alguns traços, a hereditariedade tem papel majoritário. Os dados de Cattell indicam, por exemplo, que 80% da inteligência (Fator B) e 80% de timidez *versus* ousadia (Fator H) podem ser atribuídos a fatores genéticos. Ele concluiu que, em geral, um terço da nossa personalidade é geneticamente determinado e dois terços são determinados por influências sociais e ambientais.

# As fases do desenvolvimento da personalidade

Cattell propôs seis fases de desenvolvimento da personalidade, abrangendo toda a duração da vida (ver Quadro 8.3).

**QUADRO 8.3** ▪ Fases de desenvolvimento da personalidade segundo Cattell

| Fase | Idade (em anos) | Desenvolvimento |
|---|---|---|
| Primeira infância | Nascimento a 6 | Desmame, treino para usar o banheiro, formação do ego, superego e atitudes sociais. |
| Infância | 6 a 14 | Independência dos pais e identificação com amigos. |
| Adolescência | 14 a 23 | Conflitos com relação a independência, autoafirmação e sexo. |
| Maturidade | 23 a 50 | Satisfação com a carreira, casamento e família. |
| Maturidade avançada | 50 a 65 | Modificação da personalidade em razão de mudanças nas circunstâncias físicas e sociais. |
| Velhice | + 65 | Aceitação da perda de amigos, carreira e *status*. |

## Primeira infância

O período da primeira infância, que vai do nascimento até os 6 anos de idade, é o mais importante na formação da personalidade. A criança é influenciada pelos pais e irmãos e pelas experiências de desmame e treino para usar o banheiro. As atitudes sociais desenvolvem-se juntamente com o ego e o superego, os sentimentos de segurança ou insegurança, as atitudes com relação à autoridade e uma possível tendência ao neuroticismo. Cattell não foi um seguidor de Freud, mas incorporou em sua teoria várias ideias freudianas, especialmente a de que os primeiros anos de vida são cruciais na formação da personalidade e a de que os conflitos orais e anais podem afetá-la.

## Infância

Entre os 6 e os 14 anos de idade – estágio infantil da formação da personalidade – há poucos problemas psicológicos. Essa fase caracteriza o início de uma tendência à independência dos pais e de uma identificação crescente com os amigos.

## Adolescência

A fase da infância é seguida por uma fase mais problemática e estressante: a adolescência, dos 14 aos 23 anos de idade. Pode haver manifestação de distúrbios emocionais e delinquência, à medida que os jovens experimentam conflitos centrados em impulsos de independência, autoafirmação e sexo.

## Maturidade

A quarta fase do desenvolvimento – a maturidade – dura aproximadamente dos 23 aos 50 anos de idade. Normalmente, é um período produtivo e prazeroso em termos de carreira, casamento e situações familiares. A personalidade torna-se menos flexível, se comparada com as fases anteriores, aumentando, assim, a estabilidade emocional. Cattell verificou poucas mudanças em interesses e atitudes durante esse período.

A adolescência pode ser uma fase de desenvolvimento estressante.

## Maturidade avançada

A maturidade avançada, dos 50 aos 65 anos de idade, implica desenvolvimentos da personalidade em resposta a modificações físicas, sociais e psicológicas. Saúde, vigor e atração física podem diminuir, e o fim da vida talvez venha a ser considerado. Durante essa fase, as pessoas reexaminam seus valores e buscam um novo eu. Esse período é semelhante à visão de meia-idade de Carl Jung.

## Velhice

A fase final – a velhice, a partir dos 65 anos de idade – implica adaptações a outros tipos de perdas: morte do cônjuge, de parentes e de amigos, final da carreira e aposentadoria, perda do *status* em uma cultura que venera a juventude e um senso nítido de solidão e insegurança.

Na maturidade avançada, geralmente quando o o filho sai de casa,
há uma reavaliação dos valores de vida.

## Questões sobre a natureza humana

A definição de Cattell sobre personalidade nos dá pistas da sua visão acerca da natureza humana. Ele escreveu: "Personalidade é aquilo que permite uma predição sobre o que uma pessoa fará em dada situação" (Cattell, 1950, p. 2). Para que o comportamento seja considerado previsível, ele tem de seguir leis e ser ordenado; seria difícil uma previsão se não houvesse regularidade e consistência na personalidade.

Por exemplo, um cônjuge normalmente é capaz de prever com razoável precisão o que o outro fará em uma dada situação, uma vez que o comportamento anterior daquela pessoa tenha sido consistente e ordenado. Logo, a visão de Cattell sobre a natureza humana admite pouca espontaneidade, pois tornaria a previsibilidade mais difícil. Assim sendo, na questão do livre-arbítrio *versus* determinismo, Cattell tende para o lado do determinismo.

Ele não propôs nenhum objetivo ou necessidade fundamental que domine o comportamento, nem um impulso para autorrealização que nos dirija ao futuro, tampouco conflitos psicossexuais que nos empurrem ao passado. Embora tenha observado o impacto dos primeiros anos da infância, ele não acreditava que as forças dessa fase da vida determinassem a personalidade permanentemente.

Cattell admitiu a influência da natureza e da criação sobre a personalidade. Por exemplo, traços constitucionais são inatos, ao passo que traços moldados pelo ambiente são aprendidos. Na questão singularidade–universalidade, ele assumiu uma posição moderada, verificando a existência de traços comuns, que se aplicam a todas as pessoas em uma dada cultura, e de traços únicos, que descrevem o indivíduo.

A visão de Cattell sobre a natureza humana é mais clara. Quando jovem, era otimista com relação à nossa capacidade de resolver problemas sociais. Previu que iríamos adquirir maior consciência e controle sobre o nosso ambiente. Esperava ver o nível de inteligência aumentar juntamente com o desenvolvimento de "uma vida comunitária mais generosa, de cidadãos ocupados criativamente" (Cattell, 1974b, p. 88). A realidade não foi condizente com suas expectativas, e ele passou a acreditar que a natureza humana e a sociedade haviam regredido.

# A avaliação na teoria de Cattell

As mensurações objetivas de personalidade de Cattell se baseavam em três técnicas básicas de avaliação, que ele denominou dados L (registros de vida), dados Q (questionários) e dados T (testes).

## Registros de vida (dados L)

**Dados L**
Classificação de comportamentos de registros de vida observados em situações da vida real, como na sala de aula ou no escritório.

A técnica de **dados L** compreende a classificação, por parte do observador, de comportamentos específicos apresentados pelas pessoas em situações da vida real, como na sala de aula ou no escritório. Os observadores podem registrar, por exemplo, a frequência de faltas ao trabalho, as notas escolares, a conscientização no desempenho de tarefas ocupacionais, a estabilidade emocional no campo de futebol ou a sociabilidade no trabalho.

A questão importante sobre os dados L é que eles envolvem comportamentos que podem ser acompanhados pelo observador e que acontecem em um ambiente natural, e não em uma situação artificial de um laboratório de psicologia.

## Questionários (dados Q)

**Dados Q**
Classificações de nossas características, atitudes e interesses a partir de questionários de autorrelatos.

A técnica de **dados Q** baseia-se em questionários. Enquanto os dados L exigem que observadores classifiquem os sujeitos, os dados Q requerem que os próprios analisados se classifiquem. Cattell reconhecia as limitações dos dados Q. Em primeiro lugar, algumas pessoas podem ter uma autoconsciência apenas superficial, de modo que suas respostas não refletirão a verdadeira natureza de sua personalidade.

Em segundo lugar, mesmo que os participantes se conheçam bem, pode ser que não queiram que os observadores os conheçam; portanto, podem falsificar suas respostas deliberadamente. Em razão desses problemas, Cattell alertou que os dados Q não podem ser automaticamente assumidos como precisos.

## Testes de personalidade (dados T)

**Dados T**
Dados produzidos a partir de testes de personalidade que são resistentes à simulação.

A técnica dos **dados T** envolve o uso do que Cattell denominou testes "objetivos", aos quais uma pessoa responde sem saber qual aspecto do comportamento está sendo avaliado. Esses dados contornam as falhas presentes nos dados Q, uma vez que dificulta ao sujeito saber precisamente o que o teste está medindo.

Se você não souber o que o experimentador está tentando descobrir, não poderá distorcer suas respostas para ocultar seus traços. Por exemplo, se lhe mostrassem um borrão de tinta, provavelmente você não seria capaz de prever se a interpretação do pesquisador à sua resposta revelaria se você é conservador, tranquilo, aventureiro ou apreensivo.

Para Cattell, testes como o de Rorscharch, o Teste de Apercepção Temática e o teste de associação de palavras eram considerados objetivos, por serem resistentes à simulação. Entretanto, é importante observar que, para a maioria dos psicólogos, o uso da palavra *objetivo* é equivocado; testes desse tipo são normalmente denominados subjetivos, devido a vieses que afetam sua pontuação e interpretação.

## O Teste 16 PF (Fator de Personalidade)[*]

Cattell desenvolveu vários testes para avaliar a personalidade, sendo o mais conhecido deles o 16 PF, que se baseia nos 16 traços originais mais importantes. O teste destina-se a pessoas com 16 anos de

---

[*] O teste 16 PF encontra-se desfavorável para o uso profissional no Brasil. (N. do R.T.)

idade ou mais, e fornece pontuações para cada uma das escalas. As respostas são pontuadas objetivamente; já existem pontuação e interpretação feitas por computador. O 16 PF é largamente utilizado para avaliar a personalidade em pesquisas, diagnósticos clínicos e previsão de sucesso no trabalho. Foi traduzido para 40 línguas.

Considere a amostra do perfil do Teste 16 PF para um piloto de uma companhia aérea hipotética (ver Figura 8.1). Ao ler os pontos altos e baixos do diagrama dos resultados do teste, observamos que ele é uma pessoa emocionalmente estável, conscienciosa, ousada, rígida, prática, decidida e descontraída. O piloto não é tenso, apreensivo ou tímido.

Cattell desenvolveu diversas variações do Teste 16 PF. Foram feitas versões para medir aspectos específicos da personalidade – como ansiedade, depressão e neuroticismo – e com finalidades especiais, como aconselhamento conjugal e avaliação de desempenho de executivos. Há também versões do teste para serem usadas com crianças e adolescentes.

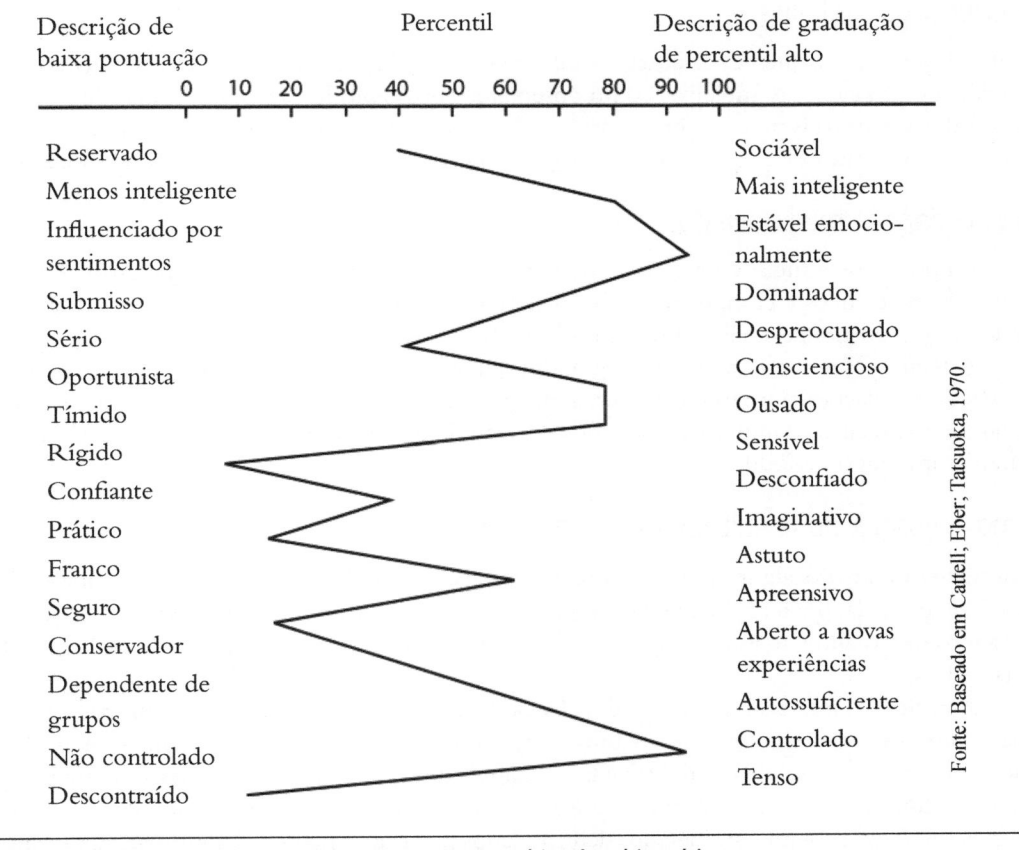

**FIGURA 8.1** ▪ Perfil do 16 PF de um piloto de uma companhia aérea hipotética.

# A pesquisa na teoria de Cattell

Ao discutir métodos de pesquisa, Cattell registrou três maneiras de estudar a personalidade: abordagens bivariada, clínica e multivariada.

## A abordagem bivariada

A *bivariada* é o método padrão experimental de laboratório. O psicólogo manipula uma variável independente para determinar seu efeito sobre o comportamento dos participantes da pesquisa (a variável dependente). Essa abordagem também tem sido chamada de *univariada*, porque se estuda apenas uma variável de cada vez.

Cattell concordava que a pesquisa bivariada é científica, rigorosa e quantitativa, mas argumentava que ela lida apenas com aspectos limitados da personalidade. Na realidade, a personalidade é afetada por muitas variáveis em interação. Além disso, em uma típica situação artificial de laboratório, experiências emocionais significativas não podem ser manipuladas nem duplicadas. Portanto, para ele, essa abordagem era por demais restritiva para revelar muitos aspectos sobre os traços de personalidade.

## A abordagem clínica

A abordagem *clínica*, que compreende estudo de casos, análise de sonhos, livre associação e técnicas semelhantes, é altamente subjetiva, como observamos nos capítulos 2 e 5. Esses métodos não produzem dados verificáveis ou quantificáveis. Cattell escreveu: "O clínico tem seu coração no lugar certo, mas talvez possamos dizer que, em sua cabeça, ele permaneça um pouco confuso" (1959, p. 45).

## A abordagem multivariada

Cattell optou por estudar a personalidade por meio da abordagem *multivariada*, que produz dados altamente específicos e compreende um sofisticado procedimento estatístico de análise fatorial. Ele preferia duas formas de análise fatorial: a técnica R e a técnica P.

A técnica R envolve a coleta de grandes quantidades de dados de um grupo de pessoas. São efetuadas correlações entre todas as pontuações para serem determinados os fatores ou traços de personalidade. A técnica P implica a coleta de uma grande quantidade de dados de um único indivíduo durante um longo período.

## Uma amostra de resultados de pesquisa

Consideremos apenas alguns poucos entre as centenas de estudos de análise fatorial conduzidos por Cattell e seus colaboradores, além de exemplos de pesquisas mais recentes que usam o teste de Cattell. Dissemos que o autor se interessava pelos efeitos relativos da hereditariedade e do ambiente sobre a personalidade.

A partir de uma análise fatorial dos dados do Teste 16 PF aplicado em 3 mil pessoas do sexo masculino, com idades entre 12 e 18 anos, Cattell concluiu que três traços originais eram determinados prioritariamente pela hereditariedade (Cattell, 1982): o Fator F (sério *versus* despreocupado), o Fator I (inflexível *versus* pusilânime ou suscetível) e o Fator Q3 (descontrolado *versus* controlado). Outros três fatores foram considerados determinados prioritariamente pelas influências do ambiente: o Fator E (submisso *versus* dominador), o Fator G (oportunista *versus* consciencioso) e o Fator Q4 (descontraído *versus* tenso).

Cattell também usou o Teste 16 PF para definir a relação entre traços de personalidade e estabilidade conjugal (Cattell e Nesselroade, 1967). Os participantes da pesquisa eram casais com casamentos estáveis ou instáveis. O critério para estabilidade era se o casal havia tomado atitudes para desfazer o casamento.

A análise fatorial revelou que a estabilidade conjugal poderia ser prevista a partir dos resultados nos testes. Parceiros em casamentos estáveis possuíam traços de personalidade semelhantes, ao passo que aqueles em casamentos instáveis apresentavam traços de personalidade altamente diferentes.

Também foi revelado que o Teste 16 PF, assim como outros testes de personalidade, pode ser distorcido ou falsificado. Em um estudo, estudantes universitários, presidiários e viciados em drogas fizeram o teste duas vezes. Na primeira vez, foi pedido a eles que respondessem sinceramente; já na segunda vez pediram que respondessem da maneira que fosse mais favorável a eles. Os resultados apresentaram diferenças significativas entre os dois conjuntos de respostas (Simon, 2007).

Um estudo conduzido na África do Sul descobriu que a tradução para a língua Tshivenda mudou tanto o significado das perguntas do teste que as respostas foram invalidadas. Como ocorre com outros testes de personalidade e determinados idiomas, a tradução literal se provou impossível (Van Eeden e Mantsha, 2007).

Uma pesquisa utilizando a versão grega do Teste 16 PF (traduzido satisfatoriamente) distinguiu claramente as características de personalidade de professores gregos do ensino fundamental e da pré-escola dos critérios de testes da população grega como um todo (Roussi-Vergou, Angelosopoulou e Zafiropoulou, 2009; Roussi-Vergou e Zafiropoulou, 2011). Uma tradução turca do Teste 16 PF também foi considerada uma medida válida das diferenças de personalidade (Aksu *et al.*, 2010).

---

**DESTAQUES:** Pesquisa sobre as ideias de Cattel

Estudos têm mostrado que o Teste 16 PF:
- Pode prever a estabilidade conjugal.
- Pode ser falsificado, caso você queira se apresentar de uma maneira mais favorável.
- Pode ser usado em várias culturas; no entanto, alguns idiomas não permitem uma tradução literal dos tópicos do teste.
- De acordo com os resultados obtidos, alguns traços originais são essencialmente hereditários, enquanto outros são determinados primeiramente por influências do ambiente.
- Pode identificar 16 traços originais de personalidade.
- Pode ser utilizado para pesquisa, diagnóstico clínico e para predizer o sucesso no trabalho.

---

# Reflexões sobre a teoria de Cattell

Apesar da afirmação legítima de Cattell de que a análise fatorial é uma técnica objetiva e precisa, os críticos observam que existe chance da subjetividade afetar o resultado. Em diversos estágios do processo de pesquisa, é necessário tomar decisões que podem ser influenciadas por preferências pessoais.

No primeiro passo da coleta de dados, os pesquisadores precisam decidir quais testes usar e quais aspectos do comportamento medir. Depois, eles têm de determinar qual técnica de análise fatorial será aplicada e qual nível de significância estatística será considerado adequado.

Uma vez que os fatores, ou traços, tenham sido identificados, o pesquisador os denomina. Se esses nomes forem ambíguos, podem não expressar acuradamente a natureza dos fatores. Essa crítica não sugere que exista uma falha inerente à teoria de Cattell, mas que há potencial para erro subjetivo na abordagem de análise fatorial. Talvez tenha sido exatamente essa subjetividade a responsável pela dificuldade que outros pesquisadores tiveram em repetir os resultados de Cattell e confirmar os seus 16 traços originais fundamentais.

Cattell compreendeu seu insucesso em convencer outros psicólogos sobre a sensatez de seus pontos de vista e defendeu sua abordagem como a única válida para o estudo da personalidade. Aos 85 anos, reiterou sua opinião, criticando os psicólogos contemporâneos por não serem capazes de dominar e aplicar a análise fatorial e lamentando que seu trabalho permanecesse afastado das teorizações dominantes de personalidade. Manteve-se convicto de que um dia seu trabalho propiciaria a previsão do comportamento humano com o mesmo grau de precisão com que os astrônomos predizem os movimentos dos planetas (Cattell, 1974a, 1974b, 1990, 1993).

Um consenso do atual parecer dos profissionais de psicologia da personalidade confirma a crença de Cattell na utilidade de sua abordagem. Geralmente ele é considerado não apenas o "pai" da teoria dos traços de personalidade, mas também um dos mais influentes psicólogos do século XX (Denis, 2009; Revelle, 2009; Tucker, 2009). Seja qual for o resultado das propostas específicas de Cattell, é evidente que a abordagem de traços de personalidade e a investigação das influências genéticas continuam a fascinar pesquisadores contemporâneos, como veremos no restante deste capítulo.

## Genética comportamental

Já mencionamos as evidências crescentes a favor da ideia de que alguns traços são influenciados por fatores hereditários. A área de estudo que se concentra na conexão entre genética e personalidade é

**Genética comportamental**
Estudo da relação entre fatores genéticos ou hereditários e os traços de personalidade.

frequentemente chamada de **genética comportamental**. A despeito do método utilizado para avaliar ou investigar a personalidade, é preciso considerar o importante componente genético.

Allport e Cattell estavam entre os primeiros a sugerir que fatores herdados moldam a personalidade e que têm tanta importância quanto os fatores ambientais. Vamos abordar outros pesquisadores que buscaram essa conexão causal entre a herança genética e a personalidade.

## A vida de Hans Eysenck (1916-1997)

### Conformado com a psicologia

Hans Eysenck nasceu em Berlim e imigrou para a Inglaterra em 1934, depois de Adolf Hitler chegar ao poder em seu país. Ele pretendia estudar física na Universidade de Londres, mas sua base acadêmica foi considerada insuficiente. Desanimado, perguntou aos funcionários da universidade se havia alguma outra ciência na qual pudesse se formar.

Recordava-se Eysenck: "Disseram-me que havia sempre a psicologia. Em minha ignorância, perguntei: 'O que é isso?' 'Você vai gostar', me disseram. Então, matriculei-me em um curso cujo *status* científico talvez fosse um pouco mais questionável do que os meus conselheiros imaginavam" (Eysenck, 1980, p. 156). Mais de 40 anos depois, perguntaram a um Eysenck muito bem-sucedido e produtivo se alguma vez ele havia se arrependido de sua escolha profissional. "Muitas vezes", disse ele, mas admitiu que havia se conformado com ela.

### Um registro produtivo

No decorrer de uma longa e produtiva carreira, publicou aproximadamente 79 livros, incluindo alguns para o público em geral, além de um número igualmente impressionante de 1.097 artigos em periódicos. No momento em que morreu, era o psicólogo citado com mais frequência em todo o mundo (Farley, 2000). Infelizmente, quando ele morreu, sua esposa destruiu todos os documentos pessoais e profissionais de Eysenck (Harris, 2011).

Eysenck desenvolveu vários métodos de avaliação de personalidade, incluindo o Inventário de Personalidade de Eysenck, o *Eysenck Personality Profiler* (EPP), o Questionário Médico de Maudsley e o Inventário de Personalidade de Maudsley. Seu trabalho tem sido fundamental no apoio ao papel da hereditariedade na personalidade e na integração do estudo científico da personalidade na psicologia como um todo (Corr, 2007; Revelle e Oehlberg, 2008; Rose, 2010).

# As dimensões da personalidade

Eysenck passou a maior parte da sua carreira no Hospital e Instituto de Psiquiatria Maudsley, da Universidade de Londres, conduzindo pesquisas sobre mensuração de personalidade. Concordava com Cattell que a personalidade é composta de traços, ou fatores, deduzidos a partir do método de análise fatorial. Entretanto, foi um crítico da análise fatorial e das pesquisas de Cattell devido à potencial subjetividade da técnica e à dificuldade de reprodução dos resultados obtidos por Cattell. Embora utilizasse a análise fatorial para revelar os traços de personalidade, suplementava o método com testes de personalidade e estudos experimentais que levavam em consideração uma ampla gama de variáveis.

## Um esforço conjunto

Ele e sua segunda esposa, Sybil (Ph.D. pela Universidade de Londres), desenvolveram vários dos questionários utilizados em sua pesquisa (Furnham, Eysenck e Saklofske, 2010). O Inventário de Personalidade de Eysenck (Eysenck e Eysenck, 1963) exigiu 12 anos de pesquisa conjunta e 20 análises fatoriais. Segundo ele, "apesar de ter sido publicado com o nome de nós dois, [o questionário] é muito mais um marco da habilidade, da paciência e da perseverança dela" (Eysenck, 1980, p. 172). Poucos cientistas, em qualquer campo, foram tão diretos em reconhecer as contribuições de seus cônjuges para as pesquisas.

## Três dimensões da personalidade

O resultado de seus esforços é uma teoria da personalidade baseada em três dimensões, definidas como combinações de traços ou fatores. Podemos pensar nas dimensões como sendo *superfatores* (*Eysenck*, 1990a, 1990b; Eysenck e Eysenck, 1985). As três dimensões de personalidade são:

- E – Extroversão *versus* introversão.
- N – Neuroticismo *versus* estabilidade emocional.
- P – Psicoticismo *versus* controle de impulso (ou funcionamento do superego).

Eysenck apontou que as dimensões de extroversão e neuroticismo são reconhecidas como elementos básicos da personalidade desde a época dos filósofos gregos. Sugeriu também que formulações nas mesmas dimensões podiam ser encontradas em praticamente todos os métodos de avaliação de personalidade já desenvolvidos (Eysenck, 1997). Desde então, o Inventário de Personalidade de Eysenck tem sido usado com sucesso em formas traduzidas para quase 40 países, incluindo culturas tão diferentes quanto Itália e Kuwait (ver Adbel-Khalek, 2012; Dazzi, 2011).

Considere a lista de traços de personalidade associados às três dimensões da personalidade de Eysenck (ver Quadro 8.4). Você verá claramente, por exemplo, que as pessoas com pontuações elevadas nos traços da dimensão E seriam classificadas como extrovertidas, ao passo que as com baixa pontuação seriam classificadas como introvertidas.

## Estabilidade ao longo do tempo

Os traços e as dimensões propostos por Eysenck tendem a permanecer estáveis ao longo da vida, apesar das diferentes experiências sociais e ambientais vividas por nós. Nossa situação pode se modificar, mas as dimensões mantêm-se consistentes. Uma criança introvertida, por exemplo, tende a permanecer introvertida na adolescência e na vida adulta (Ganiban *et al.*, 2008). Outros estudos realizados na Inglaterra e em países escandinavos confirmam a estabilidade das dimensões de Eysenck ao longo do tempo, especialmente extroversão e neuroticismo (Billstedt *et al.*, 2014; Gale *et al.*, 2013).

QUADRO 8.4 ▪ Traços das dimensões de personalidade de Eysenck

| Extroversão/Introversão | Neuroticismo/Estabilidade emocional | Psicoticismo/Controle emocional de impulso |
|---|---|---|
| Sociável | Ansioso | Agressivo |
| Animado | Deprimido | Frio |
| Ativo | Com sentimentos de culpa | Egocêntrico |
| Assertivo | Com baixa autoestima | Impessoal |
| Que procura emoções | Tenso | Impulsivo |
| Despreocupado | Irracional | Antissocial |
| Dominador | Tímido | Criativo |
| Aventureiro | Mal-humorado | Obstinado |

## O papel da inteligência

Eysenck também conduziu importantes pesquisas sobre inteligência, a qual não considerava uma dimensão da personalidade, mas sim uma influência importante sobre a personalidade. Ele observou que uma pessoa com 120 de QI, um valor alto, provavelmente terá uma personalidade mais complexa e multidimensional do que uma com 80 de QI. As pesquisas desenvolvidas por ele também sugeriram que cerca de 80% da nossa inteligência é herdada, o que deixa apenas 20% como produto de forças sociais e ambientais (Eysenck e Eysenck, 1985).

## Extroversão

Com base em sua própria experiência, você provavelmente pode descrever com precisão pessoas mais extrovertidas e introvertidas. As primeiras são orientadas para o mundo exterior, preferem a companhia de outras e tendem a ser sociáveis, impulsivas, aventureiras, assertivas e dominadoras.

Além disso, verificou-se que pessoas que obtêm pontuação alta em extroversão no Inventário de Personalidade Eysenck vivenciam mais emoções prazerosas e tendem a ser mais felizes do que as que têm pontuação baixa (Fisher e Francis, 2013; Holder e Klassen, 2010; Lucas e Fujita, 2000). Empresários extrovertidos se saem melhores na execução de tarefas difíceis que empresários introvertidos (Campbell *et al.*, 2011).

Eysenck estava interessado no modo pelo qual extrovertidos e introvertidos diferiam biológica e geneticamente. Verificou que os extrovertidos possuem um nível básico de excitação cortical menor que os introvertidos. Como os níveis de excitação cortical dos extrovertidos são baixos, eles precisam e buscam ativamente excitação e estímulo. Em contraposição, introvertidos evitam tal estado, pois os seus níveis de excitação cortical já são elevados (Eysenck, 1990b).

Como resultado, introvertidos reagem mais fortemente a estímulos sensoriais que extrovertidos. Estudos comprovaram que introvertidos apresentam maior sensibilidade a estímulos de níveis baixos e têm limiares de dor menores que extrovertidos. Outras pesquisas sustentam a existência de respostas diferenciadas à estimulação sensorial, mas apresentam evidências menos convincentes que as diferenças sejam atribuíveis a variações de excitação cortical (Bullock e Gilliland, 1993; Stelmack, 1997). Apesar disso, como Eysenck previu, essas diferenças são determinadas geneticamente.

## Neuroticismo

Como pôde ser observado no Quadro 8.4, os neuróticos são caracterizados como ansiosos, deprimidos, tensos, irracionais e temperamentais. Provavelmente, possuem baixa autoestima e têm tendência a sentimentos de culpa. Para Eysenck, o neuroticismo é, em grande parte, herdado, produto muito mais da genética do que da aprendizagem ou experiência.

Uma pesquisa com pessoas de 16 a 70 anos de idade, realizada nos Estados Unidos por um período de dois anos, mostrou que a satisfação crescente obtida a partir das relações de trabalho e sociais estava associada a níveis mais baixos de neuroticismo e mais altos de extroversão (Scollon e Diener, 2006). Estudos na Austrália revelaram que as pessoas que tinham pontuação alta em neuroticismo, segundo o Inventário de Personalidade de Eysenck, superavam as com pontuação baixa quando o ambiente de trabalho era frenético e estressante. Em outras palavras, essa pesquisa mostrou que os neuróticos parecem funcionar melhor em ambiente atarefado e que os forçam a trabalhar com afinco (Smillie *et al.*, 2006).

Um estudo na Inglaterra mostrou que pessoas com alto neuroticismo tinham pontuação mais baixa em habilidades verbais do que pessoas com baixo neuroticismo (Chamorro-Premuzic, Furnham e Petrides, 2006). Uma pesquisa feita na Suécia revelou que pessoas com alta pontuação em neuroticismo na meia-idade eram muito mais propensos a apresentar dificuldades cognitivas quando testadas novamente 25 anos mais tarde (Crowe *et al.*, 2006).

As pessoas com alto neuroticismo apresentam maior atividade nas áreas cerebrais que controlam a ramificação simpática do sistema nervoso autônomo. Esse é o sistema de alarme do corpo, que responde a eventos estressantes ou perigosos aumentando a taxa de respiração, a frequência cardíaca, o afluxo sanguíneo dos músculos e a liberação de adrenalina. Segundo Eysenck, nos neuróticos, o sistema nervoso simpático reage fortemente até mesmo a estressores leves, resultando hipersensibilidade crônica.

Tal condição conduz a uma forte emoção em resposta a quase todas as situações difíceis. De fato, os neuróticos reagem emocionalmente a situações que para outros são insignificantes. Segundo Eysenck, são inatas essas diferenças em reatividade biológica referentes à dimensão do neuroticismo. Os indivíduos são geneticamente predispostos ao neuroticismo ou à estabilidade emocional.

## Psicoticismo

As pessoas com elevada pontuação em psicoticismo são agressivas, antissociais, obstinadas, frias, egocêntricas e consideradas cruéis, hostis e insensíveis com relação às necessidades e aos sentimentos dos outros. Além disso, elas têm pontuações baixas em bem-estar emocional e mais problemas com consumo de álcool, abuso de drogas e comportamento criminoso violento do que as pessoas com baixa pontuação em psicoticismo (Boduszek *et al.*, 2013; Ciarrochi e Heaven, 2007; Sher, Bartholow e Wood, 2000).

Paradoxalmente, pessoas com alta pontuação em psicoticismo também podem ser muito criativas. As pesquisas tendem a indicar um grande componente genético relacionado ao psicoticismo. Entretanto, verificou-se também que as que têm alta pontuação em psicoticismo têm pais mais autoritários e controladores do que as que têm pontuação baixa, confirmando, assim, a influência potencialmente prejudicial do ambiente na infância (Heaven e Ciarrochi, 2006).

Os homens, em geral, tendem a apresentar pontuações mais altas de psicoticismo do que as mulheres, resultados estes que levaram Eysenck a sugerir que o psicoticismo pode estar relacionado aos hormônios masculinos. Ele também especulou que as pessoas com elevada pontuação nas três dimensões podem apresentar comportamento criminoso, mas citou apenas um modesto suporte empírico para essa ideia (Eysenck e Gudjonsson, 1989). Pesquisas realizadas na China demonstraram uma significativa correlação positiva entre comportamento criminoso e pontuações altas nas dimensões de psicoticismo e neuroticismo (Huo-Liang, 2006).

Do ponto de vista de Eysenck, a sociedade necessita da diversidade fornecida por pessoas classificadas em todos os aspectos dessas três dimensões de personalidade.

Uma sociedade ideal propicia a cada um a oportunidade de fazer o melhor uso dos seus traços e capacidades; no entanto, alguns se adaptarão melhor ao ambiente social do que outros. Uma pessoa com alto psicoticismo, por exemplo, caracterizada por comportamentos hostis e agressivos, pode tornar-se perturbada emocionalmente e exibir tendências criminosas, ou, então, canalizar seus traços agressivos para uma condição socialmente aceitável, como tornar-se treinador de futebol americano universitário.

## O papel fundamental da hereditariedade

Para Eysenck, os traços e as dimensões são determinados primordialmente pela hereditariedade, embora as pesquisas indiquem um componente genético maior para extroversão e neuroticismo do que para psicoticismo. O autor não desconsiderava a existência de influências ambientais e situacionais sobre a personalidade, como as interações familiares na infância, mas acreditava que os efeitos dessas influências sobre a personalidade eram limitados (Eysenck, 1990a).

Seus projetos de pesquisa envolviam comparações entre gêmeos idênticos (monozigóticos) e fraternos (dizigóticos). Os estudos apontaram que os idênticos são mais parecidos em personalidade que os fraternos, mesmo quando criados por pais diferentes e em ambientes diferentes durante a infância. Estudos com filhos adotivos demonstraram que a personalidade deles apresenta maior semelhança com a de seus pais biológicos do que com a dos pais adotivos, mesmo que eles não tenham tido contato com os pais biológicos, o que dá um suporte adicional para a ideia de Eysenck de que a personalidade relaciona-se mais fortemente com nossa herança genética do que com nosso ambiente.

**DESTAQUES: Pesquisa sobre as ideias de Eysenck**

Um estudo sobre as três dimensões de personalidade de Eysenck mostra que:

- Extrovertidos sentem emoções mais agradáveis.
- Extrovertidos têm níveis basais de excitação cortical mais baixos.
- Neuróticos têm baixa autoestima e altos níveis de sentimento de culpa.
- Neuróticos funcionam bem em ambientes de trabalho acelerados e estressantes.
- Neuróticos têm pontuação mais baixa em capacidade verbal.
- Psicóticos podem ser cruéis, hostis e insensíveis.
- Psicóticos têm mais problemas com abuso de álcool e drogas.
- Psicóticos são agressivos, antissociais e egocêntricos.
- As três dimensões de personalidade são determinadas principalmente pela hereditariedade.

Pesquisas interculturais constataram que as três dimensões de personalidade de Eysenck vêm sendo verificadas consistentemente em mais de 35 nações, incluindo Estados Unidos, Inglaterra, Austrália, Japão, China, Nigéria e Suécia (veja, por exemplo, Bouchard, 1985; Eaves, Eysenck e Martin, 1989; Floderus-Myrhed, Pedersen e Rasmuson, 1980; Hur, 2009; Martin e Jardine, 1986; Tellegen *et al.*, 1988). A comprovação dessas três dimensões de personalidade em diversas culturas é a evidência adicional da primazia dos fatores hereditários na formação da personalidade.

# Robert McCrae e Paul Costa: o modelo dos cinco fatores

Usando o método de análise fatorial, obtêm-se variações nos traços de personalidade de Cattell e Eysenck. Isso, todavia, não indica uma deficiência inerente ao método, mas reflete a maneira como cada teórico escolheu medir a personalidade. Alguns pesquisadores mais recentes da personalidade mostraram descontentamento com ambas as teorias, sugerindo que Eysenck contava com pouquíssimas dimensões (três) e Cattell tinha demasiados fatores (16).

Trabalhando no Centro de Pesquisas de Gerontologia do National Institutes of Health, em Baltimore, Maryland, Robert McCrae (1949-) e Paul Costa (1942-) iniciaram um extensivo programa de pesquisas que começou na década de 1980 e identificou os chamados cinco grandes fatores (McCrae e Costa Jr., 1985b, 1987). Esses fatores são: neuroticismo, extroversão, abertura à experiência, socialização e conscienciosidade. Mais de 25 anos e centenas de estudos depois, um dos criadores do modelo dos cinco fatores o descreveu precisamente como um "divisor de águas na história da psicologia da personalidade" (McCrae, 2011, p. 210).

## Medindo os cinco fatores

Os fatores foram confirmados a partir de uma diversidade de técnicas de avaliação, incluindo autoclassificações, testes objetivos e relatórios de observadores. Em seguida, McCrae e Costa desenvolveram um teste de personalidade, o Inventário de Personalidade NEO,* utilizando as iniciais dos três primeiros fatores. O teste está disponível em uma série de versões revisadas.

Uma versão abreviada foi elaborada para pesquisas da internet (Buchanan, Johnson e Goldberg, 2005). Os pesquisadores encontraram consistentemente os mesmos fatores a partir de diferentes procedimentos de avaliação, sugerindo que eles sejam confiáveis para distinguir aspectos da personalidade. Os cinco fatores e seus traços característicos estão listados no Quadro 8.5.

Outros pesquisadores, seguindo a direção apontada por McCrae e Costa, desenvolveram listas de adjetivos, que são modos mais rápidos de medir os cinco fatores. Os participantes da pesquisa em geral preenchem-nas fazendo uma seleção das palavras que melhor os descrevem. Uma dessas listas usa cem adjetivos para medir os cinco fatores, e outra, apenas 40.

**QUADRO 8.5** ▪ Cinco grandes fatores da personalidade de McCrae e Costa

| Fator | Descrição |
|---|---|
| Neuroticismo | Preocupado, inseguro, nervoso, muito tenso |
| Extroversão | Sociável, falante, gosta de se divertir, carinhoso |
| Abertura à experiência | Original, independente, criativo, ousado |
| Socialização | De boa índole, piedoso, confiável, cortês |
| Conscienciosidade | Cuidadoso, honesto, trabalhador, organizado |

É importante observar que, embora outros testes tenham sido propostos como modos de medir os cinco grandes fatores, o NEO continua a ser a técnica usada com mais frequência. Entretanto, pesquisas têm mostrado que os resultados do NEO, como todos os inventários de autorrelato, podem ser distorcidos pelo comportamento deliberado dos sujeitos que querem dar a impressão de um ajuste psicológico positivo.

## Origem e sobreposição dos fatores

Estudos realizados com gêmeos revelaram que quatro dos cinco fatores demonstram um componente de hereditariedade: neuroticismo extroversão, abertura a experiências e conscienciosidade. Descobriu-se que a socialização tinha um forte componente ambiental (Bergeman *et al.*, 1993; Pedersen *et al.*, 1988).

Há uma semelhança entre os fatores de extroversão e neuroticismo de McCrae e Costa e as dimensões de extroversão e neuroticismo propostas por Eysenck. Além disso, a socialização e a conscienciosidade no modelo de McCrae e Costa podem representar a extremidade inferior da dimensão de psicoticismo de Eysenck (controle de impulso). A abertura à experiência apresenta uma alta cor-

---

★   No Brasil, o NEO PI-R é favorável para uso. (N. do R.T.)

relação positiva com inteligência. Da mesma forma, a socialização correlaciona-se com o conceito de interesse social de Adler, que discutimos no Capítulo 4.

## Consistência intercultural

Os cinco fatores têm sido consistentemente observados tanto em culturas orientais como ocidentais, o que também dá suporte ao componente genético. McCrae e Costa observaram que os cinco grandes fatores e seus respectivos traços parecem representar uma "estrutura comum de personalidade humana" que transcende diferenças culturais (McCrae e Costa Jr., 1997, p. 515).

Esses cinco fatores e seus traços foram encontrados em mais de 50 países diferentes, como Grã-Bretanha, Alemanha, Portugal, República Tcheca, Turquia, Israel, China, Coreia, Japão, França, Filipinas, Rússia, Índia, Dinamarca, Itália, Líbano, Canadá e Romênia e entre os nativos e residentes hispânicos dos Estados Unidos (Allik *et al.*, 2010; Heine e Buchtel, 2009; Ispas *et al.*, 2014).

É importante notar que os países em que os cinco fatores foram medidos tendem a ser sociedades urbanas, alfabetizadas e bem educadas. Nenhuma evidência dos cinco fatores foi encontrada em um amplo estudo de um pequeno grupo tribal, isolado e majoritariamente analfabeto de uma área remota da Bolívia (Gurven *et al.*, 2013).

## O valor relativo dos fatores em diferentes culturas

Apesar de os mesmos fatores serem comuns a praticamente todas as culturas urbanas, foram identificadas grandes diferenças na importância relativa e desejabilidade social que possuem. Por exemplo, os australianos consideram a extroversão e a socialização mais desejáveis que os outros três traços.

Em contraposição, os japoneses consideram a conscienciosidade o fator mais importante dentre todos. Em outras palavras, na sociedade japonesa é mais importante que uma pessoa tenha conscienciosidade do que seja extrovertida, sociável, aberta ou até mesmo estável emocionalmente.

Em Hong Kong e na Índia, a socialização foi indicada como o fator mais importante. Em Cingapura, a estabilidade emocional era o mais importante, enquanto na Venezuela a primeira característica a se elogiar era a extroversão.

Nenhum fator isolado foi considerado mais significativo que outros em países como Chile, Finlândia, Alemanha, Holanda, Noruega, Turquia e Estados Unidos. Em geral, europeus e norte-americanos tenderam a obter pontuações mais altas em extroversão e abertura para experiência e mais baixas em socialização do que os asiáticos e africanos (Allik e McCrae, 2004; McCrae e Terracciano, 2005).

## Diferenças de gênero

Parece haver consistentes diferenças de gênero nos cinco fatores. Um estudo realizado em 55 países, orientais e ocidentais, descobriu que as mulheres apresentavam maiores níveis de neuroticismo, extroversão, socialização e conscienciosidade do que homens. Essas diferenças foram mais evidentes em nações mais prósperas e igualitárias, nas quais as mulheres têm maiores oportunidades de educação e emprego (Schmitt *et al.*, 2008).

## Como as pessoas enxergam a si mesmas e aos outros

Parece haver uma coerência entre as culturas na forma como as pessoas veem a própria personalidade e a dos outros. As pessoas tendem a enxergar a si mesmas como mais neuróticas e abertas a experiências do que os outros as veem, e também tendem a ver os outros com um nível maior de conscienciosidade do que atribuem a si mesmas (Allik *et al.*, 2010).

## Estabilidade dos fatores ao longo do tempo

Há um grande número de estudos que abordam a estabilidade dos cinco fatores ao longo do tempo, e alguns dos quais parecem oferecer resultados contraditórios. Observe com atenção como os resultados podem variar por país e, mais importante que isso, pela faixa etária dos participantes dos estudos. Alguns deles cobrem períodos mais longos que outros.

Os cinco fatores foram detectados tanto em crianças como em adultos. Pesquisas longitudinais, analisando as mesmas pessoas por um período de seis anos, demonstraram um elevado nível de estabilidade em todos os cinco traços (Costa Jr. e McCrae, 1988). Pessoas com alta socialização quando crianças tendiam a permanecer assim quando adultas. Um estudo na Finlândia com gêmeos entre 18 a 59 anos de idade verificou um alto grau de estabilidade em extroversão e neuroticismo, tanto para homens como para mulheres, durante esse período de 40 anos (Viken *et al.*, 1994).

Um estudo feito com homens e mulheres norte-americanos, desde o final da adolescência até a idade adulta, encontrou uma estabilidade modesta, mas estatisticamente significativa, para os fatores de extroversão e neuroticismo (Carmichael e McGue, 1994). Uma comparação entre adolescentes norte--americanos e belgas ao longo de um período de quatro anos mostrou que fatores como extroversão, socialização e conscienciosidade permaneciam estáveis, enquanto a abertura à experiência havia aumentado tanto para o sexo masculino quanto para o feminino durante os quatro anos (McCrae *et al.*, 2002).

Homens e mulheres universitários fizeram testes de extroversão quando estudantes e foram testados novamente 20 anos depois. Os pesquisadores encontraram uma correlação positiva significativa entre os resultados nas duas idades, sugerindo que os extrovertidos durante a época da faculdade mantiveram-se extrovertidos na meia-idade. O estudo também mostrou que, conforme o esperado, os que apresentaram elevada pontuação em extroversão eram, mais sociáveis e expansivos do que os que tinham obtido  resultados mais baixos. (Von Dras e Siegler, 1997).

Outro estudo em larga escala que comparava medidas tomadas depois de 40 anos em adultos nos Estados Unidos revelou que os fatores de extroversão e conscienciosidade haviam sido os mais estáveis durante todo o período da pesquisa (Hampson e Goldberg, 2006).

Mudanças na personalidade em um breve período de tempo, da adolescência até a idade adulta, como as estudadas na República Checa e na Rússia, mostraram que neuroticismo, extroversão e abertura à experiência declinaram durante esses anos, enquanto socialização e realização aumentaram (McCrae *et al.* 2004a; 2004b). Um pesquisa feita na Alemanha com adultos entre 40 e 60 anos de idade mostrou que o neuroticismo declinava nesse período (Allemand, Zimprich e Hertzog, 2007).

Uma revisão de pesquisa de grande escala mostrou que neuroticismo, extroversão e abertura à experiência pareciam diminuir quando as pessoas chegavam aos 60 anos, enquanto a socialização e a conscienciosidade pareciam aumentar com a idade (Debast et al., 2014).

## Prevendo mudanças ao longo do tempo

Em outro estudo, pediu-se a professores de pré-escola, com alunos na faixa de 3 a 6 anos de idade, que fizessem uma previsão de como seriam as crianças depois de 20 anos. Suas expectativas, baseadas em observações do comportamento das crianças, corresponderam aos resultados dos estudantes obtidos no teste dos Cinco Grandes Fatores de personalidade. Tais resultados sugerem que os professores assumiram que o comportamento pré-escolar estaria fortemente relacionado ao comportamento adulto (Graziano, Jensen-Campbell e Sullivan-Logan, 1998).

Esse fato levanta a seguinte questão: tais expectativas levam professores e pais a reforçar determinados comportamentos que fortalecem características de personalidade fundadas geneticamente? Será, por exemplo, que pais e professores tratam as crianças extrovertidas e as introvertidas de maneira diferente, reforçando, portanto, as diferentes tendências hereditárias no comportamento de cada grupo?

---

**DESTAQUES:** Pesquisa sobre as ideias de McCrae e Costa

Um estudo sobre os cinco fatores da personalidade mostra que:

- Neuroticismo, extroversão, abertura à experiência e conscienciosidade têm forte componente hereditário.
- O fator de socialização tem forte componente ambiental.
- Os cinco fatores foram encontrados em diversas culturas.
- A maioria dos fatores permanece estável até certo ponto ao longo da vida.
- As mulheres apresentaram níveis de neuroticismo, extroversão, socialização e conscienciosidade maiores que os homens.
- Tendemos a ver os outros com maior conscienciosidade e menor neuroticismo do que nós mesmos.

---

## Correlações emocionais

**Bem-estar emocional e felicidade.** Em vários estudos, a extroversão foi positivamente relacionada ao bem-estar emocional (ver, por exemplo, Heller, Watsone e Hies, 2004; Lischetzke e Eid, 2006), enquanto o neuroticismo foi relacionado negativamente. Os pesquisadores concluíram que as pessoas com alta pontuação em extroversão e baixa em neuroticismo eram geneticamente predispostas a ter estabilidade emocional (Costa Jr. e McCrae, 1984; Watson *et al.*, 1992).

Um estudo com universitários de ambos os gêneros verificou que aqueles que tinham elevada extroversão eram mais capazes de lidar satisfatoriamente com o estresse da vida diária do que aqueles que obtiveram resultado baixo em extroversão. Os extrovertidos também tinham maior tendência a buscar apoio social para auxiliá-los a lidar com o estresse (Amirkhan, Risinger e Swickert, 1995).

Verificou-se ainda que os aspectos de depressão do neuroticismo e de emoções positivas/alegria da extroversão são os preditores mais consistentes de satisfação geral na vida e de bem-estar emocional (Schimmack *et al.*, 2004).

Outros estudos realizados com adolescentes nos Estados Unidos, no Brasil e na Itália confirmaram que a extroversão estava relacionada a felicidade, otimismo e satisfação com a vida. Abertura a novas experiências, conscienciosidade e baixas pontuações em neuroticismo também estavam envolvidas em sentimentos positivos (Bassi *et al.*, 2014; Suldo, Minch e Hearon, 2014; Zanon *et al.*, 2014).

Em outro estudo, pessoas com alto nível de socialização e conscienciosidade demonstraram maior bem-estar emocional do que aquelas que tinham níveis menores desses traços (McCrae e Costa, 1991). Verificou-se que as pessoas com o fator de socialização alto eram cooperativas, prestativas, altruístas, honestas e desprendidas (Digman, 1990; John, 1990). Um estudo feito com trabalhadores na China revelou que os fatores de extroversão, conscienciosidade e baixo neuroticismo estavam relacionados ao bem-estar subjetivo (Zhai *et al.*, 2013).

O sofrimento psicológico tem sido associado a altas pontuações no fator neuroticismo (De-Raad, 2000; Larsen e Kasimatis, 1991; Ormel e Wohlfarth, 1991). Verificou-se que pessoas com alto nível de neuroticismo são propensas a depressão, ansiedade, abuso de substâncias e culpa (Jorm, 1987; Kotov *et al.*, 2010; Parkes, 1986).

Um estudo de grande escala realizado na Alemanha descobriu que indivíduos com alta pontuação em neuroticismo e socialização tinham um risco maior de cometer suicídio. Aqueles com risco menor apresentavam altos níveis de extroversão e conscienciosidade (Bluml *et al.*, 2013).

**Popularidade e sucesso.** Estudos com universitários nos Estados Unidos revelaram que aqueles que tinham pontuação alta em extroversão desfrutavam mais de *status* elevado e de posição de destaque entre os companheiros do que os que tinham pontuação baixa em extroversão (Anderson *et al.*, 2001). Os de alta extroversão classificavam as situações sociais como positivas apenas se a situação era agradável, indicando a importância de emoções positivas no fator de extroversão (Lucas e Diener, 2001).

Um estudo feito com alunos do quinto ao oitavo ano revelou que aqueles que tinham alto nível de conscienciosidade eram mais propensos a ser aceitos pelos colegas, a ter mais e melhores amizades e a ser menos alvo de agressões do que aqueles que tinham baixa conscienciosidade (Jensen-Campbell e Malcolm, 2007).

Outra pesquisa de mais de quatro anos com estudantes universitários constatou que os extrovertidos tendem a experimentar um número maior de eventos positivos, como boas notas, aumento salarial ou casamento. Os estudantes com elevada pontuação em neuroticismo eram mais predispostos a eventos negativos, como doença, aumento de peso, multas de trânsito ou recusa de matrícula em cursos de pós-graduação (Magnus *et al.*, 1993). Uma pesquisa feita nos Estados Unidos com adultos de 25 a 74 anos de idade revelou que as situações estressantes da vida cotidiana tinham efeitos negativos significativamente mais altos sobre as pessoas que tinham alta pontuação em neuroticismo (Mroczek e Almeida, 2004).

Um estudo feito na Suécia com gêmeos idênticos e fraternos, criados juntos e separados, confirmou a relação das mulheres analisadas entre variáveis de personalidade e eventos desejáveis de vida. As mulheres que pontuaram alto em extroversão e abertura à experiência apresentaram maior probabilidade de ter eventos positivos na vida. Já as que obtiveram elevado resultado em neuroticismo eram significativamente mais propensas a experimentar eventos negativos de vida (Saudino *et al.*, 1997).

Adolescentes da Holanda que obtiveram alta pontuação em extroversão, estabilidade emocional e socialização foram avaliados por seus colegas como os mais populares e agradáveis (Van der Linden *et al.*, 2010). Pesquisas nos Estados Unidos descobriram que pessoas com maior nível de extroversão e socialização foram classificadas por outras pessoas como fisicamente mais atraentes do que os que apresentaram baixo nível de extroversão e socialização (Meier *et al.*, 2010).

## Correlações comportamentais

**Características pessoais.** As pessoas com elevada abertura à experiência tendem a apresentar uma ampla gama de interesses intelectuais e a buscar desafios. Elas têm maior probabilidade de mudar de emprego, de experimentar diferentes carreiras e têm também expectativas de experiências de vida mais variadas que as com baixa pontuação (McCrae e Costa Jr., 1985a, 1985b). Os indivíduos que apresentaram maior pontuação em abertura à experiência e extroversão são mais propensos a atuar como trabalhadores autônomos. Extrovertidos também tendem a ser mais ativos durante a aposentadoria e a ficar mais satisfeitos com essa situação (Lockenhoff, Terracciano e Costa, 2009; Robinson, Demetre e Corney, 2010; Shane *et al.*, 2010).

Não surpreende que pessoas com elevada conscienciosidade tendam a ser honestas, responsáveis, pontuais, eficientes, confiáveis e normalmente obtenham notas escolares maiores do que as com baixa conscienciosidade (Back, Schmukle e Egloff, 2006; Chowdhury e Amin, 2006; Wagerman e Funder, 2007). Um estudo com estudantes universitários britânicos revelou que os que tinham pontuação alta em conscienciosidade eram mais organizados, autodisciplinados e orientados à conscienciosidade em termos de planejamento de metas futuras (Conner e Abraham, 2001). Em outra pesquisa, os fatores de socialização, conscienciosidade e abertura à experiência estavam positivamente correlacionados com o desempenho acadêmico na universidade. Aqueles que tinham níveis altos dos três fatores tiravam notas melhores (Poropat, 2009). Outra pesquisa revelou que indivíduos com níveis altos dos três fatores também eram classificados como melhores pais e melhores ao lidar com o estresse (Carver e Connor-Smith, 2010; Prinzie *et al.*, 2009).

Em uma pesquisa conduzida no local de trabalho, observou que pessoas com elevada pontuação em conscienciosidade eram mais propensas a estabelecer metas mais altas, a esforçar-se para atingi-las, a tomar iniciativas de comportamento positivo no trabalho e a receber classificações mais altas de desempenho do que aquelas com com baixa pontuação. O fator conscienciosidade também provou ser um indicador válido de desempenho profissional para funções como especialista, policial, gerente, vendedor e aquelas que exigem qualificação (Barrick e Mount, 1996; Barrick, Mount e Strauss, 1993; Stewart, Carson e Cardy, 1996).

**Saúde física.** As pesquisas também indicam que é provável que indivíduos com elevada pontuação em conscienciosidade venham a ser mais saudáveis e a viver mais (Friedman e Martin, 2011). Um estudo com adultos fumantes mostrou que aqueles com maior conscienciosidade tinham probabilidade mais baixa de fumar em casa do que aqueles com menor conscienciosidade. Isso sugere que os fumantes com conscienciosidade eram mais conscientes dos riscos que fumar em ambientes fechados traz para a saúde (tanto para eles mesmos quanto para os que viviam com eles) e agiam de modo a reduzir tais riscos (Hampson *et al.*, 2000).

Estudantes universitários norte-americanos com altos níveis de conscienciosidade são mais propensos a usar cinto de segurança, exercitar-se fisicamente, dormir horas de sono suficientes e comer mais frutas e vegetais do que os que apresentam baixo nível de conscienciosidade (Raynor e Levine, 2009).

Uma pesquisa com adolescentes e jovens adultos que haviam sido diagnosticados com diabetes mostrou que aqueles que tinham pontuação mais alta em conscienciosidade procuraram mais informações sobre como lidar com sua condição e foram mais diligentes com os cuidados próprios do que os que tinham baixa conscienciosidade (Skinner, Hampson e Fife-Schau, 2002). Um estudo com estudantes universitários britânicos revelou que aqueles com mais conscienciosidade tinham probabilidade muito menor de apresentar queixas hipocondríacas (ou seja, acreditar estar doente) do que os que tinham baixa conscienciosidade (Ferguson, 2000). Um levantamento telefônico feito com adultos norte-americanos mostrou que aqueles que tinham pontuação mais alta em conscienciosidade mostraram mais responsabilidade em envolver-se com comportamentos saudáveis do que os que tinham conscienciosidade mais baixa (Tucker, Elliott e Klein, 2006).

Pesquisas realizadas com pessoas diagnosticadas com transtorno de déficit de atenção/hiperatividade descobriram que sintomas como hiperatividade, impulsividade, desatenção e desorganização comportamental e cognitiva eram significativamente menos frequentes naqueles que pontuaram mais alto em socialização do que nos que pontuaram mais baixo. (Nigg *et al.*, 2002).

Um estudo com pacientes de ambos os gêneros com insuficiência renal crônica, realizado durante um período de quatro anos, revelou que aqueles que tinham pontuação mais alta em neuroticismo no NEO apresentavam taxa de mortalidade 37,5% superior à daqueles que tinham pontuação baixa (Christensen *et al.*, 2002).

Achados mais contraditórios estão relacionados ao neuroticismo. Embora um alto nível de neuroticismo seja preditor de saúde física reduzida e de baixo bem-estar subjetivo na velhice, também foi associado a maior longevidade. Isso sugere que os neuróticos podem viver mais, mas isso não os deixa felizes, e eles têm mais mais problemas de saúde (Eysenck, 2009; Friedman, Kern e Reynolds, 2010). As pessoas com alto nível de neuroticismo parecem mostrar menos declínio das funções cognitivas associadas à demência na velhice (Williams, Suchy e Kraybill, 2010).

Dois estudos em larga escala realizados com norte-americanos revelaram que maior extroversão estava ligada a um risco aumentado de AVC (acidente vascular cerebral). Além disso, maior conscienciosidade estava associada a um menor risco de morte por AVC e doenças cardiovasculares. Descobriu-se que pessoas com altos níveis de neuroticismo tinham maior probabilidade de ter doenças cardíacas (Jokela et al., 2014; Lee *et al.*, 2014).

Duas características relacionadas à saúde, ao peso e ao sono também podem ser afetadas pelo tipo de personalidade. Pesquisas conduzidas na Austrália e na Finlândia revelaram que indivíduos que tinham altos níveis de extroversão, sociabilidade e conscienciosidade dormiam mais e melhor, enquanto aqueles que tinham alto neuroticismo relatavam ter pior qualidade de sono (Hintsanen *et al.*, 2014).

Um estudo realizado na Coreia descobriu que homens que tinham sobrepeso ou eram obesos tinham maior abertura a novas experiências e menor conscienciosidade. Mulheres com sobrepeso tinham menores pontuações em neuroticismo e em abertura a novas experiências (Shim *et al.*, 2014).

**Comportamento dependente e criminoso.** Um estudo com adultos mostrou que aqueles com baixa pontuação em conscienciosidade e socialização eram muito mais propensos a fazer uso de álcool ou de drogas ilícitas do que os que tinham alta pontuação nesses fatores (Walton e Roberts, 2004). Entre os membros de minorias sexuais (gays, lésbicas e pessoas transgênero), aqueles que tinham grande extroversão e conscienciosidade tinham maior probabilidade de apresentar altos níveis de uso de drogas e álcool (Livingston *et al.*, 2014).

Um estudo com jovens adultos revelou que aqueles que tinham pontuações elevadas em neuroticismo e sem uma prescrição a abertura a novas experiências eram mais propensos a usar medicamentos controlados sem prescrição médica (Benotsch *et al.*, 2013).

Um estudo de 25 anos com residentes da Finlândia constatou que aqueles com alto nível de socialização relataram menos alcoolismo e níveis mais baixos de depressão, tinham registros de prisão mais baixos e mostraram maior estabilidade na carreira do que aqueles com baixo nível de socialização. (Laursen, Pulkkinen e Adams, 2002). Um estudo realizado com adolescentes na Irlanda revelou que os fatores de socialização, conscienciosidade, neuroticismo e extroversão estavam vinculados a comportamentos criminosos (O'Riordan e O'Connell, 2014).

Entre universitários da Noruega, verificou-se que o neuroticismo estava ligado à dependência de internet, de exercícios, de estudos e de compras compulsivas. A extroversão estava ligada à dependência de Facebook e smartphones, bem como à dependência de exercícios e a compras compulsivas (Andreassen *et al.*, 2013).

**Relações sociais.** Um estudo de 18 meses com estudantes universitários na Alemanha, feito desde o início do primeiro ano de universidade, apontou efeitos significativos de três dos cinco grandes fatores de personalidade em suas relações sociais. Os estudantes com alta extroversão fizeram mais amizades durante esse período e foram mais propensos a se apaixonar do que os com baixa extroversão. Os com maior socialização experimentaram menos conflitos com pessoas do sexo oposto e aqueles com elevada conscienciosidade eram mais propensos a manter mais contato com pais e irmãos. O fator abertura à experiência não demonstrou efeito significativo nas relações sociais (Asendorpf e Wilpers, 1998).

Um estudo realizado com alunos do último ano do ensino médio na Alemanha revelou que aqueles que continuavam morando com os pais apresentavam pontuações mais baixas em abertura a novas experiências. Os estudantes que escolheram morar com colegas demonstravam aumento na abertura a novas experiências, enquanto os que foram morar com parceiros românticos apresentavam aumento na conscienciosidade (Jonkmann *et al.*, 2013).

Um estudo com casais na Holanda mostrou que baixas pontuações em neuroticismo e altas pontuações em extroversão dos dois cônjuges estavam relacionadas à felicidade no casamento (Barelds, 2005). Uma pesquisa com recém-casados nos Estados Unidos mostrou que as autoclassificações de socialização e conscienciosidade aumentaram significativamente e as de neuroticismo também diminuíram significativamente ao longo dos primeiros dois anos de casamento.

As classificações de cada pessoa, feitas pelo respectivo cônjuge, eram, porém, diferentes. Mostraram diminuição significativa em conscienciosidade, socialização, extroversão e abertura à experiência ao longo do período de dois anos (Watson e Humrichouse, 2006). Em outras palavras, os adultos acreditavam que estavam se tornando pessoas melhores durante os dois anos de casamento, mas seus cônjuges não concordavam.

Quando se pediu a estudantes universitários nos Estados Unidos que classificassem a importância de várias metas de vida – por exemplo, casamento, divertimentos e seguir uma carreira –, verificou-se que aqueles que desejavam *status* econômico, social e político superior tinham pontuação elevada em extroversão e baixa em socialização (Roberts e Robins, 2000).

O modelo dos cinco fatores detalhou até mesmo as diferenças entre os chamados "fãs de cães" e "fãs de gatos". Os que preferem cachorros possuem alto nível de extroversão, socialização e conscienciosidade, mas baixos níveis de neuroticismo e abertura à experiência do que aqueles que preferem gatos (Gosling, Sandy e Potter, 2010).

## DESTAQUES: Pesquisa sobre o modelo dos cinco fatores

Quem apresenta uma pontuação alta em extroversão tende a:

- Ter maior nível de estabilidade emocional e satisfação com a vida.
- Ser mais apto a lidar com o estresse do dia a dia.
- Possuir notas mais altas no âmbito acadêmico.
- Desfrutar de maior *status* e destaque na universidade.

Quem apresenta uma pontuação alta em conscienciosidade tende a:

- Ser confiável, eficiente e pontual.
- Tirar notas melhores.
- Ser organizado e disciplinado.
- Estabelecer altas metas pessoais.
- Ser aceito por seus colegas e ter mais amigos.
- Ser mais saudável e ter maior longevidade.
- Usar cinto de segurança, exercitar-se fisicamente, dormir horas de sono suficientes e comer mais frutas e vegetais.

Quem apresenta uma pontuação alta em conscienciosidade, socialização, abertura à experiência e extroversão tende a:

- Ser popular e parecer mais atraente.
- Tirar boas notas.
- Lidar bem com estresse.
- Ser melhor pai/mãe.
- Preferir cachorros a gatos.

**Comentário.** Com base em estudos de uma ampla gama de emoções e comportamentos, há claras evidências de que o modelo dos cinco fatores de personalidade possui um alto valor preditivo. A maioria das pesquisas usa os cinco fatores, e não os traços individuais de que são compostos, como entidades independentes (ver Quadro 8.5).

Pesquisas que comparam o valor preditivo dos cinco fatores e o dos traços concluíram que fatores de níveis mais elevados e traços de níveis mais baixos possuem alta validade preditiva, mas que a validade dos traços era maior que a dos fatores (Paunonen, 1998; Paunonen e Asthon, 2001).

Os resultados de McCrae e Costa têm sido replicados e continuam a inspirar um considerável volume de pesquisa. Os autores forneceram uma abordagem interessante e bem fundamentada da personalidade e da nossa compreensão sobre a relativa importância da hereditariedade e do ambiente. No entanto, como você deve suspeitar, nem todos os psicólogos concordam que sejam estes os únicos fatores que compõem nossas personalidades.

QUADRO 8.6 ▪ Os seis fatores de personalidade do modelo Hexaco

| Fator | Descrição |
|---|---|
| Honestidade/humildade | Sincero, honesto, fiel *versus* ganancioso, arrogante, hipócrita, presunçoso. |
| Emotividade | Emotivo, ultrassensível, fiel, ansioso *versus* corajoso, forte, confiante, estável. |
| Extroversão | Extrovertido, alegre, sociável, animado *versus* tímido, passivo, introvertido, reservado. |
| Socialização | Tolerante, pacífico, gentil, agradável *versus* briguento, teimoso e mal-humorado. |
| Conscienciosidade | Disciplinado, diligente, meticuloso, cuidadoso *versus* despreocupado, preguiçoso, irresponsável, distraído. |
| Abertura à experiência | Criativo, inovador, informal *versus* superficial, convencional, sem imaginação. |

Fonte: Questionário de Personalidade Hexaco – revisado. © 2007. Usado com permissão de Michael C. Ashton e Kibeom Lee.

## Michael Ashton e Kibeom Lee: Hexaco – o modelo dos seis fatores

Michael Ashton, do departamento de psicologia da Universidade Brock, em St. Catherine, Ontário, Canadá, e Kibeom Lee, do departamento de psicologia da Universidade de Calgary, em Alberta, Canadá, propuseram um modelo de seis fatores de personalidade (2007, 2009). Dois dos fatores – extroversão e conscienciosidade – são similares aos encontrados no modelo de cinco fatores; os outros quatro diferem em vários níveis do trabalho prévio e são exclusivos desse modelo de personalidade (Ashton e Lee, 2008; Shepherd e Belicki, 2008). Os seis fatores ou dimensões do Hexaco (um acrônimo derivado dos fatores) estão listados no Quadro 8.6.

### Avaliando os seis fatores

As dimensões desse modelo de seis fatores podem ser avaliadas por dois questionários de autorrelato: o Inventário de Personalidade da Hexaco, de cem itens, revisado, ou o Hexaco-60, de 60 itens. Ambos têm se mostrado válidos e confiáveis (Ashton e Lee, 2009). Os fatores foram documentados em várias culturas diferentes, incluindo Holanda, França, Alemanha, Hungria, Itália, Coreia, Polônia, Grécia, Croácia, Turquia e Filipinas (Ashton *et al.*, 2006, 2004; DeRaad e Barelds, 2008).

Há pesquisas em andamento para determinar os correlatos comportamentais e emocionais do modelo de seis fatores. Por exemplo, em um estudo feito na Itália com adultos, um alto nível do fator Hexaco de conscienciosidade foi associado à tendência de se votar em partidos políticos de direita, ao passo que as pessoas propensas a votar em partidos políticos de esquerda obtiveram pontuação mais alta em honestidade, socialização e abertura à experiência (Chirumbolo e Leone, 2010). Uma pesquisa com estudantes universitários na Nova Zelândia descobriu que os alunos com baixa pontuação em abertura à experiência e emotividade mostraram altos níveis de autoritarismo, com tendências de direita e preconceito contra grupos dissidentes (Sibley *et al.*, 2010).

Um estudo com empregados norte-americanos descobriu que aqueles com maior pontuação em honestidade/humildade receberam avaliações de desempenho no trabalho mais altas do que empregados com menor pontuação nesses quesitos (Johnson, Rowatt e Petrini, 2011). Pesquisas conduzidas no Egito revelaram que pontuações elevadas no fator de honestidade/humildade estavam correlacionadas a fortes crenças religiosas, mas não à felicidade (Aghababaei, 2012; Aghababaei e Arji, 2014). Entre universitários de Portugal, o fator de honestidade/humildade estava correlacionado com a felicidade (Oliveira, 2013). Adultos delinquentes na Inglaterra e indivíduos condenados por crimes na Austrália apresentaram pontuações baixas de honestidade/humildade e altas na dimensão de psicoticismo de Eysenck (Dunlop *et al.*, 2012; Rollison, Hanoch e Gummerum, 2013).

## Delroy Paulhus e Kevin Williams: a tríade obscura da personalidade

Paulhus e Williams, da Universidade da Colúmbia Britânica, em Vancouver, Canadá, introduziram uma abordagem de três fatores para entender o lado obscuro da personalidade, que inclui os seguintes traços (2002):

- Narcisismo: egoísmo extremo, um senso exagerado das próprias habilidades e talentos e a necessidade constante de admiração e atenção.
- Maquiavelismo: necessidade de manipular os outros, caracterizada por sagacidade, enganações e comportamentos inescrupulosos.
- Psicopatia: insensibilidade, egocentrismo, antissociabilidade, habilidade em tirar vantagem das outras pessoas usando charme e, muitas vezes, violência.

### Avaliando a tríade obscura

Você pode ter uma ideia melhor de como são as pessoas que exibem essas características analisando os itens da chamada *Dirty Dozen Scale*,[*] um teste de autoavaliação desenvolvido como uma maneira rápida de avaliar a tríade obscura (Jonason e Webster, 2010, p. 429). Como seria sua classificação nesses itens?

- Tenho tendência a manipular os outros para conseguir o que quero.
- Já enganei ou menti para conseguir o que queria.
- Já usei bajulação para conseguir o que queria.
- Tenho tendência a explorar outras pessoas para conseguir meus objetivos.
- Tenho tendência a não sentir remorso.
- Tenho tendência a não me preocupar com a moralidade das minhas ações.
- Tenho tendência a ser cínico.
- Tenho tendência a querer que os outros me admirem.
- Quero que os outros prestem atenção em mim.
- Tenho tendência a buscar prestígio ou *status*.
- Tenho tendência a esperar favores especiais dos outros.

### Correlações comportamentais

Estudos revelaram que aqueles com pontuações elevadas nos três traços participavam de mais atividades antissociais do que os indivíduos com pontuações baixas. Eles também sentiam maior satisfação com a infelicidade alheia (James *et al.*, 2014; Porter et al., 2014).

Eles tendiam a cometer fortes atitudes de autopromoção e a ser frios, falsos e agressivos (Paulhus e Webster, 2010). Outro estudo descobriu que o conteúdo verbal das atualizações de Facebook dos indivíduos era um preditor válido dos níveis de psicopatia e de narcisismo apresentados por eles. As atualizações dessas pessoas tendiam a ser emocionalmente frias, agressivas e altamente autopromocionais (Garcia e Silkstrom, 2014).

---

[*] Teste não disponível no Brasil.

Aqueles que tinham pontuações elevadas de maquiavelismo e psicopatia também tinham baixos níveis dos fatores de conscienciosidade, socialização e abertura à experiência dos cinco grandes fatores. Além disso, demonstravam pouca empatia ou consideração pelos outros, alto nível de agressividade, atitudes vingativas e rancorosas e baixos níveis de estabilidade emocional (Giammarco e Vernon, 2014; Muris, Meesters e Timmermans, 2013; Oliveira, 2013).

A tríade obscura também é associada a relações sexuais exploratórias breves. A psicopatia é vinculada a um elevado impulso sexual, com fortes temáticas e fantasias sexuais e sadomasoquistas. Pessoas com alto nível de psicopatia e narcisismo se envolvem em inúmeras relações sexuais casuais, sem a intenção de compromisso (Adams, Luevano e Jonason, 2014; Baughman et al., 2014).

# Traços de personalidade e a internet

Vimos no Capítulo 1 que a internet, em especial as mídias sociais, pode influenciar e refletir nossa a personalidade. Foram realizadas muitas pesquisas para determinar como os traços discutidos neste capítulo influenciam a utilização da internet.

## Dimensões da personalidade de Eysenck

Um estudo realizado com universitários da Alemanha revelou que o vício em internet é maior entre alunos com altos níveis em neuroticismo e que são excessivamente focados em si mesmos (Montag, Jurkiewicz e Reuter, 2010). Uma pesquisa com estudantes universitários da Turquia descobriu que os alunos com altas pontuações no traço de psicoticismo de Eysenck dependem da internet como uma substituta da interação social face a face. Geralmente, suas amizades são formadas apenas pela internet (Tosun e Lajunen, 2010).

## Modelo dos cinco fatores

- Em Israel, quem apresentava alta pontuação em conscienciosidade tinha mais amigos no Facebook do que aqueles com baixa pontuação. As pessoas que integravam o grupo com o maior nível de neuroticismo postavam mais fotos no Facebook do que aqueles com baixa pontuação em neuroticismo (Amichai-Hamburger e Vinitzky, 2010).
- Na Finlândia, aqueles com alto nível de extroversão tinham mais amigos no Facebook do que os indivíduos com pontuações baixas (Lonnqvist *et al.*, 2014).
- Na Holanda, o altíssimo nível de utilização de internet, que beirava a compulsão, era maior entre os adolescentes introvertidos, solitários, tidos como desagradáveis e emocionalmente instáveis (Van der Aa *et al.*, 2009).
- Na Alemanha, o vício em videogames era maior entre pessoas com alto nível de neuroticismo e baixo nível de conscienciosidade e extroversão (Muller *et al.*, 2014).
- Nos Estados Unidos e na Alemanha, estudantes universitários com altos níveis de conscienciosidade, socialização e estabilidade emocional foram bem menos propensos a postar informações sobre questões pessoais, como uso de drogas ou conduta sexual, no Facebook. No geral, entretanto, mais estudantes norte-americanos se inclinaram a postar tais conteúdos do que estudantes alemães, independente dos traços de personalidade (Karl, Peluchette e Schlaegel, 2010).
- Adultos norte-americanos com alta extroversão tinham maior probabilidade de usar redes sociais do que aqueles com níveis baixos de extroversão (Mark e Ganzach, 2014). Homens norte-americanos com elevada instabilidade emocional eram ainda mais propensos a usar esses sites (Correa, Hinsley e deZuniga, 2010).
- Em Taiwan, uma pesquisa com estudantes universitários mostrou que aqueles com altos níveis de conscienciosidade faziam compras on-line, por causa da conveniência; os que

apresentavam alta pontuação em abertura à experiência compravam pela internet para vivenciar uma nova aventura; e os com alta pontuação de neuroticismo compravam on-line para evitar o contato com outras pessoas (Huang; e Yang, 2010).

- Na Austrália, adultos com maior pontuação em extroversão, menor pontuação em conscienciosidade e mais solitários socialmente foram mais propensos a utilizar o Facebook (Ryan e Xenos, 2011).

- Em um estudo com crianças e adolescentes norte-americanos de 11 a 16 de idade, aqueles que obtiveram alta pontuação em abertura à experiência gastaram mais tempo utilizando computadores e jogando videogames do que aqueles com baixo nível de abertura à experiência (Witt, Massman e Jackson, 2011).

- Entre os estudantes universitários norte-americanos, descobriu-se que aqueles que tinham maior probabilidade de praticar *sexting* (envio de fotos sugestivas e sexuais) apresentavam alto neuroticismo e baixa socialização (Delevi e Weisskirch, 2013).

## Reflexões sobre a abordagem dos traços

As teorias apresentadas neste capítulo, juntamente com as pesquisas que lhes dão sustentação, indicam que a hereditariedade pode ser responsável por até cerca de 50% da personalidade (Brody, 1997; Buss, 1988; Stelmack, 1997). As evidências são mais fortes em relação aos fatores de extroversão, neuroticismo e psicoticismo; no entanto, praticamente todas as outras dimensões investigadas pelos pesquisadores da personalidade apresentam forte componente biológico.

Em muitos casos, o compartilhamento de um mesmo ambiente familiar tem apenas influência secundária. Alguns pesquisadores mantêm uma visão mais intransigente, afirmando que gêmeos, sejam criados juntos ou separadamente, serão semelhantes em todas as facetas da personalidade, qualquer que seja a situação familiar, sugerindo que os efeitos genéticos superam amplamente os efeitos ambientais.

Essa área de pesquisa tem implicações práticas e teóricas para os psicólogos da personalidade, que no passado tendiam a se concentrar em interações familiares e sociais na infância. É provável que, futuramente, os resultados da genética comportamental venham a demandar uma reestruturação dos esforços de pesquisa se pretendermos explicar integralmente o desenvolvimento da personalidade.

No entanto, não podemos concluir prematuramente que a família e outros fatores ambientais possam ser completamente descartados como formadores da personalidade. Os diversos componentes da personalidade continuam sendo produtos tanto da nossa constituição genética como das nossas experiências de vida. A tarefa, para os psicólogos, ainda é determinar a importância relativa de cada um desses aspectos.

## Resumo do capítulo

Segundo Cattell, os fatores – ou traços – são as unidades estruturais básicas da personalidade. Todos possuímos, até certo ponto, traços comuns; os traços singulares caracterizam uma ou poucas pessoas. Os traços de capacidade determinam quão eficientes somos em atingir um objetivo. Os traços de temperamento definem o estilo emocional do comportamento. Os traços

dinâmicos estão relacionados à motivação.

Os traços superficiais são características da personalidade que apresentam correlação entre si, mas não constituem um fator porque não são determinados por uma única origem. Os 16 traços originais identificados por Cattell são singulares, e cada um deles é a única origem de alguns aspectos do comportamento.

Os traços originais podem ser traços constitucionais, que surgem a partir de condições corporais internas, ou traços moldados pelo ambiente, que são provenientes de influências ambientais.

As pesquisas de Cattell revelam que um terço da personalidade é geneticamente determinado; o restante é devido a influências ambientais. Portanto, Cattell sustenta uma visão determinista de personalidade. Não sugere a existência de objetivos fundamentais de vida. As influências durante a infância são importantes no desenvolvimento da personalidade, da mesma forma que as influências da hereditariedade e do ambiente.

As três técnicas de avaliação mais importantes de Cattell são: os dados L (classificações efetuadas por observadores), os dados Q (autoclassificações por meio de questionários, inventários de personalidade e escalas de atitudes) e os dados T (obtidos a partir de testes resistentes a respostas enganosas).

Cattell desenvolveu o 16 PF e o Questionário de Análise Clínica. Usou duas formas de análise fatorial: a técnica R, que reúne grandes quantidades de dados de grupos de participantes de pesquisa, e a técnica P, que coleta uma grande quantidade de dados de um único participante ao longo do tempo. O trabalho de Cattell é altamente técnico, e a quantidade de dados de apoio é enorme. A análise fatorial tem sido alvo de críticas devido à sua potencial subjetividade.

As pesquisas sobre genética comportamental mostram uma influência substancial de fatores genéticos sobre a personalidade. Eysenck demonstrou a influência genética sobre as dimensões de personalidade: extroversão, neuroticismo e psicoticismo.

McCrae e Costa propuseram cinco fatores com base biológica: neuroticismo, extroversão, abertura à experiência, socialização e conscienciosidade. Os fatores são estáveis durante toda a vida, manifestam-se em muitas culturas e são indicadores válidos de emoções e comportamentos em muitas situações; além disso, podem influenciar muitos aspectos do nosso comportamento.

O Hexaco, um modelo de personalidade de seis fatores, adiciona a dimensão de honestidade/humildade ao modelo de cinco fatores. Esse fator tem sido documentado em várias culturas diferentes.

A tríade obscura da personalidade inclui narcisismo, maquiavelismo e psicopatia, que podem levar a comportamentos antissociais, enganadores e agressivos.

Traços de personalidade influenciam nosso comportamento na internet, desde a forma como interagimos com as outras pessoas em sites de redes sociais até a dependência de internet e nossos hábitos de compra on-line.

#  Perguntas de revisão

1. De que modo o conceito de traços de personalidade de Cattell difere da noção de traços de Allport?
2. Explique como Cattell utiliza a análise fatorial para identificar os traços.
3. Descreva três maneiras de categorizar os traços.
4. Defina traços superficiais e traços originais. Dê exemplos de cada um.
5. Qual é a diferença entre traços originais e traços moldados pelo ambiente?
6. De acordo com as pesquisas de Cattell, quais traços originais são primordialmente determinados pela hereditariedade?
7. Descreva como a visão que Cattell tem da natureza humana difere da visão de Freud.
8. Quais ideias de Freud foram incorporadas por Cattell em suas fases da personalidade?
9. Identifique os três tipos de dados coletados por Cattell. Dê um exemplo de cada.
10. Descreva os três tipos de personalidade propostos por Eysenck. Segundo ele, os traços de personalidade são amplamente determinados por fatores genéticos ou por fatores ambientais?
11. De que maneira as pessoas que obtêm alta pontuação em extroversão no teste de personalidade de Eysenck diferem das que obtêm pontuação baixa?
12. Descreva o comportamento de pessoas que obtêm alta pontuação em psicoticismo no teste de personalidade de Eysenck.
13. De que modo as pesquisas de Eysenck com gêmeos idênticos e fraternos e com crianças ado-

tadas apoiam suas conclusões sobre o papel dos fatores genéticos na personalidade?

14. Descreva os cinco fatores da personalidade descritos por McCrae e Costa. Qual é o papel da hereditariedade e do ambiente em cada um desses fatores?

15. De que maneira as pessoas que apresentam elevada pontuação em extroversão e em consciensiosidade diferem daquelas com baixa pontuação nesses fatores?

16. Quais são as correlações emocionais e comporta-

mentais de altas pontuações em neuroticismo?

17. Quais são as dimensões de personalidade do modelo Hexaco? Como elas diferem das dimensões do modelo de cinco fatores?

18. Quais traços formam a tríade obscura da personalidade? Dê exemplos de maneiras pelas quais eles podem afetar nosso comportamento.

19. De que forma nossos traços de personalidade influenciam nosso comportamento on-line? Dê exemplos do seu próprio comportamento on-line.

## Leituras sugeridas

Buchanan, R. *Playing with fire. The controversial career of Hans Eysenck*. Nova York: Oxford University Press, 2010. Uma discussão ponderada sobre a longa e notável carreira de Eysenck e seus trabalhos sobre as dimensões da personalidade.

Cattell, R. B. Autobiography. In: G. Lindzey (Ed.), *A history of psychology in autobiography*. Englewood Cliffs, NJ: Prentice-Hall, 1974, v. 6, p. 59-100; Travels in psychological hyperspace. In: T. S. Krawiec (Ed.), *The psychologists*, v. 2, p. 85-133. Nova York: Oxford University Press, 1974. Dois ensaios de Cattell sobre sua vida e obra.

Cattell, R. B. Planning basic clinical research. In: E. C. Walker (Ed.), *The history of clinical psychology in autobiography*. Pacific Grove, CA: Brooks/Cole, 1993, v. 2, p. 101-111. Avaliação de Cattell sobre os trabalhos de sua vida, concluindo que sua abordagem para a mensuração de estruturas e processos da personalidade era a única correta a se seguir.

Eysenck, H. J. H. J. Eysenck. In: R. I. Evans (Ed.), *The making of psychology: Discussions with creative contributors*. Nova York: Alfred A. Knopf, 1976, p. 255-265. Entrevistas com Eysenck sobre seus trabalhos, especialmente suas críticas à psicanálise e visões controversas sobre a base genética da inteligência.

Eysenck, H. J. Genetic and environmental contributions to individual differences: The three major dimensions of personality. *Journal of Personality*, 1990, 58, 245-261. Descreve o impacto relativo da hereditariedade e do ambiente sobre as dimensões da personalidade propostas por Eysenck (extroversão, neuroticismo e psicoticismo) e enfatiza a importância do estudo da genética comportamental para a psicologia.

Eysenck, H. J. *Rebel with a cause: The autobiography of Hans Eysenck*. Londres: Transaction Publishers, 1997. Reflexões de Eysenck sobre sua vida e obra. Destaca como suas ideias sobre dimensões da personalidade resistiram ao teste do tempo e sugere a importância relativa da hereditariedade *versus* o ambiente em sua própria personalidade.

Farley, F. Hans J. Eysenck (1916-1997). *American Psychologist*, 2000, 55, 674-675. Artigo obituário, descrevendo as contribuições de Eysenck para a psicologia.

Horn, J. Raymond Bernard Cattell (1905-1998). *American Psychologist*, 2001, 56, 71-72. Artigo obituário, descrevendo as contribuições de Cattell para a psicologia.

Lee, K. e Ashton, M. *The H factor of personality: Why some people are manipulative, selfentitled, materialistic, and exploitive and why it matters for everyone*. Waterloo, Canadá: Wilfred Laurier University Press, 2012. Aborda o fator H (honestidade/humildade) do modelo Hexaco da personalidade e como ele influencia as pessoas de maneiras boas e ruins, desejáveis e indesejáveis.

Tucker, W. *The Cattell controversy: Race, science, and ideology*. Chicago: University of Illinois Press, 2009. Examina a carreira de Cattell, o uso do método de análise fatorial e sua filosofia pessoal.

# PARTE 5

# A abordagem humanista

A abordagem humanista da personalidade surgiu nos anos 1960 e 1970 e continua influenciando a psicologia atualmente. O objetivo desse movimento era mudar radicalmente os métodos e o tema da psicologia. Os psicólogos humanistas faziam objeções à psicanálise e ao behaviorismo, que eram as duas forças mais importantes na psicologia norte-americana daquela época, argumentando que esses sistemas ofereciam uma imagem da natureza humana demasiadamente limitada e aviltante.

Eles criticavam Freud e outros seguidores da tradição psicanalítica por estudarem apenas o lado emocionalmente perturbado da natureza humana; questionavam como era possível aprender sobre características e qualidades humanas positivas se o foco fosse apenas em neuroses e psicoses. Em vez disso, os psicólogos humanistas estudavam nossas forças e virtudes, o melhor do comportamento humano, e não o pior.

Para os humanistas, os psicólogos behavioristas, por negarem a consciência e as forças inconscientes, centrando-se exclusivamente nas observações objetivas do comportamento manifesto, tinham pontos de vista limitados e estéreis.

Mas uma psicologia baseada em respostas condicionadas a estímulos retrata os seres humanos como pouco mais que robôs mecânicos, reagindo a eventos de modo predeterminado. Os psicólogos humanistas insistiam que as pessoas não eram apenas grandes ratos brancos de laboratório ou computadores lentos. O comportamento humano é demasiadamente complexo para ser explicado apenas por meio de métodos behavioristas.

A abordagem humanista da personalidade é representada aqui pelas palavras de Abraham Maslow e Carl Rogers. Suas teorias enfatizam a força e a aspiração humanas, o livre-arbítrio consciente e a realização do nosso potencial; oferecem uma ideia lisonjeira e otimista da natureza humana e descrevem as pessoas como seres ativos e criativos, interessados em desenvolvimento e autorrealização.

# CAPÍTULO 9

# Abraham Maslow: teoria da hierarquia das necessidades

*Aquilo que as pessoas podem ser, elas têm de ser. Elas têm de ser fiéis à própria natureza.*

– ABRAHAM MASLOW

Abraham Maslow é considerado o fundador e líder espiritual do movimento humanista da psicologia. Foi um crítico vigoroso do behaviorismo e da psicanálise, particularmente da abordagem de personalidade de Sigmund Freud. Segundo Maslow, quando os psicólogos estudam somente exemplos anormais e emocionalmente perturbados da humanidade ignoram todas as qualidades humanas positivas, como felicidade, satisfação e paz de espírito.

Segundo Maslow, subestimamos a natureza humana por deixarmos de analisar os melhores exemplos da humanidade, as pessoas mais criativas, saudáveis e maduras da sociedade. Dessa forma, estipulou que a sua abordagem sobre personalidade avaliaria os melhores representantes da espécie humana. Ao querer estipular quão rápido os seres humanos são capazes de correr, você não deve estudar o corredor médio, mas o mais veloz que puder encontrar.

Só assim é possível determinar o alcance completo do potencial humano. A teoria da personalidade de Maslow não tem origem em histórias de casos de pacientes clínicos, mas em pesquisas com adultos criativos, independentes, autossuficientes e realizados. Maslow concluiu que toda pessoa nasce com as mesmas necessidades instintivas que nos capacitam a crescer, a nos desenvolver e a conquistarmos nossos potenciais.

## A vida de Maslow (1908-1970)

### Uma infância infeliz

O mais velho de sete filhos, Maslow nasceu em 1908, no Brooklin, em Nova York. Os pais eram imigrantes com pouca cultura e poucas perspectivas de ultrapassar suas condições econômicas excessivamente pobres.

A infância de Maslow foi difícil. Ele disse a um entrevistador: "Com a infância que tive, é um milagre não ser psicótico" (*apud* Hall, 1968, p. 37). Em uma declaração descoberta em seus artigos não publicados, anos após sua morte, havia escrito: "Tive uma família miserável e minha mãe era uma criatura horrível" (*apud* Hoffman, 1996, p. 2).

Isolado e infeliz, cresceu sem amigos próximos e sem pais afetuosos. O pai era distante e abandonava periodicamente a esposa e os filhos. Segundo Maslow, ele "amava uísque, mulheres e brigas" (*apud* Wilson, 1972, p. 131). No final, reconciliou-se com o pai, mas enquanto criança e adolescente sentiu raiva e hostilidade contra ele.

A relação de Maslow com a mãe foi pior. Um biógrafo relatou que Maslow "chegou à maturidade com um ódio irremediável por ela e nunca chegou à reconciliação" (Hoffman, 1988, p. 7). Ela favorecia abertamente os outros filhos, nunca demonstrava o menor sinal de afeto por Maslow e o punia constantemente pelas mínimas faltas que cometia. Costumava dizer que Deus iria castigá-lo pelo mau comportamento.

Quando ele levou dois gatos de rua para casa, sua mãe os matou, golpeando suas cabeças contra a parede. Maslow nunca perdoou o tratamento que ela lhe concedeu; quando ela morreu, recusou-se a ir ao funeral. A experiência influenciou não apenas sua vida emocional, como também seu trabalho com psicologia. "Toda a essência da minha filosofia de vida, todas as minhas pesquisas e teorizações [...] têm origem no ódio e na revolta contra tudo o que ela representou" (*apud* Hoffman, 1988, p. 9).

## Sozinho no mundo

Como se lidar com a mãe não fosse difícil o bastante, Maslow enfrentava outros problemas. Convencido de que era feio por ter um nariz proeminente, ele também se sentia inferior devido ao físico esquelético. Seus pais ridicularizavam sua aparência e constantemente diziam quanto ele era feio e desajeitado. Certo dia, em uma grande reunião de família, o pai apontou para ele e disse: "Abe não é a criança mais feia que você já viu?" (*apud* Hoffman, 1996, p. 6).

Ele se lembrava dos anos de adolescência como um período marcado por um grande complexo de inferioridade. "Eu estava sozinho no mundo", disse a um entrevistador. "Sentia-me estranho. Estava realmente no meu sangue um sentimento muito profundo de que, de algum modo, eu estava errado. Jamais um sentimento de ser superior. Apenas um enorme e doloroso complexo de inferioridade" (*apud* Milton, 2002, p. 42). Em outro lugar escreveu: "Tentava compensar o que sentia ser uma grande deficiência [física] forçando meu desenvolvimento na direção de realizações atléticas" (*apud* Hoffman, 1988, p. 13). Assim, o homem que depois se tornaria interessado pelo trabalho de Alfred Adler era, em muitos aspectos, um exemplo vivo do conceito de compensação por sentimentos de inferioridade descrito por Adler.

## Encontrando um novo estilo de vida

Como as primeiras tentativas de compensação de Maslow para ser reconhecido e aceito como um atleta não foram bem-sucedidas, voltou-se para os livros. A biblioteca transformou-se no *playground* da sua infância e adolescência; a leitura e a educação balizaram seu caminho para fora do gueto da pobreza e da solidão.

Suas primeiras lembranças são importantes porque indicam o estilo de vida – a vida de erudição – que criaria para si mesmo. Lembrava-se de que ia à biblioteca do bairro logo cedo e ficava esperando na entrada até que as portas se abrissem. Normalmente chegava à escola uma hora antes do início das aulas, e sua professora deixava-o se sentar em uma sala vazia para ler os livros que ela lhe emprestava.

Embora suas notas tenham permanecido medianas, foram suficientes para que fosse aceito no City College de Nova York. Foi reprovado em uma matéria no primeiro semestre e, no final do seu primeiro ano, ainda estava em período de experiência; porém, com persistência, suas notas melhoraram. A pedido do seu pai começou a estudar direito, mas depois de duas semanas concluiu que não era o que queria; o que ele gostava de fazer na verdade era estudar *tudo*.

## Tornando-se behaviorista

O desejo de aprender de Maslow equiparava-se à sua grande paixão por sua prima Bertha. Ele saiu de casa cedo, primeiro para a Universidade de Cornell e depois para a Universidade de Wisconsin, onde ficaram juntos. Quando se casaram, ele tinha 20 anos, e ela 19. Essa união lhe deu um sentimento de pertencimento e um sentido de direção. Mais tarde, disse que a vida tinha pouco sentido até casar-se com Bertha e começar a estudar em Wisconsin. Anteriormente, em Cornell, havia se matriculado em um curso de psicologia e declarado que achara "terrível e sem sentido". Aquilo não tinha "nada a ver com gente, então fiquei horrorizado e fui embora de lá" (*apud* Hoffman, 1988, p. 26).

Em Wisconsin, entretanto, descobriu a psicologia comportamental de John B. Watson, líder da revolução que queria fazer da psicologia uma ciência do comportamento. Da mesma forma como muitas pessoas no início da década de 1930, Maslow ficou encantado, acreditando que o behaviorismo poderia resolver todos os problemas do mundo. Seu treinamento em psicologia experimental compreendeu o estudo de dominância e comportamento sexual em primatas. Foi um passo gigantesco desde esse tipo de pesquisa do modelo behaviorista até o desenvolvimento das ideias da psicologia humanista.

## Dos macacos à autorrealização

Muitas influências provocaram intensa mudança no pensamento de Maslow. Ele foi profundamente atingido pela eclosão da Segunda Guerra Mundial e pelo nascimento do seu primeiro filho. Sobre o bebê, ele afirmou: "Fiquei impressionado com o mistério e com o sentimento de não ter as coisas inteiramente sob controle. Sentia-me pequeno, frágil e debilitado diante de tudo aquilo. Diria que qualquer um que tenha tido um bebê jamais poderia ser behaviorista" (*apud* Hall, 1968, p. 56).

Maslow recebeu seu Ph.D. da Universidade de Wisconsin em 1934 e retornou a Nova York, primeiro com uma bolsa de pós-doutorado sob a supervisão de E. L. Thorndike, na Universidade de Columbia, e depois para lecionar no Brooklyn College, onde permaneceu até 1951. Submeteu-se a diversos testes de inteligência e aptidão acadêmica, obtendo um QI de 195, que Thorndike descreveu como dentro da faixa de gênio. No início, surpreendeu-se, mas logo aceitou a revelação e, desde então, passou a considerá-la um triunfo. Muitas vezes dava um jeito de incluir essa informação em conversas sociais.

**Um desfile mudou sua vida.** Ao lecionar em Nova York, no final da década de 1930 e início da de 1940, teve a oportunidade de entrar em contato com a onda de intelectuais emigrantes da Alemanha nazista, incluindo Karen Horney e Alfred Adler. Maslow "falava sobre Adler o tempo todo e estava profundamente entusiasmado com suas teorias", disse Bertha Maslow (*apud* Hoffman, 1988, p. 304). Também conheceu o psicólogo da *gestalt* Max Wertheimer e a antropóloga norte-americana Ruth Benedict. A admiração por eles despertou suas ideias sobre autorrealização.

Em 1941, presenciou uma parada militar, pouco depois do ataque surpresa japonês à base naval norte-americana de Pearl Harbor, no Havaí, que precipitou o envolvimento dos Estados Unidos na Segunda Guerra Mundial. A experiência mudou sua vida. Resolveu dedicar-se ao desenvolvimento de uma psicologia que pudesse tratar dos mais elevados ideais humanos. Trabalharia para aprimorar a personalidade humana e demonstrar que as pessoas são capazes de exibir comportamentos melhores que o preconceito, o ódio e a agressão.

**Ficando famoso.** De 1951 a 1969, lecionou na Universidade Brandeis, em Massachusetts. Uma bolsa de estudos de uma fundação possibilitou sua mudança para a Califórnia, para ocupar-se de sua filosofia de política, economia e ética, baseada em uma psicologia humanista. Tornou-se uma figura muito popular na psicologia e entre o público em geral. Recebeu muitos prêmios e honrarias e foi eleito presidente da Associação Americana de Psicologia em 1967.

No auge da fama, Maslow desenvolveu uma série de doenças, incluindo distúrbios estomacais, insônia, depressão e cardiopatia. Diante das crescentes limitações físicas, obrigou-se a trabalhar com afinco ainda maior para atingir o objetivo de sua psicologia humanista. "Sinto que estou me restringindo", disse em uma entrevista de 1968. "Desisti das peças de teatro, da poesia e de fazer novos amigos [...] Amo tanto meu trabalho e estou tão absorvido por ele que tudo o mais me parece cada vez menor" (*apud* Frick, 2000. p. 135).

Maslow morreu em 1970, de um infarto fulminante, enquanto corria em volta da sua piscina, um exercício que lhe havia sido recomendado pelo cardiologista. 🌐

# O desenvolvimento da personalidade: a hierarquia das necessidades

**Hierarquia das cinco necessidades inatas**
Uma combinação de necessidades inatas, desde a mais intensa até a mais fraca, que ativa e direciona o comportamento

**Necessidades instintoides**
Termo de Maslow para as necessidades inatas de sua teoria hierárquica de necessidades.

Maslow propôs uma **hierarquia das cinco necessidades inatas** que ativam e direcionam o comportamento humano (Maslow, 1968, 1970b). São necessidades fisiológicas, de segurança, de afiliação (pertencimento) e amor, de estima e de autorrealização, como mostra a Figura 9.1. Ele descreveu essas necessidades como **instintoides**, às quais conferia um componente hereditário. Embora venhamos dotados dessas necessidades ao nascer, os comportamentos que apresentamos para satisfazê-las são aprendidos e, portanto, sujeitos à variação de uma pessoa para outra.

Tais necessidades estão dispostas ordenadamente, da mais forte, na base, à mais fraca, no topo. As necessidades inferiores têm de ser pelo menos parcialmente satisfeitas antes que as superiores se tornem influentes. Por exemplo, pessoas famintas não sentem impulso para satisfazer a necessidade de estima, pois estão preocupadas em satisfazer a necessidade fisiológica de comida, e não em obter aprovação e estima dos outros. É apenas quando têm alimento e abrigo adequados e quando as necessidades inferiores restantes estão satisfeitas que elas ficam motivadas pelas necessidades de classificação mais alta na hierarquia.

FIGURA 9.1 ▪ Hierarquia das necessidades de Maslow.

Portanto, não somos impulsionados por todas as necessidades ao mesmo tempo. Em geral, apenas uma delas domina nossa personalidade em cada momento. Qual delas será vai depender de quais outras tiverem sido satisfeitas. Por exemplo, pessoas bem-sucedidas profissionalmente não são mais impulsionadas por suas necessidades fisiológicas e de segurança, pois tais necessidades já foram suficientemente satisfeitas. Tais indivíduos são provavelmente mais motivados pelas necessidades de estima e autorrealização.

No entanto, a ordem das necessidades pode mudar. Se uma recessão econômica fizer que algumas pessoas percam o emprego, as necessidades de segurança e fisiológicas poderão reassumir a prioridade. Ser capaz de pagar as prestações da casa própria torna-se mais importante do que a popularidade com colegas ou a premiação de uma organização civil.

## Características das necessidades

- Quanto mais inferior a necessidade for na hierarquia, seu poder, força e prioridade serão maiores. As superiores são mais fracas.
- As necessidades superiores surgem mais tarde na vida; as fisiológicas e de segurança emergem na infância; as de afiliação e de estima aparecem na adolescência; e a de autorrealização apenas na meia-idade.
- Como as necessidades superiores são menos importantes para a sobrevivência real, sua satisfação pode ser postergada. O fracasso em satisfazer uma necessidade superior não produz uma crise, mas o fracasso em satisfazer uma necessidade inferior, sim. Por essa razão, Maslow chamou as necessidades inferiores de **necessidades de déficit** ou de **deficiência**; o insucesso em satisfazê-las produz um déficit ou uma falta no indivíduo.
- Embora as necessidades superiores sejam menos relevantes para a sobrevivência, elas contribuem para o nosso crescimento. A satisfação das necessidades superiores leva a melhorias na saúde, felicidade, satisfação, realização e longevidade. Por essa razão, Maslow chamou-as de **necessidades de crescimento** ou **de ser.**
- A satisfação de necessidades superiores requer melhores circunstâncias externas (sociais, econômicas e políticas) que as inferiores. Por exemplo, aspirar à autorrealização requer a existência de maior liberdade de expressão e de mais oportunidades do que aspirar às necessidades de segurança.
- Uma necessidade não tem de ser completamente satisfeita antes que a próxima na hierarquia se torne importante. Maslow propôs uma porcentagem gradualmente descendente de satisfação para cada necessidade. Como um exemplo hipotético, ele descreve uma pessoa que satisfez 85% das necessidades fisiológicas, 70% das de segurança, 50% das de afiliação e amor, 40% das de estima e 10% das de autorrealização.

**Necessidades de déficit (deficiência)**
As necessidades mais inferiores; o insucesso em satisfazê-las produz uma deficiência no corpo.

**Necessidades de crescimento (de ser)**
As necessidades superiores; embora as necessidades de crescimento sejam menos necessárias que as necessidades de déficit para a sobrevivência, elas envolvem a realização e a satisfação do potencial humano.

## Necessidades fisiológicas

Se, ao nadar, alguma vez você ficou sem ar enquanto estava submerso, ou se já ficou muito tempo sem comer, consegue entender como as necessidades de amor, estima ou quaisquer outras podem ser bem pouco importantes quando o seu corpo está passando por uma deficiência fisiológica. Uma pessoa faminta anseia apenas por comida. Mas, uma vez que esse desejo tenha sido satisfeito, ela não será mais impulsionada por ele. Essa necessidade deixa de dirigir ou controlar o comportamento.

Essa é a situação da maioria das pessoas em uma cultura rica e industrializada. É raro que norte-americanos de classe média se preocupem em satisfazer suas necessidades básicas de sobrevivência. As necessidades fisiológicas possuem um impacto pessoal maior como forças motivadoras em culturas nas quais a sobrevivência básica é uma preocupação cotidiana. Como uma necessidade que já foi satisfeita não serve mais para motivar o comportamento, as fisiológicas desempenham um papel ínfimo para a maioria de nós.

Quando as necessidades básicas de alimentação e abrigo não são satisfeitas, as necessidades superiores, como estima e autorrealização, são de menor importância.

## Necessidades de segurança

Maslow acreditava que as necessidades de segurança e proteção são impulsos importantes para bebês e adultos neuróticos. Em geral, adultos emocionalmente saudáveis têm suas necessidades de segurança satisfeitas, uma condição que requer estabilidade, proteção e ausência de medo e de ansiedade. Pode--se notar claramente a necessidade de segurança em bebês e crianças por meio do seu comportamento, pois eles reagem visível e imediatamente a qualquer ameaça à sua proteção. Os adultos aprendem maneiras de inibir suas reações diante de situações perigosas.

Outra indicação visível das necessidades de segurança das crianças é sua preferência por um mundo estruturado e rotineiro, ordenado e previsível. Liberdade e permissividade demais levam à ausência de estrutura e ordem, situação esta passível de produzir ansiedade e insegurança nas crianças, pois ameaça sua proteção. Deve-se garantir um certo grau de liberdade a elas, porém dentro dos limites de sua capacidade de lidar com isso. Essa liberdade deve ser acompanhada de orientação, pois elas ainda não são capazes de direcionar o próprio comportamento e perceber as consequências.

Os adultos neuróticos e inseguros também necessitam de estrutura e ordem, pois as necessidades de segurança ainda dominam sua personalidade. Os neuróticos evitam compulsivamente novas experiências; eles estruturam seu mundo de forma a torná-lo previsível, calculando o seu tempo e organizando as suas coisas. Os lápis devem ser mantidos alinhados e organizados e as camisas penduradas no armário têm de estar viradas para o mesmo lado.

Maslow indicou que, embora a maioria dos adultos normais tenha suas necessidades de segurança satisfeitas, elas ainda podem ter certo impacto sobre o comportamento. Muitas pessoas preferem o previsível ao desconhecido e a ordem ao caos. É por isso que economizamos para o futuro, fazemos seguros e optamos por permanecer em um emprego estável em vez de nos arriscarmos em uma nova iniciativa. As necessidades de segurança, contudo, não são uma força motriz tão esmagadora para adultos normais quanto para crianças ou neuróticos.

## Necessidades de afiliação (pertencimento) e amor

Uma vez que nossas necessidades fisiológicas e de segurança tenham sido razoavelmente bem satisfeitas, ocupamo-nos das necessidades de afiliação e amor, as quais podem ser expressas por meio de um relacionamento próximo com um amigo, amante ou companheiro, ou de relações sociais formadas no interior de um grupo. Elas também podem ser desenvolvidas e mantidas por meio das várias mídias sociais que nos permitem manter contato com outras pessoas a qualquer momento e em qualquer lugar.

A necessidade de dar e receber amor pode ser satisfeita por meio de uma relação íntima com outra pessoa. Maslow não equiparou amor a sexo, que é uma necessidade fisiológica, mas reconheceu que o sexo é uma maneira de expressar a necessidade de amor. Sugeriu que o fracasso em satisfazer esta necessidade é uma razão fundamental do desajuste emocional.

## Necessidades de estima

Uma vez que nos sintamos amados e tenhamos um senso de afiliação, podemos nos ver impulsionados por duas formas de necessidade de estima. Precisamos de estima e respeito de nossa própria parte, sob a forma de sentimento de autovalorização, e da parte de outras pessoas, sob a forma de *status*, reconhecimento ou sucesso social. A satisfação da necessidade de autoestima permite que sintamos confiança em nossa força, valor e adequação, o que ajudará a nos tornarmos mais capazes e produtivos em todos os aspectos da nossa vida. Quando nos falta autoestima, sentimo-nos inferiores, desamparados e desencorajados, com pouca confiança em nossa capacidade de lidar com a realidade.

## Necessidade de autorrealização

**Autorrealização**, a necessidade mais elevada na hierarquia de Maslow, envolve a realização e o cumprimento máximos de nossos potenciais, talentos e capacidade. Ainda que uma pessoa tenha satisfeitas todas as

> **Autorrealização**
> O desenvolvimento mais completo do *self*.

outras necessidades na hierarquia, se não estiver autorrealizada, ficará impaciente, frustrada e descontente. Maslow escreveu: "Um músico precisa compor; um pintor, pintar; um poeta, escrever [...] para, enfim, ficarem em paz" (1970b, p. 46).

O processo de autorrealização pode tomar muitas formas, mas Maslow acreditava que cada pessoa, independente de sua ocupação ou de seus interesses, pode maximizar as habilidades pessoais e atingir o desenvolvimento completo da personalidade. A autorrealização não é limitada a celebridades intelectuais e criativas, como músicos, artistas e escritores. O importante é desenvolver os seus próprios potenciais, sejam eles quais forem, no mais alto nível possível. Maslow coloca dessa forma: "Uma sopa de primeira categoria é muito mais criativa que uma pintura de segunda [...] a culinária, a paternidade ou a construção de uma casa podem ser criativas, ao mesmo tempo que a poesia não precisa ser" (1987, p. 159).

## Condições para alcançar a autorrealização

As seguintes condições são necessárias para que possamos satisfazer a necessidade de autorrealização:

- Temos de estar livres de restrições impostas pela sociedade e por nós mesmos.
- Não podemos nos distrair com necessidades de ordem inferior.
- Temos de estar seguros de nossa autoimagem, de nossos relacionamentos com outras pessoas e devemos ser capazes de amar e de ser amados em troca.
- Temos de possuir um conhecimento realista de nossos pontos fortes e fracos, virtudes e vícios.

As necessidades de afiliação e de amor podem ser
satisfeitas por meio de
um relacionamento com
um amigo.

Cultura/Nancy Honey/Getty Images

## Alcançando a autorrealização de formas não tradicionais

Embora a hierarquia das necessidades proposta por Maslow se aplique à maioria de nós, pode haver exceções. Alguns dedicam a vida a um ideal e sacrificam tudo por essa causa. Sabe-se da existência daqueles que jejuam até a morte a serviço de suas crenças, negando, assim, suas necessidades fisiológicas e de segurança. Figuras religiosas podem abandonar bens materiais para cumprir um voto de pobreza, satisfazendo, assim, a necessidade de autorrealização, enquanto frustram as necessidades de ordem inferior. Durante toda a história, artistas têm colocado a saúde e a segurança em perigo em nome do seu trabalho. Uma inversão mais comum na hierarquia ocorre quando os indivíduos colocam importância maior na estima que no amor, acreditando que as necessidades de afiliação e amor possam somente ser satisfeitas se eles, em princípio, se sentirem autoconfiantes.

## Necessidades cognitivas

**Necessidades cognitivas**
Necessidades inatas de
conhecer e entender.

Maslow propôs também um segundo conjunto de necessidades inatas, as **necessidades cognitivas** – conhecer e entender –, que existem fora da hierarquia que descrevemos. A necessidade de conhecer é mais forte que a de entender e precisa ser satisfeita, pelo menos parcialmente, antes que a de entender possa emergir.

**Evidências das necessidades cognitivas.** Diversas evidências sustentam a existência de necessidades cognitivas (Maslow, 1970b):

- Estudos laboratoriais mostram que os animais exploram e manipulam seu ambiente pela curiosidade, ou seja, por um desejo de conhecer e entender.
- Evidências históricas mostram que, muitas vezes, as pessoas têm buscado o conhecimento sob risco de vida, colocando, pois, as necessidades de conhecer e entender acima das de segurança.

- Estudos sugerem que adultos emocionalmente saudáveis se sentem atraídos por eventos misteriosos e inexplicáveis e são motivados a aperfeiçoar seu conhecimento sobre eles.
- Adultos emocionalmente saudáveis, na própria prática clínica de Maslow, reclamaram de tédio e falta de entusiasmo e excitação na vida. Ele os descreveu como "pessoas inteligentes levando vidas estúpidas em empregos estúpidos" e verificou que melhoravam quando davam passos para satisfazer as necessidades de conhecer e entender ao se envolverem em atividades mais desafiadoras.

**Como as necessidades cognitivas afetam a personalidade.** As necessidades de conhecer e entender aparecem no final da primeira infância e início da infância e são expressas pelas crianças como uma curiosidade natural. Por serem inatas, não precisam ser ensinadas, mas as ações de pais e professores podem inibir a curiosidade espontânea de uma criança. O fracasso em satisfazer as necessidades cognitivas é danoso e tolhe o desenvolvimento e o funcionamento plenos da personalidade.

A hierarquia dessas duas necessidades se sobrepõe à hierarquia original das cinco necessidades. Conhecer e entender – basicamente, encontrar sentido em nosso ambiente – são fundamentais para interagir com o ambiente, de modo emocionalmente saudável e maduro, para satisfazer as necessidades fisiológicas e as de segurança, amor, estima e autorrealização. É impossível tornarmo-nos autorrealizados se fracassarmos em satisfazer as necessidades de conhecer e entender.

# O estudo dos autorrealizadores

De acordo com a teoria de Maslow, as pessoas autorrealizadoras diferem das outras em termos de sua motivação básica. O autor propôs um tipo diferente de motivação para autorrealizadores chamada **metamotivação** (também chamada motivação B – do inglês *being* – ou "do Ser"). O prefixo "meta" significa depois ou além. Metamotivação, portanto, indica algo além da ideia de motivação da psicologia tradicional.

**Metamotivação**
A motivação de autorrealizadores, que envolve o ato de maximizar o potencial pessoal, em vez de esforçar-se por um objetivo particular.

## Metamotivação

Metamotivação implica uma condição em que a motivação, tal como a conhecemos, não desempenha nenhum papel. As pessoas autorrealizadoras não são motivadas a lutar por um objetivo particular; costuma-se dizer que seus objetivos se desenvolvem a partir do seu interior. Maslow descreveu a motivação de pessoas que não são autorrealizadoras como uma condição de motivação D ou de deficiência, que envolve a busca por algo específico para suprir algo que falta dentro de nós. Por exemplo, a falta de alimentação produz uma deficiência no corpo que sentimos como um desconforto. Essa sensação nos motiva a tomar alguma atitude para reduzir a tensão resultante.

Dessa maneira, uma necessidade fisiológica específica (fome), que exige um objetivo específico (comida), produz uma motivação para agirmos no sentido de obtermos algo que nos falta (buscarmos comida). Os escritos de Maslow sobre o desenvolvimento das motivações B e D são incompletos, mas, aparentemente, a D não se aplica apenas a necessidades fisiológicas, como no exemplo acima, mas também às necessidades de segurança, afiliação, amor e estima (Maslow, 1971).

**Realizando o potencial.** Em compensação, as pessoas autorrealizadoras são preocupadas em satisfazer seu potencial e em conhecer e entender seu meio. Em seu estado de metamotivação, não estão buscando reduzir tensão, satisfazer uma deficiência ou lutar por uma finalidade específica, mas sim enriquecer a vida por meio de ações que aumentem a tensão e experimentar uma variedade de eventos estimulantes e desafiadores. Como suas necessidades de deficiências de ordem inferior já foram satisfeitas, os autorrealizadores atuam em um nível além da aspiração por uma finalidade-alvo específica que satisfaça uma deficiência. Portanto, eles estão em um estado de "ser" que expressa toda sua humanidade espontânea, natural e alegremente.

**Metanecessidades**
Estados de crescimento ou existência em direção aos quais os autorrealizadores se desenvolvem.

**Metapatologia**
Um impedimento do autodesenvolvimento relacionado ao fracasso em satisfazer as metanecessidades.

**Metanecessidades.** Tendo explicado que os autorrealizadores são, de certa forma, desmotivados, Maslow propôs uma lista de **metanecessidades** em direção às quais eles evoluem (ver Quadro 9.1). Metanecessidades são estados da existência – como bondade, singularidade e perfeição – e não objetos-alvo específicos.

O fracasso em satisfazê-las é danoso e produz um tipo de **metapatologia**, que impede o desenvolvimento pleno da personalidade. A metapatologia impede os autorrealizadores de se expressarem, de usarem e cumprirem seu potencial. Eles podem se sentir desamparados e deprimidos, incapazes de localizar a origem desses sentimentos ou de identificar um objetivo que possa aliviar a angústia.

**QUADRO 9.1** ▪ Metanecessidades e metapatologias de Maslow

| Metanecessidades | Metapatologias |
|---|---|
| Verdade | Desconfiança, cinismo, ceticismo. |
| Bondade | Ódio, repulsa, aversão, confiança apenas em si. |
| Beleza | Vulgaridade, inquietação, perda de bom gosto, desolação. |
| Unidade, inteireza | Desintegração. |
| Dicotomia-transcendência | Raciocínio em preto e branco, raciocínio "ou isso ou aquilo", visão simplista da vida. |
| Vivacidade, processo | Morte, robotização, sensação de estar sendo totalmente controlado, perda de emoção e de tempero na vida, vazio experimental. |
| Singularidade | Perda de sentimento de si e de individualidade, sentimento de ser substituível ou anônimo. |
| Perfeição | Desesperança, nada para que se trabalhar. |
| Necessidade | Caos, imprevisibilidade. |
| Completude, finalidade | Incompletude, desesperança, parar de lutar e de lidar com as dificuldades. |
| Justiça | Raiva, cinismo, desconfiança, ilegalidade, egoísmo total. |
| Ordem | Insegurança, cautela, perda de segurança e previsibilidade, necessidade de ficar na defensiva. |
| Simplicidade | Hipercomplexidade, confusão, atordoamento, perda de orientação. |
| Riqueza, totalidade, abrangência | Depressão, inquietação, perda de interesse pelo mundo. |
| Disposição | Fadiga, tensão, deselegância, falta de jeito, inflexibilidade. |
| Jovialidade | Grosseria, depressão, falta de humor paranoica, perda de sabor pela vida, melancolia. |
| Autossuficiência | Responsabilidade dada a terceiros.. |
| Significância | Insignificância, desespero, falta de sentido da vida. |

Fonte: Adaptado de *The farther reaches of human nature*, de A. H. Maslow. Copyright © 1971 by Bertha G. Maslow.

## Características dos autorrealizadores

A pesquisa de Maslow sobre pessoas emocionalmente saudáveis formou a base da sua teoria da personalidade (Maslow, 1970b, 1971). Ele não encontrou muitos exemplos de autorrealizadores; estimou que constituem 1% ou menos da população, mas concluiu que compartilham certas características (ver Quadro 9.2).

- *Percepção clara da realidade.* Os autorrealizadores percebem seu mundo, incluindo outras pessoas, de maneira clara e objetiva, desprovida de julgamentos e preconceitos.
- *Aceitação de si, dos outros e da natureza.* Os autorrealizadores aceitam seus pontos fortes e fracos. Não tentam distorcer ou dissimular sua autoimagem nem se sentem culpados por seus fracassos; aceitam as fraquezas das outras pessoas e da sociedade em geral.
- *Espontaneidade, simplicidade e naturalidade.* O comportamento dos autorrealizadores é franco, direto e natural. Raramente escondem sentimentos ou emoções ou desempenham um papel para satisfazer a sociedade, embora possam fazê-lo para evitar ferir outras pessoas. Os autorrealizadores são individualistas em ideias e ideais, mas não necessariamente não convencionais em seu comportamento; sentem-se suficientemente seguros para ser eles mesmos, sem ser demasiadamente assertivos.
- *Dedicação a uma causa.* Os autorrealizadores possuem um senso de missão, um compromisso ao qual devotam sua energia. Essa dedicação a uma causa ou vocação é uma exigência para a autorrealização. Os autorrealizadores encontram prazer e excitação em seu trabalho e por meio de sua intensa dedicação são capazes de satisfazer suas metanecessidades. Seus compromissos desafiam e desenvolvem suas habilidades e ajudam a definir seu senso de si.
- *Independência e necessidade de privacidade.* Os autorrealizadores podem experimentar isolamento sem efeitos danosos e parecem necessitar de solidão mais do que pessoas não autorrealizadoras, pois dependem de si mesmos para as suas satisfações. Essa independência pode fazê-los parecer distantes e não amigáveis, mas não é essa sua intenção. Eles são simplesmente mais autônomos que a maioria das pessoas e não imploram por apoio social.

---

**QUADRO 9.2 ▪ Características de pessoas autorrealizadoras**

| |
|---|
| Percepção clara da realidade |
| Aceitação de si, dos outros e da natureza |
| Espontaneidade, simplicidade e naturalidade |
| Dedicação a uma causa |
| Independência e necessidade de privacidade |
| Vigor na apreciação |
| Experiências culminantes |
| Interesse social |
| Relações interpessoais profundas |
| Tolerância e aceitação dos outros |
| Criatividade e originalidade |
| Resistência a pressões sociais |

- *Vigor na apreciação.* Os autorrealizadores possuem a habilidade de perceber e experimentar seu ambiente com vigor, espanto e admiração. Uma experiência pode perder o encanto para alguém que não seja autorrealizador; os autorrealizadores, porém, apreciarão cada recorrência como se fosse a primeira. Quer seja um pôr do sol, uma pintura ou uma sinfonia, um jogo de beisebol ou um presente de aniversário, todas essas experiências podem ser vistas com deleite. Os autorrealizadores apreciam o que possuem e dão valor às pequenas coisas.

**Experiência culminante**
Um momento de intenso êxtase, similar a uma experiência mística ou religiosa, durante a qual o *self* é transcendido.

- *Experiências místicas ou culminantes.* Os autorrealizadores passam por momentos de intenso êxtase, não muito diferentes das experiências profundamente religiosas, que podem ocorrer praticamente em qualquer atividade. Maslow chamou esses eventos de **experiências culminantes**, durante as quais o *self* é transcendido e a pessoa se sente poderosa, confiante e decidida.

- *Interesse social.* Maslow adotou o conceito de interesse social de Alfred Adler para indicar a compaixão e empatia que as pessoas autorrealizadoras têm por toda a humanidade. Embora costumem ficar irritados com o comportamento de outras pessoas, os autorrealizadores sentem proximidade e compreensão com relação aos outros e também desejo de ajudá-los.

- *Relações interpessoais profundas.* Embora seu círculo de amigos não seja muito grande, os autorrealizadores possuem amizades profundas e duradouras; tendem a selecionar como amigos indivíduos com qualidades pessoais similares às suas, assim como todos nós escolhemos amigos com os quais nos sentimos compatíveis. Os autorrealizadores atraem, com frequência, admiradores ou discípulos. Essas relações costumam ser unilaterais; os admiradores exigem mais do autorrealizador do que ele é capaz ou desejoso de oferecer.

- *Criatividade e originalidade.* As pessoas autorrealizadoras são altamente criativas e inventivas; originais em seu trabalho e em outros aspectos da vida, são flexíveis, espontâneas e desejosas de aprender com os erros cometidos; além disso, são também francas e humildes, como o são as crianças antes de a sociedade ensiná-las a ficar embaraçadas ou cautelosas com a possibilidade de virem a fazer algo tolo.

- *Resistência a pressões sociais.* As pessoas autorrealizadoras são autônomas, independentes e autossuficientes; sentem-se livres para resistir a pressões sociais e culturais para que pensem ou se comportem de determinada maneira. Não se rebelam abertamente contra normas culturais ou códigos sociais, mas são governadas pela sua própria natureza, e não pelas restrições da sociedade.

Esse conjunto de atributos é um tanto impressionante. De acordo com a pesquisa de Maslow, os autorrealizadores parecem quase perfeitos; no entanto, possuem falhas e imperfeições. Há ocasiões em que podem ser rudes, cruéis e experimentar dúvidas, conflitos e tensão. Apesar disso, tais incidentes são raros e menos intensos que entre as pessoas não autorrealizadoras.

## Fracasso em tornar-se autorrealizador

Se a necessidade de autorrealização é inata e não precisa ser ensinada ou aprendida, então por que todas as pessoas não são autorrealizadoras? Por que menos de 1% da população atinge esse estado de ser? Uma razão é que, quanto mais elevada for a necessidade na hierarquia proposta por Maslow, mais fraca ela é. Como a necessidade mais elevada é a autorrealização, ela é a mais fraca e, assim, pode ser facilmente inibida. Por exemplo, pais hostis e desdenhosos tornam difícil para uma criança satisfazer as necessidades de amor e estima; neste caso, então, a autorrealização pode não emergir. Em um nível inferior, condições econômicas de pobreza podem dificultar a satisfação de necessidades fisiológicas e de segurança; assim, a autorrealização assume uma importância menor.

Photo Researchers/Alamy

Lindsley, H.B/The Library of Congress

Maslow estudou biografias e outros registros escritos de autorrealizadores, dentre os quais encontram-se o renomado físico Albert Einstein e Harriet Tubman, líder do movimento abolicionista à época da Guerra Civil Americana.

**A importância da infância na autorrealização.** Educação inadequada e práticas impróprias na infância, podem frustrar o impulso para a autorrealização na vida adulta. Maslow citou o treinamento típico do papel de gênero de garotos, que são ensinados a inibir qualidades como ternura e sentimentalismo. Assim, esse aspecto da sua natureza não é encorajado a se desenvolver completamente. Se as crianças forem superprotegidas e não autorizadas a tentar novos comportamentos, explorar novas ideias ou praticar novas habilidades, é provável que se tornem adultos inibidos, incapazes de se expressar integralmente em atividades vitais à autorrealização.

O comportamento oposto – permissividade excessiva por parte dos pais – pode também ser danoso. Liberdade demasiada na infância pode levar à ansiedade e insegurança, solapando as necessidades de segurança. Para Maslow, a situação ideal na infância é um equilíbrio entre permissividade e imposição de regras.

Amor suficiente durante a infância é um pré-requisito para a autorrealização, assim como as necessidades fisiológicas e de segurança durante os primeiros dois anos de vida. Se as crianças se sentirem seguras e confiantes em seus primeiros anos de vida, permanecerão assim quando adultas. Essa posição é semelhante à ênfase dada por Erik Erikson ao desenvolvimento da confiança na primeira infância e às ideias de Karen Horney sobre a necessidade infantil de segurança. Sem amor, segurança e estima adequados por parte dos pais, é difícil lutar por autorrealização na vida adulta.

**O complexo de Jonas.** Outra razão para o fracasso da autorrealização é o que Maslow chamou de **complexo de Jonas**. Essa ideia baseia-se no conto bíblico de Jonas, descrito por Maslow dessa forma:

**Complexo de Jonas**
O medo de que o nosso potencial ao máximo leve a uma situação com a qual sejamos incapazes de lidar.

[...] *chamado por Deus a profetizar, [Jonas] estava amedrontado com a tarefa. Tentou escapar dela, porém, independente de para onde fugisse, não encontrava um esconderijo. Finalmente, compreendeu que tinha de aceitar sua sina.* (apud Hoffman, 1996, p. 50)

Assim, o complexo de Jonas refere-se às dúvidas sobre as nossas próprias habilidades. Podemos temer que, ao agir com o intuito de maximizar nosso potencial, sejamos levados a novas situações com as quais sejamos incapazes de lidar. Sentimos medo das possibilidades ao mesmo tempo que elas nos empolgam; porém, muito frequentemente, o medo prevalece.

**É preciso coragem!** Autorrealização exige coragem. Mesmo quando as necessidades inferiores já tiverem sido satisfeitas, não podemos simplesmente cruzar os braços e esperar sermos arrastados em direção ao êxtase e à satisfação por algum caminho coberto de flores. O processo de autorrealização exige esforço, disciplina e autocontrole. Para muitas pessoas, pode parecer mais fácil e seguro aceitar a vida como ela é, em vez de procurar novos desafios. Os autorrealizadores testam a si mesmos constantemente, abandonando rotinas seguras e comportamentos e atitudes familiares.

## Questões sobre a natureza humana

A visão de Maslow sobre personalidade é humanista e otimista. Ele focalizou a saúde psicológica, em vez da enfermidade; o desenvolvimento, em vez da estagnação; as virtudes e os potenciais, em vez das fraquezas e limitações. Ele possuía um forte senso de confiança em nossa habilidade de moldar a vida e a sociedade.

Para Maslow, temos o livre-arbítrio de escolher a melhor maneira de satisfazer nossas necessidades e realizar nosso potencial. Podemos tanto criar um *self* realizador quanto nos privar de buscar esse estado supremo de realização. Assim, somos responsáveis pelo nível de desenvolvimento pessoal que atingimos ou não.

Ainda que as necessidades na hierarquia concebida por Maslow sejam inatas, os comportamentos pelos quais as satisfazemos são aprendidos. Portanto, a personalidade é determinada pela interação da hereditariedade com o meio, das variáveis pessoais com as situacionais. Embora não explicite em seus escritos, Maslow parece favorecer a singularidade da personalidade.

Nossas motivações e necessidades são universais, porém as maneiras pelas quais são satisfeitas variarão de pessoa para pessoa, porque esses modos de comportamento são aprendidos. Mesmo entre os autorrealizadores, embora partilhem de certas qualidades, seus comportamentos não são idênticos.

Maslow reconheceu a importância das experiências da infância para promover ou inibir o desenvolvimento adulto, mas não acreditava que fôssemos vítimas delas. Temos mais potencial do que podemos imaginar para cuidar da nossa vida e da sociedade e seríamos mais felizes e produtivos se aprendêssemos a proceder assim.

A autorrealização como o objetivo definitivo e necessário reflete a sua crença de que, fornecidas as condições adequadas, somos capazes de atingir o mais alto nível de funcionamento humano.

Maslow argumentou que a natureza humana é boa, decente e afável, mas não negou a existência do mal. Acreditava que algumas pessoas fossem incorrigivelmente más, e escreveu em seu diário que "nada funcionará em definitivo [com elas], além do fuzilamento" (Maslow, 1979, p. 631).

Ele sugeriu que a perversidade não era um traço herdado, mas o resultado de um ambiente não apropriado. A compaixão de Maslow pela humanidade é clara em seus escritos, e seu otimismo é expresso na crença de que cada um de nós é capaz de atingir o seu vasto potencial humano.

## A avaliação na teoria de Maslow

O trabalho de Maslow sobre autorrealização não começou como um programa formal de avaliação e pesquisa da personalidade. Ele iniciou sua pesquisa simplesmente para satisfazer a curiosidade que tinha a respeito de duas pessoas que o haviam impressionado: a antropóloga Ruth Benedict e o psicólogo da *gestalt* Max Wertheimer. Maslow tinha por eles grande admiração e queria entender o que os fazia tão diferentes das outras pessoas que conhecia. Após observá-los cuidadosamente, concluiu que eles partilhavam certas qualidades que os colocavam à parte da média dos indivíduos.

Maslow tentou, então, avaliar essas características em outras pessoas. Os primeiros sujeitos de pesquisa foram estudantes universitários, mas encontrou apenas 1 em cada 3 mil que pudesse descrever como autorrealizador. Ele decidiu que as características de uma personalidade autorrealizadora, cujas qualidades identificara em Benedict e Wertheimer, não eram desenvolvidas entre os jovens. O passo seguinte foi estudar pessoas de meia-idade e mais velhas. Entretanto, mesmo entre esse grupo, Maslow encontrou menos de 1% da população capaz de satisfazer os critérios da autorrealização.

Os autorrealizadores que ele finalmente identificou abrangiam algumas dúzias de pessoas que indicou como casos óbvios ou prováveis, parciais ou potenciais. Diversas pessoas eram contemporâneas de Maslow, enquanto outras eram figuras históricas, como Thomas Jefferson, Albert Einstein, George Washington Carver, Harriet Tubman (afro-americana e ex-escravizada que se tornou abolicionista antes da Guerra Civil) e Eleanor Roosevelt (esposa do presidente e conhecida ativista social).

O autor utilizou uma série de técnicas para avaliar a personalidade deles. No caso de figuras históricas, trabalhou com material biográfico, analisando registros escritos para identificar similaridades em características pessoais. No caso de pessoas vivas, baseou-se em entrevistas, livres associações e testes projetivos. Verificou que a maioria dessas pessoas ficava envergonhada quando interrogada; assim, muitas vezes foi forçado a estudá-las indiretamente, embora não tenha explicado precisamente como isso foi feito.

## O Inventário de Orientação Pessoal*

O Inventário de Orientação Pessoal (*Personal Orientation Inventory* – POI), um questionário de autorrelato que consiste em 150 pares de afirmações, foi desenvolvido pelo psicólogo Everett Shostrom para medir a autorrealização (Shostrom, 1964, 1974). As pessoas que se submetem ao teste devem indicar qual asserção de cada par lhes é mais aplicável (ver Quadro 9.3).

O POI é pontuado por meio de duas escalas principais e dez subescalas. As escalas principais são competência de tempo, que mede quanto vivemos no presente, e direcionamento interno, que avalia quanto dependemos de nós mesmos e não dos outros para julgamentos e valores.

## A Escala da Necessidade Básica de Smartphones

A Escala da Necessidade Básica de Smartphones é um inventário de autorrelato composto por 20 itens criado para avaliar o grau com que o uso desses dispositivos consegue satisfazer as necessidades do sistema de Maslow. Ela foi desenvolvida usando universitários dos Estados Unidos e da Coreia do Sul. Os pesquisadores registraram altos níveis de validade e confiabilidade (Kang e Jung, 2014). Por exemplo, os itens a seguir foram usados para medir a necessidade de afiliação. Os participantes foram instruídos a selecionar as afirmações que se aplicassem a eles:

Ao usar meu smartphone, consigo...

1. Ficar mais próximo de pessoas importantes ao meu redor.
2. Conhecer pessoas legais.
3. Desenvolver relacionamentos com outras pessoas.
4. Interagir bem com as pessoas.
5. Trabalhar em conjunto e me comunicar.

---

★ Não possui pesquisas para avaliação. (N. do R.T.)

**QUADRO 9.3** ▪ Itens de amostra do Inventário de Orientação Pessoal. Os analisados selecionam o item de cada par que melhor os descreve.

Faço o que os outros esperam de mim.
Sinto-me à vontade para não fazer o que os outros esperam de mim.

Devo justificar minhas ações em busca de meus próprios interesses.
Não preciso justificar minhas ações em busca de meus próprios interesses.

Vivo sob as regras e padrões da sociedade.
Nem sempre preciso viver sob as regras e padrões da sociedade.

É preciso haver razões para justificar os meus sentimentos.
Não é preciso haver razões para justificar os meus sentimentos.

Sinto-me à vontade para expressar apenas sentimentos afetuosos aos meus amigos.
Sinto-me à vontade para expressar tanto sentimentos afetuosos como hostis aos meus amigos.

Continuarei a crescer apenas se buscar um objetivo de alto nível, aprovado socialmente.
Continuarei a melhorar sendo eu mesmo.

As pessoas deveriam sempre controlar a sua raiva.
As pessoas deveriam expressar honestamente a raiva que sentem.

Fonte: Shostrom, E. L. "An Inventory for the Measurement of Self-Actualization". *Educational and Psychological Measurement*, 24, p. 207-218, 1964.

# A pesquisa na teoria de Maslow

Maslow não usou estudos de casos, métodos experimentais ou correlacionais em sua pesquisa. Os críticos afirmam que os métodos de Maslow para o estudo de pessoas autorrealizadoras não eram rigorosos ou controlados. Maslow concordou; sabia que suas investigações não seguiam os requisitos da pesquisa científica. Ele escreveu: "Pelos padrões normais de pesquisa laboratorial, isto simplesmente não foi uma pesquisa" (1971, p. 42). No entanto, ele acreditava que, devido ao fato de a autorrealização não poder ser estudada por meio dos procedimentos científicos aceitos, a alternativa seria esperar até que fossem desenvolvidas técnicas apropriadas ou simplesmente não estudar o assunto. Maslow era impaciente demais para postergar sua pesquisa e estava demasiadamente convicto de que poderia ajudar a humanidade. Escreveu que não tinha tempo suficiente para desenvolver experimentos cuidadosos. "Eles tomam muito tempo dos anos que me restam e da quantidade de coisas que quero fazer" (1979, p. 694).

Ele referia-se ao seu plano como consistindo apenas em estudos pilotos. Por estar convencido de que seus resultados eram válidos, tinha a expectativa de que outros pesquisadores confirmassem a sua teoria posteriormente. Também sugeriu que, para sustentar e justificar suas conclusões, as quais sabia que eram corretas, de certa forma precisaria coletar menos dados que os outros teóricos.

## A hierarquia das necessidades

Em apoio à teoria de Maslow, uma pesquisa com estudantes universitários de ambos os gêneros verificou que a satisfação das necessidades de segurança, afiliação e estima estava relacionada negativamente ao neuroticismo e à depressão (Williams e Page, 1989). Essa pesquisa, usando um teste projetado para medir as três necessidades, também mostrou que as necessidades de estima eram mais fortes que as de afiliação. Os sujeitos expressaram menor preocupação com as necessidades de segurança, como se espera de pessoas que conseguem pagar as mensalidades da universidade.

Um estudo utilizando o Inventário de Satisfação de Necessidade, um questionário de autorrelato projetado para medir quanto uma pessoa satisfaz as necessidades descritas por Maslow, correlacionou os resultados do teste com estudantes universitários e seus resultados no Inventário de

Personalidade de Eysenck. Novamente, os resultados mostraram que as pessoas com maior satisfação das necessidades apresentavam menor neuroticismo (Lester, 1990).

Um teste detalhado da hierarquia, utilizando uma amostra representativa da população em geral, confirmou a ordem das cinco necessidades (Graham e Balloun, 1973). O estudo também mostrou que a preocupação que as pessoas manifestavam com relação a cada necessidade era crescente, da inferior para a superior. Necessidades fisiológicas, presumivelmente bem satisfeitas nessas pessoas, eram motivo de pequena preocupação para elas. A necessidade de autorrealização era o interesse maior, possivelmente porque não era satisfeita com tanta facilidade.

Pesquisas realizadas com jovens economicamente desfavorecidos no Meio-Oeste dos Estados Unidos revelaram que eles se concentravam principalmente em tentar satisfazer as necessidades de segurança e mostravam pouca preocupação com as necessidades mais elevadas (Noltemeyer *et al.*, 2012). Isso está de acordo com a teoria de Maslow. Um estudo conduzido com mais de 40 mil pessoas em 123 países confirmou a visão do pesquisador de que as necessidades fisiológicas e de segurança básicas precisam ser satisfeitas antes que as pessoas possam alcançar satisfação e felicidade (Tay e Diener, 2011).

Outros estudos revelaram que, quanto mais as necessidades básicas forem satisfeitas, maiores serão as chances de que as necessidades superiores também sejam, e revelou também que as pessoas com mais de 36 anos têm muito mais chances de alcançar a autorrealização do que as mais jovens (Taormina e Gao, 2013; Ivtzan *et al.*, 2013).

## A necessidade de afiliação (pertencimento)

Maslow propôs que a necessidade de pertencimento só pode ser satisfeita por meio da associação com as pessoas e, mais importante ainda, pela aceitação por parte delas. Alguns psicólogos consideram a necessidade de afiliação ou pertencimento um poderoso impulso, como as necessidades fisiológicas de alimento e água.

Em um estudo, universitários norte-americanos foram levados a acreditar que estavam interagindo com outros em uma sala de bate-papo da internet, e foram então excluídos e rejeitados por estes, que eram percebidos como participantes. Ninguém respondia suas mensagens, ninguém replicava seus comentários ou questões. Todos os demais participantes pareciam estar envolvidos em conversações on-line amigáveis, mas os participantes do estudo haviam sido socialmente isolados.

Após essa a experiência, eles foram convidados a ler um diário, supostamente escrito por um estudante universitário. Então, eles foram instruídos a anotar todas as atividades mencionadas neste diário de que conseguissem se lembrar. Os estudantes cuja necessidade de afiliação havia sido prejudicada pela experiência on-line lembraram significativamente de mais eventos sociais do diário do que os estudantes cuja necessidade de afiliação havia sido satisfeita na sala de bate-papo simulada.

Os pesquisadores concluíram que o fracasso em satisfazer a necessidade de pertencimento pode influenciar uma atividade cognitiva, como a memória, e afetar o tipo de evento de que uma pessoa se lembrará (Gardner, Pickett e Brewer, 2000).

Quando membros de outro grupo de universitários foram levados a acreditar que haviam sido excluídos ou rejeitados por membros de uma sala de bate-papo da internet, eles relataram níveis mais baixos de autoestima, controle e pertencimento do que os estudantes que não foram informados de que tinham sido rejeitados (Smith e Williams, 2004). Esses sentimentos negativos surgiram apenas oito minutos após terem sido informados de sua exclusão.

Também foi descoberto que pessoas na Holanda e nos Estados Unidos que tinham grande necessidade de pertencimento percebiam que outras pessoas também deveriam ter a mesma necessidade elevada. Além disso, notou-se que essa necessidade ativa um sentimento de nostalgia do passado, em que, pelo menos na memória, elas tinham uma maior sensação de pertencimento (Collisson, 2013; Seehusen *et al.*, 2013).

Foi revelado que adolescentes norte-americanos que tinham a sensação de pertencimento eram fisicamente mais saudáveis do que aqueles que não expressavam essa sensação (Begen e Turner-Cobb, 2012). Assim, parece que satisfazer a necessidade de pertencimento pode ter consequências importantes sobre nosso comportamento e nossos sentimentos.

## Autoestima

Foram conduzidos diversos estudos sobre muitos aspectos da necessidade de autoestima de Maslow, uma característica que todos nós apresentamos em certo grau.

**Autoestima elevada**. As pesquisas confirmam a posição de Maslow de que as pessoas com elevada autoestima possuem autoconsideração e autoconfiança e se sentem mais competentes e produtivas do que aquelas com baixa autoestima. Os indivíduos com elevada autoestima atuam melhor em muitas situações. Entre os universitários em busca de emprego, aqueles com autoestima elevada receberam mais ofertas de trabalho e foram mais bem classificados pelos recrutadores do que aqueles com baixa autoestima (Ellis e Taylor, 1983).

As pessoas com elevada autoestima lidavam melhor com as dificuldades da perda do emprego do que as com baixa autoestima (Shamir, 1986). Além disso, verificou-se que pessoas com alta autoestima se davam conta, a respeito de si próprias, de suas habilidades intelectuais, afabilidade e moralidade significativamente mais altas, e eram mais extrovertidas do que as que haviam tido baixa pontuação em autoestima (Campbell, Rudich e Sedikides, 2002).

Jovens adultos dos Estados Unidos e do Canadá com pontuação alta em autoestima tinham probabilidade muito maior de participar dos esportes escolares e de apresentar níveis inferiores de ansiedade e de comportamentos defensivos do que os indivíduos com baixa autoestima (Bowker, 2006; Pyszczynski *et al.*, 2004).

Um estudo realizado com universitárias cujos níveis de autoestima eram instáveis (variando entre alta e baixa) mostrou que elas exibiam um desejo muito mais forte de se tornarem famosas do que aquelas que tinham níveis de autoestima mais estáveis (Noser e Zeigler-Hill, 2014).

**Autoestima baixa**. Programas de pesquisa em larga escala em vários países, incluindo Estados Unidos, Islândia, Canadá, China, Noruega e Nova Zelândia, descobriram que a baixa autoestima estava relacionada a ansiedade, depressão, tabagismo, taxas de abandono escolar, condenações criminais, problemas financeiros, fortes reações emocionais a resultados negativos e dificuldades no trabalho (Brown, 2010; Cai, Wu e Brown, 2009; Donnellan *et al.*, 2005; Jonsdottir, Arnarson; e Smari, 2008; Moksnes *et al.*, 2010; Trzesniewski *et al.*, 2006).

Pesquisas no Canadá e na China mostraram que pessoas com baixa autoestima sofrem mais de problemas de saúde físicos e são mais ansiosas com relação à morte do que aquelas com alta pontuação de autoestima (Routledge *et al.*, 2010; Stinson *et al.*, 2008). Universitários com pontuação baixa em autoestima passavam significativamente por mais problemas sociais de adaptação e de relacionamento com outras pessoas do que aqueles com autoestima elevada (Crocker e Luhtanen, 2003).

Um estudo com adolescentes canadenses, das 7ª, 9ª e 11ª séries escolares (8º ano e 1º e 3º anos do ensino médio, no Brasil) descobriu que mais de um terço relatou que sua aparência física visível (quão atraentes pensavam ser) determinava seu nível de autoestima. Os resultados mostraram também que os adolescentes mais preocupados com a aparência relataram autoestima inferior àqueles que estavam menos preocupados com a aparência. Nenhuma diferença foi encontrada entre meninos e meninas quanto a esta variável (Seidah e Bouffard, 2007).

Indivíduos que apresentaram baixa autoestima e que foram levados a acreditar que haviam sido deliberadamente excluídos de um grupo de laboratório por outros membros do grupo relataram um sentimento de rejeição muito maior do que aqueles com elevada autoestima (Nezlek *et al.*, 1997).

O não cumprimento das metas de autoestima, como notas altas na escola ou sucesso no trabalho, pode levar ao aumento de raiva, vergonha, tristeza e sentimentos de inutilidade (Crocker e Park, 2004).

Assim, o nível de autoestima de uma pessoa pode ter efeitos duradouros; pessoas com baixa autoestima podem pensar e agir de modo autodestrutivo, o que "diminui sua qualidade de vida" (Swann, Chang-Schneider e McClarty, 2007, p. 92).

Estudantes universitários que relataram ter autoestima mais baixa gastam mais tempo no Facebook e em outros sites de redes sociais do que aqueles que têm uma autoestima mais elevada (Kalpidou, Costin e Morris, 2011; Mehdizadeh, 2010; Vogel *et al.*, 2014). E os estudantes universitários valorizavam muito mais as atividades que aumentavam sua autoestima, como elogios ou notas altas, do que comer sua comida favorita, ingerir bebida alcoólica, passar o tempo com os amigos, receber salário ou fazer sexo (Bushman, Moeller e Crocker, 2010; Salamon, 2011).

**Efeitos da autoestima sobre outros comportamentos.** A autoestima também pode afetar as posições políticas e o comportamento eleitoral. Estudos na Bélgica e nos Estados Unidos descobriram que, entre idosos com média de 71 anos de idade, as convicções políticas conservadoras foram relacionadas a altos níveis de autoestima. Em outras palavras, com a idade, as pessoas se tornam mais conservadoras e também se sentem melhores com relação a si mesmas (Van Hiel e Brebels, 2011).

Nas eleições primárias para presidente dos Estados Unidos de 2008, as pessoas estavam mais propensas a votar em candidatos que acreditavam possuir maior autoestima (Ziegler-Hill e Myers, 2009).

**Estabilidade da autoestima ao longo do tempo.** Nossa autoestima tende a mudar ao longo da vida, aumentando durante a adolescência e a vida adulta, e atingindo o ponto máximo aos 60 anos, aproximadamente, declinando a partir desta idade (Gentile, Twenge e Campbell, 2010; Orth e Robins, 2014; Orth, Trzesniewski e Robins, 2010). Uma pesquisa em Taiwan, no entanto, revelou que a autoestima aumenta durante a infância, a adolescência e o começo da idade adulta, mas muda bem pouco a partir dos 30 anos (Huang, 2010b). Entre os alemães, foi descoberto que estar casado, o que não acontece normalmente até o fim da adolescência, e ter um elevado bem-estar subjetivo eram fatores ligados a uma autoestima mais elevada (Wagner *et al.*, 2014).

**Diferenças étnicas e culturais na autoestima.** Estudos mostram que adolescentes negros relatavam maior autoestima que os brancos. Também foi revelado que a autoestima dos negros aumenta durante a vida adulta, mas cai mais abruptamente que a dos brancos após os 60 anos de idade (Shaw, Liang e Krause, 2010).

A autoestima entre estudantes universitárias negras parece ser muito maior entre aquelas que se identificam fortemente com a cultura negra (Eaton, Livingston e McAdoo, 2010). No entanto, estudantes universitários negros que se sentem incompetentes ou inadequados, apesar das evidências contrárias, têm maiores níveis de estresse e baixa autoestima (Peteet *et al.*, 2014).

Diferenças étnicas e culturais em relação à autoestima também foram documentadas em estudos comparativos em mais de 50 países. Entre todas as nações pesquisadas, os estudantes universitários japoneses mostraram de forma consistente pontuação mais baixa em autoestima (Schmitt e Allik, 2005; Tafarodi *et al.*, 2011; Yamaguchi *et al.*, 2007).

Entre os universitários dos Estados Unidos, os ásio-americanos geralmente relatavam autoestima mais baixa que os euro-americanos. Porém, os alunos com descendência asiática que sentiam ter conexões sociais mais fortes em seus dormitórios ou residências apresentavam maior autoestima do que aqueles que assim não se sentiam (Fong e Mashek, 2014).

A autoestima elevada parece correlacionar-se a taxas de criminalidade, conforme documentado em uma amostra de meninos adolescentes dos Estados Unidos com descendência mexicana (Caldwell *et al.*, 2006; Swenson e Prelow, 2005). Entre imigrantes mexicanos de primeira geração nos Estados

Unidos, aqueles que sentiam mais pressão para adotar práticas da cultura norte-americana apresentavam menor autoestima do que os indivíduos que não sentiam essa pressão (Kim, Hogge e Salvisberg, 2014).

Um estudo feito na Holanda descobriu que, entre as culturas minoritárias residentes no país, da Turquia e do Marrocos, as pessoas que se identificavam mais fortemente com sua origem étnica apresentaram autoestima mais elevada do que as que não possuíam essa identidade (Verkuyten, 2009). Resultados similares foram encontrados entre imigrantes de Porto Rico residentes nos Estados Unidos: quanto maior a identidade étnica, maior a autoestima (Lopez, 2008).

**Autorrealização.** Pontuações que indicam maior autorrealização no POI foram positivamente relacionadas a vários fatores: saúde emocional, criatividade, bem-estar após terapias, realizações acadêmicas, autonomia e tolerância racial. Outros estudos relatam correlações negativas entre pontuações elevadas de autorrealização e alcoolismo, internação em instituições por distúrbios mentais, neuroticismo, depressão e hipocondria.

Esses resultados seguem as direções esperadas com base na descrição que Maslow fez dos autorrealizadores. Pesquisas do POI realizadas com mulheres entre 19 e 55 anos de idade confirmaram a visão de Maslow de que a autorrealização ocorre gradualmente ao longo da vida.

**Experiências culminantes.** Pesquisas feitas com norte-americanos de 40 e 65 de idade anos demonstraram que as três experiências culminantes mais citadas envolviam momentos alegres com outras pessoas, um senso de realização e crescimento pessoal (Hoffman, Kaneshiro e Compton, 2012).

Comparações multiculturais revelaram que residentes da região continental da China relatavam mais experiências envolvendo serenidade, enquanto residentes chineses de Hong Kong relatavam mais experiências culminantes envolvendo alegria interpessoal e realizações externas. As experiências culminantes mais frequentes de indivíduos do Brasil e de Portugal envolviam a realização de algum marco do desenvolvimento, como terminar a faculdade, casar ou conseguir o primeiro emprego (Ho, Chen e Hoffman, 2012; Ho *et al.*, 2013).

# Teoria da autodeterminação

Uma consequência contemporânea da teoria de autorrealização de Maslow é a teoria da autodeterminação, que sugere que as pessoas têm uma tendência inata a expressar seus interesses, exercer e desenvolver suas capacidades e potenciais e superar desafios (Deci e Ryan, 2009, 2012; Ryan e Deci, 2000).

Pesquisas que comprovam a noção de autodeterminação foram feitas com diversos grupos, como jogadores de futebol na Austrália, adolescentes na Índia e na Nigéria e mulheres idosas nos Estados Unidos. Aqueles que obtiveram maior pontuação em autodeterminação mostraram o melhor progresso no comportamento geral e bem-estar subjetivo (Deci, 2011; Podlog e Eklund, 2010; Sheldon, Abad e Omoile, 2009, Stephan, Boiche e LeScanff, 2010).

Pesquisas mais recentes que estudam indivíduos em países como Estados Unidos, Bélgica, China, Peru, Austrália, México, Venezuela, Filipinas, Malásia e Japão forneceram mais evidências sobre o papel da autodeterminação para promover necessidades positivas de crescimento e autorrealização (Chen *et al.*, 2014; Church *et al.*, 2013).

## Motivação intrínseca

A autodeterminação é facilitada pela concentração da pessoa na *motivação intrínseca*, como se envolver em atividades em razão do interesse e do desafio da própria atividade. *Motivação extrínseca*, por outro lado, é envolver-se em alguma atividade apenas em razão das recompensas externas, como prêmio, promoção ou notas mais altas.

**DESTAQUES:** Pesquisa sobre as ideias de Maslow

Pessoas com alta pontuação em *autoestima*:

- Sentem-se mais competentes e produtivas.
- Recebem mais ofertas de trabalho e enfrentam melhor o desemprego.
- São menos propensas a sofrer de ansiedade e de depressão ou a abandonar os estudos.
- Relacionam-se bem com outras pessoas.
- São emocionalmente saudáveis e criativas.
- São propensas a ter uma forte identidade étnica.
- Têm um maior senso de valor próprio e confiança.
- Gastam menos tempo no Facebook e em outros sites de redes sociais.

Pessoas com baixa pontuação em *autoestima* tendem a:

- Ficar deprimidas.
- Abandonar os estudos e ser condenadas por crimes.
- Passar por problemas sociais e ter saúde debilitada.
- Ter menor qualidade de vida e bem-estar psicológico.
- Passar mais tempo nas redes sociais.

Pessoas com alta pontuação em autodeterminação tendem a:

- Satisfazer as necessidades de competência, autonomia e relacionamento
- Ter autoestima e autorrealização elevadas.
- Possuir uma tendência inata para superar desafios e desenvolver suas capacidades.

É possível ver uma semelhança básica entre as noções de motivação intrínseca e extrínseca e a descrição de Maslow de autorrealização. Ambas preocupam-se com a satisfação e a realização dos talentos e habilidades pela meta de satisfação interior mais do que pelas recompensas externas.

**Três necessidades básicas.** A teoria da autodeterminação especifica três necessidades básicas. Apenas por meio da satisfação dessas três necessidades uma pessoa pode atingir um estado de bem-estar.

1. **Competência** – necessidade de sentir que é capaz de executar tarefas difíceis.
2. **Autonomia** – liberdade de basear o curso da ação nos próprios interesses, necessidades e valores.
3. **Relacionamento** – necessidade de sentir estreita conexão com outras pessoas.

A satisfação dessas necessidades entre jovens e idosos de culturas tão diversas quanto os Estados Unidos, a França e a Rússia foi positivamente associada à maior autoestima, autorrealização e bem-estar psicológico (Ferrand, Martinent e Dumaz, 2014; Milyavskaya e Koestner, 2011; Ryan e Deci, 2000; Strizhitskaya e Davedyuk, 2014).

# Reflexões sobre a teoria de Maslow

As críticas à teoria de Maslow concentram-se em seus métodos de pesquisa e na falta de dados de apoio gerados experimentalmente. A amostra a partir da qual os dados foram obtidos, sendo menos da metade das pessoas entrevistadas, é pequena demais para ser generalizada à população como um todo. Maslow acumulou informações sobre os autorrealizadores de maneira incoerente e vaga. Não descreveu como interpretou os resultados de testes nem como analisou materiais biográficos, tampouco indicou precisamente o que o levou a identificar aquelas determinadas pessoas como autorrealizadoras. Entretanto, como verificamos com outros teóricos, deficiências na metodologia científica não são exclusivas de Maslow.

Maslow selecionou para seus estudos pessoas que admirava, segundo seus critérios pessoais de autorrealização, que não foram especificados naquela época. Mais tarde, admitiu que era difícil descrever acuradamente a autorrealização. Sua lista de características dos autorrealizadores tem origem unicamente em suas interpretações clínicas dos dados, e é possível que tenha sido influenciada por sua filosofia pessoal e por seus valores morais. Logo, as descrições podem refletir o próprio ideal de Maslow de um indivíduo digno e emocionalmente saudável.

Também há críticas às suas definições sobre diversos conceitos, como metanecessidades, metapatologia, experiências culminantes e autorrealização. Talvez ele tenha feito um uso incoerente e ambíguo desses termos. Os críticos têm também se perguntado com base em que a autorrealização é tida como inata. Por que não poderia ser um comportamento aprendido, o resultado de certa combinação única de experiências infantis?

A defesa de Maslow contra esses ataques era que, embora sua teoria não fosse amplamente sustentada por pesquisas laboratoriais, era bem-sucedida em termos sociais, clínicos e pessoais. Ele escreveu: "Ela tem se ajustado muito bem à experiência pessoal da maioria das pessoas e, muitas vezes, tem lhes fornecido uma teoria estruturada que as tem ajudado a fazer uma ideia melhor de sua própria vida" (Maslow, 1970b, p. xii).

Em parte devido ao otimismo e à compaixão de Maslow, sua teoria e a abordagem humanista em geral tornaram-se extremamente populares nas décadas de 1960 e 1970. Em seguida, criaram-se os adornos de uma escola formal de pensamento. Foram fundados periódicos e organizações relacionadas à psicologia humanista e criada uma divisão de psicologia humanista na Associação Americana de Psicologia. As preocupações dos psicólogos humanistas vivenciaram um renascimento no movimento da psicologia positiva (Capítulo 14). Líderes desse movimento consideram a psicologia humanista a precursora da psicologia positiva. Assim, o legado de Maslow ainda está florescendo hoje em dia, influenciando continuamente as teorias da personalidade, a psicologia social, a psicologia do desenvolvimento e o comportamento organizacional (Kenrick *et al.*, 2010).

Poucas teorias têm tido impacto tão amplo além da disciplina. Professores e clínicos, empresários e estadistas, profissionais da saúde e muitas pessoas comuns que tentam superar as dificuldades da vida cotidiana têm achado os pontos de vista de Maslow compatíveis com suas necessidades e úteis na resolução de problemas.

## Resumo do capítulo

Para Maslow, cada pessoa nasce com necessidades instintivas que a levam ao crescimento, ao desenvolvimento e à realização. A hierarquia das necessidades abrange necessidades fisiológicas (por alimento, água, ar, sono e sexo), de segurança, de afiliação e amor, de estima e de autorrealização.

As necessidades inferiores precisam ser satisfeitas para que as superiores surjam. Quanto mais inferior for a necessidade, maior é a sua força. As inferiores são chamadas necessidades

de deficiência, pois o fracasso em satisfazê-las produz uma deficiência no corpo. As superiores (necessidades de crescimento ou de ser) são menos importantes para a sobrevivência, mas aumentam o bem-estar físico e emocional.

As de segurança (por proteção, estabilidade, ordem e ausência de medo ou ansiedade) são fundamentais para crianças e adultos neuróticos. As de afiliação e amor podem ser satisfeitas por meio da associação a um grupo ou por relações afetivas com uma ou mais pessoas. As de estima englobam a autoestima e a estima por parte dos outros. A autorrealização envolve a realização do potencial da pessoa e exige um conhecimento realista de seus pontos fortes e fracos. As necessidades de conhecer e entender formam uma hierarquia de necessidades cognitivas que emergem no final da infância e início da infância.

A motivação nos autorrealizadores (metamotivação) não visa compensar as deficiências ou reduzir a tensão, mas enriquecer a vida e aumentar a tensão. As metanecessidades são estados de desenvolvimento em direção aos quais se movem os autorrealizadores. A frustração das metanecessidades produz metapatologia, uma enfermidade amorfa para a qual não pode ser identificada uma causa específica.

Os autorrealizadores constituem menos de 1% da população e compartilham as seguintes características: percepção clara da realidade; aceitação de si, dos outros e da natureza; espontaneidade, simplicidade e naturalidade; foco mais dirigido a problemas nos quais as metanecessidades são satisfeitas mais por meio de compromisso do trabalho de que a si mesmas (dedicação a uma causa); privacidade e independência; vigor na apreciação; experiências culminantes; interesse social; relações interpessoais profundas; tolerância e aceitação dos outros; criatividade e originalidade; e resistência a pressões sociais. Nem todos se tornam autorrealizadores, pois a autorrealização é a necessidade mais fraca na hierarquia e é a que mais sofre interferência. Liberdade em demasia ou excessiva falta de segurança na infância inibem a autorrealização. Além disso, alguns temem realizar seu potencial mais elevado, o que foi chamado por Maslow de complexo de Jonas.

A imagem da natureza humana feita por Maslow é otimista, enfatiza o livre-arbítrio, a escolha consciente, a singularidade, a capacidade de superar as experiências da infância e uma bondade inata. A personalidade é influenciada tanto pela hereditariedade quanto pelo meio. Nosso objetivo fundamental é a autorrealização.

Maslow usou entrevistas, livres associações, técnicas projetivas e material biográfico para avaliar a personalidade. O Inventário de Orientação Pessoal (POI) é um teste de autorrelato para medir a autorrealização. A Escala da Necessidade Básica de Smartphones é uma tentativa de medir como o uso desses dispositivos pode satisfazer a hierarquia das necessidades de Maslow. Algumas pesquisas sustentam as características de autorrealizadores, a relação entre autoestima, autocompetência e autoafeição, a ordem das necessidades na hierarquia e maior preocupação com necessidades superiores que com as inferiores. Pessoas com elevada autoestima sentem-se melhor em relação a si mesmas, trabalham com mais afinco e se veem como mais inteligentes, agradáveis e morais do que as pessoas com baixa autoestima. Os níveis de autoestima são relatados como altos na infância e baixos na adolescência, aumentando na idade adulta e caindo na meia-idade e na velhice. Um prolongamento contemporâneo da obra de Maslow é a teoria da autodeterminação, que postula três necessidades: competência, autonomia e relacionamento.

Maslow foi criticado por ter usado uma amostra muito pequena como base da sua teoria e por não ter explicitado seu critério para selecionar os participantes da pesquisa sobre autorrealização. Sua teoria teve amplo impacto sobre educação, aconselhamento, assistência médica, negócios e governo. Seus estudos são um estímulo para o movimento da psicologia positiva, que se concentra no bem-estar subjetivo.

 # Perguntas de revisão

1. Quais são as críticas feitas pelos psicólogos humanistas ao behaviorismo e à psicanálise?
2. De que modo a infância de Maslow foi um exemplo da teoria da personalidade de Adler?
3. Como a infância de Maslow influenciou a teoria que ele desenvolveu quando adulto?
4. Descreva as necessidades hierárquicas que Maslow propôs.
5. Quais são as diferenças entre as necessidades superiores e as inferiores?

6. Diferencie as necessidades de déficit e de crescimento. Com qual dessas necessidades Maslow estava mais preocupado?

7. Descreva as características das necessidades de Maslow. Precisamos sempre satisfazer essas necessidades em uma ordem de importância específica? Justifique sua resposta.

8. Descreva as diferenças entre necessidade de segurança e necessidade de afiliação e amor.

9. Quais condições são necessárias para satisfazer a necessidade de autorrealização?

10. Em que idade desenvolvemos as necessidades de conhecer e entender? Qual delas é a mais forte?

11. Defina metanecessidades e metapatologia.

12. Descreva as características de pessoas autorrealizadoras.

13. O que são experiências culminantes? Elas são necessárias à autorrealização?

14. Por que tão poucas pessoas satisfazem a necessidade de autorrealização?

15. Quais práticas de educação infantil podem cercear o impulso de autorrealização?

16. De que modo a imagem da natureza humana de Maslow difere da de Freud?

17. O que a pesquisa correlacional revela sobre a relação entre autorrealização e certas características de personalidade?

18. Que diferenças culturais e étnicas têm sido encontradas em relação à autoestima?

19. De que modo pessoas com autoestima elevada diferem de pessoas com baixa autoestima?

20. Descreva as mudanças de desenvolvimento na autoestima da infância à velhice. Como sua própria autoestima mudou conforme você foi amadurecendo?

21. Descreva a natureza da teoria da autodeterminação. Identifique as três necessidades propostas por essa teoria.

22. Em que campos a obra de Maslow sobre a autorrealização foi criticada? Como ele respondeu a essas críticas?

# Leituras sugeridas

Frick, W. B. Remembering Maslow: Reflections on a 1968 interview. *Journal of Humanistic Psychology*, 2000, 40, 128-147. Trechos de uma entrevista com Maslow e comentários sobre as dificuldades pessoais do seu trabalho, suas ideias sobre autorrealização e o futuro da terceira força da psicologia.

Hall, M. H. A conversation with Abraham H. Maslow. *Psychology Today*, 1968, julho, p. 35-37, 54-57. Entrevista com Maslow sobre o escopo do seu trabalho.

Hoffman, E. *The right to be human: A biography of Abraham Maslow*. Los Angeles: Jeremy Tarcher, 1988. Biografia baseada em materiais publicados e não publicados. Descreve as dificuldades da infância de Maslow e sua carreira desde os primeiros trabalhos com primatas até o envolvimento com o movimento do potencial humano.

Maslow, A. H. *Toward a psychology of being*. 2. ed. Nova York: Van Nostrand Reinhold, 1968. (Maslow, A. H. *Introdução à psicologia do ser*. Rio de Janeiro: Anima, 1981.). Expressa a visão de Maslow de que os humanos podem ser seres amáveis, nobres, criativos e capazes de buscar os valores e aspirações mais elevados. Também reconhece a importância do conceito de inconsciente de Freud.

Maslow, A. H. *Motivation and personality*. 2. ed. Nova York: Harper & Row, 1970. Apresenta a teoria da motivação e personalidade de Maslow, destacando a saúde psicológica e a autorrealização. A terceira edição (Harper e Row, 1987), revisada e editada por Robert Frager e James Fadiman, inclui materiais sobre a vida de Maslow, a importância histórica do seu trabalho e as aplicações da autorrealização em áreas como administração, medicina e educação.

Maslow, A. H. *The unpublished papers of Abraham Maslow*. Editado por E. Hoffman. Thousand Oaks, CA: Sage, 1996. Inclui ensaios, artigos e teses não publicados anteriormente, com anotações e um esboço biográfico.

Milton, J. *The road to malpsychia: Humanistic psychology and our discontents*. São Francisco, CA: Encounter Books, 2002. Biografia de Maslow no contexto de uma história cultural da ascensão e queda do movimento da psicologia humanista.

# CAPÍTULO 10

# Carl Rogers: teoria da autoatualização

*O organismo possui tendência e aspiração básicas – de atualizar, manter e desenvolver o organismo nas suas experiências.*

— CARL ROGERS

Carl Rogers criou uma abordagem popular de psicoterapia conhecida, inicialmente, como não diretiva ou centrada no cliente que mais tarde, passou a ser chamada de terapia centrada na pessoa. Essa forma de psicoterapia gerou uma quantidade enorme de pesquisas e é amplamente empregada hoje em dia em situações de orientação psicológica (Cain, 2014; Kirschenbaum, 2009).

A teoria da personalidade de Rogers, assim como a de Maslow, tem suas raízes na psicologia humanista, que o autor usou como estrutura para sua relação cliente-terapeuta. Rogers não desenvolveu a teoria a partir de pesquisas experimentais conduzidas em laboratório, mas com base em suas experiências no trabalho com pacientes, ou clientes, como preferia chamá-los. A visão de Rogers sobre a situação terapêutica diz muito sobre a sua visão da natureza humana.

Considere a expressão *terapia centrada na pessoa*. Ela sugere que o dom de mudar ou aperfeiçoar a personalidade é centrado na pessoa. Em outras palavras, é a pessoa, e não o terapeuta, quem determina tal mudança. O papel do terapeuta é ajudar ou facilitar a mudança (Bozarth, 2012).

Rogers acreditava que somos seres racionais governados por uma percepção consciente de nós mesmos e de nosso mundo empírico. Ele não deu muita importância a forças inconscientes ou a outras explicações freudianas, e rejeitou a noção de que eventos passados exercem uma influência controladora sobre o comportamento presente. Embora tenha reconhecido que as experiências da infância afetam o modo como percebemos o nosso ambiente e a nós mesmos, insistia em afirmar que os sentimentos e emoções presentes têm um impacto maior sobre a personalidade.

Em razão da ênfase na consciência e no presente, Rogers acreditava que a personalidade poderia ser entendida apenas a partir de nosso próprio ponto de vista, com base em nossas experiências subjetivas. Rogers lidou com a realidade da maneira como ela é conscientemente percebida por nós e notou que essa percepção nem sempre coincide com a realidade objetiva.

Rogers propôs uma motivação única, inata e imprescindível: a tendência a atualizar e desenvolver nossa capacidade e nossos potenciais ao máximo. Esse objetivo essencial é atualizar o *self* para tornar-se o que Rogers denominou uma *pessoa em pleno funcionamento*. Sua abordagem à terapia e à teoria, e o quadro otimista e humanista que pintou, receberam aceitação entusiasmada em psicologia, educação e pesquisa da vida familiar.

## A vida de Rogers (1902-1987)

### Confiando em sua própria experiência

O quarto de seis filhos, Rogers nasceu em 1902, em Oak Park, Illinois, subúrbio de Chicago, nos Estados Unidos. Seus pais tinham pontos de vista religiosos estritos e enfatizavam o comportamento moral, a supressão de manifestações de emoção e a virtude do trabalho árduo. Tais ensinamentos fundamentalistas dominaram Rogers como um tornilho,* como ele descreveu, durante toda a infância e a adolescência. As crenças de seus pais o forçaram a viver de acordo com a visão de mundo de outras pessoas, em vez da sua própria. Eles o influenciaram de formas sutis e afetuosas, como Rogers mais tarde fez em sua abordagem não diretiva de psicoterapia. Todos os filhos entendiam que nunca deveriam "dançar, jogar baralho, ir ao cinema, fumar, beber ou demonstrar qualquer interesse sexual" (Rogers, 1967, p. 344). Ele logo tornaria essas crenças alvo de revolta.

**Irmão mais velho e infância solitária.** Rogers tinha pouca vida social fora da sua família. Acreditava que os pais tinham preferência por um irmão mais velho, o que criou uma competitividade considerável entre eles. O autor se descreveu como tímido, solitário, sonhador e, muitas vezes, perdido em fantasias. Um biógrafo observou que ele cresceu com "a memória amarga de ser um alvo inevitável das brincadeiras do seu irmão, assim como desejava ardentemente a atenção da sua mãe" (Milton, 2002, p. 128).

Na tentativa de escapar da solidão, lia incessantemente qualquer livro que pudesse encontrar, até mesmo dicionários e enciclopédias. A solidão o levou a confiar em seus próprios recursos e experiências, em sua visão pessoal do mundo. Essa característica permaneceu com ele por toda a vida e se tornou o fundamento da sua teoria da personalidade. Nos anos posteriores, percebeu quão fortemente a solidão influenciara sua teoria, bem como sua personalidade.

> *Ao olhar para trás, percebo que meu interesse em entrevistar e em fazer terapia certamente originou-se da minha solidão anterior. Aqui havia uma maneira socialmente aprovada para chegar realmente perto de indivíduos e assim saciar a fome que eu, indubitavelmente, sentia.* (Rogers, 1980, p. 34)

**Mariposas e fantasias bizarras.** Quando Rogers tinha 12 anos, a família mudou-se para uma fazenda a 50 quilômetros de Chicago, e a vida rural despertou seu interesse pela ciência. Primeiro, ficou fascinado por uma espécie de mariposa que descobriu nos bosques; observou-as, capturou-as e criou-as durante muitos meses. Depois, interessou-se por agropecuária, na qual seu pai empregava métodos científicos modernos.

Rogers leu sobre experimentos agrícolas e começou a admirar o valor da abordagem científica, com seu uso de grupos de controle, isolamento de uma variável para estudo e análise estatística de dados. Era um empreendimento pouco comum para um adolescente. Ao mesmo tempo, sua vida emocional continuava tumultuada, e a natureza disso ele nunca explicou integralmente. Escreveu: "Minhas fantasias durante esse período eram definitivamente bizarras e seriam, provavelmente, classificadas como esquizoides por alguém que fizesse um diagnóstico meu, mas, felizmente, nunca entrei em contato com um psicólogo" (Rogers, 1980, p. 30).

**Encontrando a liberdade na China.** Rogers optou por estudar agricultura na Universidade de Wisconsin, a instituição de ensino em que seus pais, dois irmãos mais velhos e uma irmã haviam estudado. No entanto, depois de seu segundo ano na universidade, abandonou o estudo científico da agricultura para se preparar para o ministério pastoral. Em seu terceiro ano em Wisconsin, foi selecionado para participar de uma conferência estudantil internacional cristã em Pequim, na China. Durante seus seis meses de viagem, escreveu para os pais que sua filosofia de vida estava mudando. Seus pontos de vista religiosos tinham se modificado de fundamentalistas para liberais.

Libertar-se dos hábitos dos pais os deixou pesarosos, mas a mudança trouxe-lhe independência emocional e intelectual. Percebeu, como escreveria mais tarde, que podia "ter seus próprios pensamentos, chegar às próprias conclusões e assumir as posições em que acreditava" (Rogers, 1967,

---

* Forma de castigo infligida a soldados. (N. do R.T.)

p. 351). Essa liberação, com a confiança e a determinação que se seguiram a ela, reforçou a opinião de Rogers de que todos os seres humanos precisam aprender a confiar em suas próprias experiências, ideias e crenças. No entanto, chegar a essa conclusão foi um processo difícil, pelo qual pagou um alto preço emocional. Após ficar hospitalizado por cinco semanas com úlcera, que provavelmente teve origem no estresse, permaneceu na fazenda da família durante um ano para se recuperar, antes de retornar à universidade.

## Uma abordagem única de atendimento psicológico

Em 1924, Rogers formou-se pela Universidade de Wisconsin, casou-se com uma amiga de infância e matriculou-se no Union Theological Seminary, em Nova York, para se tornar clérigo. Após dois anos, transferiu-se para a Teachers College da Universidade de Columbia, do outro lado da rua, para estudar psicologia clínica e educacional. Recebeu seu Ph.D. em 1931 e se uniu à equipe do Departamento de Estudo da Criança, da Society for the Prevention of Cruelty to Children, em Rochester, Nova York. Seu trabalho compreendia diagnosticar e tratar crianças delinquentes e carentes.

Em 1940, mudou-se da clínica para um ambiente acadêmico, com uma nomeação de professor de psicologia na Universidade do Estado de Ohio. Lá, começou a formular suas opiniões centradas na pessoa sobre atendimento psicológico de pessoas emocionalmente perturbadas. Também trabalhou para levar a psicologia clínica para a corrente dominante do pensamento psicológico contemporâneo. De 1945 a 1957, esteve na Universidade de Chicago lecionando e desenvolvendo o Centro de Atendimento Psicológico.

**Colapso e terapia.** Certa vez, ao ver-se incapaz de ajudar um cliente gravemente perturbado, ficou tão abalado que adoeceu, sofrendo do que era então chamado de colapso nervoso; a sua autoconfiança estava estilhaçada; sentia-se, segundo ele, "profundamente convencido da minha completa incapacidade como terapeuta, da minha inutilidade como pessoa e da minha total falta de futuro no campo da psicologia" (Rogers, 1967, p. 367).

Ele e sua esposa deixaram Chicago e partiram para a pequena casa que tinham ao norte de Nova York, onde Rogers permaneceu recluso pelos seis meses seguintes. Quando se sentiu suficientemente bem para voltar à universidade, começou também uma terapia, dando-se conta de quanto eram profundos seus sentimentos de insegurança. Disse que acreditava que "ninguém poderia jamais me amar, ainda que gostassem do que eu fazia" (*apud* Milton, 2002, p. 131).

**Finalmente encontrando-se.** A terapia de Rogers foi aparentemente bem-sucedida; ele emergiu com uma habilidade recém-descoberta de dar e receber amor e de estabelecer relações emocionais profundas com outras pessoas, incluindo seus clientes.

Lecionou na Universidade de Wisconsin de 1957 até 1963. Durante esse tempo, publicou diversos artigos e livros que levaram sua teoria da personalidade e sua terapia centrada na pessoa ao grande público. Sua experiência clínica no ambiente acadêmico ocorreu na maior parte com estudantes universitários nos centros de atendimento. Dessa forma, o tipo de pessoa que ele tratou durante aquele período – jovens, inteligentes, altamente verbais e, na maioria das vezes, enfrentando especialmente problemas para se ajustarem e não distúrbios emocionais severos – era imensamente diferente do tipo de pessoa que se tratava com freudianos ou com psicólogos clínicos na prática particular.

Em 1964, Rogers tornou-se membro residente do Western Behavioral Sciences Institute, na Califórnia, trabalhando para aplicar sua filosofia centrada na pessoa a problemas internacionais, como a redução de tensão entre protestantes e católicos na Irlanda do Norte e entre judeus e árabes no Oriente Médio. Em 1946, tornou-se presidente da Associação Americana de Psicologia e recebeu os prêmios de Contribuição Científica e de Contribuição Profissional dessa organização.

# O *self* e a tendência à atualização

Durante sua viagem à China, Rogers reconheceu a importância de um *self* autônomo como um fator no próprio desenvolvimento. Sua pesquisa inicial reforçou a importância do *self* na formação da personalidade. Na década de 1930, desenvolveu um método para determinar se o comportamento de uma criança era saudável e construtivo ou não saudável e destrutivo. Investigou a formação da criança e a classificou segundo fatores que ele acreditava influenciassem o comportamento. Tais fatores incluíam ambiente familiar, saúde, desenvolvimento intelectual, circunstâncias econômicas, influências culturais, interações sociais e nível de educação. Todos esses fatores são externos, ou seja, são parte do ambiente da criança.

Rogers também investigou uma influência interna potencial: o autoconhecimento ou autodiscernimento da criança. Ele descreveu o autoconhecimento como uma aceitação do *self* e da realidade e um senso de responsabilidade pelo *self, mas* continuou a acreditar que os fatores externos tinham mais importância na formação da personalidade das pessoas.

## Autoconhecimento

Dez anos mais tarde, William Kell, um dos alunos de Rogers, adotou essa abordagem de avaliação na tentativa de prever o comportamento de crianças delinquentes. Rogers sugeriu que os fatores do ambiente familiar e das interações sociais (fatores externos) estariam mais fortemente correlacionados com o comportamento delinquente, mas estava errado. O fator que prenunciou mais acuradamente o comportamento posterior foi o autoconhecimento.

Surpreso ao descobrir que o ambiente familiar não se relacionava estreitamente a um comportamento delinquente posterior, Rogers escreveu: "Eu simplesmente não estava preparado para aceitar esse resultado, e o estudo foi guardado na gaveta" (1987, p. 119). Dois anos mais tarde, Helen McNeil reproduziu o estudo usando um grupo diferente de participantes de pesquisa e obteve resultados semelhantes. O nível de autoconhecimento de uma pessoa foi o único indicador mais importante do comportamento.

Dessa vez, diante de um acúmulo de dados, Rogers admitiu os resultados e, após refletir, passou a reconhecer a sua importância. A atitude de uma pessoa em relação ao seu *self* seria mais importante na previsão do comportamento do que os fatores externos. Tais fatores eram amplamente considerados como muito influentes na infância; dessa forma, os profissionais de atendimento e os assistentes sociais estavam enfatizando as coisas erradas ao tentar tratar crianças e adolescentes delinquentes!

Os profissionais de atendimento enfocam, tradicionalmente, fatores externos, como um ambiente familiar infeliz, e alteram as circunstâncias, removendo crianças de uma situação doméstica ameaçadora e colocando-as sob os cuidados de uma família adotiva. Em vez disso, eles deveriam tentar modificar o autoconhecimento delas. Essa compreensão foi pessoalmente importante para Rogers.

> *Essa experiência ajudou-me a decidir concentrar minha carreira principalmente no desenvolvimento de uma psicoterapia que proporcionasse maior consciência do autoconhecimento, autodireção e responsabilidade pessoal, em vez de me concentrar em mudanças no ambiente social. Levou-me a colocar maior ênfase no estudo do self e em como ele se modifica.* (Rogers, 1987, p. 119)

Assim, a ideia de *self* tornou-se a essência da sua teoria da personalidade, já que é a essência da sua própria vida.

## Tendência à atualização

Rogers acreditava que as pessoas são motivadas por uma tendência inata de realizar, manter e aprimorar o *self*. Esse impulso em direção à autorrealização é parte de uma **tendência à atualização** maior, que abrange todas as nossas necessidades fisiológicas e psicológicas. Ao encarregar-se dos requisitos básicos, como as necessidades de alimentação, água e segurança, a tendência à atualização trabalha para sustentar o organismo, cuidando de seu sustento e sobrevivência.

> **Tendência à atualização**
> Motivação humana básica de realizar, manter e aprimorar o *self*.

Para Rogers, a tendência à atualização começa no útero, facilitando o crescimento humano por meio da diferenciação dos órgãos físicos e do desenvolvimento do funcionamento fisiológico. É responsável pela maturação – o desenvolvimento geneticamente determinado das partes e dos processos corporais –, que vai desde o crescimento do feto até o aparecimento das características sexuais secundárias na puberdade. Essas mudanças, programadas em nossa constituição genética, são levadas a cabo por meio da tendência à atualização.

Mesmo que tais mudanças sejam determinadas geneticamente, o progresso em direção ao desenvolvimento humano pleno não é automático nem passivo. Para Rogers, o processo envolve luta e dor. Por exemplo, ao dar os primeiros passos, as crianças podem cair e se machucar. Embora fosse menos doloroso permanecer no estágio de engatinhar, a maioria delas persiste. Pode ser que venham novamente a cair e a chorar, mas, apesar da dor, são perseverantes, pois a tendência à atualização é mais forte que o ímpeto de regredir simplesmente porque o processo de crescimento é difícil.

## Processo de avaliação organísmica

O processo governante ao longo da vida, segundo Rogers, é o **processo de avaliação organísmica**, por meio do qual avaliamos todas as experiências de vida no sentido de quão bem elas trabalham em prol da tendência à atualização. As experiências que percebemos como promotoras de atualização são avaliadas como boas e desejáveis; atribuímos a elas um valor positivo. As experiências percebidas como obstáculos à atualização são indesejáveis, recebendo assim um valor negativo. Essas percepções influenciam o comportamento, pois preferimos evitar experiências indesejáveis e repetir as desejáveis.

> **Processo de avaliação organísmica**
> Processo pelo qual julgamos as experiências em termos do seu valor para promover ou impedir nossa realização e crescimento.

# O mundo experiencial

Ao desenvolver sua teoria, Rogers pesou o impacto do mundo experiencial em que atuamos diariamente, daquilo que fornece um quadro de referência ou contexto que influencia nosso crescimento. Estamos expostos a inúmeras fontes de estímulo todos os dias; algumas delas são triviais, outras importantes, algumas ameaçadoras e outras recompensadoras. Ele queria saber como percebemos e reagimos a esse mundo multifacetado de experiências às quais estamos expostos constantemente.

Rogers respondeu a essa questão dizendo que a realidade do nosso ambiente depende da percepção que temos dele, a qual nem sempre coincide com a realidade. Podemos reagir a uma experiência de maneira bem diferente da de nossos melhores amigos. Você pode julgar o comportamento de um colega de faculdade de uma forma muito diferente de como uma pessoa décadas mais velha o julgaria. Nossas percepções mudam com o tempo e com as circunstâncias. Sua opinião sobre o que você considera ser um comportamento universitário aceitável provavelmente será diferente quando tiver 70 anos de idade.

Como a tendência à atualização na infância nos leva a crescer e a nos desenvolver, nosso mundo experiencial se amplia. Os bebês são expostos a mais e mais fontes de estimulação e respondem a elas conforme são percebidas subjetivamente. Nossas experiências tornam-se a única base para nossos julgamentos e comportamentos. Rogers escreveu: "A experiência é, para mim, a mais alta autoridade. O critério de validade é a minha própria experiência" (1961, p. 23). Níveis mais elevados de desenvolvimento aguçam nosso mundo experiencial, resultando, consequentemente, o desenvolvimento do *self*.

# O desenvolvimento do *self* na infância

À medida que os bebês desenvolvem gradualmente um campo experiencial mais complexo com a ampliação dos encontros sociais, uma parte de sua experiência torna-se diferenciada do restante. Essa parte separada, definida pelas palavras *eu*, *me* e *mim*, é o *self* ou o autoconceito, cuja formação envolve a distinção entre o que é direta e imediatamente parte do *self* e o que são as pessoas, os objetos e os eventos externos ao *self*. O autoconceito é também imagem do que somos, do que deveríamos ser e do que gostaríamos de ser.

Em condições ideais, o *self* é um padrão consistente, um todo organizado. Todos os seus aspectos buscam a coerência. Por exemplo, pessoas que ficam perturbadas por possuir sentimentos agressivos, preferindo ignorá-los, não ousam expressar nenhum comportamento agressivo evidente. Proceder assim significa agir de modo incompatível com seu autoconceito, pois as pessoas acreditam que não deveriam ser agressivas.

## Consideração positiva

**Consideração positiva**
Aceitação, amor e aprovação dos outros.

Com o surgimento do *self*, os bebês desenvolvem um tipo de necessidade que Rogers chamou de **consideração positiva**. Isso inclui aceitação, amor e aprovação das outras pessoas, especialmente da mãe durante a infância. Essa necessidade provavelmente é adquirida, embora ele dissesse que a origem não era importante. A necessidade de consideração positiva é universal e duradoura.

Os bebês encontram satisfação em receber consideração positiva e se frustram ao não recebê-la ou se lhes for retirada. Como a consideração positiva é crucial para o desenvolvimento da personalidade, o comportamento do bebê é direcionado pela quantidade de afeto e amor que lhe são concedidos. Se a mãe não lhe oferecer consideração positiva, então a tendência inata do bebê em direção à atualização e ao desenvolvimento da autoimagem será tolhida.

Bebês percebem a desaprovação ao seu comportamento por parte dos pais como sendo a desaprovação ao seu *self* em início de desenvolvimento. Se isso ocorrer frequentemente, os bebês cessarão de se esforçar pela atualização e pelo desenvolvimento e agirão de tal forma que recebam consideração positiva dos outros, mesmo que essas ações sejam incoerentes com a sua autoimagem.

**Consideração positiva incondicional.** Mesmo que recebam aceitação, amor e aprovação suficientes, alguns comportamentos específicos podem lhes causar punição. No entanto, se as considerações positivas dadas a eles persistirem, apesar dos comportamentos indesejáveis, a condição é chamada **consideração positiva incondicional**. Com isso, Rogers queria dizer que o amor da mãe pelo filho é concedido livre e completamente; não é condicional ou dependente do comportamento da criança.

**Consideração positiva incondicional**
Aprovação concedida independentemente do comportamento de uma pessoa. Na terapia centrada na pessoa, desenvolvida por Rogers, o terapeuta oferece consideração positiva incondicional ao cliente.

Um aspecto importante da necessidade de consideração positiva é a sua natureza recíproca. Quando as pessoas percebem que estão satisfazendo a necessidade de consideração positiva de outra pessoa, elas experimentam, por si mesmas, satisfação dessa necessidade. Portanto, é recompensador satisfazer a necessidade de consideração positiva de outra pessoa.

Devido à importância em satisfazer a necessidade de consideração positiva, particularmente na infância, tornamo-nos sensíveis às atitudes e aos comportamentos dos outros. Ao interpretar o retorno que recebemos (seja por aprovação ou desaprovação), aperfeiçoamos nossa autoimagem; dessa maneira, ao formá-la, internalizamos as atitudes de outras pessoas.

**Autoconsideração positiva.** Com o tempo, a consideração positiva passa a vir mais de dentro de nós do que de outras pessoas. Essa condição Rogers chamou **autoconsideração positiva**, a qual se torna tão intensa quanto nossa necessidade de consideração positiva por parte dos outros, e pode ser satisfeita do mesmo modo. Por exemplo, as crianças que são recompensadas com afeto, aprovação e amor, quando estão contentes irão gerar autoconsideração positiva sempre que se comportarem de maneira alegre. Assim, de certa forma, aprendemos a nos recompensar.

> **Autoconsideração positiva**
> Condição sob a qual concedemos aceitação e aprovação a nós mesmos.

A autoconsideração positiva pode ser definida como uma sensação de contentar-se com si mesmo e está relacionada à saúde mental positiva (Leising *et al.*, 2013). Assim como a consideração positiva, ela é recíproca, ou seja, quando as pessoas recebem consideração positiva e desenvolvem autoconsideração positiva, podem, por sua vez, oferecer consideração positiva aos outros.

## Condições de merecimento

As **condições de merecimento** evoluem a partir dessa sequência do desenvolvimento da consideração positiva levando à autoconsideração positiva, que é a versão de Rogers do superego freudiano e se origina da **consideração positiva condicional.** Mencionamos que a consideração positiva *incondicional* envolve o amor dos pais e a aceitação da criança desprovidos de condições, independente do comportamento dela, ao contrário da consideração positiva *condicional*.

Os pais podem não reagir com consideração positiva a tudo o que seus bebês fizerem. Alguns de seus comportamentos os perturbam, assustam ou aborrecem, e para esses comportamentos eles podem não oferecer afeto ou aprovação. Assim, os bebês aprendem que o carinho dos pais tem um preço: eles têm que se comportar de uma maneira aceitável. Eles passam a entender que algumas vezes são premiados, outras vezes não.

Se um pai expressar contrariedade toda vez que o bebê deixar cair um objeto para fora do berço, a criança aprenderá a desaprovar a si mesma por se comportar assim. Padrões externos de julgamento tornam-se internos e pessoais. De certa forma, então, as crianças passam a se punir como seus pais fizeram; desenvolvem autoconsideração apenas em situações que provocam aprovação dos pais e, com o tempo, o autoconceito formado passa a funcionar como substituto dos pais.

> **Condições de merecimento**
> Para Rogers, a crença de que somos dignos de aprovação apenas quando expressamos comportamentos e atitudes desejáveis e nos privamos de expressar aqueles que causam desaprovação por parte dos outros; similar ao superego freudiano.
>
> **Consideração positiva condicional**
> Aprovação, amor ou aceitação concedidos somente quando uma pessoa expressa comportamentos e atitudes desejáveis.

Em consequência, as crianças desenvolvem condições de merecimento, passando a acreditar que são merecedoras somente sob certas condições, as que causam consideração positiva por parte dos pais e, assim, autoconsideração positiva. Tendo internalizado normas e padrões de seus pais, elas se veem como merecedoras ou não, boas ou ruins, segundo os termos que os pais definiram.

Um estudo realizado com adolescentes revelou que, quando as mães usam a consideração positiva condicional para recompensá-los por uma realização acadêmica, e puni-los pela não realização, os sentimentos de valor próprio dos adolescentes se tornam instáveis. Quando eles tiram boas notas,

Idealmente, os pais fornecem consideração positiva incondicional.

Shawn Gearhart/istockphoto.com

por exemplo, têm atitudes de autoenaltecimento, mas, quando não se saem tão bem, sentem vergonha e tendem a subestimar ou desvalorizar o senso de merecimento próprio (Assor e Tai, 2012).

Assim, as crianças aprendem a evitar certos comportamentos e não agem mais livremente. Por sentirem necessidade de avaliar seus comportamentos e atitudes tão cuidadosamente e se absterem de tomar certas atitudes, são impedidas de desenvolver ou atualizar plenamente seu *self*. Elas inibem seu desenvolvimento ao viver dentro dos limites impostos pelas suas condições de merecimento.

## Incongruência

As crianças não apenas aprendem, idealmente, a inibir comportamentos inaceitáveis, mas também podem negar ou distorcer maneiras inaceitáveis de perceber o seu mundo experiencial. Ao alimentar uma percepção imprecisa de certas experiências, elas correm o risco de se afastar do seu verdadeiro *self*. Aprendemos a avaliar as experiências e a aceitá-las ou rejeitá-las, não em termos de como elas contribuem para a nossa tendência geral de atualização, mas em termos de trazer alguma consideração positiva por parte dos outros. Isso leva à **incongruência** entre o autoconceito e o mundo experiencial, o ambiente como o percebemos.

> **Incongruência**
> Discrepância entre a autoimagem de uma pessoa e os aspectos de sua experiência.

As experiências que são incongruentes ou incompatíveis com nosso autoconceito tornam-se ameaçadoras e causam ansiedade. Por exemplo, se nosso autoconceito inclui a crença de que amamos toda a humanidade, ao encontrarmos alguém por quem sentimos ódio, é possível que desenvolvamos ansiedade.

Odiar não é congruente com a imagem que temos de nós mesmos como pessoas afetuosas; então, para manter nosso autoconceito, devemos negar o ódio. Defendemo-nos contra a ansiedade que acompanha a ameaça deformando-a, fechando, assim, uma parte do nosso campo experiencial. O resultado é a rigidez de algumas de nossas percepções.

## Congruência e saúde emocional

Nosso nível de ajuste psicológico e de saúde emocional é uma função do grau de congruência ou compatibilidade entre nosso autoconceito e nossas experiências. Pessoas psicologicamente saudáveis são capazes de perceber a si mesmas, outras pessoas e eventos em seu mundo do modo como eles realmente são. Elas estão abertas a novas experiências, pois nada ameaça seu autoconceito; não têm necessidade de negar ou de deformar suas percepções, pois receberam, quando crianças, consideração positiva incondicional e não precisaram internalizar condições de merecimento.

Sentem-se merecedoras sob todas as condições e situações e são capazes de usar toda sua experiência. Podem desenvolver e realizar todas as facetas do *self* para se tornar uma pessoa de pleno funcionamento* e se dirigir ao que Rogers chamou de "vida plena".**

# Características de pessoas de pleno funcionamento

Para Rogers, a **pessoa de pleno funcionamento** é o resultado desejado do desenvolvimento psicológico e da evolução social (Rogers, 1961). Ele descreveu diversas características de pessoas de pleno funcionamento (ver Quadro 10.1).

> **Pessoa de pleno funcionamento**
> Termo de Rogers para a autoatualização e o desenvolvimento de todas as facetas do *self*.

---

**QUADRO 10.1** ▪ Características de pessoas de pleno funcionamento

| |
|---|
| Consciência de toda experiência, aberta a sentimentos tanto positivos como negativos. |
| Vigor de apreciação de todas as experiências. |
| Confiança em seu próprio comportamento e sentimentos. |
| Liberdade de escolha, sem inibições. |
| Criatividade e espontaneidade. |
| Necessidade constante de desenvolvimento, de busca da maximização do próprio potencial em um estado de atualização. |

---

**Pessoas de pleno funcionamento são cientes de todas as experiências.** Nenhuma experiência é deformada ou negada; tudo é filtrado por meio do *self*. Não há defesas, pois não há contra o que se defender, não há nada a ameaçar o autoconceito. As pessoas de pleno funcionamento são abertas a sentimentos positivos, como coragem e ternura, e a sentimentos negativos, como medo e dor. Elas são mais emocionais no sentido de aceitar uma gama mais ampla de emoções positivas e negativas, e as sentem mais intensamente.

**Pessoas de pleno funcionamento vivem de modo amplo e rico todos os momentos.** Todas as experiências são potencialmente frescas e novas; não podem ser previstas ou antecipadas, mas sim vivenciadas de maneira plena, em vez de meramente observadas.

**Pessoas de pleno funcionamento confiam em seu próprio organismo.** Com esta frase Rogers quis dizer que pessoas de pleno funcionamento confiam em suas próprias reações, não são conduzidas pelas opiniões dos outros, por seus julgamentos intelectuais ou por códigos sociais. Comportar-se da

---

\*   Em inglês, *a fully functioning person*, que poderia também ser traduzido como "uma pessoa plena".  (N. do R.T.)

\*\*  Em inglês, *the good life*, cuja tradução literal poderia ser "boa vida". (N. do R.T.)

maneira que achar correto é um bom guia para se comportar de modo satisfatório. Rogers não quis dizer que as pessoas de pleno funcionamento ignoram as informações do seu próprio intelecto ou do de outras pessoas, mas sim que todos os dados são aceitos quando congruentes com o autoconceito de uma pessoa de pleno funcionamento.

Nada é ameaçador; toda informação pode ser percebida, avaliada e ponderada com precisão. Assim, a decisão final sobre como se comportar em uma situação particular resulta da consideração de todos os dados experimentais. As pessoas de pleno funcionamento, no entanto, não são conscientes ao fazer tais deliberações, que acontecem em razão da congruência entre seu autoconceito e sua experiência e, portanto, suas decisões parecem ser mais intuitivas e emocionais do que intelectuais.

**Pessoas de pleno funcionamento sentem-se livres para fazer escolhas sem restrições ou inibições.** Isso traz um sentimento de poder, pois sabem que seu futuro depende das próprias ações e não das circunstâncias presentes, eventos passados ou de outras pessoas. Não se sentem compelidas, seja por si mesmas, seja pelos outros, a se comportar apenas de determinada maneira.

**Pessoas de pleno funcionamento são criativas e vivem de forma construtiva e adaptativa conforme as condições ambientais mudam.** Aliada à criatividade, está a espontaneidade. As pessoas de pleno funcionamento são flexíveis e buscam novas experiências e desafios; não exigem previsibilidade, segurança ou ausência de tensão.

**Pessoas de pleno funcionamento estão em um estado de atualização.** Rogers usou o termo *estado de atualização*, e não *atualizada*, para caracterizar a pessoa de pleno funcionamento. O último termo implica uma personalidade acabada e estática, o que não era a sua intenção. O desenvolvimento do *self* está sempre em evolução. Rogers escreveu que ser pleno é uma "direção, não um destino" (Rogers, 1961, p. 186). Se cessar o esforço e o desenvolvimento, a pessoa perde espontaneidade, flexibilidade e abertura. A ênfase de Rogers na mudança e no desenvolvimento é captada claramente na palavra *tornar-se* no título do seu livro: *Tornar-se pessoa* (Rogers, 1961).

Kali9/istockphoto.com

Pessoas de pleno funcionamento têm senso de liberdade e capacidade de viver todos os momentos de forma intensa e criativa.

**Ser uma pessoa de pleno funcionamento nem sempre é fácil.** Estar em pleno funcionamento envolve testar, crescer, esforçar-se e usar todo seu potencial continuamente, é um modo de vida que traz complexidade e desafios. Rogers não descreveu pessoas de pleno funcionamento como felizes, alegres ou satisfeitas, embora algumas vezes elas possam ser. Mais apropriadamente, a personalidade delas pode ser descrita como enriquecedora, empolgante e significativa.

## Questões sobre a natureza humana

Na questão sobre livre-arbítrio *versus* determinismo, a posição de Rogers é clara. As pessoas de pleno funcionamento possuem livre escolha para criar seu *self*. Em outras palavras, para elas, nenhum aspecto da personalidade é predeterminado. Na questão natureza-criação, Rogers enfatizou o papel do ambiente. Ainda que a tendência à atualização seja inata, o processo de realização é mais influenciado pelas forças sociais que pelas biológicas.

As experiências da infância têm certo impacto no desenvolvimento da personalidade, mas as experiências posteriores da vida têm uma influência maior. Nossos sentimentos atuais são mais vitais para a nossa personalidade do que os eventos da infância.

Rogers reconheceu uma qualidade universal na personalidade quando mencionou que pessoas de pleno funcionamento partilham certas qualidades. Contudo, podemos inferir, a partir de seus escritos, que há oportunidade para a singularidade na forma pela qual essas características são expressas. O objetivo principal da vida é tornar-se uma pessoa de pleno funcionamento.

Um teórico da personalidade que credita às pessoas a capacidade, a motivação e a responsabilidade de entender e melhorar a si mesmas, obviamente as vê sob uma luz otimista e positiva. Rogers acreditava que possuímos uma natureza basicamente saudável e uma tendência inata de crescer e realizar nosso potencial. Ele nunca perdeu o otimismo. Em uma entrevista que concedeu aos 85 anos, disse: "Ao trabalhar com indivíduos e grupos, minha visão positiva da natureza humana é continuamente reforçada" (Rogers, 1987, p. 118).

Na opinião de Rogers, não somos condenados a entrar em conflito conosco ou com a nossa sociedade, nem somos governados por forças biológicas instintivas ou controlados por eventos dos cinco primeiros anos da vida. Nossa perspectiva é progressiva, não regressiva, em direção ao desenvolvimento, e não à estagnação. Experimentamos nosso mundo abertamente, em vez de defensivamente, e buscamos desafios e estímulos, no lugar da segurança daquilo que nos é familiar. Podem ocorrer perturbações emocionais, mas são incomuns.

Por meio da terapia centrada na pessoa desenvolvida por Rogers as pessoas são capazes de superar dificuldades usando seus recursos internos, o impulso inato à realização.

> *Estou bastante consciente de que, em razão das defesas e do medo interno, os indivíduos podem se comportar, e de fato se comportam, de forma incrivelmente cruel, destrutiva, imatura, regressiva, antissocial e perniciosa. Mesmo assim, uma das partes mais reconfortantes e revigorantes da minha experiência é trabalhar com tais indivíduos e descobrir as tendências direcionais fortemente positivas que existem neles, como em todos nós.* (Rogers, 1961, p. 27)

O ímpeto de tornar-se uma pessoa de pleno funcionamento também beneficia a sociedade. Quanto mais pessoas de determinada cultura se tornarem autoatualizantes, mais naturalmente ocorrerá o aprimoramento da sociedade.

## A avaliação na teoria de Rogers

Para Rogers, o único modo de avaliar a personalidade é em termos das experiências subjetivas, dos eventos na vida da pessoa conforme ela os percebe e aceita como reais. Ele sustentava que seus clientes (ele nunca os chamava de pacientes) tinham a capacidade de examinar as raízes de seus problemas e de redirecionar o desenvolvimento da personalidade que havia sido impedido por alguma incongruência entre seu autoconceito e suas experiências.

**Terapia centrada na pessoa**
Abordagem rogeriana de terapia na qual se supõe que o cliente é responsável pela mudança de sua personalidade.

## Terapia centrada na pessoa

Na técnica da **terapia centrada na pessoa**, Rogers explorou os sentimentos e as atitudes do cliente com relação ao *self* e às outras pessoas. Ele o ouvia sem ideias preconcebidas, tentando entender o mundo do cliente segundo sua respectiva visão. Embora considerasse esse tipo de terapia como a única abordagem válida de avaliação da personalidade, percebeu que ela não era infalível. Ao focar nas experiências subjetivas, o terapeuta estuda apenas os eventos que o cliente expressa conscientemente.

Experiências que não estão no consciente permanecem ocultas. O perigo em tentar fazer muitas inferências a respeito dessas experiências não conscientes é que as inferências formuladas pelo terapeuta podem representar preferencialmente as próprias projeções, e não as experiências reais do cliente.

Além disso, o que o terapeuta vem a conhecer sobre um cliente depende da sua própria capacidade comunicativa. Como todas as formas de comunicação são imperfeitas, o terapeuta verá, necessariamente, o mundo de experiências do cliente de maneira imperfeita e incompleta.

Dentro desses limites, Rogers argumentava que a terapia centrada na pessoa oferece uma visão mais clara do mundo experiencial de um indivíduo do que outras formas de avaliação e de terapia. Uma vantagem que Rogers reivindicava para sua abordagem é que ela não conta com uma estrutura teórica predeterminada (como a psicanálise freudiana) na qual o terapeuta deve encaixar o problema do paciente.

A única crença predeterminada da terapia centrada na pessoa é o valor e a importância inerentes ao cliente. Os clientes são aceitos como são. O terapeuta lhes oferece consideração positiva incondicional, não expressa nenhum julgamento sobre seus comportamentos nem lhes dá conselhos sobre como devem se comportar. Tudo centra-se no paciente, inclusive a responsabilidade de mudar o seu comportamento e reavaliar as suas relações.

Rogers opunha-se a técnicas de avaliação – como livre associação, análise de sonhos e relatos de caso – por acreditar que elas tornavam os clientes dependentes do terapeuta, que assumia, então, uma aura de especialista e autoridade. Essas técnicas removiam a responsabilidade dos pacientes, dando-lhes a impressão de que o terapeuta sabia tudo sobre eles. Os clientes poderiam concluir que o terapeuta resolveria seus problemas e que tudo o que teriam de fazer era cruzar os braços e seguir as instruções do especialista.

## Grupos de encontro

Rogers demonstrou que a terapia centrada na pessoa poderia ajudar indivíduos que estavam desligados de seus sentimentos e fechados às experiências de vida. Ele queria levar esse estado de saúde e funcionamento psicológico plenos ao maior número de pessoas, por isso desenvolveu uma técnica grupal na qual elas poderiam adquirir maior conhecimento a respeito de si mesmas e sobre como se relacionavam entre si. Chamou essa abordagem de **grupo de encontro** (Rogers, 1970).

**Grupos de encontro**
Técnica de terapia de grupo na qual as pessoas adquirem conhecimento a respeito de seus sentimentos e de como elas se relacionam ou se encontram umas com as outras.

O tamanho dos grupos variava de oito a 15 pessoas. Geralmente, elas se reuniam de 20 a 60 horas, ao longo de diversas sessões. Esses grupos começavam sem nenhuma estrutura ou programação formal. O facilitador do grupo, que conduzia as sessões, não era um líder no sentido usual, mas era quem estabelecia uma atmosfera na qual os membros do grupo poderiam se expressar e se concentrar em como os outros os percebiam. O trabalho do facilitador era facilitar a obtenção de autoconhecimento e maior plenitude do funcionamento por parte dos membros. Rogers acreditava que a maioria dos participantes (não todos) se tornaria mais facilmente uma pessoa de pleno funcionamento.

Nem todos os psicólogos concordam. Uma análise em grande escala de estudos sobre grupos de encontro revelou que os resultados eram comparáveis aos de psicoterapias tradicionais (Faith, Wong e Carpenter, 1995). A análise também mostrou que grupos maiores que se encontravam mais frequentemente produziam mais resultados satisfatórios do que pequenos grupos que se encontravam com menor frequência.

Os grupos de encontro não são mais tão populares como quando o próprio Rogers os promovia, mas ainda são dirigidos por alguns de seus seguidores como uma forma de levar as pessoas a intensificar seu potencial e alcançar o pleno do funcionamento.

## Testes psicológicos

Rogers não usava testes psicológicos para avaliar a personalidade nem desenvolveu quaisquer testes. Contudo, outros psicólogos os desenvolveram para mensurar aspectos do mundo experiencial. O Inventário de Experiências (Coan, 1972), um questionário de autorrelato, busca avaliar a abertura ou a receptividade às experiências, uma característica da pessoa de pleno funcionamento. A Escala Experiencial (Gendlin e Tomlinson, 1967) mede nosso nível de autoconfiança.

As pessoas avaliadas por esse teste não respondem diretamente; elas podem falar sobre o que quiserem e seus comentários são gravados e posteriormente classificados para determinar o grau de autoconfiança; por exemplo, quanto elas afirmam que seus sentimentos são uma fonte importante de informação sobre a qual seu comportamento se apoia, ou quanto elas negam que seus sentimentos pessoais influenciam suas decisões.

A Escala Experiencial tem sido utilizada com a terapia centrada na pessoa. Por exemplo, um estudo relatou que pessoas que apresentaram o maior progresso durante a terapia revelaram aumento de autoconfiança do início para o final da terapia. Aqueles com distúrbios emocionais menos graves revelaram maior autoconfiança que aqueles com distúrbios mais sérios (Klein *et al.*, 1969).

## A pesquisa na teoria de Rogers

Rogers acreditava que as entrevistas centradas na pessoa, que contam com os autorrelatos dos clientes, possuíam maior valor que os métodos experimentais. Sob essa perspectiva, as abordagens científicas mais ortodoxas produziriam menos informações sobre a natureza da personalidade que a sua abordagem clínica. Ele disse: "Nunca aprendi nada a partir de pesquisa. A maioria das minhas pesquisas foi feita para confirmar o que eu já sentia ser verdade" (*apud* Bergin e Strupp, 1972, p. 314).

Embora não usasse métodos laboratoriais para coletar dados sobre a personalidade, Rogers os empregou para tentar verificar e confirmar suas observações clínicas. Era entusiasta com relação às pesquisas sobre a natureza das sessões de terapia, uma ideia à qual muitos clínicos se opunham por considerá-la uma violação da privacidade.

Rogers, então, introduziu um procedimento radical (Goldfried, 2007): gravou e filmou sessões de terapia para permitir aos pesquisadores estudar a interação cliente-terapeuta. Antes da sua inovação, os únicos dados disponíveis das sessões de terapia eram as reconstruções posteriores feitas pelo terapeuta, ou seja, as anotações feitas após o término da sessão de terapia. Além das distorções da memória com o passar do tempo, um registro escrito não relata o estado emocional e a linguagem corporal do cliente. Algumas vezes, uma expressão facial ou tom de voz podem revelar mais do que palavras. Com as sessões de terapia gravadas, todos esses aspectos tornaram-se disponíveis para estudo.

Rogers referia-se às gravações como um microscópio para examinar as "moléculas da mudança de personalidade" (Rogers, 1974, p. 120). Ele sempre pedia a permissão do cliente para gravar as sessões e achava que a presença do equipamento não impedia o desenrolar da terapia.

## Avaliação da terapia centrada na pessoa

Rogers e seus associados também estudaram como o autoconceito muda no decorrer da terapia. Eles analisaram as sessões usando técnicas qualitativas e quantitativas na tradição científica (apesar da afirmação de Rogers de que não era um cientista). Por meio da aplicação de escalas de avaliação e análises do conteúdo das verbalizações de um cliente, investigaram as mudanças no autoconceito.

**Técnica de classificação Q**
Técnica de autorrelato para avaliação de aspectos da autoimagem.

Boa parte da pesquisa usou a **técnica de classificação Q**, um procedimento desenvolvido por William Stephenson (1953). Nessa técnica, os clientes classificam um grande número de enunciados sobre o autoconceito, em categorias que variam da mais descritiva às menos descritiva. Assim, a classificação Q é uma forma de definir empiricamente o autoconceito do cliente.

Enunciados típicos da classificação Q são os seguintes:

- Gosto de ficar só.
- Sinto-me desamparado.
- Sou emocionalmente maduro.

A classificação Q pode ser usada de diversas maneiras. Por exemplo, após classificar os enunciados em termos do *self* percebido, pode-se solicitar aos clientes que ordenem os mesmos enunciados em termos de um *self* ideal, ou seja, da pessoa que mais gostariam de ser. Aplicando o método de correlação, Rogers usou respostas de classificação Q para determinar quão próximo o autoconceito de um cliente estava de corresponder ao *self* ideal.

Observou também quanto o autoconceito mudava do período anterior à terapia até o que se seguia a ela. Para uma cliente, identificada como "senhora Oak", os dados forneceram um coeficiente de correlação inicial de +0,36 entre o *self* percebido e o *self* ideal. Um ano depois da terapia, o coeficiente de correlação havia aumentado para +0,79, indicando a Rogers que o *self* percebido da senhora Oak tornara-se muito mais congruente com seu *self* ideal ou desejado (Rogers, 1954). Ele concluiu que essa mudança drástica refletia um aumento da saúde emocional.

A senhora Oak escolheu frases diferentes da classificação Q para descrever-se antes e depois da terapia. Antes de suas sessões com Rogers, via sua autoimagem como dependente e passiva. Sentia-se também rejeitada pelos outros. Depois de um período de terapia, acreditava ser mais parecida com o *self* que ela realmente queria ter. Sentia-se mais segura, menos medrosa e mais capaz de se relacionar com os outros (veja Quadro 10.2).

Um estudo feito pelos colegas de Rogers mediu a discrepância entre o *self* percebido e o *self* ideal em 25 clientes (Butler e Haigh, 1954). Os pesquisadores verificaram que a discrepância diminuía com o tempo durante a terapia e o período que a ela se seguia. Antes dela, o coeficiente de correlação médio entre o *self* percebido e o *self* ideal era -0,01, e depois era +0,31.

Pesquisas mais recentes demonstraram que a terapia centrada na pessoa tem maior probabilidade de sucesso quando os clientes consideram que os terapeutas:

1. São empáticos e compreensivos.
2. Demonstram consideração positiva incondicional por eles.
3. Mostram coerência ao demonstrar que estão sendo genuínos na relação terapêutica (Cain, 2013).

---

**QUADRO 10.2** ▪ Classificação Q da sra. Oaks sobre o *self* observado antes e depois da terapia

| *Self* antes da terapia | *Self* 12 meses após a terapia |
|---|---|
| Sinto-me geralmente conduzida. | Expresso livremente minhas emoções. |
| Sou responsável pelos meus problemas. | Sinto-me emocionalmente madura. |
| Sou realmente autocentrada. | Sou autoconfiante. |
| Sou desorganizada. | Entendo a mim mesma. |
| Sinto-me insegura comigo mesma. | Sinto-me adequada. |
| Tenho de me proteger com desculpas, com racionalizações. | Tenho um relacionamento emocional afetivo com os outros. |

Fonte: Rogers, C. R. "The case of Mrs. Oak: a research analysis". In: Rogers, C. R.; Dymond, R. F. *Psychotherapy and personality change.* Chicago: University of Chicago Press, 1954.

---

Mais recentemente foi desenvolvida uma técnica de Classificação Q de Satisfação Sexual, em que as pessoas classificam 63 afirmações relacionadas a comportamentos, sentimentos e experiências durante a satisfação sexual. Os resultados iniciais sugerem que a maioria das pessoas que faz o teste classifica as experiências sexuais em uma ou mais das quatro categorias: emocional e masculina, relacional e feminina, focada no parceiro ou focada no orgasmo (McClelland, 2014a, 2014b).

**Consideração positiva condicional.** Pesquisas conduzidas com mulheres de três gerações e estudantes universitários demonstraram que o uso de consideração positiva condicional por parte dos pais teve sucesso ao produzir os comportamentos que eles desejavam em seus filhos. Entretanto, autorrelatos de crianças cujos pais usavam consideração condicional mostraram pouca habilidade de enfrentamento, níveis flutuantes de autoestima, baixa autovalorização, sentimentos de que os pais as desaprovavam e ressentimento em relação a eles. Consequências negativas como essas não foram relatadas por crianças cujos pais não haviam usado a consideração condicional (Assor, Roth e Deci, 2004).

**Processo de avaliação organísmica.** Há algumas evidências que confirmam o conceito de Rogers de processo de avaliação organísmica. Estudos também sugeriram que a autoconsideração positiva pode não ser tão predominante em uma cultura coletivista, como a do Japão, quanto em uma cultura mais individualista, como a dos Estados Unidos (Heine *et al.*, 1999; Joseph e Linley, 2005; Sheldon, Arndt e Houser-Marko, 2003).

## Abertura à experiência

Em um estudo clássico, estudantes universitários completaram a lista de classificação Q para testar a proposição de Rogers de que pessoas de pleno funcionamento são abertas a novas experiências, ao passo que as psicologicamente enfermas erguem defesas para se proteger de experiências que ameaçam sua autoimagem (Chodorkoff, 1954). Foram preparadas descrições de classificação Q de cada avaliado por clínicos que basearam seus relatórios em uma série de dados, incluindo respostas ao Teste de Apercepção Temática e ao teste de borrões de tinta de Rorschach. Levando em conta essas medidas clínicas, eles foram divididos em grupos de bem ou mal ajustados.

Medidas de defesa de percepção contra material percebido como ameaçador foram obtidas a partir das reações dos avaliados a palavras neutras, como "mesa", e a algumas palavras supostamente ameaçadoras, como "pênis". Os resultados mostraram que todos os avaliados eram mais lentos em perceber palavras ameaçadoras que neutras. Esse tipo de resposta era mais evidente naqueles avaliados como defensivos do grupo mal ajustado. Observou-se uma defesa de percepção significativamente menor por parte das pessoas do grupo bem ajustado, supostamente mais saudáveis psicologicamente.

Com relação à concordância entre as autoclassificações dos estudantes e as classificações dos clínicos, os pesquisadores verificaram que, quanto mais próximos estavam os dois conjuntos de enunciados da classificação Q, mais bem ajustada era a pessoa.

## Aceitação do *self*

Um estudo com 56 mães investigou a relação entre a sua autoaceitação e até que ponto elas aceitavam seus filhos como eles eram, em vez de como elas desejavam que fossem (Medinnus e Curtis, 1963). Essa pesquisa inicial teve como base a ideia de Rogers de que as pessoas que aceitam sua própria natureza de forma realista (cuja autopercepção e cujo *self* ideal são congruentes) apresentam maior probabilidade de aceitar os outros como eles realmente são.

Os resultados revelaram diferenças significativas entre as mães com autoaceitação e as que não possuem autoaceitação. As mães com autoaceitação aceitavam melhor a natureza de seus filhos; além disso, o grau de autoaceitação do filho dependia, até certo ponto, do grau de autoaceitação da mãe.

**Identidade racial.** Um estudo com adultos multirraciais nos Estados Unidos descobriu que os que mostraram alto grau de autoaceitação sobre suas identidades raciais tiveram um crescimento positivo mais forte do que aqueles que apresentaram um grau menor de autoaceitação a respeito de suas identidades raciais (Pedrotti e Edwards, 2010).

**Comportamento dos pais.** Estudos revelaram que pais que aceitavam seus filhos de modo incondicional e utilizavam práticas democráticas de criação, tinham filhos com maior autoestima e maior segurança emocional que pais que fracassavam em aceitar seus filhos e que demonstravam comportamento autoritário (Baldwin, 1949).

Pais de crianças com elevada autoestima demonstravam afeto e usavam premiações, e não punições, para orientar o comportamento dos filhos. Pais de crianças com baixa autoestima eram muito mais distantes, menos afetuosos e mais propensos à punição (Coopersmith, 1967).

Adolescentes cujos pais forneciam consideração positiva incondicional e permitiam que eles se expressassem sem restrições desenvolviam maior potencial criativo do que aqueles cujos pais não forneciam tais situações (Harrington, Block e Block, 1987).

Também foi demonstrado que adolescentes que receberam consideração positiva incondicional de seus pais eram mais confiantes e esperançosos sobre a sua capacidade de receber apoio dos outros no futuro. Também empregavam mais comportamentos coerentes com a percepção de seus interesses e talentos.

Os que recebiam consideração positiva condicional de seus pais não apresentavam tal confiança e esperança, tendo mais atitudes incoerentes com o seu verdadeiro *self* para que pudessem obter apoio e aprovação dos pais (Harter *et al.*, 1996). Descobriu-se que alunos do ensino médio que receberam consideração positiva incondicional de seus professores tiveram maior pontuação em autoestima positiva do que aqueles que não receberam consideração positiva incondicional dos seus professores (Nolan, 2008).

**Idade.** Verificou-se que o envelhecimento aumenta o nível de autoajuste, bem como diminui os sentimentos de raiva e ansiedade (Shallcross *et al.*, 2013).

## Ajustamento emocional

Muitos estudos confirmam a tese de Rogers de que a incongruência entre o *self* percebido e o *self* ideal indica ajuste emocional deficiente. Os pesquisadores concluíram que quanto maior a discrepância, maiores serão a ansiedade, a insegurança, a autoincerteza, a depressão, o desajuste social e outros distúrbios psicológicos.

Além disso, elevada incoerência entre o *self* percebido e o *self* ideal correlaciona-se a baixos níveis de autoatualização e autoestima (Achenbach e Zigler, 1963; Gough, Lazzari e Fioravanti, 1983; Mahoney; Hartnett, 1973; Moretti e Higgins, 1990; Straumann *et al.*, 1991). Pessoas com grande discrepância entre *self* percebido e *self* ideal foram classificadas pelas outras como esquisitas, confusas e pouco amistosas (Gough, Lazzari e Fioravanti, 1978).

Rogers acreditava que o fracasso em realizar nossa tendência à atualização inata pode levar ao desajuste. Para verificar essa ideia, um pesquisador estudou os temperamentos herdados propostos por Buss e Plomin (Emotividade, Atividade e Sociabilidade ou EAS) em estudantes universitários dos sexos masculino e feminino (Ford, 1991). Usando a Análise de Temperamento – EASI para avaliar o comportamento, solicitou-se aos pais dos estudantes que falassem sobre o temperamento de seus filhos quando eram bem pequenos.

Esses perfis de temperamentos foram comparados com a percepção atual do *self* dos estudantes com três temperamentos e os resultados sustentaram os pontos de vista de Rogers: quanto maior a discrepância de temperamento entre o potencial infantil e a realização adulta, maior era o nível de desajuste.

---

**DESTAQUES:** Pesquisa sobre as ideias de Rogers

Pesquisas sobre a abordagem de Rogers descobriram que:

- Autoestima positiva pode ser mais importante em culturas individualistas.
- Pessoas de pleno funcionamento estão abertas a todas as experiências.
- A autoaceitação de uma criança depende, em parte, do grau de autoaceitação da mãe.
- Crianças cujos pais as aceitavam incondicionalmente têm maior autoestima.
- As pessoas que apresentam uma incongruência entre *self* percebido e *self* ideal são desajustadas emocionalmente e têm baixas autoestima e autoatualização.
- O fracasso em concretizar nosso potencial inato pode levar ao desajustamento.

---

# Reflexões sobre a teoria de Rogers

## Críticas

Rogers insistia que a única maneira de explorar a personalidade é por meio da terapia centrada na pessoa, de modo a examinar suas experiências subjetivas, o que ele fez ouvindo os autorrelatos de seus clientes. Os críticos o acusam de ter ignorado fatores dos quais o cliente não estava consciente, mas que poderiam influenciar o comportamento. As pessoas podem distorcer os relatos de suas experiências subjetivas, reprimindo alguns eventos e aperfeiçoando ou forjando outros, de modo a ocultar sua verdadeira natureza e apresentar uma autoimagem idealizada.

## A influência da Segunda Guerra Mundial sobre a terapia centrada na pessoa

A psicoterapia centrada na pessoa, proposta por Rogers, rapidamente se tornou popular. Sua aceitação foi, em parte, estimulada pelas circunstâncias sociais dos Estados Unidos ao final da Segunda Guerra Mundial (1945). Veteranos que retornavam do serviço além-mar necessitavam de ajuda para se reajustar à vida civil, e o resultado foi uma demanda por psicólogos e por uma técnica de psicoterapia que estes pudessem dominar e colocar em prática rapidamente.

O treinamento na psicanálise tradicional requeria graduação em medicina e um longo período de especialização. No entanto, "a psicoterapia centrada na pessoa", escreveu um analista, "era simples, informal, breve e requeria pouco treinamento" (DeCarvalho, 1999, p. 142).

Mais de 400 centros de aconselhamento universitários, baseados nos ensinamentos de Rogers, foram criados após a Segunda Guerra Mundial, sob os auspícios da Veterans Administration, para ajudar os veteranos que retornavam da guerra a se ajustarem à vida civil. A terapia centrada no cliente recebeu um enorme impulso e centenas de universidades criaram seus próprios centros de aconselhamento.

Posteriormente, Rogers reconheceu que o estresse dos Estados Unidos no pós-guerra alçou seu método e seu nome à fama mundial como o líder de uma nova abordagem para entender e tratar a personalidade (ver Barrett-Lennard, 2012; McCarthy, 2014).

## Aceitação da terapia de Rogers

A terapia de Rogers encontrou ampla aplicação não apenas como tratamento de distúrbios emocionais, mas também como meio de elevar a autoimagem. No mundo dos negócios, ela tem sido usada como método de treinamento de gerentes. Nas profissões assistenciais, é usada para treinar psicólogos clínicos, assistentes sociais e profissionais de orientação.

Além disso, psicoterapeutas de muitas orientações distintas aceitaram alguns dos conceitos centrais de Rogers em seus trabalhos terapêuticos com clientes. Assim, sua abordagem centrada na pessoa continua a ter influência no aconselhamento e na psicoterapia (ver Bohart, 2014; Hazler, 2011; Kirschenbaum e Jourdan, 2005; Patterson e Joseph, 2007).

Mais de 200 centros de treinamento, principalmente na Europa, promovem a forma de terapia de Rogers. Além disso, dezenas de periódicos dedicam-se a pesquisar e a aplicar suas ideias (Murdock, 2008). O jornal *Person-Centered & Experiential Pshychotherapies* começou a ser publicado em 2002 e continua influente até hoje.

## Teoria da personalidade de Rogers

A teoria da personalidade de Rogers, embora menos influente que a sua psicoterapia, também recebeu amplo reconhecimento, particularmente por sua ênfase no autoconceito. Rogers, porém, não acreditava que tivesse influenciado a psicologia acadêmica ou científica. Apesar de tudo, sua teoria e sua terapia estimularam pesquisas sobre a natureza da psicoterapia, a interação cliente-terapeuta e o autoconceito. Suas ideias tiveram um impacto significativo sobre as definições teóricas e empíricas do *self* em psicologia.

A formação de Rogers era uma combinação única de clínica, sala de aula e laboratório. Ele se baseou em sua considerável experiência com clientes emocionalmente perturbados e na estimulação intelectual de colegas e estudantes. Atraiu um grande número de seguidores que continuam a testar as suas ideias na clínica e no laboratório.

## Resumo do capítulo

A teoria de Rogers, centrada na pessoa, propõe que somos seres conscientes, racionais e não controlados por forças inconscientes ou por experiências do passado. A personalidade pode apenas ser compreendida por meio de uma abordagem fenomenológica, ou seja, a partir do ponto de vista do próprio indivíduo, com base em suas experiências subjetivas (seu campo experiencial).

Nosso objetivo na vida é a autorrealização, uma tendência inata de crescer e se desenvolver. O processo de avaliação organísmica estima as experiências de vida em termos de quão bem elas servem à tendência à atualização. Experiências que promovam a realização são buscadas, e as que impedem a realização evitadas.

A consideração positiva é uma necessidade de aceitação, amor e aprovação por parte dos outros, em particular da mãe, durante a infância. Na consideração positiva incondicional, o amor e a aprovação da mãe são concedidos livremente e não estão condicionados ao comportamento da criança. Quando o amor e a aprovação são condicionais, há um estado de consideração positiva condicional. Uma vez que internalizamos os julgamentos dos outros, a consideração positiva vem de nós mesmos (autoconsideração positiva).

As condições de merecimento (similares ao superego freudiano) envolvem a visão de nós mesmos como merecedores apenas sob condições aceitáveis para os nossos pais. Evitamos comportamentos e percepções que se opõem às condições de merecimento de nossos pais.

A incongruência desenvolve-se entre o autoconceito e os comportamentos que ameaçam essa imagem. Defendemo-nos contra a ansiedade por meio da negação dos aspectos ameaçadores do campo experiencial.

A pessoa de pleno funcionamento representa o ápice do desenvolvimento psicológico. As características desse tipo de pessoa são a consciência de todas as suas experiências, ausência de condições contra as quais se defender, capacidade de viver integralmente cada momento, confiança em si mesmo, senso de liberdade e de poder pessoal, criatividade e espontaneidade.

A visão otimista da natureza humana que Rogers tinha englobava a crença no livre--arbítrio, a proeminência do ambiente sobre a hereditariedade e certa universalidade na personalidade. Indivíduos e sociedades podem se desenvolver livremente, sem empecilhos causados por eventos passados.

A personalidade pode ser avaliada em termos de experiências subjetivas por meio de autorrelatos. Nessa abordagem centrada na pessoa, o terapeuta fornece consideração positiva incondicional ao cliente. Rogers se opôs à livre associação e à análise de sonhos, pois essas técnicas tornam o cliente dependente do terapeuta. Ao gravar as sessões de terapia, possibilitou aos pesquisadores investigar a natureza da interação cliente-terapeuta.

A técnica da classificação Q, na qual os clientes classificam enunciados sobre o autoconceito em categorias que variam da mais descritiva à menos descritiva, é um modo de quantificar a autoimagem. As pesquisas com classificação Q têm revelado maior correspondência entre a autopercepção e o *self* ideal depois da terapia. Quanto mais ajustada for uma pessoa, maior a concordância entre as autodescrições e as descrições feitas pelos outros. As discrepâncias entre o *self* percebido e o *self* ideal indicam ajustamento psicológico deficiente.

O trabalho de Rogers foi criticado por deixar de definir precisamente a natureza da atualização do *self*, por ignorar o impacto das forças inconscientes e por aceitar a possível distorção das experiências subjetivas de um cliente em autorrelatos. No entanto, sua abordagem centrada na pessoa permanece influente nos campos de aconselhamento e psicoterapia.

 # Perguntas de revisão

1. Como a infância de Rogers o levou a se interessar por entrevistas e terapia?
2. De que modo as experiências clínicas de Carl Rogers diferem das de Sigmund Freud?
3. Descreva a pesquisa com delinquentes infantis que influenciou a visão de Rogers sobre o papel do *self* na personalidade.
4. Como a necessidade de atualização promove desenvolvimentos biológico e psicológico?
5. O que é processo de avaliação organísmica?

Como ele influencia o comportamento?
6. O que é campo experiencial? Como o nosso campo experiencial muda com a idade?
7. Explique as diferenças entre consideração positiva e autoconsideração positiva.
8. Quais comportamentos dos pais afetam o desenvolvimento da autoconsideração positiva de uma criança?
9. Compare o conceito de Rogers de condições de merecimento com o de Freud de superego.

10. Descreva o conceito de Rogers de incongruência. Como a incongruência se relaciona com a ansiedade?

11. Descreva os papéis (a) do intelecto; (b) dos sentimentos negativos e positivos; e (c) da espontaneidade no processo de tornar-se pessoa de pleno funcionamento.

12. Quais são as características de uma pessoa de pleno funcionamento? Pode-se dizer que uma pessoa de pleno funcionamento é autoatualizante?

13. De que modo a imagem da natureza humana de Rogers difere da de Freud?

14. Você descreveria Rogers como alguém que tem uma visão otimista ou pessimista da natureza humana?

15. Como a entrevista clínica rogeriana difere da entrevista clínica psicanalítica?

16. Como Rogers chamou sua abordagem? Por quê?

17. Como a técnica de classificação Q mede a autoimagem de uma pessoa?

18. O que a pesquisa de classificação Q mostrou sobre o autoconceito antes e depois da terapia?

19. O que os estudos mostram como resultado do uso, por parte dos pais, da consideração positiva condicional?

20. Descreva as maneiras pelas quais, segundo Rogers, o comportamento dos pais pode afetar o comportamento de seus filhos.

21. Qual era a posição de Rogers sobre a importância das experiências da infância e as da vida adulta no desenvolvimento da personalidade?

22. Que críticas foram feitas à teoria da personalidade de Rogers.

23. Por que sua terapia centrada na pessoa foi aceita tão rapidamente?

# Leituras sugeridas

Barrett-Lennard, G. Origins and evolution of the person–centered innovation in Carl Rogers lifetime. In: Cooper, M., O Hara, M., Schmid, P., Bohart, A. (Eds.). *Handbook of person-centered psychotherapy and counseling*. 2. ed. Nova York: Palgrave Macmillan, 2013, p. 32-45. Panorama do início da vida de Rogers e sua origem familiar, incluindo suas viagens e a Segunda Guerra Mundial, que influenciou a perspectiva e a aceitação de sua forma de terapia.

Cornelius-White, J. *Carl Rogers: The China diary*. Las Vegas: CreateSpace Independent Publishing, 2013. Réplica do diário que Rogers manteve aos 20 anos na China (incluindo a ortografia e gramática peculiares!). O prefácio escrito pela filha de Rogers traz os pontos de vista dela.

Evans, R. I. *Carl Rogers: The man and his ideas*. Nova York: Dutton, 1975. Entrevistas com Rogers sobre evolução do *self*, técnicas de terapia centrada na pessoa e aplicações da sua teoria na educação. Compara as visões humanistas de Rogers com as visões behavioristas de B. F. Skinner.

Kirschenbaum, H. *On becoming Carl Rogers*. Nova York: Delacorte Press, 1979. *The life and work of Carl Rogers*. Alexandria, VA: American Counseling Association, 2009. Biografias de Rogers e as contribuições do teórico para a psicologia humanista e a psicoterapia.

Milton, J. *The road to Malpsychia: Humanistic psychology and our discontents*. São Francisco: Encounter Books, 2002. Histórico cultural e social do movimento de psicologia humanista, incluindo uma avaliação das contribuições de Carl Rogers.

Rogers, C. R. *On becoming a person: A therapist's view of psychotherapy*. Boston: Houghton Mifflin, 1961. Resume as visões de Rogers sobre psicoterapia, especialmente problemas de comunicação e relações interpessoais. Discute os efeitos do melhor crescimento pessoal aprimorado na vida familiar e pessoal.

Rogers, C. R. Autobiography. In: E. G. Boring e G. Lindzey (Eds.). *A history of psychology in autobiography*. Nova York: Appleton-Century-Crofts, 1967, v. 5, p. 341-384. Avaliação de Rogers sobre seu trabalho e a influência de suas experiências do passado.

Rogers, C. R. In retrospect: Forty-six years. *American Psychologist*, 1974, 29, 115-123. Rogers avalia o impacto de seu trabalho nas áreas de aconselhamento, psicoterapia, educação, liderança e relações internacionais, bem como na pesquisa empírica dos fenômenos subjetivos.

Rogers, C. R. *A way of being*. Boston: Houghton Mifflin, 1980. Apresenta os trabalhos dos últimos anos de Rogers sobre psicoterapia individual e em grupo, profissões assistenciais, progresso científico e crescimento pessoal.

Rogers, C. R. *The Carl Rogers reader*. Boston: Houghton Mifflin, 1989. Uma seleção de escritos de Rogers ao longo de 60 anos, editada por Howard Kirschenbaum e Valerie Henderson. Inclui lembranças pessoais, estudos de caso e ensaios sobre mudanças da personalidade, psicoterapia, educação, casamento, envelhecimento, relações internacionais e paz mundial.

# PARTE 6

# A abordagem cognitiva

A palavra *cognição* significa o ato ou o processo de conhecer. A abordagem cognitiva da personalidade concentra-se nos caminhos pelos quais as pessoas conhecem seu ambiente e a si mesmas. Ela lida com questões relacionadas à forma como os indivíduos percebem, avaliam, aprendem, pensam, tomam decisões e solucionam problemas.

É uma abordagem genuinamente *psicológica* da personalidade, pois foca exclusivamente em atividades mentais conscientes. Na abordagem cognitiva não encontraremos necessidades, impulsos ou emoções como atividades isoladas da personalidade, mas sim aspectos da personalidade sob o controle de processos cognitivos.

Psicanalistas contemporâneos, como Erik Erikson, que atribuiu maior autonomia ao ego e à função cognitiva, reconhecem a importância dos processos cognitivos. Os psicólogos humanistas Abraham Maslow e Carl Rogers também trabalharam com percepções, com a forma pela qual avaliamos e processamos mentalmente nossas experiências. Gordon Allport escreveu sobre o raciocínio humano, e Alfred Adler propôs a existência de um *self* criativo, resultante de nossa percepção ou interpretação da experiência. Os teóricos da aprendizagem social (Capítulo 13) também invocam processos cognitivos.

A diferença entre essas abordagens e a teoria cognitiva da personalidade de George Kelly é que ele buscou descrever *todos* os aspectos da personalidade, inclusive seus componentes emocionais, estritamente em termos de processos cognitivos.

# CAPÍTULO 11

# George Kelly: teoria do constructo pessoal

*Ocorreu-me que o que parecia verdadeiro em mim provavelmente não era menos verdadeiro nos outros. Se eu iniciei minhas ações, eles também o fizeram.*

— GEORGE KELLY

## O movimento cognitivo na psicologia

A teoria da personalidade do **constructo pessoal** de Kelly difere substancialmente de todas as outras abordagens discutidas neste livro. Kelly nos alertou de que não encontraríamos em seu sistema conceitos familiares como inconsciente, ego, necessidades, impulsos, estímulos, respostas e reforço – nem mesmo motivação e emoção. A questão óbvia é: como podemos entender a personalidade humana sem considerar essas noções, especialmente motivação e emoção?

A resposta de Kelly foi de que cada pessoa cria um conjunto de constructos cognitivos sobre o ambiente. Com isso, ele queria dizer que interpretamos e organizamos os eventos e as relações sociais da nossa vida em um sistema ou padrão e, com base nesse padrão, fazemos previsões sobre nós mesmos, sobre outras pessoas e eventos e usamos essas previsões para formular nossas respostas e orientar nossas ações. Portanto, para compreendermos a personalidade, em princípio, temos de compreender nossos padrões, as formas como organizamos e construímos nosso mundo. Segundo Kelly, nossa interpretação dos eventos é mais importante do que os eventos propriamente ditos.

> **Teoria do constructo pessoal**
> Descrição da personalidade feita por Kelly em termos de processos cognitivos. Somos capazes de interpretar comportamentos e eventos e de utilizar essa compreensão para orientar nosso comportamento e prever o de outras pessoas.

Como Maslow, Kelly opunha-se às abordagens psicanalítica e comportamental para o estudo da personalidade. Ele as via como a negação da habilidade humana de encarregar-se da própria vida, tomar as próprias decisões e seguir um curso de ação escolhido.

Kelly argumentava que o behaviorismo via as pessoas como meros respondentes a estímulos de seus ambientes e que a psicanálise as via como igualmente passivas, respondendo a suas forças inconscientes. Em contraposição, "para Kelly, [as pessoas] são formas de movimento e somos nós que nos impulsionamos. Nada, nem ninguém, faz o que fazemos" (Fransella e Neimeyer, 2003, p. 25).

## Uma teoria baseada em experiências

A teoria de personalidade proposta por Kelly originou-se da sua experiência como clínico. Por diversas razões, interpretou sua experiência clínica de maneira diferente de Freud e de outros teóricos que trataram de pacientes. O modelo de natureza humana desenvolvido por Kelly a partir de seu trabalho clínico é incomum; ele concluiu que as pessoas agem da mesma forma que os cientistas.

Os cientistas elaboram teorias e hipóteses e as testam diante da realidade por meio de experimentos em laboratórios. Caso os resultados de seus experimentos sustentem a teoria, ela é mantida. Se os dados não a sustentarem, ela terá de ser descartada ou modificada e retestada.

Como vimos, é assim que costumam fazer os psicólogos que estudam a personalidade. No entanto, Kelly acreditava que os psicólogos não atribuíam às pessoas que avaliavam a mesma capacidade intelectual e racional que atribuíam a si mesmos; é como se eles tivessem duas teorias sobre a natureza humana: uma que se aplica aos cientistas e à sua maneira de ver o mundo e outra que se aplica a todas as outras pessoas.

Sendo assim, a suposição lógica é que os psicólogos consideram as pessoas que avaliam incapazes de funcionar racionalmente, motivadas por todo tipo de impulsos conflitantes ou vítimas de violentas forças inconscientes. Assim, acredita-se que os seres humanos atuem largamente em um nível emocional e que é improvável que utilizem seus processos cognitivos para aprender a pensar, a avaliar experiências ou a solucionar problemas. Certamente, é muito diferente de como os psicólogos agem!

## Os psicólogos são seres superiores?

Será que psicólogos são realmente seres superiores? Assim como Kelly, você também sabe qual é a resposta. Kelly disse que os psicólogos não são diferentes das pessoas que eles estudam. O que funciona para um funciona para o outro; o que explica um explica o outro. Tanto um quanto o outro estão ocupados em prever e controlar os eventos em sua vida e ambos são capazes de fazê-lo racionalmente.

Como os cientistas, todos nós formulamos teorias, as quais Kelly denominou *constructos pessoais*, por meio dos quais tentamos prever e controlar os eventos em nossa vida. Ele propôs que a forma de entender a personalidade de alguém é analisar seus constructos pessoais.

## Kelly e o movimento cognitivo

De que modo a teoria cognitiva de Kelly se encaixa no movimento cognitivo que começou por volta de 1960 e domina hoje a corrente principal da psicologia experimental? Apesar da terminologia semelhante, o movimento cognitivo não abarcou o trabalho de Kelly, porque sua teoria não é consistente com os métodos e o objeto do movimento.

A abordagem de Kelly é a de um clínico que trabalha com os constructos conscientes por meio dos quais as pessoas organizam sua vida. Em contraposição, os psicólogos cognitivos estão interessados tanto em variáveis cognitivas quanto em comportamento manifesto, que estudam basicamente em um ambiente experimental, e não clínico. Além disso, os psicólogos cognitivos não limitam seu foco à personalidade, mas estudam o comportamento observável e a aprendizagem em situações sociais. Acreditam que processos cognitivos, como a aprendizagem, influenciam a resposta de uma pessoa a uma dada situação de estímulo.

Apesar de a psicologia cognitiva ter aparecido algum tempo depois de Kelly ter proposto sua explicação para a personalidade, sua teoria teve pouca influência sobre ela. Quando muito, a teoria de Kelly poderia ser considerada uma precursora da psicologia cognitiva contemporânea. Ambas as abordagens compartilham o termo *cognitiva*, o que pressupõe o interesse em atividades conscientes, mas não há muito mais em comum entre elas. O reconhecimento por parte de Kelly da importância dos processos cognitivos é digno de nota, mas devemos analisá-lo mais amplamente. Sua teoria não participa da corrente dominante da psicologia norte-americana, como definida pelos psicólogos experimentais, o que, porém, não diminui sua utilidade para o estudo da personalidade.

# A vida de Kelly (1905-1967)

Kelly nasceu numa fazenda no Kansas, Estados Unidos. Filho único, recebeu muita atenção e afeto dos pais, que eram fundamentalistas em suas crenças religiosas e comprometidos em ajudar os menos afortunados. Eram contrários a todas as formas de entretenimento fúteis, como dançar e jogar baralho. Quando Kelly tinha 4 anos de idade, ele e a família viajaram de carroça para o Colorado, para tentar trabalhar na agricultura, mas logo retornaram ao Kansas.

## Uma educação irregular

O início da educação de Kelly foi irregular e ministrado tanto por seus pais quanto por professores. Aos 13 anos, foi para uma escola em Wichita e depois voltou a viver poucas vezes com os pais. Em 1926, formou-se em física e matemática pela Park College, em Parkville, no Missouri, mas seus interesses migraram das ciências para os problemas sociais. Seu futuro era incerto.

Trabalhou por um breve período como engenheiro e, em seguida, foi professor em uma universidade em Minneapolis. Depois, lecionou oratória na Associação Americana de Bancos e ministrou cursos de cidadania para imigrantes. A seguir, matriculou-se em um curso de pós-graduação e recebeu o título de mestre em sociologia educacional pela Universidade do Kansas, em Lawrence. Aceitou uma oferta de emprego em uma universidade em Iowa, lecionou em vários cursos e foi instrutor de teatro.

## Sem interesse em psicologia

Sua carreira, certamente, não mostrava nenhuma inclinação para a psicologia. Na faculdade, não se entusiasmara com estágios nessa área.

> *No primeiro curso de psicologia, sentava-me na última fila de cadeiras de uma classe bem grande; inclinava minha cadeira contra a parede, acomodava-me e deixava uma orelha em pé, caso surgisse algo interessante. Um dia, o professor, que era uma ótima pessoa e parecia estar realmente tentando convencer-se de que psicologia era algo que devia ser levado a sério, virou-se para a lousa e desenhou um "E", uma flecha e um "R". Endireitei-me e fiquei prestando atenção, pensando que, então, depois de duas ou três semanas de preliminares, poderíamos estar chegando ao X da questão. (Kelly, 1969, p. 46)*

Kelly assistiu atentamente a mais algumas aulas e depois desistiu. Ele disse que nunca compreendeu o que significava a flecha que ligava o estímulo (E) à resposta (R). A abordagem tradicional da psicologia comportamentalista e experimental não despertou seu interesse. Analisou também a psicanálise, que também não teve sucesso, e escreveu: "Não me recordo qual era o livro de Freud que eu tentava ler, mas lembro-me bem da sensação de incredulidade que tomou conta de mim, ao ver que alguém pudesse escrever tal disparate e ainda por cima publicá-lo" (1969, p. 47).

## Encontrando a si mesmo e a psicologia

O treinamento profissional de Kelly tomou um rumo diferente em 1929, quando recebeu uma bolsa de estudos da Universidade de Edimburgo, na Escócia. Durante o ano em que esteve lá, obteve o título de bacharel em educação e, finalmente, se interessou por psicologia, voltando então aos Estados Unidos para fazer doutorado na Universidade do Estado de Iowa, onde recebeu seu Ph.D. em 1931.

## Descobrindo uma abordagem intelectual de aconselhamento

Kelly iniciou sua carreira acadêmica na Fort Hays Kansas State College, durante a crise econômica da década de 1930. Como não tinha dinheiro para fazer pesquisas em psicologia fisiológica – sua especialidade –, voltou-se para a psicologia clínica, para a qual havia demanda. Desenvolveu um serviço de psicologia clínica para o sistema das escolas públicas e para os estudantes em sua faculdade. Estabeleceu as clínicas móveis, que iam de escola em escola, o que lhe deu a oportunidade de lidar com uma variedade de problemas e tentar diferentes abordagens de tratamento.

Não estava comprometido com uma técnica terapêutica específica ou com uma teoria específica sobre a natureza da personalidade. Sentia-se à vontade para usar tanto métodos tradicionais de avaliação e tratamento, como também os desenvolvidos por ele mesmo. Ele praticamente aprendeu a fazer terapia supondo que cada paciente novo era tão cientista quanto ele (Routh, 2011).

Suas experiências clínicas influenciaram sobremaneira a natureza da sua teoria do constructo pessoal. Não tratou de psicóticos seriamente perturbados em hospitais psiquiátricos nem de neuróticos com problemas emocionais. Seus pacientes eram estudantes, cujos professores encaminhavam para aconselhamento.

Diferente dos pacientes desajustados emocionalmente, que frequentam clínicas psiquiátricas ou consultórios psicanalíticos, os clientes de Kelly eram pessoas capazes de discutir suas preocupações de modo racional e de expressar seus problemas intelectualmente, a forma esperada em um ambiente acadêmico.

Na sala de aula, somos ensinados a analisar, pensar e processar informações logicamente. Essa atitude intelectual era transposta da situação de sala de aula para a de aconselhamento. Caso, durante os anos de estágio profissional, as circunstâncias tivessem levado Kelly a trabalhar com pacientes esquizofrênicos em hospitais psiquiátricos, talvez sua teoria não estivesse baseada tão fortemente em habilidades cognitivas de processamento de informações.

## Tornando-se uma grande força

A Segunda Guerra Mundial interrompeu sua carreira acadêmica. Kelly alistou-se na Marinha norte--americana e trabalhou como psicólogo no Bureau of Medicine and Surgery, em Washington. Quando a guerra acabou, em 1945, lecionou durante um ano na Universidade de Maryland antes de ingressar na Universidade do Estado de Ohio, substituindo Carl Rogers.

Lá permaneceu por 19 anos ministrando aulas, aperfeiçoando sua teoria da personalidade e fazendo pesquisas. Fez também conferências no mundo inteiro sobre a maneira pela qual sua teoria da personalidade do constructo pessoal poderia ser utilizada para solucionar as tensões internacionais. Em 1965, aceitou o convite de Abraham Maslow para a nomeação a uma cadeira subvencionada na Universidade Brandeis, mas faleceu logo depois.

Kelly foi uma força importante no desenvolvimento da profissão de psicologia clínica durante o seu rápido crescimento, logo depois da Segunda Guerra Mundial. Assumiu vários cargos importantes na área, inclusive a presidência das divisões clínica e consultiva da Associação Americana de Psicologia e do American Board of Examiners in Professional Psychology.

# A teoria do constructo pessoal

Kelly sugeriu que as pessoas percebem e organizam seu mundo de experiências como fazem os cientistas: formulando hipóteses sobre o ambiente e testando-as na realidade da vida diária. Em outras palavras, observamos os eventos da nossa vida – os fatos ou dados da nossa experiência – e os interpretamos à nossa maneira. Essa interpretação, explicação ou *construção* pessoal da experiência representa nossa visão singular dos eventos (Winter e Proctor, 2014). É o padrão no qual os situamos. Kelly disse que olhamos o mundo através de "padrões transparentes que se adaptam às realidades de que o mundo é composto" (Kelly, 1955, p. 8-9).

Poderíamos comparar esses padrões a óculos escuros que adicionam uma coloração particular a tudo o que vemos ao nosso redor. Os óculos de uma pessoa podem ter um tom azulado e os de outra, esverdeado. Por isso, muitos podem ver a mesma cena e percebê-la de formas diferentes, dependendo das tonalidades das lentes que estruturam seus pontos de vista. O mesmo acontece com as hipóteses ou padrões que construímos para dar sentido ao nosso mundo. Essa visão especial, o padrão único que cada indivíduo cria, é o que Kelly denominou nosso *sistema de constructos*.

## A vida é um constructo

Um **constructo** é a maneira singular de um indivíduo ver a vida, uma hipótese intelectual elaborada para explicar e interpretar os eventos. Nós nos comportamos com a expectativa de que nossos constructos irão prever e explicar a realidade do nosso mundo e, assim como os cientistas, estamos constantemente testando essas hipóteses. Baseamos nosso comportamento em nossos constructos e avaliamos os efeitos.

**Constructo**
Hipótese intelectual que elaboramos e utilizamos para explicar os eventos da vida. Os constructos são bipolares, ou dicotômicos, tais como alto *versus* baixo, honesto *versus* desonesto.

Imagine um estudante que corre o risco de ser reprovado em um curso introdutório de psicologia e está tentando persuadir o professor a lhe dar uma boa nota. Após ter observado o professor durante a maior parte do semestre, o estudante conclui que ele se comporta de maneira autoritária e superior diante da classe e que tem um excessivo senso de importância pessoal. A partir dessa observação, ele formula a hipótese, ou constructo, de que reforçar o autoconceito exagerado do professor lhe trará resultados favoráveis.

O estudante testa essa ideia na realidade lendo um artigo que o professor escreveu e tecendo-lhe elogios. Caso este se sinta lisonjeado e dê nota boa ao aluno, então o constructo do estudante terá se confirmado. Será considerado útil e poderá ser aplicado na próxima vez que o estudante fizer um curso com esse ou com qualquer outro professor que se comporte de maneira semelhante. No entanto, se o estudante receber uma nota que o reprove, o constructo será considerado inapropriado e haverá necessidade de um novo constructo para tratar com o professor.

## Alternativismo construtivo: adaptando-se ao mundo

Desenvolvemos muitos constructos no decorrer da vida, um para quase todo tipo de pessoa ou situação com que nos deparamos, e expandimos nossa lista de constructos à medida que conhecemos novas pessoas e enfrentamos situações novas. Além disso, podemos alterar ou descartar constructos periodicamente a cada mudança de situação. A revisão de nossos constructos é um processo necessário e contínuo; temos de ter sempre um constructo alternativo para empregar em uma situação.

Se nossos constructos fossem inflexíveis e impossíveis de serem revistos (que é o que aconteceria se a personalidade fosse totalmente determinada pelas influências da infância), não seríamos capazes de lidar com situações novas. Kelly chamou essa adaptabilidade de **alternativismo construtivo**, para expressar a ideia de que não somos controlados por nossos constructos, e sim livres para revê-los ou substituí-los por outros alternativos.

**Alternativismo construtivo**
A ideia de que somos livres para rever ou substituir nossos constructos por constructos alternativos, se for necessário fazê-lo.

# Modos de antecipar os eventos da vida

A teoria do constructo pessoal de Kelly apresenta-se em formato científico e se organiza em um postulado fundamental e 11 corolários (ver Quadro 11.1). O postulado fundamental enuncia que nossos *processos psicológicos são dirigidos pelas maneiras como antecipamos os eventos*.

Ao utilizar a palavra *processos*, Kelly estava sugerindo que a personalidade era um processo fluido, em movimento. Nossos processos psicológicos são determinados pelos nossos constructos, por meio da forma como cada um de nós constrói seu mundo. Outra palavra-chave no postulado fundamental é *antecipar* – a noção de Kelly sobre constructos é antecipatória. Utilizamos constructos para prever o futuro e ter alguma ideia sobre as consequências de nossas ações e o que provavelmente acontecerá se nos comportarmos de determinada maneira.

## O corolário da construção

**Semelhanças entre eventos repetidos.** Kelly acreditava que nenhum evento ou experiência poderia ser reproduzido exatamente como da primeira vez; ele poderia se repetir, mas não seria experimen-

QUADRO 11.1 ▪ Corolários da teoria do constructo pessoal

| Construção | Pelo fato de os eventos repetidos serem semelhantes, podemos prever ou antecipar como os experimentaremos no futuro. |
|---|---|
| Individualidade | As pessoas compreendem os eventos de formas diferentes. |
| Organização | Organizamos nossos constructos em padrões de acordo com nossa visão de suas semelhanças e diferenças. |
| Dicotomia | Os constructos são bipolares; por exemplo, se temos uma opinião sobre honestidade, essa noção também tem de abranger o conceito de desonestidade. |
| Escolha | Escolhemos para cada constructo a alternativa que nos parece melhor, aquela que nos permite prever os resultados de eventos antecipados. |
| Extensão | Nossos constructos podem aplicar-se a muitas situações ou pessoas ou limitar-se a uma única pessoa ou situação. |
| Experiência | Testamos continuamente nossos constructos nas experiências de vida para nos certificarmos de que permaneçam válidos. |
| Modulação | Podemos modificar nossos constructos em função de novas experiências. |
| Fragmentação | Podemos, às vezes, ter constructos subordinados contraditórios ou incoerentes na base de nosso sistema geral de constructos. |
| Comunalidade | Embora constructos individuais sejam unicamente nossos, as pessoas em grupos ou culturas compatíveis podem apresentar constructos semelhantes. |
| Sociabilidade | Tentamos entender como as pessoas pensam e predizer o que farão e, conforme for, modificamos nosso comportamento. |

tado precisamente da mesma forma. Por exemplo, se hoje você assistir ao mesmo filme a que assistiu no mês passado, sua experiência sobre o filme será diferente na segunda vez.

Seu humor provavelmente não será o mesmo e durante o mês que se passou você esteve exposto a eventos que influenciaram suas atitudes e emoções. Quem sabe tenha lido algo desagradável sobre um dos atores do filme ou talvez esteja mais contente porque suas notas escolares estão melhores.

Entretanto, embora tais eventos repetidos não sejam experimentados de modo idêntico, haverá características e temas recorrentes. Alguns aspectos de uma situação serão semelhantes àqueles experimentados anteriormente, e é com base nessas semelhanças que fazemos previsões ou estabelecemos antecipações sobre como lidaremos com aquele tipo de evento no futuro. Nossas previsões fundamentam-se na ideia de que eventos futuros, embora não sejam cópias de eventos passados, ainda assim serão semelhantes.

Por exemplo, talvez algumas cenas do filme o afetem toda vez da mesma forma. Se você gostou das cenas de perseguição de carro da primeira vez, possivelmente gostará delas novamente. Seu comportamento está fundado em sua antecipação de gostar de perseguições, e isso explica por que você escolhe assistir ao filme novamente. Temas do passado reaparecem no futuro, e formulamos nossos constructos com base neles.

## O corolário da individualidade

**Diferenças individuais na interpretação dos eventos.** Com este corolário, Kelly introduziu a noção de diferenças individuais. Ele observou que as pessoas diferem entre si no modo como percebem ou interpretam um evento e, por construírem eventos de diversas maneiras, formam constructos diferentes. Nossos constructos não refletem tanto a realidade objetiva de um evento, mas principalmente a interpretação singular que cada um de nós lhe confere.

# O corolário da organização

**Relações entre os constructos.** Organizamos nossos constructos individuais em um padrão conforme nossa visão de suas inter-relações, ou seja, de acordo com suas semelhanças e diferenças. Mesmo as pessoas que possuem constructos semelhantes podem diferir umas das outras caso organizem seus constructos segundo padrões diferentes.

Normalmente, organizamos nossos constructos em uma hierarquia, com alguns subordinados a outros (um constructo pode conter um ou mais constructos subordinados). Por exemplo, o constructo *bom* pode conter entre seus subordinados, os constructos *inteligente* e *moral*. Assim, se encontramos alguém que se encaixa em nossa ideia de boa pessoa, antecipamos que ela também possui os atributos de inteligência e de altos padrões morais.

As relações entre constructos costumam ser mais duráveis do que os constructos propriamente ditos, mas também são sujeitas a modificações. Uma pessoa que se sinta ultrajada por alguém que pareça mais inteligente, pode mudar o constructo inteligente subordinado ao constructo bom para uma posição subordinada ao constructo mau. O único teste válido para um sistema de constructos é sua eficiência de predição. Se a organização de nossos constructos deixar de nos fornecer uma maneira útil de prever eventos, nós a modificaremos.

# O corolário da dicotomia

**Duas alternativas mutuamente excludentes.** Todos os constructos são bipolares ou dicotômicos. Isso é necessário para que possamos antecipar os eventos corretamente. Assim como observamos semelhanças entre as pessoas ou eventos, também temos de levar em conta diferenças. Por exemplo, não basta ter um constructo sobre um amigo que descreva as características pessoais da *honestidade*. Para explicar como alguém honesto difere de outro que não é honesto, temos de levar em conta também o seu oposto: a *desonestidade*.

Se não fizermos a distinção – se assumirmos que todas as pessoas são honestas –, a elaboração de um constructo relacionado à honestidade não nos ajudará a antecipar ou prever nada sobre as pessoas que poderíamos conhecer no futuro. Só se pode considerar que um indivíduo é honesto em oposição a alguém que é considerado desonesto. O constructo pessoal adequado, neste exemplo, é *honesto* versus *desonesto*. Nossos constructos sempre têm de estar estruturados em termos de um par de alternativas mutuamente excludentes.

# O corolário da escolha

**Liberdade de escolha.** A noção de que as pessoas têm liberdade de escolha está presente em todos os escritos de Kelly. Segundo o corolário da dicotomia descrito anteriormente, cada constructo possui dois polos. Para toda situação, temos de escolher a alternativa que nos pareça melhor, a que nos capacite a antecipar ou prever o resultado de eventos futuros.

Kelly sugeriu que temos certa margem de ação para decidir entre as alternativas, o que descreveu como uma escolha entre a segurança e a aventura. Imagine que você tenha de decidir entre qual de dois cursos fará no próximo semestre. Um deles é fácil, porque não é muito diferente de um curso que você já fez, e é ministrado por um professor que dá boas notas sem exigir muito trabalho.

Não há praticamente nenhum risco envolvido na escolha desse curso, mas também pode não ser muito compensador. Você sabe que o professor é enfadonho, e já estudou grande parte da matéria. Todavia, esta é a escolha segura, pois você pode fazer uma previsão bastante precisa sobre as suas consequências.

O outro curso é como uma aposta. O professor é novo, diz-se que é uma pessoa difícil e você sabe muito pouco do assunto, mas iria se expor a uma área de estudos sobre a qual tem se interessado. Neste caso, não pode fazer uma previsão exata sobre os resultados da sua escolha. Essa alternativa mais audaz significa maior risco, mas a gratificação e a satisfação potenciais são maiores.

As pessoas diferem umas das outras nas formas como percebem e interpretam o mesmo acontecimento.

Comstock Images/Jupiter Images

**Baixo risco *versus* alto risco.** Você tem de escolher entre a opção segura, de baixo risco e pouca gratificação, e a audaciosa, de alto risco e muita gratificação. A primeira possui uma eficácia altamente previsível; a segunda, uma eficácia de menor previsibilidade. Kelly acreditava que encontramos escolhas desse tipo durante toda a vida, escolhas entre delimitar ou expandir nosso sistema de constructos pessoais. A escolha segura, que é semelhante às anteriores, define e limita nosso sistema de constructos ao repetir experiências e eventos. A escolha mais arriscada aumenta nosso sistema de constructos por envolver experimentos e eventos novos.

A tendência popular de optar pela alternativa segura e de baixo risco pode explicar por que algumas pessoas teimam em se comportar de forma não gratificante. Por exemplo, por que algumas pessoas se comportam de modo agressivo diante de outras, mesmo quando são continuamente rejeitadas? A resposta de Kelly é que a pessoa está fazendo a escolha de baixo risco, pois já sabe o que esperar dos outros em resposta ao comportamento agressivo. Essas pessoas hostis não sabem como as outras reagirão à simpatia, pois raramente agiram assim. A gratificação potencial pode ser maior para o comportamento amigável, mas a incerteza também é.

Lembre-se de que nossas escolhas são feitas com base nos termos de quão bem elas nos permitem antecipar ou prever eventos, não necessariamente nos termos do que é melhor para nós. E Kelly alega que cada um de nós, no melhor da tradição científica, deseja prever o futuro com o maior grau de acerto possível.

## O corolário da extensão

**A extensão da conveniência.** Poucos constructos pessoais são adequados ou importantes em todas as situações. Imagine o constructo *alto* versus *baixo*, que certamente possui uma **extensão da conveniên-**

**cia** ou de aplicabilidade limitada. Ele pode ser útil com relação a prédios, árvores ou jogadores de basquete, mas não tem valor algum para descrever uma pizza ou o clima.

Alguns constructos podem ser aplicados a muitas situações ou pessoas, ao passo que outros são mais limitados e talvez adequados a uma pessoa ou situação. A extensão da conveniência ou de relevância de um constructo é uma questão de opção pessoal. Por exemplo, podemos achar que o constructo *leal* versus *desleal* aplica-se a todos que conhecemos, ou à nossa família, ou apenas ao nosso cachorro. Segundo Kelly, se for para compreendermos uma personalidade plenamente, é tão importante saber o que está excluído quanto o que está incluído na extensão da conveniência do constructo.

> **Extensão da conveniência**
> O espectro de eventos aos quais um constructo pode ser aplicado. Alguns constructos são relevantes para um número limitado de pessoas ou situações, e outros são mais amplos.

## O corolário da experiência

**Exposição a novas experiências.** Vimos que cada constructo é uma hipótese gerada com base em experiências passadas para prever ou antecipar eventos futuros. Cada constructo é testado para que se determine quão bem ele prevê um dado evento. A maioria de nós está exposta a novas experiências diariamente; portanto, é progressivo o processo de teste da adequação de um constructo para verificar quão bem ele previu o evento. Se um constructo não for válido para predizer os resultados da situação, então ele precisará ser reformulado ou substituído.

Assim, avaliamos ou reinterpretamos nossos constructos à medida que o ambiente se modifica. Os que foram válidos para nós aos 16 anos podem, aos 40, ser inúteis ou mesmo danosos. Durante os anos que se passaram, nossas experiências nos terão levado a rever nosso sistema de constructos. Se você nunca vivesse nenhuma experiência nova, seu sistema de constructos nunca teria de se modificar. Mas, para a maioria de nós, a vida implica conhecer novas pessoas e enfrentar novos desafios; portanto, precisamos reconstruir nossas experiências e nossos constructos em conformidade com isso.

## O corolário da modulação

**Ajustando-se a novas experiências.** Os constructos diferem quanto à sua **permeabilidade**. Permear significa penetrar, passar através de alguma coisa. Um constructo permeável é aquele que permite que novos elementos penetrem ou sejam admitidos no âmbito de conveniência. Tal constructo é aberto a novos eventos e experiências e é passível de ser revisto ou expandido por eles.

> **Permeabilidade**
> Ideia de que constructos podem ser revistos e ampliados à luz de novas experiências.

Quanto nosso sistema de constructos pode ser modulado ou ajustado em função de novas experiências e conhecimentos depende da permeabilidade dos constructos individuais. Um constructo impermeável ou rígido não é passível de modificação, independente do que nossas experiências nos mostrem.

Por exemplo, se uma pessoa intolerante aplica o constructo *alta inteligência* versus *baixa inteligência* de modo fixo ou impermeável a pessoas de um certo grupo étnico minoritário, acreditando que todos os membros desse grupo têm baixa inteligência, então novas experiências não irão penetrar nem alterar a sua crença. A pessoa preconceituosa não modificará esse constructo, não importa quantas pessoas altamente inteligentes daquele grupo étnico venha a conhecer; assim, constructo se torna uma barreira ao aprendizado e às novas ideias porque é incapaz de ser alterado ou revisado.

## O corolário da fragmentação

**Competição entre constructos.** Kelly acreditava que, dentro do nosso sistema de constructos, alguns podem ser incompatíveis, mesmo que coexistam dentro do padrão geral. Lembre-se de que nosso sistema de constructos pode mudar conforme avaliamos novas experiências; contudo, novos constructos não necessariamente derivam dos antigos. Um novo constructo pode ser compatível ou consistente com um antigo em uma dada situação; mas se a situação mudar, esses constructos podem se tornar inconsistentes.

Imagine a seguinte situação: um homem conhece uma mulher em uma aula de psicologia e conclui que se interessou por ela. Ela também faz especialização em psicologia e seus interesses parecem ser semelhantes aos dele. Ela se adapta à categoria *amigo*, do constructo *amigo* versus *inimigo*. Dessa forma, é alguém a quem se deve admirar e respeitar. No dia seguinte, ele a vê em um comício político e fica decepcionado ao observá-la expressando visões conservadoras em alto e bom tom, as quais são opostas às suas. Agora ela também se adapta à alternativa oposta do constructo. Naquela situação, ela se tornou o *inimigo*.

Essa inconsistência no constructo do homem sobre essa mulher fica em um nível subordinado em seu sistema geral de constructos. Em uma situação, ela é amiga, e em outra, inimiga. No entanto, o seu constructo mais amplo, o de que os liberais são amigos e os conservadores, inimigos, permanece inalterado. Segundo Kelly, esse é o processo por meio do qual toleramos incoerências subordinadas sem danificar nosso sistema de constructos.

## O corolário da comunalidade

**Semelhanças entre as pessoas na interpretação de eventos.** Uma vez que as pessoas diferem nas maneiras de interpretar os eventos, cada uma desenvolve constructos únicos, mas elas também apresentam semelhanças no modo de interpretar os eventos. Kelly sugeriu que, se várias pessoas interpretam uma experiência de forma similar, podemos concluir que seus processos cognitivos são semelhantes.

Fuse/Jupiter Images

As pessoas podem aceitar umas às outras como amigas em uma situação, como um jogo de tabuleiro, mas também agir como adversárias em outra, tal como um debate político.

Imagine um grupo de pessoas com as mesmas normas e ideais culturais. Suas antecipações e expectativas terão muitas coisas em comum, e elas interpretarão muitas de suas experiências igualmente. As que pertencem a uma mesma cultura provavelmente apresentam certa semelhança de comportamento e de características, ainda que expostas a diferentes eventos da vida individual.

## O corolário da sociabilidade

**Relações interpessoais.** Observamos antes que pessoas de uma mesma cultura tendem a interpretar experiências de modo similar. Embora represente alguns pontos em comum entre elas, isso por si só não implica relacionamentos sociais positivos. Não é suficiente que uma pessoa interprete suas experiências da mesma forma que outra; ela também precisa interpretar os constructos da outra. Em outras palavras, temos de entender como pensa a outra pessoa se quisermos antecipar como ela irá prever os eventos.

Construir os constructos de outra pessoa é algo que fazemos rotineiramente. Imagine o ato de dirigir um carro. Confiamos nossa vida ao fato de sermos capazes de antecipar o que farão os outros motoristas que encontramos na rua; antecipamos que irão parar diante do sinal vermelho e andar diante do verde. Somente quando é possível prever, com certo grau de certeza, o que farão os motoristas, amigos, chefes ou professores é que podemos ajustar nosso comportamento aos deles. E à medida que nos adaptarmos a eles, eles também se adaptarão a nós.

Cada um assume um papel diferente com relação aos outros: um papel com um companheiro, outro com uma criança, outro com nosso supervisor no trabalho etc. Cada desempenho nosso é um padrão de comportamento que se desenvolve a partir do entendimento de como a outra pessoa interpreta os eventos. Então, de certa forma, adaptamo-nos aos constructos do outro. ⊕

# Questões sobre a natureza humana

A teoria da personalidade de Kelly propõe uma visão otimista e até mesmo lisonjeira da natureza humana (Kelly, 1969). Ele tratava as pessoas como seres racionais capazes de formar uma estrutura de constructos para, a partir dela, ver o mundo. Acreditava que somos autores, e não vítimas, do nosso destino.

Sua visão nos atribui livre-arbítrio, a capacidade de escolher a direção que nossa vida tomará e nossa capacidade de mudar quando necessário, revendo antigos constructos e formando novos. Não estamos presos a um caminho traçado na infância ou adolescência. Nossa orientação é claramente em direção ao futuro, porque formulamos constructos para predizer ou antecipar eventos.

Dessa forma, Kelly não aceitou a noção de determinismo histórico, pois não considerava que os eventos passados fossem determinantes do nosso comportamento presente. Não somos prisioneiros do treino de uso do banheiro, de experiências sexuais precoces ou da rejeição dos pais, tampouco estamos limitados por instintos biológicos ou forças inconscientes. Não precisamos ser movidos por impulsos ou necessidades internas, pois somos motivados pelo fato de estarmos vivos. Ele não viu motivo para invocar qualquer outra explicação.

Embora não tenha discutido o papel da hereditariedade na personalidade, observou que não somos totalmente determinados por influências ambientais. Vivemos por meio de constructos baseados em nossa interpretação de eventos; portanto, é a operação dos nossos processos mentais racionais, e não os eventos específicos, que influencia a formação da personalidade.

Kelly não propôs nenhum objetivo de vida fundamental e necessário, mas podemos inferir que nosso propósito é estabelecer um sistema de constructos que nos capacite a prever eventos.

Quanto à questão de singularidade *versus* universalidade, ele adotou uma posição moderada. O corolário da relação com a comunidade afirma que pessoas que têm a mesma cultura desenvolvem constructos semelhantes, ao passo que o corolário da individualidade enfatiza a singularidade de muitos dos nossos constructos e, portanto, do *self*.

# A avaliação na teoria de Kelly

## A entrevista

A técnica fundamental de avaliação de Kelly era a entrevista. Ele afirmou: "Se você não sabe o que se passa na mente de uma pessoa, pergunte a ela; ela provavelmente lhe dirá!" (1958, p. 330). Adotando o que chamava de "atitude de credulidade", Kelly aceitava as palavras do cliente em sua primeira acepção, acreditando que esta era a melhor forma de determinar os constructos de alguém. Também admitia que uma pessoa poderia mentir ou distorcer deliberadamente sua versão dos eventos. Contudo, havia de ser respeitado o que o cliente dissesse, mesmo que nem sempre acreditasse plenamente naquilo.

## Esboços de autocaracterização

**Esboço de autocaracterização**
Técnica para avaliar um sistema de constructos de uma pessoa, ou seja, como uma pessoa percebe a si mesma em relação a outras pessoas.

Outra técnica usada para avaliar um sistema de constructos é pedir à pessoa que escreva um **esboço de autocaracterização**. As instruções de Kelly ao cliente eram: "Quero que você escreva um esboço da personalidade do [nome do cliente] exatamente como se ele fosse o personagem principal de uma peça. Escreva como se tivesse sido escrito por um amigo que o conhecesse bem intimamente e com bastante sensibilidade, talvez melhor do que qualquer pessoa que já o tenha realmente conhecido" (1955, p. 323). Kelly considerava que essa era uma técnica útil para saber como os clientes percebem a si mesmos em relação a outras pessoas.

## O Teste de Repertório do Constructo de Papel

Kelly elaborou o Teste de Repertório do Constructo de Papel (REP Teste) para revelar os constructos que empregamos com as pessoas importantes da nossa vida. Pede-se ao cliente que nomeie as pessoas que desempenharam papéis importantes em sua vida, tais como mãe, pai, cônjuge, melhor amigo, e a pessoa mais inteligente ou interessante que conhece (ver Quadro 11.2).

Os nomes são sorteados, três a cada vez, e pede-se aos clientes que selecionem duas pessoas que são mais parecidas, em cada grupo de três, mencionando em que elas diferem da terceira. Por exemplo, o cliente pode ter dado os nomes da pessoa mais ameaçadora, da mais bem-sucedida e da mais atraente. Em seguida, pede-se que descreva como duas delas são semelhantes em algum aspecto de comportamento ou caráter e como elas diferem uma da outra.

**A grade de repertório.** Esta informação é apresentada em um diagrama chamado grade de repertório. Para cada linha, o cliente avalia as três pessoas indicadas pelos círculos e formula um constructo sobre elas, tal como *feliz* versus *triste*. O cliente escreve uma palavra ou frase que descreva dois deles na coluna denominada *Polo Emergente*. O cliente escreve a palavra oposta (*triste*) para descrever a terceira pessoa do grupo na coluna denominada *Polo Implícito*. O cliente faz uma marca nos quadrados referentes a quaisquer outras pessoas na grade que possua as características do *Polo Emergente* – qualquer pessoa significativa na vida dele que possa ser descrita como feliz (Figura 11.1).

## O papel da dicotomia

A suposição subjacente ao REP Teste é a de que as pessoas interpretam eventos em dicotomias, segundo o corolário de dicotomia, em termos de parecido *versus* diferente ou semelhante *versus* dessemelhante. Ao forçar os clientes a fazer repetidos julgamentos sobre suas relações sociais, Kelly acreditava que poderia revelar suas antecipações e expectativas. As dicotomias ou alternativas pelas quais guiamos nossa vida mostrarão o padrão de nossos constructos pessoais.

---

**QUADRO 11.2** ▪ Lista de títulos de papéis do Teste de Repertório do Constructo de Papel

1.  Um professor de que gostou.
2.  Um professor de que não gostou.
3.  Sua esposa/marido ou atual namorado/namorada.
4.  Um patrão, supervisor ou diretor com quem trabalhou ou a quem prestou serviços e com quem achou difícil conviver.
5.  Um patrão, supervisor ou diretor com quem trabalhou ou a quem prestou serviços e com quem gostou de conviver.
6.  Sua mãe ou quem atuou como mãe em sua vida.
7.  Seu pai ou quem atuou como pai em sua vida.
8.  Seu irmão com idade mais próxima à sua ou a pessoa que foi como um irmão.
9.  Sua irmã com idade mais próxima à sua ou a pessoa que foi como uma irmã.
10. Uma pessoa com quem trabalhou e foi fácil conviver.
11. Uma pessoa com quem trabalhou e foi difícil de entender.
12. Um vizinho com quem se dá bem.
13. Um vizinho que acha difícil entender.
14. Um rapaz com quem se dava bem quando cursava o segundo grau.
15. Uma moça com quem se dava bem quando cursava o segundo grau.
16. Um rapaz de que você não gostava quando cursava o segundo grau.
17. Uma moça de que você não gostava quando cursava o segundo grau.
18. Uma pessoa do mesmo sexo com a qual gostaria de fazer uma viagem.
19. Uma pessoa do mesmo sexo com a qual não gostaria de fazer uma viagem.
20. Uma pessoa com a qual tem se relacionado mais intimamente e que parece não gostar de você.
21. A pessoa que mais gostaria de ajudar ou de quem você mais sente pena.
22. A pessoa mais inteligente que conhece pessoalmente.
23. A pessoa mais bem-sucedida que conhece pessoalmente.
24. A pessoa mais interessante que conhece pessoalmente.

Fonte: Reprodução de *The psychology of personal constructs*, de George Kelly. © 1991 by Routledge, Chapmam & Hall, Inc. Reproduzido com autorização de Taylor & Francis Books UK.

---

**Interpretando o REP Teste.** A interpretação do REP Teste depende da habilidade e do treinamento do psicólogo que o aplica. Kelly não pretendia que o teste fosse um inventário de autorrelato, padronizado e objetivo. Ele o elaborou como meio para avaliar os constructos, como um estágio necessário em psicoterapia para induzir os clientes a revelar os constructos segundo os quais organizam seu mundo. No entanto, foram desenvolvidos programas de computador para analisar grades de repertório individuais em termos mais objetivos (Grice, 2002).

## Terapia do papel fixo

Após avaliar o sistema de constructos pessoais de um cliente, Kelly buscava efetuar uma mudança em constructos indesejáveis ou ineficazes. Ele promoveu uma forma de psicoterapia que denominou **terapia do papel fixo**. Para ajudar os clientes a formular novos constructos e descartar os antigos, pedia-lhes que escrevessem um esboço de autocaracterização descrevendo a si mesmos como o personagem principal de uma peça.

**Terapia do papel fixo**
Técnica psicoterapêutica na qual o cliente representa constructos adequados a uma pessoa fictícia. Isso mostra ao cliente como os novos constructos podem ser mais eficazes que os antigos que ele vem utilizando.

**Interpretando um papel.** Nesse tipo de terapia, o terapeuta prepara um esboço do papel fixo que contenha constructos que diferem das autopercepções negativas do avaliado, conforme revelado

Constructos

| | | | | | | | | | | | | | | | | | | | Nº | Polo Emergente | Polo Implícito |
|---|---|---|---|---|---|---|---|---|---|---|---|---|---|---|---|---|---|---|---|---|---|
| Você mesmo | Mãe | Pai | Irmão | Irmã | Cônjuge | Ex-namorado(a) | Amigo | Ex-amigo | Pessoa que o rejeita | Pessoa que suscita pena | Pessoa ameaçadora | Pessoa atraente | Professor aceito | Professor rejeitado | Chefe | Pessoa bem-sucedida | Pessoa feliz | Pessoa ética | | | |
| 1 | 2 | 3 | 4 | 5 | 6 | 7 | 8 | 9 | 10 | 11 | 12 | 13 | 14 | 15 | 16 | 17 | 18 | 19 | | | |
| | | | ✓ | | | ✓ | | ✓ | | ✓ | | | | | | ⊗ | ⊗ | ● | 1 | Ateu | Acredita em Deus |
| | | | | ✓ | ✓ | | ✓ | | | | | | ⊗ | ⊗ | ● | ✓ | | | 2 | Mesmo tipo de educação | Educação completamente diferente |
| ✓ | | | ✓ | ✓ | ✓ | | ✓ | ⊗ | ● | ✓ | ✓ | ⊗ | ✓ | | ✓ | ✓ | | | 3 | Não atlético | Atlético |
| | | | | | ⊗ | ⊗ | ● | | | | | | | | | | | | 4 | Ambas meninas | Um menino |
| ✓ | ⊗ | ⊗ | ● | ✓ | ✓ | | | | | | | | ✓ | ✓ | ✓ | ✓ | ✓ | ✓ | 5 | Pais | Ideias diferentes |
| | ⊗ | ✓ | ✓ | | | | | | | | | ⊗ | ✓ | ✓ | | ⊗ | | | 6 | Compreendem-me melhor | Não me compreendem em nada |
| | ⊗ | ✓ | ✓ | | | | | | ● | | | ⊗ | ✓ | ✓ | | | | | 7 | Ensinam a coisa certa | Ensinam a coisa errada |
| | ✓ | ● | ✓ | | | | | | | | | | ✓ | ⊗ | ⊗ | ✓ | | | 8 | Realizaram muito | Não relizaram nada |
| | | ⊗ | ✓ | | | ✓ | | | ● | | | | ✓ | ⊗ | ✓ | | | | 9 | Educação superior | Nenhuma educação |
| | | | ⊗ | | ✓ | | | ⊗ | | | | ● | | | | | | | 10 | Não gosta de outras pessoas | Gosta de outras pessoas |
| ✓ | ✓ | ✓ | ⊗ | ✓ | | ✓ | | | | ● | ✓ | | ✓ | | | ✓ | ✓ | ⊗ | 11 | Mais religioso | Não religioso |
| ✓ | ✓ | ✓ | ⊗ | | | ✓ | ✓ | ● | ✓ | ✓ | ⊗ | ✓ | | ✓ | ✓ | ✓ | ✓ | ✓ | 12 | Acredita em educação superior | Não acredita em educação sofisticada |
| | ✓ | | ✓ | | | | ● | | ✓ | ✓ | ⊗ | | | ✓ | | | ⊗ | | 13 | Mais sociável | Não sociável |
| | ● | | | ⊗ | ⊗ | | | | | | | ✓ | | | | | | | 14 | Ambas meninas | Não meninas |
| | ✓ | ● | | ⊗ | ⊗ | | | | | | | ✓ | | | | | | | 15 | Ambas meninas | Não meninas |
| ✓ | ✓ | ✓ | ✓ | ✓ | | | ⊗ | ● | | | ⊗ | ✓ | ✓ | | ✓ | ✓ | ✓ | | 16 | Ambas possuem moral elevada | Baixa moral |
| ⊗ | | ⊗ | ● | ✓ | | ✓ | | ✓ | | ✓ | ✓ | ✓ | | | | ✓ | ✓ | | 17 | Pensa da mesma forma | Pensa de maneira diferente |
| | ✓ | | ✓ | ✓ | | | | | | | | | | ✓ | ⊗ | ⊗ | | ● | 18 | Mesma idade | Idades diferentes |
| ⊗ | ⊗ | | | ✓ | | | | | | ✓ | ● | | ✓ | ✓ | ✓ | ✓ | ✓ | ✓ | 19 | Pensa o mesmo sobre mim | Pensa diferente sobre mim |
| | | | | | | ✓ | ⊗ | ⊗ | ✓ | ✓ | ✓ | ✓ | | | | | | | 20 | Ambos amigos | Não amigos |
| | | | | | | ● | ✓ | | | | ⊗ | ⊗ | ✓ | ✓ | ✓ | ✓ | ✓ | | 21 | Mais entendimento | Menos entendimento |
| ⊗ | | | | | ✓ | | ● | ✓ | ⊗ | | | ✓ | | ✓ | | ✓ | | ✓ | 22 | Ambos apreciam música | Não apreciam música |

Fonte: Reprodução de *The psychology of personal constructs*, de George A. Kelly.© 1991 by Routledge, Chapman & Hall, Inc. Reproduzido com permissão de Taylor & Francis Books UK.

**Figura 11.1** A grade do Teste de Repertório do Constructo de Papel.

no esboço de autocaracterização. Costuma-se dizer ao cliente que o esboço do papel fixo refere--se a um personagem fictício e solicitar-lhe que represente esse personagem no consultório do terapeuta e, mais tarde, no seu dia a dia. Por meio dessa representação de papel, espera-se que ele projete necessidades e valores pessoais sobre o personagem fictício.

O terapeuta espera que o paciente descubra que os novos constructos no esboço do papel fixo funcionam melhor quanto à antecipação de eventos do que os constructos antigos sob os quais ele estava vivendo. Uma vez que o cliente perceba isso, ele pode incorporar os novos constructos ao sistema geral de constructos e agir de um modo mais satisfatório e eficaz.

Kelly desenvolveu a terapia do papel fixo a partir da observação de um amigo que começou a vivenciar o papel que estava representando em uma produção teatral da universidade. O amigo estava tão fortemente influenciado pelo papel, que seu comportamento fora do palco tornara-se gradualmente mais parecido com o do personagem. O objetivo da terapia do papel fixo é, portanto, primeiro representar um papel e, depois, passar a vivê-lo.

**Exemplo de terapia do papel fixo.** Com base em entrevistas com um cliente do sexo masculino chamado Roy Taylor, em seu esboço de autocaracterização e no resultado de seu REP Teste, o terapeuta concluiu que o cliente estava excessivamente preocupado em encontrar uma parceira. Os esforços dele estavam produzindo um impacto negativo em seus outros relacionamentos sociais.

Ele tinha dificuldade em ser franco e assertivo porque, em seu sistema de constructos, assertividade e extroversão eram características negativas da personalidade. Além disso, ao relacionar-se com outras pessoas, estava convicto de que suas opiniões eram as corretas e de que todos os outros estavam errados. No trabalho, sentia-se isolado, acreditando que pertencia a uma classe social superior à de seus colegas.

O esboço do papel fixo do terapeuta para o cliente não mencionou o desejo deste em ter um relacionamento íntimo com uma mulher. Em vez disso, tomando como estrutura a habilidade do cliente em jogar tênis, o terapeuta o encorajou, por meio do personagem fictício, a ser mais curioso e mais tolerante com relação aos diferentes tipos de pessoas e às suas opiniões.

> *A filosofia de vida de Roy Taylor reflete muito bem sua abordagem do seu esporte favorito, o tênis: o importante não é se o jogador vence ou perde, mas se dá o melhor de si. Seja no trabalho ou no jogo, ele acredita que, se um trabalho vale a pena, compensa ser bem-feito, e tudo o que faz é com certa paixão e convicção, o que não se pode deixar de admirar. Embora você talvez pense que, por ser assim, ele poderia parecer um pouco sério e intenso demais, mas logo que o conhece percebe que a sua maior preocupação é viver a vida ao máximo, e que isso implica divertir-se muito e, ao mesmo tempo, trabalhar duro. A vida nem sempre é fácil para ele; mas, quando tem uma decepção, parece que sempre é capaz de extrair algo de bom e olhar para a frente, em vez de ficar remoendo as suas desgraças do presente e do passado.*

> *Um dos seus pontos mais fortes no tênis é a sua capacidade de antecipar os movimentos dos outros jogadores, seja de seus adversários ou de seus parceiros no jogo de duplas. Em outras esferas da vida, ele também está sempre buscando ver o mundo sob a ótica das pessoas com quem entra em contato, talvez porque se relacione com pessoas dos mais variados tipos. Sua animada curiosidade em saber o que move os outros é normalmente correspondida, levando-o, mesmo antes de se dar conta, a relacionamentos bastante gratificantes. Ele certamente também tem alguns desentendimentos com os outros, mas, quando isso acontece, sempre procura entender o ponto de vista da outra pessoa, mesmo que não o aceite. Por isso, tem boa reputação tanto por seu compromisso com as causas que falam ao seu coração quanto pela sua tolerância ao direito de os outros terem opiniões diferentes.* (Winter, 1992, p. 270-271)

**O papel do terapeuta.** O terapeuta analisou o esboço do papel fixo com o cliente e lhe perguntou se o personagem se parecia com alguém que gostaria de conhecer. Ele concordou em tentar comportar-se como o personagem do esboço no consultório do terapeuta. Então, foi convidado a tentar agir, pensar e falar como o personagem durante as duas semanas seguintes. Há relatos de que as modificações comportamentais provocadas pela terapia do papel fixo estendem-se por um período bem maior do que o de duas semanas de representação do papel.

No entanto, os relatos de resultados bem-sucedidos do tratamento para clientes individuais devem ser contrabalançados pelo fato de ter havido poucas pesquisas controladas com relação à eficácia da técnica. Um dos poucos estudos conduzidos revelou que a terapia do papel fixo reduziu a ansiedade social em uma pequena amostra de clientes no Japão (Abe, Imai e Nedate, 2011).

# A pesquisa na teoria de Kelly

## Estabilidade dos constructos ao longo do tempo

Estudos utilizando o REP Teste mostraram que os constructos de uma pessoa se mantêm estáveis ao longo do tempo. Um grupo de pessoas submeteu-se duas vezes ao teste, e, a cada vez, usou nomes de pessoas diferentes como imagens de papéis. Embora os modelos de papéis tenham se modificado, os constructos que eram importantes para as pessoas permaneceram os mesmos. Mas as pesquisas revelaram que a validade do REP Teste depende muito da habilidade do psicólogo para interpretar os resultados.

Um estudo com o REP Teste investigou a complexidade do sistema de constructos de uma pessoa. Os resultados indicaram que o padrão se torna mais diferenciado e completo ao longo da vida e que é capaz de processar mais informações, uma vez que pode existir em condições mais abstratas (Crockett, 1982). Outro estudo observou que fazer amizades depende de uma semelhança entre constructos pessoais.

Um grupo de estudantes submeteu-se ao REP Teste durante sua primeira semana na universidade e, novamente, seis meses depois. Os resultados mostraram que a similaridade de constructos e atitudes entre amigos não se desenvolveu durante o período de seis meses, mas já existia antes que os relacionamentos se estabelecessem.

Os pesquisadores concluíram que buscamos para ser nossos amigos aquelas pessoas cujos constructos já são semelhantes aos nossos (Duck e Spencer, 1972). Do mesmo modo, para avaliados casados, os cônjuges cujos constructos eram mais semelhantes entre si relataram ser mais felizes em seu casamento do que os casais cujos constructos eram mais diferentes (Neimeyer, 1984).

## Efeitos do estado emocional

Outra pesquisa mostrou uma correspondência entre as características pessoais e as formas de interpretar outras pessoas. Por exemplo, entre um grupo de estudantes de enfermagem, quem era classificado como altamente ansioso tendia a utilizar *ansioso* versus *não ansioso* como um constructo para avaliar as outras pessoas. Aqueles que os colegas consideravam afetuosos tendiam a analisar os outros em termos de um constructo de *afetuoso* versus *não afetuoso* (Sechrest, 1968).

O REP Teste foi usado para estudar esquizofrênicos, neuróticos, depressivos e pessoas com lesões cerebrais orgânicas. Comparados com outras pessoas, os esquizofrênicos foram considerados instáveis e incoerentes em suas interpretações sobre os demais; no entanto, sua interpretação sobre objetos era estável e coerente, sugerindo que seus distúrbios de pensamento aplicavam-se somente a situações sociais. Seus processos de pensamento foram também caracterizados por ilusões paranoicas e ligações irracionais entre os constructos (ver, por exemplo, Bannister, Fransella e Agnew, 1971; Bannister e Salmon, 1966; Winter, 1992).

Um estudo utilizando uma versão modificada do REP Teste comparou os sistemas de constructos pessoais de pacientes reincidentes em hospitais psiquiátricos com pessoas hospitalizadas pela primeira vez. Os reincidentes interpretaram sua rede social como pequena, limitada a poucas pessoas em quem podiam confiar, enquanto os pacientes de primeira internação interpretaram sua rede social como significativamente mais ampla (Smith *et al.*, 1991).

Uma pesquisa com o REP Teste aplicado a criminosos jovens e adultos revelou que os delinquentes tendiam a identificar-se com heróis de ação da TV, e não com adultos reais. Prisioneiros recém-libertados apresentaram baixa autoestima e reduzidas aspirações futuras. Estupradores sentiam-se inadequados, imaturos e preocupados com o fracasso pessoal (Needs, 1988).

## Aplicações do mundo real

Pesquisadores empregaram o REP Teste em pesquisas de mercado para avaliar os critérios utilizados por consumidores em sua apreciação de produtos. Psicólogos organizacionais usaram esse teste para orientação vocacional, seleção de funcionários, avaliação de desempenho profissional e avaliação de programas de treinamento (Benjafield, 2008).

## Pesquisa sobre constructos pessoais

Estudos em situações não terapêuticas têm lidado com uma variedade de comportamentos que podem ser afetados pelos constructos pessoais de um indivíduo. Um estudo na Austrália revelou que a quantidade de comportamentos imprudentes de motoristas na estrada poderia estar ligada aos constructos mantidos por eles (McNally e Bradley, 2014) Um professor norte-americano que dava aulas em Paris conseguiu ensinar seus alunos de estatística básica não apenas a entender o tema, mas também a se entusiasmarem pelo assunto, relacionando os métodos aos seus constructos pessoais (Clayson, 2013).

Um estudo inovador realizado por psicólogos britânicos sobre os constructos pessoais desenvolvidos por terroristas islâmicos condenados na Índia descobriu que aqueles que eram incapazes de reconstruir sua vida futura sem vínculos com o terrorismo tinham menor probabilidade de se desligar de atos terroristas no futuro (Canter, Sarangi e Youngs, 2014).

## Complexidade e simplicidade cognitivas

Uma consequência do trabalho de Kelly sobre constructos pessoais refere-se aos estilos cognitivos, ou seja, às diferenças em como vemos ou interpretamos pessoas, objetos e situações em nosso ambiente. A partir do REP Teste, foram elaboradas pesquisas sobre estilos cognitivos, focalizando-se no conceito de **complexidade cognitiva**.

> **Complexidade cognitiva**
> Estilo cognitivo ou um modo de interpretar o ambiente caracterizado pela capacidade de perceber diferenças entre as pessoas.

Complexidade cognitiva é definida como a habilidade de discriminar a aplicação pessoal de constructos da aplicação de outras pessoas. Pessoas com alta complexidade cognitiva são capazes de enxergar variações entre as pessoas e conseguem, com facilidade, colocá-las em várias categorias.

O outro extremo – **simplicidade cognitiva** – refere-se a ser menos capaz de enxergar diferenças ao julgar outras pessoas. Pessoas com alta simplicidade cognitiva tendem a classificar as outras em apenas uma ou duas categorias, sendo incapazes de enxergar muita variedade.

> **Simplicidade cognitiva**
> Estilo cognitivo ou um modo de interpretar o ambiente caracterizado por uma relativa incapacidade de enxergar diferenças entre as pessoas.

**Efeitos sobre personalidade e comportamento.** Pesquisas confirmaram as diferenças de personalidade em termos de estilo cognitivo. As pessoas com alta complexidade cognitiva são mais capazes de fazer previsões sobre o comportamento de outras, reconhecem mais prontamente as diferenças entre elas próprias e os outros, demonstram ter mais empatia e lidam melhor com informações incoerentes na interpretação de outros do que as pessoas com alta simplicidade cognitiva (Crockett, 1982).

Estudos com estudantes universitários nos Estados Unidos e no Canadá descobriram que aqueles com alta pontuação em complexidade cognitiva tinham níveis mais baixos de ansiedade e instabilidade, adaptavam-se melhor aos estresses da vida universitária e também tendiam a possuir mais do que os tradicionais cinco fatores de personalidade. Já as pessoas com baixa pontuação em complexidade cognitiva exibiam menos do que cinco fatores de personalidade, o que sugere que eram menos complexas emocionalmente (Bowler, Bowler e Phillips, 2009; Lester, 2009; Pancer *et al.*, 2000).

Estudos de políticos nos Estados Unidos e na Inglaterra verificaram que os conservadores tinham elevada simplicidade cognitiva, ao passo que os moderados e os liberais apresentaram níveis mais altos de complexidade cognitiva (Tetlock, 1983, 1984). Uma pesquisa com conselheiros e terapeutas de saúde mental mostrou que os que possuíam mais treinamento e experiência na área demonstraram maior complexidade cognitiva do que os que eram menos treinados e tinham menos anos de experiência (Granello, 2010; Owen e Lindley, 2010).

Na teoria de Kelly, complexidade cognitiva é o estilo cognitivo mais desejável e mais útil. Nosso objetivo no desenvolvimento de um sistema de constructos é reduzir as incertezas ao sermos capazes de prever ou antecipar o que as pessoas farão, o que nos oferece um modelo quanto ao nosso próprio comportamento. As pessoas com um estilo cognitivo mais complexo serão mais bem-sucedidas nessa tarefa do que aquelas com estilo cognitivo mais simples; portanto, esse estilo é uma dimensão importante da personalidade.

**Mudanças ao longo do tempo.** Estudos mostram que a complexidade cognitiva aumenta com a idade; adultos costumam ter maior complexidade cognitiva do que crianças. No entanto, a idade não é uma explicação integral para a complexidade cognitiva. Muitos adultos ainda possuem simplicidade cognitiva. Depende muito do nível de complexidade de nossas experiências de infância.

Os adultos com elevada complexidade cognitiva normalmente tiveram experiências mais diversificadas na infância. Além disso, seus pais eram menos autoritários e tendiam a lhes conceder maior autonomia do que pais de adultos com elevada simplicidade cognitiva (Sechrest e Jackson, 1961).

**Eram parecidos ou ficaram parecidos?** Um estudo com 40 casais revelou que, embora as mulheres tenham tido pontuação significativamente mais alta em complexidade cognitiva do que os homens, havia uma alta correlação na complexidade cognitiva entre homens e mulheres que formavam casais. Os pesquisadores sugeriram que estes companheiros haviam escolhido um ao outro em razão da semelhança preexistente dos níveis de complexidade cognitiva, ou então haviam desenvolvido essa semelhança como resultado da vida em comum. De qualquer modo, tendiam a construir seus mundos de maneira semelhante (Adams-Webber, 2001).

**Fatores culturais.** Estudantes universitários monoculturais anglo-americanos foram comparados com estudantes biculturais sino-americanos que haviam nascido na China e vivido pelo menos cinco anos nos Estados Unidos. Os resultados mostraram que os estudantes biculturais tiveram pontuação mais elevada em complexidade cultural do que os monoculturais (Benet-Martinez, Lee e Leu, 2006).

**Complexidade atribucional.** Uma variante da complexidade cognitiva é a *complexidade atribucional*, definida como o grau em que uma pessoa prefere as explicações mais complexas para o comportamento social ao invés das simples. Em outras palavras, as pessoas atribuem o comportamento dos outros a causas mais complicadas, multifacetadas e sofisticadas.

As pessoas com um grau alto de complexidade atribucional têm se mostrado mais sensíveis e criteriosas aos sinais sutis de racismo. Elas também mostram grande empatia e compreensão em relação aos outros (Foels e Reid, 2010; Reid e Foels, 2010). Líderes de empresas com alta complexidade atribucional são mais eficazes em seus comportamentos de gestão do que os indivíduos que têm níveis baixos dessa característica (Sun e Anderson, 2012).

---

**DESTAQUES**: Pesquisa sobre as ideias de Kelly

Uma pesquisa utilizando o REP Teste descobriu que:

- Nossos constructos pessoais permanecem estáveis com o tempo.
- Escolhemos como amigos as pessoas que possuem constructos semelhantes aos nossos.
- Cônjuges com constructos parecidos eram mais felizes.
- Pessoas com esquizofrenia formaram constructos estáveis sobre objetos, mas não sobre pessoas.
- Delinquentes se identificavam mais com heróis do cinema e televisão do que com pessoas reais.

Pessoas com alta pontuação em *complexidade cognitiva* tendem a:

- Ter baixa pontuação em ansiedade.
- Ter mais fatores de personalidade do que os cinco tradicionais.
- Ser boas em prever o comportamento dos outros.
- Apresentar opiniões políticas de moderadas a liberais.
- Ter vivido experiências mais variadas na infância.
- Lidar melhor com os períodos de estresse na universidade.

Pessoas com alta pontuação em *complexidade atribucional*:

- Atribuem o comportamento alheio a causas complexas.
- Têm maior empatia e compreensão com os outros.
- São sensíveis aos sinais sutis de racismo.

---

# Reflexões sobre a teoria de Kelly

Kelly desenvolveu uma teoria da personalidade singular e radical, que não se originou nem se baseou em outras teorias. Ela surgiu da sua interpretação, do seu próprio sistema de constructos e de dados fornecidos pela sua prática clínica. É uma visão pessoal; a originalidade equipara-se à mensagem de que somos capazes de desenvolver a estrutura para a nossa vida.

O sistema de Kelly foi criticado em vários pontos. Focaliza aspectos intelectuais e racionais da atuação humana, em detrimento dos emocionais. Sua visão de uma pessoa que constrói racionalmente o presente e o futuro, elaborando e testando hipóteses e fazendo previsões, como base do comportamento, não coincide com as experiências diárias dos psicólogos clínicos, que veem exemplos mais extremos do comportamento humano. Para eles, o ser racional de Kelly parece um ideal que não existe na realidade. Embora não tenha trabalhado explicitamente com emoções, ele as admitia como constructos pessoais, semelhantes na sua formação aos outros constructos.

Vimos que a visão de personalidade de Sigmund Freud originou-se do trabalho com pacientes vienenses neuróticos de classe média, que lhe proporcionaram uma amostra deturpada e não representativa da natureza humana. Outros teóricos também foram criticados por isso. O ponto de vista de Kelly também não era representativo, estando restrito, em grande parte, a jovens adultos do Meio-Oeste dos Estados Unidos, em processo de definir um sistema de constructos que os auxiliaria durante a vida universitária.

A teoria de Kelly, como muitas outras, deixa perguntas sem respostas. Cada um de nós é capaz de interpretar eventos de uma forma singular, mas por que uma pessoa os interpreta de uma forma e outra os interpreta de maneira diferente? Qual é o processo ou o mecanismo responsável por tal diferença? Uma pessoa faz escolhas quanto a delimitar ou expandir o sistema de constructos? O que determina a opção por certeza ou por aventura, pela alternativa mais segura ou pela mais arriscada?

A teoria do constructo pessoal continua a usufruir de grande e crescente suporte, embora mais na Europa, Canadá e Austrália do que nos Estados Unidos. Em meados da década de 1980, estabeleceu-se na Inglaterra o Centre for Personal Construct Psychology para treinar clínicos nas técnicas psicoterapêuticas de Kelly e promover a aplicação da teoria. No fim da década de 1980, iniciou-se a publicação do periódico *International Journal of Personal Construct Psychology* e do *Journal of Constructivist Psychology* e, em 1990, foi lançado o primeiro volume da série *Advances in Personal Construct Psychology*.

O trabalho de Kelly não é muito popular nos Estados Unidos por diversas razões. Muitos psicólogos o consideram demasiadamente diferente das ideias dominantes. Psicólogos de personalidade pensam, tipicamente, em termos de conceitos familiares de motivação e emoção, forças inconscientes, impulsos e necessidades, que não fazem parte do sistema de Kelly. Outra razão de sua popularidade baixa é que Kelly publicou poucos livros, artigos e estudos de casos, dedicando a maior parte do seu tempo ao trabalho clínico e ao treinamento de pós-graduandos. Seus dois livros mais importantes estão escritos em estilo acadêmico e não se dirigem ao público leigo nem ao terapeuta que busca explicações para paixões e emoções, amores e ódios, medos e sonhos humanos. Não era este o estilo do homem nem da teoria dele.

Kelly admitiu as limitações do seu programa e não reivindicou que tivesse proposto uma teoria completa. Como os constructos de um indivíduo se modificam à luz de novas experiências, Kelly esperava que a teoria de constructos pessoais se modificasse com pesquisas e aplicações posteriores. Suas contribuições foram reconhecidas com honras pela profissão e por ex-alunos.

A teoria de Kelly é uma das mais incomuns dentre as que surgiram em um século de teorizações sobre a natureza da personalidade humana. Adeptos continuam a aplicá-la a problemas na psicologia clínica, psicologia industrial, antropologia, criminologia e planejamento urbano como modo de modificar e predizer o comportamento em muitos percursos da vida (Butt, 2008; Walker e Winter, 2007).

## Resumo do capítulo

Kelly via as pessoas como semelhantes a cientistas, que formulam hipóteses e as testam na realidade. Um constructo pessoal é um meio singular de considerar os eventos das nossas vidas para tentar explicar e prever eventos futuros. Seu principal postulado afirma que os processos psicológicos são orientados pela maneira como antecipamos os eventos e interpretamos nosso mundo. A teoria é composta de 11 corolários.

Kelly propôs uma visão otimista da natureza humana, descrevendo-nos como seres racionais, dotados de livre-arbítrio, capazes de direcionar nosso destino. Não estamos presos a constructos desenvolvidos em um estágio de vida, nem a experiências passadas, conflitos inconscientes e instintos biológicos. Nosso obje-

tivo é definir um conjunto de constructos que nos capacite a prever eventos.

Kelly avaliava a personalidade aceitando as palavras de uma pessoa como verdadeiras, solicitando-lhe que escrevesse um esboço de autocaracterização e utilizando o Teste de Repertório do Constructo de Papel (REP Teste), o qual revela dicotomias importantes na vida de uma pessoa, mostrando seu padrão de constructos pessoais.

As pessoas com elevada complexidade cognitiva são mais capazes de prever o comportamento dos outros. Elas reconhecem mais prontamente as diferenças entre elas e os outros. São mais empáticas, menos ansiosas e instáveis, lidam melhor com informações incoerentes ao interpretar os outros e vivenciam maior complexidade durante a infância do que as pessoas com elevada simplicidade cognitiva.

As que apresentam alta pontuação em complexidade atribucional veem o comportamento dos outros como mais complexo e multifacetado do que as pessoas que possuem baixa pontuação em complexidade atribucional.

O trabalho de Kelly foi criticado por omitir conceitos familiares, como motivação e emoção, por concentrar-se em aspectos racionais do funcionamento humano em detrimento de aspectos emocionais e por basear-se em uma amostra não representativa de pessoas avaliadas.

 ## Perguntas de revisão

1. O que Kelly quis dizer quando sugeriu que todos funcionamos como cientistas ao tentar prever e controlar os eventos de nossas vidas?
2. Como a abordagem de personalidade de Kelly difere das demais que discutimos?
3. Qual é a relação entre a teoria cognitiva de Kelly e a psicologia cognitiva moderna?
4. Como a teoria de Kelly pode ter sido influenciada pelos tipos de clientes que ele tratou?
5. Qual a definição de Kelly para o termo constructo? Por que os constructos devem ser dicotômicos?
6. Por que Kelly acreditava que devemos rever sempre nossos constructos?
7. Quais fatores influenciam a maneira pela qual antecipamos os eventos que são semelhantes a eventos passados?
8. Como escolhemos entre as duas alternativas oferecidas por um constructo?
9. De que modo a antecipação que fazemos dos eventos e do comportamento das pessoas influencia nossa personalidade?
10. Explique de que modo o corolário da individualidade difere do da organização.
11. O que é extensão da conveniência de um constructo?
12. Em seu sistema de constructos, qual é o grau ou

extensão da conveniência para o constructo *alegre* versus *triste*?
13. Que mecanismo Kelly propôs para explicar as mudanças na extensão da conveniência de um constructo?
14. Como é possível que se tenha constructos incompatíveis ou incoerentes?
15. Por que é importante analisar os constructos de outras pessoas em nossa vida cotidiana?
16. Qual é a posição de Kelly quanto à questão do livre-arbítrio *versus* determinismo?
17. O que é um esboço de autocaracterização? Como é usado em terapia?
18. Descreva de que modo o Teste de Repertório do Constructo de Papel funciona com os pacientes.
19. O que é a terapia do papel fixo? Como se relaciona à representação de papéis?
20. De que modo pessoas com alta complexidade cognitiva diferem de pessoas com alta simplicidade cognitiva?
21. De que modo o indivíduo com alta complexidade atribucional vê o comportamento daqueles à sua volta em comparação com alguém que tenha baixa complexidade atribucional?
22. Discuta algumas das críticas feitas à abordagem de Kelly à personalidade.

# Leituras sugeridas

Butler, R. (Ed.). *Reflections in personal construct theory.* Nova York: Wiley, 2009. Ensaios dos principais representantes da abordagem terapêutica de Kelly de diversos países com conselhos sobre como conduzir relações terapêuticas com os pacientes usando a psicologia do constructo pessoal.

Butt, T. *George Kelly and the psychology of personal constructs (mind shapers).* Nova York: Palgrave Macmillan, 2008. Explora a ideia proposta por Kelly de que a personalidade não é formada pelo que acontece conosco, mas pelas diferentes interpretações que damos aos acontecimentos. Define a teoria em seu contexto histórico e filosófico.

Caputo, P., Viney, L. Walker, B. e Crittenden, N. (Eds.), 2012. Artigos de seguidores da abordagem de Kelly, detalhando técnicas para coletar e analisar dados, além de descrições e exemplos da aplicação da psicologia do constructo pessoal em ambientes clínicos e não clínicos.

Epting, F. R. *Personal construct counseling and psychotherapy*. Nova York: Wiley, 1984. O primeiro grande compêndio sobre os princípios da teoria da personalidade de Kelly e suas aplicações clínicas.

Fransella, F. *George Kelly*. Londres: Sage, 1995. Descreve a vida de Kelly, bem como o desenvolvimento e as aplicações da teoria do constructo pessoal. Revisa o conceito de alternativismo construtivo usando a personalidade de Kelly como exemplo.

Jancowicz, A. D. Whatever became of George Kelly? Applications and implications. *American Psychologist*, 1987, 42, 481-487. Publicado no vigésimo aniversário da morte de Kelly, este artigo revisa e avalia os impactos do seu trabalho.

Kelly, G. A. *Clinical psychology and personality: The selected papers of George Kelly*. Nova York: Wiley, 1969. Uma seleção de escritos de Kelly, editada por Brendan Maher. Ver Capítulo 2, "The Autobiography of a Theory", para uma descrição de Kelly sobre o impacto de suas experiências pessoais no desenvolvimento de sua teoria.

Thompson, G. G. George Alexander Kelly: 1905-1967. *Journal of General Psychology*, 1968, 79, 19-24. Revisa e avalia a vida e a obra de Kelly.

# PARTE 7

# A abordagem comportamental

Você já conhece John B. Watson, o fundador do behaviorismo, de suas outras disciplinas de psicologia. Sua psicologia comportamental concentrava-se exclusivamente no comportamento observável, ou seja, como as pessoas respondem a estímulos externos. Essa abordagem da psicologia como ciência natural, baseada em cuidadosas pesquisas experimentais e na quantificação precisa das variáveis de estímulo e resposta, tornou-se muito popular na década de 1920 e permaneceu como uma força dominante na psicologia por mais de 60 anos.

No behaviorismo de Watson não havia lugar para forças conscientes ou inconscientes, porque elas não podiam ser observadas, manipuladas ou medidas em condições de laboratório. Watson acreditava que, o que quer que pudesse estar ocorrendo dentro de um organismo – fosse o de uma pessoa ou de um animal – entre a apresentação do estímulo e o surgimento da resposta, não tinha nenhum papel a desempenhar na ciência. A justificativa era que os cientistas não podiam conduzir experimentos em tais condições internas e não observáveis.

Na abordagem comportamental da psicologia, portanto, não encontramos nenhuma referência a ansiedade, impulsos, motivações, necessidades ou mecanismos de defesa – os tipos de processos mencionados pela maioria dos outros teóricos da personalidade. Para os behavioristas, a personalidade é meramente um acúmulo de respostas aprendidas a vários estímulos. A personalidade refere-se apenas ao que pode ser observado e manipulado de maneira objetiva.

A abordagem comportamental da personalidade é representada aqui pelo trabalho de B. F. Skinner, que, continuando com a abordagem de Watson, rejeitou quaisquer pretensas forças ou processos internos por considerá-los irrelevantes. Sua única preocupação era com o comportamento observável e com os estímulos externos que lhe dão forma.

Skinner tentou entender o que chamamos de "personalidade" por meio de pesquisas laboratoriais com ratos e pombos, e não do trabalho clínico com pacientes. No entanto, suas ideias mostraram-se imensamente úteis no ambiente clínico, por meio da aplicação de técnicas de modificação de comportamento.

# CAPÍTULO 12

*É o ambiente que deve ser
transformado.*
— B. F. Skinner

# B. F. Skinner:
# teoria do reforço

## Ratos, pombos e um organismo vazio

Skinner não apresentou uma teoria da personalidade que possa ser facilmente contrastada e comparada com outras teorias discutidas neste livro. Na verdade, ele, definitivamente, não apresentou uma teoria da personalidade, tampouco sua pesquisa tratou especificamente de personalidade. Seu trabalho tentou dar conta de *todo* comportamento, não apenas da personalidade, em termos concretos e descritivos. Skinner argumentou que os psicólogos devem limitar suas investigações aos fatos, ao que se pode observar, manipular e medir no laboratório. Isso significa uma ênfase exclusiva nas respostas observáveis que uma pessoa avaliada fornece e nada mais. O argumento de Skinner era que a psicologia é a ciência do comportamento, de como um organismo age. Seu estudo sobre o comportamento é a antítese das abordagens psicanalítica, de traços, desenvolvimentista, cognitiva e humanista, diferindo delas não apenas quanto ao objeto de estudo, mas também em relação à metodologia e aos objetivos.

Ao explicar a personalidade, a maioria dos outros teóricos busca pistas dentro da pessoa. As razões, motivos e impulsos – as forças que direcionam nosso desenvolvimento e comportamento – originam-se dentro de cada um de nós. Skinner, ao contrário, não fez referência a estados subjetivos internos para explicar o comportamento, argumentando que influências inconscientes, mecanismos de defesa, traços e outras forças motrizes não podem ser observados e, portanto, não têm lugar em uma psicologia científica.

Skinner não negava a existência de forças internas, mas apenas a sua utilidade científica; segundo ele, tais forças não têm mais valor para a ciência do que o antigo conceito teológico de alma. Ele aplicou raciocínio análogo aos processos fisiológicos que não são observáveis nem relevantes para a ciência. Disse ele: "O interior do organismo é irrelevante, seja como local de processos fisiológicos, seja como local de atividades mentais" (*apud* Evans, 1968, p. 22). Ele não viu necessidade de procurar dentro do organismo alguma forma de atividade interna. Para Skinner, os seres humanos são "organismos vazios", com isso sugerindo que não há nada dentro de nós que possa explicar o comportamento em termos científicos.

## Onde estão as pessoas?

Outra maneira pela qual Skinner se diferenciava de outros teóricos era na escolha do sujeito experimental. Alguns teóricos da personalidade concentram-se em pessoas emocionalmente perturbadas e outros focalizam indivíduos normais ou medianos. Pelo menos um desses teóricos, Abraham Maslow, baseou sua teoria nas melhores e mais brilhantes pessoas. Embora as ideias de Skinner sobre comportamento tenham sido aplicadas a pessoas, a pesquisa de sua abordagem comportamental usou ratos e pombos. O que podemos aprender sobre a personalidade humana a partir de pombos? Lembre-se de que o interesse de Skinner era por respostas comportamentais a estímulos, e não por experiências de infância ou sentimentos de adulto.

Responder a estímulos é algo que os animais fazem bem, algumas vezes melhor do que as pessoas. Ele admitia que o comportamento humano é mais complexo que o comportamento animal, mas sugeriu que as diferenças estão na intensidade, e não no tipo – ele acreditava que os processos fundamentais são similares. Assim como uma ciência deve dirigir-se do simples ao complexo, os processos mais elementares têm de ser estudados primeiro. Dessa maneira, ele escolheu o comportamento animal, por ser menos complexo que o comportamento humano.

Apesar de se concentrar no estudo do comportamento animal, o trabalho de Skinner teve amplas aplicações práticas para mudar o comportamento humano. Técnicas como terapia comportamental, de suas pesquisas, são usadas em ambientes clínicos para tratar uma variedade de distúrbios, incluindo psicoses, deficiência mental e autismo. Suas técnicas de modificação de comportamento são também empregadas em escolas, empresas, instituições correcionais e hospitais.

# A vida de Skinner (1904-1990)

## Uma infância rigorosa

B. F. Skinner nasceu em Susquehanna, na Pensilvânia, nos Estados Unidos, e era o mais velho de dois irmãos, mas seu irmão morreu aos 16 anos. Seus pais eram pessoas trabalhadoras, que ditavam constantemente ao filho regras claras de comportamento adequado. "Fui educado para temer a Deus, a polícia e o que as pessoas vão pensar" (Skinner, 1967, p. 407). Sua mãe nunca se desviou de seus rígidos padrões. O seu método de controle era dizer "tsc tsc".

A avó de Skinner certificava-se de que ele entendera as punições do inferno, apontando as brasas do aquecedor da sala de visitas. O pai contribuiu para a educação moral do filho, ensinando-lhe o que acontecia aos criminosos: mostrou-lhe a cadeia pública e o levou a uma aula sobre como era a vida em uma notória prisão estatal de Nova York.

Em sua autobiografia, Skinner fez muitas referências ao impacto dessas advertências na infância em seu comportamento adulto. Ele escreveu sobre ter visitado uma catedral já adulto e tomado cuidado para não pisar nas lápides do chão, porque, quando criança, lhe ensinaram que tal comportamento não era adequado.

Esses tipos de experiências deixaram claro para ele que seus comportamentos adultos haviam sido determinados pelas recompensas e punições ("reforços"*) que recebera quando criança. Portanto, seu sistema de psicologia e sua visão das pessoas como "sistemas comportamentais complexos de acordo com a lei" refletiam claramente suas próprias experiências na infância (Skinner, 1971, p. 202).

## Máquinas e animais

As muitas horas que Skinner passou construindo dispositivos mecânicos, como vagões, gangorras, carrosséis, catapultas, aeromodelos e um canhão a vapor que atirava pedaços de batata e de cenoura na casa dos vizinhos, foram proféticas sobre suas opiniões de que as pessoas funcionam como máquinas que operam de modo previsível. Skinner também trabalhou em uma máquina de moto-contínuo, que fracassou perpetuamente. Seu interesse pelo comportamento animal é também proveniente da infância.

Tinha tartarugas, cobras, sapos, lagartos e esquilos como animais de estimação. Uma apresentação de pombos adestrados em uma feira municipal deixou-o fascinado. Os pombos encenavam uma corrida, empurravam um carro de bombeiros até um edifício em chamas e encostavam nele uma escada.

---

\*   Em inglês, *reinforcements*, que pode ser traduzido para o português como reforçamentos, o que seria um neologismo. (N. do R.T.)

Um pombo treinado, vestindo um chapéu vermelho de bombeiro, subia até a janela de um andar superior para resgatar um pombo em perigo. Posteriormente, Skinner treinaria pombos para jogar pingue-pongue e para conduzir um míssil até seu alvo. Ele também ensinou o gato de suas filhas a tocar piano e seu cachorro a brincar de esconde-esconde.

## Um ano sombrio

Skinner graduou-se em inglês na Hamilton College, ao norte de Nova York, e esperava tornar-se romancista após a graduação. Ele construiu um estúdio no sótão da casa de seus pais em Scranton, Pensilvânia, e tentou escrever, mas os resultados foram desastrosos. Lia, ouvia rádio, tocava piano e construía modelos de navios enquanto esperava pela inspiração, que nunca chegou. Pensou em consultar um psiquiatra, mas, para seu pai, isso seria um desperdício de dinheiro. Skinner tinha 22 anos e era um fracasso na única coisa que desejava fazer.

Mais tarde, referiu-se àquela época como o seu ano sombrio, o que Erik Erikson chamaria de crise de identidade. A identidade ocupacional de escritor, que construiu cuidadosamente durante seus anos de universidade, desmoronou e levou consigo o senso de respeito próprio. Ele saiu de Scranton para Greenwich Village, em Nova York, mas descobriu que lá também não conseguia escrever. O pior, sob o seu ponto de vista, foi que várias mulheres desprezaram o amor que ele lhes declarava, o que o perturbou a ponto de marcar a ferro quente as iniciais de uma mulher em seu braço, marca esta que carregou durante anos (Skinner, 1983).

## Uma nova identidade

Quando pensava ter perdido toda a esperança, descobriu uma nova identidade que lhe caía bem e à qual iria se apegar pelo restante da vida. Já que escrever não havia funcionado com ele, decidiu estudar o comportamento humano pelos métodos da ciência, não da ficção. Leu livros de Pavlov e de Watson e comprometeu-se com o behaviorismo nos pensamentos e ações. Por fim, sua autoimagem e identidade tornaram-se seguras, pelo menos por um tempo.

Skinner ingressou na Universidade de Harvard em 1928 para estudar psicologia. Nunca fizera nenhum curso na área, mas obteve seu Ph.D. em três anos. Sua opção pelo behaviorismo o levou a rejeitar os sentimentos e as emoções que tentara retratar como escritor. Um historiador de psicologia observou que:

> [Há] diferenças essenciais entre uma carreira devotada a escrever poesia e ficção e outra devotada a promover a causa do behaviorismo. A primeira requer envolvimento com processos intrapsíquicos, tais como intuição, livre associação, fluxo de consciência e participação do inconsciente, bem como a consideração de fantasias e sentimentos como partes importantes do ser. A última nega isso tudo e faz que as fantasias, os sentimentos e todo o domínio intrapsíquico refluam a uma condição de noções "pré-científicas" (para usar o termo favorito de Skinner), enquanto se dá atenção ao comportamento observável e às operações necessárias para registrá-lo, predizê-lo e controlá-lo eficientemente. (Mindess, 1988, p. 105)

Processos psíquicos aparecem no trabalho de Skinner apenas como objeto de escárnio.

## Um período de depressão

Skinner ficou em Harvard até 1936, com uma bolsa de estudos de pós-doutorado. Lecionou, em seguida, na Universidade de Minnesota e na Universidade de Indiana, retornando a Harvard em 1947. Por volta dos 40 anos, passou por um período de depressão, que resolveu voltando à sua fracassada identidade como escritor. Ele projetou seu descontentamento emocional e intelectual no protagonista de um romance, *Walden II*, dando vazão, por meio do personagem, às suas frustrações pessoais e profissionais (Skinner, 1948).

O livro, que continua sendo editado, já vendeu mais de 2 milhões de cópias e descreve uma sociedade na qual todos os aspectos da vida são controlados por reforço positivo, que é o princípio básico do sistema da psicologia de Skinner (Altus e Morris, 2009). Algumas pessoas sugerem que Walden II pode ser visto como um precursor dos principais temas da psicologia positiva recente (Adams, 2012) (Capítulo 14).

## Peculiar, consciente e um pouco neurótico

No início de sua carreira, Skinner se permitiu ser testado usando tanto o teste de Rorschach quanto o Teste de Apercepção Temática. Em 2012, um grupo de psicólogos da Noruega examinou os resultados desses testes e chegou a várias conclusões sobre a personalidade dele (Gronerod, Overskeid e Hartmann, 2013; Koren, 2013; Overskeid, Gronnerod e Simonton, 2012).

Eles avaliaram Skinner como alguém com altos níveis de consciência e abertura a novas experiências, um pouco extrovertido e neurótico. Também o caracterizaram como peculiar e motivado em seu trabalho, com relações sociais tensas e falta de vivacidade. Uma de suas filhas relatou que ele era um pai maravilhoso e que passava grande parte de seu tempo com os filhos (Freeman, 2013).

Aos 80 anos, continuava a trabalhar com entusiasmo e dedicação. Regulava seus hábitos, registrando a sua produção diária e o tempo médio gasto por palavra publicada (dois minutos). Assim, tornou-se um exemplo vivo de sua definição de humanos como sistemas comportamentais que se comportam de acordo com as regras definidas.

Certa vez, ele comentou com um amigo que fora citado mais vezes na literatura de psicologia do que Freud. Quando lhe foi perguntado se esse tinha sido seu objetivo, Skinner respondeu: "Eu imaginei que poderia fazer isto" (*apud* Bjork, 1993, p. 214).

# Reforço: a base do comportamento

A abordagem skinneriana do comportamento, conceitualmente simples, é fundamentada em milhares de horas de pesquisas bem controladas. Sua ideia fundamental é que o comportamento pode ser controlado por suas consequências, ou seja, pelo que vem depois do comportamento exibido. Skinner acreditava que um animal ou um ser humano poderia ser treinado para desempenhar praticamente qualquer ação, e que o tipo de reforço que se seguisse ao comportamento seria o responsável por determiná-lo. Assim, quem quer que controle o reforço tem o poder de controlar o comportamento humano, da mesma forma que um experimentador controla o comportamento de um rato de laboratório.

## Comportamento respondente

**Comportamento respondente**
Respostas produzidas ou eliciadas a partir de estímulos ambientais específicos.

Skinner diferenciou dois tipos de comportamento: respondente e operante. O **comportamento respondente** envolve uma resposta produzida ou originada a partir de um estímulo específico. Trata-se de um comportamento reflexivo, como a contração ou o reflexo do joelho, por exemplo – aplica-se um estímulo (uma batida no joelho) e ocorre a resposta (a perna dá um solavanco). Esse comportamento não é adquirido; ele ocorre automática e involuntariamente; não precisamos ser treinados ou condicionados para produzir a resposta adequada.

**Condicionamento.** Em um nível mais alto que o comportamento respondente está o comportamento que é aprendido. Esse aprendizado, chamado *condicionamento*, compreende a substituição de um estímulo por outro, conceito este que se originou no trabalho do fisiologista russo Ivan Pavlov, por volta de 1900. Mais tarde, as ideias de Pavlov sobre condicionamento foram adotadas por John B. Watson como o método de pesquisa básico do behaviorismo.

Trabalhando com cães, Pavlov descobriu que eles salivavam em resposta a estímulos neutros, como o som dos passos do tratador. Antes disso, a resposta de salivação era provocada apenas por um estímulo: a visão de comida. Intrigado com essa observação, Pavlov estudou o fenômeno de forma sistemática.

Ele fazia soar um sino um pouco antes de alimentar um cão. No início, o cão salivava apenas em resposta à comida, e não ao sino, pois o sino era desprovido de significado. No entanto, após uma série de badaladas duplas seguidas pela comida, o cão começou a salivar ao som do sino. Logo, o cão havia sido condicionado, ou treinado, a responder ao sino. A resposta do cão deslocou-se da comida para o que, no início, havia sido um estímulo neutro.

**Reforço.** O experimento clássico de Pavlov demonstrou a importância do **reforço**, ou seja, os cães não aprenderiam a responder aos sinos, a menos que fossem recompensados por proceder assim. Neste exemplo a recompensa foi a comida. Pavlov, então, formulou uma lei fundamental para o aprendizado: não se pode estabelecer uma resposta condicionada na ausência de reforço. O ato de reforçar uma resposta fortalece e aumenta a probabilidade de que a resposta se repita.

> **Reforço**
> O ato de fortalecer uma resposta com a adição de uma recompensa, aumentando, assim, a probabilidade de que a resposta seja repetida.

**Extinção.** No entanto, uma resposta condicionada estabelecida não será mantida na ausência de reforço. Imagine um cão condicionado a responder ao som de um sino, que saliva toda vez que o sino toca. Aí, o experimentador interrompe o fornecimento de comida após tocar o sino, ou seja, o cão ouve o sino e nada ocorre – não há mais comida, nem reforço ou recompensa. Com os toques sucessivos do sino, a salivação do cão diminui em intensidade e frequência, até não ocorrer mais nenhuma resposta.

Esse processo é chamado **extinção**. A resposta foi removida, ou extinta, porque os reforços ou recompensas a ela não foram mais fornecidos. Muitas pesquisas demonstraram que, quanto maior o reforço dado durante o treino, mais resistente será a extinção à resposta condicionada (Shull e Grimes, 2006). Cedo ou tarde, entretanto, a extinção ocorrerá.

> **Extinção**
> O processo de eliminação de um comportamento pela retirada do reforço.

## Comportamento operante

O comportamento respondente depende do reforço e está diretamente relacionado a um estímulo físico. Toda resposta é eliciada por um estímulo específico. Para Skinner, o comportamento respondente era menos importante que o **comportamento operante**. Somos condicionados a responder diretamente a muitos estímulos em nosso meio, mas nem todos os comportamentos podem ser explicados assim. Muito do comportamento humano parece ser

> **Comportamento operante**
> Comportamento emitido espontânea ou voluntariamente que atua no ambiente para modificá-lo.

espontâneo e não pode ser diretamente relacionado a um estímulo específico. Tal comportamento é emitido e não motivado por um estímulo. Implica agir de uma forma que parece voluntária, e não reagir involuntariamente a um estímulo ao qual tenhamos sido condicionados.

A natureza e a frequência do comportamento operante serão determinadas ou modificadas pelo reforço que acompanha o comportamento. O comportamento respondente não tem efeito sobre o ambiente. No experimento de Pavlov, a resposta de salivação do cão ao toque do sino não alterou em nada o sino ou o reforço (a comida) que veio em seguida. Já o comportamento operante atua sobre o ambiente e, como resultado, modifica-o.

Os animais podem ser condicionados por meio do reforço com comida quando exibem os comportamentos desejados.

## Condicionamento operante e a caixa de Skinner

**Condicionamento operante**
O procedimento por meio do qual uma mudança nas consequências de uma resposta afetará a taxa na qual a resposta ocorre.

Para ilustrarmos o processo de **condicionamento operante**, acompanhemos o progresso de um rato em um equipamento de condicionamento operante de Skinner, também conhecido como caixa de Skinner (Figura 12.1). Ao se colocar um rato sem comida na caixa, no início seu comportamento é espontâneo e aleatório. Ele fica ativo, fungando, cutucando e explorando o ambiente. Esses comportamentos são emitidos, não eliciados; em outras palavras, o rato não está respondendo a nenhum estímulo do seu ambiente.

Em algum momento durante essa atividade aleatória, o rato pressionará uma alavanca ou barra localizada em uma parede da caixa de Skinner, causando a queda de uma bolinha de ração em uma vasilha. O comportamento do rato (pressionar a alavanca) atuou sobre o ambiente e, como consequência, o modificou. Como? O ambiente agora possui uma bolinha de ração. A ração é um reforço para o comportamento de pressionar a barra.

Agora o rato começa a pressionar a barra com mais frequência. O que ocorre? Ele recebe mais comida – mais reforço – e, dessa forma, pressiona a barra ainda mais frequentemente. O comportamento do rato está, agora, sob o controle dos reforçadores. Suas atividades na caixa são menos aleatórias e espontâneas, pois passa a maior parte do tempo pressionando a barra e comendo.

Se o colocarmos de volta na caixa no dia seguinte, poderemos predizer seu comportamento e controlar suas ações de pressionar a barra fornecendo ou retirando os reforçadores, ou, ainda, fornecendo-os em uma quantidade diferente. Ao retirar-lhe a ração, o comportamento operante extingue-se da mesma forma que o respondente. Se o comportamento não reforçado não funcionar mais, já que não trará mais recompensas, ele cessará depois de um tempo. Assim, a pessoa que controla os reforçadores também controla o comportamento dos avaliados.

**Figura 12.1** ▪ Um aparelho simples de condicionamento operante.

## Da caixa de Skinner para o mundo real

Vários animais foram ensinados a desempenhar diversos tipos de comportamento por meio do condicionamento operante. Cachorros foram condicionados a farejar drogas ou explosivos; em Moçambique, ratos africanos gigantes foram treinados a detectar minas terrestres com explosivos; lagostas foram ensinadas a segurar barras com suas garras para receber comida; baleias e golfinhos aprenderam a realizar uma série de truques em lugares como o SeaWorld; e bezerros foram ensinados a urinar somente em locais designados (Gillaspy, Brinegar e Bailey, 2014; Poling *et al.*, 2010; Tomina e Takahata, 2010; Vaughan *et al.*, 2014).

## Operando no ambiente

Skinner acreditava que a maior parte do comportamento humano e animal é adquirida por meio de condicionamento operante. Considere a forma como os bebês aprendem. Um bebê, inicialmente, exibe comportamentos aleatórios e espontâneos, dos quais apenas alguns são reforçados (recompensas com comida, abraços ou brinquedos, por exemplo) pelos pais, irmãos ou por quem cuida deles. Depois, à medida que a criança cresce, os comportamentos reforçados positivamente, ou seja, aqueles que os pais aprovam, persistirão, ao passo que os desaprovados pelos pais serão extintos ou descontinuados.

O conceito é o mesmo que o do rato na caixa de Skinner. Comportamentos que funcionam (como pressionar a barra para obter ração) são exibidos frequentemente e os que não funcionam deixarão de se repetir. Portanto, o comportamento do organismo atua sobre o ambiente, o qual atua sobre o comportamento do organismo sob a forma de reforço.

Você pode ver quão poderoso pode ser o reforço em determinar e controlar o comportamento. Skinner escreveu que "o condicionamento operante molda o comportamento como um escultor molda um pedaço de argila" (1953, p. 91). Se esse pedaço de argila, esse organismo, precisar muito do reforçador, não haverá praticamente nenhum limite para como o seu comportamento poderá ser moldado, seja por um experimentador com uma bolinha de ração, seja pelo dono de um cachorrinho com um biscoito canino, ou por uma mãe com um sorriso, por um chefe com um tapinha nas costas ou por um governante com uma promessa.

## Personalidade: uma coleção de comportamentos operantes

A partir da infância, exibimos diversos comportamentos, e aqueles que são reforçados irão se fortalecer e formar padrões. Era assim que Skinner concebia a personalidade, como: um padrão ou um conjunto de comportamentos operantes. O que outros psicólogos chamariam de comportamento neurótico ou anormal, para Skinner não continha mais mistérios que o desempenho contínuo de comportamentos indesejáveis que haviam sido reforçados.

Tendo demonstrado como o comportamento poderia ser modificado por meio de reforço contínuo – ou seja, oferecendo reforço depois de cada resposta –, Skinner decidiu examinar como o comportamento poderia ser modificado se ele variasse a medida em que era reforçado. ⊕

# Esquemas de reforço

Skinner apontou que na vida cotidiana, fora do laboratório de psicologia, nosso comportamento raramente é reforçado toda vez que ocorre. Um bebê não é colocado no colo e acariciado sempre que chora, astros de beisebol não conseguem a pontuação máxima todas as vezes que usam o taco, empacotadores de supermercados não recebem gorjetas por saco empacotado, e seu grupo musical favorito não ganha um Grammy para todo álbum que grava. Você pode pensar em muitos outros exemplos de comportamentos que persistem mesmo que sejam reforçados apenas eventualmente.

**Esquemas de reforço**
Padrões ou taxas de fornecimento e retirada de reforçadores.

Depois de observar que seus ratos continuavam a pressionar a barra a uma taxa relativamente constante, mesmo quando não estavam sendo reforçados por cada resposta, Skinner decidiu investigar diferentes **esquemas de reforço** para determinar sua efetividade em controlar o comportamento. Entre as razões de reforço que ele testou encontram-se as seguintes:

- Intervalo fixo.
- Razão fixa.
- Intervalo variável.
- Razão variável.

## Intervalo fixo

Um *esquema de reforço a intervalos fixos* significa que o reforçador é fornecido a partir da primeira resposta que ocorre depois de ter passado um intervalo fixo de tempo, que pode ser um minuto, três minutos ou qualquer outro período fixo. A sincronização do reforço não tem nada a ver com o número de respostas. Se o rato responde três ou 20 vezes por minuto durante o intervalo fixo, o reforçador continua a chegar somente depois da passagem de um dado período de tempo e da emissão da resposta correta.

Há muitas situações que ocorrem segundo o esquema de reforço a intervalos fixos. Um emprego no qual seu salário é pago uma vez por semana ou uma vez por mês funciona em um esquema de intervalo fixo. Você não é pago de acordo com o número de itens que produz ou que vende (o número de respostas), mas pelo número transcorrido de horas, dias ou semanas.

As pesquisas de Skinner mostraram que, quanto mais curto o intervalo entre as apresentações do reforçador, maior a frequência de respostas, cuja taxa decaiu com o aumento do intervalo entre os reforços. A frequência de aparecimento dos reforçadores afetou a rapidez de extinção da resposta. Neste caso, a resposta cessava mais rápido se o rato fosse reforçado de forma contínua e depois o reforço interrompido, do que se o rato recebesse reforço de modo intermitente. O esquema de intervalo fixo foi considerado altamente eficaz em situações do mundo real, incluindo salas de aula

Um sorriso de aprovação dos pais pode reforçar o comportamento de uma criança.

de educação especial, em que comportamentos disruptivos podem ser reduzidos usando essa técnica (Tomlin e Reed, 2012).

## Razão fixa

No *esquema de reforço de razão fixa*, os reforços são fornecidos somente após o organismo realizar um número determinado de respostas – por exemplo, o experimentador reforçaria após toda décima ou vigésima resposta. Nesse esquema, diferente do esquema de intervalo fixo, a apresentação dos reforçadores depende de quão frequentemente o avaliado responde. O rato, por exemplo, não receberá uma bolinha de ração enquanto não realizar o número exigido de respostas. Esse esquema de reforço produz uma taxa mais rápida de respostas que o esquema de intervalo fixo.

A taxa mais alta de respostas para o reforço de razão fixa também se aplica aos seres humanos. Em um trabalho no qual o pagamento se baseia em produção, a quantia que você irá ganhar dependerá de quanto produzir. Quanto mais itens produzir, maior será o pagamento; a recompensa está diretamente baseada na taxa de respostas. O mesmo é válido para um vendedor que trabalha por comissão; o pagamento dele dependerá do número de produtos vendidos: quanto mais vender, mais irá ganhar. Em contraposição, um vendedor que recebe um salário semanal (um esquema de intervalo fixo) ganhará a mesma quantia toda semana, independente do número de itens vendidos.

## Intervalo variável

Nem sempre a vida cotidiana permite um esquema de reforço de intervalo fixo ou de razão fixa. Os reforçadores são, às vezes, apresentados em uma base variável. No *esquema de reforço a intervalos variáveis*, o reforçador pode aparecer após duas horas na primeira vez, uma hora e meia na segunda e após duas horas e quinze minutos na terceira. Uma pessoa que passa o dia pescando deve ser recompensada, quando muito, com base em intervalos variáveis. O esquema de reforço é determinado pelo aparecimento aleatório de mordiscadas de peixe na isca.

## Razão variável

Um *esquema de reforço de razão variável* é baseado em um número médio de respostas entre reforçadores, mas há uma grande variabilidade em torno da média. Skinner descobriu que o esquema de reforço de razão variável é eficiente em produzir taxas de resposta altas e estáveis, como as pessoas que operam cassinos podem alegremente confirmar.

Caça-níqueis, roletas, corridas de cavalo e loteria federal pagam segundo um esquema de reforço de razão variável, o que é um meio altamente eficiente de controlar comportamentos. Os esquemas de reforço variável resultam comportamentos de resposta duradouros, que tendem a resistir à extinção. A maior parte dos aprendizados diários ocorre como resultado de esquemas de reforço a intervalos variáveis ou de razões variáveis.

As pesquisas de Skinner sobre esquemas de reforço fornecem uma técnica efetiva para controlar, modificar e moldar o comportamento. Se você for responsável por ratos, vendedores ou operários de uma linha de montagem ou se estiver tentando treinar seu animalzinho de estimação ou seu filho, essas técnicas de condicionamento operantes podem levar ao comportamento que você deseja.

# A modelagem do comportamento

No experimento original de Skinner sobre condicionamento operante, o comportamento operante (pressionar a alavanca) é do tipo simples que se esperaria que um rato de laboratório exibisse ao final do percurso de exploração do seu ambiente. Assim, há uma grande probabilidade de que tal comportamento venha a ocorrer, desde que o experimentador tenha paciência suficiente.

É óbvio, porém, que animais e seres humanos demonstram muitos comportamentos operantes mais complexos e que têm probabilidades de ocorrência muito mais baixas no curso normal dos eventos. Como esses comportamentos complexos são adquiridos? Como um experimentador ou os pais podem reforçar e condicionar um pombo ou uma criança a desempenhar comportamentos que não são espontâneos?

**Aproximação sucessiva**
Uma explicação para a aquisição de comportamento complexo. O comportamento, tal como aprender a falar, é reforçado apenas quando se aproxima do comportamento final desejado.

## Aproximação sucessiva

Skinner respondeu a essas questões com o método de **aproximações sucessivas**, ou *modelagem* (Skinner, 1953). Em pouco tempo, treinou um pombo a bicar uma mancha específica em sua gaiola. A probabilidade de que o pombo bicasse precisamente aquela mancha era baixa. De início, o pombo era reforçado com comida quando simplesmente se virasse em direção à mancha; depois, suspendia-se o reforço até que ele fizesse algum movimento, por menor que fosse, em direção à mancha.

A seguir, era fornecido reforço apenas para movimentos que o levassem para mais perto da mancha. Depois disso, o pombo era reforçado somente quando mexesse a cabeça na direção da mancha. Por fim, ele era reforçado apenas quando seu bico tocasse a mancha. Embora possa parecer um processo demorado, Skinner condicionou pombos em menos de três minutos.

O procedimento experimental explica, por si só, o termo *aproximação sucessiva*. O organismo é reforçado conforme seu comportamento vai se aproximando, em estágios sucessivos ou consecutivos, do comportamento final desejado. Skinner sugeriu que é dessa maneira que as crianças aprendem o comportamento complexo da fala: os bebês emitem sons espontâneos e desprovidos de sentido, que os pais reforçam ao sorrir, rir e conversar.

Depois de certo tempo, os pais reforçam esse balbucio de formas distintas, fornecendo reforçadores maiores para sons que se aproximam de palavras. Com a continuação do processo, o reforço dos pais torna-se mais restrito, fornecido apenas quando do uso e da pronúncia adequados. Portanto, o comportamento complexo de aquisição da linguagem na infância é modelado por meio de reforço diferencial em estágios.

Os pais ensinam comportamentos aceitáveis aos seus filhos, reforçando aquelas atividades que se aproximam dos comportamentos finais desejados.

Brand X Pictures/Jupiter Images

## Como modelar o comportamento de uma pessoa em cinco minutos

Skinner modelou certa vez o comportamento do famoso psicanalista Erich Fromm, cujos comentários durante uma aula o incomodaram.

> *Fromm julgava ter algo a dizer sobre quase tudo, porém com pouca profundidade. Quando ele começou a argumentar que não éramos pombos, decidi que tinha de fazer alguma coisa. Escrevi [a um colega] num pedaço de papel: "Olhe a mão esquerda de Fromm. Vou fazer que ele a fique movimentando" [...] [Fromm] gesticulava bastante ao falar e, toda vez que levantava a mão esquerda, eu olhava diretamente para ele. Se baixasse a mão, eu meneava a cabeça e sorria. Em cinco minutos, ele estava golpeando o ar tão vigorosamente que seu relógio ficava escorregando do braço para a mão.* (Skinner, 1983, p. 150-51)

# Comportamento supersticioso

Sabemos que a vida não é sempre tão ordenada ou bem controlada como os eventos em um laboratório de psicologia, pois, às vezes, somos reforçados acidentalmente depois de exibir algum comportamento. Como consequência, esse comportamento, que não recebeu ou causou reforço, pode se repetir em situação semelhante.

Considere dois exemplos do futebol norte-americano. Um jogador dos Buccaneers de Tampa Bay (FL) estava em uma péssima temporada no início da sua carreira. Pediu ao seu companheiro de quarto para trocar de cama com ele para que pudesse dormir mais próximo do banheiro e, depois disso, seu jogo melhorou. Pelo restante da sua carreira, insistiu em dormir na cama mais próxima da porta do banheiro em todo hotel no qual a equipe ficava. Houve também um jogador da NFL que abraçava as traves antes de cada jogo. Ele as havia abraçado antes de uma jogada bem-sucedida e, por haver dado certo, continuou a prática. Contou a um jornalista que queria que as traves soubessem que ele as amava e que ficassem imóveis quando ele chutasse.

**Comportamento supersticioso**
Comportamento persistente que tem uma coincidência, e não uma relação funcional, com o reforço recebido.

## Como modelar o comportamento supersticioso

Skinner chamou esse fenômeno de **comportamento supersticioso** e o demonstrou no laboratório. Um pombo faminto foi colocado no aparelho de condicionamento operante e reforçado a cada 15 segundos em um esquema de intervalos fixos. É altamente provável que o pombo estivesse fazendo alguma coisa, exibindo algum tipo de comportamento ou atividade quando a bolinha de ração reforçadora foi apresentada. Ele podia estar dando uma volta, levantando a cabeça, andando ereto, saltitando ou ficando imóvel. Qualquer que fosse o comportamento emitido no momento da recompensa seria reforçado.

Skinner descobriu que um único reforço era poderoso o bastante para levar o pombo a repetir com maior frequência o comportamento reforçado acidentalmente, o que aumentava a probabilidade de que aparecesse outra bolinha de ração enquanto aquele comportamento era efetuado. Com intervalos curtos entre os reforçadores, os comportamentos supersticiosos são adquiridos rapidamente.

Assim como os jogadores de futebol dos exemplos anteriores, os comportamentos supersticiosos exibidos pelo pombo não possuem relação funcional com os reforçadores: a conexão é involuntária. Nos seres humanos, eles podem persistir por toda a vida e requerer apenas reforços ocasionais para sustentá-los.

Um estudo com 77 jogadores da liga principal de beisebol, nos Estados Unidos e no Japão, revelou que 74% deles admitiam envolver-se em comportamentos supersticiosos. Também foi descoberto que os jogadores norte-americanos eram mais supersticiosos que os jogadores japoneses, o que sugere que diferenças culturais podem influenciar a extensão dessas ações (Burger e Lynn, 2005).

## O autocontrole do comportamento

Segundo Skinner, o comportamento é controlado e modificado por variáveis externas ao organismo. Não há coisa alguma dentro de nós – nenhum processo, impulso ou qualquer atividade interna – que o determine. Entretanto, embora esses estímulos e reforçadores externos sejam responsáveis por moldar e controlar o comportamento, temos a capacidade de usar o que Skinner chamou de **autocontrole**, que descreveu como agir para alterar o impacto de eventos externos. Skinner não estava falando de agir sob o controle de algum *self* misterioso.

**Autocontrole**
A capacidade de exercer controle sobre as variáveis que determinam nosso comportamento.

Ele sugeriu que podemos, até certo ponto, controlar as variáveis externas que determinam nosso comportamento por meio de quatro técnicas de autocontrole:

- Evitação de estímulo.
- Saciedade autoadministrada.
- Estimulação aversiva.
- Autorreforço.

### Evitação de estímulo

Na *evitação de estímulo*, por exemplo, se seu colega de quarto é muito barulhento e interfere nos seus estudos para uma prova que terá pela manhã, você pode abandonar o quarto e ir para a biblioteca, retirando-se de uma variável externa que afeta seu comportamento. Ao evitar uma pessoa ou uma situação que o deixa irritado, você reduz o controle que a pessoa ou a situação tem sobre seu comportamento. De maneira semelhante, alcoólatras podem agir para evitar um estímulo que controla seu comportamento ao não guardar bebida alcoólica em sua casa.

## Saciedade autoadministrada

Por meio da técnica de *saciedade autoadministrada*, exercemos controle para nos curarmos de maus hábitos ao exagerarmos o comportamento. Aqueles que quiserem parar de fumar podem fumar um cigarro atrás do outro por um período de tempo, tragando sempre, até se tornarem tão enojados e desconfortáveis ou tão doentes que acabam largando o vício. Essa técnica tem sido bem-sucedida em programas de terapia formal planejados para eliminar o tabagismo.

## Estimulação aversiva

A técnica de autocontrole por *estimulação aversiva* envolve consequências desagradáveis ou repugnantes. Pessoas obesas que querem perder peso declaram sua intenção aos amigos pessoalmente, ou a um grande público por meio do Facebook ou de outros sites da rede social. Se elas não mantiverem esta sua resolução, enfrentarão as desagradáveis consequências de fracasso pessoal, embaraços e críticas.

## Autorreforço

No *autorreforço*, nos recompensamos por exibirmos comportamentos bons ou desejáveis. Pode ser que um adolescente que concorde em se esforçar para melhorar suas notas na escola ou para cuidar de um irmão ou irmã menor recompense a si mesmo comprando entradas para um concerto ou roupas novas. Para Skinner, então, o ponto crucial é que variáveis externas moldam e controlam o comportamento. Mas, às vezes, por meio de nossas próprias ações, podemos modificar os efeitos dessas forças externas.

## Benefícios do autocontrole

Um estudo de grande escala com estudantes universitários norte-americanos revelou que aqueles que tinham pontuação alta em mensuração de autocontrole apresentavam notas melhores, pontuações mais elevadas de adaptação psicológica, além de maior autoaceitação e autoestima. Mostraram também habilidades interpessoais e relacionamento familiar melhores, assim como níveis de raiva inferiores, quando comparados aos que tinham baixa pontuação em autocontrole (Tangney, Baumeister e Boone, 2004). Um alto nível de autocontrole também está relacionado à satisfação com a vida, felicidade e fuga de conflitos frequentes (Hofmann *et al.*, 2014).

Um estudo realizado com crianças afro-americanas (idade média de 11,2 anos) revelou que aquelas cujos pais eram mais acolhedores e estavam mais envolvidos em sua educação tinham níveis mais elevados de autocontrole do que aquelas cujos pais eram menos acolhedores e estavam menos envolvidos (Wills *et al.*, 2007).

Recentemente, um pesquisador observou que o autocontrole se tornou um tema recorrente e que

> *a maioria dos problemas que atormentam os indivíduos modernos em nossa sociedade, como dependência, comer compulsivamente, crime, violência doméstica, doenças sexualmente transmissíveis, preconceito, dívidas, gravidez indesejada, baixo desempenho na escola e no trabalho, não ter uma reserva financeira ou não se exercitar, têm algum grau de falha de autocontrole como um aspecto central.* (Baumeister, *apud* Weir, 2012, p. 36)

# As aplicações do condicionamento operante

**Modificação de comportamento**
Forma de terapia que aplica os princípios de reforço para ocasionar modificações comportamentais desejáveis.

Psicólogos têm aplicado as técnicas de condicionamento operante de Skinner para modificar o comportamento humano em clínicas, empresas e ambientes educacionais. A **modificação de comportamento** tem sido bem-sucedida com crianças e adultos, pessoas mentalmente saudáveis e as mentalmente perturbadas e com comportamentos individuais e grupais.

**Economia de fichas**
Técnica de modificação de comportamento na qual fichas, que podem ser trocadas por objetos valiosos ou por privilégios, são concedidas em razão de comportamentos desejáveis.

## Programas de economia de fichas

A aplicação clássica da modificação de comportamento é a **economia de fichas**. No estudo pioneiro, uma ala feminina com pacientes psicóticas em uma instituição psiquiátrica estatal foi considerada uma gigantesca caixa de Skinner (Ayllon e Azrin, 1968). As pacientes não podiam mais ser tratadas por meio de tratamentos convencionais; tinham sido internadas há muito tempo e eram incapazes de se cuidar sozinhas.

Nesse ambiente de total desesperança, foram oferecidas às pacientes a oportunidade de trabalhar em serviços usualmente executados por arrumadeiras pagas pelo hospital; pela realização de tais serviços, elas receberiam fichas, que funcionavam como dinheiro, daí o termo *economia de fichas*. Assim como as pessoas fora da instituição, as pacientes também podiam comprar mercadorias e privilégios para melhorar sua qualidade de vida.

Com um certo número de fichas, podiam comprar balas, cigarros, batons, luvas e jornais ou assistir a um filme, caminhar pelas cercanias do hospital ou mudar para um quarto melhor. Os privilégios mais caros, que exigiam 100 fichas, eram um passeio escoltado pela cidade e um encontro particular com uma assistente social. Um encontro particular com um psicólogo valia apenas 20 fichas.

Quais comportamentos as pacientes teriam de exibir para que fossem reforçados e recebessem as fichas? Caso se banhassem na hora designada, escovassem os dentes, arrumassem as camas, penteassem os cabelos e se vestissem de maneira apropriada, receberiam uma ficha por atividade. Receberiam até dez fichas por período de trabalho na cozinha ou na lavanderia do hospital ou por ajudar a limpar a ala, fazer pequenos serviços ou levar outras pacientes para caminhar. As tarefas podem parecer simples para nós, mas, antes que o programa de economia de fichas tivesse início, essas pacientes eram consideradas desamparadas, sem rumo e incapazes de fazer coisas por si mesmas.

O condicionamento funcionou esplendidamente. As pacientes passaram a cuidar não apenas de si e das cercanias, como também se ocupavam de várias tarefas. Elas começaram a interagir socialmente com a equipe e até assumiam alguma responsabilidade pelo cuidado de outras pacientes. A autoestima teve melhora significativa e elas se tornaram menos dependentes.

Os programas de economia de fichas funcionaram em uma variedade de ambientes institucionais, como forma de reduzir os problemas comportamentais. Por exemplo, em um hospital psiquiátrico, o comportamento agressivo entre pacientes com deficiências cognitivas diminuiu 79% quando se estabeleceu um programa de economia de fichas por nove meses (DePhilippis *et al.*, 2008). O uso da abordagem da economia de fichas também se mostrou altamente eficaz para mudar o comportamento de crianças autistas no Japão (Ogashara, Hirono e Kato, 2013).

**A economia de fichas on-line.** A abordagem da economia de fichas para modificar o comportamento é utilizada também on-line, como mostra um estudo com fumantes inveterados. Por um período de quatro semanas, os fumantes fizeram registros em vídeo de si mesmos, em casa, duas vezes por dia. Usaram também uma câmera web para fornecer uma amostra de monóxido de carbono, que era enviada eletronicamente para a clínica que tratava o tabagismo.

Os sujeitos podiam ganhar bônus se reduzissem o nível de monóxido de carbono por um período de quatro dias e mantivessem um nível consistente com o dos não fumantes, bônus estes que podiam ser trocados por vários itens comprados pela internet. A técnica mostrou-se eficaz; os sujeitos apresentaram diminuições significativas nos níveis de monóxido de carbono e mantiveram a abstinência durante todo o período do estudo (Dallery, Glenn e Raiff, 2007).

**O que acontece quando as fichas acabam?** Uma advertência em relação a esses resultados para que persistam as mudanças de comportamento desejadas. Quando fichas não são mais fornecidas, os comportamentos reforçados normalmente regridem ao seu estado original (Kazdin e Bootzin, 1972; Repucci e Saunders, 1974). No entanto, se os cuidadores forem treinados a recompensar comportamentos desejáveis com reforços como sorrisos, elogios, abraços e outros sinais de afeto, então é mais provável que os comportamentos condicionados na situação de economia de fichas da instituição se mantenham no ambiente doméstico (Kazdin, 1989).

## Programas de modificação de comportamento

Programas de modificação de comportamento têm sido aplicados com sucesso na área da educação, onde melhorou o desempenho acadêmico e o comportamento social em sala de aula, e reduziu problemas comportamentais, emocionais e de desenvolvimento (Lang e Rispoli, 2015). Técnicas de condicionamento operante também foram aplicadas a problemas no comércio e na indústria. Verificou-se que programas de modificação de comportamento em grandes fábricas, instituições financeiras e agências governamentais podem reduzir o absenteísmo, atrasos e abusos de licenças-saúde, além de levar a melhoras no desempenho e na segurança do trabalho.

As técnicas também podem ser usadas para ensinar procedimentos simples de trabalho. Os reforçadores usados em negócios incluem pagamento, segurança no trabalho, reconhecimento por parte dos supervisores, bonificações e *status* dentro da empresa e a oportunidade de crescimento pessoal. Não é feita nenhuma tentativa de trabalhar supostas ansiedades, traumas reprimidos ou forças motivadoras inconscientes. O foco está em modificar o comportamento observável, definindo a natureza dos reforçadores adequados e determinando sua razão mais adequada de apresentação para modificar o comportamento.

## Punição e reforço negativo

A maioria das aplicações de condicionamento operante envolve reforço em vez de **punição**. As pacientes da economia de fichas não eram punidas quando não se comportavam adequadamente, mas sim reforçadas quando o comportamento mudava de maneira positiva. Skinner disse que a punição era ineficiente para mudar o comportamento de indesejável para desejável ou de anormal para normal. É muito mais eficiente o uso de reforço positivo para comportamentos desejáveis do que o uso de punição.

> **Punição**
> Aplicação de um estímulo aversivo após uma resposta visando diminuir a probabilidade de que tal resposta ocorra.

*O que está errado com as punições é que elas funcionam imediatamente, mas não fornecem resultados de longo prazo. As respostas à punição são ou o ímpeto de fugir, de contra-atacar, ou uma apatia teimosa. Esses são os maus resultados que se obtêm em prisões, em escolas ou em qualquer lugar onde se usam punições.* (Skinner apud Goleman, 1987)

**Reforço negativo**
Fortalecimento de uma resposta por meio da remoção de um estímulo aversivo.

**Reforço negativo** não é o mesmo que punição. Um reforçador negativo é um estímulo aversivo ou nocivo, cuja remoção é recompensadora. No laboratório ou na sala de aulas pode ser estabelecida uma situação de condicionamento operante, na qual o estímulo desagradável (como um ruído forte ou um choque elétrico) continuará até que o estudado emita a resposta desejada. Assim como o reforço positivo, o ambiente modifica-se em consequência do comportamento; nesse caso, o estímulo nocivo desaparecerá.

Podemos ver exemplos de reforço negativo nas situações cotidianas. Uma pessoa pode parar de fumar para evitar o estímulo aversivo da esposa ou de um colega implicante. O estímulo aversivo (a implicância) deve cessar quando o comportamento desejável for apresentado (não acender um cigarro em casa ou no escritório). Skinner opunha-se ao uso de estímulos nocivos para modificar o comportamento, dizendo que as consequências não eram tão previsíveis como com o reforço positivo. Além disso, o reforço negativo nem sempre funciona, ao passo que o positivo é consistentemente mais eficaz.

## Questões sobre a natureza humana

A posição de Skinner é clara em relação à questão natureza-criação. As pessoas são produtos da aprendizagem, modeladas mais pelas variáveis externas do que por fatores genéticos. Podemos inferir que, na visão de Skinner, as experiências infantis são mais importantes que as experiências mais recentes, porque nossos comportamentos básicos são formados na infância. Isso não significa que o comportamento não possa se modificar na vida adulta.

O que é adquirido na infância pode ser modificado, podendo-se adquirir novos comportamentos em qualquer idade – o sucesso dos programas de modificação de comportamento confirma essa afirmação. A crença de Skinner de que o comportamento é moldado pelo aprendizado também nos leva a concluir que cada pessoa é única. Por sermos moldados pela experiência – e todos nós possuímos experiências diferentes, particularmente na infância –, não haverá duas pessoas que se comportem exatamente da mesma maneira.

Skinner não se preocupou com a questão de um objetivo fundamental e necessário nem fez nenhuma referência a superação da inferioridade, redução da ansiedade ou esforço pela autorrealização. Tais motivos implicam estados internos e subjetivos que Skinner não aceitava.

Qualquer indicação de um objetivo de vida no trabalho de Skinner parece ser social e não individual. Em seu romance *Walden II* e em seus outros escritos, ele discutiu sua noção da sociedade humana ideal. Declarou que o comportamento individual deve ser direcionado ao tipo de sociedade que tem a maior possibilidade de sobrevivência.

A respeito de livre-arbítrio *versus* determinismo, Skinner acreditava que as pessoas funcionam como máquinas, de acordo com leis, de forma ordenada e predeterminada. Ele rejeitava qualquer sugestão de um ser interior ou um *self* autônomo que determine um curso de ação ou escolha agir livre e espontaneamente.

Dos escritos acadêmicos de Skinner ao seu popular romance sobre uma sociedade utópica baseada em condicionamento operante, a mensagem é a mesma: o comportamento é controlado por reforçadores. De certo modo, isso significa que é inútil culpar ou punir as pessoas por suas atitudes. Nesta visão, um ditador que ordena o extermínio em massa de milhares de pessoas ou um *serial killer* não podem ser responsabilizados por suas ações, do mesmo modo que um automóvel sem motorista que se precipita morro abaixo. Ambos agem segundo leis, de modo previsível, controlados por variáveis externas.

Resta-nos uma concepção pessimista das pessoas, que seriam como robôs desamparados e passivos, incapazes de desempenhar um papel ativo na determinação de seus comportamentos? Essa não é a visão completa de Skinner. Apesar de sua crença de que o comportamento é controlado por estímulos e reforçadores externos, certamente não somos vítimas. Ainda que sejamos controlados pelo nosso ambiente, somos responsáveis por projetar esse ambiente.

Nossos edifícios, cidades, bens de consumo, fábricas e instituições governamentais são resultado da construção humana. Assim também são nossos sistemas sociais, línguas, leis, costumes e recreações. Mudamos continuamente nosso ambiente, na maioria das vezes para o nosso benefício. Ao procedermos assim, agimos tanto como controladores quanto como controlados, ou seja, projetamos a cultura controladora e somos produtos dela. Ele escreveu,

> *Podemos não ser agentes livres, mas podemos fazer alguma coisa com relação à nossa vida apenas se rearranjarmos os controles que influenciam nosso comportamento [...] não estou tentando mudar as pessoas. Tudo o que eu quero fazer é mudar o mundo em que elas vivem.* (Skinner *apud* Bjork, 1993, p. 16, 233)

# A avaliação na teoria de Skinner

Skinner não usou as técnicas típicas de avaliação preferidas por outros teóricos. Em seu trabalho, não havia espaço para livre associação, interpretação de sonhos ou técnicas projetivas. Por não estar lidando diretamente com a personalidade, não tinha realmente interesse em avaliá-la; no entanto, avaliou o comportamento.

Na aplicação de suas técnicas de modificação de comportamento, é necessário primeiro avaliar comportamentos específicos, tanto desejáveis quanto indesejáveis. Também é preciso avaliar os fatores ambientais que atuam como reforçadores e que podem ser manipulados para alterar o comportamento. Nenhum comportamento pode ser modificado de maneira adequada sem avaliação anterior. A abordagem skinneriana de avaliação do comportamento é chamada **análise funcional** e envolve três aspectos do comportamento:

**Análise funcional**
Abordagem do estudo do comportamento que envolve avaliar a frequência de um comportamento, a situação na qual ele ocorre e os reforçadores a ele associados.

1. A frequência do comportamento.
2. A situação na qual ele ocorre.
3. O reforço associado a ele.

A menos que esses fatores tenham sido avaliados, não é possível planejar nem implantar um programa de modificação de comportamento.

Considere uma análise funcional para fumantes que queiram interromper o hábito de fumar. Pede-se a eles que registrem precisamente o número de cigarros que fumam a cada dia e as situações nas quais o fazem. O ato de fumar ocorre em um lugar particular ou em um momento determinado? Na presença de outros ou sozinho? Após as refeições ou ao dirigir? E quais são os reforçadores? A maioria dos fumantes fuma com maior frequência na presença de certos estímulos, os quais precisam ser identificados, pois a modificação destes deve levar a uma modificação no comportamento de fumar.

## Observação direta do comportamento

As três abordagens para avaliar o comportamento são: observação direta, autorrelato e mensurações fisiológicas. Muitos comportamentos são avaliados por meio da observação direta. Em geral, duas ou mais pessoas conduzem a observação para assegurar precisão e confiabilidade. Por exemplo, em um relato clássico de uma situação de modificação de comportamento, uma mulher procurou tratamento para o seu filho de 4 anos, cujo comportamento era considerado rebelde, indisciplinado (Hawkins *et al.*, 1966). Dois psicólogos observaram mãe e filho em sua casa para avaliar a natureza e a frequência dos comportamentos indesejáveis da criança, quando e onde ocorriam, e os reforçadores que a criança recebia pelos comportamentos.

Foram identificados nove comportamentos indesejáveis, incluindo chutar, atirar coisas, morder e empurrar um irmão. Os psicólogos comprovaram que a mãe reforçava o menino, dando-lhe brinquedos ou comida quando se comportava mal. A intenção dela era fazê-lo parar de se portar mal. Em vez disso, ela o estava recompensando e, portanto, reforçando o mau comportamento. A avaliação por observação direta durou 16 horas, mas, sem ela, os psicólogos não teriam sabido exatamente quais comportamentos indesejáveis tentariam eliminar ou quais reforçadores a criança esperava.

Com um programa abrangente de observação direta, é possível planejar a evolução de modificação de comportamento. Neste caso, os psicólogos instruíram a mãe a usar atenção e aprovação como reforçadores quando a criança se comportava de maneira positiva e a nunca recompensá-la quando demonstrava um dos nove comportamentos indesejáveis observados. A frequência dos comportamentos indesejáveis, como condicionada na avaliação por observação direta, forneceu uma linha de base com a qual se poderia comparar o comportamento durante e após o tratamento.

## Autorrelatos de comportamento

Outra abordagem para avaliar o comportamento é a técnica de autorrelato realizada por meio de entrevistas e questionários. A pessoa observa seu próprio comportamento e o relata ao examinador. Por exemplo, os autorrelatos podem avaliar a extensão do medo de uma pessoa em situações como dirigir um automóvel, ir ao dentista ou falar em público. Questionários para avaliar comportamentos têm formato parecido com inventários de autorrelatos que avaliam personalidade.

## Mensurações fisiológicas de comportamento

As avaliações fisiológicas de comportamento incluem taxa de batimento cardíaco, tensão muscular e ondas cerebrais. É possível avaliar os efeitos fisiológicos de vários estímulos ao registrar tais medidas, que podem também ser usadas para confirmar a acuidade da informação obtida por outros métodos de avaliação. Por exemplo, em uma entrevista ou questionário, uma pessoa que fique muito envergonhada ao revelar que tem medo de elevador pode exibir uma mudança na taxa de batimento cardíaco ou na tensão muscular quando perguntada sobre elevadores.

Seja qual for a técnica escolhida para avaliar o comportamento em diferentes situações de estímulo, o foco permanece no que as pessoas fazem, não no que as teria motivado a fazê-lo. O objetivo fundamental é modificar o comportamento, não a personalidade.

# A pesquisa na teoria de Skinner

Como você pode ver, os métodos de avaliação de Skinner diferem radicalmente daqueles usados por outros teóricos aqui discutidos. Seus métodos de pesquisa também divergem da psicologia experimental convencional. O procedimento usual é estudar grandes grupos de animais ou seres humanos e comparar estatisticamente suas respostas médias. Skinner, por sua vez, preferia o estudo intensivo de um único avaliado; argumentava que os dados de desempenho médio de grupos têm pouco valor quando se lida com um caso particular. Uma ciência que trata de médias oferece pouca informação para ajudar a entender o indivíduo único.

Skinner acreditava ser possível obter resultados válidos e reproduzíveis sem o uso de análise estatística, contanto que fossem coletados dados suficientes de um único avaliado sob condições experimentais bem controladas. O uso de grandes grupos de avaliados obrigava o experimentador a lidar com o comportamento médio, e os dados resultantes poderiam não refletir a resposta comportamental individual e as diferenças individuais de comportamento.

Skinner e seus seguidores conduziram milhares de experimentos de condicionamento operante em tópicos como esquemas de reforço, aquisição de linguagem, modelagem de comportamento, comportamento supersticioso e modificação de comportamento. Os resultados foram altamente confirmadores das ideias de Skinner.

# Reflexões sobre a teoria de Skinner

A abordagem de Skinner tem sido criticada em diversos pontos. Os que se opõem ao determinismo têm muitos motivos para não gostar das suas concepções. Os psicólogos humanistas, que acreditam que as pessoas são mais complexas que máquinas, ratos ou pombos, opõem-se à imagem que Skinner faz da natureza humana. Argumentam que a ênfase exclusiva no comportamento observável ignora qualidades humanas extraordinárias, como o livre-arbítrio consciente.

Têm havido críticas ao tipo de sujeito avaliado e à simplicidade das situações nos experimentos de Skinner. Ele formulou afirmações e previsões amplas sobre o comportamento humano e a sociedade – sobre questões sociais, econômicas, religiosas e culturais – com considerável confiança, mas alguns críticos questionam: podemos estender a ação de um pombo bicando um disco para a de uma pessoa no mundo real? A distância parece ser grande demais para permitir amplas generalizações. Muitos aspectos do comportamento humano não podem ser reduzidos de modo significativo para o nível no qual Skinner conduzia suas pesquisas.

A crença de Skinner de que todos os comportamentos são adquiridos foi contestada por dois de seus ex-alunos. Mais de 6 mil animais de 38 espécies diferentes foram condicionados a desempenhar vários comportamentos para comerciais de televisão e atrações turísticas. Os animais incluíam porcos, guaxinins, galinhas, hamsters, golfinhos, baleias e vacas. Os animais demonstraram uma tendência para o **impulso instintivo** ao substituir comportamentos instintivos por aqueles que foram reforçados, mesmo quando os comportamentos instintivos interferiam com o recebimento de alimentação.

**Impulso instintivo**
Substituição de comportamentos instintivos por comportamentos que foram reforçados.

Em um exemplo, porcos e guaxinins foram condicionados a pegar uma moeda, carregá-la por uma certa distância e depositá-la em um cofre de brinquedo (um cofrinho em forma de porco, é claro). Depois de depositarem um certo número de moedas, os animais recebiam ração como reforçador. Aprenderam os comportamentos desejados rapidamente,

> mas após terem desempenhado satisfatoriamente a sequência durante algum tempo, começaram a se ater a comportamentos indesejáveis, pelo menos sob o ponto de vista dos treinadores. Os porcos paravam no meio do caminho [para o banco], enterravam a moeda na areia e a retiravam para fora com o focinho; os guaxinins passavam muito tempo manipulando a moeda, com os seus conhecidos movimentos que lembram o ato de se lavar. No início foi divertido, mas depois se tornou demorado e fazia o show todo parecer imperfeito ao espectador. Comercialmente, foi um desastre (Richelle, 1993, p. 68).

O que aconteceu foi que um comportamento instintivo – tal como o porco fuçar a sujeira e a esfregação das patas do guaxinim, como se as estivesse lavando – assumiu precedência sobre o comportamento adquirido, embora significasse um atraso em receber o reforço (a ração). Os treinadores publicaram um artigo sobre o fenômeno, "The misbehavior of organisms" (Breland e Breland, 1961). O título foi uma paródia do livro pioneiro de Skinner, *The behavior of organisms* (1938), o que parece ter desagradado Skinner (Gillaspy, 2009).

Skinner ignorou a maior parte das críticas ao seu trabalho. Sobre a resenha crítica de um livro seu, disse a um entrevistador: "Li um pouco e vi que ele não entendeu [...] Há coisas melhores a fazer com o meu tempo do que esclarecer os mal-entendidos deles" (*apud* Rice, 1968). Quando lhe perguntaram como lidava com o fato de ser mal-entendido tão frequentemente, disse: "Acho que preciso ser entendido apenas três ou quatro vezes por ano" (*apud* Blackman, 1995, p. 126).

Skinner foi uma força poderosa na psicologia norte-americana do século XX. Influenciou a área talvez mais do que qualquer outro indivíduo. O *Journal of the Experimental Analysis of Behavior*, lançado em 1958, publicou pesquisas sobre o comportamento individual dos sujeitos. Em 1968, foi lançado o *Journal of Applied Behavior Analysis* como um meio de divulgação de trabalhos sobre técnicas de modificação de comportamento.

A Fundação Americana de Psicologia premiou Skinner com sua medalha de ouro e a Associação Americana de Psicologia conferiu-lhe o Prêmio de Destaque de Contribuição Científica (1958). A citação dizia: "Poucos psicólogos americanos tiveram impacto tão profundo sobre o desenvolvimento da psicologia e sobre jovens psicólogos promissores".

O primeiro livro de Skinner sobre o behaviorismo, *The behavior of organisms: An experimental analysis* (Skinner, 1938), foi descrito como um dos poucos livros que realmente mudaram a natureza da área (Thompson, 1988). Skinner recebeu também a U. S. National Medal of Science e apareceu na capa da revista *Time* como o psicólogo norte-americano mais famoso do mundo. Seu controvertido livro de 1971, *Beyond freedom and dignity* (*O mito da liberdade*) tornou-se um *best-seller* e fez dele uma celebridade.

> *Skinner foi, durante algum tempo, muito solicitado para entrevistas em programas de destaque nas grandes cidades; em um mês, milhões de norte-americanos tinham lido ou ouvido algo sobre B. F. Skinner e seu livro* O mito da liberdade. *Ele foi completamente "atropelado" por cartas, telefonemas, chamadas e visitas [...] Estranhos frequentemente queriam apertar sua mão em restaurantes. Como um escritor observou: ele "adquiriu a celebridade de um astro de cinema ou TV".* (Bjork, 1993, p. 192)

## *Status* atual

Apesar da posição behaviorista radical de Skinner continuar sendo aplicada em laboratórios, clínicas e no cenário organizacional, esta dominância tem sido desafiada pelo movimento cognitivo na psicologia que começou nos anos 1960. Skinner admitiu que sua abordagem perdeu terreno para a abordagem cognitiva. Outros psicólogos concordaram, notando que o behaviorismo skinneriano tinha "caído quanto à preferência da maioria dos trabalhadores ativos na área (e era) frequentemente mencionado no tempo passado" (Baars,1986, p.viii, 1).

---

**DESTAQUES:** Pesquisas sobre o behaviorismo de Skinner descobriram que:

- Quanto maior o reforço dado durante o treinamento, mais resistente é a resposta condicionada à extinção.
- O condicionamento operante pode moldar a maioria dos comportamentos de humanos e animais.
- Até mesmo uma lagosta pode ser condicionada.
- Os principais jogadores de beisebol da liga norte-americana possuem mais comportamentos supersticiosos que os jogadores japoneses.
- Estudantes universitários com maior nível de autocontrole recebem notas mais altas, são mais bem ajustados psicologicamente e têm maior autoestima.
- Os programas de economia de fichas reduziram em 79% as atitudes agressivas de pessoas com deficiências cognitivas.

No entanto, apesar das incursões da psicologia cognitiva, a posição de Skinner permanece influente em muitas áreas, das salas de aulas às linhas de montagem, das caixas de Skinner aos programas de tratamento para transtornos comportamentais. Skinner acreditava que, com o condicionamento operante, ele oferecia uma técnica para melhorar a natureza humana e as sociedades que as pessoas planejam.

## Resumo do capítulo

Skinner negava a existência de uma entidade chamada personalidade e não buscava causas para o comportamento dentro do organismo. Os processos mentais e psicológicos não são observáveis objetivamente e, portanto, não têm relevância para a ciência. As causas do comportamento são externas ao organismo. O comportamento pode ser controlado por suas consequências, pelo reforçador que o acompanha. O comportamento respondente envolve uma resposta motivada por estímulos ambientais específicos. O condicionamento (comportamento respondente que é adquirido) envolve a substituição de um estímulo por outro.

Não ocorrerá condicionamento sem reforço. O comportamento operante é emitido, determinado e modificado pelo reforçador que o acompanha. Um comportamento operante age no ambiente e o modifica. A personalidade é simplesmente um padrão de comportamentos operantes. Os esquemas de reforço compreendem intervalo fixo, razão fixa, intervalo variável e razão variável. A modelagem (aproximação sucessiva) implica reforçar o organismo somente quando o seu comportamento se aproxima do desejado. O comportamento supersticioso acontece quando o reforço é apresentado em um esquema de intervalo fixo ou variável. Seja qual for o comportamento que ocorrer no momento do reforço, ele será exibido mais frequentemente.

O autocontrole do comportamento refere-se a alterar ou evitar certos estímulos e reforçadores externos. Outras técnicas de autocontrole são a saciedade, a estimulação aversiva e o autorreforço para exibir comportamentos desejáveis.

A modificação do comportamento emprega técnicas de condicionamento operante aos problemas do mundo real. Comportamentos desejáveis são reforçados positivamente, e os indesejáveis são ignorados. A abordagem de economia de fichas gratifica comportamentos desejáveis com fichas que podem ser usadas para adquirir objetos que têm valor. A modificação do comportamento trata apenas de comportamento observável e usa reforço positivo, não punição. O reforço negativo implica remover um estímulo aversivo ou nocivo e é menos eficiente que o positivo.

A imagem que Skinner tinha da natureza humana enfatiza o determinismo, a singularidade, a importância do ambiente e o projeto de uma sociedade que maximiza a oportunidade de sobrevivência. Mesmo que as pessoas sejam controladas pelo ambiente, elas podem exercer controle ao planejar tal ambiente de maneira apropriada.

Skinner avaliava o comportamento (não a personalidade) usando análise funcional para determinar a frequência do comportamento, a situação na qual ocorria e os reforçadores associados a ele. As três maneiras de avaliar o comportamento são a observação direta, o autorrelato e as medidas fisiológicas.

O sistema de Skinner tem considerável apoio empírico, mas tem sido criticado por sua visão determinista, pela simplicidade das situações experimentais, pela falta de interesse em outros comportamentos a não ser no índice de respostas, e por não considerar as qualidades humanas que nos diferenciam de ratos e pombos. As técnicas de Skinner para a modificação do comportamento utilizando o condicionamento operante continuam populares, mas sua posição behaviorista foi ultrapassada pelo movimento cognitivo dentro da psicologia.

 Perguntas de revisão

1. De que forma a abordagem skinneriana da personalidade difere das outras aqui discutidas?
2. Como Skinner justificou o uso de ratos e pombos em lugar de humanos como sujeitos de estudo do comportamento?
3. Como as experiências de infância de Skinner influenciaram sua posterior abordagem do estudo do comportamento?
4. Diferencie comportamento operante de comportamento respondente. Dê um exemplo de cada um.
5. Descreva o experimento de condicionamento clássico de Pavlov com cães. Como ele extinguiu as respostas condicionadas?
6. Diferencie reforço positivo, reforço negativo e punição.
7. Na visão de Skinner, por que o reforço positivo é mais eficaz do que a punição para modificar o comportamento?
8. Explique a diferença entre esquema de reforço por intervalo fixo e por intervalo variável.
9. Qual esquema de reforço se aplica à pessoa que vende softwares de computadores com comissão? Qual esquema se aplica à criança que recebe permissão para tomar um sorvete pelo bom comportamento apenas ocasionalmente?

10. Explique como um comportamento complexo, como aprender a falar, é adquirido por meio de aproximações sucessivas.
11. Descreva como você usaria o método de aproximações sucessivas para treinar um cão a andar em círculos.
12. Como a noção de reforço explica a aquisição de comportamentos supersticiosos?
13. Explique o uso da saciedade autoadministrada para conseguir eliminar maus hábitos.
14. Quais são as técnicas para o autocontrole do comportamento?
15. Descreva a abordagem da economia de fichas para modificação de comportamento. Dê um exemplo.
16. Por que Skinner preferiu estudar casos individuais em lugar de grupos de sujeitos?
17. Qual era a posição de Skinner sobre a questão natureza-criação? E sobre livre-arbítrio *versus* determinismo?
18. Qual é a técnica usada por skinnerianos para avaliar o comportamento humano?
19. Discuta o impacto da psicologia cognitiva sobre o behaviorismo skinneriano.
20. Na sua opinião, qual é o valor do behaviorismo de Skinner em comparação com as outras abordagens discutidas até aqui?

## Leituras sugeridas

Antony, M. e Roemer, L. *Behavior therapy*. Washington, DC: American Psychological Association, 2011. Resumo claro e conciso da história e da natureza da terapia comportamental, centrado nos aspectos teóricos e práticos.

Baumeister, R. e Tierney, J. *Willpower: Rediscovery of the greatest human strength*. Nova York: Penguin, 2012. Aborda o *status* atual do autocontrole na psicologia e na vida cotidiana – como alcançar e reforçá-lo. Revisa as muitas pesquisas sobre o assunto, além de aplicações no mundo real.

Miltenberger, R. *Behavior modification: Principles and procedures*. 6. ed. São Francisco: Cengage, 2015. (Miltenberger, R. *Modificação do comportamento: Teoria e prática*. São Paulo: Cengage, 2019.) Um compêndio sobre modificação de comportamento e a ampla gama de aplicações em situações do dia a dia; tudo o que você precisa saber sobre modificação de comportamento e como usá-la!

Nye, R. D. *The legacy of B. F. Skinner: Concepts and perspectives, controversies and misunderstandings*. Pacific Grove, CA: Brooks/Cole, 1992. Manual sobre os conceitos básicos de Skinner e sua relevância para o comportamento no mundo de hoje. Analisa controvérsias e equívocos em torno das visões de Skinner e compara seu sistema com os sistemas de Freud e Rogers.

O'Donohue, W. e Ferguson, K. E. *The psychology of B. F. Skinner.* Thousand Oaks, CA: Sage, 2001. Apresenta uma visão bem escrita e equilibrada das controvérsias a respeito dos trabalhos de Skinner sobre behaviorismo, cognição, comportamento verbal e análise do comportamento aplicado. Inclui as ideias de Skinner para melhorar a sociedade como um todo, além de uma breve biografia.

Pryor, K. *Don't shoot the dog: The new art of teaching and training.* 3. ed. Lydney, Inglaterra: Ringpress Books, 2006. (Pryor, K. *Não o mate! A nova arte de ensinar e treinar.* 1 ed. [S. l.]: Kns Ediciones, 2013.) Mostra o valor prático das técnicas de modificação de comportamento para ensinar cães, crianças, estudantes e funcionários.

Skinner, B. F. *Walden Two.* Nova York: Macmillan, 1948. (Skinner, B. F. *Walden II: Uma sociedade do futuro.* São Paulo: EPU, 1978.) Romance de Skinner sobre valores humanos e comportamentos em uma sociedade utópica baseada em princípios behavioristas.

Skinner, B. F. *Particulars of my life; The shaping of a behaviorist; A matter of consequences.* Nova York: Alfred A. Knopf, 1976, 1979, 1983. Autobiografia de Skinner em três volumes.

Skinner, B. F. *Upon further reflection.* Englewood Cliffs, NJ: Prentice-Hall, 1987. Ensaios sobre psicologia cognitiva, comportamento verbal, educação e autogestão na velhice.

# PARTE 8

# A abordagem da aprendizagem social

O enfoque da aprendizagem social à personalidade, representado aqui pelo trabalho de Albert Bandura, é fruto da abordagem behaviorista de Skinner, mas também uma revolta contra ela. Assim como Skinner, Bandura concentra-se em comportamentos manifestos, não em necessidades, traços, impulsos ou mecanismos de defesa internos. Diferente de Skinner, Bandura admite variáveis cognitivas internas que fazem mediações entre estímulos e respostas. Para Bandura, o organismo não é vazio.

Bandura investigou variáveis cognitivas com alto grau de sofisticação e rigor experimental, formulando inferências a partir de cuidadosas observações do comportamento em laboratório. Observou o comportamento de humanos em ambientes sociais, ao passo que Skinner trabalhou com animais em ambientes individuais. Bandura concordava com Skinner no seguinte ponto: o comportamento é aprendido e o reforço é fundamental para a aprendizagem, mas diferia dele em sua interpretação da natureza do reforço.

Bandura e Skinner buscaram compreender a personalidade por meio de pesquisas laboratoriais, e não clínicas, mas seus princípios foram aplicados de maneira ampla na área clínica por meio de técnicas de modificação do comportamento. Como Bandura usou variáveis cognitivas, seu trabalho refletiu e reforçou o movimento cognitivo na psicologia. Sua abordagem também foi denominada *cognitivo-comportamental* em reconhecimento a esta ênfase.

# CAPÍTULO 13

# Albert Bandura: teoria da modelagem

*Praticamente todos os fenômenos que ocorrem por meio de experiência direta também podem ocorrer de forma indireta, com a observação de outras pessoas e das consequências para elas.*

— ALBERT BANDURA

Bandura concordava com Skinner que o comportamento é aprendido, mas a semelhança entre eles acaba aí. Bandura criticou a ênfase dada por Skinner a sujeitos animais e não a sujeitos humanos interagindo uns com os outros. A abordagem de Bandura é uma teoria de aprendizagem social que investiga o comportamento como adquirido e modificado em um contexto social. Ele argumentou que não podemos esperar que dados de experimentos que não envolvem interação social sejam relevantes para o mundo real cotidiano, porque muito poucas pessoas vivem em isolamento social.

## Reforço vicário

Embora Bandura concorde com Skinner que muito aprendizado ocorre como resultado do reforço, também enfatizou que praticamente todas as formas de comportamento podem ser aprendidas sem que haja qualquer tipo de reforço direto. A abordagem de Bandura é também chamada **aprendizagem observacional**, indicando a importância, nesse processo, da observação do comportamento de outras pessoas.

Em vez de experimentarmos reforços para cada uma de nossas ações, aprendemos por meio do **reforço vicário**,* observando o comportamento de outras pessoas e suas consequências. O enfoque na aprendizagem por meio de observação ou exemplos, e nem sempre de reforço direto, é uma característica particular da teoria de Bandura.

**Aprendizagem observacional**
Aprendizado de novas respostas por meio de observação do comportamento de outras pessoas.

**Reforço vicário**
Aprendizado ou fortalecimento de um comportamento por meio da observação do comportamento de outras pessoas e das suas consequências em vez de experimentação direta do reforço ou das suas consequências.

## O papel dos processos cognitivos

Outra característica da abordagem da aprendizagem por observação de Bandura é o tratamento de processos cognitivos internos ou de pensamento. Ao contrário de Skinner, ele acreditava que processos cognitivos podem influenciar a aprendizagem observacional. Não imitamos automaticamente os comportamentos que vemos outras pessoas exibindo; em vez disso, tomamos uma decisão deliberada e consciente de nos comportarmos da mesma forma. Para aprendermos mediante exemplos e reforços indiretos, temos de ser capazes de antecipar e avaliar as consequências dos comportamentos que observamos.

---

*   Em inglês *vicarious reinforcement*, que pode ser traduzido para o português como "reforço substitutivo". (N. do R.T.)

Podemos regular e guiar nosso comportamento visualizando ou imaginando essas consequências, mesmo que não as tenhamos experimentado. Não há uma ligação direta entre estímulo e resposta ou entre comportamento e reforço, como Skinner propôs. Em vez disso, nossos processos cognitivos fazem a mediação entre ambos.

## Uma forma menos extrema de behaviorismo

Bandura apresentou uma forma menos extrema de behaviorismo do que a de Skinner. Ele enfatizou a observação dos outros como um meio de aprendizagem e considerou que era mediada por processos cognitivos. Sua teoria é baseada em rigorosas pesquisas de laboratório com pessoas normais em interação social, em vez de pesquisar um rato em uma gaiola ou uma pessoa neurótica em um divã.

# A vida de Bandura (1925-)

## Fique bêbado ou vá para a escola

Bandura nasceu na província de Alberta, no Canadá, em uma cidade tão pequena que a escola em que cursou o colegial tinha 20 alunos e dois professores. Seus pais eram imigrantes da Polônia que enfatizavam o valor da educação. "Você tem uma escolha", sua mãe lhe disse quando ele era jovem, "pode trabalhar no campo e embebedar-se no bar ou estudar" (*apud* Foster, 2007, p. 3). Ele escolheu a educação.

No verão seguinte à sua formatura no colegial, foi trabalhar com construções no deserto do território de Yukon, tapando buracos na rodovia Alaska Highway. Foi uma experiência fascinante para um jovem brilhante e curioso.

> *Ao ver-se entre um grupo de figuras curiosas, que haviam fugido de pagamentos a credores, de pensões alimentícias e de oficiais de justiça, Bandura desenvolveu rapidamente um grande interesse pela psicopatologia da vida cotidiana, que parecia florescer em meio à austera tundra.* (Prêmio de Contribuição Científica de Destaque, 1981, p. 28)

## Encontrando a psicologia

Bandura cursou psicologia na Universidade da Columbia Britânica em Vancouver apenas por conveniência. No carro compartilhado com o qual ia ao campus todos os dias, havia estudantes de engenharia e de pré-medicina. Todos tinham aulas logo cedo, horário em que o curso de psicologia era oferecido. Assim, Bandura matriculou-se no curso, não por um interesse real, mas simplesmente porque o horário era conveniente. Logo achou o material fascinante e continuou até obter o Ph.D. em 1952, pela Universidade de Iowa.

Após um ano no Wichita Guidance Center, em Kansas, foi trabalhar na Universidade de Stanford, onde começou sua nova abordagem à psicologia. Contestar a posição dominante da área (o behaviorismo de Skinner) era uma tarefa arriscada para um jovem psicólogo desconhecido. "Quando comecei minha carreira, há mais de meio século", escreveu ele em 2011, "o behaviorismo tinha controle total do campo da psicologia [...] Foi neste clima conceitual inóspito que lancei um programa de pesquisa sobre os determinantes da aprendizagem observacional" (Bandura, 2011).

Ele, rapidamente, alcançou o sucesso e acumulou um grande número de publicações. Em 1973, apenas 21 anos depois de obter seu Ph.D., foi eleito presidente da Associação Americana de Psicologia. Em 1980, recebeu desta entidade o Prêmio por Contribuição Científica de Destaque e, em 2006, o Prêmio Medalha de Ouro da Fundação Americana de Psicologia por Realização de Vida.

Bandura sempre dirigiu seu senso de humor a si próprio. Quando lhe perguntaram se ia para o trabalho a pé ou de automóvel, respondeu: "Das duas formas, às vezes ambas no mesmo dia". É que, às vezes, ia trabalhar de carro, mas ficava tão absorto em suas ideias que voltava para casa a pé, deixando o carro no estacionamento da universidade.

# Modelagem: a base da aprendizagem observacional

A ideia básica de Bandura é que a aprendizagem pode ocorrer por meio de observação ou de exemplo, e não apenas por meio de reforço direto. Ele não negou a importância do reforço direto como um meio de influenciar o comportamento, mas desafiou a noção de que o comportamento somente pode ser aprendido ou modificado por meio do reforço direto. Para ele, o condicionamento operante, em que o comportamento de tentativa e erro continua até que a pessoa apresente a resposta certa, é um meio ineficiente e potencialmente perigoso de aprender habilidades, como nadar ou dirigir.

Uma pessoa poderia se afogar ou bater o carro antes de encontrar a sequência correta de comportamentos que o reforço positivo traz. Para Bandura, a maior parte dos comportamentos humanos é aprendida por meio de exemplos, seja intencional ou acidentalmente. Compreendemos uma ampla e variada gama de comportamentos em nossas vidas cotidianas simplesmente observando as outras pessoas e padronizando nosso próprio comportamento de acordo com o delas (Gaskins e Paradise, 2010; Oates, 2012).

## Estudos com o joão-bobo (boneco inflável)

Por meio da **modelagem**, ao observar o comportamento de um modelo e repeti-lo, é possível adquirir respostas das quais nunca nos demos conta ou apresentamos anteriormente e reforçar ou enfraquecer as já existentes. A demonstração de modelagem de Bandura, que já se tornou clássica, utiliza o boneco joão-bobo, uma figura de plástico e inflável que mede um pouco mais de 1 metro de altura (Bandura, Ross e Ross, 1963).

Nos estudos de Bandura, crianças em idade pré-escolar observaram um adulto bater e chutar o boneco. Enquanto o atacava, o

**Modelagem**
Técnica de modificação de comportamento que envolve observar o comportamento de outros (chamados modelos) e com eles tomar parte no desempenho do comportamento desejado.

Cortesia do Dr. Albert Bandura, Universidade de Stanford

Nos estudos com o joão-bobo as crianças exibiram comportamentos agressivos após observarem um modelo agressivo.

modelo adulto gritava: "Dê um soco no nariz dele!" e "Jogue-o para cima!". Quando as crianças eram deixadas sozinhas com o boneco, modelavam seu comportamento a partir do exemplo que haviam acabado de presenciar. O comportamento delas foi comparado ao de um grupo de controle de crianças que não haviam visto o modelo atacar o joão-bobo. Verificou-se que o grupo experimental era duas vezes mais agressivo que o de controle.

A intensidade do comportamento agressivo permaneceu a mesma nos sujeitos submetidos ao experimento, quer o modelo fosse visto ao vivo, na televisão ou como personagem de desenho animado. O efeito do modelo em todas as três mídias foi provocar o comportamento agressivo que não se manifestou com a mesma força nas crianças que não tinham visto modelos.

## Outros estudos de modelagem

Em pesquisas iniciais sobre o impacto da modelagem na aprendizagem, Bandura comparou o comportamento de pais e mães de dois grupos de crianças (Bandura e Walters, 1963). Um grupo formado por crianças altamente agressivas, e o outro, por crianças mais inibidas. De acordo com a teoria de Bandura, o comportamento dos filhos deveria refletir o do pai e da mãe. A pesquisa mostrou que pais e mães de crianças inibidas eram inibidos e que pais e mães de crianças agressivas eram agressivos. As crianças modelavam o comportamento com base nos exemplos fornecidos pelos pais.

A modelagem verbal pode induzir determinados comportamentos, contanto que as atividades envolvidas sejam adequadamente explicadas em sua totalidade. Esta modelagem é muitas vezes utilizada para dar instruções, uma técnica aplicável ao ensino de habilidades, como dirigir um automóvel. As instruções verbais são normalmente complementadas por demonstrações de comportamentos, como quando um instrutor de autoescola serve como o modelo que executa os comportamentos envolvidos no ato de dirigir.

## Desinibição

**Desinibição**
Enfraquecimento de inibições ou constrangimentos por meio da observação do comportamento de um modelo.

As pesquisas têm mostrado que os comportamentos que uma pessoa normalmente suprime ou inibe podem ocorrer mais prontamente sob a influência de um modelo (Bandura, 1973, 1986). Esse fenômeno, denominado **desinibição**, refere-se ao enfraquecimento de uma inibição ou repressão por meio da exposição a um modelo. Por exemplo, pessoas em uma multidão podem iniciar um tumulto, quebrando vidraças e gritando, exibindo comportamentos físicos e verbais que jamais apresentariam isoladamente. São mais propensas a perderem suas inibições de comportamento agressivo se virem outras pessoas fazendo o mesmo.

O fenômeno da desinibição pode influenciar o comportamento sexual. Em um experimento que demonstrou como as respostas sexuais poderiam ser desinibidas por meio de modelos, um grupo masculino de estudantes universitários assistiu a um filme contendo imagens eróticas de nus masculinos e femininos (Walters, Bowen e Parke, 1963). Os alunos foram informados de que um ponto de luz se moveria sobre o filme, indicando os movimentos dos olhos de um sujeito que havia visto o filme anteriormente para mostrar quais partes das imagens aquele sujeito havia olhado. Os supostos movimentos dos olhos deste sujeito configuravam o que representaria o modelo. Para metade desses estudantes, o feixe de luz concentrou-se nos seios e genitais e, para a outra metade, o feixe permaneceu no fundo, como se o modelo tivesse evitado olhar para os corpos nus.

Após o filme, foram exibidas aos estudantes algumas tomadas de cenas, e o movimento de seus olhos foi gravado. Os sujeitos cujo modelo foi considerado desinibido (que olharam diretamente para as partes eróticas dos corpos) comportaram-se da mesma forma. Aqueles cujo modelo havia evitado olhar os nus passaram um tempo significativamente maior examinando o plano de fundo das imagens. Os pesquisadores concluíram que a modelagem afetou as respostas de percepção dos avaliados aos estímulos; em outras palavras, ela não determinou apenas o que os sujeitos fizeram, mas também aquilo que olharam e perceberam.

**Trolagem.** Postar comentários on-line seguindo o exemplo ou modelo dos outros oferece o mesmo anonimato que estar no meio de uma grande multidão. Isso pode levar a um tipo de fenômeno on-line de desinibição conhecido como "trolagem" — o ato de postar mensagens provocadoras, depreciativas ou que expressam ódio sobre um indivíduo ou grupo. Alguns adolescentes foram levados ao suicídio por causa de comentários cruéis difundidos e dirigidos a eles (Zhuo, 2010).

Pesquisas sobre jogadores frequentes de videogame descobriram que aqueles que mais se envolviam em "trolagens" eram mais jovens e do sexo masculino. Os motivos que deram para praticar esse tipo de comportamento variavam. Alguns faziam isso deliberadamente, por vingança contra alguém, enquanto outros "trolavam" apenas porque estavam entediados, enquanto outros o faziam por diversão, sem nenhum propósito em mente (Thacker e Griffiths, 2012).

A boa notícia é que o fenômeno de desinibição parece diminuir com a idade. Um estudo com jovens norte-americanos de 18 a 25 anos de idade mostrou que a desinibição era forte entre indivíduos de 18 e 19 anos, mas diminuía grandemente com pessoas de 22 a 25 anos (Vaidya *et al.*, 2010).

## Os efeitos dos modelos da sociedade

Com base em extensivas pesquisas, Bandura concluiu que muitos comportamentos — bons e maus, normais e anormais — são adquiridos por meio de imitação do comportamento de outras pessoas. Desde a infância desenvolvemos respostas a modelos que a sociedade nos oferece. Tendo inicialmente os pais como modelos, aprendemos sua língua e nos tornamos socializados por meio dos costumes e comportamentos aceitáveis da nossa cultura. As pessoas que se desviam das normas culturais adquirem seu comportamento da mesma forma que todas as demais. A diferença é que as pessoas que se desviam seguiram modelos que o restante da sociedade considera indesejável.

**Modelos ruins.** Bandura foi um crítico notório do tipo de sociedade que fornece modelos errados para as crianças, particularmente os exemplos típicos de comportamento violento tão comuns na televisão, no cinema e em videogames. Suas pesquisas demonstram claramente o efeito de modelos sobre o comportamento. Se o que vemos é o que nos tornamos, então não é muito grande a distância entre vermos um personagem agressivo de desenho animado e cometermos um ato violento.

Entre os muitos comportamentos que as crianças adquirem por meio de modelagem estão os medos irracionais. Uma criança que vê os pais ficarem com medo durante uma tempestade ou nervosos entre pessoas estranhas facilmente adotará essas ansiedades e permanecerá com elas em sua vida adulta, sem muita consciência de sua origem. Obviamente, os comportamentos positivos, como força, coragem e otimismo, também serão aprendidos por meio dos pais e de outros modelos. No sistema de Skinner, os reforçadores controlam o comportamento; para Bandura, os modelos o controlam.

## Características da situação de modelagem

Bandura e seus colaboradores (1977, 1986) investigaram três fatores que influenciam a modelagem: as características dos modelos, as características dos observadores e as consequências recompensadoras associadas aos comportamentos.

### *Características dos modelos*

**Modelos que são como nós.** As características dos modelos afetam nossa tendência a imitá-los. Na vida real, é provável que sejamos mais influenciados por quem parece ser mais semelhante a nós do que por alguém que seja, de maneira significativa, claramente diferente de nós. Bandura verificou em laboratório que, embora as crianças imitassem o comportamento de um modelo infantil na mesma sala, de uma criança em um filme e de um personagem de desenho animado, a extensão da modelagem diminuía à medida que a semelhanças entre o modelo e o sujeito se tornava menor.

As crianças apresentaram imitação maior de um modelo ao vivo do que de um personagem de desenho animado; porém, mesmo no caso deste último, o comportamento modelado foi significativamente maior que o do grupo de controle, que não havia observado nenhum modelo.

**Idade e sexo dos modelos.** Outras características do modelo que afetam a imitação são a idade e o sexo. Somos mais propensos a modelar nosso comportamento a partir de uma pessoa do mesmo sexo do que de uma do sexo oposto e também a ser influenciados por modelos da nossa idade. Amigos que parecem ter resolvido satisfatoriamente os problemas que estamos enfrentando são modelos de grande influência para nós.

***Status* dos modelos.** *Status* e prestígio também são fatores importantes. Por exemplo, estudos verificaram que pedestres eram muito mais propensos a atravessar uma rua diante de um sinal vermelho se vissem uma pessoa bem-vestida atravessando-a do que se vissem uma pessoa vestida modestamente fazendo o mesmo. Os comerciais de televisão exploram muito o uso de modelos com alto *status* e prestígio, como atletas ou celebridades, que afirmam usar determinado produto. A expectativa é de que os consumidores imitem este comportamento e comprem o produto anunciado.

**Tipo de comportamento exibido pelo modelo.** O tipo de comportamento que o modelo manifesta influencia a extensão da imitação. Comportamentos altamente complexos não são imitados tão pronta ou imediatamente quanto os mais simples. Os comportamentos hostis e agressivos tendem a ser imitados com mais vigor, especialmente por crianças.

Em um estudo, bebês a partir dos 16 meses aprenderam a imitar o comportamento de um modelo usando uma ferramenta, mas só depois de terem visto previamente o objetivo ou o propósito de se usar a ferramenta. Eles imitaram o comportamento de um modelo usando um ancinho depois que viram o modelo usar tal ferramenta para recuperar um brinquedo que estava fora de seu alcance (Esseilly *et al.*, 2013). Pesquisas realizadas com universitários norte-americanos revelaram que aqueles que tinham observado uma relação positiva entre um cuidador e uma criança modelaram com sucesso esse comportamento em suas relações românticas existentes (Kuhn e Kinsky, 2013).

**Tamanho e peso dos modelos.** O tamanho e o peso do modelo também podem influenciar o comportamento. Um estudo com alunos da nona série e do primeiro ano do ensino médio do Canadá descobriu que aqueles que frequentavam uma escola na qual os alunos mais velhos tendiam a estar acima do peso, ou até mesmo a ser obesos, engordaram mais do que os que frequentavam uma escola na qual os veteranos não estavam acima do peso (Leatherdale e Papadakis, 2011).

## Características dos observadores

**Idade dos observadores.** Na infância, a modelagem limita-se à imitação imediata. As crianças ainda não desenvolveram suas capacidades cognitivas (os sistemas de representação imagética e verbal) necessárias para imitar o comportamento de um modelo algum tempo depois de observá-lo. Na infância, é necessário que o comportamento modelado seja repetido várias vezes após a primeira tentativa para que a criança possa reproduzi-lo. Além disso, o comportamento modelado também precisa estar na faixa de desenvolvimento sensório-motor do bebê. Com cerca de 2 anos de idade, as crianças desenvolveram processos suficientes de atenção, retenção e produção para começar a imitar comportamentos algum tempo depois da observação, em vez de imediatamente.

Os comportamentos que consideramos reforçadores e, portanto, escolhemos imitar, mudam conforme a idade avança. Crianças mais novas são reforçadas principalmente por estímulos físicos, como comida, afeto ou punição. Crianças mais velhas associam reforços positivos físicos com sinais

Crianças tendem a imitar o comportamento de um modelo adulto do mesmo sexo cujo *status* é considerado alto.

de aprovação de modelos significativos e reforços desagradáveis com sinais de desaprovação. Com o tempo, essas recompensas ou punições tornam-se autoadministradas.

**Atributos dos observadores.** Os atributos dos observadores também determinam a eficácia da aprendizagem de observação. As pessoas com níveis baixos de autoconfiança e autoestima são muito mais propensas a imitar o comportamento de um modelo do que aquelas com níveis elevados dessas características. Uma pessoa que obteve reforço por imitar um comportamento – por exemplo, uma criança premiada por comportar-se como o irmão mais velho – é mais suscetível à influência de modelos do que uma criança que não foi tão reforçada.

**As consequências da recompensa associadas aos comportamentos.** As consequências da recompensa vinculadas a um comportamento particular podem influenciar a extensão da modelagem e até mesmo anular o impacto das características dos modelos e dos observadores. Um modelo de elevado *status* pode nos levar a imitar um comportamento, mas se as recompensas não tiverem significado para nós, interromperemos o comportamento e seremos menos propensos a ser influenciados por aquele modelo no futuro.

Ver um modelo sendo recompensado ou punido por apresentar um comportamento específico influenciará a imitação. Em um estudo com um boneco joão-bobo, um grupo de crianças viu o modelo que bateu no boneco receber elogios, refrigerante e balas, enquanto o outro viu o modelo receber punição física e verbal pelo mesmo comportamento agressivo. As que observaram a punição manifestaram significativamente menos agressões ao joão-bobo do que as que viram o modelo ser reforçado (Bandura, 1965).

# Os processos de aprendizagem observacional

Bandura analisou a natureza da aprendizagem observacional e verificou que ela é governada por quatro mecanismos relacionados entre si: processos de atenção, processos de retenção, processos de produção e processos motivacionais e de incentivo (ver Quadro 13.1).

## Processos de atenção

Não haverá aprendizagem observacional ou modelagem a não ser que o indivíduo esteja atento ao modelo. A simples exposição do indivíduo ao modelo não garante que ele estará atento às pistas e aos estímulos relevantes ou mesmo que perceberá a situação acuradamente. O indivíduo tem de perceber o modelo com precisão a fim de adquirir a informação necessária para imitar seu comportamento.

Diversas variáveis influenciam os processos de atenção. No mundo real, assim como no laboratório, somos mais atentos e suscetíveis a algumas pessoas e situações do que a outras. Dessa forma, quanto mais prestamos atenção ao comportamento de um modelo, maior é a probabilidade de que o imitemos.

Mencionamos características como idade, *status*, sexo e grau de semelhança entre o modelo e o indivíduo. Esses fatores ajudam a determinar a proximidade entre indivíduo e modelo. Verificou-se também que modelos que são celebridades, especialistas e aqueles que parecem confiantes e atraentes inspiram maior atenção e imitação do que os que não possuem tais atributos. Alguns dos modelos mais eficazes da cultura norte-americana hoje em dia aparecem na televisão, no YouTube e em outros sites on-line. Os espectadores costumam concentrar-se neles, mesmo na ausência de reforço.

A atenção ao comportamento modelado varia em razão das habilidades cognitivas e de percepção dos observadores e do valor do comportamento que estiver sendo modelado. Quanto mais nossa capacidade cognitiva for desenvolvida e quanto mais conhecimento tivermos sobre o comportamento sendo modelado, mais cuidadosamente prestaremos atenção ao modelo e entenderemos o comportamento.

| QUADRO 13.1 ▪ Processos de aprendizagem de observação | |
|---|---|
| Processos de atenção | Desenvolver nossos processos cognitivos e habilidades de percepção de tal forma que possamos prestar atenção suficiente a um modelo e percebê-lo com a precisão necessária para imitar o comportamento apresentado. Exemplo: manter-se acordado durante uma aula teórica de direção. |
| Processos de retenção | Guardar ou lembrar-se do comportamento do modelo de modo que possamos imitá-lo ou repeti-lo mais adiante; para isso, usamos nossos processos cognitivos para codificar ou formar imagens mentais e descrições verbais do comportamento do modelo. Exemplo: tomar notas sobre a matéria de uma aula ou assistir a um vídeo de uma pessoa dirigindo um automóvel. |
| Processos de produção | Transpor as representações simbólicas das imagens mentais ou verbais do comportamento do modelo para o nosso próprio comportamento observável, produzindo corporal ou fisicamente as respostas e recebendo *feedbacks* sobre a precisão da nossa prática continuada. Exemplo: entrar em um carro com um instrutor para praticar mudanças de marcha e desviar dos cones de trânsito no estacionamento da autoescola. |
| Processos motivacionais e de incentivo | Perceber que o comportamento do modelo leva a uma recompensa e assim esperar que nossa aprendizagem – e desempenho bem-sucedido – deste comportamento levará a consequências semelhantes. Exemplo: esperar que, quando tivermos dominado as habilidades de direção, passaremos no teste e receberemos a carteira de motorista. |

Quando observadores veem um modelo exercendo algo que eles próprios pretendem fazer prestam mais atenção do que quando o comportamento modelado não tem relevância pessoal. Os observadores também ficam mais atentos ao comportamento modelado que produz consequências positivas ou negativas em vez de resultados neutros.

## Processos de retenção

Precisamos ser capazes de lembrar aspectos significativos do comportamento do modelo para repeti-lo mais tarde. Para reter o que foi assistido,temos de codificar e representar simbolicamente o evento. Podemos reter informações sobre o comportamento de um modelo de duas formas: por meio de um sistema de representação imaginativa interno ou de um sistema verbal. No sistema de representação imaginativa, formamos imagens vívidas e facilmente recuperáveis enquanto observamos o modelo.

Esse fenômeno comum é responsável por você ser capaz de elaborar a imagem da pessoa com quem saiu na semana anterior ou do lugar que visitou no verão passado. Na aprendizagem de observação, formamos uma imagem mental do comportamento do modelo e a utilizamos como base para imitações futuras.

O sistema de representação verbal opera da mesma forma e envolve uma codificação verbal de algum comportamento que tenhamos observado. Por exemplo, durante a observação, podemos descrever, para nós mesmos o que o modelo está fazendo e essas descrições ou códigos podem ser ensaiados silenciosamente, sem a manifestação do comportamento.

Por exemplo, podemos dizer a nós mesmos os passos de um esquema complicado, ensaiando mentalmente a sequência de comportamentos que realizaremos mais tarde. Quando desejarmos desempenhar a ação, o código verbal nos dará dicas, lembretes e sugestões. Juntos, essas imagens e códigos verbais fornecem os meios pelos quais armazenamos as situações observadas e as ensaiamos para desempenhá-las posteriormente.

## Processos de produção

Transpor representações simbólicas de imagens e verbais em comportamento observável demanda processos de produção, mais simplesmente descritos como prática. Mesmo que tenhamos prestado atenção, guardado e ensaiado as representações simbólicas do comportamento de um modelo, podemos, ainda assim, não ser capazes de desempenhar o comportamento corretamente. É mais provável que isso aconteça com ações altamente especializadas, que exijam o domínio de vários componentes comportamentais.

Imagine aprender a dirigir um automóvel. Aprendemos movimentos fundamentais em uma aula e ao observar um modelo dirigir. Podemos considerar as representações simbólicas do comportamento do modelo muitas vezes, mas, a princípio, nossa tradução desses símbolos no efetivo ato de dirigir não será apropriada. Podemos apertar o freio cedo ou tarde demais, ou girar demasiadamente o volante. É provável que nossas observações não tenham sido suficientes para garantir um desempenho imediato e perfeito das ações. É necessário que haja prática dos movimentos corporais apropriados e *feedback* sobre a precisão desses movimentos para a produção adequada do comportamento.

## Processos motivacionais e de incentivo

Independente de quão bem prestemos atenção aos comportamentos que observamos e os memorizemos ou da capacidade que temos para desempenhá-los, não iremos executá-los sem que existam os processos motivacionais e de incentivo. Quando os incentivos são adequados, a observação é mais facilmente transposta em ação. Incentivos influenciam, portanto, os processos de atenção e retenção. Não podemos compensar demais a atenção sem ter um incentivo para isso, e se a atenção é menos compensada há menos retenção.

**Antecipação do reforço.** Nosso incentivo para aprender é influenciado por nossa antecipação do reforço ou punição por fazê-lo. Ver que o comportamento de um modelo produz uma recompensa ou evita uma punição pode ser um forte incentivo para prestar atenção nele, memorizá-lo e executá-lo corretamente. O reforço é experimentado indiretamente durante nossa observação do modelo, depois do que esperamos que nosso desempenho deste comportamento nos leve às consequências que testemunhamos.

**O reforço nem sempre é necessário.** Bandura também notou que, embora o reforço possa facilitar a aprendizagem, nem sempre é necessário que esteja presente para a ocorrência da aprendizagem. Muitos fatores além das consequências gratificantes do comportamento determinam aquilo em que prestamos atenção e o que memorizamos e ensaiamos. Por exemplo, sons altos, luzes fortes e vídeos frenéticos podem prender nosso interesse mesmo que não tenhamos recebido nenhum reforço para ficarmos atentos a eles.

As pesquisas de Bandura mostraram que crianças assistindo a um modelo na televisão ou no videogame imitam seu comportamento independente de receberem ou não alguma promessa de recompensa. Portanto, o reforço pode auxiliar a modelagem, mas não é vital para que ela aconteça. Quando ele existe, pode ser dado por outra pessoa, experimentado indiretamente ou administrado pela própria pessoa.

# Autorreforço e autoeficácia

Na abordagem de Bandura à personalidade, o *self* não é uma espécie de agente psíquico que determina ou causa o comportamento, mas sim um conjunto de estruturas e processos cognitivos relacionados a pensamento e percepção. Dois aspectos importantes do *self* são autorreforço e autoeficácia.

## Autorreforço

**Autorreforço**
Administração de recompensas ou punições a si mesmo por satisfazer, superar ou frustrar as próprias expectativas ou padrões.

O **autorreforço** é tão importante quanto o reforço administrado pelos outros, especialmente para crianças mais velhas e adultos. Estabelecemos padrões pessoais de comportamento e realizações. Nós nos recompensamos por satisfazer ou superar tais expectativas e padrões e nos punimos por nossos fracassos. O reforço autoadministrado pode ser tangível, como comprar um novo par de tênis ou um automóvel, ou emocional, como sentir orgulho e satisfação por um trabalho bem-feito.

A punição autoadministrada pode expressar-se como sentimentos de vergonha, culpa ou depressão por não nos comportarmos da maneira como desejaríamos. O autorreforço parece ser conceitualmente semelhante ao que outros teóricos chamam *consciência* ou *superego*, mas Bandura nega que sejam a mesma coisa.

Um contínuo processo de autorreforço regula boa parte do nosso comportamento. É necessário que haja padrões internos de desempenho, critérios subjetivos ou pontos de referência segundo os quais comparamos nosso desempenho. Nosso desempenho passado pode se tornar um ponto de referência para avaliação do comportamento presente e um incentivo para melhor atuação no futuro. Quando alcançamos certo nível de realização, essa referência pode não mais nos desafiar, motivar ou satisfazer; então, elevamos o próprio padrão e passamos a exigir mais de nós mesmos. A impossibilidade de atingir a nova exigência pode resultar uma redução do padrão a um nível mais realista.

**Padrões de desempenho irreais.** Pessoas que estabeleceram padrões de desempenho irreais – porque observaram e aprenderam expectativas de comportamento a partir de modelos excepcionalmente talentosos e bem-sucedidos, por exemplo – podem continuar tentando satisfazer tais expectativas muito elevadas apesar de repetidos fracassos. Elas podem se autopunir emocionalmente com sentimentos de inutilidade e depressão, que podem levar a comportamentos autodestrutivos, como o abuso de bebidas alcoólicas e drogas ou o recolhimento a um mundo imaginário.

Adquirimos nosso primeiro conjunto de padrões internos, realistas ou não, a partir do comportamento de modelos, em geral nossos pais e professores. No entanto, cada vez mais aprendemos padrões de desempenho em fontes on-line, como blogues de celebridades e sites de mídias sociais. Uma vez que adotamos um estilo de comportamento, iniciamos um processo que dura a vida toda de comparar nosso comportamento com o deles.

## Autoeficácia ou "acreditar que você pode"

Nossa **autoeficácia** é determinada por quão bem satisfazemos nossos padrões de comportamento. No sistema de Bandura, autoeficácia refere-se a sentimentos de adequação, eficácia e competência para lidarmos com a vida. Atender e manter nossos padrões de desempenho aumenta a autoeficácia; o fracasso em satisfazê-los e mantê-los a reduzem (Bandura, 2012, 2013).

> **Autoeficácia**
> Nosso sentimento de adequação, eficácia e competência para lidarmos com a vida.

Outra maneira pela qual Bandura descreveu a autoeficácia foi em termos da percepção do controle que temos sobre nossa vida.

> *As pessoas esforçam-se para exercer controle sobre eventos que afetam sua vida. Ao ter influência em esferas sobre as quais podem adquirir certo controle, são mais capazes de concretizar futuros almejados e evitar os indesejados. O esforço por obter controle sobre as circunstâncias da vida permeia quase tudo o que as pessoas fazem.* (Bandura, 1995, p. 1)

Outro psicólogo definiu autoeficácia de modo simples e eficaz como "o poder de acreditar que você pode", e acrescentou que "acreditar que você pode realizar o que quer é um dos ingredientes mais importantes [...] é a receita para o sucesso" (Maddux, 2002, p. 277). Assim, acreditar que você tem a capacidade de ser bem-sucedido torna-se um recurso poderoso à medida que se empenha por realizações.

**Autoeficácia baixa e alta.** Pessoas com baixa autoeficácia sentem-se desamparadas, incapazes de exercer controle sobre os eventos da vida; acreditam que qualquer esforço que façam será em vão. Quando encontram obstáculos, desistem rapidamente caso a sua primeira tentativa de contorná-los não funcione. As pessoas com autoeficácia extremamente baixa sequer tentarão contornar os problemas, pois estão convencidas de que nada que fizerem modificará alguma coisa. Por que, elas se perguntam, deveriam tentar? A baixa autoeficácia pode destruir a motivação, diminuir aspirações, interferir na capacidade cognitiva e afetar a saúde física de maneira adversa.

Pessoas com elevada autoeficácia acreditam que podem lidar de forma eficaz com eventos e situações. Uma vez que esperam ser bem-sucedidas na superação de obstáculos, elas perseveram em suas tarefas e geralmente apresentam desempenho de alto nível. Essas pessoas mais confiança em suas habilidades do que as com baixa autoeficácia e expressam poucas dúvidas sobre si mesmas. Encaram as dificuldades como desafios, não como ameaças, e buscam ativamente situações novas. A autoeficácia em nível elevado reduz o medo do fracasso, aumenta as aspirações e melhora a resolução de problemas e a capacidade de pensamento analítico.

**Fontes de informação sobre autoeficácia.** O julgamento sobre nossa autoeficácia baseia-se nas quatro fontes a seguir:

- aquisição de desempenho;
- experiências indiretas;
- persuasão verbal;
- estimulação fisiológica e emocional.

**Aquisição de desempenho.** A fonte mais importante para os julgamentos de eficácia é a *aquisição de desempenho*. Experiências prévias de sucesso oferecem indicações diretas sobre nosso nível de domínio e competência. Realizações anteriores atestam nossa capacidade e fortalecem nossos sentimentos de autoeficácia. Fracassos prévios, particularmente repetidos na infância, diminuem a autoeficácia.

Um importante indicador da aquisição de desempenho é receber *feedback* sobre o progresso ou desempenho em uma tarefa, tal como um trabalho requisitado ou um teste na sala de aula. Universitários que montavam quebra-cabeças complicados e recebiam *feedback* positivo pelo desempenho tinham percepção de competência na tarefa mais alta do que os que recebiam *feedback* negativo. (Elliot *et al.*, 2000). Adultos mais velhos que concluíram um programa de treinamento de seis meses em arte chinesa ou tailandesa relataram aumentos significativos nos sentimentos de autoeficácia quando comparados com os que não tinham feito o treinamento (Li *et al.*, 2001).

Estudantes universitárias que realizaram um treinamento de 16 horas de defesa pessoal mostraram níveis significativamente mais altos de autoeficácia em uma variedade de áreas que incluíam competência física, habilidades gerais de enfrentamento e assertividade interpessoal. O grupo de controle que não havia feito o curso não mostrou mudanças na autoeficácia (Weitlauf *et al.*, 2001). Assim, em palavras simples, quanto mais realizamos, mais acreditamos que podemos realizar e mais nos sentimos competentes e "no controle".

**Experiências vicariantes (indiretas).** As *experiências vicárias* – ver outras pessoas apresentarem bom desempenho – fortalecem a autoeficácia, particularmente se as pessoas que observarmos forem semelhantes a nós em capacidade. É como se disséssemos: "Se eles fazem, eu também faço". Em contraposição, ver outras pessoas fracassarem pode reduzir a autoeficácia: "Se eles não conseguem fazer, eu também não conseguirei". Portanto, modelos eficientes são vitais para influenciar nossos sentimentos de adequação e competência e também nos mostram estratégias adequadas para lidarmos com situações difíceis.

**Persuasão verbal.** A persuasão *verbal*, que significa lembrar às pessoas que elas possuem a capacidade de alcançar o que quer que seja, pode realçar a autoeficácia. Este tipo de persuasão deve ser o mais comum entre as quatro fontes de informação e é frequentemente fornecido por pais, professores, cônjuges, treinadores, amigos e terapeutas, que dizem: "Você consegue fazer isso". Para ser eficaz, a persuasão verbal precisa ser realista. Não seria um bom conselho tentar incentivar uma pessoa de um metro e meio de altura a jogar basquete profissional, quando outros esportes, como artes marciais, por exemplo, seriam mais adequados.

**Estimulação fisiológica e emocional.** A quarta fonte de informação sobre autoeficácia é a *estimulação fisiológica e emocional*. Qual é o grau de medo ou de tranquilidade que experimentamos em uma situação de estresse? Normalmente, usamos esse tipo de informação como base do julgamento de nossa habilidade de administrar tais situações. É mais provável que acreditemos em nossa capacidade de lidar satisfatoriamente com um problema se não formos agitados, tensos ou sujeitos a dores de cabeça. Quanto mais calmos nos sentirmos, maior nossa autoeficácia. Por outro lado, quanto maior nosso nível de estimulação fisiológica e emocional, menor nossa autoeficácia. Quanto maior o medo, a ansiedade ou a tensão que experimentarmos em determinada situação, menos capazes nos sentiremos de lidar com ela.

**Formas de aumentar a autoeficácia.** Bandura concluiu que certas condições aumentam a autoeficácia:

1. Expor as pessoas a experiências bem-sucedidas, estabelecendo objetivos alcançáveis, aumenta o desempenho satisfatório.
2. Expor as pessoas a modelos apropriados com bom desempenho aumenta as experiências indiretas de sucesso.
3. Fornecer persuasão verbal incentiva as pessoas a acreditar que têm capacidade para um desempenho de sucesso.
4. Fortalecer a estimulação fisiológica por meio de dieta apropriada, redução de estresse e programas de exercício aumenta a força, a resistência e a capacidade de lidar com as situações.

Bandura aplicou essas condições para aumentar a autoeficácia em uma diversidade de situações. Ajudou os sujeitos a tocar instrumentos musicais, a se relacionar melhor com pessoas do sexo oposto, a dominar habilidades de informática, a parar de fumar e a superar fobias e dores físicas.

# Os estágios de desenvolvimento da autoeficácia

## Infância

A autoeficácia se desenvolve gradualmente, ao longo do tempo. Os bebês começam a desenvolvê-la à medida que buscam exercer maior influência sobre seus ambientes físico e social. Eles aprendem as consequências de suas próprias habilidades, como proezas físicas, habilidades sociais e competência linguística. Tais habilidades estão em uso praticamente constante agindo sobre o ambiente, principalmente por meio de seus efeitos sobre os pais. O ideal é que os pais sejam receptivos às atividades dos seus filhos em crescimento e suas tentativas de comunicação e lhes proporcionem ambientes estimulantes que permitam à criança a liberdade de crescer e fazer explorações.

Essas experiências iniciais de construção de eficácia são centradas nos pais. Os comportamentos de pais e mães que levam à elevada autoeficácia diferem entre meninos e meninas. Estudos mostraram que os homens com elevada autoeficácia tiveram, quando crianças, relações carinhosas com o pai. A mãe era mais exigente que o pai, com expectativas de níveis mais elevados de desempenho e realizações. Em contraposição, as mulheres com alta autoeficácia experimentaram, quando crianças, pressão por bom desempenho por parte do pai (Schneewind, 1995).

**Redução da influência dos pais.** A importância da influência dos pais diminui à medida que o mundo do bebê se expande e admite modelos adicionais, como irmãos, amigos e outros adultos. Assim como Adler, Bandura também considerou importante a ordem de nascimento dentro da família. Para ele, filhos primogênitos e os únicos possuem base diferente da dos filhos posteriores para julgamento da sua própria capacidade.

Além disso, é mais provável irmãos do mesmo sexo competirem entre si do que os de sexos opostos, fator também relacionado ao desenvolvimento de autoeficácia. Entre amigos, as crianças mais experientes e bem-sucedidas em tarefas e jogos servem como modelos de elevada eficácia para as outras. Os amigos fornecem pontos de referência comparativos para avaliar o próprio nível de realização.

Os professores influenciam julgamentos de autoeficácia por meio do seu impacto sobre o desenvolvimento de capacidades cognitiva e de resolução de problemas, as quais são vitais para a atuação satisfatória de um adulto. Muitas vezes, as crianças classificam sua própria competência em termos das avaliações que os professores fazem delas. Na visão de Bandura, as escolas que fazem agrupamentos de alunos segundo a capacidade debilitam a autoeficácia e a autoconfiança daqueles classificados em grupos mais baixos. Práticas competitivas, como a classificação em uma curva, também condenam os alunos fracos em realização a classificações medianas ou baixas.

## Adolescência

As experiências de transição da adolescência implicam lidar com novas demandas e pressões, desde um maior interesse sexual até a escolha da faculdade ou carreira a seguir. Os adolescentes têm de estabelecer novas competências e avaliações para suas capacidades. Bandura observou que o sucesso deste estágio depende do nível de autoeficácia estabelecido durante a infância.

## Vida adulta

Bandura dividiu a vida adulta em dois períodos: adulta jovem e meia-idade. A primeira compreende novas adaptações, como casamento, paternidade (ou maternidade) e ascensão profissional. É necessário que exista elevada autoeficácia para que essas experiências apresentem resultados positivos. As pessoas com baixa autoeficácia não serão capazes de lidar com essas situações adequadamente e tenderão a falhar na adaptação.

Mulheres que possuem elevada autoeficácia com relação à sua aptidão maternal são mais propensas a promover autoeficácia em seus filhos. As que acreditam ser boas mães estão menos sujeitas a abatimento e tensão emocional em seu papel materno do que as mulheres com baixa autoeficácia (Olioff e Aboud, 1991; Teti e Gelfand, 1991). Mães com elevada autoeficácia que trabalham fora experimentam significativamente menos tensão física e emocional resultante dos conflitos trabalho-família do que as mulheres com baixa autoeficácia (Bandura, 1995).

O período que compreende a meia-idade também é estressante, pois as pessoas reavaliam sua carreira e sua vida familiar e social. Conforme nos confrontamos com nossas limitações e redefinimos nossos objetivos, temos de reavaliar nossas aptidões e encontrar novas oportunidades para melhorar nossa autoeficácia.

## Velhice

As reavaliações de autoeficácia na velhice são difíceis. O declínio das capacidades mental e física, a aposentadoria e o afastamento da vida social podem exigir nova autoavaliação. Uma diminuição de autoeficácia pode, posteriormente, afetar os funcionamentos físico e mental, como um tipo de profecia autorrealizadora. Por exemplo, a autoconfiança reduzida quanto ao desempenho sexual pode levar a uma redução da atividade sexual.

A redução de eficácia física pode levar à fadiga e à diminuição de atividades físicas. Se não conseguimos mais fazer algo que costumávamos fazer bem e de que costumávamos gostar, então podemos nem tentar mais à medida que envelhecemos. Para Bandura, autoeficácia é o fator mais importante na determinação do sucesso ou do fracasso ao longo de toda a vida.

# Modificação do comportamento

O objetivo de Bandura no desenvolvimento de sua teoria social-cognitiva era modificar ou transformar os comportamentos adquiridos que a sociedade considera indesejáveis ou anormais. Assim como a abordagem de Skinner à terapia, a de Bandura concentra-se em aspectos externos, nos comportamentos inadequados ou destrutivos, na crença de que são aprendidos, exatamente como todos os outros comportamentos. Ele não tentava lidar com supostos conflitos inconscientes subjacentes. É o comportamento ou o sintoma, e não alguma suposta neurose interna, o alvo da abordagem da aprendizagem social.

Bandura desenvolveu três formas de terapia do comportamento: modelagem, participação guiada e modelagem encoberta. Vamos ver exemplos dessas três abordagens para lidar com medos, fobias e ansiedades.

## Medos e fobias

Se a modelagem é a forma como originariamente aprendemos nossos comportamentos, então ela também deve ser um modo efetivo de reaprender ou modificar o comportamento. Bandura aplicou técnicas de modelagem para eliminar medos e outras reações emocionais intensas. Em um estudo inicial, crianças que temiam cachorros observavam uma criança da mesma idade brincando com um cachorro (Bandura, Grusec e Menlove, 1967). Enquanto os sujeitos observavam, a uma distância segura, o modelo fazia movimentos cada vez mais destemidos com relação ao cachorro. O modelo acarinhou o cachorro através da cerca da casinha; em seguida, entrou e brincou com ele. O medo que os observadores tinham de cachorro reduzia-se consideravelmente como resultado dessa situação de aprendizagem observacional.

No clássico estudo de fobia de cobras, Bandura e seus colaboradores eliminaram medos intensos de cobras em adultos (Bandura, Blanchard e Ritter, 1969). Estes assistiram a um filme no qual crianças, adolescentes e adultos tiveram contatos progressivamente mais estreitos com uma cobra. Inicialmente, os modelos filmados manipularam cobras de plástico, depois tocaram cobras vivas e, no final, permitiram que uma grande cobra rastejasse sobre seus corpos. Esses adultos com fobia podiam interromper o filme a qualquer momento se as cenas se tornassem muito ameaçadoras. O medo de cobras foi superado gradualmente.

A técnica denominada *participação guiada* implica assistir a um modelo vivo e depois participar com ele. Por exemplo, para tratar uma fobia de cobras, pessoas assistem, através de uma janela, a um modelo vivo manipular uma cobra. Elas entram no cômodo com o modelo e observam a manipulação da cobra a uma curta distância. Usando luvas, são convencidas a tocar o corpo da cobra, enquanto o modelo segura sua cabeça e seu rabo. No final, tocam a cobra sem luvas.

Verificou-se que a modelagem pode ser eficaz mesmo na ausência de um modelo observável. Na *modelagem encoberta*, as pessoas são instruídas a imaginar um modelo lidando com uma situação temida ou ameaçadora; elas não veem, realmente, um modelo. A modelagem encoberta vem sendo utilizada com sucesso para tratar fobias de cobras e inibições sociais.

Talvez você pense que medo de cobras não é tão terrível assim, mas a superação desse medo trouxe mudanças significativas na vida de muitas pessoas, mesmo na daquelas que nunca se depararam com uma cobra. Além de incentivar a autoestima e a autoeficácia, a eliminação da fobia de cobras pode modificar hábitos pessoais e profissionais. Depois da terapia de modelagem, uma mulher conseguiu usar colares pela primeira vez; nunca os havia usado porque lhe evocavam cobras. Um corretor que obteve sucesso no tratamento de fobia de cobras foi capaz de aumentar sua renda, pois não tinha mais medo de visitar propriedades em zonas rurais. Várias outras pessoas com fobia tratadas por meio da terapia de modelagem libertaram-se de pesadelos com cobras.

As fobias limitam nossa vida diária. Por exemplo, muitas pessoas que temem aranhas reagem com aceleração da frequência cardíaca, respiração curta e vômitos até mesmo ao ver a foto de uma aranha. As pessoas que têm alguma fobia duvidam de sua autoeficácia nessas situações de medo e têm pouca confiança em sua habilidade de lidar com a origem da fobia. Aliviar esses medos nas pessoas expande muito seu ambiente e eleva sua autoeficácia.

## Vantagens da terapia de modelagem

A terapia de modelagem, particularmente usando técnicas de vídeo on-line, oferece várias vantagens práticas. Comportamentos complexos podem ser vistos como um todo. Comportamentos alheios podem ser modificados, de maneira que o tempo das pessoas tratadas é empregado na observação apenas de comportamentos relevantes. Os mesmos vídeos podem ser repetidos para muitas pessoas e ser utilizados por diversos terapeutas simultaneamente. Técnicas de modelagem também podem ser usadas com grupos, economizando tempo e dinheiro no tratamento de pessoas com o mesmo problema.

Essa abordagem tem sido eficaz para tratar fobias, transtorno obsessivo-compulsivo e disfunção sexual, e seus efeitos positivos perduram por anos. Foram conduzidas inúmeras pesquisas sobre autoeficácia durante e depois da terapia de modificação de comportamento. Os resultados indicaram que, como a autoeficácia das pessoas aumentou durante o tratamento, elas se tornaram cada vez mais capazes de lidar com a fonte do medo. Foi o próprio procedimento terapêutico que elevou a autoeficácia.

## Ansiedade

Dissemos que vários comportamentos podem ser modificados por meio da abordagem de modelagem. Analisaremos dois exemplos: medo de tratamento médico e ansiedade diante de testes.

**Medo de tratamento médico.** Algumas pessoas têm tanto medo de situações médicas que são impedidas de buscar tratamento. Um estudo inicial trabalhou com crianças para as quais estavam agendadas cirurgias e que nunca haviam estado em um hospital. Elas foram divididas em dois grupos: um experimental, que assistiu a um filme sobre a experiência de um menino em um hospital, e outro de controle, que assistiu a um filme de um menino fazendo um passeio (Melamed e Siegel, 1975).

A criança no filme do hospital era um modelo exemplar. Apesar de alguma ansiedade inicial, lidou muito bem com os médicos e os procedimentos médicos. O filme de modelagem foi eficaz para reduzir a ansiedade. Além disso, as crianças que assistiram ao filme do hospital apresentaram menos problemas de comportamento depois de terem sido hospitalizadas do que as do grupo de controle.

Foram utilizados procedimentos semelhantes para reduzir o medo de hospitalização e de tratamento dental em adultos. Um estudo analisou um procedimento médico considerado tão estressante que 80% dos pacientes ou se recusaram de início a se submeter a ele ou o abandonaram prematuramente (Allen, Danforth e Drabman, 1989). Aqueles que assistiram a um vídeo de um modelo passando pelo procedimento e descrevendo como havia lidado com seu estresse eram mais propensos a completar o tratamento com menos ansiedade e com um tempo de internação mais curto.

**Ansiedade diante de testes**. Para alguns estudantes universitários, a ansiedade diante de testes é um problema tão sério que seu desempenho em exames não reflete com precisão o conhecimento da matéria em avaliação. Em um estudo de pesquisa clássico, uma amostra de estudantes universitários foi dividida em grupos baseados em resultados de testes de personalidade: aqueles com elevada ansiedade diante de testes e os com baixa ansiedade (Sarason, 1975).

Alguns assistiram a um vídeo de um modelo falando sobre sua ansiedade quando se submetia a testes e sua maneira de lidar satisfatoriamente com isso. Outros assistiram a um filme com o mesmo modelo, que falava sobre a ansiedade diante de testes, mas não sobre mecanismos de enfrentamento. Em uma terceira condição, estudantes viram o modelo em vídeo falando sobre outras atividades da universidade.

Foram, então, fornecidas aos estudantes sílabas sem sentido para que memorizassem e, depois, foi testada sua capacidade de lembrá-las. Os resultados denotaram que pessoas com alta ansiedade diante de testes foram mais fortemente afetadas pelo modelo que falava sobre os mecanismos de enfrentamento. Elas apresentaram um desempenho significativamente melhor no teste de memória do que aquelas altamente ansiosas, que haviam sido expostas às outras duas situações.

## Questões éticas na modificação do comportamento

Embora os resultados de modificação de comportamento sejam notáveis, as técnicas provocaram críticas por parte de educadores, políticos e até de alguns psicólogos. Eles sugerem que a modificação de comportamento explora as pessoas, manipulando-as e controlando-as contra sua vontade. Bandura argumentava que tais acusações são errôneas. A modificação do comportamento não ocorre sem o conhecimento do cliente. Aliás, autoconsciência e autorregulação são vitais para a efetividade de qualquer programa de modificação ou reaprendizado de comportamento. Em outras palavras, as técnicas de modificação de comportamento não serão bem-sucedidas, a não ser que a pessoa seja capaz de entender quais comportamentos estão sendo reforçados. Elas não estão sendo tratadas contra sua vontade.

Além do mais, os próprios clientes decidem o que desejam modificar. Eles não estão sendo controlados por ninguém. As pessoas procuram um terapeuta para eliminar medos e ansiedades específicos que inibem sua capacidade de atuar ou lidar com a vida diária. Bandura observou que o relacionamento cliente-terapeuta é um contrato entre dois indivíduos anuentes, e não um relacionamento entre um controlador perverso e um fantoche covarde.

Bandura explicou também que, longe de manipular ou escravizar as pessoas, as técnicas de modelagem aumentam a liberdade pessoal. Quem tem medo de sair de casa ou compulsão por lavar as mãos continuamente não é verdadeiramente livre; vive dentro de um limite restrito imposto pelo seu comportamento fóbico ou compulsivo. Tais restrições permitem uma pequena margem de escolha, e removê-las por meio das técnicas de modificação do comportamento pode aumentar a sensação de liberdade e as oportunidades de crescimento pessoal.

Várias técnicas de modificação de comportamento originaram-se do trabalho de Bandura e tornaram-se alternativas cada vez mais populares diante da psicanálise e de outras abordagens terapêuticas.

## Questões sobre a natureza humana

A posição de Bandura com relação à questão do livre-arbítrio *versus* determinismo é clara. O comportamento é controlado pela pessoa por meio de processos cognitivos, e pelo ambiente por meio das situações sociais externas. Bandura chama essa noção de **determinismo recíproco**. Ele afirmou que as pessoas não são "objetos incapazes, controlados por forças ambientais, nem agentes livres, que podem se tornar o que quiserem. Tanto as pessoas quanto seu ambiente são determinantes recíprocos uns dos outros" (1977, p. vii).

**Determinismo recíproco**
Conceito de que o comportamento é controlado ou determinado pelo indivíduo, por meio de processos cognitivos, e pelo ambiente, por meio de eventos de estímulo social externo.

## A avaliação na teoria de Bandura

Assim como Skinner, Bandura concentra-se no comportamento, e não nas variáveis motivacionais internas. Ele não usou medidas de avaliação, como livre associação, análise de sonhos ou técnicas projetivas. Diferente de Skinner, aceitou o funcionamento de variáveis cognitivas. E são essas variáveis, bem como o comportamento, que podem ser avaliadas.

Por exemplo, no estudo de modelagem que descrevemos, que envolvia crianças que seriam submetidas a uma cirurgia, as técnicas de avaliação incluíram observação direta do comportamento, inventários de autorrelato e mensurações fisiológicas. Em estudos de autoeficácia, variáveis comportamentais e cognitivas foram avaliadas quantitativamente. A autoeficácia com relação a fobias foi avaliada pelas classificações feitas pelas próprias pessoas submetidas a estudos sobre o número de tarefas em um teste de evitação comportamental que elas seriam capazes de desempenhar. O teste de ansiedade de estudantes universitários foi avaliado a partir de inventários de personalidade. Portanto, na abordagem de aprendizagem social da personalidade, é importante a avaliação de variáveis comportamentais e cognitivas.

## A pesquisa na teoria de Bandura

Bandura preferia investigações de laboratório bem controladas na rigorosa tradição da psicologia experimental. Mencionamos o uso que fez de grupos experimentais e de controle e a mensuração precisa de variáveis independentes e dependentes. Ele estudava grandes grupos de indivíduos e comparava o desempenho médio por meio de análise estatística. Para ilustrar melhor o tipo de pesquisa que se seguiu com base na teoria de Bandura, vamos analisar estudos sobre autoeficácia, eficácia coletiva e o efeito de modelos televisivos com relação a comportamento agressivo.

## Autoeficácia

**Diferenças de idade e gênero.** A autoeficácia difere em função de gênero e idade. Em média, os homens têm maiores pontuações que as mulheres em autoeficácia. Essas diferenças de gênero têm seu pico durante os 20 anos e depois diminuem na idade mais avançada. Tanto nas mulheres quanto nos homens, a autoeficácia aumenta a partir da infância e no início da vida adulta, atinge seu ápice na meia-idade e diminui após os 60 anos (Gecas, 1989; Lachman, 1985).

No entanto, embora a autoeficácia pareça declinar com a idade, há uma ampla gama de diferenças individuais nas convicções que temos sobre nossas capacidades. Por exemplo, em um estudo com adultos na Holanda, em média com 66 anos de idade, as pessoas que acreditavam que sua memória estivesse piorando tiveram desempenho significativamente pior em testes de funcionamento de memória, aplicados seis anos mais tarde, do que as pessoas cujo senso de autoeficácia incluía a convicção de que sua capacidade de memória era alta (Valentijn *et al.*, 2006). Uma análise em maior escala de mais de cem estudos confirma a descoberta de que a baixa autoeficácia de memória – ou seja, o nível da crença sobre quão boa nossa memória é – pode afetar o desempenho em testes de memória (Beaudoin e Desrichard, 2011).

Essa pesquisa fornece suporte adicional para a afirmação de que nossas convicções sobre nossas próprias capacidades podem, realmente, afetá-las. Quanto mais acreditarmos que conseguiremos fazer algo, maior será a probabilidade de conseguirmos.

**O papel da autoeficácia parental.** Notamos anteriormente a influência de pais, irmãos, colegas e outras pessoas na determinação da autoeficácia. Uma pesquisa conduzida com adolescentes e seus pais na Itália mostrou que aqueles cujos pais tiveram pontuação mais alta em autoeficácia parental (que acreditavam ser pais eficazes) também apresentaram maior pontuação em suas próprias convicções de autoeficácia do que os adolescentes cujos pais apresentaram baixos níveis de autoeficácia parental. Os adolescentes que tinham pais com alto nível de autoeficácia também apresentaram menos problemas comportamentais e ansiedade, saíam-se melhor na escola e eram mais abertos e honestos ao se comunicarem com seus pais do que os que possuíam pais com autoeficácia mais baixa (Steca *et al.*, 2011).

Um estudo nos Estados Unidos com adolescentes afro-americanos do sexo masculino de um projeto de habitação social descobriu que os meninos com maior nível de apoio, controle e autoeficácia por parte dos pais possuíam níveis maiores de autoeficácia. A falta de controle e de orientação dos pais, assim como a baixa autoeficácia destes, levou a maior abuso de substâncias e a outros comportamentos delinquentes (Nebbitt, 2009).

Uma pesquisa com adolescentes em Chicago descobriu que ter pais apoiadores estava positivamente relacionado à sensação de autoeficácia dos alunos. Quanto mais apoio os pais demonstravam, mais elevada era a autoeficácia dos filhos (McCoy e Bowen, 2014). Um estudo realizado com famílias com ascendência mexicana nos Estados Unidos mostrou que a autoeficácia dos pais estava relacionada a maior autoeficácia e menos problemas comportamentais entre adolescentes de ambos os gêneros (Dumka *et al.*, 2010).

Jovens adultos norte-americanos cujos pais tinham exercido controle rígido sobre sua criação mostraram uma autoeficácia menor do que aqueles que tiveram pais menos controladores (Givertz e Segrin, 2014). Um estudo realizado com adolescentes na Malásia revelou que o envolvimento dos pais em sua criação era tão importante quanto o das mães para o desenvolvimento da autoeficácia e de felicidade de modo geral (Yap e Baharudin, 2015).

**Aparência física.** Observamos a sugestão de Bandura de que a aparência física pode influenciar os reforços que as pessoas recebem dos outros e, assim, o modo como se sentem a respeito de si mesmas. Um estudo com adultos de ambos os sexos, entre 25 e 76 anos de idade, mostrou que a aparência física tinha um efeito maior sobre seus sentimentos de ter controle sobre a própria vida do que seu nível de autoestima ou de saúde (Andreoletti, Zebrowitz e Lachman, 2001).

Por exemplo, ter um rosto redondo, olhos grandes, dorso nasal pequeno e queixo pequeno ("cara de criança") revelou-se fortemente relacionado a convicções de baixo controle na juventude e na meia-idade. Adultos de mais idade com "cara de criança" relataram sentimentos mais fortes de controle, talvez porque as pessoas reagiam a elas de modo diferente, uma vez que pareciam mais jovens do que as pessoas da mesma idade com rosto fino. Esses resultados foram mais significativos entre as mulheres; uma aparência mais jovem em um momento mais avançado da vida mostrou ter vantagens definitivas tanto socialmente quanto no local de trabalho.

Outra descoberta importante desse estudo foi o efeito significativo da atratividade física nas crenças de controle. Pessoas classificadas como menos atraentes relataram sentimentos de controle mais baixos tanto no trabalho quanto nas situações sociais. Além disso, pessoas mais baixas relataram menos sentimentos de controle na idade adulta jovem do que pessoas mais altas ou de estatura média.

**Desempenho acadêmico.** Há uma relação significativamente positiva entre autoeficácia e desempenho acadêmico. Professores com um alto grau de autoeficácia ou confiança em sua capacidade acadêmica criam mais oportunidades para seus alunos a conquistarem em níveis mais elevados. A autoeficácia em estudantes também estava positivamente relacionada à motivação, nível de esforços, nível de aspiração e persistência em situações de sala de aula (ver, por exemplo, Bassi *et al.*, 2007; Gibson e Dembo, 1984; Multon, Brown e Lent, 1991; Zimmerman, 1995).

Professores da Alemanha que tinham níveis elevados de autoeficácia foram classificados por seus alunos como mais eficazes do que aqueles com baixa autoeficácia. Além disso, aqueles cujos alunos avaliaram como instrutores de alta qualidade desenvolveram níveis mais elevados de autoeficácia. Em outras palavras, o *feedback* positivo das avaliações dos alunos fez com que eles se sentissem ainda mais seguros consigo mesmos (Holzberger, Philipp e Kunter, 2013).

Bandura também observou diferenças nas maneiras como a escola incute autoeficácia em seus alunos. Em escolas promotoras de autoeficácia, os diretores estavam mais preocupados com educação do que com a implantação de políticas e regulamentos, e os professores estabeleciam elevados padrões e expectativas para seus alunos. Em escolas promotoras de baixa autoeficácia, os diretores atuavam mais como administradores e disciplinadores do que como educadores, e os professores tinham poucas expectativas com relação ao desempenho acadêmico de seus alunos (Bandura, 1997).

Verificou-se que diferenças culturais influenciam a autoeficácia em crianças. Foi feito um estudo com 800 estudantes do segundo ao sexto ano do curso elementar, na Alemanha Oriental e na Alemanha Ocidental, antes que essas nações fossem reunificadas, em 1990. Estudantes da Alemanha Oriental, de cultura comunista-coletivista, obtiveram menor pontuação em autoeficácia do que os da Alemanha Ocidental, de cultura capitalista-individualista. As crianças alemãs orientais tinham menor confiança em sua capacidade de ter um bom desempenho escolar e se consideravam menos inteligentes do que as alemãs ocidentais (Oettingen e Maier, 1999). No Irã, estudantes do ensino médio que tinham um maior senso de identidade étnica apresentaram níveis mais elevados de autoeficácia do que aqueles que não demonstravam esta característica (Hejazi e Hasany, 2014).

**Opção de carreira e desempenho no trabalho.** Diferenças de gênero quanto à autoeficiência podem influenciar nossa escolha profissional. Pesquisas mostraram que os homens percebem-se como autoeficazes tanto para as ocupações tradicionalmente denominadas "masculinas" como para as tradicionalmente "femininas". Por outro lado, as mulheres percebem-se com elevada autoeficácia para as ocupações denominadas femininas, mas com baixa autoeficácia para as ocupações masculinas.

Os homens e as mulheres avaliados nessa pesquisa apresentaram níveis comparáveis de desempenho nos testes padronizados de aptidões verbais e quantitativas e também medidas de capacidade semelhantes, mas percebiam tais habilidades de forma diferente. O sentimento acerca de sua própria competência para diversas carreiras era diferente em função do gênero (Hackett, 1995).

A autoeficácia pode influenciar a quantidade de tempo despendido na procura de emprego, bem como o sucesso do futuro trabalho. Funcionários com elevada autoeficácia estabelecem objetivos pessoais mais altos e são mais comprometidos do que os com baixa autoeficácia. Aqueles com elevada autoeficácia tendem a se concentrar em analisar e resolver problemas no trabalho, ao passo que os de baixa autoeficácia se concentram em deficiências pessoais e no medo do fracasso, o que pode minar sua produtividade (Locke e Latham, 1990). Além disso, foi comprovado que falhar na realização de uma tarefa no computador reduz o nível de autoeficácia de uma pessoa (Hardy, 2014).

A relação significativamente positiva entre autoeficácia e desempenho no trabalho foi corroborada por uma metanálise de 114 estudos de pesquisa envolvendo mais de 21.600 sujeitos. Quanto mais alto o nível de autoeficácia melhor seu desempenho no trabalho (Stajkovic e Luthans, 1998). Uma atualização dessas pesquisas revelou que a autoeficácia era um fator de previsão de desempenho melhor para trabalhos de baixa complexidade do que para os de complexidade média ou alta (Judge *et al.*, 2007). Além disso, pessoas com níveis elevados de autoeficácia têm uma probabilidade muito maior de se envolverem totalmente em seus trabalhos e vivenciam menos crises de esgotamento no emprego (Ventura, Salanova e Llorens, 2015).

As pessoas com alto nível de autoeficácia cumprem melhor suas tarefas quando recebem mais *feedback* sobre seu desempenho no trabalho. Em geral, elas não têm um bom desempenho em situações que fornecem pouco ou nenhum *feedback*. Em outras palavras, não saber se está fazendo um bom trabalho pode ser um fator negativo para pessoas com alta pontuação de autoeficácia (Schmidt e DeShon, 2010). Outra pesquisa demonstrou que pessoas com alto nível de autoeficácia são mais bem-sucedidas em programas de treinamento para o trabalho e relatam níveis mais altos de satisfação, compromisso organizacional e bom desempenho no trabalho do que as pessoas que têm baixo nível em autoeficácia (Gupta, Ganster e Kepes, 2013; Salas e Cannon-Bowers, 2001).

**Saúde física.** A autoeficácia também influencia vários aspectos do bem-estar físico, como tolerância à dor, ter um estilo de vida saudável e recuperação de doenças.

**Tolerância à dor.** Em um estudo, mulheres grávidas que haviam tido aulas de técnicas de relaxamento e exercícios de respiração para reduzir a dor durante o parto acreditavam possuir controle maior sobre a dor do que as que não haviam tido essas aulas. Quanto mais altos a autoeficácia e o sentimento de controle das mulheres, maior o tempo que conseguiam tolerar o desconforto experimentado durante o parto antes de pedir medicações para dor. Além disso, quanto maior sua percepção de autoeficácia, menos analgésicos precisavam (Manning e Wright, 1983).

Outra pesquisa apoia a relação positiva entre autoeficácia e tolerância à dor. Um estudo realizado com mais de 15 mil pacientes na China descobriu que aqueles com maior autoeficácia sofriam menos com debilidade, estresse emocional e intensidade da dor do que os indivíduos que tinham baixa autoeficácia (Jackson *et al.*, 2014).

As técnicas de enfrentamento que melhoram a autoeficácia produzem aumentos substanciais nos níveis de endorfina, os analgésicos naturais do corpo. Em um estudo sobre dores crônicas, solicitou-se a 45 pacientes que sofriam de dores lombares que preenchessem uma escala de dor e outra de autoeficácia. O progresso em um programa de reabilitação de três semanas foi monitorado. Após seis meses, verificou-se que os pacientes com autoeficácia mais alta relataram melhor funcionamento físico e menos dores nas costas do que os com baixa autoeficácia (Altmaier *et al.*, 1993).

**Ter um estilo de vida saudável.** A autoeficácia também está relacionada à manutenção de comportamentos saudáveis. Bandura escreveu que:

*Hábitos de estilos de vida podem melhorar ou prejudicar a saúde. Eles permitem que as pessoas exerçam certo controle comportamental sobre sua vitalidade e a qualidade de sua saúde. A crença na eficácia influencia todas as fases de mudança pessoal — se as pessoas chegam a pensar em modificar seus hábitos de saúde, se reúnem a motivação e a perseverança necessárias para terem sucesso na escolha que farão e como elas manterão da melhor forma os hábitos que conseguiram mudar.* (Bandura, 1995, p. 28)

Estudos revelaram, por exemplo, que o uso de técnicas para aumentar a sensação de autoeficácia de adultos com 60 anos de idade ou mais leva a níveis aumentados de atividades físicas. Os indivíduos que mantiveram níveis baixos de autoeficácia levavam uma vida mais sedentária e menos saudável (French *et al.*, 2014).

Um estudo realizado com adultos nativos norte-americanos e do Alasca mostrou uma relação clara entre autoeficácia e consumo de bebidas alcoólicas. Quanto mais baixo o nível de autoeficácia, mais elevado o consumo de álcool (Taylor, 2000). No caso do tabagismo, estudos com adolescentes mostram que quanto mais alta a autoeficácia, maior a resistência às pressões dos colegas para começar a fumar (Schwarzer e Fuchs, 1995; Stacy *et al.*, 1992).

**Recuperação de doenças.** A autoeficácia tem influência sobre a recuperação de doenças físicas. Por exemplo, um estudo verificou que as pessoas com elevada autoeficácia responderam melhor aos tratamentos cognitivo e comportamental para doenças pulmonares do que os pacientes com baixa autoeficácia. Homens que sofreram ataques do coração apresentaram uma taxa mais alta de retorno às atividades normais e menos medo e depressão quando tanto eles quanto suas esposas acreditaram em sua boa forma cardíaca.

Quanto mais alta a autoeficácia dos pacientes, maior foi a probabilidade de que seguissem programas de exercícios prescritos e de que melhorassem (Kaplan, Atkins e Reinsch, 1984; McLeod, 1986). Essas descobertas foram confirmadas em um estudo de grande escala com pacientes cardíacos na Itália. Níveis mais altos de autoeficácia suavizavam o impacto das doenças e levavam a uma maior sensação de satisfação geral com a saúde (Greco *et al.*, 2015).

Uma pesquisa em Israel com pacientes com diabetes revelou que aqueles com alto nível de autoeficácia eram bem mais propensos a persistir no tratamento com o programa de autocuidado do que os com baixa pontuação em autoeficácia (Mishali, Omer e Heymann, 2011).

Um estudo com pacientes adultos internados por cirurgia ortopédica (implante de quadril ou joelho) mostrou que os que tinham alta autoeficácia tiveram desempenho significativamente melhor nos programas da terapia de reabilitação do que os que tinham autoeficácia baixa (Waldrop *et al.*, 2001). Além disso, um estudo com pacientes com câncer de mama revelou que quanto mais alta a expectativa de permanecer livre do câncer no futuro, melhor a adaptação emocional à doença (Carver *et al.*, 2000).

**Saúde mental.** Estudos revelaram que a autoeficácia afeta vários aspectos da nossa saúde mental, incluindo depressão e ansiedade, além de interesse social e autoestima.

**Depressão e ansiedade.** Na Itália, um estudo com meninos e meninas com média de idade de 11,5 anos mostrou que as crianças que se autoavaliavam como sofríveis em eficácia social e acadêmica eram significativamente mais propensas a experimentar depressão do que as que se autoavaliavam com elevada eficácia. Baixa eficácia social também foi sensivelmente relacionada à depressão em uma amostra de adolescentes nos Estados Unidos (Bandura *et al.*, 1999).

Em um estudo com adolescentes da Holanda, a baixa eficácia social estava relacionada a altos níveis de ansiedade, neuroticismo e sintomas de depressão (Muris, 2002). Estudos em culturas diversas como China e Nigéria mostraram que as pessoas com alto nível de autoeficácia experimentaram menos estresse no trabalho e menos ansiedade de desempenho do que aquelas com baixa pontuação em autoeficácia (Li, 2010; Onyeizugbo, 2010).

Uma relação semelhante foi documentada com adultos. Verificou-se que a baixa eficácia social contribuía para sentimentos de depressão, em parte porque a falta de estratégias de enfrentamento inibia o desenvolvimento de uma rede social de apoio (Holahan e Holahan, 1987). Esses resultados podem indicar uma relação circular, em vez de uma simples relação de causa e efeito.

Baixa autoeficácia pode levar à depressão, e esta pode reduzir ainda mais a autoeficácia. As pessoas deprimidas acham que são muito menos capazes do que as outras para ter um bom desempenho em várias áreas da vida e que têm pouco controle sobre sua situação (Bandura, 1997).

**Interesse social e autoestima.** Um estudo com estudantes universitários nos Estados Unidos relacionou a autoeficácia a diversas características da saúde mental propostas pelo teórico neopsicanalítico Alfred Adler. Os estudantes que obtiveram alta pontuação de autoeficácia tiveram alta pontuação também em interesse social, desejo de se empenhar pela perfeição e senso de afiliação do que os estudantes que tiveram baixa pontuação em autoeficácia (Dinter, 2000).

Pesquisas realizadas no Canadá, no Irã e nos Estados Unidos mostraram que estudantes do ensino médio e adultos com pontuação alta em uma medida de autoeficácia tinham maior probabilidade de ter pontuação alta em autoestima; eles eram menos propensos a procrastinar ou desistir de tentar diante de um obstáculo do que os sujeitos com baixa autoeficácia (Hoseinzadah, Azizi e Tavakoli, 2014; Lightsey *et al.*, 2006; Steel, 2007).

**Enfrentamento do estresse.** A autoeficácia realçada e o senso de controle sobre os eventos da vida relacionam-se de maneira positiva à capacidade de lidar satisfatoriamente com o estresse e minimizar seus efeitos prejudiciais sobre o funcionamento biológico. Bandura escreveu: "Um forte senso de eficácia de *enfrentamento* reduz a vulnerabilidade ao estresse e à depressão em situações difíceis e fortalece a resiliência à adversidade" (Bandura, 2001, p. 10). Elevada autoeficácia é associada ao forta-

---

### DESTAQUES: Pesquisa sobre autoeficácia

Estudos sobre *autoeficácia* mostram que:

- Quando mais jovens, os homens têm pontuação mais alta que as mulheres em autoeficácia.
- A autoeficácia aumenta quando se chega à idade adulta, atinge o pico na meia-idade e declina depois dos 60 anos.
- As pessoas cujos pais tiveram maior pontuação em autoeficácia apresentaram alto nível de autoeficácia pessoal.
- Aqueles cujos pais tiveram alto nível em autoeficácia se saíam melhor na escola e apresentaram menos ansiedade e problemas comportamentais.
- A autoeficácia é maior em culturas individualistas.

Pessoas com alto nível de *autoeficácia*:

- Recebem notas melhores na escola.
- Estabelecem metas profissionais mais altas, são mais comprometidas em atingir esses objetivos e têm melhor desempenho no trabalho.
- São mais saudáveis, têm mais tolerância à dor e se recuperam mais rápido de doenças.
- São menos propensas a consumir bebidas alcoólicas e a fumar cigarros.
- São menos propensas a vivenciar depressão, ansiedade diante de testes, estresse no trabalho ou se tornarem neuróticas.
- Têm maior pontuação em autoestima, sentem-se bem consigo mesmas.

lecimento do sistema de imunidade do corpo, à diminuição da liberação de hormônios relacionados ao estresse e à redução da suscetibilidade a infecções respiratórias.

Estudos confirmaram que elevada autoeficácia ajuda as mulheres a lidar com o estresse do aborto. Indivíduos com elevada autoeficácia adaptaram-se de maneira mais satisfatória, com muito menos depressão e bom estado de humor, do que os com baixa autoeficácia (Cozzarelli, 1993). Outro estudo abordou o estresse experimentado após o nascimento do primeiro filho: as mulheres com elevada autoeficácia lidaram melhor com as demandas do que as com baixa autoeficácia (Ozer, 1995).

Um estudo com migrantes refugiados da Alemanha Oriental para a Ocidental depois da queda do Muro de Berlim, em 1990, concluiu que as pessoas com autoeficácia mais alta se adaptaram melhor à mudança de um estilo de vida economicamente mais deficiente sob um sistema comunista para um sistema de vida opulento sob um sistema capitalista.

> *A autoeficácia percebida provou ser um poderoso recurso pessoal com relação ao impacto do estresse da migração quanto a avaliações cognitivas, bem como o bem-estar psicológico e físico [...] Migrantes fortemente autoeficazes sentiam as demandas em sua nova vida mais como desafios e menos como ameaças. Experimentavam menor ansiedade, melhor saúde e tinham menos queixas de saúde do que migrantes pouco autoeficazes.* (Jerusalem e Mittag, 1995, p. 195)

Entre adultos dos Países Baixos que sofreram desfiguramento facial como resultado do tratamento de câncer de cabeça ou de pescoço, os que tiveram baixo resultado em autoeficácia mostraram alto nível de estresse em reação a comportamentos desagradáveis ou de rejeição das outras pessoas. Aqueles que pontuaram mais em autoeficácia experimentaram menor estresse, porque acreditavam que poderiam exercer algum controle sobre como as outras pessoas reagiam a eles (Hagedoorn e Molleman, 2006).

## Eficácia coletiva

Assim como um indivíduo pode desenvolver um senso de autoeficácia, um grupo de pessoas que trabalham juntas, em um empreendimento comum para atingir objetivos comuns pode desenvolver um senso de eficácia coletiva (Dithurbide e Feltz, 2012). Por exemplo, um time esportivo, um departamento dentro de uma grande organização, uma unidade militar de combate ou um grupo de vizinhos unidos para lutar contra traficantes de drogas podem gerar o sentimento forte de que podem e irão atingir suas metas superando todos os obstáculos.

O valor da eficácia coletiva foi estudado em times de basquete universitários. Foi demonstrado que um alto senso de eficácia coletiva surgia em times que tinham líderes altamente competentes no início da temporada e que haviam vencido a maioria dos jogos da temporada anterior. Times com a eficácia coletiva mais alta no início da nova temporada colocaram-se melhor nas classificações de final de temporada do que os times com pontuação baixa em eficácia coletiva (Watson, Chemers e Preiser, 2001).

**Eficácia coletiva na família e na escola.** Foi demonstrado que altos níveis de eficácia coletiva na família resultam comunicações familiares mais abertas, revelações mais verdadeiras por parte dos adolescentes a seus pais e um maior senso de satisfação com a vida familiar demonstrado por pais e filhos (Bandura *et al.*, 2011).

A alta eficácia coletiva entre professores nos Países Baixos levou a resultados mais elevados dos alunos e a melhores notas (Moolenaar, Sleegers e Daly, 2012). Altos níveis de eficácia coletiva em um grande grupo de alunos da quinta, da oitava e da décima-primeira séries nos Estados Unidos levaram a uma redução de práticas de *bullying* (Williams e Guerra, 2011). Na Grécia, em classes com alta eficácia coletiva, as crianças em idade escolar entre 11 e 14 anos mostraram e receberam bem menos *bullying* dos colegas do que crianças em salas com baixa eficácia coletiva (Sapouna, 2010).

**Eficácia coletiva em vizinhanças e organizações.** O sentimento de alta eficácia coletiva em um bairro, mesmo em áreas mais pobres, tem sido relacionada à diminuição de alcoolismo, uso de drogas, violência e comportamentos criminosos, incluindo assassinatos (Ahern *et al.*, 2013; Fagan, Wright e Pinchevsky, 2014; Maxwell, Garner e Skogan, 2011).

Foi demonstrado que a eficácia coletiva de organizações empregadoras melhora o desempenho no trabalho e o comportamento de apoio entre os funcionários, além de reduzir o estresse no local de trabalho. Essas descobertas foram encontradas em culturas ocidentais e na China (Du, Shin e Choi, 2015; Esnard e Roques, 2014).

Na Itália, militares da Força Aérea que mostraram maior eficácia coletiva tiveram pontuação mais alta em comprometimento com sua organização e satisfação com seu emprego do que aqueles em unidades com baixa eficácia coletiva (Borgogni, Petitta e Mastrorilli, 2010).

## Autoeficácia e a internet

Em Taiwan, uma pesquisa sobre a autoeficácia na internet (ou seja, o sentimento de confiança que temos a respeito da nossa capacidade de usar eficazmente a internet) conduzida com alunos da oitava série não encontrou diferenças de gênero. No entanto, as meninas tiveram maior pontuação do que os garotos em nível de confiança na comunicação on-line, enquanto os meninos apresentaram maior nível de confiança na exploração on-line (Tsai e Tsai, 2010). Um estudo com estudantes universitários norte-americanos descobriu que, dentre eles, os homens tinham pontuação maior em autoeficácia no computador do que as mulheres (Buse, 2010).

Uma pesquisa com estudantes universitários na Turquia descobriu que os que tinham alto nível de autoeficácia social (confiança na capacidade de iniciar contato social e fazer novos amigos mais facilmente) apresentaram maior autoestima e bem-estar emocional, mas foram bem mais propensos a desenvolver vício no uso da internet do que aqueles com baixa pontuação em autoeficácia social (Iskender e Akin, 2010).

Na Alemanha, adultos que tiveram alta pontuação em autoeficácia com relação à capacidade de causar impressão favorável nas pessoas tendiam a postar em suas páginas no Facebook fotos mais pessoais, informais (como em festas) e a apresentar a si mesmas como pessoas mais descontraídas, divertidas e interessantes do que aquelas com baixo nível de autoeficácia pessoal (Kraemer e Winter, 2008).

## Relação entre comportamento agressivo e a violência na internet e na televisão

Bandura e pesquisadores em vários países demonstraram de maneira convincente que, em situações de laboratório e no mundo real, ver violência gera violência, seja na televisão ou na tela do computador, seja em filmes ou videogames, seja em nossos lares, nas ruas ou nas escolas (Elson e Ferguson, 2014). As evidências sobre os efeitos da exposição à violência nos meios de comunicação ou pessoalmente são tão fortes que o U.S. Surgeon General, o National Institute of Mental health, a American Psychological Association, a American Medical Association e a American Psychiatric Association concordam que a exposição à violência é um fator de risco importante para a produção de violência naqueles que a testemunham (Pozios, Kamban e Bender, 2013).

**Televisão.** Uma revisão em larga escala da literatura confirma a relação entre assistir a programas de televisão violentos na infância e comportamento agressivo posterior (Rogoff *et al.*, 2003). Um estudo com pessoas de 20 a 25 anos de idade encontrou correlações positivas entre a quantidade de violência que haviam assistido na televisão entre 6 e 10 anos e seu comportamento agressivo quando adultos.

Em outras palavras, quanto mais as crianças tivessem sido expostas à violência, mais agressivas eram na faixa dos 20 anos (Huesmann *et al.*, 2003). Pesquisas realizadas com adolescentes na Alemanha também revelaram que a exposição à violência nos meios de comunicação estava altamente relacionada ao comportamento agressivo (Krahe, Busching e Moller, 2012).

Em uma abordagem diferente da relação entre violência observada e comportamento agressivo, pesquisadores investigaram a incidência de atos agressivos logo após as pessoas assistirem a modelos televisivos cometendo atos violentos. Uma análise encontrou curtas, porém agudas, elevações de ações violentas, atingindo seu pico entre três a quatro dias após tumultos altamente veiculados (Phillips, 1985).

Nos Estados Unidos, em um fenômeno que persistiu por mais de 15 anos, as taxas de homicídio aumentavam mais de 12% sobre a taxa esperada por um período de até três dias após uma luta de campeonato de boxe televisionada (Phillips, 1983). A violência autodirigida também parece aumentar após exposições semelhantes a episódios violentos amplamente noticiados pelos meios de comunicação. A incidência de suicídios tende a aumentar após o suicídio de um ator de cinema famoso ou de outra celebridade (Phillips, 1974).

**Videogames.** Pesquisas com uma grande amostragem de crianças, jovens e universitários nos Estados Unidos, no Japão e em vários outros países mostraram que jogar videogames violentos resultava maior incremento no comportamento agressivo e hostil, assim como maior uso de drogas e consumo de bebidas alcoólicas do que o encontrado entre pessoas que não jogavam videogames violentos. Aqueles que jogavam videogames violentos tinham probabilidade mais alta de entrar em brigas, discutir com professores e ter baixo desempenho na escola; tinham baixa probabilidade de ajudar os outros e também revelaram níveis mais altos de estímulo cardiovascular. Em geral, quanto mais violentos os jogos, mais violentos os comportamentos resultantes (Anderson *et al.*, 2010; Bartholow, Sestir e Davis, 2005; Gentile *et al.*, 2004; Holtz e Appel, 2011; Huesmann, 2010; Krahe e Moller, 2004; Padilla-Walker *et al.*, 2010; Uhlmann e Swanson, 2004).

---

**DESTAQUES:** Pesquisa sobre as ideias de Bandura

Grupos com alta pontuação em *eficácia coletiva*:

- Vencem mais jogos de basquete e tiram notas melhores na escola.
- Mostram maior nível de comprometimento com sua organização.
- Têm alto nível de desempenho e satisfação com o trabalho.
- Envolvem-se menos com *bullying* na sala de aula.
- Têm maior abertura e satisfação com sua família.

Pesquisas sobre *autoeficácia na internet* descobriram que:

- Estudantes universitários do sexo masculino têm maior pontuação nesse quesito do que as do sexo feminino.
- Em Taiwan, garotas da oitava série apresentam maior pontuação que os garotos.
- Pessoas com alta pontuação em autoeficácia social (confiança na capacidade de fazer novos amigos) são mais propensas a desenvolver vício no uso da internet.
- Pessoas confiantes em sua capacidade de causar uma boa impressão nos outros postam mais fotos informais, como *selfies*, em sua página do Facebook.

Estudos mostram que o *comportamento agressivo* está relacionado a:

- Assistir a comportamentos violentos na televisão e on-line durante a infância.
- Jogar jogos de videogame violentos na infância, adolescência e começo da idade adulta.
- Ouvir *rap*.

*Cyberbullying*:
- É mais provável que seja praticado por pessoas com alta desinibição.
- Tem menos efeitos sobre pessoas com autoeficácia elevada.

**Cyberbullying.** Estudos nos Estados Unidos, no Canadá e na Espanha concluíram que acessar um computador sem o controle ou supervisão dos pais pode levar crianças de ambos os gêneros, com idade entre 12 e 17 anos, a um alto nível de agressão on-line, inclusive ao *cyberbullying* (Calvete *et al.*, 2010; Law, Shapka e Olson, 2010; Werner e Bumpus, 2010).

Pessoas com autoeficácia e autoestima elevadas incomodam-se muito menos quando são alvo de *cyberbullying* do que aquelas que têm níveis mais baixos dessas características (Raskauskas *et al.*, 2015). Indivíduos com alto índice de desinibição e cujas limitações morais são enfraquecidas ao observar um modelo realizando um ato prejudicial são muito mais inclinados a praticar *cyberbullying* (Bussey, Fitzpatrick e Raman, 2015; Udris, 2014).

# Reflexões sobre a teoria de Bandura

A teoria da aprendizagem social enfoca o comportamento manifesto. Para os críticos, tal ênfase claramente ignora aspectos humanos internos da personalidade, tais como motivação e emoção. Eles fazem uma comparação com médicos cujos pacientes sofrem de dores estomacais. Os médicos que lidam apenas com o comportamento observável podem tratar tais pacientes pedindo-lhes que parem de gemer, resmungar e apertar o estômago. Mas, em vez disso, pode ser que seja necessário medicar ou operar. O médico tem de diagnosticar e tratar o órgão interno doente, que é a causa da dor. Se apenas o sintoma, e não a causa, for tratado, dizem os críticos, provavelmente aparecerão sintomas substitutos.

Mas a abordagem da aprendizagem social tem várias vantagens. Primeiro, é objetiva e passível de métodos de investigação de laboratório, o que a torna compatível com a ênfase em psicologia experimental. A maioria dos psicólogos experimentais rejeita trabalhos teóricos sobre personalidade que postulem o inconsciente ou outras forças motivadoras internas que não possam ser manipuladas ou medidas em condições laboratoriais. Portanto, a abordagem de Bandura conta com um grande apoio empírico, o que é particularmente verdadeiro para o seu conceito de autoeficácia. Pesquisas continuam confirmando sua utilidade em laboratório e em situações da vida real.

Segundo, a aprendizagem observacional e a modificação do comportamento são compatíveis com as tendências funcional e pragmática da psicologia norte-americana. As técnicas de aprendizagem observacional podem, mais prontamente do que outras abordagens, ser retiradas do laboratório e aplicadas a problemas práticos. As técnicas também fornecem reforço mais imediato ao terapeuta do que em outras abordagens. Por exemplo, em situações clínicas, podem ser vistas mudanças drásticas no comportamento do cliente em semanas ou mesmo dias.

## O uso disseminado dos modelos

Mudanças de comportamento em maior escala e em cerca de 60 países também foram demonstradas. A ideia central de Bandura de que as pessoas aprendem comportamentos a partir dos modelos que desejam imitar tem sido usada nos programas de rádio e televisão de países menos desenvolvidos que promovem questões sociais como controle populacional, melhoramento do *status* das mulheres e diminuição da propagação de Aids (Kaufman et al., 2014).

As histórias apresentadas nesses canais de comunicação giram em torno de personagens que modelaram comportamentos concebidos para atingir objetivos de saúde pública não apenas para si mesmos, mas também para toda a sociedade. Os estudos demonstraram mudanças significativas nas práticas de sexo seguro e planejamento familiar entre milhões de pessoas expostas a esses modelos, reforçando a noção de que as ideias de Bandura podem ser aplicadas tanto em âmbito nacional quanto individual (Smith, 2002).

Não é surpreendente, portanto, que muitos pesquisadores e clínicos continuem a estudar e a promover a teoria da aprendizagem social de Bandura. A grande quantidade de livros, artigos e estudos de pesquisa ainda derivados dela atesta a continuação da sua popularidade como modo de estudar o comportamento no laboratório e modificar o comportamento na vida real.

 ## Resumo do capítulo

O comportamento pode ser aprendido por meio de reforço vicário, observando-se o comportamento dos outros e antecipando gratificações por comportar-se da mesma forma. Processos cognitivos são os mecanismos mediadores entre estímulo e resposta e exercem o controle do comportamento por meio de autorregulação e autorreforço.

No clássico estudo com o boneco joão-bobo, as crianças modelavam seu comportamento a partir do comportamento agressivo do modelo observado ao vivo, na televisão ou em um desenho animado. A desinibição enfraquece uma inibição por meio de exposição a um modelo. Três fatores que influenciam a modelagem são: as características do modelo, as características do observador e as consequências recompensadoras do comportamento. Foi demonstrado que assistir atos violentos pela televisão ou on-line gera comportamentos agressivos e violentos em crianças, adolescentes, universitários e jovens adultos. Jogos de videogame violentos também podem resultar comportamento agressivo em relação aos outros.

A aprendizagem observacional é determinada pelos processos de atenção, retenção, produção, de incentivo e motivacionais. O *self* é um conjunto de processos cognitivos relacionados com pensamento e percepção. O autorreforço requer padrões internos de desempenho para avaliar o comportamento. A autoeficácia refere-se à capacidade de controlar eventos da vida. As pessoas com baixa autoeficácia sentem-se incapazes e desistem rapidamente quando se defrontam com obstáculos. As pessoas com alta autoeficácia perseveram nas tarefas e têm alto nível de desempenho. Julgamentos de autoeficácia são baseados em realizações, experiências indiretas, persuasão verbal e estimulação fisiológica. Usando essas fontes de informação, é possível aumentar a autoeficácia. Bebês e crianças são reforçados principalmente por estímulos físicos. Crianças mais velhas são reforçadas pela aprovação ou desaprovação dos outros, que depois é internalizada, de modo que o reforço se torna autoadministrado.

Na terapia comportamental são usados modelos para demonstrar meios de enfrentamento de situações ameaçadoras. O comportamento pode ser modificado por meio de observação e participação orientada. Na modelagem encoberta, os indivíduos imaginam como um modelo trabalha satisfatoriamente com uma situação temida. A abordagem de Bandura de modificação do comportamento lida com comportamento observável e variáveis cognitivas, particularmente a autoeficácia. À medida que a autoeficácia se desenvolve durante o tratamento, o cliente torna-se mais capaz de lidar com situações ameaçadoras. A modificação do comportamento é criticada por manipular as pessoas contra sua vontade; porém, Bandura sustenta que, com autoconsciência e autorregulação, as pessoas que se submetem a modificar o comportamento entendem o que está sendo reforçado.

O comportamento é controlado por processos cognitivos internos e estímulos externos, uma condição chamada por ele de determinismo recíproco. A maior parte dos comportamentos é aprendida; fatores genéticos têm um papel menor. É possível que a aprendizagem durante a infância seja mais influente do que na vida adulta, mas os adultos não são vítimas das experiências infantis.

Nosso objetivo principal é estabelecer padrões de desempenho realistas para manter um nível ótimo de autoeficácia, que varia com a idade e o sexo, podendo influenciar a escolha da carreira, o desempenho escolar e profissional, a saúde física e mental e a capacidade de lidar satisfatoriamente com o estresse. Além disso, verificou-se que os grupos desenvolvem eficácia coletiva. A autoeficácia no computador influencia fortemente nosso comportamento on-line.

Bandura avalia variáveis comportamentais e cognitivas por meio de observação direta, inventários de autorrelatos e medições fisiológicas. Ele favorece investigações controladas em laboratórios usando grandes grupos de sujeitos e análise estatística de dados. Críticas à teoria de Bandura referem-se ao seu foco em comportamentos observáveis, excluindo emoções e conflitos, ao seu tratamento de sintomas, em vez de possíveis causas internas, e ao seu fracasso em especificar precisamente de que maneira as variáveis cognitivas afetam o comportamento. A teoria da aprendizagem social e o uso bem-sucedido da modelagem para mudar comportamentos continuam sendo extremamente populares.

 **Perguntas de revisão**

1. Como a abordagem de aprendizagem observacional da personalidade difere das outras que discutimos?
2. Como Bandura lida com processos cognitivos internos ou relacionados com o pensamento e o inconsciente?
3. Qual é a posição de Bandura sobre o papel do reforço na aprendizagem?
4. Descreva um experimento típico em que a modelagem é usada para modificar o comportamento.
5. Explique a desinibição. De que modo o fenômeno da desinibição explica o comportamento das pessoas na multidão ou o daquelas que fazem "trolagem" on-line?
6. De que modo a modelagem varia em razão das características dos modelos, características dos observadores e das consequências recompensadoras do comportamento?
7. Quais são os quatro processos da aprendizagem observacional? Como eles se relacionam?
8. Explique como o processo de produção pode ser usado para ensinar uma pessoa a jogar tênis.
9. Como os tipos de comportamento que adquirimos por meio de modelagem se modificam com a idade?
10. O que é o *self* na visão de Bandura? Como o autorreforço opera para modificar o comportamento?
11. O que Bandura quer dizer com autoeficácia? Dê um exemplo de como podemos usar a autoeficácia para exercer controle sobre nossas vidas.
12. Como as pessoas com elevada autoeficácia diferem daquelas com baixa autoeficácia em termos de sua capacidade de lidar com a vida?
13. Em que fontes de informação baseamos nosso julgamento sobre nosso próprio nível de eficácia?
14. Descreva as modificações do desenvolvimento que ocorrem na autoeficácia desde a infância até a velhice. Como se pode aumentar a autoeficácia?
15. Descreva a participação guiada e a abordagem da modelagem encoberta para a modificação de comportamento.
16. Dê um exemplo de como a modelagem pode ser aplicada para reduzir a ansiedade.
17. Qual é a relação entre autoeficácia e saúde física? E entre autoeficácia e saúde mental?
18. Qual é a posição de Bandura quanto à questão do livre-arbítrio *versus* determinismo? E quanto às influências relativas da hereditariedade e do ambiente?
19. Como a autoeficácia difere em razão de gênero, idade e atratividade física?
20. De que modo a autoeficácia influencia o desempenho na escola e no trabalho? De que modo a autoeficácia influencia nossa habilidade de lidar com o estresse?
21. Descreva como a exposição à violência na televisão e nos videogames afeta o comportamento.
22. De que forma a eficácia coletiva pode influenciar o comportamento dos membros de um grupo?
23. O que é autoeficácia no computador? Quão fortemente ela influencia nosso comportamento on-line?

## Leituras sugeridas

Bandura, A. (Ed.). *Self-efficacy in changing societies*. Nova York: Cambridge University Press, 1995. Discute as várias formas pelas quais as crenças de autoeficácia modelam estilos de vida e objetivos. Considera essas questões a partir de perspectivas sociocultural e de ciclo de vida.

Bandura, A. *Self-efficacy: The exercise of control*. Nova York: Freeman, 1997. Descreve 20 anos de pesquisas sobre a ideia de que podemos realizar o que realmente queremos, de que somos capazes de direcionar nossas ações de maneira consciente para alcançar o sucesso. Amplia o conceito de eficácia para a sociedade como um todo, crenças políticas, práticas sociais e ações coletivas.

Bandura, A. Social cognitive theory: An agentic perspective. *Annual Review of Psychology*, 2001, 52, 1-26. Discute a base da teoria social cognitiva como a capacidade de exercer controle sobre a natureza e a qualidade da vida de alguém.

Bandura, A. The role of self-efficacy in goal-based motivation. In: E. Locke e G. Latham (Eds.). *New developments in goal setting and task performance*. Nova York: Routledge/Taylor & Francis, 2013,

p. 147-157. Visão de Bandura, aos 88 anos, sobre o papel da autoeficácia na determinação das metas de vida e dos padrões que definimos para nós mesmos.

Bandura, A. *Teoria social cognitiva: Diversos enfoques*. Campinas: Mercado de Letras, 2017.

Evans, R. *Albert Bandura: The man and his ideas: A dialogue*. Nova York: Praeger, 1989. Uma entrevista detalhada sobre muitos aspectos da vida e da obra de Bandura.

# PARTE 9

# A abordagem do domínio limitado

Em geral, os teóricos da personalidade tentam lidar com todos os aspectos da personalidade. No entanto, um número cada vez maior de psicólogos contemporâneos da personalidade concluiu que nenhuma teoria é capaz de fornecer uma explicação abrangente para todos os aspectos da personalidade e do comportamento.

Tal conclusão deu origem a uma nova abordagem da personalidade, a de domínio limitado, com escopo mais restrito e foco em fatores da personalidade mais limitados, os quais podem ser testados experimentalmente com mais facilidade do que uma teoria global que busque explicar a personalidade como um todo.

É fácil entender a razão pela qual a abordagem global das teorias da personalidade caracterizou este campo por tanto tempo. Os teóricos iniciais da personalidade, como Freud, Jung e Adler, tratavam pacientes individuais em sua prática clínica tentando curar comportamentos anormais para ajudar as pessoas a lidarem com o mundo real. Estes teóricos, então, inevitavelmente, concentravam-se na pessoa inteira e não em apenas alguns traços ou características.

O foco começou a se afastar da pessoa como um todo quando o estudo da personalidade foi levado da clínica para os laboratórios de pesquisa. Os psicólogos experimentais costumam estudar apenas uma variável de cada vez, controlando ou mantendo constantes todas as outras; assim, eles se concentram em uma área limitada de investigação.

Esses psicólogos coletam grandes quantidades de dados de suas pesquisas a respeito de como uma variável experimental se relaciona com seus antecedentes e com suas consequências comportamentais. Assim, as teorias mais novas, de domínio limitado, são diferenciadas por dar suporte a dados que diferem daqueles gerados na abordagem clínica.

Os proponentes das teorias de domínio limitado dão menos ênfase ao valor terapêutico de suas ideias. Em geral, eles são pesquisadores, não clínicos, e, portanto, estão mais interessados em investigar a personalidade do que em mudá-la. Isso não significa que essa abordagem do domínio limitado não ofereça aplicações de tratamento. Significa, antes, que as teorias não foram desenvolvidas especificamente para serem usadas com os pacientes, como era o caso de muitas das teorias da personalidade anteriores.

Neste capítulo, descrevemos algumas variáveis da personalidade que vêm sendo investigadas: *locus* de controle, busca de sensação, desamparo aprendido, otimismo-pessimismo e personalidade feliz. Elas representam duas abordagens contemporâneas que discutimos anteriormente – a abordagem dos traços e a da aprendizagem social ou social-cognitiva.

A busca de sensação é um dos traços da dimensão E da teoria da personalidade de Eysenck (extroversão *versus* introversão). É principalmente um atributo herdado e reflete o impacto da genética comportamental sobre a personalidade. *Locus* de controle e desamparo aprendido são comportamentos aprendidos. Ambos possuem um forte componente cognitivo, refletindo a influência dos movimentos comportamentais, de aprendizagem social e cognitiva no estudo da personalidade. A personalidade feliz é uma derivação do movimento da psicologia positiva.

Essas facetas da personalidade são apresentadas como exemplos de abordagens de domínio limitado. Não são sistemas abrangentes nem as únicas teorias que se concentram em facetas da personalidade. Nosso objetivo é dar a você o sabor de cada teoria e familiarizá-lo com a ideia de estudar a personalidade desse modo.

# CAPÍTULO 14

JULIAN ROTTER      MARVIN ZUCKERMAN      MARTIN E. P. SELIGMAN

# Facetas da personalidade: assumindo o controle, correndo riscos e encontrando a felicidade

## Julian Rotter: *Locus* de controle

Rotter (1916-2014), nascido no Brooklyn, em Nova York, era o caçula de três irmãos. Disse que eles "encaixavam-se muito bem nas descrições de Adler sobre o filho mais velho, o do meio e o caçula 'brigão'" (1993, p. 273). A família viveu confortavelmente até a depressão econômica de 1929, quando o pai de Rotter perdeu seu negócio.

Essa mudança dramática das circunstâncias foi crucial para o então adolescente. Ele escreveu: "surgiu em mim uma preocupação constante com a injustiça social. Foi uma poderosa lição sobre como a personalidade e o comportamento são afetados pelas condições situacionais" (1993, p. 274).

No ensino médio, Rotter descobriu os livros de Freud e Adler. Por diversão, passou a tentar interpretar os sonhos dos amigos e decidiu que queria se tornar psicólogo. Entretanto, desapontado com o fato de que havia pouco trabalho para psicólogos, decidiu especializar-se em química, na Brooklyn College. Lá, uma vez, ele encontrou Alfred Adler e mudou sua especialização para psicologia, embora soubesse que seria difícil praticá-la.

Esperava seguir carreira acadêmica, mas descobriu o grande preconceito em relação à contratação de docentes judeus em faculdades e universidades norte-americanas da época. "Na Brooklyn College e também na universidade", escreveu, "tinha sido avisado de que os judeus simplesmente não conseguiam trabalhos acadêmicos, apesar de suas credenciais. Os avisos eram justificados" (Rotter, 1982, p. 346).

Depois que obteve o Ph.D. da Universidade da Indiana, em 1951, foi trabalhar em um hospital de saúde mental em Connecticut. Atuou como psicólogo no exército dos Estados Unidos durante a Segunda Grande Guerra e depois aceitou o cargo de professor na Universidade do Estado de Ohio, onde George Kelly era diretor do programa de psicologia clínica.

Nessa universidade, o autor avançou em sua abordagem de aprendizagem social da personalidade. Seu programa de pesquisa atraiu excelentes estudantes de pós-graduação, que tiveram carreiras produtivas. Mais tarde, um deles referiu-se àquele período como os "dias gloriosos" da Universidade de Ohio, com "Rotter e Kelly em pleno refinamento de suas posições teóricas e escrevendo suas obras-primas" (Sechrest, 1984, p. 228).

Em 1963, Rotter deixou a Universidade do Estado de Ohio e foi para a Universidade de Connecticut, em Storrs. Em 1988, recebeu o Prêmio por Contribuição Científica de Destaque da Associação Americana de Psicologia. Já com 80 anos de idade, ele mantinha suas vigorosas partidas de tênis e *squash*, além das sessões semanais de pôquer (Strickland, 2014). Quando faleceu, em 2014, tinha se tornado "um dos psicólogos mais eminentes do século XX" (Rotter, 2014, p. 1).

## Controle interno *versus* controle externo de reforço

Rotter tentou explicar a personalidade e o comportamento pela análise externa e interna do organismo, observando tanto os reforços externos quanto os processos cognitivos internos. Durante seu extenso programa de pesquisa, descobriu que algumas pessoas acreditam que seus reforços dependem de suas próprias ações, enquanto outras creem que seus reforços são controlados por outras pessoas e forças externas. Ele chamou esse conceito de "*locus* de controle".

**Locus de controle interno**
Crença de que o reforço é produzido pelo nosso próprio comportamento.

**Locus de controle externo**
Crença de que o reforço está sob o controle de outras pessoas, do destino ou do acaso.

As pessoas caracterizadas com **locus de controle interno** acreditam que o reforço que recebem está sob o controle de seus comportamentos e capacidades. Aquelas com um **locus de controle externo** acreditam que outras pessoas ou o acaso controlam as recompensas que recebem, estando convencidas de que são impotentes em relação às forças externas.

Como você pode ver, a fonte do *locus* de controle pode exercer grande influência sobre o nosso comportamento. As pessoas com *locus* de controle externo, que acreditam que seus comportamentos e habilidades não fazem nenhuma diferença sobre os reforçadores que recebem, possivelmente veem pouca vantagem em fazer qualquer esforço para melhorar sua situação. Por que deveriam tentar, quando não têm expectativa de controlar eventos presentes ou futuros?

Em oposição, as pessoas com *locus* de controle interno creem que possuem um firme domínio sobre sua situação e se comportam de acordo com isso. Apresentam melhor desempenho no trabalho do que as que têm *locus* de controle externo. Além disso, pessoas de *locus* de controle interno são menos suscetíveis às tentativas de influenciá-las, valorizam mais suas habilidades e estão mais alertas às pistas ambientais que utilizam para orientar seu comportamento. Também relatam menos ansiedade e mais felicidade e têm melhor saúde mental e física do que aquelas que apresentam maior controle externo (Saric e Pahic, 2013).

## Avaliação de *locus* de controle

Rotter desenvolveu inventários de autorrelato para avaliar o *locus* de controle. A Escala Interna--Externa (I-E) (Rotter, 1966) consiste em 23 alternativas de escolha forçada. A partir de cada par de itens, os sujeitos selecionam aquele que descreve melhor suas crenças (ver Quadro 14.1). Não é difícil determinar qual item, de cada par de alternativas, representa um *locus* de controle interno ou externo.

Outra escala para avaliar o *locus* de controle é a Escala Interna-Externa de Nowicki-Strickland para Crianças, um teste de 40 itens amplamente usado, traduzido para mais de 20 idiomas (Nowicki e Strickland, 1973; Strickland, 1989). Há uma escala para adultos e uma versão em quadrinhos para crianças em idade pré-escolar (Nowicki e Duke, 1983). Algumas variantes da Escala I-E medem comportamentos específicos, como a relação entre *locus* de controle e fatores relacionados a dietas bem-sucedidas e perda de peso, além do desempenho em uma variedade de situações.

## Diferenças de idades e gêneros

As tentativas de controlar nosso ambiente externo começam na infância e tornam-se mais pronunciadas entre 8 e 14 anos de idade. Uma pesquisa com adolescentes de 14 e 15 anos, na Noruega, revelou que as meninas tinham pontuação significativamente mais alta do que os meninos em *locus* de controle interno (Manger e Ekeland, 2000). Estudantes universitários apresentam mais orientação interna do que externa.

Parece que as pessoas tornam-se mais internamente orientadas com o amadurecimento, atingindo um pico na meia-idade (Heckhausen e Schulz, 1995). Um estudo nos Estados Unidos, com pessoas entre 60 e 75 anos de ambos os gêneros, também descobriu que o *locus* de controle dessas pessoas melhorava significativamente por meio de treinamento cognitivo (Wolinsky *et al.*, 2009).

---

**QUADRO 14.1** ▪ Itens de amostra da Escala I-E

1   a. Muitas das coisas desagradáveis na vida das pessoas devem-se, em parte, à má sorte.
    b. Os contratempos das pessoas resultam dos erros que elas cometem.

2   a. Uma das razões mais importantes pelas quais existem guerras é que as pessoas não têm interesse suficiente em política.
    b. Sempre haverá guerras, independente de quão vigorosamente as pessoas tentem evitá-las.

3   a. No longo prazo, as pessoas obtêm o respeito que elas merecem neste mundo.
    b. Infelizmente, o valor de um indivíduo, muitas vezes, passa despercebido, independentemente de quanto ele lute na vida.

4   a. A ideia de que os professores são injustos com os estudantes é absurda.
    b. A maioria dos estudantes não percebe quanto suas notas são influenciadas por acontecimentos fortuitos.

5   a. Sem as oportunidades certas não se pode ser um grande líder.
    b. Pessoas capazes que fracassam em se tornar líderes não tiraram vantagem de suas oportunidades.

6   a. Mesmo que você tente de todas as maneiras, algumas pessoas simplesmente não gostam de você.
    b. Pessoas que não conseguem fazer que os outros gostem delas não sabem como conviver com os outros.

Fonte: Rotter, J. B. "Generalized expectancies for internal *versus* external control of reinforcement". *Psychological Monographs*, 80, p. 11, 1966.

---

Em termos de pontuação geral na Escala I-E, não foram documentadas diferenças significativas entre homens e mulheres adultos nos Estados Unidos (veja, por exemplo, DeBrabander e Boone, 1990). No entanto, um estudo mais recente, feito na Inglaterra com pessoas de 19 a 29 anos de ambos os gêneros, descobriu que as mulheres tinham mais controle externo do que os homens (Holland, Geraghty e Shah, 2010). Na China, uma pesquisa demonstrou que os homens tinham pontuação mais alta do que as mulheres em controle interno (Tong e Wang, 2006).

## Diferenças culturais

**Comparações de grupos étnicos.** Estudos realizados na África mostraram que africanos nativos, assim como negros nascidos nos Estados Unidos, marcaram mais pontos em *locus* externo de controle do que brancos nascidos nos Estados Unidos (Okeke *et al.*, 1999). Em Botsuana, adolescentes negros de ambos os sexos apresentaram maiores pontuações em *locus* externo de controle do que adolescentes brancos nos Estados Unidos. Em ambos os países, os adolescentes com *status* socioeconômico mais alto marcaram mais pontos em controle interno do que aqueles com *status* socioeconômico mais baixo (Maqsud e Rouhani, 1991).

Uma comparação entre adolescentes caucasianos, hispânicos, asiáticos e afro-americanos revelou que ter mais *locus* de controle interno era considerado mais importante para os caucasianos do que para os outros grupos (Kang *et al.*, 2015). Uma comparação de pessoas nascidas nos Países Baixos e imigrantes naquele país descobriu que os imigrantes (nesse caso, do Marrocos e da Turquia) tinham pontuação de *locus* de controle externo muito mais alta do que os nativos (van Dijk *et al.*, 2013).

Pesquisas realizadas com imigrantes hispânicos nos Estados Unidos demonstraram que aqueles com níveis altos de *locus* de controle interno eram mais eficazes ao se adaptar às demandas da nova cultura e lidar com os efeitos da discriminação ou marginalização (Llamas e Consoli, 2014).

**Diferenças de culturas coletivistas e individualistas.** Em geral, os asiáticos mostraram-se mais externamente orientados do que os norte-americanos, resultado que pode ser relacionado a crenças culturais.

Enquanto a cultura norte-americana valoriza tradicionalmente a autoconfiança e o individualismo, a asiática dá ênfase à confiança comunitária e à interdependência.

Portanto, para os asiáticos, o sucesso é visto mais como um produto de fatores externos que internos. Quanto mais contato os asiáticos têm com os norte-americanos, mais internamente orientados eles se tornam. Por exemplo, chineses residentes em Hong Kong obtiveram maior pontuação em *locus* de controle externo do que norte-americanos de ascendência chinesa; os norte-americanos de origem chinesa foram mais externamente orientados do que os norte-americanos de ascendência europeia (Uba, 1994).

Uma comparação de grande escala entre 18 culturas confirmou que pessoas de culturas coletivistas, como a da China, tinham maior pontuação de controle externo do que aquelas de países ocidentais, que davam mais valor ao *locus* de controle interno (Cheng *et al.*, 2013).

Um estudo com estudantes universitários na África do Sul e no Líbano revelou que os estudantes sul-africanos tiveram pontuação significativamente mais alta em *locus* de controle interno do que os estudantes libaneses, fornecendo, assim, outro exemplo da diferença no *locus* de controle entre uma cultura individualista (África do Sul) e outra mais coletivista e estruturada (Líbano) (Nasser e Abouchedid, 2006).

## Diferenças comportamentais

Estudos feitos com trabalhadores da China e atletas da Suécia revelaram que os que obtiveram resultados mais altos em *locus* de controle interno estavam mais aptos a se adaptar e a fazer mudanças; também tiveram resultados mais altos no testes de habilidades mentais do que aqueles que tiveram resultados mais altos em *locus* de controle externo (Chen e Wang, 2007; Fallby *et al.*, 2006). Outras pesquisas concluíram que um alto *locus* de controle interno se relaciona de forma positiva à satisfação no trabalho, comprometimento com o emprego e satisfação geral com a vida (Wang, Bowling e Eschleman, 2010).

Pesquisas realizadas na Coreia revelaram que pessoas com alto nível de *locus* de controle acadêmico interno (que acreditam que vão se sair bem nos estudos) tinham maior probabilidade de persistir em um programa universitário on-line do que aquelas que apresentavam níveis baixos (Joo *et al.*, 2011). Um estudo com universitários na Turquia descobriu que aqueles com alto nível de controle acadêmico interno tinham muito menos probabilidade de se tornarem dependentes da internet e o inverso para aqueles com baixa pontuação no *locus* de controle acadêmico interno (Iskender e Akin, 2010).

Tal como a ideia de autoeficácia coletiva, pode haver um tipo de *locus* de controle coletivo que define grupos que trabalham ou estudam juntos, o que foi demonstrado em uma pesquisa realizada na Áustria com equipes de trabalho de empreendedorismo. Os resultados dessa pesquisa mostraram que as equipes com maior *locus* de controle interno eram muito mais eficientes e eficazes do que aquelas com menor *locus* de controle interno (Khan, Breitenecker e Schwarz, 2014).

## Diferenças na saúde mental

Pessoas com elevado *locus* de controle interno têm menos probabilidade de ter problemas emocionais ou de se tornar alcoólatras. Elas também lidam melhor com o estresse, como demonstrou um estudo com enfermeiras na Alemanha. Aquelas que relataram níveis mais elevados de estresse e esgotamento relacionado ao trabalho tiveram maior pontuação em *locus* de controle externo do que aquelas menos incomodadas pelo estresse e esgotamento (Owen, 2006; Schmitz, Neumann e Oppermann, 2000).

Outras pesquisas feitas com populações diversas, incluindo mulheres grávidas, presidiárias e policiais, revelaram que pessoas com alto nível de controle externo são mais propensas a apresentar fantasias, ansiedade, depressão, medo de morrer no trabalho (policiais), episódios psicóticos e desesperança. Essas pessoas também tinham maior probabilidade de ser vítimas de *cyberbullying* do que aquelas com maior controle interno (Ariso e Reyero, 2014; Asberg e Renk, 2014; Hutcheson, Fleming e Martin, 2014; Marcano, Michaels e Pierce, 2014; Ryon e Gleason, 2014; Samreen e Zubair, 2013).

Estudantes universitários na Grécia, uma cultura altamente protetora e orientada para a família, foram acompanhados enquanto lidavam com os desafios emocionais e sociais de sair de casa, muitos deles o fazendo pela primeira vez. Os estudantes que tinham pontuação mais alta em *locus* de controle interno adaptaram-se mais prontamente do que os que tinham alto *locus* de controle externo (Leontopoulou, 2006). Um estudo com estudantes universitários do primeiro ano na Turquia, revelou que aqueles com alto *locus* de controle externo eram muito mais indecisos em novas situações do que os que tinham alto *locus* de controle interno (Bacanli, 2006).

O *locus* de controle externo elevado tem sido associado ao transtorno de acumulação compulsiva (Benson-Townsend e Silver, 2014). Estudos apontaram que pessoas que sofrem de vários tipos de dependência se beneficiam com a terapia quando são capazes de desenvolver um maior *locus* de controle interno (Amram e Benbenishty, 2014). Pessoas com alto controle interno apresentam menos ansiedade e depressão e têm menor probabilidade de ser solitárias ou de tentar suicídio, além de encontrar mais sentido na vida (ver, por exemplo, Castro, Echavarria e Velasquez, 2010; Keltikangas-Jaruinen e Raikkonen, 1990; Kulshrestha e Sen, 2006; O'Neal *et al.*, 2010; Petrosky e Birkhimer, 1991; Spann *et al.*, 2006).

Um estudo realizado com adolescentes israelenses durante a Guerra do Golfo Pérsico de 1990, quando as frequentes explosões de mísseis Scud causaram grandes danos e destruição, descobriu que adolescentes que marcaram muitos pontos em controle percebido experimentaram ansiedade significativamente menor e menos sintomas relacionados ao estresse durante os conflitos do que os que obtiveram poucos pontos em controle percebido (Zeidner, 1993). De modo similar, pessoas com alto controle interno mostram níveis mais elevados de saúde mental, têm vidas mais significativas e pontuações mais altas em medidas de bem-estar subjetivo do que aquelas com alto controle externo (Shojaee e French, 2014; Singh e Choudhri, 2014).

## Diferenças na saúde física

Pessoas de orientação interna tendem a ser mais saudáveis fisicamente do que as de orientação externa. Pesquisas concluíram que pessoas com maior controle interno tendem a ter pressão sanguínea mais baixa e menos ataques cardíacos, e quando desenvolvem problemas cardíacos, cooperam melhor com a equipe hospitalar e recebem alta mais cedo do que pacientes de orientação externa. Um estudo na Noruega revelou que essas pessoas também tendem a voltar ao trabalho mais cedo do que as pessoas com alto *locus* de controle externo (Bergvik, Sorlie e Wynn, 2012).

Uma pesquisa com pacientes em recuperação de uma cirurgia de ponte de safena revelou que aqueles com alta pontuação em controle interno haviam atingido um nível mais alto de funcionamento físico entre seis semanas e seis meses depois da cirurgia do que os que tinham baixa pontuação em controle interno (Barry *et al.*, 2006). Entre pacientes idosos com câncer dos Países Baixos, aqueles que tinham alto controle interno passaram por menos depressão do que os que tinham alto controle externo (Aarts *et al.*, 2015).

Alguns estudos mostram que as pessoas com maior orientação interna tendem a ser mais cautelosas com relação à sua saúde e são mais propensas a usar cintos de segurança, fazer exercícios e parar de fumar (Phares, 1993; Seeman, Seeman e Sayles, 1985; Segal e Wynd, 1990). Pesquisas conduzidas na Nigéria revelaram que mulheres com alto controle interno eram mais propensas a realizar exames para detecção de câncer de colo do útero e de mama (Adebimpe e Oladimeji, 2014). Nos Países Baixos, pacientes com câncer que tinham alto controle interno confiavam mais em seus oncologistas do que aqueles que tinham baixo controle externo (Hillen *et al.*, 2014).

No entanto, estudos na França, Alemanha e África do Sul descobriram que pessoas com alto *locus* de controle interno da saúde cuidaram menos da sua saúde no geral, mas tinham menos transtornos alimentares e empreenderam menos comportamentos de risco para o HIV (Grotz *et al.*, 2011; Gwandure e Mayekiso, 2010; Scoffier, Paquet e d'Arripe-Longeuville, 2010).

Uma pesquisa na Suécia descobriu que até um terço das pessoas idosas, de indivíduos com pouca educação formal e de grupos de imigrantes obtiveram baixa pontuação em *locus* de controle interno na saúde (Lindstrom, 2011).

## Desenvolvimento do *locus* de controle na infância

As evidências sugerem que o *locus* de controle é adquirido na infância e se relaciona diretamente com o comportamento dos pais (Ahlin e Lobo Antunes, 2015). Crenças em controle externo tinham maior probabilidade de ser expressas por crianças criadas em lares sem um modelo do papel masculino adulto; além disso, crenças em controle externo tendem a aumentar com o número de irmãos. O pesquisador concluiu que crianças em famílias grandes com só um dos pais e chefiadas por mulheres eram mais propensas a desenvolver *locus* de controle externo (Schneewind, 1995). Uma pesquisa mais recente revelou que crianças cujas mães são depressivas e com pouca educação formal ou renda são mais propensas a desenvolver *locus* de controle externo (Freed e Tompson, 2011). Crianças criadas em famílias de baixa renda tendem a ter um senso de controle de todos os aspectos de suas vidas mais baixo do que crianças de famílias com renda mais alta (Mittal e Griskevicius, 2014).

Verificou-se que pais de crianças que possuíam *locus* de controle interno eram altamente tolerantes, faziam elogios (reforço positivo) a realizações, eram consistentes em sua disciplina e não eram autoritários. À medida que seus filhos iam crescendo, esses pais continuavam a estimular uma orientação interna por meio do encorajamento da independência.

---

### DESTAQUES: Pesquisa sobre as ideias de Rotter

Uma pessoa com alto *locus* de controle interno tende a:

- Viver em culturas desenvolvidas e individualistas.
- Sair-se melhor na escola.
- Não ser viciado em internet.
- Apresentar maior pontuação em satisfação com o trabalho e com a vida.
- Ter uma pontuação mais baixa em ansiedade e depressão.
- Lidar melhor com o estresse.
- Ser fisicamente saudável.
- Ter pais com alta pontuação em *locus* de controle interno.

---

## Reflexões sobre o *locus* de controle

Um programa de pesquisa de larga escala, realizado com estudantes universitários e representantes de vendas, relatou forte relação entre o conceito de Rotter de *locus* de controle e o conceito de Bandura de autoeficácia (Judge *et al.*, 2002). Alguns pesquisadores sugeriram que ambas as ideias lidam com nossa percepção ou crença a respeito do grau de controle que temos sobre os eventos de nossas vidas e sobre a habilidade que temos de lidar com eles. Uma importante diferença entre os dois conceitos é que o *locus* de controle pode ser generalizado para muitas situações, enquanto a autoeficácia tende a ser específica a uma situação particular. Bandura, entretanto, insistiu que havia pouca sobreposição entre os conceitos de autoeficácia e *locus* de controle. Ele escreveu:

> *Crenças sobre a possibilidade de produzir certas ações (autoeficácia percebida) não podem, nem com muito esforço de imaginação, ser consideradas o mesmo que crenças sobre a possibilidade de que as ações afetem os resultados* (locus *de controle*) (Bandura, 1997, p. 20)

Contudo, é claro que a pesquisa de Rotter foi altamente rigorosa e bem-controlada, usando medidas objetivas sempre que possível. Estudos forneceram considerável suporte empírico. A Escala I-E gerou grande riqueza de pesquisas e foi aplicada em ambientes clínicos e educacionais. Rotter notou que o *locus* de controle tornou-se "uma das variáveis mais estudadas na psicologia" (1990, p. 489). Na segunda década do século XXI, o *locus* de controle continua sendo tema de pesquisas. ⊕

# Marvin Zuckerman: a busca de sensação

Desde o início da década de 1970, o psicólogo Marvin Zuckerman (1928-2018) da Universidade de Delaware, conduziu pesquisas sobre um aspecto da personalidade de domínio limitado, que ele denomina **busca de sensação**. Esse traço possui um forte componente genético, inicialmente observado por Eysenck. Zuckerman descreve a busca de

**Busca de sensação**
A necessidade de sensações e experiências variadas, diferentes e complexas.

sensação como um desejo por "sensações e experiências variadas, novas, complexas e intensas e pela disposição de correr riscos físicos, sociais, legais e financeiros em nome de tais experiências" (Zuckerman, 1994a, p. 27). Esse aspecto pode ser definido simplesmente como "correr riscos".

## Avaliação da busca de sensação

Para medir a busca de sensação, Zuckerman elaborou a Escala de Busca de Sensação (SSS), um questionário do tipo "papel e lápis", com 40 itens. Quando estava desenvolvendo esse teste, Zuckerman aplicou-o a muitas pessoas cujo comportamento correspondia à sua definição de busca de sensação. O grupo era formado por voluntários em experimentos psicológicos que os expunham a novas experiências, indivíduos cuja profissão envolvia perigo físico (policiais e pilotos de corrida de carros) e os que admitiam experiências com drogas ou experiências sexuais diversificadas.

A pontuação desses indivíduos na SSS foi comparada às pontuações de pessoas que preferem evitar atividades novas e arriscadas. As pessoas que deliberadamente procuravam atividades incomuns apresentaram alto resultado no SSS e as que preferiam atividades menos arrojadas tiveram uma baixa pontuação. O Quadro 14.2 mostra alguns itens de amostra do teste. Ao longo dos anos, o teste foi revisado e hoje está na quinta versão. Também há uma escala que foi desenvolvida para ser usada com crianças.

**Componentes da busca de sensação.** Utilizando o método de análise fatorial, Zuckerman (1983; Zuckerman e Aluja, 2015) identificou quatro componentes da busca de sensação:

- Busca de excitação e aventura – Desejo de participar de atividades físicas que envolvam velocidade, perigo, novidade e desafio da gravidade, como salto de paraquedas, mergulho subaquático ou *bungee jumping*.
- Busca de experiências – Busca de experiências novas, como viagens, música, arte, ou por um estilo de vida não conformista, juntamente com pessoas com tendências semelhantes.
- Desinibição – Necessidade de buscar liberação em atividades sociais não inibitórias.
- Suscetibilidade ao tédio – Aversão a experiências repetitivas, a trabalhos rotineiros e a pessoas previsíveis; uma reação de descontentamento inquieto quando exposta a situações desse tipo.

**Busca de sensações boas e ruins.** Zuckerman, mais tarde, propôs o tipo bom e o tipo ruim de busca de sensação.

- O tipo bom, ou *busca de sensação socializada não impulsiva*, envolve o componente da busca de excitação e aventura.

**QUADRO 14.2** ▪ Itens de amostra da Escala de Busca de Sensação, Formulário V
Em cada par de afirmações, escolha a de sua preferência.

1. a. Gosto de festas loucas e sem inibições.
   b. Prefiro festas calmas, com uma boa conversa.

2. a. Fico cansado de ver as mesmas caras conhecidas de sempre.
   b. Gosto da familiaridade confortável dos amigos de todos os dias.

3. a. Uma pessoa sensata evita atividades perigosas.
   b. Às vezes, gosto de fazer coisas que deem um pouco de medo.

4. a. Gostaria de partir para uma viagem sem itinerários nem cronogramas planejados ou definidos.
   b. Quando viajo, gosto de planejar cuidadosamente meu itinerário e cronograma.

5. a. Gostaria de experimentar saltar de paraquedas.
   b. Jamais iria querer saltar de um avião, com ou sem paraquedas.

6. a. Há, no geral, muito sexo nos filmes.
   b. Gosto de assistir a muitas cenas de sexo nos filmes.

7. a. Não estou interessado em ter experiência pela experiência.
   b. Gosto de ter experiências e sensações novas e emocionantes, mesmo que sejam um pouco assustadoras, não convencionais ou ilegais.

8. a. As pessoas deveriam vestir-se segundo alguns padrões de bom gosto, elegância e estilo.
   b. As pessoas deveriam vestir-se segundo estilos individuais, mesmo que o resultado seja às vezes estranho.

Fonte: Extraído de Zuckerman, M. *Behavioral expressions and biosocial bases of sensation seeking.* Cambridge: Cambridge University Press, 1994. p. 389-392.

- O tipo ruim, *busca de sensação não socializada e impulsiva*, consiste em altas pontuações em desinibição, busca de experiência e componentes de suscetibilidade ao tédio, bem como altas pontuações na escala de psicoticismo de Eysenck (Roberti, 2004; Zuckerman, 1994b).

Outras escalas para avaliar a busca de sensação foram desenvolvidas nos Estados Unidos e em outros países. Psicólogos alemães publicaram o "Inventário de Necessidades da Busca de Sensações" em alemão e inglês (Roth e Hammelstein, 2012). Pesquisas posteriores sugerem que esse pode ser um teste ainda mais confiável e válido para medir a busca de sensação do que a escala original de Zuckerman (Marker e Schneider, 2015).

Outra escala para uso na China é a Breve Escala de Busca de Sensação, comprovadamente confiável e válida naquela cultura para prever comportamentos imprudentes na condução de motocicletas, uso excessivo de álcool e cigarros e comportamentos sexuais arriscados (Chen *et al.*, 2013; Fan *et al.*, 2014). ⊕

## Características dos buscadores de sensação

**Diferenças de idade.** Zuckerman descobriu que as diferenças na busca de sensações ocorrem em uma idade muito jovem. Um estudo com crianças da segunda série nos Estados Unidos descobriu que aquelas com alta pontuação em busca de sensações escolheram assistir a um vídeo assustador sobre tubarões, enquanto as que obtiveram baixa pontuação, selecionaram um filme divertido sobre coelhos (Trice, 2010).

Em geral, as pessoas mais jovens são mais inclinadas que as mais velhas a buscar aventuras, riscos e novas experiências. Entre estudantes do ensino médio, nos Estados Unidos e no Canadá, aqueles com alta pontuação em busca de sensação tinham probabilidade muito mais alta de envolver-se em vários tipos de comportamentos imprudentes e arriscados e em jogos descontrolados do que os que haviam tido pontuação baixa (Collado *et al.*, 2014; George *et al.*, 2006; Gupta, Derevensky e Ellenbogen, 2006).

Resultados de testes em indivíduos que variavam de adolescentes a pessoas com 60 anos de idade demonstraram que a busca de sensação começa a aumentar no ensino fundamental e começa a decair quando a pessoa tem em torno de 20 anos (Lynne-Landsman *et al.*, 2011). Não foram relatadas diferenças significativas em razão do nível educacional. Universitários não tinham pontuação significativamente maior ou menor na SSS do que aqueles que não frequentaram a universidade.

**Experiências de busca de sensação de Zuckerman.** Os resultados de pesquisas sobre os efeitos da idade na busca de sensação foram confirmados pelas experiências de vida do autor. Ele disse que, quando era estudante universitário, "atingi meu potencial completo de busca de sensações por meio da bebida, do sexo e viajando de carona pelo país". Aos 74, escreveu:

> *Quando era jovem e buscava sensações, imaginava que depois de me aposentar faria todas as aventuras, como voar de asa-delta, saltar de paraquedas e aprender a pilotar avião. Mas, enquanto a busca de excitação e aventura e a desinibição caem rapidamente com a idade, a busca de experiências não muda.* (Zuckerman, 2004, p. 13, 21)

Zuckerman afirmava que continuava a procurar novas experiências, mas eram fisicamente menos aventureiras do que quando era jovem.

**Diferenças de gênero.** Em países tão diversos quanto os Estados Unidos e o Irã, os homens tinham pontuações regularmente mais altas na busca de sensação e mais baixas no controle de impulsos do que as mulheres (Khodarahimi, 2014; Shulman *et al.*, 2015). Foram encontradas diferenças significativas de gênero nos quatro componentes de busca de sensação. Os homens obtiveram maior pontuação em busca de excitação e aventuras, em desinibição e em suscetibilidade ao tédio. As mulheres apresentaram maior pontuação em busca de experiências. Foram obtidos resultados semelhantes com avaliados dos Estados Unidos, da Inglaterra, da Escócia, do Japão e da Tailândia.

**Diferenças raciais e culturais.** Os pesquisadores também verificaram diferenças raciais e culturais nas pontuações da SSS. Os asiáticos obtiveram menor pontuação na SSS do que as pessoas de países ocidentais. Os brancos obtiveram maior pontuação na SSS do que os não brancos.

A necessidade de buscar sensações se manifesta no desejo de vivenciar experiências variadas, diferentes e, por vezes, perigosas.

Andy Belcher/ImageState/Jupiter Images

## Diferenças comportamentais entre aqueles que buscam muitas e poucas sensações

**Risco físico.** O comportamento de risco físico vem sendo relacionado à busca de sensação. Paraquedistas, bombeiros, policiais de tropa de choque, praticantes de *bungee jumper* e pilotos de carros de corrida pontuam mais alto no SSS do que grupos que não participam dessas atividades. Um estudo feito com pilotos de motocross norte-americanos revelou que os mais experientes (aqueles que participaram da maioria das corridas) tiveram as pontuações mais altas em uma medida de busca de sensação (Smith, Bissett e Russo, 2014). Em Israel, pesquisas com estudantes universitários do sexo masculino revelaram que aqueles com alta busca de sensação eram mais propensos a participar de esportes perigosos e de se alistar como voluntários em unidades de combate do exército do que os com baixa busca de sensação (Hobfoll, Rom; e Segal, 1989).

**Diferentes tipos de pessoas que correm riscos.** Pesquisas identificaram três tipos de pessoas que correm riscos: arrojadas antissociais, arrojadas em aventuras e arrojadas pró-sociais. Aquelas identificadas como arrojadas antissociais (viciadas em drogas e criminosas) ou arrojadas em aventuras (alpinistas e praticantes de queda livre) apresentaram resultados significativamente maiores na SSS do que as identificadas como arrojadas pró-sociais (policiais e bombeiros). O pesquisador sugeriu que os motivos do grupo pró-social relacionam-se a fatores diferentes dos da busca de excitação e aventura (Levenson, 1990). Pessoas com elevada busca de sensação, diferentemente daquelas com baixa busca de sensação, parecem mais desejosas de mudar de ambientes familiares para não familiares e de viajar para lugares exóticos, mesmo quando a jornada envolve riscos físicos.

**Drogas, bebidas, crime, carros velozes e poker on-line!** Pessoas com alta busca de sensação têm maior probabilidade de experimentar e vender drogas ilegais (e de fazer isso em uma idade precoce), ingerir bebidas alcoólicas, praticar furtos em lojas ou ter comportamentos delinquentes. Os participantes desses estudos incluíam afro-americanos (de 9 a 15 anos), estudantes universitários da África do Sul (de 16 a 49 anos) e adolescentes da Noruega (de 12 a 16 anos) (ver Bacon, Burak e Rann, 2014; Hampson *et al.*, 2013; Hansen e Breivik, 2001; Mahoney *et al.*, 2015; Peltzer, Malaka e Phaswana, 2001; Stanton *et al.*, 2001).

Pesquisas realizadas com estudantes do ensino médio e universitários dos Estados Unidos revelaram que aqueles com alta pontuação em busca de sensações tinham probabilidade mais alta de fumar, fazer uso de bebidas alcoólicas e drogas, dirigir em alta velocidade, ter mais acidentes de automóvel e condenações por dirigir embriagado e com imprudência e fazer sexo com frequência (McAdams e Donnellan, 2009; Ortin, Kleinman e Gould, 2012; Ravert *et al.*, 2009). Pesquisas realizadas na Espanha e na França confirmaram a ligação entre alta busca de sensação e dirigir embriagado e em alta velocidade (Delhomme, Chaurand e Paran, 2012; Gonzales-Iglesias, Gomez-Fraguela e Luengo, 2014).

Jogadores de pôquer on-line da França tendiam a exibir níveis mais altos de busca de sensação e apresentar uma sensação de excitação mais forte durante as partidas do que indivíduos que não jogavam poker on-line (Barrault e Varesconi, 2013).

**Comportamentos sexuais arriscados.** Um estudo com mulheres afro-americanas de 15 a 21 anos de idade revelou que aquelas que tinham pontuação mais alta na busca de sensações sexuais relatavam mais comportamentos sexuais de risco, como muitas relações com muitos parceiros e menos uso de preservativos, do que as que tinham pontuação baixa (Spitalnick *et al.*, 2007).

Na pesquisa de Zuckerman, 16% das pessoas com elevada busca de sensação relataram encontros homossexuais arriscados, comparadas com 7% daquelas com baixa busca de sensação. Entre rapazes universitários, os que obtiveram alta pontuação em busca de sensação apresentaram correlação positiva em comportamento sexual de risco com homens, sabendo que poderiam expor-se à Aids (Zuckerman, 1994b). Esses resultados foram confirmados por meio de pesquisas sobre pessoas mais velhas.

A correlação entre as pontuações de busca de sensação e comportamento sexual de risco em homens gays (negros e brancos) foi tão forte que os pesquisadores concluíram que homens com alta busca de sensação constituem um grupo de alto risco para contrair Aids (Fisher e Misovich, 1990; Kalichman *et al.*, 1994).

**Trapaça, escolha de cores e tatuagens.** Existem várias outras maneiras pelas quais aqueles que têm alta busca de sensações diferem daqueles com baixa busca de sensações. Estudos em Israel mostraram que aqueles com alta busca de sensações têm probabilidade mais alta de atravessar a rua com o sinal fechado. Mostram também preferência pelas chamadas cores quentes, como o vermelho e o laranja, em lugar de tons pastéis, como o azul-claro (Rosenbloom, 2006a, 2006b).

Um estudo com jovens alemães de 14 a 24 anos revelou que, entre os que tinham alta busca de sensações, havia um número significativamente mais alto com tatuagens e *piercings* do que entre os que tinham baixa busca de sensações (Stirn, Hinz e Braehler, 2006). Descobriu-se que estudantes universitários norte-americanos com alta busca de sensação eram mais propensos a "colar" em testes acadêmicos do que aqueles com baixa pontuação (DeAndrea *et al.*, 2009).

**Uso de computadores.** Estudantes de ensino médio e universitários na China com alta busca de sensações eram mais propensos a se tornarem obsessivos em relação a videogames e uso da internet (Qing-Xin, Rong-Gang e Yan, 2005; Zheng *et al.*, 2006). Pesquisas com trabalhadores nos Estados Unidos mostraram que aqueles com alta busca de sensações usavam frequentemente o computador do trabalho para fins pessoais, como mandar e-mails, jogar videogames e visitar sites com conteúdo sexual (Everton, Mastrangelo e Jolton, 2005); no entanto, outra pesquisa, esta com estudantes universitários nos Estados Unidos, não sustenta tal relação (Velezmoro, Lacefield e Roberti, 2010).

**Desempenho no trabalho.** Nos Estados Unidos, estudo com 233 funcionários de baixo escalão revelou que aqueles com alta busca de sensações haviam obtido pontuações mais baixas em desempenho no trabalho do que aqueles com baixa busca de sensações. Os funcionários com alta busca de sensações também eram menos propensos a estabelecer relacionamentos sociais no local de trabalho ou a tentar obter informações com colegas ou supervisores. Os pesquisadores sugeriram que empregos de nível mais baixo podem não ser suficientemente estimulantes para quem tem alta busca de sensações (Reio e Sanders-Reio, 2006).

## Diferenças de personalidade

Zuckerman e outros pesquisadores correlacionaram as pontuações de busca de sensações com inúmeros fatores de personalidade diferentes. Eles descobriram que as pontuações na SSS, particularmente em desinibição, estavam relacionadas ao fator de extroversão de Eysenck e às tendências antissociais associadas ao psicoticismo. Consequentemente, Zuckerman sugeriu que as pessoas com elevada busca de sensação são egocentricamente extrovertidas, o que significa que elas se preocupam com as outras pessoas apenas como plateia ou fonte de estimulação, não se relacionando com os demais de maneira subordinada ou educativa.

Altas pontuações em busca de sensação também se correlacionam positivamente com extroversão, como descrito por Jung e medido pelo Inventário de Tipos Psicológicos de Myers-Briggs (Morehouse, Farley e Youngquist, 1990). No entanto, investigações sobre busca de sensação e neuroticismo não apresentaram correlação. Zuckerman sugeriu que as pontuações da SSS não apontavam para um comportamento anormal ou neurótico, mas que neuroses como fobias e comportamentos obsessivo-compulsivos poderiam estar relacionadas à baixa busca de sensação.

Em uma pesquisa com adultos e estudantes universitários na Holanda, pessoas com alta busca de sensação também obtiveram alta pontuação nos fatores de personalidade de abertura a experiências, extroversão e realização (três fatores do modelo dos cinco fatores descrito anteriormente). Também apresentaram alta pontuação em dois fatores do modelo HEXACO: emotividade e honestidade/humildade (De Vries, De Vries e Feij, 2009).

Altas pontuações na SSS correlacionam-se a um alto grau de autonomia. Pessoas com alta pontuação expressam abertamente suas emoções, são assertivas com relação as outras, não são conformistas e são reconhecidamente arrojadas; além disso, agem independente de convenções sociais e das necessidades e atitudes das outras pessoas. Guiadas fundamentalmente por suas próprias necessidades, organizam sua vida de modo a maximizar as oportunidades de satisfação própria. Pontuações altas na SSS estavam também correlacionadas positivamente com as dimensões de abertura a experiências e afabilidade do modelo dos cinco fatores da personalidade (Roberti, 2004).

## Processos cognitivos

As correlações entre a busca de sensação e os resultados de testes de inteligência costumam ser positivas, mas não altas. Um estudo com crianças nas Ilhas Maurício, país que fica na costa da África, no Oceano Índico, descobriu que aquelas com a idade de 3 anos e alta pontuação em busca de sensação, aos 11 anos conseguiram um resultado 12 pontos mais alto em testes de inteligência, se comparadas às crianças com baixa pontuação em busca de sensação. O resultado foi semelhante para meninos e meninas, e não foi afetado pela ocupação dos pais ou nível de educação (Raine *et al.*, 2002).

Também foi descoberto que indivíduos com alta busca de sensação não tiram as melhores notas na escola. Zuckerman sugeriu que, como aqueles com alta busca de sensação estavam mais envolvidos em atividades recreativas, eles usavam menos tempo para estudar. Testes de criatividade e originalidade mostraram que pessoas com alta busca de sensação possuem uma capacidade maior para pensamento original, mas nem sempre manifestam isso em seus trabalhos escolares. Essas pessoas com alta pontuação na SSS parecem interessar-se por ideias especulativas, bizarras e pseudocientíficas.

Elas também tendem a se envolver no que Freud chamou de pensamentos do processo primário. É possível que construam imagens, sonhos e fantasias de maneira tão vívida, que fica difícil uma distinção entre esses estímulos internos e o mundo real. Zuckerman observou que, devido ao fato de as pessoas com alta busca de sensação estarem continuamente procurando novas experiências, se não as encontram em situações externas, elas podem olhar para dentro de si e criar um mundo imaginário.

## Preferências ocupacionais

Uma vez que as pessoas com alta busca de sensação possuem uma necessidade maior de estimulação e de experiências variadas, elas tendem a escolher trabalhos diferentes daqueles escolhidos por quem possui baixa busca de sensação. Em testes de interesse vocacional, como o Teste de Interesse Ocupacional de Kuder, indivíduos com alta e baixa busca de sensação apresentaram diferenças importantes. Aqueles com altos resultados na SSS correlacionaram-se positivamente com interesses científicos e negativamente com interesses burocráticos. Homens com alta pontuação na SSS também obtiveram altos resultados nas escalas do Strong Interest Inventory (Inventário de Forte Interesse), expressando interesse em profissões de ajuda, como psicólogo, médico, psiquiatra, assistente social e sacerdote.

Os resultados tiveram correlação negativa com empregos no setor de negócios, como contador, agente de compras e bancário. Mulheres com alta pontuação na SSS tiveram pontuações igualmente altas em testes de interesse para a profissão de advogada e pontuações baixas nos testes de interesse para docente do ensino fundamental. Pessoas de ambos os sexos com alta busca de sensação que estavam interessadas em profissões de ajuda expressaram uma preferência por trabalhos arriscados e de ponta, como intervenção em crises ou serviço de paramédico em equipes de atendimento a emergências.

## Atitudes

Pessoas com alta busca de sensação mostraram-se mais liberais em atitudes políticas e religiosas do que as com baixa busca de sensação. As que apresentaram altos resultados na SSS tiveram maior propensão a visões ateístas do que à crença em qualquer religião convencional. As com alta pontuação também expressaram atitudes mais permissivas com relação ao comportamento sexual, tanto delas mesmas como dos outros. As com baixa busca de sensação eram mais propensas a ir à igreja habitualmente; estas obtiveram altas pontuações em autoritarismo e estilo de personalidade caracterizado por opiniões rígidas e atitudes preconceituosas. Elas também apresentaram pouca tolerância com ambiguidades: para elas, as ideias e situações ambíguas representam muito mais uma ameaça do que um desafio (Zuckerman, 1994a).

## Hereditariedade *versus* ambiente

Uma grande quantidade de pesquisas mostrou consistentemente uma forte base hereditária no fator de personalidade de busca de sensação (Zuckerman, 2013). Um estudo de Eysenck comprovou que 58% desse traço poderia ser atribuído a fatores genéticos (Eysenck, 1983). Um estudo com gêmeos realizado por Zuckerman e Sybil Eysenck encontrou um componente genético ainda maior  (Zuckerman, 1993). No entanto, uma pesquisa na Turquia e no País de Gales, que comparou jovens de 14 a 20 anos em relação às suas motivações para empreender comportamentos de risco, descobriu diferenças pequenas, mas significativas, entre as duas culturas, o que sugere a importância da aprendizagem – um fator ambiental (Kloep *et al.*, 2009).

Zuckerman também admite a influência de outros fatores situacionais ou ambientais, como a busca de sensação por parte dos pais. Pais com baixa busca de sensação podem ser demasiadamente temerosos, protetores e inibidores de seus filhos, proibindo-os de se envolver em comportamentos de risco. Pais com elevada busca de sensação possivelmente incentivam e reforçam os seus filhos para que se envolvam em atividades incomuns, promovendo, portanto, um ambiente que estimula comportamentos adicionais de busca de sensação.

Pesquisas contínuas sugerem que existem outros fatores ambientais na infância e na adolescência que podem afetar o nível de busca de sensação. Um estudo realizado com adolescentes na Suécia revelou que aqueles que pontuaram alto em impulsividade e busca de sensação e que frequentaram  escolas mais privilegiadas cometiam menos crimes do que aqueles com níveis igualmente altos de busca de sensação e impulsividade, mas que foram para escolas menos privilegiadas (Eklund e Fritzell, 2014).

Também foi descoberto que crianças que cresceram em orfanatos ou outros tipos de instituições e que tinham alto nível de busca de sensação eram muito menos propensas a se envolver em problemas do que aquelas com as mesmas características, mas que tinham sido criadas em casas particulares (Loman *et al.*, 2014).

Resultados na SSS, em estudos iniciais, também apoiam a ideia de que filhos primogênitos e filhos únicos de ambos os sexos possuem pontuação mais alta na busca de sensações do que os outros filhos. Devido ao fato de os filhos primogênitos e os filhos únicos receberem mais estimulação e atenção de seus pais quando bem novinhos, eles são provavelmente mais expostos a um nível ótimo de estimulação, o que os predispõe a comportamentos de busca de sensações quando adultos (Zuckerman, 1979). Entretanto, pesquisas posteriores realizadas na Inglaterra não encontraram nenhuma correlação entre a ordem de nascimento e a busca de sensações (Crozier e Birdsey, 2003).

## Reflexões sobre a busca de sensação

O foco de Zuckerman no traço de personalidade de busca de sensação continua estimulando uma grande quantidade de pesquisas. Essa busca foi relacionada a uma ampla gama de variáveis comportamentais, cognitivas, de personalidade e fisiológicas. A ênfase de Zuckerman na hereditariedade da busca de sensação situa o seu trabalho em uma categoria diferente das abordagens de personalidade comportamental e de aprendizagem social, que focalizam as influências de fatores situacionais e de aprendizagem.

A teoria da busca de sensação tem um apelo de senso comum. É fácil aceitar a ideia de que as pessoas diferem em sua necessidade de estimulação e risco, mudanças e aventuras. Em geral, estamos cientes do nível pessoal de busca de sensação e conseguimos fazer julgamentos bastante precisos com

> ### DESTAQUES: Pesquisa sobre as ideias de Zuckerman
>
> Pessoas com *alta busca de sensação* tendem a:
> - Ter alta pontuação em busca de aventura, desinibição e suscetibilidade ao tédio.
> - Viver em culturas ocidentalizadas.
> - Assumir riscos, usar drogas e ingerir bebidas alcoólicas, dirigir em alta velocidade e praticar sexo com frequência.
> - Gastar bastante tempo com videogames.
> - Ser extrovertidas, abertas a novas experiências, ter realização e ser emotivas.
> - Interessar-se por profissões de ajuda (como psicólogos e assistentes sociais) em vez de profissões relacionadas a finanças.
> - Ter convicções políticas e religiosas liberais.
> - Ser filho único ou o primogênito da família.
> - Ter mais *piercings* e tatuagens.

relação aos níveis de nossos amigos e parentes a partir das atividades que eles apreciam e das que evitam. Zuckerman solicitou a pessoas com alta e com baixa busca de sensação que escolhessem, a partir de uma lista de adjetivos, aqueles que melhor descreviam a si próprias. Compare suas próprias características aos resultados apresentados no Quadro 14.3. Quais delas você escolheu?

## Martin E. P. Seligman: desamparo aprendido e o estilo explicativo otimista/pessimista

Em meados da década de 1960, o psicólogo Martin Seligman (1942- ), da Universidade da Pensilvânia, que posteriormente lideraria a tendência de psicologia positiva e da felicidade, começou a pesquisar um aspecto da personalidade de domínio limitado, que chamou de **desamparo aprendido**. Ele observou esse fenômeno pela primeira vez em um experimento com cães, em seu primeiro dia do curso

**Desamparo aprendido**
Condição resultante da percepção de que não temos controle sobre nosso ambiente

de pós-graduação. Isso marcou o início da direção do futuro de Seligman na psicologia, e do futuro da própria psicologia.

Os cães estavam sendo condicionados a associar um som agudo com um choque elétrico. Era um experimento pavloviano simples e clássico de condicionamento, que envolvia comportamento respondente (a sincronia de um som ao choque). Mas essa era só a primeira parte do estudo.

Na segunda parte do experimento, os cães eram colocados, um de cada vez, em uma grande caixa que continha dois compartimentos divididos por uma parede baixa e dava-se um choque através do piso do compartimento no qual o cão era colocado. Para fugir do choque, o cão precisava emitir o comportamento operante adequado, ou seja, simplesmente pular a parede baixa e ir para o outro lado da caixa, onde não havia choque elétrico. Depois que os cães aprenderam a pular a barreira – era esperado que aprendessem isso rapidamente –, eles seriam testados para ver se o som agudo, sem o choque elétrico, levaria à mesma resposta.

### Uma descoberta surpreendente

A pesquisa não funcionou como o esperado: os cães não saltaram a barreira para escapar do choque. Ao contrário, quando o choque era administrado através do piso do compartimento em que estavam, eles se deitaram, choramingaram e não fizeram nenhum esforço para fugir.

---

**QUADRO 14.3** ▪ Autodescrições de pessoas com alta e com baixa busca de sensação

| Pessoas com alta busca de sensação | Pessoas com baixa busca de sensação |
|---|---|
| Entusiasta | Assustado |
| Brincalhão | Apavorado |
| Audaz | Tenso |
| Exultante | Nervoso |
| Imaginativo | Vacilante |
| Ousado | Medroso |
| Bobo | Preocupado |
| Malicioso | Determinado |

Fonte: Extraído de Zuckerman, M. Sensation seeking. In: London, H.; Exner Jr., J. E. *Dimensions of personality*. New York: Wiley, 1978.

---

Os pesquisadores ficaram frustrados, mas Seligman achou que tinha uma ideia do que acontecia. Sugeriu que durante a primeira parte do experimento, os cães haviam aprendido que eram incapazes de mudar a situação. Quando o som aparecia, não havia nada que pudessem fazer para evitar o choque associado a ele. Por que tentar, então? Essa reação aprendida foi aparentemente generalizada para a segunda parte do experimento, apesar de existir uma forma de fugir dos choques. Seligman escreveu:

*Fiquei aturdido com as implicações. Se os cães podiam aprender algo tão complexo quanto a inutilidade de suas ações, havia aí uma analogia com o desamparo humano, que poderia ser estudado em laboratório. O desamparo está em toda parte – do pobre urbano ao bebê recém-nascido e ao paciente desesperançoso olhando a parede. Será que isso era um modelo laboratorial sobre o desamparo humano, algo que poderia ser utilizado para se entender como ele aparece, como curá-lo, como preveni-lo, que drogas atuariam sobre ele e quem seria particularmente vulnerável a ele?* (Seligman, 1990, p. 20)

Determinado a encontrar respostas, Seligman lançou um programa de pesquisas para estudar o desamparo aprendido, uma condição que descreveu como resultante da percepção de que não possuímos controle sobre nosso ambiente, de que não há nada que possamos fazer para modificar nossas circunstâncias. Ele expandiu seus interesses de pesquisa para abranger a questão da personalidade do otimismo *versus* pessimismo e, posteriormente, a questão da felicidade.

## Pesquisa inicial

**Estudos com cães.** Nos experimentos iniciais de Seligman, os cães foram amarrados e expostos a choques elétricos dolorosos, embora não fisicamente prejudiciais. Não havia nada que eles pudessem fazer para fugir ou evitar o choque. Depois de uma série de choques, os cães eram colocados em uma caixa de dois compartimentos intercambiáveis. Como no primeiro experimento que Seligman havia presenciado, administrava-se um choque pelo piso do compartimento onde eles haviam sido colocados e, depois, o comportamento deles era comparado com o de um grupo de controle de cães que não tinham sido expostos aos primeiros choques elétricos.

Quando os cães do grupo de controle eram colocados na caixa e recebiam o choque pelo piso, corriam pelo compartimento até que pulavam, acidentalmente, a barreira para o compartimento seguro. Nas provas seguintes, eles pulavam a barreira cada vez mais rapidamente, aprendendo que essa era a maneira de fugir. Os cães do grupo experimental, que receberam choques elétricos antes de serem colocados na caixa intercambiável, comportavam-se de maneira diferente. Depois de tomarem o choque pelo piso do compartimento, corriam pelo compartimento por 30 segundos e em seguida desistiam, deixavam-se cair ao chão e ficavam choramingando. Nunca aprenderam a fugir, nem mesmo quando os pesquisadores procuraram atraí-los com comida para que saltassem a barreira. Esses cães desistiram. Eles haviam se tornado passivos e indefesos e não conseguiam fazer nenhuma tentativa de alterar sua situação (Overmier e Seligman, 1967; Seligman e Maier, 1967).

**Estudos com humanos.** O desamparo aprendido foi demonstrado por muitos estudos que usavam seres humanos. Por exemplo, membros de um grupo experimental foram expostos a um barulho alto e irritante e informados de que poderiam desligar o som se pressionassem uma série de botões na sequência correta. Entretanto, as condições foram organizadas de tal modo que não havia uma sequência correta. Independente do que os avaliados fizessem, o barulho continuava. No grupo de controle, os avaliados poderiam parar o barulho pressionando botões em uma sequência relativamente fácil de aprender.

No passo seguinte, os membros do grupo experimental foram colocados em uma situação na qual todos podiam parar o barulho movendo a mão de um lado da caixa para o outro, em resposta a um sinal de luz. Os do grupo de controle aprenderam rapidamente essa série de comportamentos, mas os do grupo experimental, não. Sentaram-se passivamente, sem fazer nenhum esforço para eliminar o barulho irritante (Hiroto, 1974).

Outras pesquisas confirmaram e ampliaram esses resultados. Verificou-se que o desamparo aprendido ocorre depois que sujeitos humanos simplesmente observam modelos indefesos, particularmente quando os indivíduos reconheciam semelhanças entre eles próprios e os modelos (Chamber e Hammonds, 2014). Os pesquisadores desses e de muitos outros estudos concluíram que, na verdade, os sujeitos estavam dizendo que, "se os modelos não podem fazer nada em relação a isso, eu também não posso".

Uma metanálise de 132 estudos, envolvendo milhares de pessoas, verificou que os efeitos do choque inevitável eram mais drásticos ainda em humanos do que em animais. Os efeitos do desamparo aprendido foram documentados em muitos grupos de homens e mulheres adultos, estudantes universitários, adolescentes, crianças, pessoas mais velhas, mulheres desempregadas e pacientes de hospitais psiquiátricos (Li, Mardhekar e Wadkar, 2012; Villanova e Peterson, 1991).

O desamparo aprendido pode ocorrer nas situações de vida cotidiana, quando estamos sujeitos a estímulos que não controlamos, como o barulho, de um vizinho ou da rua, ou sofrer *cyberbullying* em sites de redes sociais na internet (Evans e Stecker, 2004; Rabinowitz, 2005; Zucchi, Bacheller e Muscarella, 2012).

## Desamparo aprendido como tortura

As mesmas técnicas usadas em experimentos com humanos e animais foram aplicadas pela Agência Central de Inteligência (CIA) dos Estados Unidos e por outras organizações de combate ao terrorismo. Os prisioneiros foram colocados em situações em que era impossível escapar de estímulos dolorosos. Por exemplo, um deles foi colocado dentro de um caixão por dias, outro foi submetido a afogamento 83 vezes em 17 dias, enquanto outros foram despidos e deixados em confinamento solitário por dias, ao som de músicas de rock em um volume ensurdecedor.

Depois da exposição a essas condições, os prisioneiros exibiram os mesmos sintomas de desamparo aprendido que os participantes de experimentos laboratoriais. Eles se tornaram dóceis e não tentaram fazer mais nada para mudar suas condições. Quando Seligman ficou sabendo disso, anos depois, relatou estar "triste e horrorizado" pelo uso que fizeram de seus experimentos (McCoy, 2014).

## Desamparo aprendido e saúde emocional

Já foram amplamente documentados os efeitos benéficos para a saúde psicológica de quem possui controle sobre a própria vida. Entre pacientes com câncer de ambos os gêneros, com idades entre 29 e 80 anos, aqueles com percepção de controle muito alta estavam mais bem-adaptados do que os que acreditavam ter pouco controle sobre sua situação. Esse resultado manteve-se até para pacientes gravemente debilitados por sua condição física. As pessoas que achavam que poderiam exercer alguma influência sobre sua doença, sua recuperação e suas emoções apresentaram maior adaptação psicológica do que aquelas em melhores condições físicas, porém com menor percepção de controle (Thompson *et al.*, 1993).

Também foi demonstrado que as pessoas podem aprender a aumentar seu sentimento de controle. Uma amostra de homens e mulheres (idade média de 55 anos), agendados para um grande tratamento dentário, foi avaliada antes do tratamento quanto ao nível de ansiedade e desejo de controle nessa situação. Metade deles assistiu a um vídeo sobre treinamento de controle de estresse; a outra metade, o grupo de controle, assistiu a um vídeo sobre as atrações locais. Pacientes com baixo controle no ambiente odontológico, mas com intenso desejo por maior controle, beneficiaram-se mais por assistir ao vídeo de treinamento de estresse. Eles acreditavam ter tido mais controle e menos dor durante o tratamento real do que os pacientes do grupo de controle, que não receberam treinamento de estresse (Law, Logan e Baron, 1994).

## Pesquisa com animais sobre desamparo aprendido e saúde física

Para testar a hipótese de o desamparo aprendido afetar ou não a saúde física, Seligman e outros pesquisadores projetaram um estudo no qual se injetavam células de tumores malignos em ratos, os quais foram expostos a uma das três condições: um choque elétrico do qual podiam fugir; um choque elétrico do qual não podiam fugir, e nenhum choque (Visintainer, Volpicelli e Seligman, 1982). Sob circunstâncias normais e com base no número de células injetadas, esperava-se que metade dos ratos rejeitasse as células e sobrevivesse.

No grupo de controle (sem choque elétrico), 50% rejeitou o tumor, conforme o esperado. Entre os que receberam choque, mas poderiam escapar e, portanto, tinham certo controle sobre a sua situação, 70% deles rejeitaram o tumor e sobreviveram. Mas no grupo do desamparo aprendido, que não podia escapar dos choques, apenas 27% dos ratos rejeitaram as células malignas e sobreviveram.

Esses resultados foram confirmados em um estudo semelhante com ratos jovens. Quando atingiam a idade adulta, recebiam injeções de células malignas e eram expostos às mesmas três condições experimentais. Os ratos, em sua maioria, que aprenderam a ser indefesos quando jovens, falharam em rejeitar o tumor quando adultos. Em contraposição, a maioria dos que aprenderam o controle quando jovens rejeitou o tumor posteriormente (Seligman e Visintainer, 1985). Seligman concluiu que "experiências infantis provaram ser cruciais na rejeição de tumores por adultos. O controle durante a infância imunizou, enquanto as experiências infantis de desamparo colocaram os ratos adultos sob o risco de câncer" (1990, p. 170).

O desamparo aprendido também provou enfraquecer o sistema de imunidade de ratos (Maier, Laudenslager e Ryan, 1985). O sistema de imunidade constitui uma parte importante da defesa do corpo contra doenças. Contém diversos tipos de células, incluindo as células T6 e NK7 (exterminadoras naturais), que resistem a vírus, bactérias e células tumorais. Em ratos submetidos a choques inevitáveis, as células T não se multiplicavam mais rapidamente em resposta a invasores específicos, e as células NK perderam sua capacidade de destruir outras infecções. Esses resultados podem fornecer uma explicação fisiológica para o fato de os ratos indefesos serem incapazes de rejeitar seu tumor.

Uma pesquisa mais recente com ratos demonstrou que a maioria dos machos que foram expostos a um estresse incontrolável não aprendeu a escapar dessa situação, enquanto a maioria das fêmeas conseguiu escapar. Dessa forma, a condição de desamparo aprendido aparecia mais facilmente em machos do que em fêmeas, o que sugere que estas estão menos sujeitas a alterações psicológicas perigosas como a encontrada no estudo anterior (Dalla *et al.*, 2008).

## Estilo explicativo: otimista e pessimista

Seligman ampliou seus trabalhos sobre desamparo aprendido para abranger o fator do otimismo *versus* pessimismo. Não é apenas a falta de controle sob condições de desamparo aprendido que in-

**Estilo explicativo**
Maneira de explicar a nós mesmos nossa relativa falta de controle sobre o ambiente. Um **estilo explicativo otimista** pode prevenir o desamparo aprendido; já o outro, **pessimista**, difunde o desamparo a todas as facetas da vida.

fluencia nossa saúde, mas também a maneira como explicamos para nós mesmos essa falta de controle. Para tratar desse fator, ele propôs o conceito de estilo explicativo. Um **estilo explicativo otimista** previne o desamparo; um **estilo explicativo pessimista**, difunde o desamparo para todas as facetas da vida.

Você já conhece, por experiência própria, a diferença básica entre pessoas otimistas e pessimistas. Em poucas palavras, "os otimistas são pessoas que supõem que coisas boas acontecerão a elas; pessimistas são pessoas que esperam que coisas ruins aconteçam com elas" (Carver e Scheier, 2002, p. 231). A tendência ao otimismo ou ao pessimismo pode determinar muitos aspectos das nossas vidas. Por exemplo, estudos revelaram que os otimistas criam melhores redes e conexões sociais e também são mais capazes de lidar com a dor física (Carver e Scheier, 2014; Ramirez-Maestre, Esteve e Lopez, 2012). As duas qualidades são desejáveis e úteis para enfrentar situações da vida.

**Saúde física.** De acordo com Seligman, as pessoas que têm estilo explicativo otimista tendem a ser mais saudáveis do que as que têm estilo explicativo pessimista. Os pessimistas tendem a crer que suas ações têm poucas consequências. Por essa razão, é improvável que tentem prevenir doenças modificando seu comportamento com relação a fumo, fazendo dieta e exercícios ou marcando consultas médicas oportunas.

Um estudo com adultos jovens concluiu que as pessoas otimistas eram menos propensas a adoecer que as pessimistas. E quando as otimistas ficavam doentes, eram muito mais propensas a assumir responsabilidades com relação aos cuidados consigo mesmas, como repousar, consultar um médico e tomar líquidos adequados (Peterson, Maier e Seligman, 1993). Em um estudo feito com universitários, os pessimistas tinham duas vezes mais doenças infecciosas no período de um ano do que os otimistas.

Uma pesquisa realizada na Finlândia descobriu que os otimistas recuperavam a atitude positiva mais rapidamente depois de uma doença grave ou da morte de um membro da família do que os pessimistas (Kivimaki *et al.*, 2005). Otimistas também foram mais propensos a lidar melhor com problemas de saúde, a se recuperar mais rapidamente de procedimentos médicos e a gerenciar melhor o estresse do que os pessimistas (Aspinwall e Tedeschi, 2010).

Entre pacientes com recorrência em câncer de mama, as otimistas viveram mais durante os cinco anos do estudo, independentemente da gravidade da doença. Em um grupo de mulheres da Noruega diagnosticadas com câncer de mama, aquelas com pontuação mais alta em pessimismo tinham probabilidade muito mais alta de estar ansiosas ou deprimidas um ano depois do tratamento do que as que tinham pontuação baixa em pessimismo (Schou *et al.*, 2004). Outro estudo com as mesmas mulheres revelou que seus níveis de otimismo e pessimismo permaneceram estáveis no ano posterior ao tratamento, a despeito do prognóstico ser favorável ou desfavorável (Schou *et al.*, 2005). Foi revelado que pacientes com câncer de mama com alto nível de otimismo também funcionavam melhor social e mentalmente e relatavam melhor qualidade de vida do que aquelas com alto nível de pessimismo (Colby e Shifren, 2013).

Os otimistas parecem desenvolver sistemas imunológicos mais fortes e são mais propensos a se recuperar de ataques cardíacos, além de sentir menos dor e menos sintomas após uma cirurgia cardíaca do que os pessimistas (Peterson e Seligman, 1987; Peterson, Maier e Seligman, 1993; Ronaldson *et al.*, 2014).

Um estudo com calouros do primeiro semestre do curso de direito confirmou que os que obtiveram altos resultados para o estilo explicativo positivo apresentaram um número significativamente maior de células T e NK, que protegem contra infecções, do que os que obtiveram baixa pontuação em otimismo (Segerstrom e Taylor, 1998). Uma pesquisa com homens e mulheres adultos, com idades entre 30 e 45 anos, corroborou que os que obtiveram altos resultados em estilo explicativo pessimista tinham crenças mais negativas sobre a sua vida e registros mais altos de pressão sanguínea do que os com baixo resultado em pessimismo (Raikkonen *et al.*, 1999).

Verificou-se que o otimismo é benéfico também para lidar satisfatoriamente com a Aids. Em um estudo com homens homossexuais e bissexuais, alguns soronegativos e outros soropositivos, propensos, portanto, a desenvolver a Aids, os que atingiram um elevado grau de otimismo obtiveram menor resultado em angústia psicológica e menores preocupações com relação a doenças, acreditavam que tinham menor risco de desenvolver a Aids. Acreditavam, também, que teriam um maior nível de controle sobre a doença do que aqueles que obtiveram um baixo resultado em otimismo e não tinham essa crença. Os que já eram soropositivos foram mais otimistas sobre não desenvolver a Aids do que os que eram soronegativos (Taylor *et al.*, 1992).

Embora tais crenças possam ser ilusórias, por outro lado elas auxiliaram esses sujeitos a lidar satisfatoriamente com uma séria ameaça à saúde e a minimizar a depressão que acompanha uma doença grave. Além disso, os homens com maior índice de otimismo não eram mais propensos a se envolver em comportamentos sexuais de alto risco do que os com mais baixo índice de otimismo. Em geral, os que apresentavam maior pontuação em otimismo eram mais cautelosos com a sua saúde.

**Longevidade.** Os otimistas também podem viver mais do que os pessimistas. Um estudo de longo alcance com freiras dos Estados Unidos revelou que aquelas que exibiram otimismo nas histórias de vida, que foram solicitadas a escrever quando tinham cerca de 20 anos de idade, tiveram uma taxa de mortalidade significativamente mais baixa, quando entrevistadas 60 anos depois, do que aquelas que haviam manifestado pessimismo em seus escritos iniciais (Danner, Snowdon e Friesen, 2001).

Um estudo com pacientes sob tratamento por diversos motivos médicos mostrou que os otimistas tinham longevidade 19% mais elevada que os pessimistas, quando ambos os grupos foram investigados 30 anos mais tarde (Maruta *et al.*, 2002). Na Inglaterra, um estudo com idosos de ambos os gêneros revelou que aqueles com alta pontuação em otimismo tinham saúde física muito melhor do que os que tinham pontuação baixa (Steptoe *et al.*, 2006).

**Idade.** Pessoas com mais de 65 anos tendem a ter um estilo explicativo mais otimista e níveis mais elevados de bem-estar subjetivo do que os mais jovens.

Uma pesquisa com pessoas idosas na China e nos Estados Unidos também mostrou que os mais otimistas relataram bem-estar subjetivo superior (Hirsh *et al.*, 2014; Isaacowitz, 2005a; Leung, Moneta e McBride-Chang, 2005; Olson *et al.*, 2014). Idosos otimistas também tendiam a declarar pesar menos, enquanto os pessimistas afirmavam pesar mais do que realmente pesavam (Sutin, 2013).

**Cultura.** Estudos com avós negras e latinas, que foram as primeiras cuidadoras de seus netos, e estudantes universitários muçulmanos do Kuwait e de Omã, mostraram que as pessoas com alta taxa de otimismo são mais felizes, têm menos depressão, ansiedade e hostilidade; além disso, elas experimentam menos transtornos de sono do que pessoas com alto nível de pessimismo (Abdel-Khalek e Lester, 2010; Al-Ansari e Kazem, 2008; Conway *et al.*, 2008).

Diferenças culturais no estilo explicativo também foram documentadas. Foram coletadas medidas de otimismo/pessimismo em estudantes universitários dos Estados Unidos e da China, assim como em estudantes universitários norte-americanos com ascendência chinesa. Foi constatado que os norte-americanos eram mais otimistas que os chineses norte-americanos, os quais eram mais otimistas que os chineses da China (Lee e Seligman, 1997). Estudantes universitários no Kuwait tiveram pontuação significativamente mais baixa de otimismo do que estudantes universitários nos Estados Unidos (Abdel-Khalek e Lester, 2006). Entre universitários na Itália, os homens demonstraram mais otimismo do que as mulheres (Colombo, Balbo e Baruffi, 2006).

Uma comparação entre estudantes universitários nos Estados Unidos e no Japão revelou que os estudantes japoneses eram mais pessimistas que os estudantes norte-americanos. Os norte-americanos tinham probabilidade muito mais alta de prever que eventos positivos aconteceriam a eles do que aos outros. Em contraposição, os estudantes japoneses acreditavam que eventos positivos tinham probabilidade mais alta de acontecer aos outros do que a eles (Chang, Asakawa e Sanna, 2001).

**Estresse.** Não é de estranhar que as pesquisas tenham demonstrado que experiências estressantes de vida afetam o nível de otimismo das pessoas. Um grupo de adultos que eram os principais cuidadores de parentes com doença de Alzheimer foi comparado, em medidas de otimismo-pessimismo, a um grupo de adultos que não tinham responsabilidades sobre doentes. Os cuidadores tornaram-se cada vez mais pessimistas em um período de quatro anos e experimentaram maior ansiedade, estresse e queixas de saúde física (Robinson-Whelen *et al.*, 1997).

Universitários com pontuação mais alta em otimismo, no início do primeiro semestre, experimentaram significativamente menos estresse e depressão durante o semestre do que aqueles com pontuação mais baixa (Brisette, Scheier e Carver, 2002). De modo similar, adultos de meia-idade com pontuação alta em otimismo relataram menos sintomas de depressão do que os que tinham pontuação alta em pessimismo (Chang e Sanna, 2001). Uma pesquisa com crianças do terceiro ao sexto ano escolar revelou que aquelas com otimismo mais alto tinham menos sintomas de depressão e menos problemas comportamentais do que as que tinham baixo otimismo (Ey *et al.*, 2005).

**Desempenho.** Uma pesquisa conduzida com estudantes universitários nos Estados Unidos revelou que, em geral, os otimistas tiravam notas melhores que os pessimistas. Isso foi constatado também em um estudo com universitários de ambos os gêneros no Kuwait, em que os otimistas tiraram notas superiores (El-Anzi, 2005). Além disso, quando os pessimistas recebiam notas inferiores a seus colegas, relatavam se sentir mais deprimidos do que os otimistas na mesma situação (Gibbons *et al.*, 2000).

A relação entre otimismo e esportes foi estudada na França, e ficou comprovado que tal relação afeta a qualidade dos dribles de atletas de basquete. Quando se levavam a meninos e meninas de 14 a 16 anos a acreditar que haviam se saído mal na competição de dribles, aqueles que tinham pontuação alta em otimismo ficavam menos ansiosos, tinham mais confiança e tinham um desempenho melhor em um segundo teste do que os que tinham alto pessimismo (Martin-Krumm *et al.*, 2003).

**Funcionamento cognitivo.** Otimismo e pessimismo podem afetar também o funcionamento cognitivo. Isso foi demonstrado em uma pesquisa sobre as respostas de estudantes universitários a estímulos positivos e negativos. Estudantes com alta pontuação em pessimismo tinham probabilidade mais alta de prestar atenção a estímulos negativos, enquanto estudantes com alta pontuação em otimismo prestavam atenção tanto aos estímulos positivos quanto aos negativos (Segerstrom, 2001).

Um estudo com estudantes universitários na Alemanha revelou que os otimistas eram flexíveis e adaptáveis em suas atividades cognitivas, enquanto os pessimistas eram, com mais frequência, inflexíveis, rígidos e tinham probabilidade mais alta de desistir de perseguir suas metas (Weber, Vollmann e Renner, 2007).

**A desvantagem do otimismo.** Um estilo explicativo otimista nem sempre tem grande valor (Schneider, 2001). Alguns otimistas, por exemplo, podem ter visões não realistas sobre a própria vulnerabilidade aos efeitos de seus comportamentos e, consequentemente, podem exagerar no consumo de bebidas alcoólicas ou drogas e dizer a si mesmos que tais comportamentos não podem prejudicá--los, pois sua atitude é muito positiva, apesar da evidência em contrário. Estudantes universitários altamente otimistas, que esperam ter um bom desempenho em um exame, experimentam maior desapontamento depois de receber suas notas do que aqueles que foram menos otimistas sobre seu desempenho no exame (Sweeny e Shepperd, 2010).

Entre universitários que haviam jogado em um cassino próximo à universidade, os otimistas tinham probabilidade muito mais alta de continuar a jogar diante de perdas consistentes, enquanto os pessimistas tinham probabilidade mais alta de parar. Aparentemente, os otimistas mantinham suas expectativas positivas sobre a possibilidade de ganhar, mesmo durante uma longa série de derrotas

Pessoas gravemente deprimidas acreditam que estão desamparadas. Elas estendem seu fracasso em uma situação específica, como receber uma nota baixa em um curso, a todos os outros aspectos da vida.

(Gibson e Sanbonmatsu, 2004). Esse tipo de otimismo não realista – a convicção de que é muito mais provável que coisas boas aconteçam para si do que para os outros – é mais difundido nas culturas individualistas, como a dos Estados Unidos, do que nas coletivistas, como a da China, e é mais predominante entre os homens do que entre as mulheres (Lin e Raghubir, 2005).

Por outro lado, o pessimismo não realista diante da adversidade, como uma doença séria, também pode ser nocivo. Dizer a si mesmo que você nunca será capaz de enfrentar ou superar a situação (demonstrando, assim, baixa autoeficácia) pode levá-lo a não fazer esforços e, consequentemente, ao insucesso (Blanton *et al.*, 2001).

**Pessimismo e depressão.** Seligman encontrou uma forte associação entre desamparo aprendido e depressão. O sintoma principal da depressão é o sentimento de ser incapaz de controlar os eventos da vida. Seligman referiu-se à depressão como o "limite do pessimismo". As pessoas gravemente depri-

---

**DESTAQUES:** Pesquisa sobre o conceito de otimismo de Seligman

Pessoas com um alto grau de *otimismo* tendem a:
- Ficar doente com menos frequência e vivenciar menos estresse e depressão.
- Ter maior longevidade.
- Recuperar-se mais rápido da morte de um membro da família.
- Viver em culturas individualistas, como os Estados Unidos, em vez de em culturas coletivistas.
- Receber notas melhores.
- Ser mais flexíveis e adaptáveis em suas atividades cognitivas.
- Driblar melhor seu oponente no jogo de basquete.

midas acreditam que são impotentes; elas não veem quase nenhum sentido em fazer qualquer coisa, pois não têm esperanças que algo vá dar resultado. Seligman observou diversas semelhanças entre os sintomas de depressão e as características de desamparo aprendido (Seligman, 1990).

Todos nós experimentamos sentimentos ocasionais de desamparo quando fracassamos em alguma situação ou quando as pressões familiares e profissionais parecem ser esmagadoras. Apesar disso, independente de quão infelizes ou zangados possamos nos sentir no momento, a maioria de nós, em geral, recupera-se depois de certo tempo. Mas há pessoas que não se refazem tão rápida ou facilmente e que podem generalizar o seu fracasso em uma atividade (digamos, tirar notas ruins ou não conseguir ser promovidas) para outras áreas da vida e ao seu próprio senso de autovalorização. Em consequência, essas pessoas podem se tornar indefesas e deprimidas com relação a todas as situações e perder o ímpeto de empenho para a busca.

Como se pode ver no Quadro 14.4, a depressão está associada a sintomas de saúde debilitada, como úlceras, estresse e deficiência de norepinefrina, que causa baixos níveis de energia e maior depressão. A depressão também coloca as pessoas sob o risco de doenças físicas por agir na eficácia do sistema imunológico, reduzindo a atividade de células NK e alterando a quantidade de leucócitos, resultados que foram confirmados por mais de 40 estudos ao longo de um período de mais de dez anos (Herbert e Cohen, 1993; Weisse, 1992).

De acordo com Seligman, a diferença importante entre as pessoas que se recuperam de depressões temporárias e as que não se recuperam está em seu estilo explicativo. "Um estilo explicativo pessimista transforma o desamparo aprendido breve e localizado em duradouro e generalizado", ele escreveu. "O desamparo aprendido passa a ser uma depressão total quando a pessoa que fracassa é pessimista. Nas otimistas, um fracasso produz apenas uma desmoralização temporária" (1990, p. 76). Além disso, os pessimistas fazem explicações sobre situações negativas em termos pessoais e abrangentes, dizendo, por exemplo, "foi culpa minha", "vai ser sempre assim", ou "isso vai estragar toda a minha vida".

As pesquisas de Seligman com estudantes universitários apoiam a hipótese de que o desamparo aprendido conduz à depressão pessoas com estilo explicativo pessimista. No início do semestre, os estudantes foram testados para determinar seu estilo explicativo; solicitou-se que eles definissem a nota que achavam que viria a representar um fracasso pessoal. Após o exame da metade do trimestre, os estudantes submeteram-se a um teste de personalidade para medir seu nível de depressão. Os resultados indicaram que 30% dos que tinham estilo explicativo otimista e que haviam tirado notas que consideravam um fracasso pessoal apresentaram sinais de depressão. Entre aqueles com estilo explicativo negativo que tiraram notas frustrantes, 70% ficaram deprimidos. Verificaram-se resultados semelhantes em outras pesquisas com estudantes universitários e com alunos do terceiro ano do Ensino Fundamental. Em ambos os casos, o estilo explicativo previu a incidência de depressão (Nolen-Hoeksema, Girgus e Seligman, 1987; Zullow e Seligman, 1985).

Pesquisas conduzidas nos Estados Unidos e na Finlândia revelaram que indivíduos com alto índice de pessimismo tinham maior probabilidade de tomar medicamentos antidepressivos e de correr o risco de suicídio do que aqueles que pontuaram alto em otimismo (Chang *et al.*, 2013; Kronstrom *et al.*, 2014).

## O desenvolvimento do desamparo aprendido na infância

Embora o desamparo aprendido possa ocorrer durante toda a vida, Seligman sugeriu que somos particularmente vulneráveis a desenvolver tais sentimentos na infância e no início na segunda infância. Nesses anos de formação, a experiência de desamparo aprendido pode nos predispor a um estilo explicativo pessimista (Seligman, 1975).

Os bebês iniciam sua vida em estado de total desamparo, sem o menor controle sobre o seu ambiente e, à medida que vão se desenvolvendo, tornam-se gradualmente mais capazes de exercer controle. Eles podem chorar, fazendo que os seus pais, ou quem cuida deles, atendam às suas necessidades; são capazes de engatinhar, andar e falar, e o domínio de cada habilidade lhes traz maiores possibilidades de controle e, também, de fracasso. Por meio dessas interações iniciais com ambientes físicos e sociais, será determinado o senso de desamparo ou de domínio e controle da criança.

**QUADRO 14.4** ▪ Semelhança entre sintomas de desamparo aprendido e depressão

| Desamparo aprendido | Depressão |
| --- | --- |
| Passividade | Passividade |
| Dificuldade em aprender que as respostas produzem alívio | Dificuldade em aprender que as respostas produzem resultados |
| Falta de agressividade | Hostilidade introjetada |
| Perda de peso e anorexia | Perda de libido |
| Depleção (diminuição) de norepinefrina* | Depleção de norepinefrina* |
| Úlcera e estresse | Úlcera e estresse; sentimentos de desamparo |

★ A norepinefrina atua como um neurotransmissor; a depressão grave está associada à deficiência de norepinefrina.

Fonte: Adaptado de Seligman, M. E. P. *Learned helplessness and depression in animals and men.* Copyright © 1976 by General Learning Press, Morristown, NJ.

Quando os bebês dão uma resposta, é possível que ela traga alguma mudança no ambiente, por exemplo, comida, brinquedo ou um abraço, ou pode ser que não surta nenhum efeito. Os bebês formam associações, em um nível rudimentar, entre reações e resultados. Se as reações não levarem a resultados bem-sucedidos, a consequência será o desamparo aprendido. Bebês aprendem que reações específicas não funcionam e podem generalizar essa ideia para outras, acreditando que nenhuma delas funcionará.

Esse desamparo aprendido generalizado associa-se a um senso de não ter controle sobre a vida. Em contraposição, uma alta correlação entre reações e resultados fornece um *feedback* positivo, que resulta em sentimentos de domínio e controle. Por volta dos 8 anos de idade, desenvolve-se um estilo explicativo consistente, o qual é fortemente influenciado pelo estilo explicativo dos pais. Seligman observou que "pais pessimistas também têm filhos pessimistas" (Peterson, Maier e Seligman, 1993, p. 293). Estudos na Índia descobriram que o nível de pessimismo ou de otimismo na infância pode ser altamente influenciado pelo nível de escolaridade dos pais. Quanto maior o grau de educação formal dos pais, maior o otimismo dos filhos (Daraei e Ghaderi, 2012).

Entretanto, é importante notar que uma pesquisa com adolescentes nos Países Baixos e em outras nações revelou que o estilo de atribuição deles era influenciado *tanto* por fatores genéticos *quanto* pela aprendizagem (Lau, Rijsdijk e Eley, 2006).

O desamparo aprendido pode também se desenvolver durante a infância, em resposta ao *bullying*, a um ambiente escolar severo ou a outras experiências negativas. Etnia e pobreza também são fatores que contam no desenvolvimento do desamparo aprendido. Estudantes que têm conflitos frequentes com os colegas e são tratados por professores e colegas como se fossem menos inteligentes ou menos capazes do que outros poderão desenvolver desamparo aprendido (Orejudo *et al.*, 2012). Baixos níveis de apoio social dos pais e de outros familiares podem levar a altos níveis de pessimismo nas crianças (Ciarrochi e Heaven, 2008).

## Reflexões sobre o desamparo aprendido

O desamparo aprendido e o otimismo *versus* pessimismo geraram centenas de pesquisas. Seligman e seus colaboradores aplicaram o conceito a esportes, política, religião, criação de filhos e desempenho profissional. No geral, um corpo de dados amplo e notável dá apoio ao conceito de desamparo aprendido. Seligman desenvolveu um programa de exercícios para ensinar otimismo a adultos e crianças, aplicando, portanto, seus resultados, em laboratório, em lares e locais de trabalho. Desde então, ele expandiu suas ideias à psicologia positiva e aos fatores que influenciam nosso bem-estar subjetivo. Em outras palavras, o que nos torna felizes?

# Martin Seligman: psicologia positiva

A psicologia positiva foi desenvolvida por Seligman no final da década de 1990, quando era presidente da Associação Americana de Psicologia. Ele acreditava que a psicologia deveria lidar com o melhor do funcionamento humano: felicidade, excelência e crescimento humano ideal. Mas antes de discutirmos a ideia, vamos examinar a vida de Seligman para ver se ela atende aos critérios do autor para felicidade ou bem-estar subjetivo.

## A vida de Seligman (1942-)

Os trabalhos de Seligman sugerem que ele não era particularmente feliz. Apesar de todo o sucesso e do *status* de celebridade, ele admitiu que raramente está feliz, sentindo-se alegre. Em 2010, classificou a si mesmo como parte dos 30% das pessoas com níveis baixos de sentimentos e emoções positivas. "A vida pode ser perfeitamente boa e satisfatória", disse a um repórter, "sem sentimentos positivos. Hoje, minha vida é amplamente rodeada de sentido e propósito" (*apud* Burling, 2010, p. 14). Em um estudo inicial realizado com universitários que estavam na categoria dos 10% superiores da felicidade, Seligman disse que ele não era um bom candidato a esse nível (Diener e Seligman, 2002).

No entanto, Seligman acrescenta que existem tipos diferentes de felicidade e que ele é uma daquelas pessoas que encontra a satisfação mais profunda ao se envolver com o trabalho. A esposa de Seligman concordou que ele é mais feliz nesses momentos.

Quando Seligman tinha 13 anos, seu pai sofreu um grave derrame cerebral que o deixou deficiente e praticamente inválido, episódio este que deixou o garoto com as emoções totalmente "congeladas", como ele disse. Posteriormente, relatou que o martírio fora uma "sombra realmente importante" em sua vida (*apud* Burling, 2010, p. 7).

Seligman frequentou uma escola preparatória particular em Albany, Nova York. Nessa escola, a maioria dos alunos vinha de famílias ricas, de classe alta, e ele se sentia deslocado. Estava ciente das diferenças entre ele e os outros garotos e, como resultado, se sentia isolado e solitário. Um amigo próximo disse que Seligman nunca perdeu essa sensação. O amigo disse: "Acho que ele ainda deve lutar internamente para ser aceito" (*apud* Burling, 2010, p. 6). Mas Seligman era suficientemente inteligente e esforçado para ser aceito em Princeton e obter seu Ph.D. na Universidade da Pensilvânia em 1967. Atualmente, ele é diretor do Centro de Psicologia Positiva da universidade. Além disso, é campeão de *bridge* e já ganhou uma série de torneios.

## Características e causas da felicidade

O que a psicologia positiva pode nos dizer sobre a personalidade feliz? Como as pessoas felizes se diferenciam daquelas que você não descreveria como felizes? Os psicólogos têm rotulado a personalidade feliz em termos como *bem-estar subjetivo* ou *satisfação com a vida*, definindo-a como algo que engloba uma avaliação cognitiva da qualidade das experiências de vida de um indivíduo e o fato de ele ter estado de espírito e emoções positivas. Assim, a felicidade tem aspectos racionais e emocionais. Como você deve esperar, pesquisas revelaram uma variedade de fatores que podem influenciar a felicidade.

## Dinheiro

O dinheiro é o primeiro fator que veio à sua mente? Acontece que o velho ditado é verdadeiro: "dinheiro não compra felicidade". No entanto, a falta de dinheiro pode levar à infelicidade. Um nível adequado de rendimentos para pagar por nossas necessidades básicas é um pré-requisito necessário, embora não suficiente, para a felicidade. Estudos realizados na Suécia, na Turquia e em outros países europeus revelaram que os níveis mais baixos de felicidade foram registrados em domicílios de baixa renda e que uma grande fonte de satisfação é ter uma reserva financeira disponível para lidar com pequenas emergências (Berlin e Kaunitz, 2014; Drakopoulos e Grimani, 2013).

Um levantamento em 123 países confirmou que a satisfação com a vida varia de acordo com a renda de cada um. Pessoas que ganhavam mais dinheiro relataram que estavam mais satisfeitas com suas vidas do que as pessoas que recebiam menos (Diener *et al.*, 2010). Algumas pesquisas sugerem que o dinheiro pode ser mencionado como um importante fator para a felicidade mais frequentemente por norte-americanos do que por europeus (Mogilner, 2010).

Levantamentos mostram que pessoas que vivenciam falta dinheiro para as coisas essenciais são infelizes; mas ter dinheiro em medida significativamente superior ao que realmente se precisa tem pouco efeito mensurável sobre a felicidade. Mesmo ganhar uma enorme quantia de dinheiro na loteria resulta apenas um aumento temporário do bem-estar subjetivo (DeNeve e Cooper, 1998; Diener *et al.*, 1999; King e Napa, 1998; Pappas, 2010).

Assim, se você pensa que tudo de que precisa para ser feliz é uma casa maior ou um carro mais caro, pense melhor, porque ter bens maiores e de valor mais alto não garantem a felicidade. Um pesquisador concluiu: "Quanto mais as pessoas vislumbram objetivos materiais, menos felizes e satisfeitas ficam com a vida" (Van Boven, 2005, p. 133). Outra pesquisa mostrou que pessoas de alta renda tendem a experimentar forte estresse e a dedicar menos tempo ao descanso e a atividades de lazer do que as de baixa renda (Kahneman *et al.*, 2006).

## Atratividade física

Pessoas atraentes ou bonitas são mais felizes do que pessoas supostamente menos atraentes? Pesquisas nos Estados Unidos, no Canadá, na Inglaterra e na Alemanha dizem que sim. A atratividade pessoal parece, de fato, ser capaz de aumentar a felicidade, mas talvez isso aconteça por razões práticas; atratividade física aumenta as expectativas de casamento, as oportunidades de emprego e o potencial de renda (Anderson e Adams; Plaut, 2008; Bennett, 2011; Hamermesh e Abrevaya, 2011). A relação entre atratividade física e felicidade foi considerada mais forte em pessoas que viviam em cidades do que em áreas rurais. Também foi observado que, na Finlândia, pessoas obesas são menos felizes do que aquelas que não são obesas (Bockerman *et al.*, 2014).

## Saúde

A ausência de boa saúde pode diminuir a felicidade, mas ter saúde não é garantia de felicidade. Assim, a saúde parece ser condição necessária, mas não suficiente, para o bem-estar subjetivo. Ou seja, ser saudável não o torna necessariamente feliz, mas ser feliz pode contribuir para sua saúde e aumentar sua longevidade. Uma análise de mais de 160 estudos confirmou que obter alta pontuação em bem-estar subjetivo contribui para maior longevidade e saúde das pessoas. (Diener e Chan, 2011). Um levantamento realizado em 25 países descobriu que indivíduos que praticavam exercícios relatavam um nível mais alto de satisfação com a vida do que aqueles que não se exercitavam (Dolan, Kavetsos e Vlaev, 2014).

## Idade

Uma pesquisa com mais de 300 mil norte-americanos de 18 a 85 anos de idade descobriu que o bem-estar subjetivo e a satisfação com a vida eram altos aos 18 anos, caíam até cerca de 50 anos e depois aumentavam, a ponto de as pessoas de 85 anos relatarem maior satisfação com a vida do que aquelas de 18 anos (Stone *et al.*, 2010). No entanto, esses resultados não foram replicados em outros países. Um estudo de grande escala conduzido pela organização mundial Gallup Poll revelou que nos países desenvolvidos de língua inglesa da Europa Ocidental o bem-estar subjetivo caía entre 45 e 54 anos de idade. Em nações menos desenvolvidas do Leste Europeu e da antiga União Soviética, assim como na América Latina, a felicidade diminuía de modo geral com o aumento da idade (Steptoe, Deaton e Stone, 2015).

## Adolescência

Adolescentes norte-americanos que têm alta pontuação em bem-estar subjetivo têm probabilidade muito mais alta de ter pais que os valorizam, mostram interesse por eles e expressam preocupação quanto ao seu futuro. Essa relação parece ser mais forte entre as meninas do que entre os meninos (Rayle, 2005). Os adolescentes mais felizes tinham relações mais positivas com os colegas, relatavam menos ansiedade e depressão, além de mais esperança no futuro. Também expressavam maior sentimento de controle pessoal sobre suas vidas do que os adolescentes com baixa pontuação em satisfação de vida (Gilman e Huebner, 2006).

Na China, adolescentes com alta pontuação em bem-estar subjetivo têm pais mais bem-educados e que raramente brigam entre si, em comparação com adolescentes com baixa pontuação (Guo-Xing e Hai, 2006). Em Israel, adolescentes que sentiam ter um alto grau de apoio da comunidade e dos amigos eram mais felizes do que aqueles que relatavam ter pouco apoio (Ronen *et al.*, 2014).

## Pessoas mais velhas

Estudos com pessoas mais velhas sugerem que a felicidade não necessariamente diminui com o avançar da idade. Os resultados não são consistentes; no entanto, algumas pesquisas mostram um aumento da felicidade com o avançar da idade, enquanto outras sugerem que a felicidade atinge o ápice aos 65 anos e depois cai (Lacey, Smith e Ubel, 2006; Mroczek e Spiro, 2005).

Um estudo com idosos na Alemanha (com idades entre 70 e 103 anos) descobriu que as pessoas que tinham problemas de saúde e limitações físicas na idade avançada sofriam realmente um declínio do bem-estar subjetivo (Kunzmann, Little e Smith, 2000). Outro estudo com alemães idosos, hospitalizados por diversas disfunções, revelou que não era tanto a debilitação física que diminuía seu bem-estar subjetivo, mas sim a atitude em relação à doença. Pessoas com atitudes mais positivas tinham pontuação mais alta em bem-estar subjetivo do que as que expressavam atitudes negativas (Schneider *et al.*, 2006).

Uma pesquisa com idosos na Eslováquia também demonstrou a relação entre atitude e felicidade. Aqueles com pontuação mais elevada naquilo que os pesquisadores chamaram de "crença em um mundo justo" relataram maior felicidade do que os que não endossaram tal crença (Dzuka e Dalbert, 2006).

Exercício físico é um componente importante para o bem-estar subjetivo de pessoas idosas. Exercícios aeróbicos e de resistência ou de musculação mostraram correlação positiva com a felicidade dos idosos (Netz *et al.*, 2005). Pessoas mais velhas com redes sociais fortes e amigos solidários relatam mais felicidade do que aquelas que são mais isoladas socialmente (Pinquart e Soerensen, 2000).

Estudos com pessoas de 70 a 100 anos nos Estados Unidos, na Inglaterra e na Alemanha descobriram que a morte iminente contribui para um declínio do bem-estar subjetivo. Os últimos três a cinco anos de vida dos sujeitos pesquisados foram marcados por um rápido declínio na felicidade relatada (Gerstorf *et al.*, 2008; 2010).

## Casamento e apoio social

Se apoio social é importante para o bem-estar subjetivo na velhice, pode-se concluir que os idosos casados são mais felizes do que os não casados? Sim. A evidência fica clara a partir de pesquisas realizadas em mais de 40 países, com cerca de 60 mil pessoas. Pessoas casadas relatam níveis mais altos de felicidade do que aquelas divorciadas, separadas, viúvas ou que nunca se casaram (Carr *et al.*, 2014; Diener *et al.*, 2000).

Mulheres e homens casados revelaram-se mais felizes do que os não casados (Batanowska-Ratij *et al.*, 2014; Mastekaasa, 1995). Essas descobertas foram comprovadas em muitos países, inclusive nos Estados Unidos e na Polônia. Também descobriu-se que, para maridos e esposas, a felicidade declina a partir do nascimento do primeiro filho. Em geral, as pessoas que não têm filhos relatam maior felicidade do que aquelas que têm; e pessoas com filhos muito pequenos expressam menos felicidade (Munsey, 2010). O nível mais baixo de felicidade foi detectado no grupo de mães solteiras (Ifcher e Zarghamee, 2014).

Um estudo longitudinal com casais durante um período de 35 anos concluiu que os níveis de felicidade variam em relação à felicidade do cônjuge. A infelicidade de um dos cônjuges sempre leva à infelicidade do outro, e a recíproca é sempre verdadeira (Hoppman *et al.*, 2011). Uma pesquisa na Alemanha fez uma descoberta: as pessoas que passam por mais de um divórcio têm maior pontuação em satisfação de vida depois do segundo divórcio do que depois do primeiro (Luhmann e Eid, 2009).

O apoio social está altamente correlacionado ao bem-estar subjetivo na maioria dos países. Uma pesquisa em Israel constatou que a satisfação com a vida era mais alta em pessoas com fortes redes de apoio social e que isso era particularmente importante para os novos imigrantes (Litwin, 2005). Estudos na Finlândia mostraram que, entre os imigrantes recentes, o apoio social ativo era fundamental para seu bem-estar psicológico (Jasinskaja-Lahti *et al.*, 2006).

## Cultura

Em todos os grandes levantamentos internacionais sobre felicidade, a Dinamarca fica sempre em primeiro lugar (Hussain, 2014). A felicidade varia de uma cultura para outra, e é de grande importância a riqueza relativa de uma nação. Países marcados por níveis de pobreza que dificultam a satisfação das necessidades básicas têm níveis de felicidade muito mais baixos do que os países economicamente mais avançados (Diener, Diener e Diener, 1995; Veenhoven, 2005). Pessoas que vivem em países mais ricos se avaliam como mais felizes do que pessoas de países pobres (Delhey e Dragolov, 2015; Diener *et al.*, 2010; Doherty e Kelly, 2010; Howell e Howell, 2008; Minkov, 2009).

Estudos conduzidos em sociedades orientais coletivistas, como China e Turquia, revelaram pouca relação entre apoio social e bem-estar subjetivo (Dan, Jun e Ji-Liang, 2006; Turkum, 2005). Uma pesquisa com universitários da Turquia descobriu que a chance de oferecer apoio social a outras pessoas estava significativamente relacionada ao bem-estar psicológico, mas receber apoio social de outras pessoas não tinha efeito sobre o bem-estar psicológico (Gencoz e Ozlale, 2004). O bem-estar subjetivo é acentuadamente mais alto nas culturas individualistas, como os Estados Unidos, do que nas coletivistas ou orientadas para o grupo, como a China (Diener *et al.*, 1995; Park e Huebner, 2005; Wirtz *et al.*, 2009).

Descendentes de imigrantes de outras culturas tendem a refletir o nível de bem-estar subjetivo característico dessas culturas, mesmo na ausência de contato direto contínuo. Por exemplo, pessoas da Dinamarca e da Suécia relataram alto bem-estar subjetivo, tal como os norte-americanos cujos antepassados provinham desses países. Os norte-americanos cujos antepassados vinham de culturas com níveis mais baixos de bem-estar subjetivo, como a Hungria ou a Lituânia, tinham níveis semelhantes de bem-estar subjetivo (Rice e Steele, 2004).

## Geografia: onde você mora é importante

Um levantamento de nível nacional com norte-americanos de 25 a 75 anos de idade revelou critérios diferentes para a felicidade em várias localidades do país (Plaut, Markus e Lachman, 2002). Por exemplo, pessoas de New England incluíam bem-estar físico, autonomia e ausência de sentimentos de restrições como condições necessárias para o bem-estar subjetivo. Pessoas dos estados do centro-sul oriental americano (Texas, Oklahoma, Arkansas, Louisiana) mostraram maior preocupação com crescimento pessoal e sentimentos de alegria e felicidade como critérios para o bem-estar subjetivo. Pessoas dos estados do centro-sul ocidental (Kentucky, Tennessee, Mississippi e Alabama) concentraram-se na responsabilidade social e na assistência e contribuição ao bem-estar dos outros como necessárias para seus próprios sentimentos de felicidade.

Outra pesquisa norte-americana descobriu que o bem-estar subjetivo era maior na costa oeste e em estados montanhosos, moderadamente alto nos estados da costa leste e mais baixo nos estados do centro-oeste e do sul do país. Geralmente, a felicidade se relacionava significativamente a uma renda maior, um maior nível de educação e maior tolerância com o ponto de vista de outras pessoas (Rentfrow, Mellander e Florida, 2009).

Um estudo conduzido em diferentes regiões geográficas da Alemanha durante um período de 24 anos descobriu que, à medida que as pessoas envelheciam, a satisfação com a vida manifestada por aquelas que moravam em áreas prósperas permaneceu maior que a satisfação manifestada pelas que viviam em regiões menos ricas (Gerstorf *et al.*, 2010b).

## Raça e etnia

Em sociedades multiculturais, pessoas com um forte senso de identidade étnica obtiveram maior pontuação e bem-estar subjetivo do que aquelas com baixos níveis de identidade com sua herança étnica (Le, Lai e Wallen, 2009). Uma pesquisa com estudantes universitários afro-americanos revelou que aqueles que sentiam maior senso de identificação e aceitação por parte da comunidade negra em sua universidade relataram níveis mais altos de bem-estar psicológico do que os que sentiam menos identificação e aceitação (Postmes e Branscombe, 2002).

Quando adultos afro-americanos foram solicitados a classificar sua satisfação com a vida, aqueles que tinham passado por discriminação relataram níveis mais baixos do que os que não haviam vivenciado situações discriminatórias. Aqueles que frequentaram escolas predominantemente brancas tinham níveis mais elevados de satisfação com a vida do que aqueles que iam a escolas predominantemente negras ou mistas, embora isso possa ter mudado nas décadas posteriores à realização dessa pesquisa (Broman, 1997).

Um estudo com adultos afro-americanos idosos (de 55 a 93 anos de idade) também revelou níveis inferiores de satisfação com a vida entre os que relataram estresse por discriminação racial (Utsey *et al.*, 2002). Resultados semelhantes foram encontrados em um estudo com estudantes universitários afro-americanos. Aqueles que relataram níveis mais altos de discriminação racial percebida tinham níveis inferiores de satisfação com a vida, bem como mais sintomas de depressão (Prelow, Mosher e Bowman, 2006; Seaton e Yip, 2009).

## Personalidade

Uma pesquisa considerável foi conduzida sobre os correlatos da personalidade feliz, particularmente as facetas do modelo dos cinco fatores (ver Capítulo 8). Pessoas com pontuação baixa em neuroticismo e alta em extroversão e conscienciosidade relatam níveis mais altos de bem-estar subjetivo (DeNeve e Cooper, 1998; Hayes e Joseph, 2003; Keyes, Shmotkin e Ryff, 2002; Quevedo e Abella, 2011; Siegler e Brummett, 2000). Pesquisas na China descobriram que a extroversão era um dos mais importantes preditores de bem-estar subjetivo (Zhang e He, 2010).

Um estudo sobre os três fatores de personalidade de Eysenck, realizado em 39 países, e sobre os cinco grandes fatores, realizado em 26 países, revelou que baixo neuroticismo e alta extroversão estavam correlacionados significativamente aos níveis nacionais de bem-estar subjetivo (Steel e Ones, 2002). Uma comparação com indivíduos adultos nos Estados Unidos e na Alemanha revelou que o baixo neuroticismo era o fator preditivo mais forte do bem-estar subjetivo (Staudinger, Fleeson e Baltes, 1999). Outros estudos realizados em mais de 30 países confirmam que o baixo neuroticismo e a alta extroversão são os principais correlatos do bem-estar subjetivo (Gomez *et al.*, 2009; Libran e Howard, 2006; Lynn e Steel, 2006). Resultados semelhantes foram encontrados com macacos. Os orangotangos mais felizes nos zoológicos dos Estados Unidos, do Canadá e da Austrália foram aqueles classificados pelos funcionários dos zoológicos com alta extroversão, baixo neuroticismo e alta socialização (Weiss, King e Perkins, 2006).

Em geral, a importância de fatores essencialmente herdados, como neuroticismo, extroversão e afabilidade, como influências sobre o bem-estar subjetivo em tantas culturas diferentes, sugere que a satisfação com a vida e a felicidade podem ter um forte componente genético.

Outras variáveis da personalidade contribuem para o bem-estar subjetivo. Uma pesquisa com estudantes universitários nos Estados Unidos e na Coreia do Sul identificou quatro fatores que contribuem para a felicidade: autonomia, competência, relacionamentos e autoestima (Sheldon *et al.*, 2001). Na Inglaterra, uma pesquisa com estudantes universitários mostrou que o sentimento de gratidão se relacionava fortemente ao bem-estar subjetivo, ou seja, quanto mais gratos por suas circunstâncias pessoais os indivíduos eram, mais felizes se sentiam (Wood, Joseph e Maltby, 2009).

Um estudo conduzido na Alemanha com cerca de 10 mil adultos demonstrou um possível efeito negativo do alto nível de conscienciosidade. Entre aqueles que haviam perdido o emprego, os que tinham alto nível de conscienciosidade tiveram uma queda bem maior em satisfação de vida do que aqueles com baixa realização (Boyce, Wood e Brown, 2010).

## Autoeficácia e *locus* de controle interno

A autoeficácia e o *locus* de controle interno estão positivamente relacionados à satisfação com a vida. Em geral, somos mais felizes quando nos sentimos competentes para enfrentar a vida e com controle sobre os reforçadores importantes para nós. Estudos na Alemanha e na Austrália confirmaram que sentimentos de autocontrole estavam fortemente relacionados ao bem-estar subjetivo (Lang e Heckhausen, 2001; Windsor e Anstey, 2010). Autonomia (ter um forte senso de autodeterminação) é um grande contribuidor para a felicidade (Schmutte e Ryff, 1997; Sheldon *et al.*, 2005). Confiança, estabilidade emocional, autoestima e capacidade de lidar positivamente com o estresse são fatores correlacionados com altos níveis de bem-estar subjetivo (DeNeve e Cooper, 1998).

## Pensar positivo

Ter emoções positivas, como alegria, interesse, amor e entusiasmo, está ligado ao bem-estar subjetivo (Frederickson, 2001) e, de forma similar, emoções negativas reduzem a sensação de bem-estar. Entre estudantes finlandeses da oitava e nova séries, ter oportunidades de autorrealização e de relacionamentos sociais, dentro e fora da escola, estava altamente ligado ao bem-estar subjetivo (Konu, Lintonen e Rimpelae, 2002).

Entre os universitários, constatou-se que o fator da vingança (desejo de buscar vingança em relação a outra pessoa) levou a menor satisfação com a vida (McCullough *et al.*, 2001). Pesquisas com sobreviventes do Holocausto que viviam em Israel revelou que, mesmo 60 anos após da tragédia, os efeitos traumáticos persistiam sob a forma de emoções negativas e diminuíam os níveis de bem-estar subjetivo (Ben-Zur e Zimmerman, 2005).

## Objetivos

Pessoas com alto bem-estar subjetivo diferem de pessoas com baixo bem-estar subjetivo em termos de motivações e metas. Uma pesquisa concluiu que a satisfação com a vida aumentava quando os objetivos que as pessoas colocavam para si mesmas relacionavam-se a crescimento pessoal e contribuições para a comunidade e eram considerados realistas e valiosos para a cultura. Verificou-se que pessoas com alta classificação em satisfação de vida estavam intensamente empenhadas em atingir seus objetivos e acreditavam estar progredindo em direção a seus fins (Klug e Maier, 2015; Lyubomirsky, 2001).

Pesquisas com mais de 3 mil gerentes nos Estados Unidos (com idades entre 25 e 74 anos) revelaram forte relação positiva entre satisfação com a vida e orientação em relação ao futuro, que inclui planejar ativamente o futuro. Essa relação foi maior entre os gerentes mais velhos do que entre os mais jovens (Prenda e Lachman, 2001).

Na Alemanha, uma pesquisa revelou que as escolhas mais importantes entre os objetivos de vida relacionados diretamente à felicidade incluem as características do parceiro, um rico estilo de vida, um equilíbrio adequado entre trabalho e lazer e envolvimento social (Headey, Muffels e Wagner, 2010).

Dois estudos – um deles envolvendo mais de 13 mil estudantes universitários de 31 países e o outro mais de 7 mil estudantes de 41 países – constataram diferenças significativas no modo como as pessoas felizes e as infelizes percebem, julgam ou constroem eventos em suas vidas.

*Ao avaliar sua satisfação de vida, indivíduos infelizes parecem dar mais peso do que os felizes ao que pode estar errado em suas vidas [...] Em contraposição, indivíduos felizes enxergam através das proverbiais lentes cor-de-rosa e dão acentuadamente mais peso aos aspectos positivos de suas vidas do que os indivíduos infelizes.* (Diener et al., 2002, p. 444)

## Felicidade e sucesso

O que vem primeiro: felicidade ou sucesso? As pessoas são felizes porque têm sucesso ou têm sucesso porque são felizes? Uma pesquisa tende a mostrar que a felicidade, ou bem-estar subjetivo, leva a tipos de comportamento que trazem sucesso (Boehm e Lyubomirsky, 2008). Pessoas com alto bem-estar subjetivo "têm probabilidade mais alta de conseguir entrevistas de trabalho, de serem avaliadas de modo mais positivo por supervisores depois que obtêm o emprego [e] de mostrar desempenho e produtividade superiores" (Lyubomirsky, King e Diener, 2005).

## Uso da internet

O uso de redes sociais afeta a felicidade? Na China, um estudo com adolescentes não detectou resultados significativos sobre a felicidade na participação de interações sociais on-line. No entanto, universitários da Itália mostraram um aumento em seu bem-estar subjetivo e maior sentimento de proximidade com o seu próprio grupo social e com a sociedade em geral depois que formavam relações sociais on-line (Biao-Bin et al., 2006; Contarello e Sarrica, 2007).

Uma pesquisa em Taiwan, no entanto, descobriu que o uso da internet causou um leve efeito negativo no bem-estar subjetivo (Huang, 2010a). Um estudo em grande escala com norte-americanos descobriu um efeito negativo ainda mais forte. As pessoas disseram que, quanto mais tempo gastavam

---

**DESTAQUES:** Pesquisa sobre o conceito de felicidade de Seligman

Pessoas felizes tendem a:

- Ter mais dinheiro e viver em um país mais rico.
- Ser mais atraentes.
- Fazer mais exercícios físicos à medida que envelhecem.
- Ser casadas e sem filhos.
- Ter um forte senso de identidade étnica.
- Ser extrovertidas, realizadas e com altos níveis de autoeficácia e *locus* de controle.
- Não ser neuróticas.
- Ter entusiasmo, gratidão e ser otimistas.
- Ter objetivos, um estilo de vida saudável e um alto nível de envolvimento social.
- Possuir um equilíbrio adequado entre vida pessoal e trabalho.
- Gastar mais tempo na internet – ou talvez não.

on-line – "navegando", digitando textos, checando as notícias ou participando de uma sala de bate-papo –, mais solitárias e infelizes se sentiam (Stepanikova, Nie e He, 2010).

Quando universitários norte-americanos receberam uma tarefa em sala de aula, aqueles que usaram redes sociais pessoais tiveram desempenho pior. Eles também sentiram níveis mais altos de estresse e mais baixos de felicidade do que os estudantes que não usaram as redes sociais durante a tarefa (Brooks, 2015).

De modo geral, pesquisas com uma grande amostra de pessoas de uma variedade de países ricos e pobres descobriram que a comunicação pela internet deixava as pessoas mais felizes, embora algumas se beneficiassem mais do que as outras (Penard, Poussing e Suire, 2013). As que possuíam uma renda mais baixa ou que viviam em países em desenvolvimento relataram maior satisfação com a vida devido à internet. Além disso, mais mulheres do que homens mostraram uma sensação de empoderamento vinda do uso da internet (Kelly, 2010). A conclusão que podemos tirar dessa pesquisa é que a internet funciona melhor com determinadas pessoas do que com outras em relação ao bem-estar subjetivo. 🌐

## Diferentes tipos de felicidade: significado e florescimento

À medida que a área de psicologia positiva avançava, Seligman identificou diferentes tipos de felicidade, ou de satisfação com a vida, e propôs três modelos distintos:

- Emoção positiva: a vida prazerosa.
- Engajamento: a vida engajada.
- Significado: a vida com significado.

A vida prazerosa consiste em grande quantidade de emoção positiva, como satisfação no trabalho, contentamento, serenidade e otimismo. A vida engajada consiste em engajamento, envolvimento, propósito, compromisso e absorção no trabalho. Como Seligman observou, "o tempo passa rapidamente" para esse tipo de pessoa. "A atenção está completamente concentrada na atividade. O senso de si foi perdido" (Seligman, Rashid e Parks, 2006, p. 777). Pesquisas indicam que ter um propósito na vida está relacionado não apenas a encontrar um sentido na vida, mas também com um envelhecimento mais saudável e longevidade (Hill e Turiano, 2014).

A vida com significado implica usar os próprios talentos, habilidades e forças para pertencer, servir ou empenhar-se em alguma missão maior do que si mesmo. Pode ser uma religião, uma organização, um partido político, um ideal ou qualquer outra coisa que transcenda o *self*. Viver uma vida significativa, escreveu Seligman, "produz um senso de satisfação e a convicção de que se viveu bem" (Seligman, Rashid e Parks, 2006, p. 777). Sua pesquisa mostrou que perseguir significado e engajamento está muito mais fortemente relacionado à felicidade do que perseguir o prazer (Schueller e Seligman, 2010).

Em 2012, Seligman publicou um livro chamado *Florescer: uma nova e visionária interpretação da felicidade e do bem-estar*. Ele argumentava que "florescimento" é um termo melhor que felicidade ou bem-estar para descrever aqueles que estão no topo da escala da felicidade. Este grupo, que abrange cerca de 10% a 18% da população mundial, inclui aqueles que não se sentem apenas felizes, mas também se destacam em relacionamentos e realizações.

Seligman concluiu que a felicidade por si só não é suficiente para dar sentido completo e profundo à vida de alguém. Para alcançar esse nível mais elevado de florescimento, precisamos cultivar nossos talentos e habilidades, estabelecer relações profundas e significativas com outras pessoas e contribuir de maneiras positivas e construtivas para o mundo ao nosso redor. A felicidade, que ele agora chama de "emoção positiva", é um dos cinco pilares da personalidade florescente. Esses pilares incluem: emoção positiva (da qual fazem parte felicidade e satisfação com a vida), envolvimento, relacionamentos, significado e realização (Seligman, 2011).

## Comentários

O apelo de Seligman a uma psicologia positiva obteve uma resposta estusiasmada. Em 2000, apenas dois anos depois de Seligman apresentar o tema, o *Journal of Happiness Studies*, primeiro periódico da área, começou a ser publicado. Em 2002, Seligman escreveu *Felicidade autêntica: usando a nova psicologia positiva para a realização permanente*, um livro que recebeu amplo reconhecimento popular e que foi muito elogiado. A *Newsweek* descreveu o movimento da psicologia positiva como uma nova era da psicologia. A revista *Time* colocou uma foto de Seligman na capa e publicou uma edição especial de 40 páginas. Em Harvard, o curso de pós-graduação mais procurado, com mais de 800 inscritos, foi o de psicologia positiva. Em 2006, o *Journal of Positive Psychology* começou a ser publicado. A psicologia positiva teve grande sucesso e difusão como um ramo distinto da psicologia.

Em 2012, a Girl Scouts of America instituiu uma insígnia da Ciência da Felicidade, que os membros ganham ao frequentar um curso de um mês sobre estratégias e técnicas para alcançar a felicidade (Wojcik, 2012). Até 2014, mais de 10 mil artigos de periódicos foram publicados todos os anos. Especialistas organizavam seminários e escreviam livros, enquanto revistas e *talk shows* consagrados enalteciam seus objetivos. Em 2015, uma pesquisa no Google pelo termo "felicidade" gerava quase 350 milhões de resultados.

## Resumo do capítulo

Rotter descreveu aqueles que acreditam que o reforço que recebem está sob seu controle como pessoas que têm *locus* de controle interno; aqueles que acreditam não ter controle sobre o reforço que recebem como pessoas que têm *locus* de controle externo. Personalidades de *locus* internos têm um forte senso de escolha pessoal, melhor saúde mental e física, são menos incomodadas pelo estresse, conseguem melhores notas nas avaliações da escola e têm mais autoestima do que as de *locus* externo.

As pessoas se tornam mais internamente orientadas ao envelhecer, atingindo o pico na meia-idade. Pessoas de classe econômica baixa, em alguns grupos minoritários e em alguns grupos culturais, tendem a ser mais externamente orientadas. Pais mais internamente orientados tendem a apoiar e a ser consistentes na forma de disciplinar seus filhos, incentivando sua independência.

Segundo Zuckerman, a busca de sensação é um traço hereditário relacionado à necessidade de sensações e a experiências novas e complexas. Nossos componentes da busca de sensação são busca de excitação e aventura, de experiências, desinibição e suscetibilidade ao tédio. Zuckerman, mais tarde, distinguiu a busca de sensações boas, que é socializada e não impulsiva, e a busca de sensações ruins, que não é socializada, é impulsiva e caracterizada por altas pontuações em medidas de psicoticismo.

São encontrados níveis mais altos de busca de sensação entre homens brancos, pessoas de culturas ocidentais e jovens, da adolescência aos 20 anos, aproximadamente. Pessoas com alta busca de sensação são mais propensas a usar drogas, fumar, tomar bebidas alcoólicas, dirigir em alta velocidade, envolver-se frequentemente com sexo, jogar, correr riscos físicos e viajar por lugares perigosos. Em termos de personalidade, pessoas com alta busca de sensação tendem a ser egocentricamente extrovertidas, autônomas, assertivas, não conformistas e desinibidas para expressar emoções. Quanto ao funcionamento cognitivo, esse tipo de pessoa reconhece símbolos e números mais rapidamente e prefere complexidade em estimulação visual.

Os interesses vocacionais dos homens com alta busca de sensação orientam-se para as ciências e as profissões de ajuda. Homens com baixa busca de sensação dirigem-se mais a interesses burocráticos e comerciais. Os com alta busca de sensação tendem a apresentar atitudes religiosas e políticas mais liberais, têm maior tolerância à ambiguidade, são mais permissivos em atitudes sexuais, têm menor tendência ao autoritarismo e apresentam respostas fisiológicas mais intensas a estímulos novos. A busca de sensação é primordialmente herdada, mas pode ser influenciada por fatores ambientais, como a ordem de nascimento e o nível de busca de sensação dos pais.

O desamparo aprendido, investigado por Seligman, resulta da nossa percepção de que não possuímos controle sobre nosso ambiente. Um estilo explicativo otimista é capaz de prevenir o desamparo aprendido, e um estilo pessimista difunde o desamparo para todas as facetas da vida, podendo levar a doenças físicas e depressão. Os pessimistas dão a si mesmos explicações pessoais, permanentes e globais sobre os eventos negativos. Assim, o desamparo transforma-se de breve e localizado em duradouro e generalizado.

O modelo de atribuição do desamparo aprendido implica atribuir um fracasso a alguma causa. Os pessimistas atribuem seus fracassos a causas internas, estáveis e globais, e os otimistas atribuem os seus fracassos a causas externas instáveis e específicas. Os otimistas tendem a viver mais, aproveitam melhor sua saúde e experimentam menos estresse e depressão do que os pessimistas.

Embora o desamparo aprendido possa ocorrer em qualquer idade, os bebês e as crianças mais novas são particularmente vulneráveis. Os bebês aprendem que existe uma correspondência entre as suas reações e os resultados delas quando trazem modificações ao ambiente, e aprendem o desamparo quando suas respostas não trazem as modificações desejadas. As principais causas do desamparo aprendido são a privação materna e um ambiente com baixo nível de estimulação e *feedback*.

A psicologia positiva concentra-se nas características da personalidade feliz, ou seja, naquelas pessoas que têm alta pontuação em medidas de bem-estar subjetivo ou satisfação de vida. O bem-estar psicológico alto está associado a apoio social e relações positivas com os outros, atitude positiva, atividade física, não ser membro de grupos minoritários que experimentem discriminação e viver em uma sociedade individualista avançada economicamente. As características da personalidade feliz incluem baixo neuroticismo, alta extroversão, autonomia, autoestima, autoeficácia, *locus* de controle interno e senso de controle sobre a própria vida. Essas pessoas tendem também a ter carreiras de sucesso.

Seligman sugeriu três tipos de felicidade: a vida prazerosa, que consiste em grande quantidade de emoção positiva; a vida engajada, que consiste em engajamento, compromisso e absorção no trabalho; e a vida com significado, que consiste em comprometer os próprios talentos e habilidades em um serviço, causa ou propósito maior do que si mesmo. O conceito mais recente de Seligman, o florescimento, refere-se aos indivíduos que não são apenas felizes, mas também têm pontuações elevadas em relacionamentos e realizações.

 ## Perguntas de revisão

1. Quais são as diferenças entre as abordagens global e de domínio limitado da personalidade?
2. Como as pessoas com *locus* de controle interno e externo diferem em termos de visão da fonte dos reforços que recebem?
3. Dê exemplos de como as pessoas com *locus* de controle interno se comportam de modo diferente das que têm *locus* de controle externo.
4. Se uma pessoa com *locus* de controle externo vem a saber que um furacão está próximo, a probabilidade de que ela acredite que não há nada

a fazer a respeito é alta ou é mais alta a probabilidade de que faça alguma coisa para proteger a si mesma, sua família e sua propriedade? Por quê?
5. Quais comportamentos dos pais estimulam o *locus* de controle interno da criança?
6. Descreva as diferenças étnicas, de classe social e culturais identificadas pela pesquisa sobre *locus* de controle interno *versus* externo.
7. Discuta as diferenças em saúde física entre pessoas com *locus* de controle interno e com *locus* de controle externo.

8. Quais são as diferenças entre os conceitos de *locus* de controle e de autoeficácia? Em que são semelhantes?

9. Defina a busca de sensação e descreva seus quatro componentes.

10. Como Zuckerman estabelece a distinção entre a busca de sensações boas e ruins? De que tipo você é?

11. O que as pesquisas mostram sobre as diferenças na busca de sensações em razão de idade, gênero, cultura e etnia?

12. De que modo as pessoas que têm alta busca de sensação diferem das que têm baixa busca, em termos de funcionamento da personalidade e funcionamento cognitivo?

13. Dê exemplos dos modos pelos quais os que têm alta busca de sensações se comportam diferentemente dos que têm baixa busca.

14. Descreva os interesses ocupacionais e as atitudes políticas de quem tem alta busca de sensações.

15. Discuta a importância relativa da hereditariedade e do ambiente na determinação da busca de sensações.

16. Defina desamparo aprendido e descreva as pesquisas iniciais de Seligman com cães.

17. Como o desamparo aprendido pode afetar a saúde? Como ele se relaciona com a depressão?

18. Estabeleça as diferenças entre estilos explicativos otimistas e pessimistas. De que forma eles podem afetar a saúde?

19. Explique como o desamparo aprendido pode se desenvolver na infância.

20. Discuta as semelhanças e as diferenças entre a versão contemporânea de Seligman da psicologia positiva e as psicologias humanistas de Maslow e Rogers.

21. Descreva o efeito sobre o bem-estar subjetivo de cada um dos seguintes fatores: *status* financeiro, atratividade, saúde, etnia e cultura.

22. De que modo as personalidades de pessoas com alta pontuação em bem-estar subjetivo diferem das que têm baixa pontuação?

23. Dê exemplos de como a geografia, as motivações, os objetivos e a utilização da internet podem afetar o bem-estar subjetivo.

24. Descreva os três componentes ou tipos de felicidade de acordo com Seligman. Qual corresponde de forma mais aproximada ao conceito de autorrealização de Maslow?

25. Como o conceito de florescimento de Seligman difere de seu conceito anterior de bem-estar subjetivo?

# Leituras sugeridas

## *Locus* de controle

Rotter, J. B. Expectancies. In: C. E. Walker (Ed.), *The history of clinical psychology in autobiography*. Pacific Grove, CA: Brooks/Cole, 1993, v. 2, p. 273-284. Aborda os estudos de graduação de Rotter, sua experiência acadêmica e os trabalhos iniciais sobre *locus* de controle. Também descreve o desenvolvimento de programas acadêmicos de psicologia clínica e as controvérsias políticas relacionadas.

## Busca de sensação

Brannigan, G. G e Merrens, M. R. (Eds.). *The undaunted psychologist: Adventures in research*. Filadélfia: Temple University Press, 1993. Artigos de um grupo diverso de psicólogos acadêmicos sobre as origens de seus interesses de pesquisa. Inclui um capítulo escrito por Zuckerman sobre abordagens pessoais e intelectuais de pesquisa.

Zuckerman, M. *Psychobiology of personality*. Nova York: Cambridge University Press, 1991. Descreve a abordagem da genética comportamental à personalidade e resume pesquisas relevantes da neuropsicologia, psicofarmacologia, psicofisiologia e psicologia anormal.

Zuckerman, M. *Sensation seeking and risky behavior*. Washington, DC: American Psychological Association, 2007. Um panorama abrangente das pesquisas de Zuckerman e de muitos outros sobre os diferentes tipos de comportamentos de indivíduos com pontuações altas em busca de sensação, incluindo sexo, crimes e voos de asa-delta.

## Desamparo aprendido

Seligman, M. E. P. *Helplessness: On depression, development, and death.* São Francisco: W. H. Freeman, 1975. (Seligman, M. E. P. *Desamparo: Sobre depressão, desenvolvimento e morte.* São Paulo: Hucitec, Edusp, 1977.) Descreve as primeiras pesquisas sobre desamparo aprendido, o desenvolvimento desse fenômeno na infância e seus impactos sobre depressão e saúde física.

Seligman, M. E. P. *Learned optimism: How to change your mind and your life.* Nova York: Vintage, 2006. (Seligman, M. E. P. *Aprenda a ser otimista: Aprenda como mudar sua mente e sua vida.* Rio de Janeiro: Objetiva, 2019.) Descreve as diferenças dos estilos explicativos otimista e pessimista e relaciona esses estilos à saúde física e mental. Oferece técnicas para mudar de pessimismo para otimismo e testes para verificar seus próprios níveis.

## Psicologia positiva

Comptom, W. e Hoffman, E. *Positive psychology: The science of happiness and flourishing.* 2. ed. Belmont CA: Cengage, 2012. Uma visão geral da psicologia positiva, de pesquisas relevantes e de aplicações a problemas do cotidiano.

Fave, A. (Ed.). *The exploration of happiness: Present and future perspectives.* 2. ed. Nova York: Springer Science and Business Media. Coleção de artigos do *Journal of Happiness Studies* sobre grandes descobertas, questões e desafios para as pesquisas futuras.

Seligman, M. E. P. *Authentic happiness: Using the new positive psychology to realize your potential for lasting fulfillment.* Nova York: Free Press, 2002. (Seligman, M. E. P. *Felicidade autêntica: Use a psicologia positiva para alcançar todo o seu potencial.* 2. ed. Rio de Janeiro: Objetiva, 2019.) Guia para o desenvolvimento de emoções positivas, caráter positivo e satisfação pessoal.

Seligman, M. E. P. *Martin Seligman: Journey from learned helplessness to learned happiness.* Um relato pessoal e profissional de como Seligman mudou a psicologia e a si mesmo. Disponível em: http://www.upenn.edu/gazette/0199/hirtz.html. Acesso em: dez. 2020.

Seligman, M. E. P. *Flourish: A visionary new understanding of happiness and well-being.* Nova York: Free Press, 2011. (Seligman, M. E. P. *Florescer: Uma nova compreensão da felicidade e do bem-estar.* Rio de Janeiro: Objetiva, 2011.) Sugestão mais recente de Seligman na área da psicologia positiva e sua teoria sobre bem-estar, além de exercícios que podem ser usados para aumentar a felicidade.

# CAPÍTULO 15

# Personalidade em perspectiva

No Capítulo 1, dissemos que nosso propósito era explorar as forças e os fatores que formam a personalidade, na tentativa de descobrir o que nos faz ser como somos. Discutimos cerca de duas dezenas de teorias, que vão desde o trabalho de Sigmund Freud, na virada do século XX, até estudos contemporâneos, no século XXI. Por termos analisado abordagens tão diversas, pode ser que você esteja chegando à conclusão de que o campo da personalidade é marcado mais pelo caos do que pela certeza, mais pelas diferenças do que pelas concordâncias.

Qual teoria é correta? Qual delas tem a solução para o quebra-cabeça da personalidade? A resposta mais completa que podemos sugerir é que cada uma dessas teorias discute fatores que influenciam, até certo ponto, a formação da personalidade. Cada teórico contribuiu com peças vitais para o quebra-cabeça. Agora é o momento de examinar essas peças para tentar enxergar a figura como um todo.

Resumiremos esses diversos pontos de vista em uma visão geral breve e ampla dos temas, ou fatores, que emergiram do trabalho dos vários teóricos.

- O fator genético.
- O fator ambiental.
- O fator de aprendizagem.
- O fator parental.
- O fator de desenvolvimento.
- O fator de consciência.
- O fator inconsciente.

## O fator genético

Há evidências crescentes de que muitos traços ou dimensões da personalidade são herdados. Eles incluem:

- As dimensões de Eysenck de psicoticismo, neuroticismo e extroversão (a última com origem no trabalho de Jung).
- O modelo dos cinco fatores de personalidade de McCrae e Costa: neuroticismo, extroversão, abertura à experiência, socialização e conscienciosidade.
- Os três temperamentos de Buss e Plomin: emotividade, atividade e sociabilidade.

Além disso, o traço proposto por Zuckerman de busca de sensações é primordialmente influenciado por fatores genéticos. A abordagem de traços, portanto, com ênfase no impacto da hereditariedade, ainda é uma área necessária e útil da pesquisa da personalidade. O que continua a ser determinado é precisamente quantos fatores herdados, traços ou temperamentos existem. Seriam os 16 de Cattell, os três de Eysenck, os cinco de McCrae e Costa, os três de Buss e Plomin ou um número ainda não descoberto?

Uma pesquisa com pares de gêmeos do Canadá, da Alemanha e do Japão forneceu suporte para a base genética do modelo dos cinco fatores. O autor principal do estudo sugere que isso pode "representar a herança comum da espécie humana" (Yamagata *et al.*, 2006, p. 996). Outras pesquisas confirmaram que os cinco grandes traços da personalidade ficavam cada vez mais estáveis em um período de 20 anos, desde a infância até a vida adulta (Shiner, 2014).

Outros estudos feitos na Bélgica e na Alemanha com irmãos gêmeos e não gêmeos revelaram alta estabilidade nos traços durante a infância e adolescência, o que também reforça a importância dos fatores genéticos sobre a personalidade (DeFruyt *et al.*, 2006; Kandler *et al.*, 2010).

Um programa de pesquisa em grande escala que incluía mais de 50 culturas, como Israel, Coreia e Turquia, descobriu que os cinco grandes fatores de personalidade foram exibidos consistentemente na maioria das nações estudadas. Em praticamente todos os países em desenvolvimento, como Etiópia, Líbano, Malásia e Uganda, os traços do modelo dos cinco fatores foram encontrados de maneira menos uniforme (Allik, Realo e McCrae, 2013; Heine e Buchtel, 2009; Ispas *et al.*, 2014).

Um estudo com gêmeos adolescentes (fraternos e idênticos) na Suécia encontrou um forte componente genético da personalidade psicopática propensa a comportamento antissocial violento (Larsson, Andershed e Lichtenstein, 2006). Outra pesquisa com gêmeos demonstrou que o grau de herdabilidade do traço de ansiedade aumentava entre as idades de 14 e 18 anos (Garcia *et al.*, 2013).

Além de encontrar componentes genéticos nas principais dimensões da personalidade, os pesquisadores também observaram que alguns comportamentos comuns do dia a dia são influenciados pela genética. Estudos nos Estados Unidos, na Finlândia, na Suécia e em região de língua francesa do Canadá encontraram evidências de influências genéticas nas atitudes sexuais, nos comportamentos alimentares de crianças de 2 anos, na depressão em crianças vítimas de *bullying* e em atitudes relacionadas à prática de instrumento musical. E com relação a posse de armas, gêmeos idênticos eram mais propensos a ter armas do que gêmeos fraternos (Barnes, Boutwell e Beaver, 2014; Butkovic, Ullen e Mosing, 2015; Dubois *et al.*, 2013; Iyer, Dougall e Jensen-Campbell, 2013; Westerlund *et al.*, 2012). Pesquisas adicionais em genética comportamental, sem dúvida, produzirão ainda mais facetas da personalidade moldadas por fatores herdados.

Independentemente do número de traços que possam existir, nem mesmo o mais ardoroso defensor das abordagens genéticas argumentaria que a personalidade pode ser explicada completa e totalmente pela hereditariedade. O que herdamos são disposições, não destinos; tendências, não certezas. Se nossas predisposições genéticas serão confirmadas dependerá de condições sociais e ambientais, particularmente as da infância.

## O fator ambiental

Muitas pesquisas indicam que efeitos genéticos são mais importantes na infância e nos primeiros anos, enquanto os efeitos ambientais sobre a personalidade se tornam cada vez mais importantes à medida que avançamos da infância para a idade adulta. As influências ambientais continuam a afetar nosso comportamento e nossa personalidade ao longo da vida (Briley e Tucker-Drob, 2014; Kandler, 2012).

Todos os teóricos da personalidade que discutimos reconhecem a importância do ambiente social na influência da personalidade. Adler mencionou o impacto da ordem de nascimento, afirmando que a personalidade é influenciada pela nossa posição na família em relação aos nossos irmãos. Estamos expostos a diferentes problemas e desafios parentais e sociais em razão da diferença de idade entre nossos irmãos ou de termos irmãos ou não. Na visão de Adler, os ambientes domésticos distintos podem resultar personalidades distintas.

Horney acreditava que a cultura em que crescemos pode produzir efeitos variados, como aqueles que ela encontrou nos diferentes tipos de neuroses exibidos por seus pacientes alemães e norte-americanos. Ela também chamou a atenção para os ambientes sociais totalmente diferentes aos quais meninos e meninas são expostos quando crianças. Analisou a inferioridade feminina, desenvolvida a partir da maneira como as meninas são tratadas em uma cultura dominada por homens, e sugeriu que as mulheres criadas em uma cultura matriarcal possivelmente têm uma autoestima mais elevada e características diferentes de personalidade.

Mesmo Allport e Cattell, que introduziram a abordagem de traços da personalidade, concordaram com a importância do meio. Allport observou que, embora a genética forneça a matéria-prima da personalidade, o ambiente social é que forja o material em seu produto final. Para Cattell, a hereditariedade é mais importante em alguns de seus 16 fatores de personalidade do que em outros; mas, em última análise, os fatores ambientais influenciam, de algum modo, todos os demais.

Os oito estágios de desenvolvimento psicossocial de Erikson são inatos, mas o ambiente determina as maneiras pelas quais esses estágios de base genética se desenvolvem. Ele acreditava que forças sociais e históricas influenciam a formação da identidade do ego. Maslow e Rogers sustentavam que a autorrealização é inata, mas reconheceram que fatores ambientais podem inibir ou estimular a necessidade de autorrealização.

Eventos sociais de grande escala, como guerras e recessões econômicas, podem restringir nossas escolhas de vida e influenciar a formação da identidade própria. Mudanças de vida mais corriqueiras, como ter um filho, divorciar-se ou mudar de emprego, também podem afetar nossa personalidade.

Até mesmo a época em que você nasceu e foi criado pode influenciar sua personalidade. De fato, os padrões sociais, atitudes e preferências, além da natureza das ameaças externas, são diferentes para cada geração e podem exercer uma influência substancial na personalidade. Isso foi demonstrado em um estudo de grande escala que comparava os dados de personalidade de mais de 50 mil estudantes universitários e de jovens. Esses dois grupos com nascimento em décadas diferentes, um deles da década de 1950 e outro da década de 1980, mostraram diferenças altamente significativas em duas dimensões da personalidade: ansiedade e neuroticismo. O grupo da década de 1980 demonstrou ansiedade e neuroticismo substancialmente mais altos. Essas diferenças foram atribuídas à diminuição das conexões sociais ocorrida dos anos 1950 aos 1980, como evidenciam a taxa mais elevada de divórcio e mais baixa de nascimentos, a idade mais avançada do primeiro casamento e a maior quantidade de pessoas vivendo sozinhas durante os anos 1980 (Twenge, 2000).

Uma pesquisa na Finlândia descobriu que ter filhos pode ocasionar mudanças de personalidade. Tornar-se pai ou mãe está associado a altos níveis de estresse e ansiedade, assim como a níveis mais baixos de satisfação com a vida e o casamento. O estudo também mostrou que a emotividade aumentou em adultos assim que se tornaram pais: quanto mais filhos tinham, maior o grau de emotividade (Jokela *et al.*, 2009). Uma pesquisa nos Estados Unidos, na Inglaterra e na Turquia também descobriu que o *status* de parentalidade diminui a satisfação com o casamento. Quanto mais filhos o casal tinha, mais baixo o nível de satisfação com o casamento (Wendorf *et al.*, 2011).

O trabalho que realizamos também pode influenciar nossa personalidade. Isso foi demonstrado em um estudo com jovens adultos de 18 a 26 anos que viviam na Nova Zelândia. As medidas de personalidade obtidas aos 18 anos de idade e novamente aos 26 anos mostraram que aqueles que tinham um trabalho que lhes dava satisfação e *status* elevado aos 26 anos haviam aumentado sua emocionalidade positiva (bem-estar, proximidade social e sentimentos de realização) e diminuído a emocionalidade negativa (agressividade, alienação e estresse) em relação aos 18 anos. Os pesquisadores concluíram que a natureza do ambiente de trabalho tem potencial para afetar nossos traços de personalidade inatos (Roberts, Caspi e Moffitt, 2003).

Acontecimentos estressantes na vida, como a morte de um cônjuge ou a perda de um emprego, podem influenciar a personalidade das pessoas. Nos Estados Unidos, foram analisados adultos na faixa dos 40 anos de idade e, novamente, dez anos depois. Aqueles que obtiveram alta pontuação em neuroticismo acreditavam que um evento estressante constituiu um ponto de virada em suas vidas. Os que apresentaram alto nível de extroversão acharam que poderiam aprender uma lição com o acontecimento negativo. As pessoas que vivenciaram esses acontecimentos estressantes como momentos decisivos negativos se tornaram mais neuróticas com o tempo, enquanto as que o enxergaram como uma oportunidade de aprender se tornaram ainda mais extrovertidas (Sutin *et al.* 2010).

O contexto étnico e o fato de fazer parte de uma cultura majoritária ou minoritária podem ajudar a determinar a personalidade. Vimos exemplos de diferenças étnicas em variáveis como busca de sensações, *locus* de controle e necessidade de realização. Aprendemos também que membros de grupos minoritários desenvolvem uma identidade étnica, assim como a identidade de ego, e precisam se adaptar a ambas as culturas. O sucesso dessa adaptação afeta a personalidade e a saúde mental. No Canadá, entre as pessoas que se identificavam como membros de grupos minoritários, aquelas que possuíam uma identidade étnica mais forte tinham os maiores níveis de autoestima e bem-estar subjetivo (Usborne e Taylor, 2010).

Vimos também que a cultura é um aspecto importante do ambiente que pode modelar a personalidade. Culturas ocidentais tendem a ser mais individualistas que as orientais. Membros de culturas ocidentais tendem a ter pontuações mais altas em extroversão, busca de sensações e bem-estar subjetivo, enquanto as de culturas orientais tendem a ter pontuações mais baixas nessas características de personalidade.

Observamos no Capítulo 14 as diferenças no bem-estar subjetivo documentadas de uma região geográfica a outra. Também existem diferenças em outros aspectos da personalidade, dependendo da região em que vivemos. Por exemplo, um estudo descobriu que o neuroticismo é maior nos estados do nordeste e sudeste dos Estados Unidos. A socialização é maior nos estados ao sul. Maior nível de extroversão foi encontrado na região nordeste e menor nível na oeste (Rentfrow, 2010).

A personalidade pode até mesmo mudar de acordo com a vizinhança. Crianças que crescem em bairros economicamente desfavorecidos são mais propensas a mostrar tendências desadaptativas de personalidade, caracterizada por baixa resiliência e problemas comportamentais, que podem levar a problemas sociais e emocionais conforme elas crescem (Hart, Atkins e Matsuba, 2008). Um grande estudo realizado na cidade de Londres descobriu que o nível de satisfação com a vida, socialização, consciensiosidade e abertura a experiências variava entre os bairros da cidade (Jokela *et al.*, 2015).

Por todos esses motivos, é impossível negar o impacto de diversas forças ambientais e sociais sobre a personalidade. O conhecimento é o modo mais significativo pelo qual se dá esse impacto.

# O fator de aprendizagem

É impressionante a evidência de que o aprendizado desempenha um papel fundamental em influenciar praticamente todos os aspectos do nosso comportamento, não apenas da personalidade, mas também nossos principais objetivos de vida (Bleidorn *et al.*, 2010). Todas as forças sociais e ambientais que modelam a personalidade o fazem por meio de métodos de aprendizagem.

Mesmo as facetas herdadas da personalidade podem ser modificadas, destruídas, inibidas ou fomentadas por meio do processo de aprendizagem. Skinner nos ensinou o valor do reforço positivo, aproximação sucessiva, comportamento supersticioso e outras variáveis de aprendizagem no desenvolvimento do que outros teóricos chamam de personalidade, mas que ele descreve simplesmente como uma acumulação de respostas aprendidas.

Bandura introduziu a ideia de que aprendemos ao observar modelos (aprendizagem observacional) e por meio de reforço indireto. Ele concordou com Skinner no seguinte ponto: os comportamentos, em sua maioria, são aprendidos, e a genética desempenha apenas um papel limitado.

Discutimos diversos aspectos da personalidade que possuem evidências científicas para mostrar que são adquiridos, tal como a autoeficácia (Bandura), o *locus* de controle (Rotter), o desamparo aprendido e o otimismo *versus* pessimismo (Seligman). Esses conceitos parecem estar relacionados a uma noção mais ampla: nível de controle. Pessoas que acreditam ter controle sobre a própria vida possuem autoeficácia elevada, têm *locus* de controle interno e não são caracterizadas por desamparo aprendido (que envolve falta de controle). Nos termos de Seligman, pessoas que acreditam que não estão no controle são otimistas, e não pessimistas.

O controle é benéfico a muitos aspectos da vida. Um grau elevado de controle relaciona-se a melhores mecanismos de enfrentamento, menores efeitos de estresse, melhor saúde mental e física, perseverança, aspirações e autoestima mais elevada, menor ansiedade, maiores notas na escola, maiores habilidades sociais e maior popularidade.

Seja qual for o nome – autoeficácia, *locus* de controle interno ou otimismo –, o controle é determinado por fatores sociais e ambientais. É adquirido na primeira infância e na infância, embora possa mudar mais tarde. Vimos que comportamentos específicos dos pais podem favorecer o sentimento de uma criança de ter controle. Dessa maneira, a noção de controle é uma entre várias dimensões aprendidas da personalidade, para a qual o comportamento dos pais é fundamental.

# O fator parental

Embora Freud tenha sido o primeiro a enfatizar a influência dos pais na formação da personalidade, praticamente todos os teóricos ecoaram o ponto de vista dele. Lembre-se do enfoque de Adler a respeito das consequências para uma criança que não se sente desejada ou que se sente rejeitada pelos pais. A rejeição parental pode levar à insegurança, tornando a criança raivosa e deficiente em autoestima. Horney escreveu, a partir de sua própria experiência, sobre como a falta do calor humano e do afeto dos pais pode minar a segurança de uma criança e resultar sentimentos de desamparo.

Allport e Cattell, cujo trabalho foi baseado na importância dos traços, também reconheceram o fator parental na formação da personalidade. Allport considerou a relação do bebê com a mãe como a fonte primordial de afeto e segurança, condições cruciais para o desenvolvimento posterior da personalidade. Cattell via a infância como o período de formação mais importante, com o comportamento de pais e irmãos dando forma ao caráter da criança.

Erikson assegurava que a relação da criança com a mãe no primeiro ano de vida era vital para a promoção de uma atitude confiante. Maslow comentou sobre o quão necessário era que os pais satisfizessem as necessidades fisiológicas e de segurança do filho nos dois primeiros anos de vida. Este era um pré-requisito para o surgimento de necessidades de nível superior. Rogers falou sobre a responsabilidade dos pais em oferecer consideração positiva incondicional a seus filhos.

Vimos também exemplos de como os comportamentos parentais podem determinar ou enfraquecer aspectos específicos da personalidade, como autoeficácia, *locus* de controle, desamparo aprendido ou otimismo e bem-estar subjetivo. Comportamentos paternos podem influenciar basicamente traços herdados, como a busca de sensação. É fácil imaginar como pais descuidados e punitivos podem obstruir o surgimento de traços herdados, como extroversão, sociabilidade, socialização e abertura à experiência.

Há muitas evidências que mostram que os filhos de pais descritos como autoritários (ou seja, afetivos, porém firmes em suas práticas de educação) são mais competentes e maduros do que filhos de pais descritos como permissivos, rígidos ou indiferentes. Pesquisadores notaram que

*A educação autoritária está associada à ampla gama de vantagens psicológicas e sociais na adolescência e na fase intermediária da infância [...] a combinação de responsividade e exigência está consistentemente relacionada à adaptação do adolescente, desempenho na escola e maturidade psicológica.* (Steinberg e Morris, 2001, p. 88)

Um estudo com adolescentes em Cingapura revelou que aqueles cujos pais eram autoritários tinham maior confiança em suas habilidades e estavam mais bem-ajustados socialmente do que aqueles cujos pais não eram autoritários (ou seja, rigorosos, rígidos e impositivos quanto à obediência) (Ang, 2006). Uma análise em grande escala de relacionamentos entre pais e filhos encontrou claras evidências de que pais com grande nível de extroversão, socialização, conscienciosidade e abertura à experiência se comportavam de maneira mais afetuosa e coerente com seus filhos do que pais com baixa pontuação nesses fatores.

Pais com alta socialização e baixo neuroticismo também eram bem mais solidários com a independência de seus filhos (Prinzie *et al.*, 2009). Outra pesquisa revelou que os pais desempenham um papel importante ao ensinar os filhos a serem gentis, atenciosos e prestativos com pessoas que precisam (Fortuna e Knafo, 2014).

Discutimos também diferenças culturais no estilo parental. Os pais, na cultura árabe, tendem a ser mais autoritários do que democráticos. Um estudo sobre mães que haviam emigrado com seus filhos para o Canadá mostrou que as mulheres de culturas coletivistas, como as do Egito, do Irã, da Índia e do Paquistão, eram mais autoritárias do que as de países individualistas como os da Europa Ocidental (Rudy e Grusec, 2006).

Pesquisas consideráveis sugerem também que os elogios dos pais podem promover senso de autonomia nos filhos, padrões e expectativas realistas, competência e autoeficácia, além de elevar a motivação intrínseca para a realização. E, assim como comportamentos parentais positivos têm efeitos positivos sobre as crianças, comportamentos parentais negativos têm efeitos danosos.

Uma análise das pesquisas sobre a relação entre experiências da infância e psicopatologia adulta mostrou, de modo consistente, que a infância de adultos depressivos e ansiosos relacionava-se à inadequação parental.Verificou-se que seus pais eram mais desaprovadores e os sujeitavam a maus-tratos e eram menos cuidadosos e afetuosos que os de adultos menos problemáticos (Brewin, Andrews e Gotlib, 1993).

Outro estudo descobriu que mães caracterizadas por emoções negativas e rispidez tinham filhos que obtiveram pontuações mais elevadas em rebeldia, raiva, desobediência e outros problemas de comportamento do que mães que não exibiam qualidades emocionais negativas (Kochanska, Clark e Goldman, 1997).

Um estudo de 12 anos com crianças na Finlândia mostrou que, quando as mães tinham atitudes hostis em relação aos filhos (atitudes medidas quando as crianças tinham 3 e 6 anos de idade), as crianças tinham alta probabilidade de ter atitudes hostis ao chegar aos 15 anos. Assim, verificou-se que mães hostis criavam crianças que também se tornavam hostis (Raikkonen *et al.*, 1999). Um estudo longitudinal nos Estados Unidos, que comparava sujeitos de 5 a 31 anos de idade, revelou que a educação restritiva, fria e rigorosa de crianças de 5 anos produziu adultos com alta pontuação em conformismo e baixa em autodireção (Kasser, Koestner e Lekes, 2002).

Uma questão relacionada é o que determina como os pais se comportam. Por muito tempo, presumiu-se que o comportamento dos pais refletia a forma como eles tinham sido criados por seus próprios pais. Em outras palavras, os pais aprenderam a se comportar de acordo com a maneira como seus pais se comportaram ao criá-los. Um estudo realizado com mais de 20 mil famílias em vários países, da Austrália ao Japão e aos Estados Unidos, descobriu que fatores genéricos eram responsáveis por até 40% do comportamento dos pais. Esse estudo também revelou que parte do comportamento dos pais é influenciada pela forma como seus filhos agem (Klahr e Burt, 2014). Essa descoberta leva à noção de que os pais podem influenciar e refletir o comportamento de seus filhos.

O que acontece quando os pais não são os principais cuidadores, ou seja, quando eles dividem responsabilidades de criação com pessoas que cuidam de crianças, amigos ou membros da família, enquanto trabalham fora? Nos Estados Unidos, em uma pesquisa longitudinal nacional com crianças entre 3 e 12 anos de idade não foram detectados quaisquer problemas significativos com relação a comportamento ou autoestima quando as mães trabalhavam fora. A pesquisa concluiu que ficar sob os cuidados de outra pessoa que não a mãe não tinha impacto negativo sobre as variáveis estudadas (Harvey, 1999).

Um laboratório único no mundo real, no qual se pode explorar a questão de mães substitutas, é a organização de acomodações para criação coletiva de crianças nos *kibutzim* (povoados coletivos) de Israel. Nessa comunidade, as mães cuidam das necessidades de seus bebês apenas durante os primeiros meses de vida; depois, a responsabilidade principal pelos cuidados da criança é delegada a cuidadores profissionais. As crianças ficam, em geral, mais tempo com essas mães e esses pais substitutos do que com os seus genitores.

De modo geral, observou-se que as crianças dos *kibutzim* atuam e se adaptam bem, partindo do pressuposto de que elas estabelecem uma relação segura com os pais quando bebês. De fato, a força desse laço foi o indicador mais forte de crianças que se tornaram dominantes, independentes e orientadas à realização. No entanto, o estilo das acomodações para dormir sob forma de alojamento (como em acampamentos de verão ou em internatos) na infância pode levar a uma personalidade mais ansiosa, reprimida e emocionalmente insípida. Adultos criados em um *kibutz*, que não estreitaram suas ligações com os pais ou com os educadores, apresentaram introversão, capacidade reduzida de fazer amigos e intensidade emocional reduzida em relações interpessoais (Aviezer *et al.*, 1994).

Uma controvérsia importante surgiu no final da década de 1990, quando sugeriu-se que as atitudes e os comportamentos dos pais não têm efeitos de longo prazo sobre a personalidade da criança fora de casa. De acordo com essa ideia, a influência dos amigos sobre a personalidade das crianças é muito maior que a dos pais. Elas adotam comportamentos, atitudes, valores e características de seus colegas de classe e amigos para conquistar sua aceitação e aprovação. Proponentes desse ponto de vista não negam completamente a influência dos pais sobre a personalidade dos filhos. O que eles realmente questionam é a ideia de que a influência dos pais seja mantida fora do ambiente familiar.

> *É óbvio que os pais influenciam o comportamento dos filhos. Mas a influência está circunscrita ao contexto específico do lar. Quando os filhos saem de casa, deixam para trás o comportamento que adquiriram em casa. Jogam-no fora como o suéter antiquado que sua mãe os fez vestir.* (Harris *apud* Sleek, 1998, p. 9)

Essa proposta foi confirmada de maneira modesta por um estudo com pares de gêmeos no final da adolescência. Os resultados mostraram que gêmeos com mais amigos em comum eram mais parecidos em personalidade do que gêmeos com menos amigos em comum, sugerindo que os amigos tiveram impacto maior sobre a personalidade deles do que o ambiente familiar (Loehlin, 1997).

Pesquisadores que acreditam na primazia de fatores genéticos na personalidade também tendem a rejeitar ou minimizar o efeito parental, sugerindo que o ambiente familiar contribui pouco para a personalidade. Mesmo que essa controvérsia seja por fim resolvida – se a personalidade é determinada por pais, colegas, genes ou alguma combinação de fatores –, ela levanta outra questão. A personalidade é estabelecida no início da vida por essas influências ou pode se modificar nos anos posteriores? E isso nos leva a uma consideração sobre o fator de desenvolvimento.

# O fator desenvolvimento

Freud acreditava que a personalidade era formada e definida até os 5 anos de idade e que depois seria difícil alterar qualquer aspecto dela. Embora pareça claro que os anos da infância são cruciais para a formação da personalidade, pesquisas também indicam que a personalidade continua a se desenvolver depois da infância, talvez durante toda a vida.

Teóricos como Cattell, Allport e Erikson viam a infância como uma fase importante, mas concordavam que a personalidade poderia ser modificada nos anos posteriores. Alguns teóricos sugeriram que o desenvolvimento da personalidade também ocorre durante a adolescência. Jung, Maslow, Erikson e Cattell viam a meia-idade como uma época de importantes mudanças na personalidade.

A questão é: por quanto tempo nossa personalidade continua a se modificar e crescer? Será que sua personalidade aos 20 anos indica como você será aos 40? Assim como ocorre com a maioria das questões referentes à personalidade, esta também é altamente complexa. Quem sabe nem seja essa a pergunta correta a se fazer.

Pode ser que você não se surpreenda em saber que evidências empíricas sustentem pontos de vista diferentes. A personalidade muda? Sim. Ela também permanece estável? Provavelmente, sim. Mas, se refinássemos a questão e perguntássemos se algumas características da personalidade permanecem estáveis durante a vida enquanto outras mudam, então seríamos capazes de responder com um sim definitivo.

As pesquisas sugerem que a base fundamental de disposições permanentes da personalidade (como os traços descritos no modelo dos cinco fatores de McCrae e Costa) permanece estável durante muitos anos. Segundo as evidências, essas características e capacidades básicas parecem perdurar dos 30 anos em diante (Nave *et al.*, 2010; Terracciano, Costa e McCrae, 2010).

Algumas pesquisas mostram que os fatores de neuroticismo, extroversão e abertura diminuem desde o período da faculdade até a meia-idade, ao passo que os fatores de socialização e realização aumentam com a idade. Comparações interculturais demonstraram essa consistência em diversos países, como Estados Unidos, Alemanha, Itália, Portugal, Croácia, Holanda, Austrália e Coreia do Sul (Allemand, Zimprich e Hendriks, 2008; McCrae e Costa, 1997; Lucas e Donnellan, 2009; McCrae *et al.*, 1999).

Outra pesquisa nos levou a resultados diferentes. Por exemplo, um estudo de 40 anos com várias centenas de pessoas revelou que as pontuações em dominância e independência atingiram o ápice na meia-idade e que a personalidade não parou de evoluir e de mudar depois dos 20 anos de idade (Helson, Jones e Kwan, 2002). Uma metanálise de 152 estudos longitudinais envolvendo mais de 55 mil sujeitos mostrou um alto nível de consistência em traços de personalidade em todas as idades. O nível mais alto de consistência foi encontrado na idade adulta (Roberts e Delvecchio, 2000). Segundo esses resultados, então, os traços são consistentes ao longo de toda a vida, e essa consistência atinge o nível máximo depois dos 50 anos.

Pesquisas adicionais concentraram-se na mudança de personalidade na infância e na adolescência. Na Estônia, estudo com adolescentes de 12 a 18 anos mostrou que a personalidade deles, medidas com base no modelo dos cinco fatores, permaneceu estável ao longo do período de dois anos da pesquisa (Pullmann, Raudsepp e Allik, 2006). Uma pesquisa com estudantes universitários norte-americanos, ao longo de 30 meses, mostrou que eles haviam se tornado mais abertos, sociáveis e realizados durante esse tempo (Vaidya *et al.*, 2010).

Outra pesquisa longitudinal mostrou que tanto os fatores normais quanto os anormais podem atingir um pico de estabilidade por volta dos 30 anos e permanecer razoavelmente estáveis pelo restante da vida (Ferguson, 2010). No entanto, um estudo na Suíça descobriu que pessoas na faixa dos 60 anos tendem a se tornar menos neuróticas e extrovertidas à medida que envelhecem, além de menos abertas a novas experiências (Allemand, Zimprich e Martin, 2008).

Estudos com gêmeos de 64 a 98 anos de idade descobriram redução de características como extroversão, conscienciosidade e controle percebido com o avanço da idade, bem como indícios de aumento nos níveis de neuroticismo. Em geral, porém, não houve mudanças significativas nos sentimentos de bem-estar ao longo dos anos (Berg e Johansson, 2014; Kandler *et al.*, 2014).

Um estudo com mais de 32 mil pessoas de 21 a 60 anos de idade, realizado pela internet, mostrou que conscienciosidade e socialização aumentam no começo e na metade da idade adulta. A conscienciosidade aumenta mais acentuadamente na faixa dos 20 anos, e a afabilidade, na faixa dos 30 anos (Srivastava *et al.*, 2003).

Outra pesquisa sugere que as pessoas tendem a se tornar mais dominantes em situações sociais e mais realizadas e estáveis emocionalmente à medida que passam da idade adulta para a meia-idade (Roberts, Walton e Viechtbauer, 2006). Estudos de larga escala também sustentam a noção de que a personalidade costuma permanecer estável após os 30 anos e no final da idade adulta (Johnson, McGue e Krueger, 2005; Terracciano, Costa e McCrae, 2006).

Um estudo com pessoas de 18 a 26 anos na Nova Zelândia afirmou que as mudanças de personalidade durante aquele período demonstraram um aumento no nível de maturidade psicológica. Os participantes tornaram-se mais autocontrolados, mais confiantes em situações sociais e menos raivosos ou alienados. As mulheres mostraram um nível de maturidade superior ao dos homens em geral (Roberts, Caspi e Moffitt, 2001).

Em um estudo com crianças de 8 a 12 anos de idade, que foram analisadas novamente dez anos mais tarde, as mudanças de personalidade entre 18 e 22 anos podiam ser previstas, em uma medida significativa pelas características de suas personalidades na infância (Shiner, Masten e Tellegen, 2002). Todos esses estudos confirmam que a personalidade muda à medida que se passa da adolescência para a idade adulta, uma descoberta que talvez você tenha observado em si mesmo.

O que provoca a mudança de personalidade na idade adulta? Muitos psicólogos acreditam que a resposta esteja nas influências sociais e ambientais e nas adaptações que fazemos a elas. Mudanças em circunstâncias econômicas, a conclusão do curso universitário, casamento e paternidade/maternidade, divórcio, perda ou progresso no emprego, crise de meia-idade, envelhecimento dos pais, tudo isso traz problemas aos quais os adultos devem se ajustar (McAdams e Olson, 2010).

Um estudo de três anos na Holanda, com homens e mulheres de 40 a 49 anos de idade, revelou que aqueles que se adaptaram aos papéis sociais esperados, como ter sucesso na carreira e na vida familiar, tinham pontuação mais alta nas dimensões de personalidade dos cinco fatores do que aqueles que não se adaptaram bem. Assim, verificou-se que a mudança na personalidade está associada a adaptações bem-sucedidas a diversas questões da meia-idade (Van Aken *et al.*, 2006).

Em outros casos de adaptação, pessoas que haviam perdido o emprego mostraram um aumento significativo em neuroticismo e diminuição de realização e extroversão. Adultos que estavam namorando ativamente e mantendo relacionamentos sociais tiveram pontuação mais baixa em neuroticismo e mais alta em extroversão, realização e autoestima do que os que não estavam Costa *et al.*, 2000; Neyer e Asendorpf, 2001).

Esses tipos de desafios culturais e pessoais causam um impacto sobre a personalidade. Um teórico sugeriu que a personalidade continua a se desenvolver ao longo do tempo em três níveis: traços de disposição, preocupações pessoais e narrativa de vida (McAdams, 1994). *Traços de disposição* são traços herdados do tipo discutido por McCrae e Costa, aquelas características de personalidade que permanecem estáveis e relativamente imutáveis a partir dos 30 anos.

*Preocupações pessoais* referem-se a sentimentos, planos e objetivos conscientes; por exemplo, o que queremos, como tentamos atingir o que queremos e como nos sentimos com relação às pessoas em nossas vidas. Isso tudo pode mudar frequentemente ao longo da vida, como resultado das diversas situações e influências às quais estamos expostos. Embora essas situações possam alterar nossos sentimentos e intenções, nossos traços de disposição subjacentes (como nosso nível básico de neuroticismo e extroversão), com os quais confrontamos essas situações de vida, podem permanecer relativamente estáveis.

A *narrativa de vida* implica o desenvolvimento do *self*, a obtenção de uma identidade e o encontro de um objetivo unificado na vida. Estamos constantemente escrevendo nossa história de vida, criando quem somos e como nos encaixamos no mundo. Assim como as preocupações pessoais, a narrativa de vida muda como resposta às situações sociais e ambientais. Como adultos, podemos ajustar nossa narrativa para nos adaptarmos a cada fase da vida e suas diferentes necessidades, desafios e oportunidades.

Em resumo, então, essa visão sustenta que os traços de disposição subjacentes da personalidade permanecem basicamente constantes, ao passo que nossos julgamentos conscientes sobre quem somos e quem gostaríamos de ser estão sujeitos a mudanças. Essa ideia nos leva a outro fator da personalidade que os teóricos têm considerado: a consciência.

# O fator consciência

Quase todas as teorias da personalidade que descrevemos lidam explícita ou implicitamente com processos conscientes (cognitivos). Até mesmo Freud e Jung, que se concentraram no inconsciente, escreveram sobre um ego ou uma mente consciente que percebe, pensa, sente e se lembra, possibilitando-nos interagir com o mundo real.

Por meio do ego, somos capazes de perceber estímulos e de, mais tarde, recordarmo-nos deles. Jung escreveu sobre funcionamento racional, julgamentos e avaliações conscientes de nossas experiências. Adler descreveu os seres humanos como conscientes e racionais, capazes de planejar e dirigir o curso de sua vida. Formulamos esperanças, planos e sonhos e adiamos gratificações; antecipamos conscientemente eventos futuros.

Allport acreditava que os não neuróticos agem de forma consciente e racional, tendo consciência e controle das forças que os motivam. Para Rogers, as pessoas são, primordialmente, seres racionais, governados por uma percepção consciente delas mesmas e de seu mundo de experiências. Maslow também reconheceu o papel da consciência quando propôs a existência das necessidades cognitivas de conhecer e entender.

Kelly ofereceu a mais completa teoria fundamentada em fatores cognitivos. Discutiu de forma persuasiva que elaboramos constructos sobre nosso ambiente e outras pessoas e que fazemos predições (antecipações) sobre eles com base nesses constructos. Formulamos hipóteses sobre nosso mundo social e as testamos com a realidade de nossa experiência. Com base nas evidências cotidianas, é difícil negar que as pessoas constroem, preveem e antecipam como as outras vão se comportar para, daí então, modificar ou adaptar o seu comportamento, conforme for o caso.

Bandura credita às pessoas a capacidade de aprender por meio de exemplos e reforços indiretos dos outros. Para tanto, temos de ser capazes de antecipar e avaliar as consequências das ações que observamos nos outros. Visualizamos resultados ou reforços por nos comportarmos como um modelo, mesmo que nunca tenhamos experimentado aquelas consequências.

Assim, há uma ampla concordância de que a consciência existe e de que influencia a personalidade. No entanto, há uma concordância menor sobre o papel ou a existência de outra influência, a do inconsciente.

# O fator inconsciente

Sigmund Freud apresentou-nos o mundo do inconsciente, aquele depósito sombrio de nossos medos e conflitos mais secretos, forças que afetam nossos pensamentos e comportamentos conscientes. Os psicólogos encontraram certas evidências em apoio à noção de Freud de que os pensamentos e as memórias são reprimidos no inconsciente e que a repressão (assim como outros mecanismos de defesa) pode operar no nível inconsciente.

O movimento cognitivo na psicologia levou não apenas a um interesse nos processos conscientes, mas também a um interesse renovado pelo inconsciente. Pesquisas recentes confirmam que o inconsciente é uma força poderosa, com influência talvez ainda mais penetrante do que Freud sugeriu. No entanto, a representação moderna do inconsciente não é a mesma que a de Freud. Os pesquisadores contemporâneos concentram-se nos processos cognitivos inconscientes e os descrevem como mais racionais que emocionais.

O inconsciente racional é muitas vezes chamado de não consciente, para distingui-lo do inconsciente freudiano, um caldeirão obscuro de vontades e desejos reprimidos. Um método para estudar o não consciente envolve ativação subliminar, na qual vários estímulos são apresentados a pessoas abaixo de seus limiares de percepção consciente. Apesar da incapacidade das pessoas em perceber os estímulos, seus processos e comportamentos conscientes podem ser ativados por esses estímulos.

A conclusão óbvia a ser extraída a partir dessa pesquisa é que as pessoas podem ser influenciadas por estímulos que não podem ver nem ouvir. Discutimos também o estudo "Mamãe e eu somos um só", sobre como a demonstração subliminar de certos estímulos influenciava tanto as respostas cognitivas como as emocionais (Silverman e Weinberger, 1985). Os estímulos subliminares tinham valor terapêutico, mesmo que as pessoas não tivessem conhecimento consciente das mensagens reais. Dessa forma, o inconsciente deve possuir tanto um componente racional quanto um emocional.

Embora o inconsciente seja um tópico permanente de pesquisa na psicologia atual, muitos teóricos da personalidade que seguiram Freud o ignoraram. Podemos sugerir que o inconsciente emocional como Freud o antevia – a ideia assustadora que marcou o começo formal do estudo da personalidade – continua sendo o fator menos compreendido e ainda parecido com o que era no tempo de Freud: misterioso e inacessível.

# Comentário final

Como você viu ao longo deste livro, muitos aspectos da personalidade permanecem misteriosos e alguns ainda não estão totalmente acessíveis. Passamos por diversas formas de definir e descrever a personalidade, e cada teoria que discutimos contribuiu com outra parte da resposta a essa questão vital sobre o que é personalidade.

Partimos do ponto de vista de Sigmund Freud e sua ênfase na ansiedade, no inconsciente e em uma vida de medo e repressão, para a psicologia positiva e as características da personalidade feliz. E abordamos muitas ideias intermediárias, todas as quais acrescentaram algo ao nosso entendimento. Mas há mais possibilidades a serem consideradas e, sem dúvida, serão propostas novas abordagens e teorias ainda não imaginadas.

Seu curso formal neste campo pode estar chegando ao fim, mas a tentativa de entender a personalidade, não. Embora seja verdade que foram feitos enormes progressos no mapeamento da personalidade e no detalhamento dos fatores que a moldam, os desafios da área permanecem ativos e dinâmicos. Talvez a questão "O que é personalidade?" seja a mais importante da psicologia, pois reflete a tentativa de nos compreendermos.

 Perguntas de revisão

1. Pense sobre as semelhanças e diferenças entre a sua personalidade e a da sua mãe, do seu pai ou de seus irmãos. Quais fatores você vê em comum?

2. Enquanto amadurecia, você acha que sua personalidade continuava sendo muito influenciada por seus pais ou as influências mais dominantes passaram a ser seus colegas e o mundo exterior, especialmente quando você interagia pelas redes sociais?

3. Pense em como você era na adolescência. Naquela época, você era mais influenciado por seus pais ou por seus amigos? Agora que está mais velho, sua resposta a essa questão seria a mesma?

4. Qual das abordagens da personalidade discutidas neste texto você achou mais útil para entender a si mesmo? Qual delas foi menos valiosa para você?

5. Que mudanças você observou em sua personalidade da infância até o presente? Houve períodos em sua vida em que tentou deliberadamente alterar sua personalidade? Teve sucesso? Se sim, que técnicas usou?

6. Você acha que é possível avaliar a personalidade com precisão suficiente para prever se determinadas pessoas serão felizes, emocionalmente estáveis ou se terão bom desempenho no trabalho?

7. Você aprendeu algo útil ou surpreendente sobre sua própria personalidade com este livro?

8. Este livro despertou em você a vontade de aprender mais sobre o estudo da personalidade ou já é o suficiente?

# Glossário

**alternativismo construtivo** Ideia de que somos livres para rever ou substituir nossos constructos por alternativas, conforme necessário.

**análise de sintomas** Semelhante à catarse, a técnica de análise de sintomas concentra-se nos sintomas relatados pelo paciente e tenta interpretar as livres associações do paciente a esses sintomas.

**análise de sonhos** Técnica que envolve a interpretação de sonhos para revelar conflitos inconscientes. Os sonhos possuem um **conteúdo manifesto** (eventos reais) e um **conteúdo latente** (o significado simbólico dos eventos).

**análise fatorial** Técnica estatística baseada em correlações entre diversas medidas, que podem ser explicadas em termos de fatores subjacentes.

**análise funcional** Abordagem do estudo do comportamento que envolve a avaliação da frequência de um comportamento, a situação na qual ele ocorre e também os reforçadores associados a ele.

**análise psico-histórica** Aplicação da teoria de Erikson do desenvolvimento contínuo, juntamente com princípios psicanalíticos, ao estudo de figuras históricas.

**ansiedade** Para Freud, um sentimento de medo e temor sem uma causa óbvia. Ansiedade de realidade é um medo de perigos reais; ansiedade neurótica envolve um conflito entre id e ego; ansiedade moral envolve um conflito entre id e superego.

**ansiedade básica** Sentimento difuso de solidão e desamparo; a base da neurose.

**ansiedade de castração** Temor do menino, durante o período edipiano, de que seu pênis seja cortado.

**aprendizagem observacional** Aprendizado de novas respostas por meio de observação do comportamento de outras pessoas.

**aproximação sucessiva** Explicação para a aquisição de comportamentos complexos. Comportamentos, como o aprendizado da fala, são reforçados apenas quando se aproximam do comportamento final desejado.

**arquétipo da *anima*, arquétipo do *animus*** Aspectos femininos da psique masculina; aspectos masculinos da psique feminina.

**arquétipo da *persona*** A face pública ou o papel que uma pessoa apresenta aos outros.

**arquétipo da sombra** O lado obscuro da personalidade; o arquétipo que contém instintos animais primitivos.

**arquétipo do *self*** Para Jung, o arquétipo que representa a unidade, a integração e a harmonia da personalidade total.

**arquétipos** Imagens de experiências universais existentes no inconsciente coletivo.

**autoconsideração positiva** Condição sob a qual concedemos a nós mesmos aceitação e aprovação.

**autocontrole** Habilidade de exercer controle sobre as variáveis que determinam o nosso comportamento.

**autoeficácia** Nosso sentimento de adequação, eficácia e competência para lidar com a vida.

**autoimagem idealizada** Para pessoas normais, a autoimagem é a imagem idealizada que têm de si mesmas, baseada em uma avaliação flexível e realista de suas habilidades. Para os neuróticos, a autoimagem se baseia em uma autoavaliação inflexível e não realista.

**autonomia funcional do *proprium*** Nível de autonomia funcional relacionado aos nossos valores, autoimagem e estilo de vida.

**autonomia funcional dos motivos** Noção de que, em adultos normais e maduros, os motivos são independentes das experiências infantis pelas quais eles surgiram originalmente.

**autonomia funcional perseverativa** Nível de autonomia funcional relacionado a comportamentos mais simples, automáticos e rotineiros.

**autorrealização** Desenvolvimento pleno do *self*.

**autorreforço** Administração de recompensas ou punições a si mesmo por satisfazer, superar ou frustrar as próprias expectativas ou padrões.

**busca de sensação** Necessidade de sensações e experiências variadas, desconhecidas e complexas.

**catarse** Expressão de emoções que, se espera, levem à redução de sintomas perturbadores.

**catexia** Investimento de energia psíquica em um objeto ou em uma pessoa.

**compensação** Motivação para superar a inferioridade, buscar níveis mais elevados de desenvolvimento.

**competitividade neurótica** Necessidade indiscriminada de vencer a qualquer custo.

**complexidade cognitiva** Estilo cognitivo ou maneira de interpretar o ambiente caracterizada pela capacidade de perceber diferenças entre pessoas.

**complexo** Para Jung, a essência ou o padrão de emoções, memórias, percepções e desejos no inconsciente pessoal, organizado ao redor de um tema comum, como poder ou *status*.

**complexo de Édipo** Durante a fase fálica (de 4 a 5 anos de idade) desejo inconsciente de um menino pela mãe, acompanhado pelo desejo de substituir ou destruir o pai.

**complexo de Electra** Durante a fase fálica (de 4 a 5 anos de idade) desejo inconsciente de uma menina pelo pai, acompanhado pelo desejo de substituir ou destruir a mãe.

**complexo de inferioridade** Condição que se desenvolve quando uma pessoa é incapaz de compensar os sentimentos normais de inferioridade.

**complexo de Jonas** Medo de que a maximização do nosso potencial leve a uma situação com a qual seremos incapazes de lidar.

**complexo de superioridade** Condição que se desenvolve quando há supercompensação dos sentimentos normais de inferioridade.

**comportamentalismo (behaviorismo)** Escola de psicologia, fundada por John B. Watson, que enfocou a psicologia como o estudo de comportamentos manifestos, em vez de processos mentais.

**comportamento expressivo** Comportamento espontâneo e aparentemente sem finalidade, geralmente manifestado sem que estejamos conscientes dele.

**comportamento operante** Comportamento emitido espontânea ou voluntariamente, que atua sobre o ambiente para modificá-lo.

**comportamento respondente** Resposta fornecida a estímulos ambientais específicos ou geradas por eles.

**comportamento supersticioso** Comportamento persistente, que tem relação coincidente e não funcional com o reforço recebido.

**condicionamento operante** Procedimento por meio do qual uma mudança nas consequências de uma resposta afetará a taxa em que a resposta ocorre.

**condições de merecimento** Para Rogers, a crença de que somos merecedores de aprovação apenas quando expressamos comportamentos e atitudes desejáveis e deixamos de expressar aqueles que trazem desaprovação dos outros; similar ao superego freudiano.

**confiabilidade** Consistência de respostas a um instrumento de avaliação psicológica.

**conflito** Para Horney, a incompatibilidade básica das tendências neuróticas.

**consciência** Componente do superego que contém comportamentos pelos quais a criança foi punida.

**consideração positiva** Aceitação, amor e aprovação por parte dos outros.

**consideração positiva condicional** Aprovação, amor ou aceitação concedidos somente quando uma pessoa expressa comportamentos e atitudes desejáveis.

**consideração positiva incondicional** Aprovação garantida, independentemente do comportamento de uma pessoa. Na terapia centrada na pessoa de Rogers, o terapeuta oferece consideração positiva incondicional ao cliente.

**construção de cenas** Técnica de avaliação de personalidade para crianças, na qual são analisadas estruturas montadas a partir de bonecas, blocos e outros brinquedos.

**constructo** Hipótese intelectual que elaboramos e usamos para interpretar ou explicar eventos da vida. Constructos são bipolares ou dicotômicos, como alto *versus* baixo ou honesto *versus* desonesto.

**crise** Para Erikson, o momento de mudança enfrentado em cada estágio do desenvolvimento.

**crise de identidade** O insucesso em alcançar a identidade do ego durante a adolescência.

**dados L** Classificação de registros de vida de comportamentos observados em situações da vida real, como na sala de aula ou no trabalho.

**dados Q** Classificações de nossas características, atitudes e interesses, a partir de questionários de autorrelato.

**dados T** Dados provenientes de testes de personalidade que são resistentes a dissimulações.

**desamparo aprendido** Condição resultante da percepção de que não temos nenhum controle sobre nosso ambiente.

**desinibição** Enfraquecimento de inibições ou constrangimentos por meio da observação do comportamento de um modelo.

**deslocamento** Mecanismo de defesa que envolve o deslocamento de impulsos do id de um objeto ameaçador ou indisponível para um objeto disponível; por exemplo, substituir a hostilidade ao chefe por hostilidade ao filho.

**determinismo histórico** Visão de que a personalidade é basicamente fixada nos primeiros anos de vida e está sujeita a pequenas mudanças daí em diante.

**determinismo recíproco** A ideia de que o comportamento é controlado ou determinado pelo indivíduo, por meio de processos cognitivos, e pelo ambiente, por meio de eventos de estímulos sociais externos.

**dimensão ou grau de conveniência** Espectro de eventos aos quais se pode aplicar um constructo. Alguns constructos são relevantes a um número limitado de pessoas ou situações e outros são mais amplos.

**disposições pessoais** Traços que são peculiares a um indivíduo em contraposição a traços compartilhados por uma quantidade maior de pessoas.

**economia de fichas** Técnica de modificação de comportamento por meio da qual fichas, que podem ser trocadas por objetos de valor ou privilégios, são concedidas em troca de comportamentos desejáveis.

**ego** Para Freud, o aspecto racional da personalidade, responsável por dirigir e controlar os instintos (pulsões) de acordo com o princípio da realidade. Para Jung, o aspecto consciente da personalidade.

**esboço de autocaracterização** Técnica para avaliar o sistema de constructo de uma pessoa, isto é, como ela percebe a si mesma em relação às outras pessoas.

**esquemas de reforço** Padrões ou categorias de fornecimento ou retirada de reforçadores.

**estágios psicossexuais do desenvolvimento** Para Freud, os estágios oral, anal, fálico e genital pelos quais passam todas as crianças. Neles, a gratificação dos instintos do id depende da estimulação das áreas correspondentes do corpo.

**estágios psicossociais do desenvolvimento** Para Erikson, oito estágios sucessivos que englobam toda a duração da vida. Em cada estágio, devemos lidar com uma crise de maneira adaptativa ou desadaptativa.

**estilo de vida** Estrutura de personalidade única ou padrão de comportamentos e características pessoais por meio dos quais cada um de nós se esforça pela perfeição. Estilos de vida básicos englobam os tipos dominante, aquisitivo, evitador e socialmente útil.

**estilo explicativo** Maneira de explicar a nós mesmos nossa relativa falta de controle sobre nosso ambiente. Um **estilo explicativo otimista** pode prevenir o desamparo aprendido; um **estilo explicativo pessimista** difunde desamparo a todas as facetas da vida.

**estudo de caso** História detalhada de um indivíduo que contém dados de diversas fontes.

**experiência culminante** Momento de intenso êxtase, semelhante a uma experiência religiosa ou mística, durante o qual o *self* é transcendido.

**externalização** Maneira de se defender contra o conflito causado pela discrepância entre a autoimagem idealizada e a real, por meio da projeção do conflito no mundo exterior.

**extinção** Processo de eliminação de um comportamento pela retenção do reforço.

**extroversão** Atitude da psique caracterizada por uma orientação para o mundo externo e para as outras pessoas.

**finalismo ficcional** Noção de que existe um objetivo imaginado ou potencial que guia nosso comportamento.

**fixação** Condição na qual uma parte da libido permanece investida em um dos estágios psicossexuais em razão de frustração ou gratificação excessiva.

**forças básicas** Para Erikson, características e crenças motivadoras provenientes da resolução satisfatória da crise de cada estágio do desenvolvimento.

**formação reativa** Mecanismo de defesa que consiste em expressar um impulso do id de forma oposta ao que está realmente motivando a pessoa.

**fraquezas básicas** Características motivadoras produzidas pela resolução não satisfatória de crises de desenvolvimento.

**genética comportamental** Estudo da relação entre fatores genéticos ou hereditários e traços da personalidade.

**grupo de controle** Em um experimento, o grupo que não recebe o tratamento experimental.

**grupo experimental** Em um experimento, o grupo que é exposto ao tratamento experimental.

**grupos de encontro** Técnica de terapia de grupo na qual as pessoas aprendem sobre os seus sentimentos e como elas se relacionam (ou se enfrentam) entre si.

**hierarquia das cinco necessidades inatas** Disposição das necessidades inatas, da mais forte à mais fraca, que ativa e direciona o comportamento.

**id** Para Freud, o aspecto da personalidade ligado aos instintos; fonte de energia psíquica, o id age segundo o princípio do prazer.

**ideal do ego** Componente do superego que contém os comportamentos morais ou ideais que uma pessoa deve se esforçar para atingir.

**identidade de ego** Autoimagem formada durante a adolescência, que integra nossas ideias sobre o que somos e o que queremos ser.

**impulso agressivo** A compulsão de destruir, subjulgar e matar.

**impulso instintivo** Substituição de comportamentos instintivos por outros que foram reforçados.

**incongruência** Discrepância entre o conceito de *self* de uma pessoa e os aspectos de sua experiência.

**inconsciente coletivo** É o nível mais profundo da psique, que comporta o acúmulo de experiências herdadas da espécie humana e das espécies pré-humanas.

**inconsciente pessoal** Reservatório de material que já foi consciente, mas que foi esquecido ou reprimido.

**individuação** Condição de saúde psicológica resultante da integração de todas as facetas conscientes e inconscientes da personalidade.

**instinto (ou pulsão) de morte** Impulso inconsciente em direção à decadência, destruição e agressão.

**instinto (ou pulsão) de vida** Impulso para assegurar a sobrevivência do indivíduo e da espécie por meio da satisfação das necessidades de alimentação, água, ar e sexo.

**instintos** No sistema de Freud, representações mentais de estímulos internos – como a fome – que impulsionam uma pessoa a agir de determinadas formas.

**interesse social** Nosso potencial inato de cooperar com outras pessoas para atingir objetivos pessoais e sociais.

**introversão** Atitude da psique caracterizada por uma orientação aos seus próprios pensamentos e sentimentos.

**inveja do pênis** Inveja que a mulher sente do homem por ele possuir pênis e ela não, acompanhada por um sentimento de perda.

**inveja do útero** Inveja que um homem sente da mulher por ela poder gerar filhos e ele não. Este tipo de inveja foi a resposta de Horney ao conceito freudiano de inveja do pênis das mulheres.

**inventário de autorrelato** Técnica de avaliação de personalidade na qual pessoas respondem a questões sobre os seus comportamentos e sentimentos.

**Inventário de Tipos Psicológicos Myers--Briggs (MBTI)** Teste de avaliação baseado em tipos psicológicos de Jung e nas atitudes de introversão e extroversão.

**libido** Para Freud, a forma de energia psíquica, manifestada pelos instintos de vida, que impulsiona uma pessoa em direção a comportamentos e pensamentos prazerosos. Para Jung, a forma mais ampla e generalizada de energia psíquica.

**livre associação** Técnica na qual o paciente diz o que lhe vem à mente, ou seja, um devaneio em voz alta.

***locus* de controle externo** Crença de que o reforço está sob controle de outras pessoas, da sorte ou do acaso.

***locus* de controle interno** Crença de que o reforço surge a partir de nosso próprio comportamento.

**luta pela superioridade** Desejo que impele à perfeição ou à conclusão de algo, que motiva cada um de nós.

**mau desenvolvimento** Condição que ocorre quando o ego tem apenas uma única maneira de lidar com conflitos.

**mecanismo de enfrentamento** Comportamento conscientemente planejado, determinado pelas necessidades de dada situação e projetado para um propósito específico, via de regra para gerar uma mudança no ambiente da pessoa.

**mecanismos de defesa** Estratégias que o ego usa para se defender contra a ansiedade provocada por conflitos cotidianos. Os mecanismos de defesa envolvem negações ou deformações da realidade.

**metamotivação** Motivação de pessoas autorrealizadoras, que consiste em maximizar o potencial pessoal em vez de se esforçar por um objetivo particular.

**metanecessidades** Estado de crescimento ou de ser pelos quais os autorrealizadores se desenvolvem.

**metapatologia** Impedimento do autodesenvolvimento relacionado ao fracasso em satisfazer as metanecessidades.

**método correlacional** Técnica estatística que mede o grau da relação entre duas variáveis, expresso por meio do coeficiente de correlação.

**modelagem** Técnica de modificação de comportamento que envolve observar o comportamento de outros (chamados modelos) e participar com eles na execução do comportamento desejado.

**modificação do comportamento** Forma de terapia que aplica os princípios de reforço para causar modificações comportamentais desejadas.

**necessidade de segurança** Necessidade de nível elevado de segurança e de imunidade ao medo.

**necessidades cognitivas** Necessidades inatas de conhecer e entender.

**necessidades de crescimento (ser)** Necessidades superiores; embora as necessidades de crescimento sejam menos necessárias para a sobrevivência do que as necessidades de déficit, elas envolvem a realização e a satisfação do potencial humano.

**necessidades de déficit (deficiência)** As necessidades inferiores; o insucesso em satisfazê-las produz uma deficiência no corpo.

**necessidades instintoides** Termo cunhado por Maslow para designar as necessidades inatas na sua teoria de hierarquia das necessidades.

**necessidades neuróticas** Dez defesas irracionais contra a ansiedade que se tornam uma parte permanente da personalidade e que afetam o comportamento.

**negação** Mecanismo de defesa que envolve a negação da existência de uma ameaça externa ou de um evento traumático.

**percepção subliminar** Percepção abaixo do limiar da percepção consciente.

**período de latência** Para Freud, o período aproximadamente entre 5 anos de idade e a puberdade, durante o qual o instinto sexual está inativo, sublimado por atividades escolares, esportes e passatempos preferidos e pelo desenvolvimento de amizades com membros do mesmo sexo.

**permeabilidade** Ideia de que os constructos podem ser revistos e ampliados à luz de novas experiências.

**personalidade** Aspectos singulares internos e externos, e relativamente duradouros, do caráter de uma pessoa, que influenciam o comportamento em situações diversas.

**personalidade agressiva** Comportamentos e atitudes associadas à tendência neurótica de comportar-se contra as pessoas, como condutas despóticas e controladoras.

**personalidade desvinculada** Atitudes e comportamentos associados à tendência neurótica de se afastar das pessoas, como uma forte necessidade de privacidade.

**personalidade submissa** Atitudes e comportamentos associados à tendência neurótica de

se aproximar das pessoas, como uma necessidade de afeto e aprovação.

**pessoa de pleno funcionamento** Termo de Rogers para a autorrealização, o desenvolvimento de todas as facetas do *self*.

**poder criativo do *self*** Capacidade de criar um estilo de vida adequado.

**primeiras lembranças** Técnica de avaliação da personalidade na qual se supõe que nossas memórias mais remotas, tanto eventos reais como fantasias, revelam o interesse primordial da nossa vida.

**princípio da entropia** Tendência à estabilidade ou ao equilíbrio no interior da personalidade; o ideal é uma distribuição igualitária de energia psíquica sobre todas as estruturas da personalidade.

**princípio da equivalência** Redistribuição contínua de energia no interior de uma personalidade; se a energia despendida em certas condições ou atividades enfraquecer ou desaparecer, ela será transferida para outro lugar na personalidade.

**princípio da oposição** Ideia de Jung de que o conflito entre tendências ou processos opostos é necessário para gerar energia psíquica.

**princípio da realidade** Princípio pelo qual o ego atua para fornecer deslocamentos apropriados à expressão dos instintos do id.

**princípio do prazer** Princípio por meio do qual o id atua para evitar a dor e maximizar o prazer.

**princípio epigenético de maturação** Ideia de que o desenvolvimento humano é governado por uma sequência de estágios que dependem de fatores genéticos ou hereditários.

**processo de avaliação organísmica** Processo pelo qual avaliamos experiências em termos de seu valor para promover ou impedir nossa realização e crescimento.

**processo primário de pensamento** Pensamento infantil, pelo qual o id tenta satisfazer os impulsos instintivos.

**processo secundário de pensamento** Processos de raciocínio maduros, usados pelo ego, necessários para lidar com o mundo externo de maneira racional.

**projeção** Mecanismo de defesa que consiste em atribuir um impulso perturbador a outra pessoa.

*proprium* Termo usado por Allport para o ego ou o *self*.

**psicanálise** Teoria de Sigmund Freud da personalidade e sistema de psicoterapia para o tratamento de distúrbios mentais.

**psicologia analítica** Teoria da personalidade de Jung.

**psicologia feminina** Para Horney, uma revisão da psicanálise que engloba os conflitos psicológicos inerentes ao ideal tradicional de ser mulher e dos papéis femininos.

**psicologia individual** Teoria de Adler sobre a personalidade.

**psique** Termo usado por Jung para personalidade.

**punição** Aplicação de um estímulo aversivo após uma resposta, visando diminuir a probabilidade de que tal resposta volte a ocorrer.

**racionalização** Mecanismo de defesa que consiste em reinterpretar nosso comportamento para torná-lo mais aceitável e menos ameaçador para nós.

**reconstrução da história de vida** Tipo de estudo de caso de Jung que consiste em examinar experiências passadas de uma pessoa para identificar padrões de desenvolvimento que possam explicar neuroses presentes.

**reforço** Ato de fortalecer uma resposta por meio da adição de uma recompensa, aumentando, assim, a probabilidade de que tal resposta venha a se repetir.

**reforço negativo** Fortalecimento de uma resposta por meio da remoção de um estímulo aversivo.

**reforço vicário** Aprendizado ou fortalecimento de um comportamento por meio da observação do comportamento de outras pessoas e das consequências de tal comportamento, em vez de experimentação direta do reforço ou das consequências.

**regressão** Mecanismo de defesa que consiste em recuar para um período anterior e menos frustrante da vida e exibir os comportamentos, geralmente infantis, característicos daquela época mais segura.

**repressão** Mecanismo de defesa que consiste na negação inconsciente da existência de algo que causa ansiedade.

**resistência** Em livre associação, um bloqueio ou recusa em revelar memórias dolorosas.

**sentimentos** Para Cattell, traços originais moldados pelo ambiente que motivam o comportamento.

**sentimentos de inferioridade** Condição normal de todas as pessoas; a fonte de todo o esforço humano.

**simplicidade cognitiva** Estilo cognitivo ou maneira de interpretar o ambiente caracterizada por uma incapacidade relativa de perceber diferenças entre as pessoas.

**sublimação** Mecanismo de defesa que consiste em alterar ou deslocar impulsos do id, com o desvio da energia instintiva, para comportamentos socialmente aceitáveis.

**superego** Para Freud, o aspecto moral da personalidade; a introjeção de valores e padrões paternos e sociais.

**técnica de documento pessoal** Envolve o estudo de registros escritos ou falados de uma pessoa.

**técnica de tipo Q** Técnica de autorrelato para avaliar aspectos do autoconceito.

**tendência atualizante** Motivação humana básica para realizar, manter e aprimorar o *self*.

**tendências neuróticas** Três categorias de comportamentos e atitudes com relação a si mesmo e aos outros que expressam as necessidades de uma pessoa; revisão de Horney do conceito de necessidades neuróticas.

**teoria do constructo pessoal** Descrição de Kelly da personalidade em termos de processos cognitivos. Somos capazes de interpretar comportamentos e eventos e de usar esse conhecimento para conduzir nosso comportamento e predizer o de outras pessoas.

**terapia centrada na pessoa** Abordagem terapêutica de Rogers na qual se assume que o cliente (não o "paciente") é responsável por mudar a sua personalidade.

**terapia de papel fixo** Técnica psicoterapêutica na qual o cliente representa os constructos adequados a uma pessoa fictícia. Isso mostra ao cliente como os novos constructos podem ser mais efetivos do que os antigos que ele usa.

**teste de associação de palavras** Técnica projetiva em que uma pessoa responde a uma palavra de estímulo com qualquer palavra que lhe venha à mente.

**teste projetivo** Instrumento de avaliação da personalidade no qual se presume que os sujeitos projetem necessidades, temores e valores pessoais por meio de suas interpretações ou descrições de um estímulo ambíguo.

**tipos psicológicos** Para Jung, oito tipos de personalidade baseados na interação entre as atitudes (introversão e extroversão) e as funções (pensamento, sentimento, sensação e intuição).

**tirania dos deveres** Tentativa de alcançar uma autoimagem idealizada e inatingível, negando o verdadeiro eu e se comportando em termos do que pensamos que deveríamos estar fazendo.

**traços** Para Allport, características marcantes que orientam o comportamento. Os traços são medidos em um *continuum* e estão sujeitos a influências sociais, ambientais e culturais. Para Cattell, são tendências de reações, deduzidas a partir do método de análise fatorial, que são partes relativamente permanentes da personalidade.

**traços centrais** São aqueles mais importantes, que descrevem o comportamento de uma pessoa.

**traços comuns** São aqueles que, de certa forma, todas as pessoas possuem.

**traços constitucionais** Traços originais, que dependem de nossas características fisiológicas.

**traços de habilidade** São os que descrevem nossas habilidades e quão eficiente seremos em trabalhar pelos nossos objetivos.

**traços de temperamento** Descrevem nosso estilo comportamental geral em resposta ao nosso ambiente.

**traços dinâmicos** São os que descrevem nossas motivações e interesses.

**traços fundamentais** São os traços humanos mais difundidos e poderosos.

**traços moldados pelo ambiente** Traços originais que são adquiridos a partir de interações sociais e ambientais.

**traços originais** Traços permanentes e estáveis que constituem os fatores básicos da personalidade, obtidos a partir do método de análise fatorial.

**traços secundários** Traços menos importantes que uma pessoa manifesta sem chamar a atenção ou de maneira inconsistente.

**traços singulares** Traços que uma ou poucas pessoas possuem.

**traços superficiais** São os que apresentam correlação, mas que não constituem um fator porque não são determinados por uma mesma origem.

**validade** Extensão em que um instrumento de avaliação mede o que pretende medir.

**variável dependente** Em um experimento, a variável que o experimentador deseja medir, geralmente o comportamento dos sujeitos ou suas respostas à manipulação da variável independente.

**variável independente** Em um experimento, a variável ou condição de estímulo que o experimentador manipula para verificar o seu efeito sobre a variável dependente.

# Referências

AARTS, J. *et al.* "The relation between depression, coping and health locus of control: Differences between older and younger patients, with and without cancer". *PsychoOncology,* 25 de janeiro de 2015. Disponível em: http://onlinelibrary.wiley.com/doi/10.1002/pon.3748/abstract.

ABDALLAH, T. M. "Self-esteem and *locus* of control of college men in Saudi Arabia". *Psychological Reports*, 65, 3, Pt. 2, p. 1.323-1.326, 1989.

ABDEL-KHALEK, A. Personality and mental health: Arabic scale of mental health: Eysenck personality questionnaire, and NEO five factor inventory. *Psychological Reports,* 111, 75-82, 2012.

ABDEL-KHALEK, A.; LESTER, D. "Optimism and pessimism in Kuwaiti and American college students". *International Journal of Social Psychiatry*, 52, p. 110-126, 2006.

_____. "Personal and psychological correlates of happiness among a sample of Kuwaiti Muslim students". *Journal of Muslim Mental Health*, 5, 2, p. 194-209, 2010.

ABE, H.; IMAI, S.; NEDATE, L. Effects of fixed-role therapy applying decision-making theory on social anxiety. *Japanese Journal of Counseling Science,* 44, 1-9, 2011.

ABMA, R. "Madness and mental health". In: JANZ, J.; VAN DRUNNEN, P. (eds.). *A social history of psychology.* Malden, MA: Blackwell, 2004. p. 93-128.

ACHENBACH, T.; ZIGLER, E. "Social competence and self-image disparity in psychiatric and non--psychiatric patients". *Journal of Abnormal and Social Psychology*, 67, p. 197-205, 1963.

ADAMS, D. *The anatomy of personality.* Garden City, NY: Doubleday, 1954.

ADAMS, G. R.; FITCH, S. A. "Ego stage and identity status development: A cross-sequential analysis". *Journal of Personality and Social Psychology*, 43, p. 574-583, 1982.

ADAMS, H.; LUEVANO, V.; JONASON, P. "Ricky business: Willingness to be caught in an extra-pair relationship, relationship experiences, and the Dark Triad." *Personality and Individual Differences,* 66, 204-207, 2014.

ADAMS, N. "Skinner's *Walden Two:* An anticipation of positive psychology?" *Review of General Psychology,* 16, 1-9, 2012.

ADAMS-WEBBER, J. R. "Cognitive complexity and role relationships". *Journal of Constructivist Psychology*, 14, 1, p. 43-50, 2001.

ADEBIMPE, O.; OLADIMEJI, B. "Health beliefs and locus of control as predictors of cancer screening behavior among women in Obafemi Awolowo University community". *Gender & Behavior*, 12, 6457-6464, 2014.

ADLER, A. *The practice and theory of individual psychology.* Boston: Littlefield Adams, 1924.

_____. "Individual psychology". In: Murchison, C. (ed.). *Psychologies of 1930.* Worcester, MA: Clark University Press, 1930. p. 395-405.

_____. *Social interest: A challenge to mankind.* J. Linton and R. Vaughan (Trans.). New York: Putnam, 1939. (Original work published 1933)

_____. *The practice and theory of individual psychology.* P. Radin (Trans.). Paterson, NJ: Littlefield, Adams, 1963. (Original work published 1924)

ADLER, J. "Freud in our midst". *Newsweek*, p. 43-49, 27 mar. 2006.

AGHABABAEI, N. "Religious, honest and humble: Looking for the religious person within the HE-XACO model of personality structure." *Personality and Individual Differences,* 53, p. 880-883, 2012.

AGHABABAEI, N.; ARIJ, A. "Well-being and the

HEXACO model of personality". *Personality and Individual Differences,* 56, p. 139-142, 2014.

AHERN, J. *et al.* Navigating non-positivity in neighbourhood studies: An analysis of collective efficacy and violence. *Journal of Epidemiology and Community Health,* 67, 159-165, 2013.

AHLIN, E.; LOBO ANTUNES, M. "Locus of control orientation: Parents, peers, and place." *Journal of Youth and Adolescence,* 24 de janeiro de 2015. Disponível em: https://www.apa.org/.

AKSU, A. *et al.* The relationship between personality, gender and departments: Application of 16 personality factor questionnaire in the Antalya region of Turkey. *Quality & Quantity: International Journal of Methodology,* 44, 1113-1127, 2012.

AL-ANSARI, B. "Gender differences in anxiety among undergraduates from 16 Islamic countries". *Social Behavior and Personality,* 34, p. 651-660, 2006.

AL-ANSARI, B.; KAZEM, A. "Optimism and pessimism in Kuwaiti and Omami undergraduates". *Social Behavior and Personality,* 36, 4, p. 503-518, 2008.

ALBRIGHT, L. *et al.* "Cross-cultural consensus in personality judgments". *Journal of Personality and Social Psychology,* 72, p. 558-569, 1997.

ALE, C. *et al.* "Facial affect recognition and social anxiety in preschool children". *Early child development and care,* 180, 10, p. 1.349-1.359, 2010.

ALESSANDRI, G. *et al.* The Ego Resiliency Scale revised: A cross-cultural study in Italy, Spain and the United States. *European Journal of Psychological Assessment,* 28, p. 139-146, 2012.

ALEXANDRE, P. *et al.* "Disparities in adequate mental health care for the past-year major depressive episodes among Caucasian and Hispanic youth". *Psychiatric Services,* 60, 10, p. 1365-1371, 2009.

ALFONSO, R. *et al.* "Reminiscence, psychological well-being, and ego integrity in Portuguese elderly people." *Educational Gerontology,* 37, p. 1063-1080, 2011.

ALLEMAND, M.; ZIMPRICH, D.; MARTIN, M. "Long-term correlated change in personality traits in old age". *Psychology and Aging,* 23, 3, p. 545-557, 2008.

ALLEMAND, M.; ZIMPRICH, D.; HENDRIKS, A. "Age differences in five personality domains across the life span". *Developmental Psychology,* 44, 3, p. 758-770, 2008.

ALLEMAND, M.; ZIMPRICH, D.; HERTZOG, C. "Cross-sectional age differences and longitudinal age changes of personality in middle adulthood and old age". *Journal of Personality,* 75, p. 323-328, 2007.

ALLEN, J.; DANA, R. "Methodological issues in cross-cultural and multicultural Rorschach research". *Journal of Personality Assessment,* 82, p. 189-206, 2004.

ALLEN, K. D.; DANFORTH, J. S.; DRABMAN, R. C. "Videotaped modeling and film distraction for fear reduction in adults undergoing hyperbaric oxygen therapy". *Journal of Consulting and Clinical Psychology,* 57, p. 554-558, 1989.

ALLIK, J.; REALO, A.; CRAE, R. "Universality of the fivefactor model of personality". In: WIDIGER, T. (Ed.), *Personality disorders and the five-factor model,* p. 61-74. Washington, DC: American Psychological Association, 2013.

ALLIK, J. *et al.* "Personality traits of Russians from the observer's perspective". *European Journal of Personality,* 23, 7, p. 567-588, 2009.

_____. "How people see others is different from how people see themselves: A replicable pattern across cultures". *Journal of Personality and Social Psychology,* 99, 5, p. 870-882, 2010.

ALLIK, J.; MCCRAE, R. "Toward a geography of personality traits: Patterns of profiles across 36 cultures". *Journal of Cross-Cultural Psychology,* 35, p. 13-28, 2004.

ALLPORT, G. W. *Personality: A psychological interpretation.* New York: Holt, 1937.

_____. *Becoming: Basic considerations for a psychology of personality.* New Haven, CT: Yale University Press, 1955.

_____. *Pattern and growth in personality.* New York: Holt, 1961.

_____. *Letters from Jenny.* New York: Harcourt, Brace & World, 1965.

_____. "Traits revisited". *American Psychologist,* 21, p. 1-10, 1966.

_____. "Autobiography". In: BORING, E. G.; LINDZEY, G. (eds.). *A history of psychology in auto-biography.* New York: Appleton-Century-Crofts, 1967. p. 1-25. v. 5.

ALLPORT, G. W.; CANTRIL, H. "Judging personality from voice". *Journal of Social Psychology,* 5, p. 37-55, 1934.

ALLPORT, G. W.; VERNON, P. *Studies in expressive movement.* New York: Macmillan, 1933.

ALLPORT, G. W.; VERNON, P. LINDZEY, G; *A study of values.* 3. ed. Boston: Houghton Mifflin, 1960.

ALTMAIER, E. M. *et al.* "Role of self-efficacy in rehabilitation outcomes among chronic low back pain patients". *Journal of Counseling Psychology,* 40, p. 335-339, 1993.

ALTUS, D.; MORRIS, E. B. F. "Skinner's utopian vision: Behind and beyond Walden Two". *The Behavior Analyst*, 32, 2, p. 319-335, 2009.

AMBODY, N.; ROSENTHAL, R. "Thin slices of expressive behavior as predictors of interpersonal consequences: A meta-analysis". *Psychological Bulletin*, 111, p. 256-274, 1992.

AMICHAI-HAMBURGER, Y.;VINITZKY, G. "Social network use and personality". *Computers in Human Behavior*, 26, 6, p. 1.289-1.295, 2010.

AMIRKHAN, J. H.; RISINGER, R. T.; SWICKERT, R. J. "Extraversion: A 'hidden' personality factor in coping?". *Journal of Personality*, 63, p. 189-212, 1995.

AMRAM, Y.; BENBENISTHY, R. "The impact of therapeutic factors on locus of control of addicts in therapeutic communities". *Journal of Groups in Addiction Recovery*, 9, p. 313-325, 2014.

ANDERSON, C. "An update on the effects of playing violent video games". *Journal of Adolescence*, 27, p. 113-122, 2004.

ANDERSON, C. *et al.* "Who attains social status? Effects of personality and physical attractiveness in social groups". *Journal of Personality and Social Psychology*, 81, p. 116-132, 2001.

ANDERSON, C. *et al.* "Violent video game effects on aggression, empathy, and prosocial behavior in Eastern and Western countries: A meta-analytic review". *Psychological Bulletin*, 136, 2, p. 151-173, 2010.

ANDERSON, D. C.; FRIEDMAN, L. J. "Erik Erikson on revolutionary leadership [Retrospective review of four books by Erikson]". *Contemporary Psychology*, 42, p. 1.063-1.067, 1997.

ANDERSON, J. W. "Henry A. Murray's early career: A psychobiographical exploration". *Journal of Personality*, 56, p. 139-171, 1988.

_____. "The life of Henry A. Murray: 1893-1988". In: RABIN, A. I. *et al.* (eds.). *Studying persons and lives*. New York: Springer, 1990.

ANDERSON, S.;ADAMS, G.; PLAUT,V."The cultural grounding of personal relationships:The important of attractiveness in everyday life". *Journal of Personality and Social Psychology*, 95, 2, p. 352-368, 2008.

ANDREASSEN, C. *et al.* "The relationships between behavioral addictions and the five-factor model of personality". *Journal of Behavioral Addictions*, 2, p. 90-99, 2013.

ANDREOLETTI, C.; ZEBROWITZ, L. A.; LACHMAN, M. E. "Physical appearance and control beliefs in young, middle-aged, and older adults". *Personality and Social Psychology Bulletin*, 27, p. 969-981, 2001.

ANG, R. "Effects of parenting style on personal and social variables for Asian adolescents". *American Journal of Orthopsychiatry*, 76, p. 503-511, 2006.

ANTHIS, K.; LAVOIE, J. "Readiness to change: A longitudinal study of changes in adult identity". *Journal of Research in Personality*, 40, p. 209-219, 2006.

APOSTAL, R. A. "College students' career interests and sensing-intuition personality". *Journal of College Student Development*, 32, p. 4-7, 1991.

APPIGNANESI, L.; FORRESTER, J. *Freud's women*. New York: Basic Books, 1992.

ARBISI, P.; BEN-PORATH, Y.; MCNULTY, J. "A comparison of MMPI-2 validity in African-American and Caucasian psychiatric inpatients". *Psychological Assessment*, 14, 1, p. 3-15, 2002.

ARCHER, S. L. "The lower age boundaries of identity development". *Child Development*, 53, p. 1.551-1.556, 1982.

ARIES, E.; MOOREHEAD, K. "The importance of ethnicity in the development of identity of Black adolescents". *Psychological Reports*, 65, p. 75-82, 1989.

ARISO, J.; REYERI, D. "Reconsidering the scenario of cyberbullying: Promoting the internalization of the locus of control in adolescents through cognitive restructuring". *Adolescent Psychiatry*, 4, p. 98-103, 2014.

ARMSTRONG, A.; DIENES, Z. "Subliminal understanding of active versus passive sentences". *Psychology of Consciousness: Theory, Research, and Practice,* 1(1), p. 32-50, 2014.

ARNETT, J. J. "Adolescent storm and stress, reconsidered". *American Psychologist*, 54, p. 317-326, 1999.

ARNOLD, E. "A voice of their own: Women moving into their fifties". *Health Care for Women International*, 26, p. 630-651, 2005.

AROKACH, A. "Alienation and domestic abuse: How abused women cope with loneliness". *Social Indicators Research*, 78, p. 327-340, 2006.

ASBERG, K.; RENK, K. "Perceived stress, external locus of control, and social support as predictors of psychological adjustment among female inmates with or without a history of sexual abuse". *International Journal of Offender Therapy & Comparative Criminology*, 58, p. 59-84, 2014.

ASENDORPF, J. B.;WILPERS, S. "Personality effects on social relationships". *Journal of Personality and Social Psychology*, 74, p. 1.531-1.544, 1988.

ASHTON, M. C. *et al.* "A six-factor structure of personality-descriptive adjectives: Solutions from psycholexical studies in seven languages". *Journal of Personality and Social Psychology*, 86, p. 356-366, 2004.

_____. "Lexical studies of personality structure". *Paper presented at the 13th European Conference on Personality*, Athens, Greece, jul. 2006.

ASHTON, M. C.; LEE, K. "A theoretical basis for the major dimensions of personality". *European Journal of Personality*, 15, p. 327-333, 2001.

_____. "Six independent factors of personality variation". *European Journal of Personality*, 16, p. 63-75, 2002.

_____. "Empirical, theoretical, and practical advantages of the HEXACO model of personality structure". *Personality and Social Psychology Review*, 11, 2, p. 150-166, 2007.

_____. "The HEXACO model of personality structure". In: BOYLE, G.; MATTHEWS, G.; SAKLOFSKE, D. (eds.). *The SAGE handbook of personality theory and assessment.* v. 2. Personality measurement and testing. Thousand Oaks, CA: Sage Publications, 2008. p. 239-260.

_____. "The HEXACO-60: A short measure of the major dimensions of personality". *Journal of Personality Assessment*, 91, 4, p. 340-345, 2009.

ASHTON, M. C.; LEE, K.; PAUNONEN, S. "What is the central feature of extraversion? Social attention versus reward sensitivity". *Journal of Personality and Social Psychology*, 83, p. 245-252, 2002.

ASPINWALL, L.; TEDESCHI, R. "The value of positive psychology for health psychology: Progress and pitfalls in examining the relation of positive phenomena to health". *Annals of Behavioral Medicine*, 39, p. 4-15, 2010.

ASSOR, A.; ROTH, G.; DECI, E. "The emotional costs of parents' conditional regard: A self-determination theory analysis". *Journal of Personality*, 72, p. 47-87. 2004.

ASSOR, A.; TAI, K. "When parents affection depends on child's achievement: Parental conditional positive regard, self-aggrandizement, shame and coping in adolescents." *Journal of Adolescence*, 36, p. 249-260, 2012.

ATAY, S. "The standardization of the Myers-Briggs Type Indicator into Turkish: An application on students". *Journal of Instructional Psychology*, 39, p. 74-79, 2012.

ATKINSON, J. W.; LENS, W.; O'MALLEY, P. M. "Motivation and ability: Interactive psychological determinants of intellectual performance, educational achievement, and each other". In: FEATHERMAN, D. L.; HANSER, R. H.; SEWELL, W. H. (eds.). *Schooling and achievement in American society.* New York: Academic Press, 1976.

AYLLON, T.; AZRIN, N. *The token economy.* New York: Appleton-Century-Crofts, 1968.

AYOUBUI, R.; USTWANI, B. "The relationship between students MBTI preferences and academic performance at a Syrian university". *Education & Training*, 56, p. 78-90, 2014.

AZAR, B. "Your brain on culture: The burgeoning field of cultural neuroscience is finding that culture influences brain development, and perhaps vice versa". *Monitor on Psychology*, 41, 10, p. 44-47, 2010.

_____. "Positive psychology advances, with growing pains". *Monitor on Psychology*, 42, 4, p. 32-36, 2011.

BAARS, B. J. *The cognitive revolution in psychology.* New York: Guilford Press, 1986.

BACANLI, F. "Personality characteristics as predictors of personal indecisiveness". *Journal of Career Development*, 32, p. 320-332, 2006.

BACK, M. *et al.* "Facebook profiles reflect actual personality, not self-idealization". *Psychological Science*, 21, 3, 372-374, 2010.

BACK, M.; SCHMUKLE, S.; EGLOFF, B. "Who is late and who is early? Big five personality factors and punctuality in attending psychological experiments". *Journal of Research in Personality*, 40, p. 841-848, 2006.

BACON, A.; BURAK, H.; RANN, J. "Sex differences in the relationship between sensation seeking, trait emotional intelligence and delinquent behavior". *Journal of Forensic Psychiatry & Psychology*, 25, p. 673-683, 2014.

BADGER, J.; REDDY, P. "The effects of birth order on personality traits and feelings of academic sibling rivalry". *Psychology Teaching Review*, 15, p. 45-54, 2009.

BAEK, Y.; BAE, Y.; JANG, H. "Social and parasocial relationships on social network sites and their differential relationships with users psychological well-being". *Cyberpsychology: Behavior and Social Networking*, 16(7), p. 512-517, 2013.

BAIR, D. *Jung: A biography.* Boston: Little Brown, 2003.

BAKALAR, N. "First mention: Sigmund Freud, 1909". *New York Times*, 2011.

BALDWIN, A. L. "The effect of home environment on nursery school behavior". *Child Development*, 20, p. 49-61, 1949.

BALISTRERI, E.; BUSCH-ROSSNAGEL, N. A.; GEISINGER, K. F. "Development and preliminary validation of the Ego Identity Process Questionnaire". *Journal of Adolescence*, 18, p. 179-182, 1995.

BALL, S. A.; CARROLL, K. M.; ROUNSAVILLE, B. J. "Sensation seeking, substance abuse, and psychopathology in treatment-seeking and community cocaine abusers". *Journal of Consulting and Clinical Psychology*, 62, p. 1.053-1.057, 1994.

BALL, S. A.; ZUCKERMAN, M. "Sensation seeking and selective attention: Focused and divided attention on a dichotic listening task". *Journal of Personality and Social Psychology*, 63, p. 825-831, 1992.

BALTES, M. M.; BATES, P. B. *Psychology of control and aging*. Hillsdale, NJ: Erlbaum, 1986.

BANDURA, A. "Influence of models' reinforcement contingencies on the acquisition of imitative responses". *Journal of Personality and Social Psychology*, 1, p. 589-595, 1965.

_____. *Aggression: A social learning analysis*. Englewood Cliffs, NJ: Prentice-Hall, 1973.

_____. *Social learning theory*. Englewood Cliffs, NJ: Prentice-Hall, 1977.

_____. Distinguished scientific contribution award. *American Psychologist*, 36, p. 27-42, 1981.

_____. *Social foundations of thought and action: A social cognitive theory*. Englewood Cliffs, NJ: Prentice-Hall, 1986.

_____. "Exercise of personal and collective efficacy in changing societies". In: BANDURA, A. (ed.). *Self-efficacy in changing societies*. Cambridge, England: Cambridge University Press, 1995. p. 1-45.

_____. *Self-efficacy: The exercise of control*. New York: W. H. Freeman, 1997.

_____. "Social cognitive theory: An agentic perspective". *Annual Review of Psychology*, 52, p. 1-26, 2001.

_____. "But what about that gigantic elephant in the room?" In: ARKIN, R. (Ed.), *Most underappreciated: 50 prominent social psychologsts decribe their most unloved work* p. 51-59. New York: Oxford University Press, 2011.

_____. "On the functional properties of perceived self-efficacy revisited". *Journal of Management*, 38, p. 9-44, 2012.

_____. "The role of self-efficacy in goal-based motivation". In: LATHAM, G.; LOCKE, E; (Eds.), *New developments in goal setting and task performance*, p. 147-157. New York: Routledge/Taylor & Francis, 2013.

BANDURA, A. *et al.* "Self-efficacy pathways to childhood depression". *Journal of Personality and Social Psychology*, 76, p. 258-269, 1999.

BANDURA, A.; BLANCHARD, E. B.; RITTER, B. "The relative efficacy of desensitization and modeling approaches for inducing behavioral, affective,

and attitudinal changes". *Journal of Personality and Social Psychology*, 13, p. 173-199, 1969.

BANDURA, A.; GRUSEC, J. E.; MENLOVE, F. L. "Vicarious extinction of avoidance behavior through symbolic modeling". *Journal of Personality and Social Psychology*, 5, p. 16-22, 1967.

BANDURA, A.; ROSS, D.; ROSS, S. A. "Imitation of film-mediated aggressive models". *Journal of Abnormal and Social Psychology*, 66, p. 3-11, 1963.

BANDURA, A.; WALTERS, R. *Social learning and personality development*. New York: Holt, Rinehart & Winston, 1963.

BANNISTER, D.; FRANSELLA, F.; AGNEW, J. "Characteristics and validity of the grid test on thought disorder". *British Journal of Social and Clinical Psychology*, 10, p. 144-151, 1971.

BANNISTER, D.; SALMON, P. "Schizophrenic thought disorder: Specific or diffuse?". *British Journal of Medical Psychology*, 39, p. 215-219, 1966.

BARDI, A.; BRADY, M. "Why shy people use instant messaging: Loneliness and other motives". *Computers in Human Behavior*, 26, p. 1.722-1.726, 2010.

BARELDS, D. "Self and partner personality in intimate relationships". *European Journal of Personality*, 19, p. 501-518, 2005.

BARENBAUM, N. "Allport's use of personal documents in psychological science: The case study book that wasn't". *The General Psychologist*, 43, 2, p. 53-55, 2008.

BARGER, S. D.; KIRCHER, J. C.; CROYLE, R. T. "The effects of social context and defensiveness on the physiological responses of repressive copers". *Journal of Personality and Social Psychology*, 73, p. 1.118-1.128, 1997.

BARGH, J. A.; CHARTRAND, T. L. "The unbearable automaticity of being". *American Psychologist*, 54, p. 462-479, 1999.

BARGH, J. A. *et al.* "The automated will: Non-conscious activation and pursuit of behavioral goals". *Journal of Personality and Social Psychology*, 81, p. 1.014-1.027, 2001.

BARLOW, P.; TOBIN, D.; SCHMIDT, M. "Social interest and positive psychology: Positively aligned". *The Journal of Individual Psychology*, 65, 3, p. 191-202, 2009.

BARNES, J.; BOUTWELL, B.; BEAVER, K. "Genetic and nonshared environmental factors predict handgun ownership in early adulthood". *Death Studies*, 38, p. 156-164, 2014.

BARONGAN, C.; HALL, G. "The influence of misogynous rap [music] on sexual aggression against women". *Psychology of Women Quarterly*, 19, p. 195-207, 1995.

BAROUN, K.; AL-ANSARI, B. "The impact of anxiety and gender on perceiving the Mueller-Lyer illusion". *Social Behavior and Personality*, 33, p. 33-42, 2005.

BARRAULT, S., & VARESCONI, I. "Impulsive sensation seeking and gambling practice among a sample of online poker players: Comparison between nonpathological, problem and pathological gamblers". *Personality and Individual Differences*, 55, p. 502-507, 2013.

BARRETT, A. "Gendered experiences in midlife: Implications for age identity". *Journal of Aging Studies*, 19, p. 163-183, 2005.

BARRETT, D. *et al.* "Contents of dreams from WWII POWs". *Imagination, Cognition and Personality*, 33, p. 193-204, 2014.

BARRETT, L. *et al.* "Sex differences in emotional awareness". *Personality and Social Psychology Bulletin*, 26, p. 1.027-1.035, 2000.

BARRETT-LENNARD, G. "The Roosevelt years: Crucial milieu for Carl Rogers innovation". *History of Psychology*, 15(1), p. 19-32, 2012.

BARRICK, M. R.; MOUNT, M. K. "Effects of impression management and self-deception on the predictive validity of personality constructs". *Journal of Applied Psychology*, 81, p. 261-272, 1996.

BARRICK, M. R.; MOUNT, M. K.; STRAUSS, J. P. "Conscientiousness and performance of sales representatives. Test of the mediating effects of goal setting". *Journal of Applied Psychology*, 78, p. 715-722, 1993.

BARRINEAU, P. "Personality types among undergraduates who withdraw from liberal arts college". *Journal of Psychological Type*, 65, p. 27-32, 2005.

BARRON, K.; HARACKIEWICZ, J. "Achievement goals and optimal motivation: Testing multiple goal models". *Journal of Personality and Social Psychology*, 80, p. 706-722, 2001.

BARRY, L. *et al.* "Perceived control and change in physical functioning after coronary artery bypass grafting". *International Journal of Behavioral Medicine*, 13, p. 229-236, 2006.

BARTHOLOW, B.; SESTIR, M.; DAVIS, E. "Correlates and consequences of exposure to videogame violence: Hostile personality, empathy, and aggressive behavior". *Personality and Social Psychology Bulletin*, 31, p. 1.573-1.586, 2005.

BASSI, M. *et al.* "Academic self-efficacy and quality of experience in learning". *Journal of Youth and Adolescence*, 36, p. 301-312, 2007.

BASSI, M. *et al.* "Personality and optimal experience in adolescence: Implication for well-being and development". *Journal of Happiness Studies*, 15, p. 829-843, 2014.

BATANOWSKA-RATIJ, A.; MATYSIAK, A.; MYNARSKA, M. "Does lone motherhood decrease women's happiness? Evidence from qualitative and quantitative research". *Journal of Happiness Studies*, 15, p. 1457-1477, 2014.

BATTLE, E.; ROTTER, J. B. "Children's feelings of personal control as related to social class and ethnic group". *Journal of Personality*, 31, p. 482-490, 1963.

BAUGHMAN, H. *et al.* "Four shades of sexual fantasies linked to the Dark Triad". *Personality and Individual Differences*, 67, p. 47-51, 2014.

BEAUDOIN, M.; DESRICHARD, O. "Are memory self-efficacy and memory performance related? A meta-analysis". *Psychological Bulletin*, 137, 2, p. 211-241, 2011.

BEAUMONT, S.; ZUKANOVIC, R. "Identity development in men and its relation to psychosocial distress and self-worth". *Canadian Journal of Behavioural Science*, 37, p. 70-81, 2005.

BECK, E., BURNET, K.; VOSPER, J. "Birth order effects on facets of extraversion". *Personality and Individual Differences*, 40, p. 953-959, 2006.

BECONA, E.; FROJAN, M. J.; LISTA, M. J. "Comparison between two self-efficacy scales in maintenance of smoking cessation". *Psychological Reports*, 62, p. 359-362, 1988.

BEGEN, F.; TURNER-COBB, J. "The need to belong and symptoms of acute physical health in early adolescence". *Journal of Health Psychology*, 17, p. 907-916, 2012.

BEGUE, L.; ROCHE, S. "Birth order and youth delinquent behaviour: Testing the differential parental control hypothesis in a French representative sample". *Psychology, Crime and Law*, 11, p. 73-85, 2005.

BELMONT, L.; MAROLLA, F. A. "Birth order, family size and intelligence". *Science*, 182, p. 1.096-1.101, 1973.

BENASSI, V. A.; SWEENEY, P. D.; DUFOUR, C. L. "Is there a relationship between *locus* of control orientation and depression?". *Journal of Abnormal Psychology*, 97, p. 357-367, 1988.

BENET-MARTINEZ, V.; LEE, F.; LEU, J. "Biculturalism and cultural complexity: Expertise in cultural representations". *Journal of Cross-Cultural Psychology*, 37, p. 386-407, 2006.

BENJAFIELD, J. "George Kelly: Cognitive psychologist, humanistic psychologist, or something else entirely?". *History of Psychology*, 11, 4, p. 239-262, 2008.

BENNETT, D.; SULLIVAN, M.; LEWIS, M. "Neglected children, shame-proneness, and depressive symptoms". *Child Maltreatment*, 15, 4, p. 305-314, 2010.

BENNETT, J. "Does beauty buy happiness?". *Yahoo! News*. 30 mar. 2011.

BENOTSCH, E. *et al* "The five factor model of personality and the non-medical use of prescription drugs: Associations in a young adult sample". *Personality and Individual Differences*, 55, p. 852-855, 2013.

BENSON-TOWNSEND, B.; SILVER, N. "Compulsive hoarding and consumer locus of control differences". *American Psychological Association Convention Presentation*. Disponível em http://aps.psychologicalscience.org/convention/program_2014/search/viewProgram.cfm?Abstract_ID=31662&AbType=&AbAuthor=271225&Subject_ID=&Day_ID= all&keyword=, 2014. Acesso em: 2014.

BEN-ZUR, H.; ZIMMERMAN, M. "Aging holocaust survivors' well-being and adjustment: Association with ambivalence over emotional expression". *Psychology and Aging*, 20, p. 710-713, 2005.

BERG, A.; JOHANSSON, B. "Personality change in the oldest-old: Is it a matter of compromised health and functioning?" *Journal of Personality*, 82, p. 25-31, 2014.

BERG, M. B.; JANOFF-BULMAN, P.; COTTER, J. "Perceiving value in obligations and goals: Wanting to do what should be done". *Personality and Social Psychology Bulletin*, 27, p. 982-995, 2001.

BERGEMAN, C. S. *et al.* "Genetic and environmental effects on openness to experience, agreeableness, and conscientiousness: An adoption-twin study". *Journal of Personality*, 61, p. 159-179, 1993.

BERGIN, A. E.; STRUPP, H. H. *Changing frontiers in the science of psychotherapy*. New York: Aldine-Atherton, 1972.

BERGVIK, S.; SORLIE, T.; WYNN, R. "Coronary patients who returned to work had stronger internal locus of control beliefs than those who did not return to work". *British Journal of Health Psychology*, 17, p. 596-608, 2012.

BERLIN, M.; KAUNITZ, N. "Beyond income: The importance for life satisfaction of having access to a cash margin". *Journal of Happiness Studies*. Disponível em http://link.springer.com/article/10.1007%2Fs10902-014-9575-7#page-2, 2014

BERRY, D. S. "Taking people at face value: Evidence for the kernel of truth hypothesis". *Social Cognition*, 8, p. 343-361, 1990.

BERRY, D. S.; WERO, J. L. F. "Accuracy in face perception: A view from ecological psychology". *Journal of Personality*, 61, p. 497-520, 1993.

BERZONSKY, M. "Identity style, parental authority, and identity commitment". *Journal of Youth and Adolescence*, 33, p. 213-220, 2004.

BETTELHEIM, B. *Freud and man's soul*. New York: Vintage Books, 1984.

BEYERS, W.; SEIFFGE-KRENKE, I. "Does identity precede intimacy? Testing Erikson's theory on romantic development in emerging adults of the 21st century". *Journal of Adolescent Research*, 25, 3, p. 387-415, 2010.

BIAO-BIN, V. *et al.* "Relationship between Internet behavior and subjective well-being of teenagers". *Chinese Journal of Clinical Psychology*, 14, p. 68-69, 2006.

BILSKER, D.; MARCIA, J. E. "Adaptive regression and ego identity". *Journal of Adolescence*, 14, p. 75-84, 1991.

BIRNBAUM, M. "Human research on data collection via the Internet". *Annual Review of Psychology*, 55, p. 803-832, 2004.

BJORK, D. W. *B. F. Skinner: A life*. New York: Basic Books, 1993.

BLACKMAN, D. E. "B. F. Skinner (1904-1990)". In: FULLER, R. (ed.). *Seven pioneers of psychology: Behaviour and mind*. London: Routledge, 1995. p. 107-129.

BLAIS, J. *et al.* "Adolescents online: The importance of internet activity choices to salient relationships". *Journal of Youth & Adolescence*, 37, p. 522-536, 2008.

BLANTON, H. *et al.* "Pessimistic bias in comparative evaluations: A case of perceived vulnerability to the effects of negative life events". *Personality and Social Psychology Bulletin*, 27, p. 1.627-1.636, 2001.

BLANTON, S. *Diary of my analysis with Sigmund Freud*. New York: Hawthorn Books, 1971.

BLEIDORN, W. *et al.* "Nature and nurture of the interplay between personality traits and major life goals". *Journal of Personality and Social Psychology*, 99, 2, p. 366-379, 2010.

BLOCK, J.; BLOCK, J. H. "The role of ego-control and ego-resiliency in the organization of behavior". In: COLLINS, W. A. (ed.). *The Minnesota symposium on child psychology*. Hillsdale, NJ: Erlbaum, 1980. p. 39-101. v. 13.

_____. "Venturing a 30-year longitudinal study". *American Psychologist*, 61, p. 315-327, 2006.

BLOLAND, S. *In the shadow of fame: A memoir by the daughter of Erik H. Erikson*. New York: Viking Press, 2005.

BLOSNICH, J. *et al.* "Prevalence of gender identity disorder and suicide risk among transgender veterans utilizing Veterans Health Administration care". *American Journal of Public Health*, 103, p. 27-32, 2013.

BLUME-MARCOVICI, A. "Gender differences in dreams: Applications to dream work with male clients". *Dreaming*, 20, 3, p. 199-210, 2010.

BLUMER, T.; DORING, N. "Are we the same online? The expression of the five factor personality traits on the computer and the Internet". *Cyberpsychology: Journal of Psychosocial Research on Cyberspace, 6(3)*. Disponível em: <http://www.cyberpsychology.eu/view.php?cisloclanku 2012121201>, 2012.

BLUML, V. *et al.* "Personality factors and suicide risk in a representative sample of the German general population". *PLoS ONE*, 8, artigo e76646, .

BLUSTEIN, D. L.; DEVENIS, L. E.; KIDNEY, B. A. "Relationship between the identity formation process and career development". *Journal of Counseling Psychology*, 36, p. 196-202, 1989.

BOCKERMAN, P. *et al* "The negative association of obesity with subjective well-being: Is it all about health?" *Journal of Happiness Studies*, 15, p. 857-867, 2014.

BOCKTING, W. "The impact of stigma on transgender identity development and mental health". In: DE VRIES, A.; KREUKELS, B.; STEENSMA, T.; (Eds.), *Gender dysphoria and disorders of sex development: Progress in care and knowledge.* p. 319-330. New York: US Springer Science, 2014.

BODEN, J.; BAUMEISTER, R. "Repressive coping: Distraction using pleasant thoughts and memories". *Journal of Personality and Social Psychology*, 73, p. 45-62, 1997.

BODIN, M.; ROMELSJO, A. "Predictors of abstinence and nonproblem drinking after 12-step treatment in Sweden". *Journal of Studies on Alcohol*, 67, p. 139-146, 2006.

BODUSZEK, D. *et al.* "Etsenck's personality model and criminal thinking within a violent and nonviolent offender sample: Application of propensity score analysis". *Deviant Behavior*, 34, p. 483-493, 2013.

BOEHM, J.; LYUBOMIRSKY, S. "Does happiness promote career success?". *Journal of Career Assessment*, 16, 1, p. 101-116, 2008.

BOGAERT, A. "Number of older brothers and social orientation: New tests and the attraction/ behavior distinction in two national probability samples". *Journal of Personality and Social Psychology*, 84, p. 644-652, 2003.

BOHART, A. "A deeper understanding of person-centered principles can enhance practi-

ced". *American Psychological Association Convention Program.* <http://psycnet.apa.org/psycextra/538772014-001.pdf>, 2014.

BOLGER, N.; DAVIS, A.; RAFAELI, E. "Diary methods: Capturing life as it is lived". *Annual Review of Psychology*, 54, p. 579-616, 2003.

BONETTI, L.; CAMPBELL, M.; GILMORE, L. "The relationship of loneliness and social anxiety with children's and adolescents' online communication". *Cyberpsychology, Behavior, and Social Networking*, 13, 3, p. 279-285, 2010.

BOOTH-KEWLEY, S.; VICKERS JR., R. R. "Associations between major domains of personality and health behavior". *Journal of Personality*, 62, p. 281-298, 1994.

BORES-RANGEL, E. *et al.* "Self-efficacy in relation to occupational consideration and academic performance in high school equivalency students". *Journal of Counseling Psychology*, 37, p. 407-418, 1990.

BORGOGNI, L.; PETITTA, L.; MASTRORILLI, A. "Correlates of collective efficacy in the Italian Air Force". *Applied Psychology: An International Review*, 59, 3, p. 515-537, 2010.

BORKENAU, P. *et al.* "Genetic and environmental influences on observed personality: Evidence from the German observational study of adult twins". *Journal of Personality and Social Psychology*, 80, p. 655-668, 2001.

BORNSTEIN, R. F. "The impending death of psychoanalysis". *Psychoanalytic Psychology*, 18, p. 2-20, 2001.

_____. "The impending death of psychoanalysis: From destructive obfuscation to constructive dialogue". *Psychoanalytic Psychology*, 19, p. 580-590, 2002.

BORNSTEIN, R. F.; MASLING, J. M. "Introduction: The psychoanalytic unconscious". In: _____. (eds.). *Empirical perspectives on the psychoanalytic unconscious.* Washington, DC: American Psychological Association, 1998. p. xiii-xxviii.

BOTTOME, P. *Alfred Adler: A biography.* New York: Putnam, 1939.

BOUCHARD, T. J. "Twins reared together and apart: What they tell us about human diversity". In: FOX, S. W. (ed.). *Individuality and determinism: Chemical and biological bases.* New York: Plenum Press, 1985. p. 147-184.

BOUCHER, H. "Understanding Western-East Asian differences and similarities in self-enhancement". *Social and Personality Psychology Compass*, 4, 5, p. 304-317, 2010.

BOURNE, E. "The state of research on ego identity: A review and appraisal". Part I. *Journal of Youth and Adolescence*, 7, p. 223-257, 1978a.

_____. "The state of research on ego identity: A review and appraisal". Part II. *Journal of Youth and Adolescence*, 7, p. 371-392, 978b.

BOWKER, A. "The relationship between sports participation and self-esteem during early adolescence". *Canadian Journal of Behavioural Science*, 38, p. 214-229, 2006.

BOWLER, M.; BOWLER, J.; PHILLIPS, B. "The Big-5 ± 2? The impact of cognitive complexity on the factor structure of the five-factor model". *Personality and Individual Differences*, 47, p. 979-984, 2009.

BOYCE, C.; WOOD, A.; BROWN, G. "The dark side of conscientiousness: Conscientious people experience greater drops in life satisfaction following unemployment". *Journal of Research in Personality*, 44, p. 535-539, 2010.

BOZARTH, J. "Nondirectivity in the theory of Carl R. Rogers: An unprecedented premise". *Person-Centered and Experiential Psychotherapies*, 11, p. 262-276, 2012.

BOZARTH, J. "Unconditional positive regard". In: COOPER, M. *et al.* (Eds.), *The handbook of person-centered psychotherapy and counsellin,* 2013.

BRACEY, J.; BAMACA, M.; UMANA-TAYLOR, A. "Examining ethnic identity and self-esteem among biracial and monoracial adolescents". *Journal of Youth and Adolescence*, 33, p. 123-132, 2004.

BRANNIGAN, G. G.; GUAY, J. A.; HAUK, P. A. "Locus of control and daydreaming". *Journal of Genetic Psychology*, 152, p. 29-33, 1991.

BREGER, L. *Freud: Darkness in the midst of vision.* New York: Wiley, 2000.

_____. *A dram of undying fame: How Freud betrayed his mentor and invented psychoanalysis.* New York: Basic Books, 2009.

BREGER, L.; HUNTER, I.; LANE, R. W. *The effect of stress on dreams.* New York: International Universities Press, 1971.

BRELAND, H. M. "Birth order, family configuration and verbal achievement". *Child Development*, 45, p. 1.011-1.019, 1974.

BRELAND, K.; BRELAND, M. "The misbehavior of organisms". *American Psychologist*, 16, p. 681-684, 1961.

BRIDGES, A. *et al.* "Trauma exposure, mental health, and service utilization rates among immigrant and United States-born Hispanic youth: Results from the Hispanic family study". *Psychological Trauma: Theory, Research, Practice*; Policy, 2, 1, p. 40-48, 2010.

BRIGGS, K. C.; MYERS, I. B. *Myers-Briggs type indicator.* Palo Alto, CA: Consulting Psychologists Press, 1943/1976.

BRILEY, D.; TUCKER-DROB, E. "Genetic and environmental continuity in personality development: A meta-analysis". *Psychological Bulletin*, 140, p. 1303-1331, 2014.

BRISSETTE, I.; SCHEIER, M.; CARVER, C. "The role of optimism in social network development, coping, and psychological adjustment during a life transition". *Journal of Personality and Social Psychology*, 82, p. 102-111, 2002.

BRODY, L. R.; ROZEK, M. K.; MUTEN, E. O. "Age, sex, and individual differences in children's defensive styles". *Journal of Clinical Child Psychology*, 14, p. 132-138, 1985.

BRODY, N. "Dispositional paradigms: Comment on Eysenck (1997) and the biosocial science of individual differences". *Journal of Personality and Social Psychology*, 73, p. 1.242-1.245, 1997.

BROMAN, C. L. "Race-related factors and life satisfaction among African Americans". *Journal of Black Psychology*, 23, p. 36-49, 1997.

BROME, V. *Jung: Man and myth.* New York: Atheneum, 1981.

BRONSTEIN, P. "Personality from a sociocultural perspective". In: BRONSTEIN, P.; QUINA, K. (eds.). *Teaching a psychology of people: Resources for gender and sociocultural awareness.* Washington, DC: American Psychological Association, 1988. p. 60-68.

BROOKS, S. "Does personal social media usage affect efficiency and well-being?". *Computers in Human Behavior*, 46, p. 26-37, 2015.

BROWN, C.; MATTHEWS, K.; BROMBERGER, J. "How do African-American and Caucasian women view themselves at midlife?". *Journal of Applied Social Psychology*, 35, p. 2.057-2.075, 2005.

BROWN, J. "High self-esteem buffers negative feedback: Once more with feeling". *Cognition and Emotion*, 24, 8, p. 1.389-1.404, 2010.

BROWN, L. L. *et al.* "Individual differences in repressive-defensiveness predict basal salivary cortisol levels". *Journal of Personality and Social Psychology*, 70, p. 362-371, 1996.

BROWN, M.; BROWN, J.; KOVATCH, A. "Self-enhancement bias in partner choice: My ideal mate is me-only". Trabalho apresentado na *American Psychological Association Convention*, 2013.

BRUHN, A. R. "The early memories procedure: A projective test of autobiographical memory". Part 1. *Journal of Personality Assessment*, 58, p. 1-15, 1992a.

_____. "The early memories procedure: A projective test of autobiographical memory". Part 2. *Journal of Personality Assessment*, 58, p. 326-346, 1992b.

BRYANT, B. L. "Birth order as a factor in the development of vocational preferences". *Individual Psychology*, 43, p. 36-41, 1987.

BUCHANAN, L. P.; JOHNSON, J.; GOLDBERG, L. "Implementing a five-factor personality inventory for use on the Internet". *European Journal of Psychological Assessment*, 21, p. 115-127, 2005.

BUCHANAN, L. P.; KERN, R.; BELL-DUMAS, J. "Comparison of content in created versus actual early recollections". *Individual Psychology*, 47, p. 348-355, 1991.

BUCKELS, E.; TRAPNELL, P.; PAULHUS, D. "Trolls just want to have fun. Personality and Individual Differences", 67, p. 97-102, 2014.

BUDGE, S.; ADELSON, J.; HOWARD, K. "Anxiety and depression in transgender individuals: The roles of transition, loss, social support and coping". *Journal of Consulting and Clinical Psychology*, 81, p. 545-557.

BUHRMESTER, M.; KWANG, T.; GOSLING, S. "Amazon's Mechanical Turk: A new source of inexpensive, yet high-quality data?" *Perspectives on Psychological Science*, 6(1), p. 3-5, 2011.

BULLARD, A. "The critical impact of Franz Fanon and Henri Collomb: Race, gender, and personality testing of North and West Africans". *Journal of the History of the Behavioral Sciences*, 41, p. 225-248, 2005.

BULLOCK, W. A.; GILLILAND, K. "Eysenck's arousal theory of introversion-extraversion: A converging measures investigation". *Journal of Personality and Social Psychology*, 64, p. 113-123, 1993.

BURGER, J.; LYNN, A. "Superstitious behavior among American and Japanese professional baseball players". *Basic and Applied Social Psychology*, 27, p. 71-76, 2005.

BURLING, S. "The power of a positive thinker". *Philadelphia Inquirer*, 2010.

BUSCH, F. N. *et al.* "An empirical study of defense mechanisms in panic disorder". *Journal of Nervous and Mental Disease*, 183, p. 299-303, 1995.

BUSE, A. "Video game play and computer self-efficacy: College students in computer related and noncomputer related disciplines". *Dissertation Abstracts International Section A: Humanities and Social Sciences*, 851, 2010.

BUSHMAN, B.; WHITAKER, J. "Like a magnet: Catharsis beliefs attract angry people to violent video games". *Psychological Science*, 21, 6, p. 790-792, 2010.

BUSHMAN, B. J. "Does venting anger feed or extinguish the flame? Catharsis, rumination, distraction, anger, and aggressive responding". *Personality and Social Psychology Bulletin*, 28, p. 724-731, 2002.

BUSHMAN, B. J.; BAUMEISTER, R. F.; STACK, A. D. Catharsis, aggression, and persuasive influence: Self-fulfilling or self-defeating prophecies?. *Journal of Personality and Social Psychology*, 76, p. 367-376, 1999.

BUSHMAN, B. J. *et al.* "Chewing on it can chew you up: Effects of rumination on triggered displaced aggression". *Journal of Personality and Social Psychology*, 88, p. 969-983, 2005.

BUSHMAN, B. J.; MOELLER, S.; CROCKER, J. "Sweets, sex, or self-esteem? Comparing the value of self-esteem boosts with other pleasant rewards". *Journal of Personality*, 2010. Accepted article 20 out. 2010. BUSS, A. H. *Personality: Evolutionary heritage and human distinctiveness*. Hillsdale, NJ: Erlbaum, 1988. BUSS, A. H.; PLOMIN, R. *A temperament theory of personality development*. New York: Wiley, 1975.

_____. *Temperament: Early developing personality traits.* Hillsdale, NJ: Erlbaum, 1984.

_____. "The EAS approach to temperament". In: DUNN, J.; PLOMIN, R. (eds.). *The study of temperament: Changes, continuities and challenges*. Hillsdale, NJ: Erlbaum, 1986. p. 67-79.

BUSS, A. H. "Personality: Evolutionary heritage and human distinctiveness". Hillsdale, NJ: Erlbaum, 1988.

BUSS, A. H.; PLOMIN, R. A temperament theory of personality development. New York: Wiley, 1975.

_____. Temperament: Early developing personality traits. Hillsdale, NJ: Erlbaum, 1986.

_____. "The EAS approach to temperament". In: R. Plomin & J. Dunn (Eds.), *The study of temperament: Changes, continuities and challenges*, p. 67-79. Hillsdale, NJ: Erlbaum, 1986.

BUSSEY, K.; FITZPATRICK, S.; RAMAN, A. "The role of moral disengagement and self-efficacy in cyberbullying". *Journal of School Violence*, 14, p. 30-46, 2015.

BUTCHER, J. "Personality assessment without borders: Adaptation of the MMPI-2 across cultures". *Journal of Personality Assessment*, 83, p. 90-104, 2004.

_____. "Personality assessment from the nineteenth to the early twenty-first century: Past achievement

& contemporary challenges". *Annual Review of Clinical Psychology*, 6, p. 1-20, 2010.

BUTKOVIC, A.; ULLEN, F.; MOSING, M. "Personality related as predictors of music practice: Underlying environmental and genetic influences". *Personality and Individual Differences*, 74, p. 133-138, 2015.

BUTLER, J. M.; HAIGH, G.V. "Changes in the relationship between self-concepts and ideal concepts consequent upon client-centered counseling". In: DYMOND, R. F.; ROGERS, C. R. (eds.). *Psychotherapy and Personality Change*. Chicago: University of Chicago Press, 1954.

BUTT, T. *George Kelly and the psychology of personal constructs (mind shapers)*. New York: Palgrave Macmillan, 2008.

BUTTS, S.; PHILLIPS, J. "Personality and self-reported mobile phone use". *Computers in Human Behavior*, 24, p. 346-360, 2008.

BYNUM, M.; BURTON, E.; BEST, C. "Racism experiences and psychological functioning in African-American college freshmen: Is racial socialization a buffer?". *Cultural Diversity and Ethnic Minority Psychology*, 13, p. 64-71, 2007.

CAI, H.; WU, Q.; BROWN, J. D. "Is self-esteem a universal need? Evidence of People's Republic of China". *Asian Journal of Social Psychology*, 12, p. 104-120, 2009.

CAIN, D. "Person-centered therapy". In: FREW, J.; SPIEGLER, D. (Eds.), *Contemporary psychotherapies for a diverse world*. 1. ed., p. 165-213. New York: Routledge Taylor & Francis, 2013.

_____. "Person-centered therapy". In: VANDENBLOS, G.; MEIDENBAUER, E.; FRANK N. K. (Ed.), *Psychotherapy techniques: A reader*. p. 251-259. Washington, DC: American Psychological Association, 2014.

CAKIR, S. "Ego identity status and psychological well-being among Turkish emerging adults". *Identity: An International Journal of Theory and Research*, 14, p. 230-239, 2014.

CALDWELL, R. *et al.* "An examination of the relationships between parental monitoring, self-esteem and delinquency among Mexican-American adolescents". *Journal of Adolescence*, 29, p. 459-464, 2006.

CALVERT, S. *et al.* "Preadolescent girls' and boys' virtual MUD play". *Journal of Applied Developmental Psychology*, 30, 3, p. 250-264, 2009.

CALVETE, E. *et al.* "Cyberbullying in adolescents: Modalities and aggressors' profile". *Computer in Human Behavior*, 26, 5, p. 1.128-1.135, 2010.

CAMPBELL, A. *et al.* "Executive functions and extra-version. Personality and Individual Differences, 51, p. 720-725, 2011.

CAMPBELL, W. K.; RUDICH, E.A.; SEDIKIDES, C. "Narcissism, self-esteem, and the positivity of self--views: Two portraits of self-love". *Personality and Social Psychology Bulletin*, 28, p. 358-368, 2002.

CAMRAS, L. "Production of emotional facial expressions in European American, Japanese, and Chinese infants". *Developmental Psychology*, 34, p. 616-628, 1998.

CAMRAS, L. et al. "Japanese and American infants' responses to arm restraint". In: EKMAN, P.; ROSENBERG, E. L. (eds.). *What the face reveals*. New York: Oxford University Press, 1997.

_____. "Culture, ethnicity, and children's facial expressions: A study of European, American, Mainland Chinese, Chinese American, and adopted Chinese girls". *Emotion*, 6, p. 103-114, 2006.

CANN, D. R.; DONDERI, D. C. "Jungian personality typology and the recall of everyday and archetypal dreams". *Journal of Personality and Social Psychology*, 50, p. 1.021-1.030, 1986.

CANTER, D.; SARANGI, S.; YOUNGS, D. "Terrorists personal constructs and their roles: A comparison of three Islamic terrorists". *Legal and Criminological Psychology*, 19, p. 160-178, 2014.

CAPLAN, P. J. "Erikson's concept of inner space: A data-based reevaluation". *American Journal of Orthopsychiatry*, 49, p. 100-108, 1979.

CAPRON, E. "Types of pampering and the narcissistic personality trait". *Journal of Individual Psychology*, 60, p. 76-83, 2004.

CARLSON, R. "Studies of Jungian typology: II. Representations of the personal world". *Journal of Personality and Social Psychology*, 38, p. 801-810, 1980.

CARLSON, R.; LEVY, N. "Studies of Jungian typology: I. Memory, social perception, and social action". *Journal of Personality*, 41, p. 559-576, 1973.

CARMICHAEL, C. M.; MCGUE, M. "A longitudinal family study of personality change and stability". *Journal of Personality*, 62, p. 1-20, 1994.

CARR, D. "'My daughter has a career; I just raised babies.' The psychological consequences of women's intergenerational social comparison". *Social Psychology Quarterly*, 67, p. 132-154, 2004.

CARR, D., *et al.* "Happy marriage, happy life? Marital quality and subjective well-being in later life". *Journal of Marriage and Family*, 76, p. 930-948.

CARSKADON, T. G. "Use of the Myers-Briggs Type Indicator in psychology courses and discussion groups". *Teaching of Psychology*, 5, p. 140-142, 1978.

CARVER, C.; CONNOR-SMITH, J. "Personality and coping". In: FISKE, S.; SCHACTER, R.; STERNBERG, R. (eds.). *Annual review of psychology.* Palo Alto, CA, 2010. p. 679-704.

CARVER, C. S. *et al.* "How important is the perception of personal control? Studies of early stage breast cancer patients". *Personality and Social Psychology Bulletin,* 26, p. 139-149, 2000.

CARVER, C. S.; SCHEIER, M. "Optimism". In: LOPEZ, S.; SNYDER, C. (eds.). *Handbook of positive psychology.* New York: Oxford University Press, 2002. p. 231-243

_____. "Dispositional optimism". *Trends in Cognitive Science,* 18, p. 293-299, 2014.

CASPI, A.; BEM, D. J.; ELDER, G. H. "Moving against the world: Life course patterns of explosive children". *Developmental Psychology,* 23, p. 308-313, 1987.

_____. "Moving away from the world: Life course patterns of shy children". *Developmental Psychology,* 24, p. 824-831, 1988.

_____. "Continuities and consequences of interactional styles across the life course". *Journal of Personality,* 57, p. 375-406, 1989.

CASPI, A.; ROBERTS, B.; SHINER, R. "Personality development: Stability and change". *Annual Review of Psychology,* 56, p. 453-484, 2005.

CASPI, A.; SILVA, P. "Temperamental qualities at age 3 predict personality traits in young adulthood: Longitudinal evidence from a birth cohort". *Child Development,* 65, 1994.

CASTRO, A., ECHAVARRIA, A.; VELASQUEZ, R. *Locus of control and depression in culturally diverse psychiatric patients.* American Psychological Association Convention Presentation, 2010.

CATTELL, R. B. *Personality: A systematic theoretical and factual study.* New York: McGraw-Hill, 1950.

_____. "Foundations of personality measurement theory in multivariate expression". In: BASS, B. M.; BERG, I. A. (eds.). *Objective approaches to personality assessment.* Princeton, NJ: Van Nostrand, 1959. p. 42-65.

_____. *The scientific analysis of personality.* Baltimore, MD: Penguin Books, 1965, 1970.

_____. *Personality and mood by questionnaire.* San Francisco: Jossey-Bass, 1973.

_____. *Autobiography.* In: LINDZEY, G. (ed.). *A history of psychology in autobiography.* Englewood Cliffs, NJ: Prentice-Hall, 1974a. p. 59-100. v. 6.

_____. "Travels in psychological hyperspace". In: KRAWIEC, T. S. (ed.). *The psychologists.* New York:

Oxford University Press, 1974b. p. 85-133. v. 2.

_____. *The inheritance of personality and ability: Research methods.* New York: Academic Press, 1982.

_____. "Advances in Cattellian personality theory". In: PERVIN, L. A. (ed.). *Handbook of personality: Theory and research.* New York: Guilford Press, 1990. p. 101-110.

_____. "Planning basic clinical research". In: Walker, C. E. (ed.). *The history of clinical psychology in autobiography.* Pacific Grove, CA: Brooks/Cole, 1993. p. 101-111. v. 2.

CATTELL, R. B.; EBER, H. W.; TATSUOKA, M. M. *Handbook for the Sixteen Personality Factor Questionnaire.* Champaign, IL: Institute for Personality and Ability Testing, 1970.

CATTELL, R. B.; KLINE, P. *The scientific analysis of personality and motivation.* New York: Academic Press, 1977.

CATTELL, R. B.; NESSELROADE, J. R. "Likeness and completeness theories examined by sixteen personality factor measures by stably and unstably married couples". *Journal of Personality and Social Psychology,* 7, p. 351-361, 1967.

CECI, S. J.; BRUCK, M. "Suggestibility of the child witness: A historical review and synthesis". *Psychological Bulletin,* 113, p. 403-439, 1993.

CHAE, M.; FOLEY, P. "Relationship of ethnic identity, acculturation, and psychological well-being among Chinese, Japanese, and Korean Americans". *Journal of Counseling and Development,* 88, 4, p. 466-476, 2010.

CHAMBER, S.; HAMMONDS, F. "Vicariously learned helplessness: The role of perceived dominance and prestige of a model". *Journal of General Psychology,* 141, p. 280-295, 2014.

CHAMORRO-PREMUZIC, T.; FURNHAM, A.; PETRIDES, K. "Personality and intelligence: The relationship of Eysenck's Giant Three with verbal and numerical ability". *Journal of Individual Differences,* 27, p. 147-150, 2006.

CHANG, E.; ASAKAWA, K.; SANNA, L. "Cultural variations in optimistic and pessimistic bias: Do Easterners really expect the worst and Westerners really expect the best when predicting future life events?". *Journal of Personality and Social Psychology,* 81, p. 476-491, 2001.

CHANG, E., *et al.* "An examination of optimism/pessimism and suicide risk in primary care patients: Does belief in a changeable future make a difference?" *Cognitive Therapy and Research,* 37, p. 796-804, 2013.

CHANG, J.; LE, T. "Multiculturalism as a dimension of school climate: The impact on the academic achievement of Asian American and Hispanic youth". *Cultural Diversity and Ethnic Minority Psychology*, 16, 4, p. 485-492, 2010.

CHANG, E.; SANNA, L. "Optimism, pessimism, and positive and negative affectivity in middle--aged adults: A test of a cognitive-affective model of psychological adjustment". *Psychology and Aging*, 16, p. 524-531, 2001.

CHEN, J.; WANG, L. "*Locus* of control and the three components of commitment to change". *Personality and Individual Differences*, 42, p. 503-512, 2007.

CHEN, M. *et al.* "Music, substance use, and aggression". *Journal of Studies on Alcohol*, 67, p. 373-381, 2006.

CHEN, X., *et al.* "Brief sensation seeking scale for Chinese: Cultural adaptation and psychometric assessment". *Personality and Individual Differences*, 54, p. 604-609, 2013.

CHENG, C., *et al.* "Cultural meaning of perceived control: A meta-analysis of locus of control and psychological symptoms across 18 cultural regions". *Psychological Bulletin*, 139, p. 152-188, 2013.

CHENG, S. "Generativity in later life: Perceived respect from younger generations as a determinant of goal disengagement and psychological well-being". *The Journals of Gerontology: Series B: Psychological Sciences and Social Sciences*, 64B, 1, p. 45-54, 2009.

CHENTSOVA-DUTTON, Y.; TSAI, J.; GOTLIB, I. "Further evidence for the cultural norm hypothesis: Positive emotion in depressed and control European American and Asian American women". *Cultural Diversity and Ethnic Minority Psychology*, 16, p. 284-295.

CHERRY, L.; CHERRY, R. "The Horney heresy". *The New York Times Magazine*, p. 12ff, 26 ago. 1973.

CHESNEY, M. A. *et al.* "Type A behavior pattern: Facial behavior and speech components". In: EKMAN, P.; ROSENBERG, E. L. (eds.). *What the face reveals*. New York: Oxford University Press, 1997. p. 456-466.

CHEUNG, F. "The cultural perspectives in personality assessment". In: BUTCHER, J. (ed.). *Oxford handbook of personality assessment*. New York: Oxford University Press, 2009. p. 44-56.

CHIAO, J.; BLIZINSKY, K. "Culture-gene coevolution of individualism-collectivism and the serotonin transporter gene". *Proceedings of the Royal Society of Biological Science*, 277, p. 529-537, 2010.

CHIESA, M. "Research and psychoanalysis: Still time to bridge the great divide?". *Psychoanalytic Psychology*, 27, 2, p. 99-114, 2010.

CHIRUMBOLO, A.; LEONE, L. "Personality and politics: The role of the HEXACO model of personally in predicting ideology and voting". *Personality and Individual Differences*, 49, 1, p. 43-48, 2010.

CHODORKOFF, B. "Self-perception, perceptual defense, and adjustment". *Journal of Abnormal and Social Psychology*, 49, p. 508-512, 1954.

CHOWDHURY, M.; AMIN, M. "Personality and students' academic achievement: Interactive effects of conscientiousness and agreeableness on students' performance in principles of economics". *Social Behavior and Personality*, 34, p. 381-388, 2006.

CHRISTENSEN, A. *et al.* "Patient personality and mortality: A 4-year prospective study of chronic renal insufficiency". *Health Psychology*, 21, p. 315-320, 2002.

CHUAH, S.; DRASGOW, F.; ROBERTS, B. "Personality assessment: Does the medium matter? No". *Journal of Research in Personality*, 40, p. 359-376, 2006.

CHUANG, S.; LAMB, M.; HWANG, C. "Personality development from childhood to adolescence: A longitudinal study of ego-control and ego-resiliency in Sweden". *International Journal of Behavioral Development*, 30, 4, p. 338-343, 2006.

CHUNG, H. "Resiliency and character strengths among college students". *Dissertation Abstracts International, Section B: The sciences and Engineering*, 2.664, 2008.

CHURCH, A., *et al.* "A four-culture study of selfenhancement and adjustment using the social relations model: Do alternative conceptualizations and indices make a difference?" *Journal of Personality and Social Psychology*, 106, p. 997-1014, 2014.

_____. "Need satisfaction and well-being: Testing self-determination theory in eight cultures". *Journal of Cross-Cultural Psychology*, 44, p. 507-534.

CHURCH, A. T.; LONNER, W. J. "The cross-cultural perspective in the study of personality". *Journal of Cross-Cultural Psychology*, 29, p. 32-62, 1998.

CIACCIO, N. "A test of Erikson's theory of ego epigenesis". *Developmental Psychology*, 4, p. 306-311, 1971.

CIARROCHI, J.; HEAVEN, P. "Longitudinal examination of the impact of Eysenck's psychoticism dimension on emotional well-being in teenagers". *Personality and Individual Differences*, 42, p. 597-608, 2007.

_____. "Learned social helplessness: The role of explanatory style in predicting social support during adolescence". *Journal of Child Psychology and Psychiatry*, 49, 2, p. 1.279-1.286, 2008.

CLARK, A. "An early recollection of Albert Einstein: Perspectives on its meaning and his life". *Journal of Individual Psychology*, 61, p. 126-136, 2005.

CLARK, A. J. "Early recollections and object meanings". *Journal of Individual Psychology*, 65,2, p. 123-134, 2009.

CLARK, J. "Life as a source of theory: Erik Erikson's contributions, boundaries, and marginalities". In: MILLER, T. (ed.). *Handbook of stressful transitions across the lifespan*. New York: Springer, 2010. p. 59-83.

CLARK, M.; ARNOLD, J. "The nature, prevalence and correlates of generativity among men in middle career". *Journal of Vocational Behavior*, 73, 3, p. 473-484, 2008.

CLAYSON, J. "Talking statistics/talking ourselves: Some constructionist lessons from the work of the psychologist George Kelly". *Technology, Knowledge and Learning*, 18, p. 181-199.

CLEMMENS, E. R. "Karen Horney, a reminiscence". In: HORNEY, K. (ed.). *Final lectures*. New York: Norton, 1987. p. 107-115.

CLOUGH, S. "Computerized versus paper-and-pencil assessment of socially desirable responding: Score congruence, completion time; respondent behavior". *Dissertation Abstracts International Section A: Humanities & Social Sciences*, 4.700, 2009.

COAN, R. W. "Measurable components of openness to experience". *Journal of Consulting and Clinical Psychology*, 39, p. 346, 1972.

COBB-CLARK, S.; KASSENBOEHMER, S.; SCHURER, S. "Healthy habits: The connection between diet, exercise, and locus of control". *Journal of Economic Behavior and Organization*, 98, p. 1-28, 2014.

COHEN, J. B. "An interpersonal orientation to the study of consumer behavior". *Journal of Marketing Research*, 4, p. 270-278, 1967.

COHEN, S.; WILLS, T. A. "Stress, social support, and the buffering hypothesis". *Psychological Bulletin*, 98, p. 310-357, 1985.

COKLEY, K. "Testing cross's racial identity model: An examination of the relationship between racial identity and internalized racialism". *Journal of Counseling Psychology*, 49, p. 476-483, 2002.

COLBY, D.; SHIFREN, K. "Optimism, mental health, and quality of life: A study among breast cancer patients". *Psychology, Health & Medicine*, 18, p. 10-20, 2013.

COLEMAN, J. S. *et al. Equality of educational opportunity*. Washington, DC: U.S. Office of Education, 1966.

COLES, R. "Psychoanalysis: The American experience". In: ROTH, M. S. (ed.). Conflict and culture. New York: Knopf, 1998. p. 140-151.

COLLADO, A. *et al.* "Longitudinal trajectories of sensation seeking, risk taking propensity, and impulsivity across early to middle adolescence". *Addictive Behaviors*, 39, p. 1580-1588, 2014.

COLLISSON, B. "The social projection of belongingness needs. North American Journal of Psychology", 15, p. 513-526, 2013.

COLOMBO, F.; BALBO, M.; BARUFFI, M. "Subjective well-being in a sample of Italian students". *Homeostasis in Health and Disease*, 44, p. 34-39, 2006.

COMBS, D.; PENN, D.; FENIGSTEIN, A. "Ethnic differences in subclinical paranoia: An expansion of norms of the paranoia scale". *Cultural Diversity and Ethnic Minority Psychology*, 8, p. 248-256, 2002.

COMPTON, W. *An introduction to positive psychology*. Belmont, CA: Thomson Wadsworth, 2006.

CONNELLY, B.; ONES, D. "Another perspective on personality: Meta-analytic integration of observors' accuracy and predictive ability". *Psychological Bulletin*, 136, 6, p. 1.092-1.122, 2010.

CONNER, M.; ABRAHAM, C. "Conscientiousness and the theory of planned behavior: Toward a more complete model of the antecedents of intentions and behavior". *Personality and Social Psychology Bulletin*, 27, p. 1.547-1.561, 2001.

CONSTANTINE, M. *et al.* "Africentric cultural values: Their relation to positive mental health in African-American adolescent girls". *Journal of Black Psychology*, 32, p. 141-154, 2006.

CONSTANTINOPLE, A. "An Eriksonian measure of personality development in college students". *Developmental Psychology*, 1, p. 357-372, 1969.

CONTARELLO, A.; SARRICA, M. "ICTs, social thinking and subjective well-being: The Internet and its representations in everyday life". *Computers in Human Behavior*, 23, p. 1.016-1.032, 2007.

CONWAY, F. *et al.* "Optimism and pessimism as predictors of physical and psychological health among grandmothers raising their grandchildren". *Journal of Research in Personality*, 42, 5, p. 1.352-1.357, 2008.

CONWAY, M.; HOLMES, A. "Psychosocial stages and the accessibility of autobiographical memories across the life cycle". *Journal of Personality*, 72, p. 461-480, 2004.

COOLIDGE, F. *et al.* "On the relationship between Karen Horney's tripartite neurotic type theory and personality disorder features". *Personality and Individual Differences*, 30, p. 1.387-1.400, 2001.

_____. "The predictive power of Horney's psychoanalytic approach". *American Journal of Psychoanalysis*, 64, p. 363-374, 2004.

_____. "Preliminary psychometric properties of Karen Horney's Tridimensional Theory in children and adolescents". *Journal of Clinical Psychology*, 67, p. 383-390.

COOLIDGE, F.; SEGAL, D.; ESTEY, A. "New measure of Karen Horney's tridimensional theory in children". *American Psychological Association 2010 Convention Presentation*, 2010.

COOPERSMITH, S. *The antecedents of self-esteem*. New York: W. H. Freeman, 1967.

CORBETT, S. "The Holy Grail of the unconscious". *The New York Times*, 20 set. 2009.

CORBY, B.; HODGES, E.; PERRY, D. "Gender identity and adjustment in Black, Hispanic, and White preadolescents". *Developmental Psychology*, 43, p. 261-266, 2007.

CORR, P. "Personality and psychology: Hans Eysenck's unifying themes". *The Psychologist*, 21, 11, p. 666-669, 2007.

CORREA, T.; HINSLEY, A.; DE ZUNIGA, H. "Who interacts on the web? The intersection of users' personality and social media use". *Computers in Human Behavior*, 26, 2, p. 247-253, 2010.

COSTA JR., P. T.; MCCRAE, R. R. "Personality as a lifelong determinant of well-being". In: IZARD, C. E.; MALATESTA, C. Z. (eds.). *Emotion in adult development*. Beverly Hills, CA: Sage, 1984. p. 141-158.

_____. "Personality in adulthood: A six-year longitudinal study of self-reports and spouse ratings on the NEO Personality Inventory". *Journal of Personality and Social Psychology*, 54, p. 853-863, 1988.

COSTESCU, C.; VANDERBORGHT, B.; DAVID, D. "The effects of robot-enhanced psychotherapy: A meta-analysis". *Review of General Psychology*, 18, p. 127-136.

COTE, J. E.; LEVINE, C. "The relationship between ego identity status and Erikson's notions of institutionalized moratoria, value orientation stage, and ego dominance". *Journal of Youth and Adolescence*, 17, p. 81-99, 1988.

COUTURIER, J.; LOCK, J. "Denial and minimization in adolescents with anorexia nervosa". *International Journal of Eating Disorders*, 39, p. 212-216, 2006.

COWAN, D. A. "An alternative to the dichotomous interpretation of Jung's psychological functions: Developing more sensitive measurement technology". *Journal of Personality Assessment*, 53, p. 459-471, 1989.

COX, A.; WEED, N.; BUTCHER, J. "The MMPI-2: History, interpretation; clinical issues". In: BUTCHER, J. (ed.). *Oxford handbook of personality assessment*. New York: Oxford University Press, 2009. p. 250-276.

COX, K. *et al.* "Generativity, the Big Five, and psychosocial adaption in midlife adults". *Journal of Personality*, 78, 4, p. 1.185-1.208, 2010.

COZZARELLI, C. "Personality and self-efficacy as predictors of coping with abortion". *Journal of Personality and Social Psychology*, 65, p. 1.224-1.236, 1993.

CRAMER, P. "The development of defense mechanisms". *Journal of Personality*, 54, p. 597-614, 1987.

_____. *The development of defense mechanisms: Theory, research and assessment*. New York: Springer-Verlag, 1990.

_____. "Longitudinal study of defense mechanisms: Late childhood to late adolescence". *Journal of Personality*, 75, p. 1-24, 2007.

_____. "The development of defense mechanisms from pre-adolescence to early adulthood: Do IQ and social class matter? A longitudinal study". *Journal of Research in Personality*, 43, 3, p. 464-471, 2009.

CRAMER, P.; BLOCK, J. "Preschool antecedents of defense mechanism use in young adults: A longitudinal study". *Journal of Personality and Social Psychology*, 74, p. 159-169, 1998.

CRAMER, P.; KELLY, F. "Attachment style and defense mechanisms in parents who abuse their children". *Journal of Nervous and Mental Disease*, 198, 9, p. 619-627, 2010.

CRANDALL, J. E. *Theory and measurement of social interest: Empirical tests of Alfred Adler's concept*. New York: Columbia University Press, 1981.

_____. "Social interest as a moderator of life stress". *Journal of Personality and Social Psychology*, 47, p. 164-174, 1984.

CRAWFORD, T. *et al.* "The course and psychological correlates of personality disorder symptoms in adolescence: Erikson's developmental theory revisited". *Journal of Youth and Adolescence*, 33, p. 373-387, 2004.

CREWSDON, J. *By silence betrayed: Sexual abuse of children in America*. Boston: Little, Brown, 1988.

CRIGHTON, A. *et al.* "The MMPI-2 Restructured form can differentiate between pain and pain malingering". *American Psychology-Law Society Annual Conference Presentation*. Disponível em: http://citation.allacademic.com/meta/p_mla_apa_research_-citation/6/3/2/2/8/p632285_index.html. Acesso em: 2013.

CROCKER, J.; LUHTANEN, R. "Level of self-esteem and contingencies of self-worth: Unique effects on academic, social, and financial problems in college students". *Personality and Social Psychology Bulletin*, 29, p. 701-712, 2003.

CROCKER, J.; PARK, L. "The costly pursuit of self-esteem". *Psychological Bulletin*, 130, p. 392-414, 2004.

CROCKETT, W. H. "The organization of construct systems: The organization corollary". In: ADAMS-WEBBER, J. R.; MANCUSO, J. C. (eds.). *The construing person*. New York: Praeger, 1982.

CROOK, T.; RASKIN, A.; ELIOT, J. "Parent-child relationships and adult depression". *Child Development*, 52, p. 950-957, 1981.

CROSS, W.; GRANT, B.; VENTUNEAC, A. "Black identity and well-being: Untangling race and ethnicity". In: ESMAIL, A ; SULLIVAN, J.. (Eds.), *African-American identity: Racial and cultural dimensions of the black experience* p. 125-146. Lanham, MD: Lexington Books/Rowan & Littlefield, 2012.

CROWE, M. *et al.* "Personality and risk of cognitive impairment 25 years later". *Psychology and Aging*, 21, p. 573-580, 2006.

CROZIER, W.; BIRDSEY, N. "Shyness, sensation seeking and birth-order position". *Personality and Individual Differences*, 35, p. 127-134, 2003.

CRUMP, M.; MCDONNELL, J.; GURECKIS, T. "Evaluating Amazon's Mechanical Turk as a tool for experimental behavioral research". *PLoS ONE*, 8(3). Disponível em: http://www.plosone.org/article/info%3Adoi%2F10.1371%2Fjournal.pone.0057410. Acesso em: 2013.

CUNNINGHAM, L. "Myers-Briggs: Does it pay to know your type?" *Washington Post*. Disponível em: https://www.google.com/#q cunningham+myers-briggs+does+it+pay+to+kn ow+your+type. Acesso em: 13 dez. 2013.

CURRY, C. "Adolescence". In: KREMER, J.; TREW, K. (eds.). *Gender and psychology*. New York: Oxford University Press, 1998. p. 107-117.

CUSTERS, R.; AARTS, H. "The unconscious will: How the pursuit of goals operates outside of conscious awareness". *Science,* 329, p. 47-50, 2010.

DAILEY, M. *et al.* "Evidence and a computational explanation of cultural differences in facial expression recognition". *Emotion*, 10, 6, p. 874-893, 2010.

DALLA, C. *et al.* "Females do not express learned helplessness like males do". *Neuropsychopharmacology*, 33, 7, p. 1.559-1.569, 2008.

DALLERY, J.; GLENN, I.; RAIFF, B. "An Internet-based abstinence reinforcement treatment for cigarette smoking". *Drug and Alcohol Dependence*, 86, p. 230-238, 2007.

DAN, T.; JUN, Z.; JI-LIANG, S. "The influence factors of subjective well-being in older adults". *Chinese Mental Health Journal*, 20, p. 160-162, 2006.

DANA, R. "Mental health services for African Americans: A cultural/racial perspective". *Cultural Diversity and Ethnic Minority Psychology*, 8, p. 3-18, 2002.

DANIELS, D.; PLOMIN, R. "Origins of individual differences in infant shyness". *Developmental Psychology*, 21, p. 118-121, 1985.

DANNER, D.; SNOWDON, D.; FRIESEN, W. "Positive emotions in early life and longevity: Findings from the nun study". *Journal of Personality and Social Psychology*, 80, p. 804-813, 2001.

DARAEI, M.; GHADERI, A. "Impact of education on optimism/ pessimism". *Journal of the Indian Academy of Applied Psychology*, 38, p. 33- 343, 2012.

DARLING, C.; COCCIA, C.; SENATORE, N. "Women in midlife: Stress, health and life satisfaction". *Stress and Health*, 28, p. 31-40, 2012.

DAUGHERTY, D. A.; MURPHY, M. J.; PAUGH, J. "An examination of the Adlerian construct of social interest with criminal offenders". *Journal of Counseling and Development*, 79, p. 465-471, 2001.

DAVIDOW, S.; BRUHN, A. R. "Earliest memories and the dynamics of delinquency: A replication study". *Journal of Personality Assessment*, 54, p. 601-616, 1990.

DAVIS, P. J. "Repression and the inaccessibility of affective memories". *Journal of Personality and Social Psychology*, 53, p. 585-593, 1987.

DAZZI, C. "The Eysenck Personality Questionnaire Revised (EPQ-R): A confirmation of the factorial structure in the Italian context". *Personality and Individual Differences*, 50, p. 790-794, 2011.

DEANDREA, D. *et al.* "The relationship between cheating behavior and sensation-seeking". *Personality and Individual Differences*, 42, p. 944-947, 2009.

DEBAST, I. *et al.* "Personality traits and personality disorders in late middle and old age; Do they remain stable? A literature review". *Clinical Gerontologist: Journal of Aging and Mental Health*, 37, p. 253-271, 2014.

DEBRABANDER, B.; BOONE, C. "Sex differences in perceived *locus* of control". *Journal of Social Psychology*, 130, p. 271-272, 1990.

DECARVALHO, R. J. "Otto Rank, the Rankian circle in Philadelphia, and the origin of Carl Rogers' person-centered psychotherapy". *History of Psychology*, 2, p. 132-148, 1999.

DECI, E. "Self-determination theory and its relation to positive psychology". *Second World Congress of Positive Psychology Invited Speaker Abstracts*. Disponível em: <http://psycnet.apa.org/doi/10.1037/e537892012-001>, 2011

DECI, E.; RYAN, R. "Self-determination theory: A consideration of human motivational universals". In: CORR, P.; MATTHEWS, G. (eds.). *The Cambridge handbook of personality psychology*. New York: Cambridge University Press, 2009. p. 441-446.

_____. "Self-determination theory". In: HIGGINS, E.; KRUGLANSKI, A.; VAN LANGE, P. (eds.), *Handbook of theories of social psychology*, vol. 1, p. 416-436. Thousand Oaks, CA: Sage, 2012.

DEFRUYT, F. *et al.* "Five types of personality continuity in childhood and adolescence". *Journal of Personality and Social Psychology*, 91, p. 538-552, 2006.

DELEVI, R.; WEISSKIRCH, R. "Personality factors as predictors of sexting". *Computers in Human Behavior*, 29, p. 2589-2594, 2013.

DELHEY, J.; DRAGOLOV, G. "Happier together: Social cohesion and subjective well-being in Europe." *International Journal of Psychology*. Disponível em: http://onlinelibrary.wiley.com/doi/10.1002/ijop.12149/abstract. Acesso em: 13 de fevereiro de 2015.

DELHOMME, P.; CHAURAND, N.; PARAN, F. "Personality predictors of speeding in young drivers: Anger versus sensation seeking". *Transportation Research Part F: Traffic Psychology and Behavior*, 15, p. 654-666, 2012.

DELMONTE, M. M. "Retrieved memories of childhood sexual abuse". *British Journal of Medical Psychology*, 73, p. 1-13, 2000.

DEMENT, W. C.; WOLPERT, E. A. "The relationship of eye movements, body motility, and external stimuli to dream content". *Journal of Experimental Psychology*, 55, p. 543-553, 1958.

DENEUI, D. "Construction of a neurotic competitiveness inventory. Program of the 73rd Annual Meeting, Midwestern Psychological Association. Disponível em: < https://www.apa.org/>. Acesso em: 2001.

DENEVE, K.; COOPER, H. "The happy personality: A meta-analysis of 137 personality traits and subjective well-being". *Psychological Bulletin*, 124, p. 197-229, 1998.

DENIS, D. "Book review: The Cattell controversy: Race, science, and ideology, by W. Tucker". Chicago: University of Illinois Press, 2009. *Journal of the History of the Behavioral Sciences*, 45, 4, p. 390-392, 2009.

DEPAULO, B. M. "The ability to judge others from their expressive behaviors". In: CRAIK, K. H.; HOGAN, R.; WOLFE, R. N. (eds.). *Fifty years of personality psychology*. New York: Plenum Press, 1993. p. 197-206.

DEPHILIPPIS, D. *et al.* "Token economy reduces aggression among cognitively impaired patients in a psychiatric hospital". *American Psychological Association Convention Presentation*, 2008.

DERAAD, B. *The big five personality factors: The psycholexical approach to personality*. Seattle: Hogrefe & Huber, 2000.

DERAAD, B.; BARELDS, D. "A new taxonomy of Dutch personality traits based on a comprehensive and unrestricted list of descriptors". *Journal of Personality and Social Psychology*, 94, 2, p. 347-364, 2008.

DERKS, D.; BOS, A.; VON GRUMBKOW, J. "Emoticons and social interaction on the Internet: The importance of social context". *Computers in Human Behavior*, 23, p. 842-849, 2007.

DEVITO, A. J. "Review of Myers-Briggs type indicator". In: MITCHELL JR., J. V. (ed.). *Ninth mental measurements yearbook*. Lincoln, NE: University of Nebraska Press, 1985. p. 1.030-1.032. v. 2.

DE VRIES, A.; DE VRIES, R.; FEIJ, J. "Sensation seeking, risk-taking, and the HEXACO model of personality". *Personality and Individual Differences*, 47, p. 536-540, 2009.

DICLEMENTE, C. C.; PROCHASKA, J. O.; GILBERTINI, M. "Self-efficacy and the stages of self-change of smoking". *Cognitive Therapy and Research*, 9, p. 181-200, 1985.

DIEHL, M *et al.* "Change in coping and defense mechanisms across adulthood: Longitudinal findings in a European-American sample". *Developmental Psychology*, 50, p. 634-648, 2014.

DIENER, E.; CHAN, M. "Happy people live longer: Subjective well-being contributes to health and longevity". *Applied Psychology: Health and Well-Being*, 3, 1, p. 1-43, 2011.

DIENER, E.; DIENER, M.; DIENER, C. "Factors predicting the subjective well-being of nations". *Journal of Personality and Social Psychology*, 69, p. 851-864, 1995.

DIENER, E. *et al.* "National differences in reported subjective well-being". *Social Indicators Research*, 34, 7-32, 1995.

_____. "Similarity of the relations between marital status and subjective well-being across cultures". *Journal of Cross Cultural Psychology*, 31, p. 419-436, 2000.

_____. "Looking up and looking down: Weighting good and bad information in life satisfaction judgments". *Personality and Social Psychology Bulletin*, 28, p. 437-445, 2002.

_____. "Wealth and happiness across the world: Material prosperity predicts life evaluation, whereas psycho-social prosperity predicts positive feeling". *Journal of Personality and Social Psychology*, 99, 1, p. 52-61, 2010.

DIENER, E.; OISHI, S.; LUCAS, R. E. "Personality, culture, and subjective well-being: Emotional and cognitive evaluations of life". *Annual Review of Psychology*, 54, p. 403-425, 2003.

DIENER, E.; SELIGMAN, M. E. P. "Very happy people". *Psychological Science*, 13, p. 81-84, 2002.

DIENER, E. *et al.* "National differences in reported subjective well-being". *Social Indicators Research,* 34, p. 7-32, 1995.

DIGMAN, J. M. "Personality structure: Emergence of the five-factor model". *Annual Review of Psychology*, 41, p. 417-440, 1990.

_____. "Higher-order factors of the Big Five". *Journal of Personality and Social Psychology*, 73, p. 1.246-1.256, 1997.

DIGNAN, M. "Ego identity and maternal identification". *Journal of Personality and Social Psychology*, 1, p. 476-483, 1965.

DINELLA, L.; DEVITA, A.; WEISGRAM, E. "Pink fighter jets and blue tea sets: The role of toy type and toy color in adults gender attitudes". *American Psychological Association 2013 Convention Presentation*. Disponível em: http://psycnet.apa.org/index.cfm?fasearch.displayRecord&id6CE83045-0E89-35E3-FAF66B3C2D3FFABC&resultID 1&page 1&dbTaball&search true. Acesso em: 2013.

DINGFELDER, S. "Closing the gap for Latino patients". *Monitor on Psychology*, 36, 1, p. 58-61, 2005.

DINTER, L. "The relationship between self-efficacy and lifestyle patterns". *Journal of Individual Psychology*, 56, p. 462-473, 2000.

DIRIENZO, C. *et al.* "The relationship between MBTI and academic performance: A study across academic disciplines". *Journal of Psychological Type*, 70, 5, p. 53-66, 2010.

_____. *American Psychologist*, 36, p. 27-42, 1981. [A. Bandura]

DITHURBIDE, L.; FELTZ, D. "Self-efficacy and collective efficacy". In: EKLUND, R.; KAMATA, A.; TENENBAUM, G. (eds.), *Measurement in sport and exercise psychology,* p. 251-263. Champaign, IL: Human Kinetics, 2012.

DOHERTY, A.; KELLY, B. "Social and psychological correlates of happiness in 17 European countries". *Irish Journal of Psychological Medicine*, 27, 3, p. 130-134, 2010.

DOLAN, P.; KAVETSOS, G.; VLAEV, I. "The happiness workout". *Social Indicators Research*, 119, p. 1363-1377, 2014.

DONALDSON, G. "Between practice and theory: Melanie Klein, Anna Freud, and the development of child analysis". *Journal of the History of the Behavioral Sciences*, 32, p. 160-176, 1996.

DONNELLAN, B. *et al.* "Low self-esteem is related to aggression, antisocial behavior, and delinquency". *Psychological Science*, 16, p. 328-335, 2005.

DOUGLAS, C. *Translate this darkness: The life of Christiana Morgan.* New York: Simon & Schuster, 1993.
DOWNEY, D. B. "Number of siblings and intelectual development: The resource dilution explanation". *American Psychologist*, 56, p. 497-504, 2001.

DOWNEY, D. B. "Number of siblings and intellectual development: The resource dilution explanation". *American Psychologist*, 56, p. 497-504, 2001.

DR. CARL, G. "Jung is dead at 85 (1961, June 7). Pioneer in analytic psychology". *New York Times.* Disponível em: https://www.nytimes.com/1961/06/07/archives/dr-carl-g-jung-is-dead-at-85-pioneer-in-analytic-psychology-broke.html. Acesso em: 19 jan. 2021.

DRAKOPOULOS, S.; GRIMANI, K. "Maslow's needs hierarchy and the effect of income on happiness levels". In: SARRACINO, F; (ed.), *The happiness compass: Theories, actions and perspectives for well-being*, p. 295-309. Hauppauge, NY: Nova Science Publishers.

DREXLER, P. "What your selfies say about you". *Psychology Today Online.* Disponível em: http://www.psychologytoday.com/blog/our-gender-ourselves/201309/what-your-selfiessay-about-you. Acesso em: 16 set. 2013.

DRU, V. "Relationships between an ego orientation scale and a hypercompetitive scale: Their correlates with dogmatism and authoritarianism factors". *Personality and Individual Differences*, 35, p. 1.509-1.524, 2003.

DRUMM, P.; OVRE, C. "A batman to the rescue: A biopsychologist and bat expert worked to arm bats with miniature bombs in World War II". *Monitor on Psychology*, 42, p. 24-26, 2011.

DUCK, S. W.; SPENCER, C. "Personal constructs and friendship formation". *Journal of Personality and Social Psychology*, 23, p. 40-45, 1972.

DUMKA, L. *et al.* "Parenting self-efficacy and parenting practices over time in Mexican American families". *Journal of Family Psychology*, 24, 5, p. 522-531, 2010.

DU, J.; SHIN, Y.; CHOI, J. "Convergent perceptions of organizational efficacy among team members and positive work outcomes in organizational teams". *Journal of Occupational and Organizational Psychology*, 88, p. 178-202, 2015.

DUBOIS, L., *et al.* "Genetic and environmental influences on eating behaviors in two-and-a-half and nineyear-old children: A longitudinal twin study". *International Journal of Behavioral Nutrition and Physical Activity*, 10, Article 134. Disponível em: http://www.ncbi.nlm.nih.gov/pubmed/24313977. Acesso em: 2013.

DUCK, S. W.; SPENCER, C. "Personal constructs and friendship formation". *Journal of Personality and Social Psychology*, 23, p. 40-45, 1972.

DUFNER, M. *et al.* "Are actual and perceived intellectual self-enhancers evaluated differently by social perceivers?" *European Journal of Personality*, 27, p. 621-633.

DUMKA, L.; GONZALES, N.; WHEELER, L.; MILLSAP, R. "Parenting self-efficacy and parenting practices over time in Mexican American families". *Journal of Family Psychology*, 24, p. 522-531, 2010.

DUNCAN, L. E.; AGRONICK, G. W.; "The intersection of life stage and social events: Personality and life outcomes". *Journal of Personality and Social Psychology*, 69, p. 558-568, 1995.

DUNLOP, P.; MORRISON, D.; KOENIG, J.; SILCOX, B. "Comparing the Eysenck and HEXACO models of personality in the prediction of adult delinquency". *European Journal of Personality*, 26, p. 194-202, 2012.

DUPREE, L. *et al.* "Age group differences in mental health care preferences and barriers among Latinos: Implications for research and practice". *Best Practices in Mental Health Care: An International Journal*, 6, 1, p. 47-59, 2010.

DURGEL, E. *et al.* "Sociocultural influences on German and Turkish mothers' long-term socialization goals". *Journal of Cross-Cultural Psychology*, 19, p. 834-853, 2009.

DWAIRY, M. "Parenting styles and psychological adjustment of Arab adolescents". *Transcultural Psychiatry*, 41, p. 275-286, 2004.

DWAIRY, M. *et al.* "Parenting styles, individuation, and mental health of Arab adolescents". *Journal of Cross-Cultural Psychology*, 37, p. 262-272, 2006.

DZUKA, J.; DALBERT, C.; "The belief in a just world and subjective well-being in old age". *Aging and Mental Health*, 10, p. 439-444, 2006.

EAGLE, M. N. "How accurate were Freud's case histories? [Review of Freud and the Rat Man]". *Contemporary Psychology*, 33, p. 205-206, 1988.

EATON, S.; LIVINGSTON, J.; MCADOO, H. "Cultivating consciousness among Black women: Black nationalism and self-esteem revisited". *Journal of Black Studies*, 40, 5, p. 812-822, 2010.

EAVES, L. J.; EYSENCK, H. J.; MARTIN, N. G. *Genes, culture, and personality: An empirical approach.* New York: Academic Press, 1989.

ECCLES, J. S.; BARBER, B.; JOZEFOWICZ, D. "Linking gender to educational, occupational, and recreational choices". In: GILBERT, L. A.; LANGLOIS, J. H.; SWANN JR., W. B. (eds.). *Sexism and stereotypes in modern society.* Washington, DC: American Psychological Association, 1999. p. 153-192.

ECKARDT, M. "Karen Horney: A portrait". *American Journal of Psychoanalysis*, 66, p. 105-108, 2006.

EDMAN, J. *et al.* "Who gets confidential care? Disparities in a national sample of adolescents". *Journal of Adolescent Health*, 46, 4, p. 393-395, 2010.

ECKSTEIN, D *et al.* "A review of 200 birth order studies: Lifestyle characteristics". *Journal of Individual Psychology*, 66, p. 408-434.

ECKSTEIN, D.; KAUFMAN, J. "The role of birth order in personality: An enduring intellectual legacy of Alfred Adler". *Journal of Individual Psychology*, 68, p. 60-61, 2012.

EDMAN, J. *et al.* "Who gets confidential care? Disparities in a national sample of adolescents". *Journal of Adolescent Health*, 46, p. 393-395, 2010.

EDMUNDSON, M. *The death of Sigmund Freud: The legacy of his last days.* New York: Bloomsbury, 2007.

EISSLER, K. R. *Talent and genius: The fictitious case of Tausk contra Freud.* New York: Quadrangle Books, 1971.

EKLUND, J.; FRITZELL, J. "Keeping delinquency at bay: The role of the school context for impulsive and sensation seeking adolescents". *European Journal of Criminology*, 11, p. 682-701, 2014.

EKMAN, P.; MATSUMOTO, D.; FRIESEN, W. V. "Facial expressions in affective disorders". In: EKMAN, P.; ROSENBERG, E. L. (eds.). *What the face reveals.* New York: Oxford University Press, 1997. p. 331- 341.

EL-ANZI, F. "Academic achievement and its relationship with anxiety, self-esteem, optimism, and pessimism in Kuwaiti students". *Social Behavior and Personality*, 33, p. 95-104, 2005.

ELLENBERGER, H. F. *The discovery of the unconscious: The history and evolution of dynamic psychiatry*. New York: Basic Books, 1970.

_____. "Carl Gustav Jung: His historical setting". In: REISE, H. (ed.). *Historical explorations in medicine and psychiatry*. New York: Springer, 1978. p. 142-150.

ELLIOT, A. J. et al. "Competence valuation as a strategic intrinsic motivation process". *Personality and Social Psychology Bulletin*, 26, p. 780-794, 2000.

ELLIOT, A. J.; CHURCH, M. A. "A hierarchical model of approach and avoidance achievement motivation". *Journal of Personality and Social Psychology*, 72, p. 218-232, 1997.

ELLIOT, A. J.; SHELDON, K. M. "Avoidance achievement motivation: A personal goals analysis". *Journal of Personality and Social Psychology*, 73, p. 171-185, 1997.

ELLIS, R. A.; TAYLOR, M. S. "Role of self-esteem within the job search process". *Journal of Applied Psychology*, 68, p. 632-640, 1983.

ELMS, A. C. *Uncovering lives: The uneasy alliance of biography and psychology*. New York: Oxford University Press, 1994.

_____. "Jung's biggest book. Book review, The Red Book, Liber Novus. By C.G. Jung, NY. Norton, 2009". *PsycCRITIQUES*, 55, 21, Article 3, 2010.

ELSON, M.; FERGUSON, C. "The ideological rigidity of social-cognitive theories of media violence and a response to Bushman and Huesmann". European Psychologist, 19, p. 68-75, 2014.

EMANUEL, G. "Post a survey on Mechanical Turk and watch the results roll in". *NPR Radio*. Disponível em: http://www.npr.org/blogs/alltechconsidered/2014/03/05/279669610/post-a-surveyon--mechanical- turk-and-watch-the-results-roll-in. Acesso em: 5 mar. 2014.

ENDO, Y.; HEINE, S. J.; LEHMAN, D. R. "Culture and positive illusions in close relationships: How my relationships are better than yours". *Personality and Social Psychology Bulletin*, 26, p. 1.571-1.586, 2000.

ERIKSON, E. H. *Childhood and society*. New York: Norton, 1950.

_____. "Identity and the life cycle: Selected papers [Monograph 1]". *Psychological Issues*, 1, 1959.

_____. *Identity: Youth and crisis*. New York: Norton, 1968.

_____. *Life history and the historical moment*. New York: Norton, 1975.

ERIKSON, E. H.; ERIKSON, J. M.; KIVNICK, H. Q. *Vital involvement in old age*. New York: Norton, 1986.

ERON, L. "The development of aggressive behavior from the perspective of a developing behaviorism". *American Psychologist*, 42, p. 435-442, 1987.

ERON, L. "The development of aggressive behavior from the perspective of a developing behaviorism". *American Psychologist*, 42, p. 435-442, 1987.

ESNARD, C.; ROQUES, M. "Collective efficacy: A resource in stressful occupational contexts". *European Review of Applied Psychology*, 64, p. 203-211, 2014.

ESSEILLY, R.; NADEL, J.; FAGARD, J. "Object retrieval through observational learning in 8-to 18-month-old infants". *Infant Behavior and Development*, 33, 4, p. 695-699, 2010.

ESSEILLY, R. et al. "Understanding the experimenter s intention improves 16-month-olds observational learning of the use of a novel tool." *Cognitive Development*, 28, p. 1-9, 2013.

EVANS, G.; STECKER, R. "Motivational consequences of environmental stress". *Journal of Environmental Psychology*, 24, p. 143-165, 2004.

EVANS, R. I. B. F. *Skinner: The man and his ideas*. New York: Dutton, 1968.

EVERTON, W.; MASTRANGELO, P.; JOLTON, J. "Personality correlates of employees' personal use of work computers". *Cyberpsychology and Behavior*, 8, p. 143-153, 2005.

EXNER JR., J. E. *The Rorschach: A comprehensive system*: v. 1. Basic foundations. 3. ed. New York: Wiley, 1993.

EY, S. et al. "A new measure of children's optimism and pessimism: The Youth Life Orientation Test". *Journal of Child Psychology and Psychiatry*, 46, p. 548-558, 2005.

EYSENCK, H. J. "Autobiography". In: LINDZEY, G. (ed.). *A history of psychology in autobiography*. San Francisco, CA: W. H. Freeman, 1980. p. 153-187. v. 7.

_____. "A biometrical-genetical analysis of impulsive and sensation seeking behavior". In: ZUCKERMAN, M. (ed.). *Biological bases of sensation seeking, impulsivity, and anxiety*. Hillsdale, NJ: Erlbaum, 1983. p. 1-27.

_____. "Genetic and environmental contributions to individual differences: The three major dimensions of personality". *Journal of Personality*, 58, p. 245-261, 1990a.

_____. "Biological dimensions of personality". In: PERVIN, L. A. (ed.). *Handbook of personality: Theory and research*. New York: Guilford Press, 1990b. p. 244-276.

_____. "Personality and experimental psychology: The unification of psychology and the possibility of a paradigm". *Journal of Personality and Social Psychology*, 73, p. 1.224-1.237, 1997.

EYSENCK, H. J.; EYSENCK, M. W. *Personality and individual differences: A natural science approach*. New York: Plenum Press, 1985.

EYSENCK, H. J.; EYSENCK, S. *Eysenck Personality Inventory*. San Diego, CA: Educational and Industrial Testing Service, 1963.

EYSENCK, H. J.; GUDJONSSON, G. H. *The causes and cures of criminality*. New York: Plenum Press, 1989.

EYSENCK, W. "Personality, intelligence, and longevity: A cross-cultural perspective". *Social Behavior and Personality*, 37, 2, p. 149-154, 2009.

FAGAN, A.; WRIGHT, E.; PINCHEVSKY, G. "The protective effects of neighborhood collective efficacy on adolescent substance use and violence following exposure to violence." *Journal of Youth & Adolescence*, 43, p. 1498-1512, 2014.

FAITH, M. S.; WONG, F. Y.; CARPENTER, K. M. "Group sensitivity training: Update, meta-analysis, and recommendations". *Journal of Counseling Psychology*, 3, p. 390-399, 1995.

FALBO, T. "Only children and interpersonal behavior: An experimental and survey study". *Journal of Applied Social Psychology*, 8, p. 244-253, 1978.

FALBO, T.; POLIT, D. F. "Quantitative review of the only child literature: Research evidence and theory development". *Psychological Bulletin*, 100, p. 176-189, 1986.

FALK, C. et al. "Why do Westerners self-enhance more than East Asians?". *European Journal of Personality*, 23, 3, p. 183-203, 2009.

FALLBY, J. et al. "Relationship between *locus* of control, sense of coherence, and mental skills in Swedish elite athletes". *International Journal of Sport and Exercise Psychology*, 44, p. 111-120, 2006.

FAN, H. et al. "Validation of the Chinese-language brief sensation seeking scale: Implications for risky riding behaviors of parental motorcyclists and their child passengers". *Accident Analysis & Prevention*, 73, p. 333-339, 2014.

FAN, W.; YAN, Z. "Factors affecting response rates of the web survey: A systematic review". *Computers in Human Behavior*, 26, p. 132-139, 2010.

FANCHER, R. "Snapshots of Freud in America, 1899-1999". *American Psychologist*, 55, p. 1025-1028, 2000.

FARLEY, F. "Obituary: Hans J. Eysenck (1916-1997)". *American Psychologist*, 55, p. 674-675, 2000.

FERGUSON, C. "A meta-analysis of normal and disordered personality across the life span". *Journal of Personality and Social Psychology*, 98, 4, p. 659-667, 2010.

FERGUSON, E. "Hypochondriacal concerns and the five factor model of personality". *Journal of Personality*, 68, p. 705-724, 2000.

_____. "Adler's innovative contributions regarding the need to belong". *The Journal of Individual Psychology*, 66, 1, p. 1-7, 2010.

FERRAND, C.; MARTINENT, G.; DURMAZ, N. "Psychological need satisfaction and well-being in adults aged 80 and older living in residential homes: Using a self-determination theory perspective". *Journal of Aging Studies*, 30, p. 104-111, 2014.

FIEBERT, M. S. "In and out of Freud's shadow: A chronology of Adler's relationship with Freud". *Individual Psychology*, 53, p. 241-269, 1997.

FINDLEY, M. J.; COOPER, H. M. "*Locus* of control and academic achievement: A literature review". *Journal of Personality and Social Psychology*, 44, p. 419-427, 1983.

FISCHER, R.; BOER, D. "What is more important for national well-being: Money or autonomy? A meta-analysis of well-being, burnout, and anxiety across 63 societies". Journal of Personality and Social Psychology, 101, p. 164-184, 2011.

FISHER, J. W.; FRANCIS, L. "Happiness is a thing called stable extraversion: Testing Eysenck s thesis among three samples in Australia". In: SARRACINO, F; (ed.), *The happiness compass: Theories, actions and perspectives for well-being*, p. 31-36. Hauppauge, NY: Nova Science Publishers.

FISHER, J. D.; MISOVICH, S. J. "Social influence and AIDS-preventive behavior". In: EDWARDS, J.; TINDALE, R. S.; POSAVAC, E. J. (eds.). *Social influence processes and prevention*. New York: Plenum Press, 1990. p. 39-70.

FISHER, S. P.; GREENBERG, R. P. *The scientific credibility of Freud's theories and therapy*. New York: Basic Books, 1977.

_____. *Freud scientifically reappraised: Testing the theories and therapy*. New York: Wiley, 1996.

FISKE, K.; PILLEMER, D. "Adult recollections of earliest childhood dreams: A cross-cultural study". *Memory*, 14, p. 57-67, 2006.

FLODERUS-MYRHED, B.; PEDERSEN, N.; RASMUSON, I. "Assessment of heritability for personality, based on a short form of the Eysenck Personality Inventory: A study of 12.898 twin pairs". *Behavior Genetics*, 10, p. 153-162, 1980.

FOELS, R.; REID, L. D. "Gender differences in social dominance orientation: The role of cognitive complexity". *Sex Roles*, 62, p. 9-10, 684-692, 2010.

FOLEY, Y.; MATHENY, K.; CURLETTE, W. "A cross--generational study of Adlerian personality traits and life satisfaction in mainland China". *The Journal of Individual Psychology*, 64, 3, p. 324-338, 2008.

FONG, M.; MASHEK, D. "Self-esteem among Asian American undergraduates: The role of dorm connectedness." *Society for the Psychological Study of Ethnic Minority Issues Presentation.* Disponível em: https://center.uoregon.edu/APA/Div45/2014/program/daily_schedule.php?day Saturday. Acesso em: 21 jun. 2014.

FORD, J. G. "Inherent potentialities of actualization: An initial exploration". *Journal of Humanistic Psychology*, 31, 3, p. 65-88, 1991.

FORTUNA, K.; KNAFO, A. "Parental and genetic contributions to prosocial behavior during childhood". In: PADILLA-WALKER, L.; GUSTAFO, C. (eds.), *Prosocial development: A multidimensional approach*, p. 70-89). New York: Oxford University Press, 2014.

FRABLE, D. E. S. "Gender, racial, ethnic, sexual, and class identities". *Annual Review of Psychology*, 48, p. 139-162, 1997.

FRANCIS, L.; DATOO, F. "Inside the mosque: A study in psychological type profiling". *Mental Health, Religion & Culture,* 15, p. 1037-1046, 2012.

FRANCIS, L.; YABLON, Y.; ROBBINS, M. "Psychology of emotions, motivations and actions". In: SARRACINO, F. (Ed.), *The happiness compass: Theories, actions and perspectives for wellbeing,* p. 17-29. Hauppauge, NY: Nova Science Publishers, 2013.

FRANK, T.; TURENSHINE, H.; SULLIVAN, S. "Birth order's effect on personality, intelligence, and achievement: Same-family siblings". *American psychological Association 2010 Convention Presentation,* 2010.

FRANKLIN-JACKSON, D.; CARTER, R. "The relationships between race-related stress, racial identity, and mental health for Black Americans". *Journal of Black Psychology*, 33, p. 5-26, 2007.

FRANSELLA, F.; NEIMEYER, R. "George Alexander Kelly: The man and his theory". In: FRANSELLA, F. (ed.). *International handbook of personal construct psychology.* Chichester, England: Wiley, 2003. p. 21-31.

FRANZ, C. E.; MCCLELLAND, D. C.; WEINBERGER, J. "Childhood antecedents of conventional social accomplishment in midlife adults: A 36-year prospective study". *Journal of Personality and Social Psychology*, 60, p. 586-595, 1991.

FREDERICKSON, B. "The role of positive emotions in positive psychology: The broaden-and--build theory of positive emotions". *American Psychologist*, 56, p. 218-226, 2001.

FREED, R.; TOMPSON, M. "Predictors of parental *locus* of control in mothers of pre and early adolescents". *Journal of Clinical and Adolescent Psychology*, 40, 1, p. 100-110, 2011.

FREEDMAN, D. G. *Human infancy: An evolutionary perspective.* Hillsdale, NJ: Erlbaum, 1974.

FREEMAN, D. "B. F. Skinner, behavioral scientist who invented Skinner Box, rememberd by his daughter". Huffington Post. Disponível em: http://www.huffingtonpost.com/news/bfskinner/. Acesso em: 20 mar. 2013.

FREEMAN, J.; RULE, N.; AMBADY, N. "Culture shapes a mesolimbic response to signals of dominance and subordinations that associate with behavior". *Neuroscience*, 47, 1, p. 353-359, 2009.

FRENCH, D. *et al.* "Which behavior change techniques are most effective at increasing older adults self-efficacy and physical activity behavior? A systematic review". Annals of Behavioral Medicine, 48, p. 225-234, 2014.

FRENCH, S.; CHAVEZ, E. "The relationship of ethnicity-related stressors and Latino ethnic identity to well-being". *Hispanic Journal of Behavioral Sciences*, 32, 3, p. 410-428, 2010.

FRENCH, S. *et al.* "The development of ethnic identity during adolescence". *Developmental Psychology*, 42, p. 1-10, 2006.

FREUD, A. *The ego and the mechanisms of defense.* New York: International Universities Press, 1936.

FREUD, S. "The psychopathology of everyday life". In: STRACHEY, J. (ed. e trad.). *The standard edition of the complete psychological works of Sigmund Freud.* London: Hogarth Press, 1901. v. 6.

_____. "On the history of the psychoanalytic movement". In: STRACHEY, J. (ed. e trad.). *The standard edition of the complete psychological works of Sigmund Freud.* London: Hogarth Press, 1914. p. 3-66. v. 14.

_____. "An autobiographical study". In: STRACHEY, J. (ed. e trad.). *The standard edition of the complete psychological works of Sigmund Freud.* London: Hogarth Press, 1925. v. 20.

_____. "An outline of psychoanalysis". In: STRACHEY, J. (ed. e trad.). *The standard edition of the complete psychological works of Sigmund Freud.* London: Hogarth Press, 1940. p. 141-207. v. 23.

_____. *The origins of psychoanalysis: Letters to Wilhelm Fliess, drafts and notes: 1887-1902.* BONAPARTE, M.; FREUD, A.; E. KRIS (eds.). New York: Basic Books, 1954.

_____. *Psychoanalysis and faith: The letters of Sigmund Freud and Oskar Pfister*. H. Meng & E. Freud (Eds.). New York: Basic Books, 1963.

_____. *The complete letters of Sigmund Freud to Wilhelm Fliess, 1887-1904*. J. M. Masson (Ed.). Cambridge, MA: Belknap Press of Harvard University, 1985.

FREUD, S.; JUNG, C. G. *The Freud/Jung letters*. W. McGuire (ed.). Princeton, NJ: Princeton University Press, 1974.

FRICK, W. B. "Remembering Maslow: Reflections on a 1968 interview". *Journal of Humanistic Psychology*, 40, p. 128-147, 2000.

FRIEDMAN, H.; MARTIN, L. *The longevity project: Surprising discoveries for health and long life from the landmark eight-decade study*. New York: Hudson Street Press, 2011.

FRIEDMAN, H. S. *et al.* "Childhood conscientiousness and longevity: Health behaviors and cause of death". *Journal of Personality and Social Psychology*, 68, p. 696-703, 1995.

_____. "Does childhood personality predict longevity?". *Journal of Personality and Social Psychology*, 65, p. 176-185. 1993.

FRIEDMAN, H.S.; KERN, M.; REYNOLDS, C. "Personality and health, subjective well-being, and longevity". *Journal of Personality*, 78, 1, p. 179-216, 2010.

FRIEDMAN, L. J. "Psychological advice in the public realm in America, 1940-1970 [Review of the book The Romance of American Psychology]". *Contemporary Psychology*, 41, p. 219-222, 1996.

_____. *Identity's architect: A biography of Erik H. Erikson*. New York: Simon & Schuster, 1999. FUNDER, D. C. "Personality". *Annual Review of Psychology*, 52, p. 83-110, 2001.

FURNHAM, A.; EYSENCK, S.; SAKLOFSKE, D. "The Eysenck personality measures: Fifty years of scale development". In: BOYLE, G.; MATTHEWS, G.; SAKLOFSKE, D. (eds.). *The SAGE handbook of personality theory and assessment*. v. 2: Personality measurement and testing. Thousand Oaks, CA: Sage Publications, 2010. p. 199-218.

GACKENBACH, J. "Electronic media and lucid-control dreams: Morning after reports". *Dreaming*, 19, 1, p. 1-6, 2009.

GACKENBACH, J.; KURUVILLA, B.; DOPKO, R. "Video game play and dream bizarreness". *Dreaming*, 29, 4, 218-231, 2009.

GAINES JR., S. O. *et al.* "Links between race/ethnicity and cultural values as mediated by racial/ethnic identity and moderated by gender". *Journal of Personality and Social Psychology*, 72, p. 1460-1476, 1997.

GALAMBOS, N.; BARKER, E.; KRAHN, H. "Depression, self-esteem, and anger in emerging adulthood: Seven-year trajectories". *Developmental Psychology*, 42, p. 350-365, 2006.

GALE, C. *et al.* "Neuroticism and extraversion in youth predict mental wellbeing and life satisfaction 40 years later". *Journal of Research in Personality*, 47, p. 687-697.

GANELLAN, R. J. "Calming the storm: Contemporary use of the Rorschach. [Review of the book Essentials of Rorschach Assessment]". *Contemporary Psychology*, 47, p. 325-327, 2002.

GANIBAN, J. *et al.* "Stability and change in temperament during adolescence". *Journal of Personality and Social Psychology*, 95, 1, p. 222-236, 2008.

GAO, X.; MAURER, D. "A happy story: Developmental changes in children's sensitivity to facial expressions of varying intensities". *Journal of Experimental Child Psychology*, 107, 2, p. 67-86, 2010.

GARCIA, D.; SILKSTROM, S. "The dark side of Facebook: Semantic representation of status updates predict the Dark Triad of personality". *Personality and Individual Differences*, 67, p. 92-96, 2014.

GARCIA, M. E. *et al.* "A fine-grained analysis of the role of self-efficacy in self-initiated attempts to quit smoking". *Journal of Consulting and Clinical Psychology*, 58, p. 317-322, 1990.

GARCIA, S. *et al.* "Changes in genetic and environmental influences on trait anxiety from middle adolescence to early adulthood". *Journal of Affective Disorders*, 151, p. 46-53, 2013.

GARDNER, H. *Creating minds*. New York: Basic Books, 1993.

GARDNER, W. L.; PICKETT, C. L.; BREWER, M. B. "Social exclusion and selective memory: How the need to belong influences memory for social events". *Personality and Social Psychology Bulletin*, 26, p. 486-496, 2000.

GASKINS, S.; PARADISE, R. "Learning through observation in daily life". In: BOCK, J.; GASKINS, S.; LANCY, D. (eds.). *The anthropology of learning in childhood*. Walnut Creek, CA: AltaMira Press, 2010. p. 85-117.

GATES, L. *et al.* "Birth order and its relationship to depression, anxiety, and self-concept test scores in children". *Journal of Genetic Psychology*, 149, p. 29-34, 1988.

GAY, P. *Freud: A life for our time*. New York: Norton, 1988.

GECAS, V. "The social psychology of self-efficacy". *Annual Review of Sociology*, 15, p. 291-316, 1989.

GENCOZ, T.; OZLALE, Y. "Direct and indirect effects of social support on psychological well-being". *Social Behavior and Personality*, 32, p. 449-458, 2004.

GENDLIN, E. T.; TOMLINSON, T. M. "The process conception and its measurement". In: ROGERS, C. R. *et al.* (eds.). *The therapeutic relationship and its impact: A study of psychotherapy with schizophrenics.* Madison: University of Wisconsin Press, 1967.

GENDRON, M. *et al.* "Perceptions of emotion from facial expressions are not culturally universal: Evidence from a remote culture". *Emotion,* 14, p. 251-262, 2014.

GENTILE, B., TWENGE, J.; CAMPBELL, W. "Birth cohort differences in self-esteem, 1988-2008: A cross-temporal meta-analysis". *Review of General Psychology*, 14, 3, p. 261-268, 2010.

GENTILE, D. *et al.* "The effects of violent video game habits on adolescent hostility, aggressive behaviors, and school performance". *Journal of Adolescence*, 27, p. 5-22, 2004.

GENTZLER, A. *et al.* "College students' use of electronic communication with parents: Links to loneliness, attachment, and relationship quality". *Cyberpsychology, Behavior, and Social Networking*, 14, 1-2, p. 71-74, 2011.

GEORGE, K. *et al.* "Sensation seeking, aggression, and reckless behavior in high school students, college students, and adults". *Perceptual and Motor Skills*, 103, p. 801-802, 2006.

GERSTORF, D. *et al.* "Life satisfaction shows terminal decline in old age: Longitudinal evidence from the German Socio-Economic Panel study (SOEP)". *Developmental Psychology*, 44, 4, p. 1.148-1.159, 2008.

_____. "Where people live and die makes a difference: Individual and geographic disparities in well-being progression at the end of life". *Psychology and Aging*, 25, 3, 661-676, 2010a.

_____. "Late-life decline in well-being across adulthood in Germany, the United Kingdom, and the United States: Something is seriously wrong at the end of life". *Psychology and Aging*, 25, 2, p. 477-485, 2010b.

GFELLNER, B.; ARMSTRONG, H. "Ego development, ego strengths and ethnic identity among first nation adolescents". *Journal of Research on Adolescence,* 22, p. 225-234, 2012.

GIAMMARCO, E.; VERNON, P. "Vengeance and the Dark Triad: The role of empathy and perspective taking in trait forgiveness". *Personality and Individual Differences*, 67, p. 23-29, 2014.

GIBBONS, F. *et al.* "Does social comparison make a difference? Optimism as a moderator of the relation between comparison level and academic performance". *Personality and Social Psychology Bulletin*, 26, p. 637-648, 2000.

GIBSON, B.; SANBONMATSU, D. "Optimism, pessimism, and gambling: The downside of optimism". *Personality and Social Psychology Bulletin*, 30, p. 149-160, 2004.

GIBSON, S.; DEMBO, M. H. "Teacher efficacy: A construct validation". *Journal of Educational Psychology*, 76, p. 569-582, 1984.

GIESER, L.; WYATT-GIESER, J. "Survival of the Thematic Apperception Test. Paper presented at the American Psychological Association Convention." Disponível em: http://www.historyofpsych. org/images/ Division_26_APA_Convention_Program_2013. Acesso em: 3 ago. 2013.

GILLASPY, J. "Misbehavior and the relationship between the Brelands and B. F. Skinner". *American Psychological Association Convention Presentation*, 2009.

GILLASPY, J.; BRINEGAR, J.; BAILEY, R. "Operant psychology makes a splash-in marine mammal training (1955 1965)". *Journal of the History of the Behavioral Sciences*, 50, p. 231-246, 2014.

GILMAN, R. "The relationship between life satisfaction, social interest, and frequency of extracurricular activities among adolescent students". *Journal of Youth and Adolescence*, 30, p. 749-767, 2001.

GILMAN, R.; HUEBNER, E. "Characteristics of adolescents who report very high life satisfaction". *Journal of Youth and Adolescence*, 35, p. 311-319, 2006.

GILMAN, S. "Karen Horney, M. D., 1885 1962". *American Journal of Psychiatry*, 158, p. 1205, 2001.

GIVERTZ, M.; SEGRIN, C. The association between overinvolved parenthood and young adults self-efficacy: Psychological entitlement and family communication. *Communication Research*, 41, p. 1111-1136, 2014.

GLADWELL, M. "Annals of psychology: Personality plus". *The New Yorker*, p. 42-48, 20 set. 2004.

GLICKSMAN, E. "Transgender today". *Monitor on Psychology*, 44, p. 36-41, 2013.

GLUCKSBERG, S.; KING, L. J. "Motivated forgetting mediated by implicit verbal chaining: A laboratory analog of repression". *Science*, 158, p. 517-519, 1967.

GOBY, V. "Personality and online/offline choices: MBTI profiles and favored communication modes in a Singapore study". *Cyberpsychology and Behavior*, 9, p. 5-13, 2006.

GOLDFRIED, M. "What has psychotherapy inherited from Carl Rogers?". *Psychotherapy, Theory, Research, Practice, Training*, 44, 3, p. 249-252, 2007.

GOLEMAN, D. B. F. "Skinner: On his best behavior". *The New York Times*, 31 ago. 1987.

GOLLAN, J. *et al.* "How do depressed and healthy adults interpret nuanced facial expressions?". *Journal of Abnormal Psychology*, 119, 4, p. 804-810, 2010.

GOMEZ, V. *et al.* "The influence of personality and life events on subjective well-being from a life span perspective". *Journal of Research in Personality*, 43, p. 345-354, 2009.

GONZALES-IGLESIAS, B.; GOMEZ-FRAGUELA, J.; LUENGO, M. "Sensation seeking and drunk driving: The mediational role of social norms and self-efficacy". *Accident Analysis & Prevention*, 71, p. 22-28.

GONZALEZ, H. *et al.* "Antidepressant use among Asians in the United States". *Depression and Anxiety*, 27, 1, p. 46-55, 2010.

GOODE, E. "Researchers find that those who are happiest are less neurotic, more extroverted". *The New York Times*, 2 jul. 2002.

GOSLING, S. *et al.* "Should we trust web-based studies? A comparative analysis of six preconceptions". *American Psychologist*, 59, p. 93-104, 2004.

GOSLING, S.; GADDIS, S.; VAZIRE, S. "Personality impressions based on Facebook profiles". *Proceedings of the international Conference on Weblogs and Social Media*, 2007.

GOSLING, S.; SANDY, C.; POTTER, J. "Personalities of self-identified 'dog people' and 'cat people'". *Anthrozoos*, 23, 3, p. 213-222, 2010.

GOUGH, H. G.; LAZZARI, R.; FIORAVANTI, M. "Self versus ideal self: A comparison of five Adjective Check List indices". *Journal of Consulting and Clinical Psychology*, 35, p. 1.085-1.091, 1978.

_____. "Some implications of self versus idealized self-congruence on the Revised Adjective Check List". *Journal of Personality and Social Psychology*, 44, p. 1.214-1.220, 1983.

GRAHAM, W.; BALLOUN, J. "An empirical test of Maslow's need hierarchy theory". *Journal of Humanistic Psychology*, 13, p. 97-108, 1973.

GRAM, P.; DUNN, B.; ELLIS, D. "Relationship between EEG and psychological type". *Journal of Psychological Type*, 65, p. 33-46, 2005.

GRANELLO, D. "Cognitive complexity among practicing counselors: How thinking changes with experience". *Journal of Counseling and Development*, 88, 1, p. 92-100, 2010.

GRAVES, T. D. *Time perspective and the deferred gratification pattern in a tri-ethnic community*. Boulder: University of Colorado Institute of Behavioral Science, 1961.

GRAZIANO, W. G.; JENSEN-CAMPBELL, L. A.; SULLIVAN-LOGAN, G. M. "Temperament, activity, and expectations for later personality development". *Journal of Personality and Social Psychology*, 74, p. 1.266-1.277, 1998.

GRECO, A. *et al* "The influence of illness severity on health satisfaction in patients with cardiovascular disease: The mediating role of illness perception and self-efficacy beliefs". *Behavioral Medicine,* 41, p. 9-17, 2015.

GREEN, B.; GRIFFITHS, E. "Birth order and post-traumatic stress disorder". *Psychology, Health and Medicine*, 19, p. 24-32, 2014.

GREEVER, K.; TSENG, M.; FRIEDLAND, B. "Development of the Social Interest Index". *Journal of Consulting and Clinical Psychology*, 41, p. 454-458, 1973.

GREY, L. *Alfred Adler, the forgotten prophet: A vision for the 21st century*. Westport, CT: Praeger, 1998.

GRICE, J. "Idiogrid: Software for the management and analysis of repertory grids". *Behavior Research Methods, Instruments, and Computers*, 34, p. 338-341.

GRIESER, C.; GREENBERG, R.; HARRISON, R. H. "The adaptive function of sleep: The differential effects of sleep and dreaming on recall". *Journal of Abnormal Psychology*, 80, p. 280-286, 1972.

GRONEROD, C., OVERSKEID, G., & HARTMANN, E. "Under Skinner's skin: Gauging a behaviorist from his Rorschach protocol". *Journal of Personality Assessment*, 95, p. 1-12, 2013.

GROTZ, M. *et al.* "Health *locus* of control and health behavior: Results from a nationally representative sample". *Psychology, Health & Medicine*, 16, 2, p. 129-140, 2011.

GRUBRICH-SIMITIS, I. "'Nothing about the totem meal!' on Freud's notes". In: ROTH, M. S. (ed.). *Freud: Conflict and culture*. New York: Knopf, 1998. p. 17-31.

GUADAGNO, R.; OKDIE, M.; ENO, C. "Who blogs? Personality predictors of blogging". *Computers in Human Behavior*, 24, 5, p. 1.993-2.004, 2008.

GUAN, B.; DENG, Y.; LUO, X. "Characteristics of behavior and self-concept in psychological abused/neglected juveniles with generalized anxiety disorder". *Chinese Journal of Clinical Psychology*, 28, 3, p. 334-336, 2010.

GUDMUNDSSON, E. "Guidelines for translating and adapting psychological instruments". *Nordic Psychology*, 61, 2, p. 29-45, 2009.

GUNDERSEN, K. *et al.* "Birth order perceptions: Personality differences between believers and non-believers". *American Psychological Association Convention Presentation*. Disponível em: http://psycnet.apa.org/psycextra/702992011-001.pdf. Acesso em: 2011.

GUNGOR, D. *et al.* "Acculturation of personality: A three-culture study of Japanese, Japanese Americans, and European Americans". *Journal of Cross-Cultural Psychology*, 44, p. 701-718, 2013.

GUNSUNG, L. "Relations between ego-resiliency, interpersonal competence, subjective well-being, and depression". *American Psychological Association Convention Presentation*. Honolulu, Hawaii, 201.

GUO-XING, S.; HAI, Y. "Subjective well-being of middle-school children". *Chinese Mental Health Journal*, 20, p. 238-241, 2006.

GUPTA, R.; DEREVENSKY, J.; ELLENBOGEN, S. "Personality characteristics and risk-taking tendencies among adolescent gamblers". *Canadian Journal of Behavioural Science*, 38, p. 201-213, 2006.

GUPTA, N.; GANSTER, D.; KEPES, S. "Assessing the validity of sales self-efficacy: A cautionary tale". *Journal of Applied Psychology*, 98, p. 690-700, 2013.

GURVEN, M. *et al.* "How universal is the Big Five? Testing the five factor model of personality variation among foragerfarmers in the Bolivian Amazon". *Journal of Personality and Social Psychology*, 104, p. 354-370, 2013.

GWANDURE, C.; MAYEKISO, T. "Predicting HIV risk using a *locus* of control-based model among university students". *Journal of Child and Adolescent Mental Health*, 22, 2, p. 119-129, 2010.

HACKETT, G. "Self-efficacy in career choice and development". In: BANDURA, A. (ed.). *Self-efficacy in changing societies*. Cambridge, England: Cambridge University Press, 1995. p. 232-258.

HAFNER, J. L.; FAKOURI, M. E.; LABRENTZ, H. L. "First memories of 'normal' and alcoholic individuals". *Individual Psychology*, 38, p. 238-244, 1982.

HAGEDOORN, M.; MOLLEMAN, E. "Facial disfigurement in patients with head and neck cancer: The role of social self-efficacy". *Health Psychology*, 25, p. 643-647, 2006.

HAGEMANN, D.; NAUMANN, E. "States vs. traits: An integrated model for the test of Eysenck's arousal/ arousability hypotheses". *Journal of Individual Differences*, 30, 2, p. 87-98, 2009.

HAGHAYEGH, S.; OREYZIA, H. "Relation of aggression types according to Karen Horney's theory with negative and positive driving behaviors and accidents". *Iranian Journal of Psychiatry and Clinical Psychology*, 15, 1, p. 81-85, 2009.

HALL, A. "Sensation seeking and the use and selection of media materials". *Psychological Reports*, 97, p. 236-244, 2005.

HALL, C.; VAN DE CASTLE, R. "An empirical investigation of the castration complex in dreams". *Journal of Personality*, 33, p. 20-29, 1965.

HALL, E. "A conversation with Erik Erikson". *Psychology Today*, p. 22-30, jun. 1983.

HALL, M. H. "An interview with 'Mr. Behaviorist' B. F. Skinner". *Psychology Today*, p. 21-23, 68-71, set. 1967.

_____. A conversation with Abraham H. Maslow. *Psychology Today*, p. 35-37, 54-57, jul. 1968.

HAMBERGER, L. K.; HASTINGS, J. E. "Racial differences on the MCMI in an outpatient clinical sample". *Journal of Personality Assessment*, 58, p. 90-95, 1992.

HAMERMESH, D.; ABREVAYA, J. *"Beauty is the promise of happiness?" (Discussion Paper No. 5600)*. Bonn, Germany: The Institute for the Study of Labor, 2011.

HAMM, J. "Do birds of a feather flock together?. The variable bases for African American, Asian American, and European American adolescents' selection of similar friends". *Developmental Psychology*, 36, p. 209-219, 2000.

HAMPSON, S. *et al.* "Conscientiousness, perceived risk, and risk-reduction behaviors: A preliminary study". *Health Psychology*, 19, p. 496-500, 2000.

HAMPSON, S.; GOLDBERG, L. "A first large cohort study of personality trait stability over the 40 years between elementary school and midlife". *Journal of Personality and Social Psychology*, 91, p. 763-779, 2006.

HANDEL, R. W.; BEN-PORATH, Y. S. "Multicultural assessment with the MMPI-2: Issues for research and practice". In: DANA, R. H. (ed.). *Handbook of cross-cultural and multicultural personality assessment*. Mahwah, NJ: Erlbaum, 2000. p. 229-245.

HANEWITZ, W. B. "Police personality: A Jungian perspective". *Crime and Delinquency*, 24, p. 152-172, 1978.

HANKOFF, L. D. "The earliest memories of criminals". *International Journal of Offender Therapy and Comparative Criminology*, 31, p. 195-201, 1987.

HANSEL, A.; VON KANEL, R. "Unconscious fearful priming followed by a psychosocial stress test results in higher cortisol levels". *Stress & Health: Journal of the International Society for the Investigation of Stress*, 29, p. 317-323, 2013.

HANSEN, E.; BREIVIK, G. "Sensation-seeking as a predictor of positive and negative risk behavior among adolescents". *Personality and Individual Differences*, 30, p. 627-640, 2001.

HANSON, R. K. "Thematic analysis of daily events as a method of personality assessment". *Journal of Personality Assessment*, 58, p. 606-620, 1992.

"HAPPINESS improves health and lengthens life, review finds". *Science Daily*, 1 mar. 2001.

HARBER, K. D. "Feedback to minorities: Evidence of a positive bias". *Journal of Personality and Social Psychology*, 73, p. 622-628, 1998.

HARDY, J. "Dynamics in the self-efficacy/performance relationship following failure". *Personality and Individual Differences*, 71, p. 151-158, 2014.

HARKER, L.; KELTNER, D. "Expressions of positive emotion in women's college yearbook pictures and their relationship to personality and life outcomes across adulthood". *Journal of Personality and Social Psychology*, 80, p. 112-124, 2001.

HARRINGTON, D. M.; BLOCK, J. H.; BLOCK, J. "Testing aspects of Carl Rogers' theory of creative environments: Child-rearing antecedents of creative potential in young adolescents". *Journal of Personality and Social Psychology*, 52, p. 851-856, 1987.

HARRINGTON, R.; LOFFREDO, D. A. "The relationship between life satisfaction, self-consciousness, and the Myers-Briggs Type Inventory dimensions". *Journal of Psychology*, 135, p. 439-450, 2001.

HARRIS, B. "Review of playing with fire: The controversial career of Hans J. Eysenck". *History of Psychiatry*, 22, p. 500-501, 2011.

HARRIS, D.; KUBA, I. "Ethnocultural identity and eating disorders in women of color". *Professional Psychology*, 28, p. 341-347, 1997.

HART, D.; ATKINS, R.; MATSUBA, M. "The association of neighborhood poverty with personality change in childhood". *Journal of Personality and Social Psychology*, 94, 6, p. 1.048-1.061, 2008.

HARTER, S. *et al.* "A model of the effects of perceived parent and peer support on adolescent false-self behavior". *Child Development*, 67, p. 360-374, 1996.

HARTMANN, E.; HARTMANN, T. "The impact of exposure to Internet-biased information about the Rorschach and the MMPI-2 on psychiatric outpatients ability to simulate mentally healthy test performance". *Journal of Personality Assessment*, 96, p. 432-444, 2014.

HARTSHORNE, J. "How birth order affects your personality". *Scientific American* (Online edition), 11 jan. 2010.

HARTSHORNE, J.; SALEM-HARTSHORNE, N.; HARTSHORNE, T. "Birth order effects in the

formation of long-term relationships". *The Journal of Individual Psychology*, 65, 2, p. 156-176, 2009.

HASLAM, N. "The return of the anal character". *Review of General Psychology*, 15, p. 351-360, 2011.

HAWI, N. "Arabic validation of the Internet Addiction Test". *Cyberpsychology, Behavior, & Social Networking*, 16, p. 200-204, 2013.

HAWKINS, R. P. *et al.* "Behavior therapy in the home: Amelioration of problem parent-child relations with the parent in a therapeutic role". *Journal of Experimental Child Psychology*, 4, p. 99-107, 1966.

HAYES, H.; JOSEPH, S. "Big five correlates of three measures of subjective well-being". *Personality and Individual Differences*, 34, p. 723-727, 2003.

HAZLER, R. "Person-centered theory". In: CAPUZZI, D.; DOUGLAS, R. (eds.). *Counseling and psychotherapy*. 5. ed. Alexandria, VA: American Counseling Association, 2011. p. 143-166.

HEADEY, B.; MUFFELS, R.; WAGNER, G. "Long-running German panel survey shows that personal and economic choices, not just genes, matter for happiness". *Proceedings of the National Academy of Sciences*, 107, 42, p. 17.922-17.926, 2010.

HEAVEN, P.; CIARROCHI, J. "Perceptions of parental styles and Eysenckian psychoticism in youth". *Personality and Individual Differences*, 41, p. 61-70, 2006.

HECKHAUSEN, J.; SCHULZ, R. "A life-span theory of control". *Psychological Review*, 102, p. 284-304, 1995.

HEINE, S.; BUCHTEL, E. "Personality: The universal ad the culturally specific". In: FISKE, S.; SCHACTER, D.; STERNBERG, R. (eds.). *Annual review of psychology*. Palo Alto, CA: Annual Reviews, 2009. p. 369-394. v. 60.

HEINE, S. *et al.* "Is there a universal need for positive self-regard?". *Psychological Review*, 106, p. 766-794, 1999.

HEINE, S.; RENSHAW, K. "Inter-judge agreement, self-enhancement, and liking: Cross-cultural divergences". *Personality and Social Psychology Bulletin*, 28, p. 578-587, 2002.

HEINE, S.; TAKATA, T.; LEHMAN, D. R. "Beyond self-presentation: Evidence for self-criticisms among Japanese". *Personality and Social Psychology Bulletin*, 26, p. 71-78, 2000.

HEJAZI, E.; HASANY, H. "Identity styles, ethnic identity, and academic self-efficacy in Kurd students". *Journal of Psychology*, 18, p. 161-175, 2014.

HELLER, D.; WATSON, D.; HIES, R. "The role of person versus situation in life satisfaction". *Psychological Bulletin*, 130, p. 574-600, 2004.

HELLER, M.; HAYNAL, V. "Depression and suicide faces". In: EKMAN, P.; ROSENBERG, E. L. (eds.). *What the face reveals*. New York: Oxford University Press, 1997. p. 398-407.

HELMS, J. *Black and white racial identity: Theory, research, and practice*. New York: Greenwood Press, 1990.

HELSON, R. "Women's difficult times and the rewriting of the life story". *Psychology of Women Quarterly*, 16, p. 331-347, 1992.

HELSON, R.; KLOHNEN, E. C. "Affective coloring of personality from young adulthood to midlife". *Personality and Social Psychology Bulletin*, 24, p. 241-252, 1998.

HELSON, R.; SRIVASTAVA, S. "Three paths of adult development: Conservers, seekers, and achievers". *Journal of Personality and Social Psychology*, 80, p. 995-1010, 2001.

HELSON, R.; STEWART, A.; OSTROVE, J. "Identity in three cohorts of midlife women". *Journal of Personality and Social Psychology*, 69, p. 544-557, 1995.

HERBERT, T. B.; COHEN, S. "Depression and immunity: A meta-analytic review". *Psychological Bulletin*, 113, p. 472-486, 1993.

HERRERA, N. *et al.* "Beliefs about birth rank and their reflection in reality". *Journal of Personality and Social Psychology*, 85, p. 142-150, 2003.

HESS, A.; HESS, K. "Karen Horney: An appreciation of the development of a trans-systemic theorist". *American Psychological Association 2010 Convention Presentation*, 2010.

HIBBARD, D.; BUHRMESTER, D. "Competitiveness, gender, and adjustment among adolescents". *Sex Roles*, 63, 5-6, p. 412-424, 2010.

HICKMAN, G. "Review of neglected children and their families", 2. ed. *Social Work Education*, 28, 8, p. 935-938, 2009.

HILGARD, E. *Psychology in America: A historical survey*. San Diego: Harcourt Brace Jovanovich, 1987.

HILL, C. *et al.* "Working with dreams in psychotherapy: What do psychoanalytic therapists report that they do?". *Psychoanalytic Psychology*, 25, 4, p. 565-573, 2008.

HILL, J.; PACE, T.; ROBBINS, R. "Decolonizing personality assessment and honoring indigenous voices: A critical examination of the MMPI-2". *Cultural Diversity and Ethnic Minority Psychology*, 16, 1, p. 16-25, 2010.

HILL, P.; TURIANO, N. "Purpose in life as a predictor of mortality across adulthood". *Psychological Science*, 25, p. 1482-1486, 2014.

HILLEN, M. *et al.* "How attachment style and locus of control influence patients trust in their oncologist". *Journal of Psychosomatic Research*, 76, p. 221-226, 2014.

HINES, D.; DOUGLAS, E.; MAHMOOD, S. "The effects of survey administration on disclosure rates to sensitive items among men: A comparison of an internet panel with a RDD telephone sample". *Computers in Human Behavior*, 26, p. 1.327-1.335, 2010.

HINTSANEN, M. *et al.* "Five-factor personality traits and sleep: Evidence from two population-based cohort studies". *Health Psychology*, 33, p. 1214-1223, 2014.

HIROTO, D. S. "*Locus* of control and learned helplessness". *Journal of Experimental Psychology*, 102, p. 187-193, 1974.

HJERTAAS, T. "Rediscovering the construct of basic anxiety". *The Journal for Individual Psychology*, 65, 1, p. 47-56, 2009.

HO, M. CHEN, S. *et al.* "Cross-cultural comparisons of adults childhood recollections: How are peak experiences described in China and Portugal?" *Journal of Happiness Studies*, 14, p. 185-197.

HO, M.; CHEN, S.; HOFFMAN, E. "Unpacking cultural variations in peak experiences: Cross-cultural comparisons of early childhood recollection between Hong Kong and Brazil". *Journal of Happiness Studies*, 13, p. 247-260, 2012.

HOBFOLL, S. E.; ROM, T.; SEGAL, B. "Sensation seeking, anxiety, and risk taking in the Israeli context". In: EINSTEIN, S. (ed.). *Drug and alcohol use: Issues and factors*. New York: Plenum Press, 1989. p. 53-59.

HOFER, C.; EISENBERG, N.; REISER, M. "The role of socialization, effortful control, and ego resiliency in French adolescents' social functioning". *Journal of Research on Adolescence*, 30, 3, p. 555-582, 2010.

HOFFMAN, E. *The right to be human: A biography of Abraham Maslow*. Los Angeles, CA: Tarcher, 1988.

_____. *The drive for self: Alfred Adler and the founding of individual psychology*. Reading, MA: Addison-Wesley, 1994.

_____. *Future visions: The unpublished papers of Abraham Maslow*. Thousand Oaks, CA: Sage, 1996.

HOLAHAN, C. J.; HOLAHAN, C. K. "Self-efficacy, social support, and depression in aging: A longitudinal analysis". *Journal of Gerontology*, 42, p. 65-68, 1987.

HOLDER, M.; KLASSEN, A. "Temperament and happiness in children". *Journal of Happiness Studies*, 11, 4, p. 419-439, 2010.

HOLLAND, C.; GERAGHTY, J.; SHAH, K. "Differential moderating effect of *locus* of control on effect of driving experience in young male and female drivers". *Personality and Individual Differences*, 48, 7, p. 821-826, 2010.

HOLLENBAUGH, E. "Motives for maintaining personal journal blogs". *Cyberpsychology, Behavior, and Social Networking*, 14, 1-2, p. 13-20, 2011.

HOLMGREN, S.; MOLANDER, B.; NILSSON, K. "Intelligence and executive functioning in adult age: Effects of sibship size and birth order". *European Journal of Cognitive Psychology*, 18, p. 138-158, 2006.

HOLTGRAVES, T. "Social desirability and self-reports: Testing models of socially desirable responding". *Personality and Social Psychology Bulletin*, 30, p. 161-172, 2004.

HOLTZ, P.; APPEL, M. "Internet use and video gaming predict behavior in early adolescence". *Journal of Adolescence*, 34, 1, p. 49-58, 2011.

HOLZMAN, P. S. "Hilgard on psychoanalysis as a science". *Psychological Science*, 5, p. 190-191, 1994.

HOPPMANN, C. *et al.* "Spousal interrelations in happiness in the Seattle Longitudinal Study: Considerable similarities in levels and change over time". *Developmental Psychology*, 47, 1, p. 1-8, 2011.

HORIKAWA, T., *et al.* "Neural decoding of visual imagery during sleep". *Science*, 340, p. 639-642, 2013.

HORN, J. "Obituary: Raymond Bernard Cattell, 1905-1998". *American Psychologist*, 56, p. 71-72, 2001.

HORNEY, K. "The flight from womanhood". *International Journal of Psychoanalysis*, 7, 1926.

_____. *The neurotic personality of our time*. New York: Norton, 1937.

_____. *New ways in psychoanalysis*. New York: Norton, 1939.

_____. *Self-analysis*. New York: Norton, 1942.

_____. *Our inner conflicts*. New York: Norton, 1945.

_____. "The flight from womanhood: The masculinity-complex in women as viewed by men and by women". In: KELMAN, H. (ed.). *Feminine psychology*. New York: Norton, 1967.

_____. *The adolescent diaries of Karen Horney*. New York: Basic Books, 1980. [Diaries written 1899-1911]

_____. *Final lectures*. D. H. Ingram (ed.). New York: Norton, 1987. [Lectures delivered 1952]

HOSEINZADAH, A.; AZIZI, M.; TAVAKOLI, H. "Social support and life satisfaction in adolescents: The mediating role of selfefficacy and self-esteem". *Journal of Iranian Psychologists*, 11, p. 103-114, 2014.

HOWELL, L.; BETH, A. "Pioneers in our own lives: Grounded theory of lesbians' midlife development". *Journal of Women and Aging*, 16, p. 133-147, 2004.

HOWELL, R.; HOWELL, C. "The relation of economic status to subjective well-being in developing countries: A meta-analysis". *Psychological Bulletin*, 134, 4, p. 536-560, 2008.

HSU, L.; ALDEN, L. "Cultural influences on willingness to seek treatment for social anxiety in Chinese-and European-heritage students". *Cultural Diversity and Ethnic Minority Psychology*, 14, 3, p. 215-223, 2008.

HUAJIAN, C.; QUIPIN, W.; BROWN, J. "Is self-esteem a universal need? Evidence from the people's Republic of China". *Asian Journal of Social Psychology*, 12, 23, p. 104-120, 2009.

HUANG, C. "Internet use and psychological well--being: A meta-analysis". *Cyberpsychology, Behavior, and Social Networking*, 13, 3, p. 241-249, 2010a.

_____. "Mean-level change in self-esteem from childhood through adulthood: Meta-analysis of longitudinal studies". *Review of General Psychology*, 14, 3, p. 251-260, 2010b.

HUANG, J.; YANG, Y. "The relationship between personality traits and online shopping motivations". *Social Behavior and Personality*, 38, 5, p. 673-680, 2010.

HUESMANN, L. "Nailing the coffin shut on doubts that violent video games stimulate aggression: Comment on ANDERSON *et al*". *Psychological Bulletin*, 136, 2, p. 179-181, 2010.

HUESMANN, L. *et al.* "Television viewing habits in childhood and adult aggression". *Child Development*, 58, p. 357-367, 1967.

_____. "Longitudinal relations between children's exposure to TV violence and their aggressive and violent behavior in young adulthood: 1977-1992". *Developmental Psychology*, 39, p. 201-221, 2003.

HUIFANG, Y.; SHUMING, Z. "A research on the personality types of business managers". *Psychological Science* (China), p. 983-985, jul. 2004.

HUNT, C.; KEOGH, E.; FRENCH, C. "Anxiety sensitivity: The role of conscious awareness and selective attentional bias to physical threat". *Emotion*, 6, p. 418-428, 2006.

HUO-LIANG, G. "Personality and crime: A meta--analysis of studies on criminals' behavior". *Chinese Mental Health Journal*, 20, p. 465-468, 2006.

HUR, Y. "Genetic and environmental contributions to childhood temperament in South Korean twins". *Twin Research and Human Genetics*, 12, 6, p. 549-551, 2009.

HUSSAIN, M. "The robustness of high Danish national happiness: A temporal cross-country analysis of population subgroups". *Social Indicators Research*, 118, p. 759-774, 2014.

HUTCHESON, C.; FLEMING, M.; MARTIN, C. "An examination and appreciation of locus of control in psychosis: Issues and relationships between constructs and measurement". *Journal of Psychiatric and Mental Health Nursing*, 21, p. 906-916.

HUTSON, M. "Sleep: Sweet dreams". *Psychology Today*, 43, 1, p. 29, 2010.

HWANG, W. "The psychotherapy adaptation and modification framework: Application to Asian Americans". *American Psychologist*, 61, p. 702-715, 2006.

IACOVINO, J.; JACKSON, J.; OLTMANNS, T. "The relative impact of socioeconomic status and childhood trauma on Black-White differences in paranoid personality disorder syndrome". *Journal of Abnormal Psychology*, 123, p. 225-230, 2014.

IBANEZ, G. *et al.* "Cultural attributes and adaptations linked to achievement motivation among Latino adolescents". *Journal of Youth and Adolescence*, 33, p. 559-568, 2004.

ICKES, W., PARK, A., & JOHNSON, A. "Linking identity status to strength of sense of self: Theory and validation". *Self and Identity*, 11, p. 531-544, 2012.

IFCHER, J.; ZARGHAMEE, H. "The happiness of single mothers: Evidence from the General Social Survey". *Journal of Happiness Studies,* 15, p. 1219-1238, 2014.

ISAACOWITZ, D. "Correlates of well-being in adulthood and old age: A tale of two optimisms". *Journal of Research in Personality*, 39, p. 224-244, 2005a.

_____. "The gaze of the optimist". *Personality and Social Psychology Bulletin*, 31, p. 407-415, 2005b.

ISKENDER, M.; AKIN, A. "Social self-efficacy, academic *locus* of control, and internet addiction". *Computers and Education*, 54, 4, p. 1.101-1.106, 2010.

ISPAS, D.; ILIESCU, D.; ILIE, A.; JOHNSON, R. "Exploring the cross-cultural generalizability of the five-factor model of personality: The Romanian Neo PI-R". *Journal of Cross- Cultural Psychology*, 45, p. 1074-1088, 2014.

ISRAELASHVILI, M.; KIM, T.; BUKOBZA, G. "Adolescents over-use of the cyber world: Internet addiction or identity exploration?" *Journal of Adolescence*, 35, p. 417-424, 2012.

IVTZAN, I. *et al.* "Well-being through self-fulfillment: Examining developmental aspects of self-actualization". *Humanistic Psychologist*, 41(2), p. 119-132, 2013.

IYER, P.; DOUGALL, A.; JENSEN-CAMPBELL, L. "Are some adolescents differentially susceptible to the influence of bullying on depression?" *Journal of Research on Personality*, 47, p. 272-281, 2013.

JACK, R.; CALDARA, R.; SCHYNS, P. "Internal representations reveal cultural diversity in expectations of facial expressions of emotion". Journal of Experimental Psychology: General, 13, p. 19-25.

JACKSON, L. *et al.* "Culture, gender, and information technology use: A comparison of Chinese and US children". *Computers in Human Behavior*, 24, p. 2.817-2.829, 2008.

JACKSON, M.; SECHREST, L. "Early recollections in four neurotic diagnostic categories". *Journal of Individual Psychology*, 18, p. 52-56, 1962.

JACKSON, T. *et al.* "Self-efficacy and chronic pain outcomes: A meta-analytic review". *Journal of Pain*, 15, p. 800-814, 2014.

JACOBSON, J. L.; WILLE, D. E. "The influence of attachment patterns on developmental changes in peer interaction from the toddler to the preschool period". *Child Development*, 57, p. 338-347, 1986.

JAFFÉ, A. *The myth of meaning: Jung and the expansion of consciousness*. New York: Putnam, 1971.

JAMES, S. *et al.* "The Dark Triad, schadenfreude and sensational interests: Dark personalities, dark emotions, and dark behaviors". *Personality and Individual Differences*, 68, p. 211-216, 2014.

JANARTHANAM, D.; GNANADEVAN, R. "Gender differences in ego-identity status in higher secondary students". *International Journal of Teacher Educational Research*, 3, p. 2319-4642.

JASINSKAJA-LAHTI, I. *et al.* "Perceived discrimination, social support networks, and psychological well-being among three immigrant groups". *Journal of Cross-Cultural Psychology*, 37, p. 293-311, 2006.

JENSEN-CAMPBELL, L.; GRAZIANO, W. G. "Beyond the school yard: Relationships as moderators of daily interpersonal conflict". *Personality and Social Psychology Bulletin*, 26, p. 923-935, 2000.

JENSEN-CAMPBELL, L.; MALCOLM, K. "The importance of conscientiousness in adolescent and interpersonal relationships". *Personality and Social Psychology Bulletin*, 33, p. 368-383, 2007.

JERUSALEM, M.; MITTAG, W. "Self-efficacy in stressful life transitions". In: BANDURA, A. (ed.).

*Self-efficacy in changing societies.* Cambridge, England: Cambridge University Press, 1995. p. 177-201.

JESHMARIDIAN, S. "Commemorating the 100th birthday of Gordon Allport". *International Psychology Bulletin,* 11, 3, p. 31-32, 2007.

JIAO, S.; JI, G.; JING, Q. "Comparative study of behavioral qualities of only children and sibling children". *Child Development,* 57, p. 357-361, 1986.

JOHN, O. P. "The big five factor taxonomy: Dimensions of personality in the natural language and in questionnaires". In: Pervin, L. A. (ed.). *Handbook of personality: Theory and research.* New York: Guilford Press, 1990. p. 66-100.

JOHN, O. P.; PALS, J. L.; WESTENBERG, P.M. "Personality prototypes and ego development: Conceptual similarities and relations in adult women". *Journal of Personality and Social Psychology,* 74, p. 1.093-1.108, 1998.

JOHNSON, M.; ROWATT, W.; PETRINI, L. "A new trait on the market: Honesty-humility as a unique predictor of job performance ratings". *Personality and Individual Differences,* 50, p. 857-862, 2011.

JOHNSON, R. C. "Summing up [Review of the book *Personality and learning theory,* Vol. 1: The structure of personality in its environment]". *Contemporary Psychology,* 25, p. 299-300, 1980.

JOHNSON, W.; MCGUE, M.; KRUEGER, R. "Personality stability in late adulthood: A behavioral genetic analysis". *Journal of Personality,* 73, p. 523-552, 2005.

JOINER, R. "The effect of gender on children s software preferences". *Journal of computer Assisted Learning,* 14, p. 195-198, 1998.

JOKELA, M. "Characteristics of the first child predict the parents' probability of having another child". *Developmental Psychology,* 46, 4, p. 915-926, 2010.

JOKELA, M. et al. "Personality and having children: A two-way relationship". *Journal of Personality and Social Psychology,* 96, 1, p. 218-230, 2009.

JONASON, P.; WEBSTER, G. "The dirty dozen: A concise measure of the dark triad". *Psychological Assessment,* 22, p. 420432.

JONES, E. *The life and work of Sigmund Freud.* New York: Basic Books, 1953, 1955, 1957. 3 v.

JONES, R. L. "An empirical study of Freud's penis--baby equation". *Journal of Nervous and Mental Disease,* 182, 3, p. 127-135, 1994.

JONES, R. et al. "Antecedents in the male adolescent identity crisis: Age, grade, and physical development". *Youth and Society,* 46, p. 443-459, 2014.

JONKMANN, K. et al. "Personality traits and living arrangements in young adulthood: Selection and socialization". *Developmental Psychology,* 50, p. 683-698.

JONSDOTTIR, S.; ARNARSON, E.; SMARI, J. "Body esteem, perceived competence, and depression in Icelandic adolescents". *Nordic Psychology,* 60, 11, p. 58-71, 2008.

JOO, Y.; JOUNG, S.; SIM, W. Structural relationships among internal *locus* of control, institutional support, flow, and learner persistence in cyber universities. *Computer in Human Behavior,* 27, 2, p. 714-722, 2011.

JOORMANN, J.; GOTLIB, I. "Is this happiness I see? Biases in the identification of emotional facial expressions in depression and social phobia". *Journal of Abnormal Psychology,* 115, p. 705-714, 2006.

JORDAN-CONDE, Z.; MENNECKE, B.; TOWNSEND, A. "Late adolescent identity definition and intimate disclosure on Facebook". *Computers in Human Behavior,* 33, p. 356-366, 2014.

JORM, A. F. Sex differences in neuroticism: A quantitative synthesis of published research. *Australian and New Zealand Journal of Psychiatry,* 21, p. 501-506, 1987.

JOSEPH, S.; LINLEY, P. "Positive adjustment to threatening events: An organismic valuing theory of growth through adversity". *Review of General Psychology,* 9, p. 262-280, 2005.

JUDGE, T. et al. "Are measures of self-esteem, neuroticism, *locus* of control, and generalized self-efficacy indicators of a common core construct?". *Journal of Personality and Social Psychology,* 83, p. 693-710, 2002.

_____. "Self-efficacy and work-related performance: The integral role of individual differences". *Journal of Applied Psychology,* 92, p. 107-127, 2007.

JUNG, C. "The association method". In: ADLER, G.; FORDHAM, M.; READ, H. (eds.). *The collected works of C. G. Jung.* Princeton, NJ: Princeton University Press, 1909. p. 442, 444. v. 2.

_____. "Psychological types". In: ADLER, G.; FORDHAM, M.; READ, H. (eds.). *The collected works of C. G. Jung.* Princeton, NJ: Princeton University Press, 1923. v. 6.

_____. "The structure of the psyche". In: ADLER, G.; FORDHAM, M.; READ, H. (eds.). *The collected works of C. G. Jung.* Princeton, NJ: Princeton University Press, 1927. p. 139-158. v. 8.

_____. "On psychic energy". In: ADLER, G.; FORDHAM, M.; READ, H. (eds.). *The collected works of C. G. Jung.* Princeton, NJ: Princeton University Press, 1928. p. 3-66. v. 8.

_____. "The stages of life". In: ADLER, G.; FORDHAM, M.; READ, H. (eds.). *The collected works of C. G. Jung*. Princeton, NJ: Princeton University Press, 1930. p. 387-403. v. 8.

_____. "On the nature of the psyche". In: ADLER, G.; FORDHAM, M.; READ, H. (eds.). *The collected works of C. G. Jung*. Princeton, NJ: Princeton University Press, 1947. p.159-234. v. 8.

_____. *Two essays on analytical psychology*. New York: Pantheon, 1953.

_____. *Memories, dreams, reflections*. New York: Vintage Books, 1961.

_____. *The Red Book: Liber Novus*. New York: Norton, 2009.

KAGAN, J. *The nature of the child*. New York: Basic Books, 1984.

_____. "Temperamental contributions to social behavior". *American Psychologist*, 44, p. 668-674, 1989.

_____. *Three seductive ideas*. Cambridge, MA: Harvard University Press, 1999.

KAGAN, J.; KEARSLEY, R.; ZELAZO, P. *Infancy*. Cambridge, MA: Harvard University Press, 1978.

KAGAN, J.; SNIDMAN, N.; ARCUS, D. "Initial reactions to unfamiliarity". *Current Directions in Psychological Science*, 1, p. 171-174, 1992.

KAHNEMAN, D. *et al*. "Would you be happier if you were richer? A focusing illusion". *Science*, 312, p. 1.908-1.910, 2006.

KAHR, B. "Four unknown Freud anecdotes". *American Imago*, 67, 2, p. 301-312, 2010.

KALICHMAN, S. C. *et al*. "Sexual sensation seeking: Scale development and predicting AIDS-risk behavior among homosexually active men". *Journal of Personality Assessment*, 62, p. 385-397, 1994.

KALPIDOU, M.; COSTIN, D.; MORRIS, J. "The relationship between Facebook and the well-being of undergraduate college students". *Cyberpsychology, Behavior, and Social Networking*, 14, 4, p. 183-189, 2011.

KANAGAWA, C.; CROSS, S. E.; MARKUS, H. R. "'Who am I?' The cultural psychology of the conceptual self". *Personality and Social Psychology Bulletin*, 27, p. 90-103, 2001.

KANDEL, E. "The age of insight: The quest to understand the unconscious in art, mind, and brain, from Vienna 1900 to the present". New York: Random House, 2012.

KANDLER, C. "Nature and nurture in personality development: The case of neuroticism and extraversion". *Current Directions in Psychological Science*, 21, p. 290-296, 2012.

KANDLER, C. *et al*. "Sources of cumulative continuity in personality: A longitudinal multiple-rater twin study". *Journal of Personality and Social Psychology*, 98, 6, p. 995-1.008, 2010.

KANDLER, C.; "Patterns and sources of personality development in old age". *Journal of Personality and Social Psychology*. Disponível em: http://psycnet.apa.org/doi/10.1037/pspp0000028. Acesso em: 29 dez. 2014.

KANG, H. *et al*. "Locus of control and peer relationships among Caucasian, Hispanic, Asian, and African American adolescents". *Journal of Youth and Adolescence*, 44, p. 184-194, 2015.

KANG, S.; JUNG, J. "Smartphone basic needs scale". *Computers in Human Behavior*, 35, p. 376-387. Disponível em http://www.sciencedirect.com/science/article/pii/S0747563214001460. Acesso em: 2014.

KAPLAN, R., ATKINS, C. J.; REINSCH, S. "Specific efficacy expectations mediate exercise compliance in patients with COPD". *Health Psychology*, 3, p. 223-242, 1984.

KAPLAN, R.; SACCUZZO, D. *Psychological testing: Principles, applications, and issues*. Belmont, CA: Thomson Wadsworth, 2005.

KARIM, N.; ZAMZURI, N.; NOR, Y. "Exploring the relationship between internet ethics in university students and the big five model of personality". *Computers and Education*, 53, 1, p. 86-93, 2009.

KASHIMA, Y. *et al*. "Cultural and self: Are there within-culture differences in self between metropolitan areas and regional cities?". *Personality and Social Psychology Bulletin*, 30, p. 816-823, 2004.

KASLER, J.; NEVO, O. "Early recollections as predictors of study area choice". *Journal of Individual Psychology*, 61, p. 217-232, 2005.

KAUFMAN, J.; BRISTOL, A. "When Allport met Freud: Using anecdotes in the teaching of psychology". *Teaching of Psychology*, 28, p. 44-46.

KAUFMAN, M. T. "Face it: Your looks are revealing". *The New York Times*, 8 set. 2002.

KAUFMAN, M. *et al*. "Health behavior change models for HIV prevention and AIDS care: Practical recommendations for a multi-level approach". *JAIDS Journal of Acquired Immune Deficiency Syndromes*, 66, p. 250-258, 2014.

KAZDIN, A. E. *Behavior modification in applied settings*. 4. ed. Pacific Grove, CA: Brooks/Cole, 1989.

KAZDIN, A. E.; BOOTZIN, R. "The token economy: An evaluative review". *Journal of Applied Behavioral Analysis*, 5, p. 343-372, 1972.

KEAN, S. "Treasures in the attic". *Washingtonian,* p. 47-51, julho de 2013.

KELLY, G. A. *The psychology of personal constructs.* New York: Norton, 1955.

_____. The theory and technique of assessment. *Annual Review of Psychology,* 9, p. 323-352, 1958.

_____. *Clinical psychology and personality: The selected papers of George Kelly.* B. Maher (ed.). New York: Wiley, 1969.

KELLY, T. "Is the internet the secret to happiness?" *Time* [on-line], 14 maio 2010.

KELTIKANGAS-JARUINEN, L.; RAIKKONEN, K. "Healthy and maladjusted type A behavior in adolescents". *Journal of Youth and Adolescence,* 19, p. 1-18, 1990.

KELTNER, D. "Facial expression, personality, and psychopathology". In: EKMAN, P.; ROSEN-BERG, E. L. (eds.). *What the face reveals.* New York: Oxford University Press, 1997. p. 450-452.

KENISTON, K. "Remembering Erikson at Harvard". *Psychology Today,* p. 29, jun. 1983.

KENRICK, D. *et al.* "Renovating the pyramid of needs: Contemporary extensions built upon ancient foundations". *Psychological Science,* 5, 3, p. 292-314, 2010.

KERESTES, G. "Birth order and maternal ratings of infant temperament". *Studia Psychologica,* 48, p. 95-106, 2006.

KERNIS, M. H. *et al.* "Master of one's psychological domain? Not likely if one's self-esteem is unstable". *Personality and Social Psychology Bulletin,* 26, p. 1.297-1.305, 2000.

KERR, N. "The tyranny of the shoulds". *Perspectives in Psychiatric Care,* 22, p. 16-19, 1984.

KEYES, C.; SHMOTKIN, D.; RYFF, D. "Optimizing well-being: The empirical encounter of two traditions". *Journal of Personality and Social Psychology,* 82, p. 1.007-1.022, 2002.

KHAN, M.; BREITENECKER, R.; SCHWARZ, E. "Entrepreneurial team locus of control: Diversity and trust". *Management Decision,* 52, p. 1057-1081, 2014.

KHODARAHIMI, S. "Sensation-seeking and risktaking behaviors: A study on young Iranian adults". *Applied Research in Quality of Life.* Disponível em: http://www.researchgate.net/publication/264616810_Sensation-Seeking_and_Risk-Taking_Behaviors_A_Study_on_Young_Iranian_Adults. Acesso em: 9 ago. 2014.

KIANG, L. *et al.* "Change in ethnic identity across the high school years among adolescents with Latin American, Asian, and European background". *Journal of Youth and Adolescence,* 39, p. 683-693, 2010.

KIDWELL, J. "The neglected birth order: Middle-borns". *Journal of Marriage and the Family,* 44, p. 225- 235, 1982.

KIHLSTROM, J. F. "Psychodynamics and social cognition". *Journal of Personality,* 62, p. 681-696, 1994.

KIM, E.; HOGGE, I.; SALVISBERG, C. "Effects of self-esteem and ethnic identity: Acculturative stress and psychological well-being among Mexican immigrants". *Hispanic Journal of Behavioral Sciences,* 36, 144-163, 2014.

KING, L. A.; NAPA, C. K. "What makes a life good?". *Journal of Personality and Social Psychology,* 75, p. 156-165, 1998.

KIRSCHENBAUM, H. *The life and work of Carl Rogers.* Alexandria, VA: American Counseling Association, 2009.

KIRSCHENBAUM, H.; JOURDAN, A. "The current status of Carl Rogers and the person-centered approach". *Psychotherapy: Theory, Research, Practice, Training,* 42, p. 37-51, 2005.

KIVIMAKI, M. *et al.* "Optimism and pessimism as predictors of change in health after death or onset of severe illness in family". *Health Psychology,* 24, p. 413-421, 2005.

KLAHR, A.; BURT, S. "Elucidating the etiology of individual differences in parenting: A meta-analysis of behavioral genetic research". *Psychological Bulletin,* 140, p. 544-586, 2014.

KLEIN, M. H. *et al. The Experiencing Scale: A research and training manual.* Madison: Wisconsin Psychiatric Institute, 1969.

KLIMSTRA, T. *et al.* "Identity formation in adolescence: Change or stability?". *Journal of Youth and Adolescence,* 39, 2, p. 150-162, 2010.

KLOEP, M. *et al.* Motives for risk-taking in adolescence: A cross-cultural study. *Journal of Adolescence,* 32, 1, p. 135-151, 2009.

KLUG, H.; MAIER, G. "Linking goal progress and subjective well-being: A meta-analysis". Journal of Happiness Studies, 16, p. 37-65, 2015.

KNASTER, C. "The effect of assessee ethnicity on clinical interpretation of the MMPI-2". *Dissertation Abstracts International. Section B: Sciences and Engineering.* Vol. 74 (3-BE), 2013.

KNASTER, C.; MUCUCCI, J. "The effect of client ethnicity on clinical interpretation of the MMPI-2". *Assessment,* 20, p. 43-47.

KONU, A.; LINTONEN, T.; RIMPELAE, M. "Factors associated with schoolchildren's general subjective well-being". *Health Education Research*, 17, p. 155-165, 2002.

KOPP, R.; ECKSTEIN, D. "Using early memory metaphors and client-generated metaphors in Adlerian therapy". *Journal of Individual Psychology*, 60, p. 163-174, 2004.

KOSAKA, Y. "Developmental changes in inferiority feelings in adolescents and young adults: Important areas of the self". *Japanese Journal of Educational Psychology*, 56, 2, p. 218-229, 2008.

KOSCIW, J.; PALMER, N.; KULL, R. "Reflecting resiliency: Openness about sexual orientation and/or gender identity and its relationship to well-being and educational outcomes for LGBT students". *American Journal of Community Psychology*. Disponível em: http://link.springer.com/article/1 0.1007%2Fs10464-014-9642-6. Acesso em: 2 abril 2014.

KOSTEN, T.A.; BALL, S.A.; ROUNSAVILLE, B. J. "A sibling study of sensation seeking and opiate addiction". *Journal of Nervous and Mental Disease*, 182, p. 284-289, 1994.

KOTOV, R. *et al.* "Linking 'Big' personality traits to anxiety, depressive, and substance use disorders: A meta-analysis". *Psychological Bulletin*, 136, 5, p. 768-821, 2010.

KOREN, M. "B. F. Skinner: The man who taught pigeons to play ping-pong and rats to pull levers". *Smithsonian.com*. Disponível em: http://www.smithsonianmag.com/ist/?next /science-nature/bf-skinner-the-man-who-taughtpigeons-to-play--ping-pong-and-rats-to-pull-levers-5363946/. Acesso em: 20 mar. 2013.

KRACKE, W. "Dream interpretation in the Amazon". *Journal of Developmental and Behavioral Pediatrics*, 31, 4, p. 367-368, 2010.

KRAHE, B.; MOLLER, I. "Playing violent electronic games, hostile attributional style, and aggression--related norms in German adolescents". *Journal of Adolescence*, 27, p. 53-69, 2004.

KRAMER, N.; WINTER, S. "Impression management 2.0: The relationship of self-esteem, extraversion, self-efficacy, and self-presentation within social networking sites". *Journal of Media Psychology*, 20, 3, p. 106-116, 2008.

KRISTENSEN, P.; BJERKEDAL, T. "Explaining the relation between birth order and intelligence". *Science*, 316, p. 1.717, 2007.

KRISTJANSSON, K. "Positive psychology, happiness, and virtue: The troublesome conceptual issues". *Review of General Psychology*, 14, 4, p. 296-310, 2010.

KROGER, J.; MARTINUSSEN, M.; MARCIA, J. "Identity status during adolescence and young adulthood: A meta-analysis". *Journal of Adolescence*, 33, 5, p. 683-689, 2010.

KRONSTROM, K. *et al.* "Optimism and pessimism as predictors of initiating and ending an antidepressant medication treatment". *Nordic Journal of Psychology*, 68, p. 1-7, 2014.

KROSS, E. *et al.* "Facebook use predicts declines in subjective wellbeing". *PLoS ONE, 8(8)*. Disponível em: http://www.plosone.org/article/info%3Adoi%2F10.1371%2Fjournal.pone.0069841. Disponível em: 2013.

KRUGER, J. "Lake Wobegon be gone! The 'below--average' effect and the egocentric nature of comparative ability judgments". *Journal of Personality and Social Psychology*, 77, p. 221-232, 1999.

KRÜLL, M. *Freud and his father*. New York: Norton, 1986.

KUHN, M.; KINSKY, M. "Observational learning of romantic relationship behavior in emerging adults". *American Psychological Association Convention Program*. Disponível em: http://c.ymcdn.com/sites/www.spsp.org/resource/resmgr/conference_programs/div82013.pdf. Acesso em: 2013.

KULSHRESTHA, U.; SEN, C. "Subjective well-being in relation to emotional intelligence and *locus* of control among executives". *Journal of the Indian Academy of Applied Psychology*, 32, p. 129-134, 2006.

KUNZMANN, U.; LITTLE, T.; SMITH, J. "Is age--related stability of subjective well-being a paradox? Cross-sectional and longitudinal evidence from the Berlin Aging Study". *Psychology and Aging*, 15, p. 511-526, 2000.

KUO, T.; TANG, L. "Relationships among personality traits, Facebook usages and leisure activities: A case of Taiwanese college students". *Computers in Human Behavior*, 31, p. 13-19, 2014.

KUPFERSMID, J. "Does the Oedipus complex exist?" *Psychotherapy: Theory, Research, Practice, Training*, 32, p. 535-547, 1995.

KURMAN, J. "Self-enhancement: Is it restricted to individualistic cultures?". *Personality and Social Psychology Bulletin*, 27, p. 1.705-1.716, 2001.

LACEY, H.; SMITH, D.; UBEL, P. "Hope I die before I get old: Mispredicting happiness". *Journal of Happiness Studies*, 7, p. 167-182, 2006.

LACHMAN, M. E. "Personal efficacy in middle and old age: Differential and normative patterns of change". In: ELDER JR., G. H. (ed.). *Life course dynamics*. Ithaca, NY: Cornell University Press, 1985. p. 188-216.

LAFOUNTAIN, R. "Alfred Adler's place in the field

of psychology". *The General Psychologist*, 44, 2, p. 22-25, 2009.

LAIRD, T.; SHELTON, A. "From an Adlerian perspective: Birth order, dependency, and binge drinking on a historically Black university campus". *Journal of Individual Psychology*, 62, p. 18-35, 2006.

LAM, L.; PENG, Z. "Effect of pathological use of the internet on adolescent mental health". *Archives of Pediatric and Adolescent Medicine*, 164, 10, p. 901-908, 2010.

LAMBERT, C. "The science of happiness". *Harvard Magazine*, 109, p. 26-30, 94. jan./fev. 2007.

LAMBRECHT, S. *et al.* "Self-rated effects of reading, TV viewing and daily activities on dreaming in adolescents and adults: The UK library study." *International Journal of Dream Research*, 6, p. 41-44.

LANG, F.; HECKHAUSEN, J. "Perceived control over development and subjective well-being: Differential benefits across adulthood". *Journal of Personality and Social Psychology*, 81, p. 509-523, 2001.

LANGAN-FOX, J.; ROTH, S. "Achievement motivation and female entrepreneurs". *Journal of Occupational and Organizational Psychology*, 68, p. 209-218, 1995.

LAPAN, R. T.; BOGGS, K. R.; MORRILL, W. H. "Self-efficacy as a mediator of investigative and realistic general occupational themes on the Strong-Campbell Interest Inventory". *Journal of Counseling Psychology*, 36, p. 176-182, 1989.

LARSEN, R. J.; KASIMATIS, M. "Day-to-day symptoms: Individual differences in the occurrence, duration, and emotional concomitants of minor daily illness". *Journal of Personality*, 59, p. 387-423, 1991.

LARSSON, H.; ANDERSHED, H.; LICHTENSTEIN, P. "A genetic factor explains most of the variation in the psychopathic personality". *Journal of Abnormal Personality*, 115, p. 221-230, 2006.

LAU, J.; RIJSDIJK, F.; ELEY, C. "I think, therefore I am: A twin study of attributional style in adolescents". *Journal of Child Psychology and Psychiatry*, 47, p. 696-703, 2006.

LAURSEN, B.; PULKKINEN, L.; ADAMS, R. "The antecedents and correlates of agreeableness in adulthood". *Developmental Psychology*, 38, p. 591-603, 2002.

LAW, A., LOGAN, H.; BARON, R. S. "Desire for control, felt control, and stress inoculation training during dental treatment". *Journal of Personality and Social Psychology*, 67, p. 926-936, 1994.

LAW, D.; SHAPKA, J.; OLSON, B. "To control or not to control? Parenting behaviours and adolescent online aggression". *Computers in Human Behavior*, 26, 6, p. 1.651-1.656, 2010.

LE, T.; LAI, M.; WALLEN, J. "Multiculturalism and subjective happiness as mediated by cultural and relational variables". *Cultural Diversity and Ethnic Minority Psychology*, 15, 3, p. 303-313, 2009.

LEAK, G. "Development and validation of a revised measure of Adlerian social interest". *Social Behavior and Personality*, 34, p. 443-450, 2006a.

_____. "An empirical assessment of the relationship between social interest and spirituality". *Journal of Individual Psychology*, 62, p. 59-69, 2006b.

LEAK, G.; LEAK, K. "Adlerian social interest and positive psychology". *Journal of Individual Psychology*, 62, p. 207-223, 2006.

LEATHERDALE, S.; PAPADAKIS, S. "A multi-level examination of the association between older social models in the school environment and overweight and obesity among younger students". *Journal of Youth and Adolescence*, 40, p. 361-372, 2011.

LEE, H. *et al.* "Five-factor model personality traits as predictors of incident coronary heart disease in the community: A ten-and-a-half year cohort study based on the Baltimore Epidemiologic Catchment Area Follow-Up Study". *Psychosomatics: Journal of Consultation and Liaison Psychiatry*, 55, p. 352-361, 2014.

LEE, J.; LEE, R. "Examining forms of discrimination and ethnic identity on adjustment". *APA Division 45, Society for the Psychological Study of Ethnic Minority Issues. Research Conference Presentation.* Disponível em: <http://psycnet.apa.org/psycextra/517842014-001.pdf>, acesso em 20 de junho de 2014.

LEE, M.; OKAZAKI, S.; YOO, H. "Frequency and intensity of social anxiety in Asian Americans and European Americans". *Cultural Diversity and Ethnic Minority Psychology*, 12, p. 291-305, 2006.

LEE, Y. T.; SELIGMAN, M. E. P. "Are Americans more optimistic than the Chinese?". *Personality and Social Psychology Bulletin*, 23, p. 32-40, 1997.

LEFCOURT, H. M. *Locus of control: Current trends in theory and research.* 2. ed. Hillsdale, NJ: Erlbaum, 1982.

LEFCOURT, H. *et al.* "Locus of control for affiliation in social interactions". *Journal of Personality and Social Psychology*, 48, p. 755-759, 1995.

LEISING, D. *et al.* "Positive self-regard and claim to leadership: Two fundamental forms of self-evaluation". *European Journal of Personality*, 27, p. 565-579, 2013.

LEFKOWITZ, M. M.; TESINY, E. P. "Rejection and depression: Prospective and contemporaneous analysis". *Developmental Psychology*, 20, p. 776-785, 1984.

LEONARD, R.; BURNS, A. "Turning points in the lives of midlife and older women: Five-year follow-up". *Australian Psychologist*, 41, p. 28-36, 2006.

LEONTOPOULOU, S. "Resilience of Greek youth at an educational transition point: The role of *locus* of control and coping strategies as resources". *Social Indicators Research*, 76, p. 95-126, 2006.

LESTER, D. "Maslow's hierarchy of needs and personality". *Personality and Individual Differences*, 11, p. 1.187-1.188, 1990.

_____. "Cognitive complexity and personality". *Perceptual and Motor Skills*, 109, 2, p. 605-606, 2009.

LEUNG, B.; MONETA, G.; MCBRIDE-CHANG, C. "Think positively and feel positively: Optimism and life satisfaction in late life". *International Journal of Aging and Human Development*, 61, p. 335-365, 2005.

LEVENSON, M. R. "Risk taking and personality". *Journal of Personality and Social Psychology*, 58, p. 1.073-1.080, 1990.

LEVINSON, D. J. *The seasons of a man's life*. New York: Knopf, 1978.

_____. *The seasons of a woman's life*. New York: Knopf, 1996.

LEYENS, J. et al. "Effects of movie violence on aggression in a field setting as a function of group dominance and cohesion". *Journal of Personality and Social Psychology*, 32, p. 346-360, 1975.

LI, F. et al. "Tai Chi enhances self-efficacy and exercise behavior in older adults". *Journal of Aging and Physical Activity*, 9, p. 161-171, 2001.

LI, M.; MARDHEKAR, V.; WADKAR, A. "Coping strategies and learned helplessness of employed and nonemployed educated married women from India". *Health Care for Women International*, 33, p. 495-508, 2012.

LI, Y. "Research on the relationship between self-efficacy, marital adjustment, occupational stress and subjective well-being of primary and secondary school headteachers". *Chinese Journal of Clinical Psychology*, 18, 3, p. 363-365, 2010.

LIBRAN, E.; HOWARD, V. "Personality dimensions and subjective well-being". *Spanish Journal of Psychology*, 9, p. 38-44, 2006.

LIGHTSEY, O. et al. "Generalized self-efficacy, self-esteem, and negative affect". *Canadian Journal of Behavioural Science*, 38, p. 72-80, 2006.

LILLEVOLL, K.; KROGER, J.; MARTINUSSEN, M. "Identity status and anxiety: A meta-analysis". *Identity: An International Journal of Theory and Research*, 13, p. 214-227, 2013.

LIN, Y.; RAGHUBIR, P. "Gender differences in unrealistic optimism about marriage and divorce". *Personality and Social Psychology Bulletin*, 31, p. 198-207, 2005.

LINARES, K. et al. "A second life within second life: Are virtual world users creating new selves and new lives?" *International Journal of Cyber Behavior, Psychology and Learning, 1,* p. 50-71, 2011.

LINDSTROM, M. "Social capital, political trust, and health *locus* of control: A population-based study". *Scandinavian Journal of Public Health*, 39, 1, p. 3-9, 2011.

LINGIARDI, F.; DE BEI, F. "Questioning the couch: Historical and clinical perspectives". *Psychoanalytic Psychology*, 28, p. 389-404, 2011.

LIPPA, R. A.; MARTIN, L. R.; FRIEDMAN, H. S. "Gender related individual differences and mortality in the Terman longitudinal study: Is masculinity hazardous to your health?". *Personality and Social Psychology Bulletin*, 26, p. 1.560-1.570, 2000.

LISCHETZKE, T.; EID, M. "Why extraverts are happier than introverts: The role of mood regulation". *Journal of Personality*, 74, p. 1.127-1.162, 2006.

LITWIN, H. "Correlates of successful aging: Are they universal?". *International Journal of Aging and Human Development*, 61, p. 313-333, 2005.

LIU, M.; GUO, F. "Patenting practices and their relevance to child behaviors in Canada and China". *European Journal of Personality*, 23, 3, p. 153-182, 2010.

LIU, W., ROCHLEN, A.; MOHR, J. "Real and ideal gender-role conflict: Exploring psychological distress among men". *Psychology of Men and Masculinity*, 6, p. 137-148, 2005.

LIVINGSTON, N et al. "Psychology of addictive behaviors: The role of personality in predicting drug and alcohol use among sexual minorities". *Psychology of Addictive Behaviors*. Disponível em: http://s1.labroots.com/user/publications/detail-search/ipi/Pubmed/id/25347022/title/the-role-of--personality-in-predicting-drug-and-alcoholuse--among-sexual-minorities. Acesso em: 2014.

LLAMAS, J.; CONSOLI, M. "Freshman struggles: Role of locus of control on intragroup marginalization and distress". *American Psychological Association*. Disponível em: https://education.ucsb.edu/news/2014/gevirtz-school-faculty-and-students--takepart-16-events-2014-american-psychological. Acesso em: 2014.

LOCKE, E. A.; LATHAM, G. P. *A theory of goal setting and task performance*. Englewood Cliffs, NJ: Prentice-Hall, 1990.

LOCKENHOFF, C.; TERRACCIANO, A.; COSTA, P. "Five-factor model personality traits and the retirement transition: Longitudinal and cross-sectional associations". *Psychology and Aging*, 24, 3, p. 722-728, 2009.

LOEHLIN, J. C.; HORN, J. M.; WILLERMAN, L. "Heredity, environment, and personality change: Evidence from the Texas adoption project". *Journal of Personality*, 58, p. 221-243, 1990.

LOEHLIN, J. C.; NICHOLS, R. C. *Heredity, environment, and personality: A study of 850 sets of twins*. Austin, TX: University of Texas Press, 1976.

LOFFREDO, D.; OPT, S. "Argumentativeness and Myers-Briggs Type Indicator preferences". *Journal of Psychological Type*, 66, p. 59-68, 2006.

LOFTUS, E.; DAVIS, D. "Recovered memories". *Annual Review of Clinical Psychology*, 2, p. 469-498, 2006.

LOFTUS, E.; KETCHAM, K. *False memories and allegations of sexual abuse*. New York: St. Martin's Press, 1994.

LOFTUS, E.; POLONSKY, S.; FULLILOVE, M. T. Memories of childhood sexual abuse. *Psychology of Women Quarterly*, 18, p. 67-84, 1994.

LOHR, J. et al. "The psychology of anger venting and empirically supported alternatives that do no harm. The scientific review of mental health practice: Investigations of controversial and unorthodox claims in clinical psychology". *Psychiatry, and Social Work*, 5, 1, p. 53-64, 2007.

LOMAN, M. et al. "Risk-taking and sensation-seeking propensity in post-institutionalized early adolescents". *Journal of Child Psychology and Psychiatry*, 55, p. 1145-1152, 2014.

LONDERVILLE, S.; MAIN, M. "Security of attachment, compliance, and maternal training methods in the second year of life". *Developmental Psychology*, 17, p. 289-299, 1981.

LONNQVIST, J. et al. "The five-factor model of personality and degree and transitivity of Facebook social networks". *Journal of Research in Personality*, 50, p. 98-101, 2014.

LOO, C. M. *Chinese America: Mental health and quality of life in the inner city*. Thousand Oaks, CA: Sage, 1998.

LOPEZ, I. "'But you don't look Puerto Rican': The moderating effects of ethnic identity on the relation between skin color and self-esteem among Puerto Rican women". *Cultural Diversity and Ethnic Minority Psychology*, 14, 2, p. 102-108, 2008.

LOWELL, A. et al. "Adaptive behavior in abused and neglected children". *American Psychological Association Convention Presentation,* 2011.

LUCAS, R.; DIENER, E. "Understanding extraverts' enjoyment of social situations: The importance of pleasantness". *Journal of Personality and Social Psychology*, 81, 343-356, 2001.

LUCAS, R.; DONNELLAN, M. "Age differences in personality: Evidence from a nationally representative Australian sample". *Developmental Psychology*, 45, 5, p. 1.353-1.363, 2009.

LUCAS, R.; FUJITA, F. "Factors influencing the relation between extraversion and pleasant affect". *Journal of Personality and Social Psychology*, 79, p. 1.039-1.056, 2000.

LUCE, K. et al. "Reliability of self-report: Paper versus online administration". *Computers in Human Behavior*, 23, p. 1.384-1.389, 2007.

LUHMANN, M.; EID, M. "Does it feel the same? Changes in life satisfaction following repeated life events". *Journal of Personality and Social Psychology*, 97, 2, p. 363-381, 2009.

LUYCKX, K. et al. "Identity statuses based on four rather than two identity dimensions: Extending and refining Marcia's paradigm". *Journal of Youth and Adolescence*, 34, p. 605-618, 2005.

LYNN, M.; STEEL, P. "National differences in subjective well-being: The interactive effects of extraversion and neuroticism". *Journal of Happiness Studies*, 7, p. 155-165, 2006.

LYNNE-LANDSMAN, S. et al. "Is sensation seeking a stable trait or does it change over time?". *Journal of Youth and Adolescence*, 40, p. 48-58, 2011.

LYONS, D. "Freer to be me: The development of executives at midlife". *Consulting Psychology Journal: Practice and Research*, 54, p. 15-27, 2002.

LYUBOMIRSKY, S. "Why are some people happier than others? The role of cognitive and motivational processes in well-being". *American Psychologist*, 56, p. 239-249, 2001.

LYUBOMIRSKY, S.; KING, L.; DIENER, E. "The benefits of frequent positive affect: Does happiness lead to success?". *Psychological Bulletin*, 131, p. 803-855, 2005.

MACKAVEY, W. R.; MALLEY, J. E.; STEWART, A. J. "Remembering autobiographically consequential experiences: Content analysis of psychologists' accounts of their lives". *Psychology and Aging*, 6, p. 50-59, 1991.

MADDUX, J. E. "The power of believing you can". In: LOPEZ, S. J.; SNYDER, C. R (eds.). *Handbook of positive psychology*. New York: Oxford University Press, 2002. p. 277-287.

MAGNUS, K. et al. "Extraversion and neuroticism as predictors of objective life events: A longitudinal analysis". *Journal of Personality and Social Psychology*, 65, p. 1.046-1.053, 1993.

MAHALIK, J. R. *et al.* "Men's gender role conflict and use of psychological defenses". *Journal of Counseling Psychology*, 45, p. 247-255, 1998.

MAHONEY, J.; HARTNETT, J. "Self-actualization and self-ideal discrepancy". *Journal of Psychology*, 85, p. 37-42, 1973.

MAHONEY, P. "Freud as a family therapist: Reflections". In: GELFAND,T.;KERR,J. (eds.). *Freud and the history of psychoanalysis*. Hillsdale, NJ: Analytic Press, 1992. p. 307-317.

MAHONEY, P. J. *Freud and the rat man*. New Haven, CT:Yale University Press, 1986.

MAIER, S. F.; LAUDENSLAGER, M.; RYAN, S. M. "Stressor controllability, immune function, and endogenous opiates". In: BRUSH, F. R.; OVERMIER, J. B. (eds.). *Affect, conditioning, and cognition: Essays on the determinants of behavior*. Hillsdale, NJ: Erlbaum, 1985. p. 203-210.

MAIER, S. J.; SELIGMAN, M. E. P. "Learned helplessness:Theory and evidence". *Journal of Experimental Psychology*, 105, p. 3-46, 1976.

MAIO, G. R.; FINCHAM, F. D.; LYCETT, E. J. "Attitudinal ambivalence toward parents and attachment style". *Personality and Social Psychology Bulletin*, 26, p. 1.451-1.464, 2000.

MALCOLM,J. *In the Freud archives*. New York: Knopf, 1984.

MALLOY, T. *et al.* "Agreement in personality judgments within and between nonoverlapping social groups in collectivist cultures". *Personality and Social Psychology Bulletin*, 30, p. 106-117, 2004.

MANASTER, G. "Adlerian lifestyle counseling by W. Rule & M. Bishop [book review]". *PsycCritiques: APA Review of Books*, 51, 2006.

MANASTER, G.; MAYS, M. "Early recollections: A conversation". *Journal of Individual Psychology*, 60, p. 107-114, 2004.

MANGER, T.; EKELAND, O. "On the relationship between *locus* of control, level of ability and gender".

*Scandinavian Journal of Psychology*, 41, p. 225-229, 2000.

MANNING, M. M.; WRIGHT, T. L. "Self-efficacy expectancies, outcome expectancies, and the persistence of pain control in childbirth". *Journal of Personality and Social Psychology*, 45, p. 421-431, 1983.

MAQSUD, M.; ROUHANI, S. "Relationships between socioeconomic status, *locus* of control, self-concept, and academic achievement of Bots-

wana adolescents". *Journal of Youth and Adolescence*, 20, p.107-114, 1991.

MARCANO, M.; MICHAELS, D.; PIERCE,J. "Fantasy proneness, perceived locus of control, and their associaton with generalized anxiety." *American Psychological Association Convention Presentation*. Disponível em: http://psycnet.apa.org/psycextra/544492014-001.pdf. Acesso em: 2014.

MARCIA,J. E. "Development and validation of ego--identity status". *Journal of Personality and Social Psychology*, 3, p. 551-558, 1966.

_____. "Ego identity status: Relationship to change in self-esteem, general maladjustment and authoritarianism". *Journal of Personality*, 35, p. 118-133, 1967.

_____. "Identity in adolescence". In: ADELSON, J. (ed.). *Handbook of adolescent psychology*. New York: Wiley, 1980. p. 159-187.

MARCIA, J. E.; FRIEDMAN, M. L. "Ego identity status in college women". *Journal of Personality*, 38, 249-263, 1970.

MARCUS, B.; SCHUTZ, A. "Why are people reluctant to participate in research? Personality correlates of four different types of nonresponse as inferred from self-and observer ratings". *Journal of Personality*, 73, p. 959-984, 2005.

MARCUS-NEWHALL, A. *et al.* "Displaced aggression is alive and well: A meta-analytic review". *Journal of Personality and Social Psychology*, 78, p. 670-689, 2000.

MARK, G.; GANZACH,Y. "Personality and Internet usage: A large-scale representative study of young adults." *Computers in Human Behavior*, 36, p. 274-281, 2014.

MARKEL, H. "The anatomy of addiction: Sigmund Freud, William Halstead and the miracle drug cocaine". New York:Vintage, 2011.

MARKER, C.; SCHNEIDER, F. "Further evidence for the validity of the Need Inventory of Sensation Seeking". *Personality and Individual Differences*, 77, p. 41-44, 2015.

MARKSTROM, C.; MARSHALL, S. "The psychological inventory of ego strength: Examination of theory and psychometric properties". *Journal of Adolescence*, 30, p. 63-79, 2007.

MARKSTROM, C. *et al.* "Ego strength development of adolescents involved in adult-sponsored structured activities". *Journal of Youth and Adolescence*, 34, 85-95, 2005.

MARSHALL, G. N. "A multidimensional analysis of internal health *locus* of control beliefs: Separating the wheat from the chaff?". *Journal of Personality and Social Psychology*, 61, p. 483-491, 1991.

MARRERO QUEVEDO, R.; ABELLA, M. "Well--being and personality: Facet-level analysis". *Personality and Individual Differences*, 50, p. 206-211, 2011.

MARRIOTT, Y.; BUCHANAN, T. "The true self online: Personality correlates of preference for self--expression online, and observer ratings of personality online and offline". *Computers in Human Behavior*, 323, p. 171-177, 2014.

MARSHALL, G. N. *et al.* "The five-factor model of personality as a framework for personality-health research". *Journal of Personality and Social Psychology*, 67, p. 278-286, 1994.

MARSHALL, G. N.; SCHELL, T.; MILES, J. "Ethnic differences I posttraumatic stress: Hispanics' symptoms differ in king and degree". *Journal of Consulting and Clinical Psychology*, 77, 6, p. 1.169-1.178, 2009.

MARTIN, C. M. "A developmental perspective on gender effects and gender concepts". In: GILBERT, L.A.; LANGLOIS, J. H.; SWANN JR., W. B. (eds.). *Sexism and stereotypes in modern society.* Washington, DC: American Psychological Association, 1999. p. 45-73.

MARTIN, N.; JARDINE, R. "Eysenck's contributions to behaviour genetics". In: MODGILL, L.; MODGILL, S. (eds.). *Hans Eysenck: Consensus and controversy.* London: Falmer, 1986. p. 13-47.

MARTIN-KRUMM, C. *et al.* "Explanatory style and resilience after sports failure". *Personality and Individual Differences*, 35, p. 1.685-1.695, 2003.

MARUTA, T. *et al.* "Optimists versus pessimists: Survival rate among medical patients over a 30-year period". *Mayo Clinic Proceedings*, 75, p. 140-143, 2000.

MASLING, J. M.; RABIE, L.; BLONDHEIM, S. H. "Obesity, level of aspiration, and Rorschach and TAT measures of oral dependence". *Journal of Consulting Psychology*, 31, p. 233-239, 1967.

MASLOW, A. H. "A philosophy of psychology: The need for a mature science of human nature". *Main Currents in Modern Thought*, 13, p. 27-32, 1957.

_____. *Toward a psychology of being.* 2. ed. New York: Van Nostrand Reinhold, 1968.

_____. "Tribute to Alfred Adler". *Journal of Individual Psychology*, 26, p. 13, 1970a.

_____. *Motivation and personality.* 2. ed. New York: Harper & Row, 1970b.

_____. *The farther reaches of human nature.* New York: Viking Press, 1971.

_____. *The journals of A. H. Maslow.* R. J. Lowry (ed.). Pacific Grove, CA: Brooks/Cole, 1979.

_____. *Motivation and personality.* 3. ed. New York: Harper & Row, 1987.

MASON, L. *et al.* "Accuracy of MMPI-2-RF validity scales for identifying PTSD symptoms, random responding, and genuine PTSD". *Journal of Personality Assessment, 95*, p. 585-593, 2013.

MASON, W.; SURI, S. "Conducting behavioral research on Amazon's Mechanical Turk". *Behavior Research Methods, 44*, p. 1-23, 2012.

MASTEKAASA, A. "Age variations in the suicide rates and self-reported subjective well-being of married and never married persons". *Journal of Community and Applied Social Psychology*, 5, p. 21-39, 1995.

MATHENY, A. P. "A longitudinal twin study of the stability of components from Bayley's Infant Behavior Record". *Child Development*, 54, p. 356-360, 1983.

MATHEW, P.; BHATEWARA, S. "Personality differences and preferred styles of conflict management among managers". *Abhigyan* [Asian journal of management], 23, 4, p. 38-45, 2006.

MATTHEWS, K. A. *et al.* "'Principles in his nature which interest him in the fortune of other…': The heritability of empathic concern for others". *Journal of Personality*, 49, p. 237-247, 1981.

MAVIOGLU, R.; BOOMSMA, D.; BARTELS, M. "Causes of individual differences in adolescent optimism: A study of Dutch twins and their siblings". *European Child & Adolescent Psychiatry.* Disponível em: http://www.ncbi.nlm.nih.gov/pubmed/25638288. Acesso em: 1 fev. 2015.

MAXWELL, C.; GARNER, J.; SKOGAN, W. "Collective efficacy and criminal behavior in Chicago, 1995-2004". *US Department of Justice (DOJ), National Criminal Justice Reference Service, (NCJRS).* Disponível em: https://www.ncjrs.gov/pdffiles1/nij/grants/235154.pdf. Acesso em: 29 jun. 2011.

MAYES, R.; HORWITZ, A. "DSM-III and the revolution in the classification of mental illness". *Journal of the History of the Behavioral Sciences*, 41, p. 249-267, 2005.

MAZANDARANI, A.; AGUILAR-VALAJE, M.; DONHOFF, G. "Content analysis of Iranian college students dreams: Comparison with American data". *Dreaming, 23*, p. 163-174, 2013.

MAZZONI, G. A. L. *et al.* "Dream interpretations and false beliefs". *Professional Psychology*, 30, p. 45-50, 1999.

MCADAMS, D.; OLSON, B. "Personality development: Continuity and change over the life course". In: FISKE, S.; SCHACTER, S.; STERNBERG,

R. (eds.). *Annual review of psychology*. Palo Alto, CA: Annual Reviews, 2010. p. 517-542.

MCADAMS, D. P. "The psychology of life stories". *Review of General Psychology*, 5, p. 100-122, 2001.

MCADAMS, D. P.; AUBIN, E. de ST. "A theory of generativity and its assessment through self-report, behavior acts, and narrative themes in autobiography". *Journal of Personality and Social Psychology*, 62, p. 1.003-1.015, 1992.

MCADAMS, D. P. *et al*. "Stories of commitment: The psychosocial construction of generative lives". *Journal of Personality and Social Psychology*, 72, p. 678-694, 1997.

_____. "When bad things turn good and good things turn bad: Sequences of redemption and contamination in life narratives and their relation to psychosocial adaptation in midlife adults and in students". *Personality and Social Psychology Bulletin*, 27, p. 474-485, 2001.

MCADAMS, D. P.; HART, H. M.; MARUNA, S. "The anatomy of generativity". In: MCADAMS, D. P.; AUBIN, E. de ST. (eds.). *Generativity and adult development*. Washington, DC: American Psychological Association, 1998. p. 7-43.

MCADAMS, D. P.; RUETZEL, K.; FOLEY, J. M. "Complexity and generativity at midlife: Relations among social motives, ego development, and adults' plans for the future". *Journal of Personality and Social Psychology*, 50, p. 800-807, 1986.

MCADAMS, K.; DONNELLAN, M. "Facets of personality and drinking in first-year college students". *Personality and Individual Differences*, 46, p. 207-212, 2009.

MCCANN, S.; STEWIN, L.; SHORT, R. "Frightening dream frequency and birth order". *Individual Psychology*, 46, p. 304-310, 1990.

MCCARTHY, T. "Great aspirations: The postwar American college counseling center". *History of Psychology*, 17, p. 1-18, 2014.

MCCLELLAND, D. C. "N achievement and entrepreneurship: A longitudinal study". *Journal of Personality and Social Psychology*, 1, p. 389-392, 1965a.

_____. "Toward a theory of motive acquisition". *American Psychologist*, 20, p. 321-333, 1965b.

_____. *Human motivation*. Glenview, IL: Scott, Foresman, 1985.

_____. "Characteristics of successful entrepreneurs". *Journal of Creative Behavior*, 3, p. 219-233, 1987.

MCCLELLAND, D. C.; BOYATZIS, R. E. "The leadership motive pattern and long-term success in management". *Journal of Applied Psychology*, 67, p. 737-743, 1982.

MCCLELLAND, D. C. *et al. The achievement motive*. New York: Appleton-Century-Crofts, 1953.

MCCLELLAND, D. C.; FRANZ, C. E. "Motivational and other sources of work accomplishments in midlife: A longitudinal study". *Journal of Personality*, 60, p. 679-707, 1992.

MCCLELLAND, D. C.; KOESTNER, R.; WEINBERGER, J. "How do self-attributed and implicit motives differ?". *Psychological Review*, 96, p. 690-702, 1989.

MCCLELLAND, S. "Sexual Satisfacton Q Sort". Disponível em: <http://psycnet.apa.org/index.cfm?fasearch.display454ReferencesTest Overview&id&resultID&page1&dbTab&uid 9999-35430-000&isMyList0&doifalse>, 2014a.

MCCLELLAND, S. "What do you mean when you say that you are sexually satisfied? A mixed methods study". *Feminism & Psychology, 24*, p. 74-96, 2014b.

MCCOY, H.; BOWEN, E. "Hope in the social environment: Factors affecting future aspirations and school self-efficacy for youth in urban environments". *Child & Adolescent Social Work Journal*. Disponível em: http://link.springer.com/article/10.1007/s10560-014-0343-7#page-1. Acesso em: 22 ago. 2014.

MCCOY, T. "Learned helplessness: The chilling psychological concept behind the CIA's interrogation methods". *Washington Post*. Disponível em: http://www.washingtonpost.com/news/morning-mix/wp/2014/12/11/the-chilling-psychological-principle-behind-the-cias-interrogation-methods/. Acesso em: 11 dez. 2011.

MCCRAE, R. R.; COSTA JR., P. T. "Openness to experience". In HOGAN, R.; JONES, W. H. (Eds.). *Perspectives in personality*. Greenwich, CT: JAI Press, 1985a. p. 145-172. v. 1.

_____. "Updating Norman's 'adequate taxonomy': Intelligence and personality dimensions in natural language and questionnaires". *Journal of Personality and Social Psychology*, 49, 3, p. 710-721, 1985b.

_____. "Validation of the five-factor model of personality across instruments and observers". *Journal of Personality and Social Psychology*, 52, p. 81-90, 1987.

_____. "Reinterpreting the Myers-Briggs Type Indicator from the perspective of the five-factor model of personality". *Journal of Personality*, 57, p. 17-40, 1989.

_____. "Adding Liebe und Arbeit: The full five-factor model and well-being". *Personality and Social Psychology Bulletin*, 17, p. 227-232, 1991.

_____. "Personality trait structure as a human universal". *American Psychologist*, 52, p. 509-516, 1997.

MCCRAE, R. R. *et al.* "Interpreting personality profiles across cultures: Bilingual, acculturation, and peer rating studies of Chinese undergraduates". *Journal of Personality and Social Psychology*, 74, p. 1.041- 1.055, 1998.

_____ . "Age differences in personality across the adult life span: Parallels in five cultures". *Developmental Psychology*, 35, p. 466-477, 1999.

_____ . "Nature over nurture: Temperament, personality, and life span development". *Journal of Personality and Social Psychology*, 78, p. 173-186, 2000.

_____ . "Personality trait development from age 12 to age 18: Longitudinal, cross-sectional, and cross-cultural analyses". *Journal of Personality and Social Psychology*, 83, p. 1.456-1.468, 2002.

_____ . "Age differences in personality traits across cultures: Self-report and observer perspectives". *European Journal of Personality*, 18, p. 143-157, 2004a.

_____ . "Consensual validation of personality traits across cultures". *Journal of Research in Personality*, 38, p. 179-201, 2004b.

MCCRAE, R. R.; TERRACCIANO, A. "Universal features of personality traits from the observer's perspective: Data from 50 cultures". *Journal of Personality and Social Psychology*, 88, p. 547-561, 2005.

MCCULLOUGH, M. "Freud's seduction theory and its rehabilitation: A saga of one mistake after another". *Review of General Psychology*, 5, p. 3-22, 2001.

MCCULLOUGH, M. *et al.* "Vengefulness: Relationships with forgiveness, rumination, well-being, and the Big Five". *Personality and Social Psychology Bulletin*, 27, p. 601-610, 2001.

MCDANIEL, M. *et al.* "An assessment of the fakeability of self-report and implicit personality measures". *Journal of Research in Personality*, 43, p. 682-685 2009.

MCHALE, S. *et al.* "Sibling influences on gender development in middle childhood and early adolescence: A longitudinal study". *Developmental Psychology*, 37, p. 115-125, 2001.

MCLAUGHLIN, N. G. "Why do schools of thought fail? Neo-Freudianism as a case study in the sociology of knowledge". *Journal of the History of the Behavioral Sciences*, 34, p. 113-134, 1998.

MCLEOD, B. "Rx for health: A dose of self-confidence". *Psychology Today*, p. 46-50, out. 1986.

MCNALLY, B.; BRADLEY, G. "Driving construals: Personal construct theory in a reckless driving context". *Transportation Research Part F: Traffic Psychology and Behavior*, 24, p. 71-82, 2014.

MCNALLY, R. *et al.* "Personality profiles, dissociation, and absorption in women reporting repressed, re-covered, or continuous memories of childhood sexual abuse". *Journal of Consulting and Clinical Psychology*, 68, p. 1.033-1.037, 2000.

_____ . "Clinical characteristics of adults reporting repressed, recovered, or continuous memories of childhood sexual abuse". *Journal of Consulting and Clinical Psychology*, 74, p. 237-242, 2006.

MCNULTY, J. L. *et al.* "Comparative validity of MMPI-2 scores of African Americans and Caucasian mental health center clients". *Psychological Assessment*, 9, p. 464-470, 1997.

MEDINNUS, G.; CURTIS, F. "The relation between maternal self-acceptance and child acceptance". *Journal of Counseling Psychology*, 27, p. 542-544, 1963.

MEHDIZADEH, S. "Self-presentation 2.0: Narcissism and self-esteem on Facebook". *Cyberpsychology, Behavior, and Social Networking*, 13, 4, p. 357-364, 2010.

MEIER, B. *et al.* "Are social people more beautiful? A zero-sum acquaintance analysis of agreeableness, extraversion, and attractiveness". *Journal of Research in Personality*, 44, p. 283-296, 2010.

MELAMED, B. G.; SIEGEL, L. J. "Reduction of anxiety in children facing hospitalization and surgery by use of filmed modeling". *Journal of Consulting and Clinical Psychology*, 43, p. 511-521, 1975.

MELLOR, S. "Gender differences in identity formation as a function of self—other relationships". *Journal of Youth and Adolescence*, 18, p. 361-375, 1989.

_____ . "How do only children differ from other children?". *Journal of Genetic Psychology*, 151, p. 221-230, 1990.

MEUSS, W. "The study of adolescent identity formation 2000-2010: A review of longitudinal research". *Journal of Research on Adolescence*, 21, p. 75-94, 2011.

MEYER, G. N. "Introduction to the final special section in the special series on the utility of the Rorschach for clinical assessment". *Psychological Assessment*, 13, p. 419-422, 2001.

MEYER, O. *et al.* "Use of specialty mental health services by Asian Americans with psychiatric disorders". *Journal of Consulting and Clinical Psychology*, 77, 5, p. 1.000-1.005, 2009.

MICHIKYAN, M.; SUBRAHMANYAM, K; DENNIS, J. "Can you tell who I am? Neuroticism, extraversion, and online selfpresentation among young adults". *Computers in Human Behavior*, 33, p. 179-183, 2014.

MIGONE, M. "Psychoanalysis on the Internet: A discussion of its theoretical implications for both online and offline therapeutic technique". *Psychoanalytic Psychology*, 30, p. 281-299, 2013.

MILETIC, M. P. "The introduction of feminine psychology to psychoanalysis: Karen Horney's legacy". *Contemporary Psychoanalysis*, 38, p. 287-299, 2002.

MILGRAM, N. A. "*Locus* of control in Negro and White children at four age levels". *Psychological Reports*, 29, p. 459-465, 1971.

MILOSEVIC-DORDEVIC, J.; ZEZILJ, I. "Psychological predictors of addictive social networking site use: The case of Serbia". *Computers in Human Behavior*, 32, p. 229-234, 2013.

MILOT, T. *et al.* Validity of CBCL-derived PTSD and dissociation scales: Further evidence in a sample of neglected children and adolescents. Child Maltreatment, 18, 122-128, 2013.

MILTON, J. *The road to malpsychia: Humanistic psychology and our discontents*. San Francisco, CA: Encounter Books, 2002.

MILYAVSKAYA, M.; KOESTNER, R. "Psychological needs, motivation, and well-being: A test of self-determination theory across multiple domains". *Personality and Individual Differences*, 50, p. 397-391, 2011.

MINDESS, H. *Makers of psychology: The personal factor*. New York: Human Sciences Press, 1988.

MINER-RUBINO, K.; WINTER, D.; STEWART, A. "Gender, social class, and the subjective experience of aging: Self-perceived personality change from early adulthood to late midlife". *Personality and Social Psychology Bulletin*, 30, p. 1.599-1.610, 2004.

MINKOV, M. "Predictors of differences in subjective well-being across 97 nations". *Cross-Cultural Research*, 43, 2, p. 162-179, 2009.

MIRANDA, A. O.; FREVERT, E. S.; KERN, R. M. "Lifestyle differences between bicultural and low- and high-acculturation level Latino adults". *Individual Psychology*, 54, 119-134, 1998.

MISCHEL, W. *Personality and assessment*. New York: Wiley, 1968.

————. "Toward a cognitive social-learning reconceptualization of personality". *Psychological Review*, 80, p. 252-283, 1973.

MISHALI, M.; OMER, H.; HEYMANN, A. "The importance of measuring self-efficacy in patients' with diabetes". *Family Practice*, 28, 1, p. 82-87, 2011.

MITTAL, C.; GRISKEVICIUS, V. "Sense of control under uncertainty depends on people s childhood environment: A life history theory approach". *Journal of Personality and Social Psychology*, 107, p. 621-637, 2014.

MOGILNER, C. "The pursuit of happiness: Time, money, and social connection". *Psychological Science*, 21, 9, p. 1.348-1.354, 2010.

MOHAMMADI, A. "Relationship between family environment and parenting styles with identity status". *International Family Therapy Association s 21st World Family Therapy Congress, Orlando, Florida*. Disponível em <http://psycnet.apa.org/doi/10.1037/e635102013-119>, 2013.

MOKSNES, U. *et al.* "The association between stress and emotional states in adolescents: The role of gender and self-esteem". *Personality and Individual Differences*, 49, 5, p. 430-435, 2010.

MONTAG, C.; JURKIEWICZ, M.; REUTER, M. "Low self-directness is a better predictor for problematic internet use than high neuroticism". *Computers in Human Behavior*, 26, 6, p. 1.531-1.535, 2010.

MOOLENAAR, N.; SLEEGERS, P.; DALY, A. "Teaming up: Linking collaboration networks, collective efficacy, and student achievement". *Teaching and Teacher Education*, 28, p. 252-262, 2012.

MOREHOUSE, R. E.; FARLEY, F.; YOUNGQUIST, J. V. "Type T personality and the Jungian classification system". *Journal of Personality Assessment*, 54, p. 231-235, 1990.

MORETTI, M. M.; HIGGINS, E. T. "Relating self-discrepancy to self-esteem: The contribution of discrepancy beyond actual-self ratings". *Journal of Experimental Social Psychology*, 26, p. 108-123, 1990.

MOREWEDGE, C.; NORTON, M. "When dreaming is believing: The (motivated) interpretation of dreams". *Journal of Personality and Social Psychology*, 96, 2, p. 249-264, 2009.

MORGAN, C. D.; MURRAY, H. A. "A method for investigating fantasies". *Archives of Neurology and Psychiatry*, 34, p. 289-306, 1935.

MORLING, B.; KITAYAMA, S.; MIYAMOTO, Y. "Cultural practices emphasize influence in the United States and adjustment in Japan". *Personality and Social Psychology Bulletin*, 28, p. 311-323, 2002.

MOSHER, D. "High wired: Does addictive Internet use restructure the brain? Scientific American". Disponível em: http://www.scientificamerican.com/article/does-addictive-Internet-userestructure-brain/>. Acesso em: 17 jun. 2011.

MOSKOWITZ, D. S.; SCHWARTZMAN, A. E. "Life paths of aggressive and withdrawn children". In: BUSS, D. M.; CANTOR, N. (eds.). *Personality psychology: Recent trends and emerging directions*. New York: Springer-Verlag, 1989. p. 99-114.

MOTLEY, M. T. "What I meant to say". *Psychology Today*, p. 24-28, fev. 1987.

MROCZEK, D.; ALMEIDA, D. "The effect of daily stress, personality, and age on daily negative affect". *Journal of Personality*, 72, p. 355-378, 2004.

MROCZEK, D.; SPIRO, A. "Change in life satisfaction during adulthood: Findings from the Veterans Affairs Normative Aging Study". *Journal of Personality and Social Psychology*, 88, p. 189-202, 2005.

MULLER, K. *et al* "Investigating risk factors for Internet gaming disorder: A comparison of patients with addictive gaming, pathological gamblers and healthy controls regarding the Big Five personality traits". *European Addiction Research, 20,* p. 129-136, 2014.

MULTON, K. D.; BROWN, S. D.; LENT, R. W. "Relation of self-efficacy beliefs to academic outcomes: A meta-analytic investigation". *Journal of Counseling Psychology*, 38, p. 30-38, 1991.

MUNSEY, C. "Does marriage make us happy?". *Monitor on Psychology*, 41, 9, p. 20-21, 2010.

MURDOCK, N. "Carl Rogers lives: Person-centered theory in the United Kingdom". [Review of the book Humanizing psychiatry and mental health care: The challenge of the person-centered approach. Oxford, England: Radcliffe Publishing Co. 2007]. *PsycCRITIQUES*, 53, 8, Article 11, 2008.

MURIS, P. "Relationships between self-efficacy and symptoms of anxiety disorders and depression in a normal adolescent sample". *Personality and Individual Differences*, 32, p. 337-348, 2002.

MURIS, P.; MEESTERS, C.; TIMMERMANS, A. "Some youths have a gloomy side: Correlates of the Dark Triad personality traits in non-clinical adolescents". *Child Psychiatry and Human Development, 44,* p. 658-665, 2013.

MURRAY, K. M.; JOHNSON, W. B. "Personality type and success among female naval academy midshipmen". *Military Medicine*, 166, p. 889-893, 2001.

MUUSSES, L. *et al.* "A longitudinal study of the association between compulsive Internet use and well-being". *Computers in Human Behavior, 36,* p. 21-28, 2014.

MYERS, D. G. "The funds, friends, and faith of happy people". *American Psychologist*, 55, p. 56-67, 2000.

MYERS, D. G.; DIENER, E. "Who is happy?". *Psychological Science*, 6, p. 10-19, 1995.

MYERS, L.; DERAKSHAN, N. "Do childhood memories colour social judgements of today? The case of repressors". *European Journal of Personality*, 18, p. 321-330, 2004.

NAKAMURA, M. "Relationship between anxiety and physical traits of facial expression". Japanese *Journal of Psychology*, 73, p. 140-147, 2002.

NASSER, R.; ABOUCHEDID, K. "*Locus* of control and attribution for poverty: Comparing Lebanese and South African university students". *Social Behavior and Personality*, 34, p. 777-796, 2006.

NAUS, M.; PHILIPP, L.; SAMSI, M. "From paper to pixels: A comparison of paper and computer formats in psychological assessment". *Computers in Human Behavior*, 25, 1-7, 2009.

NAVE, C. *et al.* "On the contextual independence of personality: Teachers' assessments predict directly observed behavior after four decades". *Social Psychology and Personality Science*, 1, 4, p. 327-334, 2010.

NEBBITT, V. "Self-efficacy in African American adolescent males living in urban public housing". *Journal of Black Psychology*, 35, 3, p. 295-316, 2009.

NEEDS, A. "Psychological investigations of offending behavior". In: FRANSELLA, F.; THOMAS, L. (eds.). *Experimenting with personal construct psychology*. London: Routledge & Kegan Paul, 1988. p. 493-506.

NEIMEYER, G. J. "Cognitive complexity and marital satisfaction". *Journal of Social and Clinical Psychology*, 2, p. 258-263, 1984.

NELSON, D. L.; BURKE, R. J. "Women executives". *Academy of Management Executive*, 14, p. 107-121, 2000.

NETZ, Y. *et al.* "Physical activity and psychological well-being in advanced age: A meta-analysis of intervention studies". *Psychology and Aging*, 20, p. 272-284, 2005.

NEWBAUER, J.; STONE, M. "Social interest and self-reported distress in a delinquent sample: Application of the SSSI and the MAYSI-2". *The Journal of Individual Psychology*, 66, 2, p. 201-215, 2010.

NEWMAN, D. L.; TELLEGEN, A.; BOUCHARD, T. J. "Individual differences in adult ego development: Sources of influence in twins reared apart". *Journal of Personality and Social Psychology*, 74, p. 985-995, 1998.

NEWMAN, L. S.; DUFF, K. J.; BAUMEISTER, R. F. "A new look at defensive projection: Thought suppression, accessibility, and biased person perception". *Journal of Personality and Social Psychology*, 72, p. 980-1001, 1997.

NEWMAN, L. S.; HIGGINS, E. T.; VOOKLES, J. "Self-guide strength and emotional vulnerability: Birth order as a moderator of self-affect relations". *Personality and Social Psychology Bulletin*, 18, p. 402-411, 1992.

NEWMAN, L. S.; MCKINNEY, L. C. "Repressive coping and threat-avoidance: An idiographic Stroop study". *Personality and Social Psychology Bulletin*, 28, p. 409-422, 2002.

NEZAMI, E.; ZAMANI, R.; DEFRANK, G. "Linguistic translation of psychological assessment tools". *Evaluation and the Health Professions*, 31, 3, p. 313-317, 2008.

NEZLEK, J.; ALLEN, M. "Social support as a moderator of day-to-day relationships between daily negative events and daily psychological well-being". *European Journal of Personality*, 20, p. 53-68, 2006.

NEZLEK, J. *et al.* "Personality moderators of reactions to interpersonal rejection: Depression and trait self-esteem". *Personality and Social Psychology Bulletin*, 23, p. 1.235-1.244, 1997.

NGHE, L.; MAHALIK, J. "Examining racial identity statuses as predictors of psychological defenses in African American college students". *Journal of Counseling Psychology*, 48, p. 10-16, 2001.

NGUYEN, S. "The role of cultural factors affecting the academic achievement of Vietnamese refugee students". *Dissertation Abstracts International Section A: Humanities & Social Sciences*, 67, p. 495, 2006.

NICHOLSON, I. A. M. *Inventing personality: Gordon Allport and the science of selfhood.* Washington, DC: American Psychological Association, 2003.

NIEDENTHAL, P. *et al.* "The simulation of smiles (SIMS) model: Embodied simulation and the meaning of facial expression". *Behavioral and Brain Sciences*, 33, 6, p. 417-433, 2010.

NIGG, J. *et al.* "Big Five dimensions and ADHD symptoms: Links between personality traits and clinical symptoms". *Journal of Personality and Social Psychology*, 83, p. 451-469, 2002.

NIKELLY, A. "Positive health outcomes of social interest". *Journal of Individual Psychology*, 61, 329-342, 2005.

NOLAN, G. "Teacher communication of unconditional positive regard (love) to students in secondary school environments". *Dissertation Abstracts international Section A: Humanities and Social Sciences*, 4.978, 2008.

NOLEN-HOEKSEMA, S.; GIRGUS, J.; SELIGMAN, M. E. P. "Learned helplessness in children: A longitudinal study of depression, achievement, and explanatory style". *Journal of Personality and Social Psychology*, 51, p. 435, 1987.

NOLL, R. *Personal communication.* [s.l.]: [s.n.], 1993.

_____. *The Jung cult: Origins of a charismatic movement.* Princeton, NJ: Princeton University Press, 1994.

_____. *The Aryan Christ: The secret life of Carl Jung.* New York: Random House, 1997.

NOLTEMEYER, A. *et al.* "The relationship among deficiency needs and growth needs: An empirical investigation of Maslow's theory". *Children and Youth Services Review, 34*, p. 1862-1867, 2012.

NORENZAYAN, A.; LEE, A. "It was meant to happen: Explaining cultural variations in fate attributions". *Journal of Personality and Social Psychology*, 98, 5, p. 702-720, 2010.

NOSER, A.; ZEIGLER-HILL, V. "Self-esteem instability and the desire for fame". *Self and Identity, 13*, p. 701-713, 2014.

NOVY, D. *et al.* "Psychometric comparability of English and Spanish-language measures of anxiety and related affective symptoms". *Psychological Assessment*, 13, p. 347-355, 2001.

NOWICKI, S.; DUKE, M. P. "The Nowicki-Strickland life-span *locus* of control scales: Construct validation". In: LEFCOURT, H. M. (ed.). *Research with the locus of control construct.* Orlando, FL: Academic Press, 1983. p. 13-51. v. 2.

NOWICKI, S.; STRICKLAND, B. R. "A *locus* of control scale for children". *Journal of Consulting Psychology*, 40, p. 148-154, 1973.

OATES, J. "Learning from watching". In: BYFORD, J.; NICOLA, B (eds.), *Investigating psychology: Key concepts, key studies, key approaches*, p. 100-138). New York: Oxford University Press, 2012.

OETTINGEN, G.; MAIER, H. "Where political system meets culture: Effects on efficacy appraisal". In: DRAGUNS, J. G.; LEE, Y.T.; MCCAULEY, C. R. (eds.). *Personality and person perception across cultures.* Mahwah, NJ: Erlbaum, 1999. p. 163-190.

OFSHE, R.; WATTERS, E. *False memories, psychotherapy, and sexual hysteria.* New York: Scribner's, 1994.

OGASAHARA, K.; HIRONO, M.; KATO, S. "Support for on task behavior through a token economy system: Autistic youth who shows challenging behavior". *Japanese Journal of Special Education, 51*, p. 41-49, 2013.

OISHI, S.; DIENER, E. "Goals, culture, and subjective well-being". *Personality and Social Psychology Bulletin*, 27, p. 1.674-1.682, 2001.

OKEKE, B. I. *et al.* "Culture, self, and personality in Africa. In: DRAGUNS, J. G.; LEE, Y.T.; MCCAULEY, C. R. (eds.). *Personality and person perception across cultures.* Mahwah, NJ: Erlbaum, 1999. p. 139-162.

OLIVEIRA, J.; "Happiness and gratitude: A HEXACO personality structure paradigm". *American Psychological Association Convention Presentation.* Disponível em: http://psycnet.apa.org/psycextra/603312013-001.pdf. Acesso em: 2013a.

OLIVEIRA, J. "Role of aggression and empathy in the Dark Triad of personality". *American Psychological Association Convention Presentation.* Disponível em: http://psycnet.apa.org/doi/10.1037/e603302013-001.pdf>. Acesso em: 2013b.

OLIOFF, M.; ABOUD, F. E. "Predicting postpartum dysphoria in primiparous mothers: Roles of perceived parenting self-efficacy and self-esteem". *Journal of Cognitive Psychotherapy,* 5, p. 3-14, 1991.

OLSON, E. *et al.* "Differential trajectories of well-being in older adult women: The role of optimism". *Applied Psychology: Health and Well-Being,* 6, p. 362-380, 2014.

O'NEAL, K. *et al.* "Am I worth it? Loneliness, self-esteem, and *locus* of control: Correlates of meaning-in-life". *American Psychological Association Convention Presentation,* 2010.

O'NEILL, R. M.; BORNSTEIN, R. F. "Oral-dependence and gender: Factors in help-seeking response set and self-reported pathology in psychiatric inpatients". *Journal of Personality Assessment,* 55, p. 28-40, 1990.

ONG, E. *et al.* "Narcissism, extraversion and adolescents' self-presentation on Facebook". *Personality and Individual Differences,* 50, p. 180-185, 2011.

ONYEIZUGBO, E. "Self-efficacy, gender and trait anxiety as moderators of test anxiety". *Electronic Journal of Research in Educational Psychology,* 8, 1, p. 299-312, 2010.

OREJUDO, S. *et al.* "Optimism in adolescence: A cross-sectional study of the influence of family and peer group variables on junior high school students". *Personality and Individual Differences, 52,* p. 812-817, 2012.

ORGLER, H. *Alfred Adler, the man and his work: Triumph over the inferiority complex.* New York: New American Library, 1963.

O'RIORDAN, S.; O'CONNELL, M. "Predicting adult involvement in crime: Personality measures are significant, socio-economic measures are not". *Personality and Individual Differences,* 68, p. 98-101, 2014.

ORLOFSKY, J. L.; MARCIA, J. E.; LESSER, I. M. "Ego identity status and the intimacy versus isolation crisis of young adulthood". *Journal of Personality and Social Psychology,* 27, p. 211-219, 1973.

ORMEL, J.; WOHLFARTH, T. "How neuroticism, long-term difficulties, and life situation changes influence psychological distress: A longitudinal model". *Journal of Personality and Social Psychology,* 60, p. 744-755, 1991.

ORTH, U.; ROBINS, W. "The development of self-esteem". *Current Directions in Psychological Science,* 23, p. 381-387, 2014.

ORTH, U.; TRZESNIEWSKI, K.; ROBINS, R. "Self-esteem development from young adulthood to old age: A cohort-sequential longitudinal study". *Personality Processes and Individual Differences,* 98, 4, p. 645-658, 2010.

ORTIN, A. *et al.* "Sensation seeking as risk factor for suicidal ideation and suicide attempts in adolescence". *Journal of Affective Disorders, 143,* p. 214-222, 2012.

OSNOS, E. "Meet Dr. Freud: Does psychoanalysis have a future in an authoritarian state?". *The New Yorker,* p. 54-63, 10 jan. 2011.

OSS ASSESSMENT STAFF. *Assessment of men: Selection of personnel for the U.S Office of Strategic Services.* New York: Rinehart, 1948.

OVERMIER, J. B.; SELIGMAN, M. E. P. "Effects of inescapable shock upon subsequent escape and avoidance learning". *Journal of Comparative and Physiological Psychology,* 63, p. 28-33, 1967.

OVERSKEID, G.; GRONNEROD, C.; SIMONTON, D. "The personality of a nonperson: Gauging the inner Skinner". *Perspectives on Psychological Science,* 7, p. 187-197, 2012.

OWEN, J.; LINDLEY, L. "Therapists' cognitive complexity: Review of theoretical models and development of an integrated approach for training". *Training and Education in Professional Psychology,* 4, 2, p. 128-132, 2010.

OWEN, S. "Occupational stress among correctional supervisors". *Prison Journal,* 86, p. 164-181, 2006.

OZER, E. M. "The impact of childcare responsibility and self-efficacy on psychological health of professional working mothers". *Psychology of Women Quarterly,* 19, p. 315-335, 1995.

PADILLA-WALKER, L. *et al.* "More than just a game: Video game and internet use during emerging adulthood". *Journal of Youth and Adolescence,* 39, p. 103-113, 2010.

PAIGE, J. M. "Letters from Jenny: An approach to the clinical analysis of personality structure by computer". In: STONE, P. J. (ed.). *The general inquirer: A computer approach to context analysis.* Cambridge, MA: MIT Press, 1966.

PALS, J. L. "Identity consolidation in early adulthood: Relations with ego-resiliency, the context of marriage, and personality change". *Journal of Personality,* 67, p. 295-329, 1999.

PANCER, S. *et al.* "Cognitive complexity of expectations and adjustment to university in the first year". *Journal of Adolescent Research,* 15, p. 38-57, 2000.

PAOLACCI, G.; CHANDLER, J. "Inside the Turk: Understanding mechanical turk as a participant pool". *Current Directions in Psychological Science, 23,* p. 184-188, 2014.

PAPASTYLIANOU, A. "Relating on the Internet, personality traits and depression: Research and implications". *European Journal of Counseling Psychology, 2,* p. 65-78, 2013.

PAPAZOVA, E.; PENCHEVA, E. "Adolescent self--esteem and psychological type". *Journal of Psychological Type,* 68, 8, p. 1-10, 2008.

PAPPAS, S. "Don't worry: Happiness levels not set in stone". *Yahoo! News,* 4 out. 2010.

PARIS, B. J. *Karen Horney: A psychoanalyst's search for self-understanding.* New Haven, CT: Yale University Press, 1994.

PARIS, R.; HELSON, R. "Early mothering experience and personality change". *Journal of Family Psychology,* 16, p. 172-185, 2002.

PARK, C.; ARMELI, S.; TENNEN, H. "Appraisal--coping goodness of fit: A daily Internet study". *Personality and Social Psychology Bulletin,* 30, p. 558-569, 2004.

PARK, D.; HUANG, C. "Culture wires the brain: A cognitive neuroscience perspective". *Perspectives on Psychological Science,* 5, 4, p. 391-400, 2010.

PARK, N.; HUEBNER, E. "A cross-cultural study of the levels and correlates of life satisfaction among adolescents". *Journal of Cross-Cultural Psychology,* 36, p. 444-456, 2005.

PARKES, K. R. "Coping in stressful episodes". *Journal of Personality and Social Psychology,* 51, p. 1277-1292, 1986.

PARKHAM, T.; HELMS, J. "Attitudes of racial identity and self-esteem of black students: An exploratory investigation". *Journal of College Student Personnel,* 26, p. 143-147, 1985a.

————. "Relation of racial identity and attitudes to self-actualization and affective states of black students". *Journal of Counseling Psychology,* 32, p. 431-440, 1985b.

PATTERSON, R. "The child within: Karen Horney on vacation". *American Journal of Psychoanalysis,* 66, p. 109-112, 2006.

PATTERSON, T. "Early recollections and trauma in police officers". *Dissertation Abstracts International. Section B: Sciences and Engineering. Vol. 75 (1-BE),* 2014.

PATTERSON, T.; JOSEPH, S. "Person-centered personality theory: Support from self-determination theory and positive psychology". *Journal of Humanistic Psychology,* 47, p. 117-139, 2007.

PAUL, H. "The Karen Horney clinic and the legacy of Horney". American Journal of Psychoanalysis, 70, p. 63-64, 2010.

PAULHUS, D.; WILLIAMS, K. "The Dark Triad of personality: Narcissism, machiavellianism, and psychopathy". *Journal of Research in Personality, 36,* p. 556-563, 2002.

PAUNONEN, S.V. "Hierarchical organization of personality and prediction of behavior". *Journal of Personality and Social Psychology,* 74, p. 538-556, 1998.

PAUNONEN, S. V.; ASHTON, M. C. "Big Five factors and facets and the prediction of behavior". *Journal of Personality and Social Psychology,* 81, p. 524-539, 2001.

PEDERSEN, N. L. *et al.* "Neuroticism, extraversion, and related traits in adult twins reared apart and reared together". *Journal of Personality and Social Psychology,* 55, p. 950-957, 1988.

PEDROTTI, J.; EDWARDS, L. "Identity incongruence, well-being, and depression among multiracial adults". *American Psychological Association 2010 Convention Presentation,* 2010.

PELTZER, K.; MALAKA, D.; PHASWANA, N. "Psychological correlates of substance use among South African university students". *Social Behavior and Personality,* 29, p. 799-806, 2001.

PELUSO, P. *et al.* "An analysis of the reliability of the BASIS—A Inventory using a northeastern and southeastern U.S. sample". *Journal of Individual Psychology,* 60, p. 294-307, 2004.

PENARD, T.; POUSSING, N.; SUIRE, R. "Does the Internet make people happier? Journal of Socio--Economics", 46, p. 105-116, 2013.

PERVIN, L. A. *Current controversies and issues in personality.* 2. ed. New York: Wiley, 1984.

————. *The science of personality.* 2. ed. New York: Oxford University Press, 2003.

PESANT, N.; ZADRA, A. "Dream content and psychological well-being: A longitudinal study of the continuity hypothesis". *Journal of Clinical Psychology,* 62, p. 111-121, 2006.

PETEET, B. *et al.* "Imposterism is associated with greater psychological distress and lower self-esteem for African American students". *Current Psychology: A Journal for Diverse Perspectives on Diverse Psychological Issues,* p. 1-10, 2014.

PETER, J.; VALKENBURG, P. "Individual differences in perceptions of Internet communication". *European Journal of Communication,* 21, p. 213-226, 2006.

PETERSON, B. E. "Longitudinal analysis of midlife generativity, intergenerational roles, and caregiving". *Psychology and Aging,* 17, p. 161-168, 2002.

PETERSON, B. E.; STEWART, A. J. "Using personal and fictional documents to assess psychosocial development: A case study of Vera Brittain's generativity". *Psychology and Aging*, 5, p. 400-411, 1990.

PETERSON, B. E.; SMIRLES, K. A.; WENTWORTH, P.A. "Generativity and authoritarianism: Implications for personality, political involvement, and parenting". *Journal of Personality and Social Psychology*, 72, p. 1.202-1.216, 1997.

PETERSON, C.; BARRETT, L. C. "Explanatory style and academic performance among college freshmen". *Journal of Personality and Social Psychology*, 53, p. 603-607, 1987.

PETERSON, C.; MAIER, S. F.; SELIGMAN, M. E. P. *Learned helplessness: A theory for the age of personal control.* New York: Oxford University Press, 1993.

PETERSON, C.; SELIGMAN, M. E. P. "Explanatory style and illness. Special issue: Personality and physical health". *Journal of Personality*, 55, p. 237-265, 1987.

PETERSON, C.; SELIGMAN, M. E. P.; VAILLANT, G. "Pessimistic explanatory style as a risk factor for physical illness: A 35-year longitudinal study". *Journal of Personality and Social Psychology*, 55, p. 23- 27, 2008.

PETERSON, C. *et al.* "The Attributional Style Questionnaire". *Cognitive Therapy and Research*, 6, p. 287-300, 1982.

PETROSKY, M. J.; BIRKHIMER, J. C. "The relationship among *locus* of control coping styles and psychological symptom reporting". *Journal of Clinical Psychology*, 47, p. 336-345, 1991.

PHARES, E. J. "From therapy to research: A patient's legacy". In: BRANNIGAN, G. G.; MERRENS, M. R. (eds.). *The undaunted psychologist: Adventures in research.* Philadelphia: Temple University Press, 1993. p. 157-171.

PHELPS, A.; FORBES, D. "Treating post-traumatic stress disorder-related dreams: What are the options?" *Expert Review of Neurotherapeutics*, 12, p. 1267-1269, 2012.

PHILLIPS, D. P. "The influence of suggestion on suicide: Substantive and theoretical implications of the Werther effect". *American Sociological Review*, 39, p. 340-354, 1974.

_____. "The impact of mass media violence on U.S. homicides". *American Sociological Review*, 48, p. 560-568, 1983.

_____. "The found experiment: A new technique for assessing impact of mass media violence on real-world aggressive behavior". In: COMSTOCK, G. (ed.). *Public communication and behavior.* New York: Academic Press, 1985. v. 1.

PHINNEY, J. S.; CHAVIRA, V. "Ethnic identity and self-esteem: An exploratory longitudinal study". *Journal of Adolescence*, 15, p. 271-281, 1992.

PHIPPS, S.; STEELE, R. "Repressive adaptive style in children with chronic illness". *Psychosomatic Medicine*, 64, p. 34-42, 2002.

PIEDMONT, R. L. "The relationship between achievement motivation, anxiety, and situational characteristics on performance on a cognitive task". *Journal of Research in Personality*, 1988.

PIEKKOLA, B. "Traits across cultures: A neo-Allportian perspective". *Journal of Theoretical and Philosophical Psychology, 31*, p. 2-24, 2011.

PIERRE, M.; MAHALIK, J. "Examining African self-consciousness and Black racial identity as predictors of Black men's psychological well-being". *Cultural Diversity and Ethnic Minority Psychology*, 11, p. 28-40, 2005.

PILKINGTON, B.; LENAGHAN, M. "Psychopathology". In: KREMER, J.; TREW, K. (eds.). *Gender and psychology.* New York: Oxford University Press, 1998. p. 179-191.

PILLAY, Y. "Racial identity as a predictor of the psychological health of African-American students at a predominantly White university". *Journal of Black Psychology*, 31, p. 46-66, 2005.

PINCOTT, J. "Most of us live in fear of unleashing a Freudian slip. Do you?" *Psychology Today.* <http://www.psychologytoday.com/articles/201203/slips--the-tongue>, acesso em: 13 de março de 2013.

PINQUART, M.; SOERENSEN, S. "Influences of socioeconomic status, social network, and competence on subjective well-being in later life: A meta-analysis". *Psychology and Aging*, 15, p. 187-224, 2000.

PIOT-ZIEGLER, C. *et al.* "Mastectomy, body deconstruction, and impact on identity: A quantitative study". *British Journal of Health Psychology*, 15, 3, p. 479-510, 2010.

PITTENGER, D. "Cautionary comments regarding the Myers-Briggs Type Indicator". *Consulting Psychology Journal: Practice and Research, 57,* p. 210-221, 2005.

PLAUT, V.; ADAMS, G.; ANDERSON, S. "Does attractiveness buy happiness? 'It depends on where you're from'". *Personal Relationships*, 16, 4, p. 619-630, 2009.

PLAUT, V.; MARKUS, H.; LACHMAN, M. "Place matters: Consensual features and regional variation in American well-being and self". *Journal of Personality and Social Psychology*, 83, p. 160-184, 2002.

PODD, M. H.; MARCIA, J. E.; RUBIN, R. "The effects of ego identity status and partner perception on a prisoner's dilemma game". *Journal of Social Psychology*, 82, p. 117-126, 1968.

PODLOG, L.; EKLUND, R. "Returning to competition after a serious injury: The role of self-determination". *Journal of Sports Sciences*, 28, 8, p. 819-831, 2010.

POLE, N. *et al.* "Why are Hispanics at greater risk for PTSD?". *Cultural Diversity and Ethnic Minority Psychology*, 11, p. 144-161, 2005.

POLING, A. *et al.* "Teaching giant African pouched rats to find landmines: Operant conditioning with real consequences". *Behavior Analysis in Practice*, 3, 2, p. 19-25, 2010.

POLLAK, S.; SINHA, P. "Effects of early experience on children's recognition of facial displays of emotion". *Developmental Psychology*, 38, p. 784-791, 2002.

POLLETT, T. *et al.* "Birth order and the dominance aspect of extraversion: Are firstborns more extraverted, in the sense of being dominant, than later-borns?". *Journal of Research in Personality*, 44, p. 742-745, 2010.

PORCERELLI, J. H. *et al.* "Defense mechanisms development in children, adolescents, and late adolescents". *Journal of Personality Assessment*, 71, p. 411-420, 1998.

POROPAT, A. "A meta-analysis of the five-factor model of personality and academic performance". *Psychological Bulletin*, 135, 2, p. 322-338, 2009.

POSTMES, T.; BRANSCOMBE, N. "Influence of long-term racial environmental composition on subjective well-being in African Americans". *Journal of Personality and Social Psychology*, 83, p. 735-751, 2002.

PORTER, S. *et al.* "Soldiers of misfortunate: An examination of the Dark Triad and the experience of schadenfreude". *Personality and Individual Differences*. 67, p. 64-68, 2014.

POZIOS, V.; KAMBAN, P.; BENDER, E. "Does media violence lead to the real thing?" *New York Times*. http://www.nytimes.com/2013/08/25/opinion/sunday/doesmedia-violence-lead-to-the-real-thing.html>. Acesso em: 23 ago. 2013.

PRELOW, H.; MOSHER, C.; BOWMAN, M. "Perceived racial discrimination, social support, and psychological adjustment among African-American college students". *Journal of Black Psychology*, 32, p. 442- 454, 2006.

PRENDA, K.; LACHMAN, M. "Planning for the future: A life management strategy for increasing control and life satisfaction in adulthood". *Psychology and Aging*, 16, p. 206-216, 2001.

PRINZIE, O. *et al.* "The relations between parents' big five personality factors and parenting: A meta-analytic review". *Journal of Personality and Social Psychology*, 97, 2, p. 351-362, 2009.

PROCHNIK, G. *Putnam camp: Sigmund Freud, James Jackson Putnam, and the purpose of American psychology*. New York: Other Press, 2006.

PUCA, R. M.; SCHMALT, H. "The influence of the achievement motive on spontaneous thoughts in preand post-decisional action phases". *Personality and Social Psychology Bulletin*, 27, p. 302-308, 2001.

PULLMANN, H.; RAUDSEPP, L.; ALLIK, J. "Stability and change in adolescents' personality: A longitudinal study". *European Journal of Personality*, 20, p. 447-459, 2006.

PYSZCZYNSKI, T. *et al.* "Why do people need self-esteem? A theoretical and empirical review". *Psychological Bulletin*, 130, p. 435-468, 2004.

QING-XIN, S.; RONG-GANG, Z.; YAN, G. "Internet addiction disorder and sensation seeking of middle school and high school students". *Chinese Mental Health Journal*, 19, p. 453-456, 2005.

QUIERY, N. "Parenting the family". In: KREMER, J.; TREW, K. (eds.). *Gender and psychology*. New York: Oxford University Press, 1998. p. 129-140.

QUINN, S. *A mind of her own: The life of Karen Horney*. New York: Summit Books, 1987.

RABINOWITZ, P. "Is noise bad for your health?". *Lancet*, 365, 9475, p. 1908-1909, 2005.

RÄIKKÖNEN, K. *et al.* "Effects of optimism, pessimism, and trait anxiety on ambulatory blood pressure and mood during everyday life". *Journal of Personality and Social Psychology*, 76, p. 104-113, 1999.

RAINE, A. *et al.* "Stimulation seeking and intelligence: A prospective longitudinal study". *Journal of Personality and Social Psychology*, 82, p. 663-674, 2002.

RAINEY, N. "Old age". In: KREMER, J.; TREW, K. (eds.). *Gender and psychology*. New York: Oxford University Press, 1998. p. 153-164.

RAINVILLE, R.; RUSH, L. "A contemporary view of college-aged students' dreams". *Dreaming*, 19, 3, p. 152-171, 2009.

RAMIREZ-MAESTRE, C.; ESTEVE, R.; LOPEZ, A. "The role of optimism and pessimism in chronic pain patients adjustment". *Spanish Journal of Psychology*, 15, p. 286-294, 2012.

RAMOS-SANCHEZ, L.; ATKINSON, D. "The relationship between Mexican American acculturation, cultural values, gender, and help-seeking intentions". *Journal of Counseling and Development*, 87, 1, p. 62-71, 2009.

RASKAUSKAS, J. *et al.* "Do social self-efficacy and self-esteem moderate the relationship between peer victimization and academic performance?" *Social Psychology of Education.* Disponível em: http://link.springer.com/article/10.1007/s11218-015-9292-z#page-2. Acesso em: 21 jan. 2015.

RAUTHMANN, J. F.; KOLAR, G. P. "How dark are the Dark Triad traits? Examining the perceived darkness of narcissism, Machiavellianism, and psychopathy". *Personality and Individual Differences,* 53, p. 884-889, 2012.

RAVERT, R. *et al.* "Sensation seeking and danger invulnerability: Paths to college student risk-taking". *Personality and Individual Differences,* 47, p. 763-768, 2009.

RAYLE, A. "Adolescent gender differences in mattering and wellness". *Journal of Adolescence,* 28, p. 753-763, 2005.

RAYNOR, D.; LEVINE, H. "Associations between the five-factor model of personality and health behaviors among college students". *Journal of American College Health,* 58, 1, p. 73-81, 2009.

REID, L.; FOELS, R. "Cognitive complexity and the perception of subtle racism". *Basic and Applied Social Psychology,* 32, p. 201-301, 2010.

REIMANIS, G. "Personality development, anomie, and mood". *Journal of Personality and Social Psychology,* 29, p. 355-357, 1974.

REIO, T.; SANDERS-REIO, J. "Sensation seeking as an inhibitor of job performance". *Personality and Individual Differences,* 40, p. 631-642, 2006.

RENDON, D. "Understanding social roles from a Horneyan perspective". *American Journal of Psychoanalysis,* 47, p. 131-142, 1987.

RENTFROW, P. "Statewide differences in personality: Towards a psychological geography of the United States". *American Psychologist,* 65, 6, p. 548-558, 2010.

RENTFROW, P.; MELLANDER, C.; FLORIDA, R. "Happy states of America: A state-level analysis of psychological, economic, and social well-being". *Journal of Research in Personality,* 43, p. 1.073-1.082, 2009.

REPUCCI, N. D.; SAUNDERS, J. T. "Social psychology of behavior modification: Problems of implementation in natural settings". *American Psychologist,* 29, p. 649-660, 1974.

RESNICOW, K. *et al.* "Development of a racial and ethnic identity scale for African American adolescents: The Survey of Black Life". *Journal of Black Psychology,* 25, p. 171-188, 1999.

RETTNER, R. "Birth order affects child's intelligence and personality". *Yahoo Live Science,* 12 ago.

2010.

REUMAN, D. A.; ALWIN, D. F.; VEROFF, J. "Assessing the validity of the achievement motive in the presence of random measurement error". *Journal of Personality and Social Psychology,* 47, p. 1.347-1.362, 1984.

REVELLE, W. "Commentary: Personality structure and measurement: The contributions of Raymond Cattell". *British Journal of Psychology,* 100, p. 253-257, 2009.

REVELLE, W.; OEHLBERG, K. "Integrating experimental and observational personality research — The contributions of Hans Eysenck". *Journal of Personality,* 76, 6, p. 1.387-1.414, 2008.

RICE, B. "Skinner agrees he is the most important influence in psychology". *The New York Times Magazine,* p. 27ff, 17 mar. 1968.

RICE, T.; STEELE, B. "Subjective well-being and culture across time and space". *Journal of Cross-Cultural Psychology,* 35, p. 633-647, 2004.

RICHARDSON, A. "Facial expression theory from romanticism to the present". In: ZUNSHINE, L. (ed.). *Introduction to cognitive cultural studies.* Baltimore, MD: The Johns Hopkins University Press, 2010. p. 65-83.

RICHELLE, M. N. *B. F. Skinner: A reappraisal.* Hillsdale, NJ: Erlbaum, 1993.

RIGGIO, R. E.; FRIEDMAN, H. S. "Impression formation: The role of expressive behavior". *Journal of Personality and Social Psychology,* 50, p. 421-427, 1986.

RIGGIO, R. E.; LIPPA, R.; SALINAS, C. "The display of personality in expressive movement". *Journal of Research in Personality,* 24, p. 16-31, 1990.

ROAZEN, P. *Freud and his followers.* New York: Knopf, 1975.

_____. *Meeting Freud's family.* Amherst, MA: University of Massachusetts Press, 1993.

ROBERTI, J. "A review of behavioral and biological correlates of sensation seeking". *Journal of Research in Personality,* 38, p. 256-279, 2004.

ROBERTS, B. W.; ROBINS, R. W. "Brood dispositions, brood aspirations: The intersection of personality traits and major life goals". *Personality and Social Psychology Bulletin,* 26, p. 1.284-1.296, 2000.

ROBERTS, B. W.; WALTON, K.; VIECHTBAUER, W. "Patterns of mean-level change in personality traits across the life course: A meta-analysis of longitudinal studies". *Psychological Bulletin,* 132, p. 1-25, 2006.

ROBINS, R. W. *et al.* "Global self-esteem across the life span". *Psychology and Aging,* 17, p. 423-434, 2002.

ROBINSON, F. G. *Love's story told: A life of Henry A. Murray.* Cambridge, MA: Harvard University Press, 1992.

ROBINSON, O.; DEMETRE, J.; CORNEY, R. "Personality and retirement: Exploring the links between the Big Five personality traits, reasons for retirement and the experience of being retired". *Personality and Individual Differences*, 48, 7, p. 792-797, 2010.

ROBINSON, O.; STELL, A. "Later-life crisis: Towards a holistic model". *Journal of Adult Development*. Disponível em http://link.springer.com/article/10.1007/s10804-014-9199-5. Acesso em: 9 set. 2014.

ROBINSON-WHELEN, S. *et al.* "Distinguishing optimism from pessimism in older adults". *Journal of Personality and Social Psychology*, 73, p. 1.345-1.353, 1997.

ROCCAS, S. *et al.* "The Big Five personality factors and personal values". *Personality and Social Psychology Bulletin*, 28, p. 789-801, 2002.

RODGERS, J. L. "What causes birth order— intelligence patterns? The admixture hypothesis, revised". *American Psychologist*, 56, p. 505-510, 2001.

RODRIGUEZ-MOSQUERA, P. M.; MANSTEAD, A. S. R.; FISCHER, A. H. "The role of honor-related values in the elicitation, experience, and communication of pride, shame, and anger: Spain and the Netherlands compared". *Personality and Social Psychology Bulletin*, 26, p. 833-844, 2000.

ROFE, Y. "Affiliation tendencies on the eve of the Iraq War: A utility theory perspective". *Journal of Applied Social Psychology*, 36, p. 1781-1789, 2006.

ROGERS, C. R. "The case of Mrs. Oak: A research analysis". In: DYMOND, R. F.; ROGERS, C. R. (eds.). *Psychotherapy and personality change.* Chicago, IL: University of Chicago Press, 1954.

_____. *On becoming a person: A therapist's view of psychotherapy.* Boston, MA: Houghton Mifflin, 1961.

_____. "Autobiography". In: BORING, E. G.; LINDZEY, G. (eds.). *A history of psychology in autobiography.* New York: Appleton-Century-Crofts, 1967. p. 341-384. v. 5.

_____. *Carl Rogers on encounter groups.* New York: Harper & Row, 1970.

_____. "In retrospect: Forty-six years". *American Psychologist*, 29, p. 115-123, 1974.

_____. *A way of being.* Boston, MA: Houghton Mifflin, 1980.

_____. "An interview with Carl Rogers". In: ROSS, A. O. (ed.). *Personality: The scientific study of complex human behavior.* New York: Holt, Rinehart & Winston, 1987. p. 118-119.

ROGERS, L. "Young, Black and male: Exploring the intersections of racial and gender identity in an all-Black male high school". *Dissertation Abstracts International. Section B: Sciences and Engineering*, 73. Disponível em: http://psycnet.apa.org/index.cfm?fa=search.displayRecord&id=877CD6F1--BADB-27BCB749-31521990A714&resultID=2&page1&dbTaball&search=true. Acesso em: 2013

ROGOFF, B. *et al.* "First-hand learning through intent participation". *Annual Review of Psychology*, 54, p. 175-203, 2003.

RONALDSON, A. *et al.* "Optimisim measured preoperatively is associated with reduced pain intensity and physical symptom reporting after coronary artery bypass graft surgery". *Journal of Psychosomatic Research*. Disponível em: <http://www.ncbi.nlm.nih.gov/pubmed/25129850>, acesso em: 3 de Agosto de 2014.

RONEN, T. *et al.* "Subjective well-being in adolescence: The role of self-control, social support, age, gender, and familial crisis". *Journal of Happiness Studies*. Disponível em: http://link.springer.com/article/10.1007/s10902-014-9585-5#page-2. Acesso em: 8 out. 2014.

ROSE, R. J. "Genes and human behavior". *Annual Review of Psychology*, 46, p. 625-654, 1995.

ROSE, S. "Hans Eysenck's controversial career" [Review of the book Playing with fire: The controversial career of Hans J. Eysenck, R. Buchanan. Oxford University Press. 2010]. *The Lancet*, 376, p. 407-408, ago. 2010.

ROSENBLOOM, T. "Color preferences of high and low sensation seekers". *Creativity Research Journal*, 18, p. 229-235, 2006a.

_____. "Sensation seeking pedestrian crossing compliance". *Social Behavior and Personality*, 34, p. 113-122, 2006b.

ROSENTHAL, D. R.; GURNEY, M. R.; MOORE, S. M. "From trust to intimacy: A new inventory for examining Erikson's stages of psychosocial development". *Journal of Youth and Adolescence*, 10, p. 525-536, 1981.

ROSENZWEIG, S. "Freud and experimental psychology: The emergence of idiodynamics". In: KOCH, S.; LEARY, D. (eds.). *A century of psychology as science.* New York: McGraw-Hill, 1985. p. 135-207.

ROSS, C. *et al.* "Personality and motivations associated with Facebook use". *Computers in Human Behavior*, 24, p. 578-586, 2009.

ROTH, M.; HAMMELSTEIN, P. "The Need Inventory of Sensation Seeking (NISS)". *European Journal of Psychological Assessment*, 28, p. 11-18, 2012.

ROTHRAUFF, T.; COONEY, T. "The role of generativity in psychological well-being: Does it differ for childless adults and parents?". *Journal of Adult Development*, 15, 3-4, p. 148-159, 2008.

ROTTER, J. B. "Generalized expectancies for internal versus external control of reinforcement". *Psychological Monographs*, 80 (Whole n. 609), 1966.

_____. *The development and applications of social learning theory: Selected papers.* New York: Praeger, 1982.

_____. "Internal versus external control of reinforcement: A case history of a variable". *American Psychologist*, 45, p. 489-493, 1990.

_____. "Expectancies". In: WALKER, C. E. (ed.). *History of clinical psychology in autobiography.* Pacific Grove, CA: Brooks/Cole, 1993. p. 273-284. v. 2.

_____. "Julian Rotter (1916 2014). Obituary". *Social Behavior and Personality*, 42, p. 1, 2014.

ROUSSI-VERGOU, C.; ANGELOSOPOULOU, A.; ZAFIROPOULOU, M. "Personality characteristics and profiles of Greek elementary teachers using the Sixteen Personality Factor Questionnaire (16PF)". *International Journal of Adolescent Medicine and Health*, 21, 3, p. 413-420, 2009.

ROUTH, D. "The rise and fall in the scientific reputation of Carl Riggers". *The Clinical Psychologist*, 64, 3, p. 11-12, 2010.

ROUTLEDGE, C. et al. "Adjusting to death: The effects of mortality salience and self-esteem on psychological well-being, growth motivation, and mal-adaptive behavior". *Journal of Personality and Social Psychology*, 99, 6, p. 897-916, 2010.

RUBINS, J. L. *Karen Horney: Gentle rebel of psychoanalysis.* New York: Dial Press, 1978.

RUCKER, D. D.; PRATKANIS, A. R. "Projection as an interpersonal influence tactic: The effects of the pot calling the kettle black". *Personality and Social Psychology Bulletin*, 27, p. 1.494-1.507, 2001.

RUDOLPH, K.; CONLEY, C. "The socioeconomic costs and benefits of social-evaluative concerns: Do girls care too much?". *Journal of Personality*, 73, p. 115-138, 2005.

RUDY, D.; GRUSEC, J. "Authoritarian parenting in individualistic and collectivist groups: Associations with maternal emotion and cognition and children's self-esteem". *Journal of Family Psychology*, 20, p. 68-78, 2006.

RUSHTON, J. P. et al. "Altruism and genetics". *Acta Geneticae et Gemellologiae*, 33, p. 265-271, 1984.

RUSSELL, J. A.; BACHOROWSKI, J. A.; FERNAN-

DEZ-DOLS, J. M. "Facial and vocal expressions of emotion". *Annual Review of Psychology*, 54, p. 329-349, 2003.

RUTLEDGE, P. "The psychology of the selfie: How we connect and thrive through emerging technologies." *Psychology Today Online*. Disponível em: http://www.psychologytoday.com/blog/positively-media/201407/the-psychology-the-selfie. Acesso em: 18 abril 2013.

RYAN, R. M.; DECI, E. L. "Self-determination theory and the facilitation of intrinsic motivation, social development, and well-being". *American Psychologist*, 55, p. 68-78, 2000.

RYAN, R. M.; FREDERICK, C. "On energy, personality, and health: Subjective vitality as a dynamic reflection of well-being". *Journal of Personality*, 65, p. 529-565, 1997.

RYAN, T.; XENOS, S. "Who uses Facebook? An investigation into the relationship between Big Five, shyness, narcissism, loneliness, and Facebook usage". *Computers in Human Behavior*, 27, 5, p. 1658-1664, 2011.

RYCKMAN, R. M. et al. "Construction of a Hypercompetitive Attitude Scale". *Journal of Personality Assessment*, 55, p. 630-639, 1990.

_____. "Romantic relationships of hypercompetitive individuals". *Journal of Social and Clinical Psychology*, 21, p. 517-530, 2002.

RYCKMAN, R. M.; MALIKIOSI, M. X. "Relationship between *locus* of control and chronological age". *Psychological Reports*, 36, p. 655-658, 1975.

RYCKMAN, R. M.; THORNTON, B.; BUTLER, J. C. "Personality correlates of the Hypercompetitive Attitude Scale: Validity tests of Horney's theory of neurosis". *Journal of Personality Assessment*, 62, p. 84-94, 1994.

RYCKMAN, R. M.; THORNTON, B.; GOLD, J. "Assessing competition avoidance as a basic personality dimension". *Journal of Psychology: Interdisciplinary and Applied*, 143, 2, p. 175-192, 2009.

RYCKMAN, R. M.; VAN DEN BORNE, H.; SYROIT, J. "Differences in hypercompetitive attitude between American and Dutch university students". *Journal of Social Psychology*, 132, p. 331-334, 1992.

RYON, H.; GLEASON, M. "The role of locus of control in daily life". *Personality and Social Psychology Bulletin*, 40, p. 121-131, 2014.

SALAMON, M. "For college students, praise may trump sex and money". *Bloomberg Businessweek* (Online edition), 11 jan. 2011.

SALAS, E.; CANNON-BOWERS, J. A. "The science

of training: A decade of progress". *Annual Review of Psychology*, 52, p. 471-499, 2001.

SALEM, M. "Commentary on Spiritual and religious imagery in dreams: A cross-cultural analysis". *International Journal of Dream Research*, 7, p. 93-94, 2014.

SALEM, M.; RAGAB, M.; ABDEL, R. "Significance of dreams among United Arab Emirates university students". *International Journal of Dream Research*, 2, p. 29-33, 2009.

SALILI, F. "Age, sex, and cultural differences in the meaning and dimensions of need achievement". *Personality and Social Psychology Bulletin*, 20, p. 635-648, 1994.

SAMMALLAHTI, P.; AALBERG, V. "Defense style in personality disorders". *Journal of Nervous and Mental Disease*, 183, p. 516-521, 1995.

SAMREEN, H.; ZUBAIR, A. "Locus of control and death anxiety among police personnel". *Pakistan Journal of Psychological Research*, 28, p. 261-275.

SANNA, L. J.; PUSECKER, P.A. "Self-efficacy, valence of self-evaluation, and performance". *Personality and Social Psychology Bulletin*, 20, p. 82-92, 1994.

SANTOS, S.; UPDEGRAFF, K. "Feeling typical, looking typical: Physical appearance and ethnic identity among Mexican origin youth". *Journal of Latina/o Psychology*, 2, p. 187-199, 2014.

SAPOUNA, M. "Collective efficacy in the school context: Does it help explain victimization and bullying among Greek primary and secondary school students?". *Journal of Interpersonal Violence*, 25, 10, p. 1.912-1.927, 2010.

SARASON, I. G. "Test anxiety and the self-disclosing coping model". *Journal of Consulting and Clinical Psychology*, 43, p. 148-153, 1975.

SARIC, M.; PAHIC, T. "Locus of control as a factor of resilience to stressful life events and a predictor of well-being". *4th ENSEC Conference, July 3 7, 2013*, Zagreb, Croatia: *Social and Emotional Competence in a Changing World*. Disponível em: http://scholar.google.hr/citations=view_opview_citation&hlen&useremdIfAAAAAJ&citation_for_view=e-mdIfAAA AAJ:2osOgNQ5qMEC. Acesso em: 2013.

SASSON, N. *et al.* "Controlling for response biases clarifies sex and age differences in facial affect recognition". *Journal of Nonverbal Behavior*, 34, 4, p. 207-221, 2010.

SAUDINO, K. J. *et al.* "Can personality explain genetic influences on life events?". *Journal of Personality and Social Psychology*, 72, p. 196-206, 1997.

SAUNDERS, J. *et al* "Retrieval-induced forgetting in repressors: Defensive high anxious, high anxious, and low anxious individuals". *Journal of Experimental Psychopathology*, 5, p. 97-117, 2014.

SAYERS, J. *Mothers of psychoanalysis: Helene Deutsch, Karen Horney, Anna Freud, Melanie Klein*. New York: Norton, 1991.

SCARR, S. "Environmental bias in twin studies". *Eugenics Quarterly*, 15, p. 34-40, 1968.

SCHACHTER, S. *The psychology of affiliation*. Stanford, CA: Stanford University Press, 1959.

_____. "Birth order, eminence, and higher education". *American Sociological Review*, 28, p. 757-767, 1963.

_____. "Birth order and sociometric choice". *Journal of Abnormal and Social Psychology*, 68, p. 453- 456, 1964.

SCHIMMACK, U.; HARTMANN, K. "Individual differences in the memory representation of emotional episodes". *Journal of Personality and Social Psychology*, 73, p. 1064-1079, 1997.

SCHIMMACK, U. *et al.* "Personality and life satisfaction: A facet-level analysis". *Personality and Social Psychology Bulletin*, 30, p. 1062-1075, 2004.

SCHMIDT, A.; DESHON, R. "The moderating effect of performance ambiguity on the relationship between self-efficacy and performance". *Journal of Applied Psychology*, 95, 5, p. 572-581, 2010.

SCHMITT, D.; ALLIK, J. "Simultaneous administration of the Rosenberg self-esteem in 53 nations: Exploring the universal and culture-specific features of global self-esteem". *Journal of Personality and Social Psychology*, 89, p. 632-642, 2005.

SCHMITT, D. *et al.* "Why can't a man be more like a woman sex differences in Big Five personality traits across 55 cultures". *Journal of Personality and Social Psychology*, 94, 1, p. 168-182, 2008.

SCHMITT, K.; DAYANIM, S.; MATTHIAS, S. "Personal homepage construction as an expression of social development". *Developmental Psychology*, 44, 2, p. 496-506, 2008.

SCHMITZ, N.; NEUMANN, W.; OPPERMANN, R. "Stress, burnout and *locus* of control in German nurses". *International Journal of Nursing Studies*, 37, p. 95-99, 2000.

SCHMUTTE, P.S.; RYFF, C. D. "Personality and well-being". *Journal of Personality and Social Psychology*, 73, p. 549-559, 1997.

SCHNEEWIND, K.A. "Impact of family processes on control beliefs". In: BANDURA, A. (ed.). *Self-efficacy in changing societies*. Cambridge, England: Cambridge University Press, 1995. p. 114-148.

SCHNEIDER, A.; DOMHOFF, G. *The quantitative study of dreams*. 2006. Disponível em: http://www2.ucsc.edu/dreams/. Acesso em: 28 set. 2015.

SCHNEIDER, G. *et al.* "Old and ill and still feeling

well? Determinants of subjective well-being in 60-yearolds: The role of the sense of coherence". *American Journal of Geriatric Psychiatry*, 14, p. 850-859, 2006.

SCHNEIDER, S. "In search of realistic optimism: Meaning, knowledge, and warm fuzziness". *American Psychologist*, 56, 250-263, 2001.

SCHNEIDMAN, E. S. "My visit with Christiana Morgan". *History of Psychology*, 4, p. 289-296, 2001.

SCHOU, I. *et al*. "Pessimism as a predictor of emotional morbidity one year following breast cancer surgery". *Psycho-Oncology*, 13, p. 309-320, 2004.

_____. "Stability in optimism-pessimism in relation to bad news: A study of women with breast cancer". *Journal of Personality Assessment*, 84, p. 148-154, 2005.

SCHREDL, M. "Factors affecting the continuity between waking and dreaming: Emotional intensity and emotional tone of the waking-life event". *Sleep and Hypnosis*, 8, p. 1-5, 2006.

_____. "Explaining the gender difference in dream recall frequency". *Dreaming*, 20, 2, p. 96-106, 2010a.

_____. "Reading books about dream interpretation: Gender differences". *Dreaming*, 20, 4, p. 248-253, 2010b.

SCHREDL, M.; FUNKHOUSER, A.; ARN, N. "Dreams of truck drivers: A test of the continuity hypothesis of dreaming". *Imagination, Cognition, and Personality*, 25, p. 179-186, 2006.

SCHREDL, M.; PIEL, E. "War-related dream themes in Germany from 1956 to 2000". *Political Psychology*, 27, p. 299-307, 2006.

SCHUELLER, S.; SELIGMAN, M. "Pursuit of pleasure, engagement, and meaning: Relationships to subjective and objective measures of well-being". *The Journal of Positive Psychology*, 5, 4, p. 253-263, 2010.

SCHUL, Y.; VINOKUR, A. D. "Projection in person perception among spouses as a function of the similarity in their shared experiences". *Personality and Social Psychology Bulletin*, 26, p. 987-1.001, 2000.

SCHULTZ, D. P. *Intimate friends, dangerous rivals: The turbulent relationship between Freud and Jung*. Los Angeles, CA: Jeremy Tarcher, 1990.

SCHUR, M. *Freud: Living and dying*. New York: International Universities Press, 1972.

SCHWARTZ, J. *et al*. "Personality styles: Predictors of masculine gender role conflict in male prison inmates". *Psychology of Men and Masculinity*, 5, p. 59-64, 2004.

SCHWARTZ, S. *et al*. "Identity consolidation and health risk behaviors in college students". *American Journal of Health Behavior*, 34, 2, p. 214-224, 2010.

_____ "Effect of family functioning and identity confusion on substance use and sexual behavior in Hispanic immigrant early adolescents". *Identity: An International Journal of Theory and Research, 8,* p. 107-124, 2008.

SCHWARZ, N. "Self-reports: How the questions shape the answers". *American Psychologist*, 54, p. 93-105, 1999.

SCHWARZER, R.; FUCHS, R. "Changing risk behaviors and adopting health behaviors: The role of self-efficacy beliefs". In: BANDURA, A. (ed.). *Self-efficacy in changing societies*. Cambridge, England: Cambridge University Press, 1995. p. 259-315.

SCHWITZGEBEL, E.; HUANG, C.; ZHOU, Y. "Do we dream in color? Cultural variations and skepticism". *Dreaming*, 16, p. 35-42, 2006.

SCOFFIER, S.; PAQUET, Y.; D'ARRIPE-LONGEUVILLE, F. "Effects of *locus* of control on disordered eating in athletes: The mediational role of self-regulation of eating attitudes". *Eating Behaviors*, 11, 3, p. 164-169, 2010.

SCOLLON, C.; DIENER, E. "Love, work, and changes in extraversion and neuroticism over time". *Journal of Personality and Social Psychology*, 91, p. 1152-1165, 2006.

SCOLLON, C.; KIM-PRIETO, C.; DIENER, E. "Experience sampling: Promises and pitfalls, strengths and weaknesses". In: DIENER, E. (ed.). *Assessing well-being: The collected works of Ed Diener*. New York: U.S. Springer Science, 2009. p. 157-180.

SCOTT, R.; DIENES, Z. "Knowledge applied to new domains: The unconscious succeeds where the conscious fails". *Consciousness and Cognition*, 29, p. 391-398, 2010.

SEATON, C. "The role of positive emotions and ego resilience in personal strivings". *Dissertation Abstracts International. Section B: Sciences and Engineering. Vol. 74 (10-BE), 2014.*

SEATON, E. *et al.* "An intersectional approach for understanding perceived discrimination and psychological well-being among African American and Caribbean Black youth". *Developmental Psychology*, 4, 5, p. 1.372-1.379, 2010.

SEATON, E.; YIP, T. "School and neighborhood contexts, perceptions of racial discrimination, and psychological well-being among African American adolescents". *Journal of Youth and Adolescence*, 38, p. 153- 163, 2009.

SECHREST, L. "Personal constructs and personal

characteristics". *Journal of Individual Psychology*, 24, p. 162-166, 1968.

_____. "Review of J. B. Rotter's the development and applications of social learning theory: Selected papers". *Journal of the History of the Behavioral Sciences*, 20, p. 228-230, 1984.

SECHREST, L.; JACKSON, D. N. "Social intelligence and accuracy of interpersonal predictions". *Journal of Personality*, 29, p. 169-182, 1961.

SEEHUSEN, J. *et al.* "Individual differences in nostalgia proneness: The integrating role of the need to belong". *Personality and Individual Differences, 55*, p. 904-908, 2013.

SEEMAN, M., SEEMAN, T.; SAYLES, M. "Social networks and health status: A longitudinal analysis". *Social Psychology Quarterly*, 48, p. 237-248, 1985.

SEGALL, M.; WYND, C. A. "Health conception, health *locus* of control, and power as predictors of smoking behavior change". *American Journal of Health Promotion*, 4, p. 338-344, 1990.

SEGERSTROM, S. C. "Optimism and attentional bias for negative and positive stimuli". *Personality and Social Psychology Bulletin*, 27, p. 1334-1343, 2001.

SEGERSTROM, S. C.; TAYLOR, S. E. "Optimism is associated with mood, coping, and immune change in response to stress". *Journal of Personality and Social Psychology*, 74, p. 1646-1655, 1998.

SEIDAH, A.; BOUFFARD, T. "Being proud of oneself as a person or being proud of one's physical appearance: What matters for feeling well in adolescence?". *Social Behavior and Personality*, 35, p. 255-268, 2007.

SEIDMAN, G. "Expressing the true self on Facebook". *Computers in Human Behavior*, 31, p. 367-372, 2014.

SEIFFGE-KRENKE, I.; KIRSCH, H. "The body in adolescent diaries: The case of Karen Horney". *Psychoanalytic Study of the Child*, 57, p. 400-410, 2002.

SELIGMAN, M. E. P. *Helplessness: On depression, development, and death*. San Francisco, CA: W. H. Freeman, 1975.

_____. *Learned optimism*. New York: Knopf, 1990.

_____. *Authentic happiness: Using the new positive psychology to realize your potential for lasting fulfillment*. New York: Free Press, 2002.

SELIGMAN, M. E. P.; FOWLER, R. "Comprehensive soldier fitness and the future of psychology". *American Psychologist*, 66, 1, p. 81-86, 2011.

SELIGMAN, M. E. P.; MAIER, S. F. "Failure to escape traumatic shock". *Journal of Experimental Psychology*, 74, p. 1-9, 1967.

SELIGMAN, M. E. P.; RASHID, T.; PARKS, A. "Positive psychotherapy". *American Psychologist*, 61, p. 774-788, 2006.

SELIGMAN, M. E. P.; VISINTAINER, M. "Tumor rejection and early experience of uncontrollable shock in the rat". In: BRUSH, F. R.; OVERMIER, J. B. (eds.). *Affect, conditioning, and cognition: Essays on the determinants of behavior*. Hillsdale, NJ: Erlbaum, 1985. p. 203-210.

SELLERS, R. M., CHAVOUS, T. M.; COOKE, D. Y. "Racial ideology and racial centrality as predictors of African American college students' academic performance". *Journal of Black Psychology*, 24, p. 8-27, 1998.

SELLERS, R. M. *et al.* "Multidimensional Inventory of Black Identity: A preliminary investigation of reliability and construct validity". *Journal of Personality and Social Psychology*, 73, p. 805-815, 1997.

SETHI, S.; SELIGMAN, M. E. P. "The hope of fundamentalists". *Psychological Science*, 5, p. 58, 1994.

SHALLCROSS, A. *et al.* "Getting better with age: The relationship between age, acceptance, and negative affect". *Journal of Personality and Social Psychology*, 104, p. 734-748, 2013.

SHAMIR, B. "Self-esteem and the psychological impact of unemployment". *Social Psychology Quarterly*, 49, p. 61-72, 1986.

SHANE, S. *et al.* "Genetics, the Big Five and the tendency to be self-employed". *Journal of Applied Psychology*, 95, 6, p. 1.154-1.162, 2010.

SHATZ, S. "The relationship between Horney's three neurotic types and Eysenck's PEN model of personality". *Personality and Individual Differences*, 37, p. 1.255-1.261, 2004.

SHAW, B.; LIANG, J.; KRAUSE, N. "Age and race differences in the trajectories of self-esteem". *Psychology and Aging*, 25, 1, p. 84-94, 2010.

SHELDON, K.; ABAD, N.; OMOILE, J. "Testing self-determination theory via Nigerian and Indian adolescents". *International Journal of Behavioral Development*, 33, 5, p. 451-459, 2009.

SHELDON, K.; ARNDT, J.; HOUSER-MARKO, L. "In search of the organismic valuing process: The human tendency to move towards beneficial goal choices". *Journal of Personality*, 71, p. 835-886, 2003.

SHELDON, K. *et al.* "What is satisfying about satisfying events? Testing ten candidate psychological needs". *Journal of Personality and Social Psychology*, 80, p. 325-339, 2001.

_____."Doing one's duty: Chronological age, felt autonomy, and subjective well-being". *European Journal of Personality*, 19, p. 97-115, 2005.

SHELDON, K.; KASSER, T. "Getting older, getting better? Personal strivings and psychological maturity across the life span". *Developmental Psychology*, 37, p. 491-501, 2001.

SHELDON, W. *The varieties of temperament: A psychology of constitutional differences*. New York: Harper & Row, 1942.

SHEPHERD, S.; BELICKI, K. "Trait forgiveness and traitedness with the HEXACO model of personality". *Personality and Individual Differences*, 45, 5, p. 389-394, 2008.

SHER, K.; BARTHOLOW, B.; WOOD, M. "Personality and substance abuse disorders: A prospective study". *Journal of Consulting and Clinical Psychology*, 68, p. 818-829, 2000.

SHEVRIN, H. "Some assumptions of psychoanalytic communication: Implications of subliminal research for psychoanalytic method and technique". In: FREEDMAN, N.; GRAND, S. (eds.). *Communicative structures and Psychic structures*. New York: Plenum, 1977.

SHIM, U. *et al.* "Personality traits and body mass index in a Korean population". *PLoS ONE, 9*, artigo e90516, 2014.

SHINER, R. L. "How shall we speak of children's personalities in middle childhood? A preliminary taxonomy". *Psychological Bulletin*, 124, p. 308-332, 1998.

SHINER, R. "Personality development in childhood and adolescence." American Psychological Association Convention Presentation. Disponível em: http://psycnet.apa.org/psycextra/531012014-001.pdf. Acesso em: 2014.

SHIRACHI, M.; SPIRRISON, C. "Repressive coping style and substance use among college students". *North American Journal of Psychology*, 8, p. 99-114, 2006.

SHOJAEE, M.; FRENCH, C. "The relationship between mental health components and locus of control in youth". *Psychology, 5*, p. 966-978, 2014.

SHOSTROM, E. L. "An inventory for the measurement of self-actualization". *Educational and Psychological Measurement*, 24, p. 207-218, 1964.

_____. *Manual for the Personal Orientation Inventory*. San Diego, CA: Educational and Industrial Testing Service, 1974.

SHULL, R.; GRIMES, J. "Resistance to extinction following variable-interval reinforcement". *Journal of the Experimental Analysis of Behavior*, 85, p. 23-29, 2006.

SHULMAN, E. *et al.* "Sex differences in the developmental trajectories of impulse control and sensation-seeking from early adolescence to early adulthood". *Journal of Youth and Adolescence, 44*, p. 1-17, 2015.

SIBLEY, C. *et al.* "Personality and prejudice: Extension to the HEXACO personality model". *European Journal of Personality*, 24, 6, p. 515-534, 2010.

SIEGEL, A. M. "An antidote to misconceptions about self psychology" [Review of the book Kohut's Freudian vision]. *Contemporary Psychology*, 46, p. 316-317, 2001.

SIEGLER, I.; BRUMMETT, B. "Associations among NEO personality assessments and well-being at midlife: Facet level analysis". *Psychology and Aging*, 15, p. 710-714, 2000.

SILVERA, D.; SEGER, C. "Feeling good about ourselves: Unrealistic self-evaluations and their relation to self-esteem in the United States and Norway". *Journal of Cross-Cultural Psychology*, 35, p. 571-585, 2004.

SILVERMAN, L. H.; WEINBERGER, I. "Mommy and I are one: Implications for psychotherapy". *American Psychologist*, 40, p. 1.296-1.308, 1985.

SIMON, A. "Sensitivity of the 16PF Motivational Distortion Scale to response bias". *Psychological Reports*, 101, 2, p. 482-484, 2007.

SIMON, L. *Genuine reality: A life of William James*. New York: Harcourt Brace, 1998.

SINGH, T.; CHOUDHRI, N. "Early adulthood: The role of locus of control, meaning of life and subjective well being". *Journal of Psychosocial Research, 9*, p. 131-139, 2014.

SIRIBADDANA, P. "Personality traits of the only child" *Sciences 360*. Disponível em: <http://www.sciences360.com/index.php/personality-traits-of--the-only-child-3045/>, 2013.

SKINNER, B. F. "The behavior of organisms: An experimental analysis". New York: AppletonCentury, 1938.

_____. *Walden two*. New York: Macmillan, 1948.

_____. *Science and human behavior*. New York: Free Press, 1953.

_____. "Distinguished scientific contribution award". *American Psychologist, 13*, p. 729-738, 1958.

_____. "Autobiography". In: BORING, E. G.; LINDZEY, G. (eds.). *A history of psychology in auto--biography*. New York: Appleton-Century-Crofts, 1967. p. 385-413. v. 5, 1967.

_____. *Beyond freedom and dignity*. New York: Knopf, 1971.

———. *The shaping of a behaviorist*. New York: Knopf, 1979.

———. *A matter of consequences*. New York: Knopf, 1983.

SKINNER, T., HAMPSON, S.; FIFE-SCHAU, C. "Personality, personal model beliefs, and self-care in adolescents and young adults with Type I diabetes". *Health Psychology*, 21, p. 61-70, 2002.

SKITKA, L.; SARGIS, E. "The Internet as psychological laboratory". *Annual Review of Psychology*, 57, p. 529-555, 2006.

SLEEK, S. "Blame your peers, not your parents". *APA Monitor*, p. 9, out. 1998.

SLUGOSKI, B. F.; GINSBURG, G. P. Ego identity and explanatory speech. In: GERGEN, K. F.; SHOTTER, J. (eds.). *Texts of identity*. London: Sage, 1989. p. 36-55.

SMART, E.; GOW, A.; DEARY, I. "Occupational complexity and lifetime cognitive abilities". *Neurology*, 83, p. 2285-2291, 2014.

SMEEKENS, S.; RIKSEN-WALRAVEN, J.; VAN BAKEL, H. Cortisol reactions in five-year-olds to parent-child interaction: The moderating role of ego-resiliency. *Journal of Child Psychology and Psychiatry*, 48, 7, p. 649-656, 2007.

SMILLIE, L. *et al.* "Benefits of all work and no play: The relationship between neuroticism and performance as a function of resource allocation". *Journal of Applied Psychology*, 91, p. 139-155, 2006.

SMITH, A.; WILLIAMS, K. "R U there? Ostracism by cell phone text messages". *Group Dynamics*, 8, p. 291-301, 2004.

SMITH, D. "The theory heard 'round the world". *Monitor on Psychology*, 33, 9, p. 30-32, 2002.

SMITH, E.; BISSETT, D.; RUSSO, S. "Sensation seeking tendencies and injury patterns among Motocross athletes". *American Psychological Association Convention Presentation*. Disponível em: http://psycnet.apa.org/index.cfm?fa search.displayRecord&id=4CA4E0D5-F108--6F39DFA8-567CF9EEAAEB&resultID 1&page=1&dbTab=all&search=true. Acesso em: 2014.

SMITH, J. E. *et al.* "Recidivism and dependency in a psychiatric population: An investigation with Kelly's dependency grid". *International Journal of Personal Construct Psychology*, 4, p. 157-173, 1991.

SMITH, M. B. "Henry A. Murray (1893-1988): Humanistic psychologist". *Journal of Humanistic Psychology*, 30, 1, p. 6-13, 1990.

SMITH, R. E.; PTACEK, J. T.; SMOLL, F. L. "Sensation seeking, stress, and adolescent injuries: A test of stress-buffering, risk-taking, and coping skills hypotheses". *Journal of Personality and Social Psychology*, 62, p. 1016-1024, 1992.

SMITH, T. B.; SILVA, L. "Ethnic identity and personal well-being of people of color: A meta-analysis". *Journal of Counseling Psychology*, 58, p. 42-60, 2011.

SOLNIT, A. J. "Freud's view of mental health and fate". In: GARCIA, E. E. (ed.). *Understanding Freud: The man and his ideas*. New York: New York University Press, 1992. p. 64-77.

SOLO, C. "Is happiness good for your personality? Concurrent and prospective relations to the Big Five with subjective well-being". *Journal of Personality*, 83, p. 45-55, 2014.

SPANGLER, W. D. "Validity of questionnaire and TAT measures of need for achievement": Two meta-analyses. *Pyschological Bulletin*, 112, p. 140-154, 1992.

SPANN, M. *et al.* "Suicide and African-American teenagers: Risk factors and coping mechanisms". *Suicide and Life-Threatening Behavior*, 36, p. 553-568, 2006.

SPITALNICK, J. *et al.* "Sexual sensation seeking and its relationship to risky sexual behavior among African-American adolescents". *Journal of Adolescence*, 30, p. 165-173, 2007.

SROUFE, L. A.; FOX, N. E.; PANCAKE, V. R. "Attachment and dependency in developmental perspective". *Child Development*, 54, p. 1.615-1.627, 1983.

STACY, A. W. *et al.* "Moderators of peer social influence in adolescent smoking". *Personality and Social Psychology Bulletin*, 18, p. 163-172, 1992.

STAJKOVIC, A.; LUTHANS, F. "Self-efficacy and work-related performance: A meta-analysis". *Psychological Bulletin*, 124, p. 240-261, 1998.

STANTON, B. *et al.* "Early initiation of sex, drug-related risk behaviors, and sensation seeking among urban low-income African-American adolescents". *Journal of the National Medical Association*, 93, 4, p. 129-138, 2001.

STATTON, J. E.; WILBORN, B. "Adlerian counseling and the early recollections of children". *Individual Psychology*, 47, p. 338-347, 1991.

STAUDINGER, U. M. "Life reflection: A social-cognitive analysis of life review". *Review of General Psychology*, 5, p. 148-160, 2001a.

———. "More than pleasure? Toward a psychology of growth and strength?" [Review of the book Well-being: The foundations of hedonic psychology]. *Contemporary Psychology*, 46, p. 552-554, 2001b.

STAUDINGER, U. M.; FLEESON, W.; BALTES, P.B. "Predictors of subjective physical health and global well-being: Similarities and differences between the United States and Germany". *Journal of Personality and Social Psychology*, 76, p. 305-319, 1999.

STECA, P. *et al.* "Parents' self-efficacy beliefs and their children's psychosocial adaptation during adolescence". *Journal of Youth and Adolescence*, 40, p. 320-331, 2011.

STEEL, P. "The nature of procrastination: A meta-analytic and theoretical review of quintessential self-regulatory failure". *Psychological Bulletin*, 133, p. 65-94, 2007.

STEEL, P.; ONES, D. "Personality and happiness: A national-level analysis". *Journal of Personality and Social Psychology*, 83, p. 767-781, 2002.

STEINBERG, L.; MORRIS, A. S. "Adolescent development". *Annual Review of Psychology*, 52, 83-110, 2001.

STELMACK, R. M. "Toward a paradigm in personality: Comment on Eysenck's (1997) view". *Journal of Personality and Social Psychology*, 73, p. 1.238-1.241, 1997.

STEPANIKOVA, I.; NIE, N.; HE, X. "Time on the internet at home, loneliness, and life satisfaction: Evidence from panel time-diary data". *Computers in Human Behavior*, 26, p. 329-338, 2010.

STEPANSKY, P. E. *In Freud's shadow: Adler in context.* New York: Analytic Press, 1983.

STEPHAN, J. *et al.* "TV viewing and dreaming in children: The UK library study". *International Journal of Dream Research, 5*, p. 130-133, 2012.

STEPHAN, Y.; BOICHE, J.; LESCANFF, C. "Motivation and physical activity behaviors among older women: A self-determination perspective". *Psychology of Women Quarterly*, 34, 3, p. 339-348, 2010.

STEPHEN, J.; FRASER, E.; MARCIA, J. E. "Moratorium achievement (MAMA) cycles in lifespan identity development: Value orientations and reasoning system correlates". *Journal of Adolescence*, 15, 283-300, 1992.

STEPHENSON, W. *The study of behavior: Q-technique and its methodology.* Chicago, IL: University of Chicago Press, 1953.

STEPTOE, A.; DEATON, A.; STONE, A. "Subjective wellbeing, health, and aging". *Lancet, 385*, p. 640-648, 2015.

STEPTOE, A. *et al.* "Dispositional optimism and health behaviour in community-dwelling older people: Associations with healthy ageing". *British Journal of Health Psychology*, 11, p. 71-84, 2006.

STERBA, R. F. *Reminiscences of a Viennese psychoanalyst.* Detroit, MI: Wayne State University Press, 1982.

STEWART, A. J.; OSTROVE, J. M. "Women's personality in middle age: Gender, history, and midcourse corrections". *American Psychologist*, 53, p. 1.185-1.194, 1998.

STEWART, A. J.; VANDEWATER, E. A. "'If I had it to do over again...' Midlife review, midcourse corrections, and women's well-being in midlife". *Journal of Personality and Social Psychology*, 76, p. 270-283, 1999.

STEWART, G. L.; CARSON, K. P.; CARDY, R. L. "The joint effects of conscientiousness and self-leadership training on employee self-directed behavior in a service setting". *Personnel Psychology*, 49, p. 143-164, 1996.

STIEGER, S.; REIPS, U.-D. "What are participants doing while filling in an online questionnaire: A paradata collection tool and an empirical study". *Computers in Human Behavior*, 26, p. 1.488-1.495, 2010.

STILWELL, N. A. *et al.* "Myers-Briggs Type and medical specialty choice: A new look at an old question". *Teaching and Learning in Medicine*, 12, p. 14-20, 2000.

STINSON, D. *et al.* "The cost of lower self-esteem: Testing a self-and social-bonds model of health". *Interpersonal Relations and Group Processes*, 94, 3, p. 412-428, 2008.

STIRN, A.; HINZ, A.; BRAEHLER, E. "Prevalence of tattooing and body piercing in Germany and perception of health, mental disorders, and sensation seeking among tattooed and body-pierced individuals". *Journal of Psychosomatic Research*, 60, p. 531-534, 2006.

STONE, A. *et al.* "A snapshot of the age distribution of psychological well-being in the United Sates". *Proceedings of the National Academic of Sciences* (Online Edition), 17 maio 2010.

STORY, A. L. "Self-esteem and memory for favorable and unfavorable personality feedback". *Personality and Social Psychology Bulletin*, 24, p. 51-64, 1998.

STRANO, D.; PETROCELLI, J. "A preliminary examination of the role of inferiority feelings in the academic achievement of college students". *Journal of Individual Psychology*, 61, p. 80-89, 2005.

STRAUMANN, T. J. *et al.* "Self-discrepancies and vulnerability to body dissatisfaction and disordered eating". *Journal of Personality and Social Psychology*, 61, p. 946-956, 1991.

STREITMATTER, J. "Identity status and identity style: A replication study". *Journal of Adolescence*, 16, p. 211-215, 1993.

STRICKER, L. J.; ROSS, J. *A description and evaluation of the Myers-Briggs Type Indicator*. Princeton, NJ: Educational Testing Service, 1962.

STRICKLAND, B. R. "Internal-external control expectancies: From contingency to creativity". *American Psychologist*, 44, p. 1-12, 1989.

STRICKLAND, B. R.; HALEY, W. E. "Sex differences on the Rotter I-E Scale". *Journal of Personality and Social Psychology*, 39, p. 930-939, 1980.

STRIZHITSKAYA, O.; DAVEDYUK, E. "Self-determination structure in aging: From theory to practice". *3rd Annual International Conference on Cognitive and Behavioral Psychology*. Disponível em: http://psycnet.apa.org/psycextra/507412014-012.pdf. Acesso em: 2014.

STRUMPFER, D. "Fear and affiliation during a disaster". *Journal of Social Psychology*, 82, p. 263-268, 1970.

STURMAN, E.; MONGRAIN, M.; KOHN, P. "Attributional style as a predictor of hopelessness depression". *Journal of Cognitive Psychotherapy*, 20, p. 447-458, 2006.

SUAREZ-BALCAZAR, Y.; BALCAZAR, F.; TAYLOR-RITZLER, T. "Using the internet to conduct research with culturally diverse populations: Challenges and opportunities". *Cultural Diversity and Ethnic Minority Psychology*, 15, 1, p. 96-103, 2009.

SUEDFELD, P. et al. "Erikson's components of a healthy personality among Holocaust survivors immediately and forty years after the war". *International Journal of Aging and Human Development*, 60, p. 229-248, 2005.

SUINN, R. "Scaling the summit: Valuing ethnicity". *APA Monitor*, p. 2, mar. 1999.

SULDO, S.; MINCH, D.; HEARON, B. "Adolescent life satisfaction and personality characteristics: Investigating relationships using a five-factor model". *Journal of Happiness Studies*. Disponível em: http://link.springer.com/article/10.1007/s10902-014-9544-1. Acesso em: 2014.

SULLOWAY, F.; ZWEIGENHAFT, R. "Birth order and risk taking in athletics: A meta-analysis and study of major league baseball". *Personality and Social Psychology Review*, 14, 4, p. 402-416, 2010.

SULLOWAY, F. J. *Freud, biologist of the mind: Beyond the psychoanalytic legend*. New York: Basic Books, 1979.

_____. "Reassessing Freud's case histories: The social construction of psychoanalysis". In: GELFAND, T.;

KERR, J. (eds.). *Freud and the history of psychoanalysis*. Hillsdale, NJ: Analytic Press, 1992. p. 153-192.

_____ "Birth order and evolutionary psychology: A meta-analytic overview". *Psychological Inquiry*, 6, 1, 1995.

_____. "Birth order and intelligence". *Science*, 317, p. 1.711, 2007.

SULS, J.; GREEN, P.; HILLIS, S. "Emotional reactivity to everyday problems, affective inertia, and neuroticism". *Personality and Social Psychology Bulletin*, 24, p. 127-136, 1998.

SUMMERVILLE, K. "Antagonism of opposites: Carl Jung's legacy of analytic psychology". *American Psychological Association 2010 Convention Presentation*, 2010.

SUSSKIND, J. et al. "Human and computer recognition of facial expressions of emotion". *Neuropsychologia*, 45, p. 152-162, 2007.

SUN, P.; ANDERSON, M. "The importance of attributional complexity for transformational leadership studies". *Journal of Management Studies*, 48, p. 1001-1022, 2012.

SUSSKIND, J. et al. "Human and computer recognition of facial expressions of emotion." *Neuropsychologia*, 45, p. 152-162, 2007.

SUTIN, A. "Optimism, pessimism and bias in self-reported body weight among older adults". *Obesity*, 21, p. 508-511, 2013.

SUTIN, A. et al. "Turning points and lessons learned: Stressful life events and personality trait development across middle adulthood". *Psychology and Aging*, 25, 3, p. 524-533, 2010.

SUTTON-SMITH, B.; ROSENBERG, B. C. *The sibling*. New York: Holt, Rinehart & Winston, 1970.

SWANBRO, D. "Mirror or megaphone? How relationships between narcissism and social networking site use differ on Facebook and Twitter". *Computers in Human Behavior*, 29, p. 2004-2012, 2014.

SWANN, W.; CHANG-SCHNEIDER, C.; MCCLARTY, K. "Do people's self-views matter? Self-concept and self-esteem in everyday life". *American Psychologist*, 62, p. 84-94, 2007.

SWEENY, K.; SHEPPERD, J. "Commentary: The costs of optimism and the benefits of pessimism". *Emotion*, 10, 5, p. 750-753, 2010.

SWENSON, R.; PRELOW, H. "Ethnic identity, self-esteem, and perceived efficacy as mediators of the relation of supportive parenting to psychosocial outcomes among urban adolescents". *Journal of Adolescence*, 28, p. 465-477, 2005.

SYMBALUK, D. G. et al. "Social modeling, monetary incentives, and pain endurance: The role of self-

-efficacy in pain perception". *Personality and Social Psychology Bulletin*, 23, p. 258-269, 1997.

TAFORADI, R. *et al.* "The reporting of self-esteem in Japan and Canada". *Journal of Cross-Cultural Psychology*, 42, 1, p. 155-164, 2011.

TAFT, L. B.; NEHRKE, M. F. "Reminiscences, life review, and ego integrity in nursing home residents". *International Journal of Aging and Human Development*, 30, p. 189-196, 1990.

TAKANO, K.; SAKAMOTO, S.; TANNO, Y. "Repetitive thought impairs sleep quality: An experience sampling study". *Behavior Therapy*, 45, p. 67-82, 2014.

TALLANDINI, M.; CAUDEK, C. "Defense mechanisms development in typical children". *Psychotherapy Research*, 20, 5, p. 535-545, 2010.

TAMAMIYA, Y.; JIRAKI, K. "The relationship between playing digital games and recognition of facial expressions in children". *10th Asian Association of Social Psychology Biennial Conference, Yogyakarta, Indonesia, August*. Disponível em: http://psycnet.apa.org/psycextra/627722013-763.pdf. Acesso em: 2013.

TANGNEY, J.; BAUMEISTER, R.; BOONE, A. "High self-control predicts good adjustment, less pathology, better grades, and interpersonal success". *Journal of Personality*, 72, p. 271-324, 2004.

TAVRIS, C. *The mismeasure of woman*. New York: Simon & Schuster, 1992.

TAY, L.; DIENER, E. "Needs and subjective well-being around the world". *Journal of Personality and Social Psychology*, 101, p. 354-365, 2011.

TAYLOR, J. "The 2009 Time 100: Paul Eckman". *Time*. Disponível em: http://content.time.com/time/specials/packages/article/0,28804,1894410_1893209_1893475,00.html. Acesso em: 30 abr. 2009.

TAYLOR, M. "The influence of self-efficacy on alcohol use among American Indians". *Cultural Diversity and Ethnic Minority Psychology*, 6, p. 152-167, 2000.

TAYLOR, S. E. *et al.* "Optimism, coping, psychological distress, and high-risk sexual behavior among men at risk for acquired immunodeficiency syndrome (AIDS)". *Journal of Personality and Social Psychology*, 63, p. 460-473, 1992.

TELLEGEN, A. *et al.* "Personality similarity in twins reared apart and together". *Journal of Personality and Social Psychology*, 54, p. 1031-1039, 1988.

TERRACCIANO, A.; COSTA, P.; MCCRAE, R. "Personality plasticity after age 30". *Personality and Social Psychology Bulletin*, 32, p. 999-1009, 2006.

_____. "Intra-individual change in personality stability and age". *Journal of Research in Personality*, 44, p. 31-37, 2010.

TETI, D. M.; GELFAND, D. M. "Behavioral competence among mothers of infants in the first year: The mediational role of maternal self-efficacy". *Child Development*, 62, p. 918-929, 1991.

TETLOCK, P. E. "Cognitive style and political ideology". *Journal of Personality and Social Psychology*, 45, p. 118-126, 1983.

_____. "Cognitive style and political belief systems in the British House of Commons". *Journal of Personality and Social Psychology*, 46, p. 365-375, 1984.

THACKER, S.; GRIFFITHS, M. "An exploratory study of trolling in online video gaming". *International Journal of Cyber Behavior: Psychology and Learning*, 2, p. 17-33, 2012.

THOMAS, A. "The New York Longitudinal Study: From infancy to early adult life". In: DUNN, J.; PLOMIN, R. (eds.). *The study of temperament*. Hillsdale, NJ: Erlbaum, 1986. p. 39-52.

THOMAS, A.; CHESS, S.; KORN, S. "The reality of difficult temperament". *Merrill-Palmer Quarterly*, 28, p. 1-20, 1982.

THOMPSON, S. C. *et al.* "Maintaining perception of control: Finding perceived control in low-control circumstances". *Journal of Personality and Social Psychology*, 64, p. 293-304, 1993.

THOMPSON, T. "Benedictus behavior analysis: B. F. Skinner's magnum opus at fifty" [Review of the book Behavior of organisms: An experimental analysis]. *Contemporary Psychology*, 33, p. 397-402, 1998.

THOMPSON, V.; ALEXANDER, H. "Therapists' race and African-American clients' reactions to therapy". *Psychotherapy: Theory, Research, Practice, Training*, 43, p. 99-110, 2006.

TOBEY, L. H.; BRUHN, A. R. "Early memories and the criminally dangerous". *Journal of Personality Assessment*, 59, p. 137-152, 1992.

TOMINA, Y.; TAKAHATA, M. "A behavioral analysis of force-controlled operant tasks in American lobster". *Physiology and Behavior*, 101, 1, p. 108-116, 2010.

TOMLIN, M.; REED, P. "Effects of fixed-time reinforcement delivered by teachers for reducing problem behavior in special education classrooms". *Journal of Behavioral Education*, 21, p. 150-162, 2012

TONG, J.; WANG, L. "Validation of *locus* of control scale in Chinese organizations". *Personality and Individual Differences*, 41, p. 941-950, 2006.

TORGES, C.; STEWART, A.; DUNCAN, L. "Achieving ego integrity: Personality development in late midlife". *Journal of Research in Personality*, 42, 4, p. 1004-1019, 2008.

TORGES, C.; STEWART, A.; MINER-RUBINO, K. "Personality after prime of life: Men and women coming to terms with regrets". *Journal of Research in Personality*, 39, p. 148-165, 2005.

TORI, C.; BILMES, M. "Multiculturalism and psychoanalytic psychology: The validation of a defense mechanism measure in an Asian population". *Psychoanalytic Psychology*, 19, p. 701-721, 2002.

TORRES, L.; ONG, A. "A daily diary investigation of Latino ethnic identity, discrimination, and depression". *Cultural Diversity and Ethnic Minority Psychology*, 16, 4, p. 561-568, 2010.

TOSUN, L.; LAJUNEN, T. "Does internet use reflect your personality? Relationship between Eysenck's personality dimensions and internet use". *Computers in Human Behavior*, 26, 1, p. 162-167, 2010.

TRAN, X.; RALSTON, L. "Tourist preferences: Influence of unconscious needs". *Annals of Tourism Research*, 33, p. 424-441, 2006.

TRIANDIS, H. C.; SUH, E. M. "Cultural influences on personality". *Annual Review of Psychology*, 53, p. 133-160, 2002.

TRIBICH, D.; MESSER, S. "Psychoanalytic character type and states of authority as determiners of suggestibility". *Journal of Consulting and Clinical Psychology*, 42, p. 842-848, 1974.

TRICE, A. "Sensation-seeking and video choice in second grade children". *Personality and Individual Differences*, 49, p. 1007-1010, 2010.

TRIPLET, R. G. "Book review of *Love's story told: A life of Henry A. Murray*". *Journal of the History of the Behavioral Sciences*, 29, p. 384-386, 1993.

TROVATO, G. *et al.* "Cross-cultural perspectives on emotion expressive humanoid robotic head: Recognition of facial expressions and symbols". *International Journal of Social Robotics*, 5, p. 515-527, 2014.

TRZESNIEWSKI, K. H.; DONNELLAN, M. B.; ROBINS, R. W. "Stability of self-esteem across the life span". *Journal of Personality and Social Psychology*, 84, p. 205-220, 2003.

TRZESNIEWSKI, K. H. *et al.* "Low self-esteem during adolescence predicts poor health, criminal behavior, and limited economic prospects during adulthood". *Developmental Psychology*, 42, p. 381-390, 2006.

TSAI, M.; TSAI, C. "Junior high school students' internet usage and self-efficacy: A re-examination of the gender gap". *Computers & Education*, 54, p. 1.182-1.192, 2010.

TSKHAY, K.; RULE, N. "Perceptions of personality in textbased media and OSN: A meta-analysis". *Journal of Research in Personality*, 49, p. 25-30, 2014.

TUCKER, J.; ELLIOTT, M.; KLEIN, D. "Social control of health behavior: Associations with conscientiousness and neuroticism". *Personality and Social Psychology Bulletin*, 32, p. 1143-1152, 2006.

TUCKER, W. *The cattell controversy: Race, science, and ideology*. Champaign, IL: University of Illinois Press, 2009.

TUERLINCKX, F.; DEBOECK, P.; LENS, W. "Measuring needs with the Thematic Apperception Test: A psychometric study". *Journal of Personality and Social Psychology*, 82, p. 448-461, 2002.

TURKLE, S. *Life on the screen: Identity in the age of the Internet*. New York: Simon & Schuster, 1995.

TURKUM, A. "Do optimism, social network richness, and submissive behaviors predict well-being? Study with a Turkish sample". *Social Behavior and Personality*, 33, p. 619-628, 2005.

UBA, L. *Asian Americans: Personality patterns, identity, and mental health*. New York: Guilford Press, 1994.

UDRIS, R. "Cyberbullying among high school students in Japan: Development and validation of the Online Disinhibition Scale". *Computers in Human Behavior*, 41, p. 253-261, 2014.

UHLMANN, E.; SWANSON, J. "Exposure to violent video games increases automatic aggressiveness". *Journal of Adolescence*, 27, p. 41-52, 2004.

UMANA-TAYLOR, A. "Ethnic identity and self-esteem: Examining the role of social context". *Journal of Adolescence*, 27, p. 139-146, 2004.

USBORNE, E.; TAYLOR, D. "The role of cultural identity clarity for self-concept clarity, self-esteem, and subjective well-being". *Personality and Social Psychology Bulletin*, 36, 7, p. 883-897, 2010.

UTSEY, S. *et al.* "Race-related stress, quality of life indicators, and life satisfaction among elderly African Americans". *Cultural Diversity and Ethnic Minority Psychology*, 8, p. 7-17, 2002.

UTZ, S. "Social identification and interpersonal attraction in MUDs [multi-user dungeons]". *Swiss Journal of Psychology*, 62, p. 91-101, 2003.

VAIDYA, J. *et al.* "Age differences on measures of disinhibition during young adulthood". *Personality and Individual Differences*, 48, p. 815-820, 2010.

VALENTIJN, S. *et al.* "Memory self-efficacy predicts memory performance: Results from a 6-year follow-up study". *Psychology and Aging*, 21, p. 165-172, 2006.

VALLI, K. *et al.* "The effect of trauma on dream content: A field study of Palestinian children". *Dreaming*, 16, p. 63-87, 2006.

VAN AKEN, M. *et al.* "Midlife concerns and short-term personality change in middle adulthood". *European Journal of Personality*, 20, p. 497-513, 2006.

VAN BOVEN, L. "Experientialism, materialism, and the pursuit of happiness". *Review of General Psychology*, 9, p. 132-142, 2005.

VAN DE WATER, D. A.; MCADAMS, D. P. "Generativity and Erikson's 'belief in the species'". *Journal of Research in Personality*, 23, p. 435-449, 1989.

VAN DEN BOOM, D. C.; HOEKSMA, J. B. "The effect of infant irritability on mother-infant interaction: A growth-curve analysis". *Developmental Psychology*, 30, p. 581-590, 1994.

VAN DER AA, N. *et al.* "Daily and compulsive internet use and well-being in adolescence: A diatheses-stress model based on the big five personality traits". *Journal of Youth and Adolescence*, 38, 6, p. 765-776, 2009.

VAN DER LINDEN, D. *et al.* "Classroom ratings of likeability and popularity are related to the Big Five and the general factor of personality". *Journal of Research in Personality*, 44, 5, p. 669-671, 2010.

Van Dijk, T. *et al.* "Multidimensional health locus of control and depressive symptoms in the multi-ethnic population of the Netherlands". *Social Psychiatry and Psychiatric Epidemiology*, 48, p. 1931-1939, 2013.

VAN EEDEN, R.; MANTSHA, T. "Theoretical and methodical considerations in the translation of the 16PF into an African language". *South African Journal of Psychology*, 37, 1, p. 62-81, 2007.

VAN HIEL, A.; BREBELS, L. "Conservatism is good for you: Cultural conservatism protects self-esteem in older adults". *Personality and Individual Differences*, 50, 1, p. 120-123, 2011.

VAN HIEL, A., MERVIELDE, I.; DEFRUYT, F. "Stagnation and generativity: Structure, validity, and differential relationships with adaptive and mal-adaptive personality". *Journal of Personality*, 74, 543-573, p. 2006.

VAN HIEL, A.; VANSTEENKISTE, M. "Ambitions fulfilled? The effects of intrinsic and extrinsic goal attainment on older adults' ego-integrity and death attitudes". *The International Journal of Aging and Human Development*, 68, 1, p. 27-51, 2009.

VAN YPEREN, N. "A novel approach to assessing achievement goals in the context of the 2 x 2 framework: Identifying distinct profiles of individuals with different dominant achievement goals". *Personality and Social Psychology Bulletin*, 32, p. 1.432-1.445, 2006.

VANDEWATER, E.A.; OSTROVE, J. M.; STEWART, A. J. "Predicting women's well-being in midlife: The importance of personality development and social role involvements". *Journal of Personality and Social Psychology*, 72, p. 1.147-1.160, 1997.

VANDIVER, B. *et al.* "Validating the Cross Racial Identity Scale". *Journal of Counseling Psychology*, 49, p. 71-85, 2002.

VAUGHAN, A. *et al.* "Operant conditioning of urination by calves". *Applied Animal Behavior Science*, 158, p. 8-15, 2014.

VECCHIONE, M. *et al.* "Stability and change of ego resiliency from late adolescence to young adulthood: A multiperspective study using the ER89-R Scale". *Journal of Personality Assessment*, 92, 3, p. 212-221, 2010.

VEENHOVEN, R. "Is life getting better? How long and happily do people live in modern society?" *European Psychologist*, 10, p. 330-343, 2005.

VELEZMORO, R.; LACEFIELD, K.; ROBERTI, J. "Perceived stress, sensation, and college students' abuse of the internet". *Computers in Human Behavior*, 26, p. 1.526-1.530, 2010.

VERKUYTEN, M. "Self-esteem and multiculturalism: An examination among ethnic minority and majority groups in the Netherlands". *Journal of Research in Personality*, 43, p. 419-427, 2009.

VENTURA, M.; SALANOVA, M.; LLORENS, S. "Professional self-efficacy as a predictor of burnout and engagement: The role of challenge and hindrance demands." *Journal of Psychology: Interdisciplinary and Applied*, 149, p. 277-302, 2015.

VETERE, A.; MYERS, L. "Repressive coping style and adult romantic attachment style". *Personality and Individual Differences*, 32, p. 799-807, 2002.

VIKEN, R. J. *et al.* "A developmental genetic analysis of adult personality: Extraversion and neuroticism from 18 to 59 years of age". *Journal of Personality and Social Psychology*, 66, p. 722-730, 1994.

VILLANOVA, P.; PETERSON, C. "Meta-analysis of human helplessness experiments. [S.l.: s.n.], 1991. (*apud* PETERSON; MAIER; SELIGMAN, 1993.)

VINER, R. "Melanie Klein and Anna Freud: The discourse of the early dispute". *Journal of the History of the Behavioral Sciences*, 32, p. 4-15, 1996.

VISINTAINER, M.; VOLPICELLI, J.; SELIGMAN, M. E. P. "Tumor rejection in rats after inescapable or escapable shock". *Science*, 216, p. 437-439, 1982.

VLEIORAS, G.; BOSMA, H. "Are identity styles important for psychological well-being?". *Journal of Adolescence*, 28, p. 397-409, 2005.

VOGEL, E. *et al.* "Social comparison, social media and self-esteem". *Psychology of Popular Media Culture, 3*, 206-222, 2014.

VON DRAS, D. D.; SIEGLER, I. C. "Stability in extraversion and aspects of social support at midlife". *Journal of Personality and Social Psychology*, 72, p. 233-241, 1997.

WAGERMAN, S.; FUNDER, D. "Acquaintance reports of personality and academic achievement: A case for conscientiousness". *Journal of Research in Personality*, 41, p. 221-229, 2007.

WAGNER, J. *et al.* "Self-esteem across adulthood". *European Journal of Aging*, 11, p. 109-119, 2014.

WALDROP, D. *et al.* "Self-efficacy, optimism, health competence, and recovery from orthopedic surgery". *Journal of Counseling Psychology*, 48, 233-238, 2001.

WALKER, B.; WINTER, D. "The elaboration of personal construct psychology". *Annual Review of Psychology*, 58, p. 453-477, 2007.

WALKER, R. *et al.* "Ethnic group differences in reasons for living and the moderating role of cultural world view". *Cultural Diversity and Ethnic Minority Psychology*, 16, 3, p. 372-378, 2010.

WALLERSTEIN, R. "Erik Erikson and his problematic identity". *Journal of the American Psychoanalytic Association*, 62, p. 657-675, 2014.

WALSH, S. *et al.* "Keeping in constant touch: The predictors of young Australians' mobile phone involvement". *Computers in Human Behavior*, 27, p. 333-342, 2011.

WALTERS, R. H.; BOWEN, N. V.; PARKE, R. D. "Experimentally induced disinhibition of sexual responses", 1963. (*apud* BANDURA; WALTERS, 1963.)

WALTON, K.; ROBERTS, B. "On the relationship between substance use and personality traits: Abstainers are not maladjusted". *Journal of Research in Personality*, 38, p. 515-535, 2004.

WAN, W. "The fundamentals of Freud come into fashion in China". *The Washington Post*, 11 out. 2010.

WANG, Q.; BOWLING, N.; ESCHLEMAN, K. "A meta-analytic examination of work and general *locus* of control". *Journal of Applied Psychology*, 95, 4, p. 761-768, 2010.

WANG, S.; SHI, M.; CHEN, H. "Ego identity development and its relation to emotional adjustment in college students". *Chinese Journal of Clinical Psychology*, 18, p. 215-218, 2010.

WANT, V. *et al.* "African-American students' ratings of Caucasian and African-American counselors varying in racial consciousness". *Cultural Diversity and Ethnic Minority Psychology*, 10, p. 123-136, 2004.

WARBURTON, J.; MCLAUGHLIN, D.; PINSKER, D. "Generative acts: Family and community involvement of older Australians". *International Journal of Aging and Human Development*, 63, p. 115-137, 2006.

WATERMAN, A. S. "Identity development from adolescence to adulthood: An extension of theory and a review of research". *Developmental Psychology*, 18, p. 341-358, 1982.

WATERMAN, C. K.; BUEBEL, M. E.; WATERMAN, A. S. "Relationship between resolution of the identity crisis and outcomes of previous psychosocial crises". *Proceedings of the 78th Annual Convention of the American Psychological Association*, 5, p. 467-468, 1970.

WATKINS JR., C. E. "Measuring social interest". *Individual Psychology*, 50, p. 69-96, 1994.

WATKINS JR., C. E.; ST. JOHN, C. "Validity of the Sulliman scale of social interest". *Individual Psychology*, 50, p. 166-169, 1994.

WATSON, C. B.; CHEMERS, M. M.; PREISER, N. "Collective efficacy: A multilevel analysis". *Personality and Social Psychology Bulletin*, 27, p. 1.057-1.068, 2001.

WATSON, D. *et al.* "Affect, personality, and social activity". *Journal of Personality and Social Psychology*, 63, p. 1011-1025, 1992.

WATSON, D.; HUMRICHOUSE, J. "Personality development in emerging adulthood: Integrating evidence from self-ratings and spouse ratings". *Journal of Personality and Social Psychology*, 91, p. 959-974, 2006.

WATSON, M. W.; GETZ, K. "The relationship between Oedipal behaviors and children's family role concepts". *Merrill-Palmer Quarterly*, 36, p. 487-505, 1990.

WATTS, R.; HOLDEN, J. "Why continue to use 'fictional finalism'?". *Individual Psychology*, 50, p. 161-163, 1994.

WEBER, H.; VOLLMANN, M.; RENNER, B. "The spirited, the observant, and the disheartened: Social concepts of optimism, realism, and pessimism". *Journal of Personality*, 75, p. 169-197, 2007.

WEBSTER, R. *Why Freud was wrong: Sin, science, and psychoanalysis*. New York: Basic Books, 1995.

WEGNER, D. M.; WHEATLEY, T. "Apparent mental causation: Sources of the experience of will". *American Psychologist*, 54, p. 480-492, 1999.

WEHR, G. *Jung: A biography*. Boston, MA: Shambhala, 1987.

WEINBERGER, D. "The content validity of the repressive coping style". In: SINGER, J. (ed.). *Repression and dissociation*. Chicago, IL: University of Chicago Press, 1995. p. 337-386.

WEINBERGER, I.; SILVERMAN, L. H. "Testability and empirical validation of psychoanalytic dynamic propositions through subliminal psychodynamic activation". *Psychoanalytic Psychology*, 7, p. 299-339, 1990.

WEIR, K. "The power of self-control". *Monitor on Psychology*, p. 43, 2012.

WEISS, A.; KING, J.; PERKINS, L. "Personality and subjective well-being in orangutans". *Journal of Personality and Social Psychology*, 90, p. 501-511, 2006.

WEISS, D. "The relationship between Internet social networking, social anxiety, self-esteem, narcissism, and gender among college students". *Dissertation Abstracts International. Section B: Sciences and Engineering.* v. 74 (9-BE), 2014.

WEISSE, C. S. "Depression and immunocompetence: A review of the literature". *Psychological Bulletin*, 111, p. 475-489, 1992.

WEITEN, W. *Psychology: Themes and variations*. Belmont, CA: Brooks-Cole, 1992.

WEITLAUF, J. C. *et al.* "Assessing generalizations in perceived self-efficacy: Multi-domain and global assessments of the effects of self-defense training for women". *Personality and Social Psychology Bulletin*, 27, p. 1.683-1.691, 2001.

WENDORF, C. *et al.* "Marital satisfaction across three cultures: Does the number of children have an impact after accounting for other marital demographics?". *Journal of Cross-Cultural Psychology*, 42, 3, p. 340-354, 2011.

WERNER, N.; BUMPUS, M. "Involvement in internet aggression during early adolescence". *Journal of Youth and Adolescence*, 39, p. 607-619, 2010.

WERNICK, L.; KULICK, A.; INGLEHART, M. "Influences of peers, teachers, and climate on students willingness to intervene when witnessing anti-transgender harassment". *Journal of Adolescence*, 37, p. 927-935, 2014.

WESTEN, D. "Psychoanalytic approaches to personality". In: PERVIN, L. A. (ed.). *Handbook of personality*. New York: Guilford Press, 1990. p. 21-65.

_____. "The scientific legacy of Sigmund Freud". *Psychological Bulletin*, 124, p. 333-371, 1998.

WESTERMEYER, J. "Predictors and characteristics of Erikson's life cycle model among men: A 32-year longitudinal study". *International Journal of Aging and Human Development*, 58, p. 29-48, 2004.

WESTKOTT, M. *The feminist legacy of Karen Horney*. New Haven, CT: Yale University Press, 1986.

WHITBOURNE, S. K. *et al.* "Psychosocial development in adulthood: A 22-year sequential study". *Journal of Personality and Social Psychology*, 63, p. 260-271, 1992.

WHITBOURNE, S.; SNEED, J.; SAYER, A. "Psychosocial development from college through midlife: A 34-year sequential study". *Developmental Psychology*, 45, p. 1328-1340, 2009.

WHITE, J. *et al.* "The relationship of psychological birth order to career interests". *Individual Psychology*, 53, p. 89-103, 1997.

WHITTAKER, V.; NEVILLE, H. "Examining the relation between racial identity attitude clusters and psychological health outcomes in African American college students". *Journal of Black Psychology*, 36, 4, p. 383-409, 2010.

WICHERN, F.; NOWICKI, S. "Independence training practices and *locus* of control orientation in children and adolescents". *Developmental Psychology*, 12, p. 77, 1976.

WIDOM, C. *et al.* "Do the long-term consequences of neglect differ for children of different races and ethnic backgrounds?" *Child Maltreatment, 18*, p. 42-55, 2013.

WILLIAMS, D. E.; PAGE, M. M. "A multidimensional measure of Maslow's hierarchy of needs". *Journal of Research in Personality*, 23, p. 192-213, 1989.

WILLIAMS, K.; GUERRA, N. "Perceptions of collective efficacy and bullying perpetration in schools". *Social Problems*, 58, 126-143, 2011.

WILLIAMS, P.; SUCHY, Y.; KRAYBILL, M. "Five-factor model of personality traits and executive functioning among older adults". *Journal of Research in Personality*, 44, p. 485-491, 2010.

WILLS, T. *et al.* "Ethnic pride and self-control related to protective and risk factors". *Health Psychology*, 26, p. 50-59, 2007.

WILSON, C. *New pathways in psychology*. New York: Taplinger, 1972.

WILSON, K.; FORNASIER, S.; WHITE, K. "Psychological predictors of young adults' use of social networking sites". *Cyberpsychology, Behavior, and Social Networking*, 13, 2, p. 173-177, 2010.

WINDSOR, T.; ANSTEY, K. "Age differences in psychosocial predictors of positive and negative affect: A longitudinal investigating of young, midlife, and older adults". *Psychology and Aging*, 25, 3, p. 641-652, 2010.

WINKIELMAN, P.; BERRIDGE, K.; WILBARGER, J. "Unconscious affective reactions to masked happy versus angry faces influence consumption behavior and judgments of value". *Personality and Social Psychology Bulletin*, 31, p. 121-135, 2005.

WINTER, D. A. *Personal construct psychology in clinical practice*. London: Routledge, 1992.

_____. "Still radical after all these years: George Kelly's *The Psychology of Personal Constructs* [book review]". *Clinical Child Psychology and Psychiatry*, 18, p. 276-283, 2013.

WINTER, D. G. *The power motive*. New York: Free Press, 1973.

_____. Gordon Allport and letters from Jenny. In: CRAIK, K. H.; HOGAN, R.; WOLFE, R. N. (eds.). *Fifty years of personality psychology*. New York: Plenum Press, 1993a. p. 147-163.

_____. "Power, affiliation, and war: Three tests of a motivational model". *Journal of Personality and Social Psychology*, 65, p. 532-545, 1993b.

WINTER, D. G.; PROCTOR, H. "Formulation in personal and relational construct psychology: Seeing the world through the clients eyes". In: DALLOS, R.; JOHNSTONE, L. (eds.), *Formulation in psychology and psychotherapy: Making sense of people s problems* (2ª ed., p. 145-172). New York: Routledge/Taylor & Francis, 2014.

WINTER, S. *et al.* "Another brick in the Facebook wall: How personality traits relate to the content of status updates". *Computers in Human Behavior*, 34, p. 194-202, 2014.

WINTERBOTTOM, M. R. "The relation of need for achievement to learning experiences in independence and mastery". In: ATKINSON, J. W. (ed.). *Motives in fantasy, action, and society*. Princeton, NJ: Van Nostrand, 1958.

WIRTZ, D. *et al.* "What constitutes a good life? Cultural differences in the role of positive and negative affect in subjective well-being". *Journal of Personality*, 77, 4, p. 1187-1196, 2009.

WITT, E. A.; DONNELLAN, M. B.; ORLANDO, M. J. "Timing and selection effects within a psychology subject pool: Personality and sex matter". *Personality and Individual Differences*, 50, p. 355-359, 2011.

WITT, E.; MASSMAN, A.; JACKSON, L. "Trend in youth's videogame playing, overall computer use, and communication technology use: The impact of self-esteem and the Big Five personality factors". *Computers in Human Behavior*, 27, p. 763-769, 2011.

WITTELS, F. *Sigmund Freud: His personality, his teaching, and his school*. London: Allen & Unwin, 1924.

WOJCIK, E. "Girl Scouts Science of Happiness Badge promotes positive psychology". *Monitor on Psychology*, 43(1), p. 11, 2012.

WOLINSKY, F. *et al.* "Does cognitive training improve internal *locus* of control among older adults?". *Journal of Gerontology: Social Sciences*, 65B(5), p. 591-598, 2009.

WONG, A.; SHAW, G.; NG, D. "Taiwan Chinese managers' personality: Is Confucianism on the wane?". *The International Journal of Human Resource Management*, 21, 7, p. 1.108-1.123, 2010.

WONG, S. *et al.* "Personality, health, and coping: A cross-national study". *Cross-Cultural Research*, 43, 3, p. 251-279, 2009.

WONG, W.; HINES, M. "Effects of gender color--coding on toddlers gender-typical toy play". *Archives of Sexual Behavior*. Disponível em: http://psycnet.apa.org/index.cfm?fa=search.displayRecord&id=6CED34DA-D7CA-914D-FDE1-0D6BAE4D5D74&resultID=1&page=1&dbTab=all&search=true. Acesso em: 30 set. 2014.

WOOD, A.; JOSEPH, S.; MALTBY, J. "Gratitude predicts psychological well-being above the Big Five facets". *Personality and Individual Differences*, 46, p. 443-447, 2009.

WOOD, J. M. *et al.* "Clinical assessment". *Annual Review of Psychology*, 53, p. 519-543, 2002.

XIAN-LI, A.; GUANG-XING, X. "Dream contents of modern undergraduate students". *Chinese Mental Health Journal*, 14, p. 57-67, 2006.

XIANG, J.; SHEN, H. "Defense mechanisms in college students with borderline personality disorder". *Chinese Mental Health Journal*, 24, p. 275-278, 2010.

YAMAGATA, S. *et al.* "Is the genetic structure of human personality universal? A cross-cultural twin study from North America, Europe, and Asia". *Journal of Personality and Social Psychology*, 90, p. 987-998, 2006.

YAMAGUCHI, S. *et al.* "Apparent universality of positive implicit self-esteem". *Psychological Science*, 18, p. 498-500, 2007.

YANG, H.; ZHAO, S. "Psychological types of Chinese business managers". *Journal of Psychological Type*, 69, 12, p. 157-163, 2009.

YAO, M.; ZHONG, Z. "Loneliness, social contacts and Internet addiction: A cross-lagged panel study". *Computers in Human Behavior, 30*, p. 164-170, 2014.

YAP, S.; BAHARUDIN, R. "The relationship between adolescents perceived parental involvement, selfefficacy beliefs, and subjective well-being: A multiple mediator model". *Social Indicators Research*. Disponível em: <http://www.researchgate.net/profile/Siew_Ting_Yap2>, acesso em 4 de fevereiro de 2015.

YAP, S.; SETTLES, I.; PRATT-HYATT, J. "Mediators of the relationship between racial identity and life satisfaction in a community sample of African American women and men". *Cultural Diversity and Ethnic Minority Psychology*, 17, 1, p. 89-97, 2011.

YING, Y. *et al.* "The concept of depression in Chinese American college students". *Cultural Diversity and Ethnic Minority Psychology*, 6, p. 183-185, 2000.

YOUNG-BRUEHL, E. *Anna Freud: A biography*. New York: Summit Books, 1988.

YU, C. "Contemporary Chinese sex symbols in dreams". *Dreaming, 20*, p. 25-41, 2010.

_____. "The effect of sleep position on dream experiences". *Dreaming, 22*, p. 212-221, 2012.

YU, P.; SHU-HUA, L. "The relationship between college students' attributional style, self-efficacy and subjective well-being". *Chinese Journal of Clinical Psychology*, 13, p. 43-44, 2005.

ZAJONC, R. B. "The family dynamics of intellectual development". *American Psychologist*, 56, p. 490-496, 2001.

ZAJONC, R. B.; MARKUS, H.; MARKUS, G. B. "The birth order puzzle". *Journal of Personality and Social Psychology*, 37, p. 1.325-1.341, 1979.

ZANON, C. *et al.* "The importance of personality and parental styles on optimism in adolescents". *Spanish Journal of Psychology, 17*, Artigo e47, julho 2014.

ZARETSKY, E. *Secrets of the soul: A social and cultural history of psychoanalysis*. New York: Knopf, 2004.

ZEBROWITZ, L.; KIKUCHI, M.; FELLOUS, J. "Facial resemblance to emotions: Group differences, impression effects, and race stereotypes". *Journal of Personality and Social Psychology*, 98, 2, p. 175-189, 2010.

ZEIDNER, M. "Coping with disaster: The case of Israeli adolescents under threat of missile attack". *Journal of Youth and Adolescence*, 22, p. 89-108, 1993.

ZHAI, Q. *et al.* "Five personality traits, job satisfaction and subjective wellbeing in China". *International Journal of Psychology, 48*, p. 1099-1108, 2013.

ZHANG, D.; HE, H. "Personality traits and life satisfaction: A Chinese case study". *Social Behavior and Personality*, 38, 8, p. 1.119-1.132, 2010.

ZHANG, F.; PARMLEY, M. "What your best friend sees that I don't see: Comparing female close friends and casual acquaintances on the perception of emotional facial expressions of varying intensi-

ties". *Personality and Social Psychology Bulletin*, 37, 1, p. 28-39, 2011.

ZHENG, H. *et al.* "Correlated factors comparison: The trends of computer game addiction and Internet relationship addiction". *Chinese Journal of Clinical Psychology*, 14, p. 244-247, 2006.

ZHUO, J. "Where anonymity breeds contempt". *The New York Times*, 30 nov. 2010.

ZIEGLER-HILL, V.; MYERS, E. "Is high self-esteem a path to the White House? The implicit theory of self-esteem and the willingness to vote for presidential candidates". *Personality and Individual Differences*, 46, p. 14-19, 2009.

ZIMMER, C. "More to a smile than lips and teeth". *The New York Times*, 26 jan. 2011.

ZIMMERMAN, B. J. "Self-efficacy and educational development". In: BANDURA, A. (ed.). *Self-efficacy in changing societies*. Cambridge, England: Cambridge University Press, 1995. p. 202-231.

ZUCCHI, J.; BACHELLER, L.; MUSCARELLA, F. "Learned helplessness and bullying: At risk for cyberbullying". *American Psychological Association Convention Presentation*. Disponível em http://psycnet.apa.org/psycextra/649952012-001.pdf. Acesso em: 2012.

ZUCKER, A.; OSTROVE, J.; STEWART, A. "College educated women's personality development in adulthood: Perceptions and age differences". *Psychology and Aging*, 17, p. 236-244, 2002.

ZUCKERMAN, M. *Sensation seeking: Beyond the optimal level of arousal*. Hillsdale, NJ: Erlbaum, 1979.

_____. *Biological bases of sensation seeking, impulsivity, and anxiety*. Hillsdale, NJ: Erlbaum, 1983.

_____. "The psychophysiology of sensation seeking". *Journal of Personality*, 58, p. 313-345, 1990.

_____. "Out of sensory deprivation and into sensation seeking: A personal and scientific journey". In: BRANNIGAN, G. G.; MERRENS, M. R. (eds.). *The undaunted psychologist: Adventures in research*. Philadelphia, PA: Temple University Press, 1993. p. 45-57.

_____. *Behavioral expressions and biosocial bases of sensation seeking*. Cambridge, England: Cambridge University Press, 1994a.

_____. "Impulsive unsocialized sensation seeking: The biological foundations of a basic dimension of personality". In: BATES, J. E.; WACHS, T. D. (eds.). *Temperament: Individual differences at the interface of biology and behavior*. Washington, DC: American Psychological Association, 1994b. p. 219-255.

_____. "The shaping of personality: Genes, environments, and chance encounters". *Journal of Personality Assessment*, 82, p. 11-22, 2004.

_____. "Biological bases of personality". In: HOWARD, T.; SULS, J.; WEINER, I. (eds.), *Handbook of psychology: Vol. 5. Personality and social psychology* (2. ed., p. 27-42). New York: Wiley., 2013

ZUCKERMAN, M.; ALUJA, A. "Measures of sensation seeking". In: BOYLE, G.; SAKLOFSKE, D.; MATTHEWS, G. (eds.), *Measures of personality and social psychological constructs* (p. 352-380). San Diego, CA: Elsevier., 2015.

ZUCKERMAN, M.; BUCHSBAUM, M. S.; MURPHY, D. L. "Sensation seeking and its biological correlates". *Psychological Bulletin*, 88, p. 187-214, 1980.

ZUCKERMAN, M.; EYSENCK, S.; EYSENCK, H. J. "Sensation seeking in England and America: Cross-cultural, age and sex comparisons". *Journal of Consulting and Clinical Psychology*, 46, p. 139-149, 1978.

ZULLOW, H.; SELIGMAN, M. E. P. "Pessimistic ruminations predict increase in depressive symptoms". Unpublished manuscript, 1985 (apud ROSENHAN, D. L.; SELIGMAN, M. E. P. *Abnormal psychology*. 2. ed. New York: Norton.)

ZUNSHINE, L. (ed.). *Introduction to cognitive cultural studies*. Baltimore, MD: Johns Hopkins University Press, 2010.

ZURBRIGGEN, E. L.; STURMAN, T. S. "Linking motives and emotions: A test of McClelland's hypothesis". *Personality and Social Psychology Bulletin*, 28, p. 521-535, 2002.

# Índice remissivo